**WANDER GARCIA, ANA PAULA GARCIA
E HENRIQUE SUBI**
COORDENADORES

3ª
EDIÇÃO
2021

POLÍCIA RODOVIÁRIA FEDERAL
1.000
QUESTÕES COMENTADAS

COMO PASSAR

2021 © Editora Foco

Coordenadores: Wander Garcia, Ana Paula Dompieri Garcia e Henrique Subi
Autores: Wander Garcia, Ana Paula Garcia, André Fioravanti, André Nascimento, Arthur Trigueiros, Eduardo Dompieri, Elson Garcia, Enildo Garcia, Fábio Tavares Sobreira, Flavia Moraes Barros, Helder Satin, Henrique Subi, Licínia Rossi, Renan Flumian, Robinson Barreirinhas, Sebastião Edilson Gomes, Tatiana Creato Subi e Tony Chalita
Diretor Acadêmico: Leonardo Pereira
Editor: Roberta Densa
Revisora Sênior: Georgia Renata Dias
Capa Criação: Leonardo Hermano
Diagramação: Ladislau Lima
Impressão miolo e capa: Gráfica FORMA CERTA

Dados Internacionais de Catalogação na Publicação (CIP) de acordo com ISBD
Odilio Hilario Moreira Junior – CRB-8/9949

C735

Como passar em concursos da Polícia Rodoviária Federal / Ana Paula Garcia ... [et al.] ; organizado por Wander Garcia, Ana Paula Garcia, Henrique Subi. - 3. ed. - Indaiatuba, SP : Editora Foco, 2021.
288 p. ; 17cm x 24cm.

Inclui bibliografia e índice.
ISBN: 978-65-5515-258-6

1. Metodologia de estudo. 2. Concursos Públicos. 3. Polícia Rodoviária Federal. I. Garcia, Ana Paula. II. Fioravanti, André. III. Trigueiros, Arthur. IV. Dompieri, Eduardo. V. Garcia, Enildo. VI. Garcia, Elson. VII. Garcia, Enildo. IX. Sobreira, Fábio Tavares. X. Barros, Flavia Moraes. XI. Satin, Helder. XII. Subi, Henrique. XIII. Rossi, Licínia. XIV. Flumian, Renan. XV. Gomes, Sebastião Edilson. XVI. Subi, Tatiana Creato. XVII. Chalita, Tony. XVIII. Garcia, Wander. XIX. Título.

2021-712   CDD 001.4   CDU 001.8

Índices para Catálogo Sistemático:
1. Metodologia de estudo 001.4   2. Metodologia de estudo 001.8

DIREITOS AUTORAIS: É proibida a reprodução parcial ou total desta publicação, por qualquer forma ou meio, sem a prévia autorização da Editora FOCO, com exceção do teor das questões de concursos públicos que, por serem atos oficiais, não são protegidas como Direitos Autorais, na forma do Artigo 8º, IV, da Lei 9.610/1998. Referida vedação se estende às características gráficas da obra e sua editoração. A punição para a violação dos Direitos Autorais é crime previsto no Artigo 184 do Código Penal e as sanções civis às violações dos Direitos Autorais estão previstas nos Artigos 101 a 110 da Lei 9.610/1998. Os comentários das questões são de responsabilidade dos autores.

NOTAS DA EDITORA:

Atualizações e erratas: A presente obra é vendida como está, atualizada até a data do seu fechamento, informação que consta na página II do livro. Havendo a publicação de legislação de suma relevância, durante o ano da edição do livro, a editora, de forma discricionária, se empenhará em disponibilizar atualização futura.

Bônus ou Capítulo On-line: Excepcionalmente, algumas obras da editora trazem conteúdo no *on-line*, que é parte integrante do livro, cujo acesso será disponibilizado durante a vigência da edição da obra.

Erratas: A Editora se compromete a disponibilizar no site www.editorafoco.com.br, na seção Atualizações, eventuais erratas por razões de erros técnicos ou de conteúdo. Solicitamos, outrossim, que o leitor faça a gentileza de colaborar com a perfeição da obra, comunicando eventual erro encontrado por meio de mensagem para contato@editorafoco.com.br. O acesso será disponibilizado durante a vigência da edição da obra.

Impresso no Brasil (02.2021) – Data de Fechamento (02.2021)

2021
Todos os direitos reservados à
Editora Foco Jurídico Ltda.
Avenida Itororó, 348 – Sala 05 – Cidade Nova
CEP 13334-050 – Indaiatuba – SP
E-mail: contato@editorafoco.com.br
www.editorafoco.com.br

Acesse JÁ os conteúdos ON-LINE

 SHORT VIDEOS
Vídeos de curta duração com dicas de
DISCIPLINAS SELECIONADAS

Acesse o link:
www.editorafoco.com.br/short-videos

  ATUALIZAÇÃO em PDF e VÍDEO
para complementar seus estudos*

Acesse o link:
www.editorafoco.com.br/atualizacao

* As atualizações em PDF e Vídeo serão disponibilizadas sempre que houver necessidade, em caso de nova lei ou decisão jurisprudencial relevante, durante o ano da edição do livro.
* Acesso disponível durante a vigência desta edição.

AUTORES

SOBRE OS COORDENADORES

Wander Garcia – @wander_garcia

É Doutor, Mestre e Graduado em Direito pela PUC/SP. É professor universitário e de cursos preparatórios para Concursos e Exame de Ordem, tendo atuado nos cursos LFG e DAMASIO. Neste, foi Diretor Geral de todos os cursos preparatórios e da Faculdade de Direito. Foi diretor da Escola Superior de Direito Público Municipal de São Paulo. É um dos fundadores da Editora Foco, especializada em livros jurídicos e para concursos e exames. É autor *best seller* com mais de 50 livros publicados na qualidade de autor, coautor ou organizador, nas áreas jurídica e de preparação para concursos e exame de ordem. Já vendeu mais de 1,5 milhão de livros, dentre os quais se destacam "Como Passar na OAB", "Como Passar em Concursos Jurídicos", "Exame de Ordem Mapamentalizado" e "Concursos: O Guia Definitivo". É também advogado desde o ano de 2000 e foi procurador do município de São Paulo por mais de 15 anos. É *Coach* Certificado, com sólida formação em *Coaching* pelo IBC e pela *International Association of Coaching*.

Ana Paula Garcia

Procuradora do Estado de São Paulo, Pós-graduada em Direito, Professora do IEDI, Escrevente do Tribunal de Justiça por mais de 10 anos e Assistente Jurídico do Tribunal de Justiça. Autora de diversos livros para OAB e concursos.

Henrique Subi – @henriquesubi

Procurador do Município de Campinas. Mestre em Direito Político e Econômico pela Universidade Presbiteriana Mackenzie. Especialista em Direito Empresarial pela Fundação Getúlio Vargas-FGV. Especialista em Direito Tributário pela UNISUL. Professor de cursos preparatórios para concursos desde 2006. Autor dos livros "Imunidades tributárias e concorrência desleal", pela Editora Clube de Autores, e "Cercamento da propriedade intelectual", pela Editora Novas Edições Acadêmicas.

SOBRE OS AUTORES

André Fioravanti

Bacharel em Engenharia Elétrica pela Universidade Estadual de Campinas. Mestre em Controle e Automação pela Universidade Estadual de Campinas. Doutor em Física pela Université Paris Sud XI. Atualmente Professor Associado à Faculdade de Engenharia Mecânica da UNICAMP. Autor de vários artigos em revistas internacionais. Coautor de diversos livros publicados pela Editora Foco.

André Nascimento

Advogado e Especialista em Regulação na Agência Nacional do Petróleo, Gás Natural e Biocombustíveis. Coautor de diversas obras voltadas à preparação para Exames Oficiais e Concursos Públicos. Coautor de livros e artigos acadêmicos. Instrutor de cursos, tendo recebido menção elogiosa pela destacada participação e dedicação na ANP. Graduado em Direito pela Universidade Presbiteriana Mackenzie/SP. Graduando em Geografia pela Universidade de São Paulo. Frequentou diversos cursos de extensão nas áreas de Direito, Regulação, Petróleo e Gás Natural e Administração Pública.

Arthur Trigueiros – @proftrigueiros

Pós-graduado em Direito. Professor da Rede LFG, do IEDI e do Proordem. Autor de diversas obras de preparação para o Exame de Ordem. Procurador do Estado de São Paulo.

Eduardo Dompieri – @eduardodompieri

Pós-graduado em Direito. Professor do IEDI. Autor de diversas obras de preparação para Concursos Públicos e Exame de Ordem.

Elson Garcia

Professor e Engenheiro graduado pela Universidade Federal do Rio de Janeiro - UFRJ

Enildo Garcia
Especialista em Matemática pura e aplicada (UFSJ). Professor tutor de Pós-graduação em Matemática (UFJS – UAB). Analista de sistemas (PUCRJ).

Fábio Tavares Sobreira – @fabiottavares
Professor de Direito Constitucional exclusivo da Rede LFG/Praetorium do grupo Anhanguera Educacional participações S/A e do Atualidades do Direito. Pós-graduado em Direito público. Especialista em Direito Constitucional, Administrativo, Penal e Processual Civil. Palestrante e conferencista. Autor de obras jurídicas. Advogado atuante na área de Direito Público.

Flavia Moraes Barros
Mestre em Direito Administrativo pela PUC/SP. Doutoranda em Direito Administrativo pela USP. Professora de Direito Administrativo. Procuradora do Município de São Paulo.

Helder Satin
Desenvolvedor de sistemas Web e Gerente de projetos. Professor do IEDI. Professor de Cursos de Pós-Graduação. Graduado em Ciências da Computação, com MBA em Gestão de TI.

Henrique Subi – @henriquesubi
Procurador do Município de Campinas. Mestre em Direito Político e Econômico pela Universidade Presbiteriana Mackenzie. Especialista em Direito Empresarial pela Fundação Getúlio Vargas-FGV. Especialista em Direito Tributário pela UNISUL. Professor de cursos preparatórios para concursos desde 2006. Autor dos livros "Imunidades tributárias e concorrência desleal", pela Editora Clube de Autores, e "Cercamento da propriedade intelectual", pela Editora Novas Edições Acadêmicas.

Licínia Rossi – @liciniarossi
Mestre em Direito Constitucional pela PUC/SP. Especialista em Direito Constitucional pela Escola Superior de Direito Constitucional. Professora Exclusiva de Direito Administrativo e Constitucional na Rede Luiz Flávio Gomes de Ensino (LFG). Professora de Direito na Unicamp. Advogada.

Renan Flumian – @renanflumian
Professor e Coordenador Acadêmico do IEDI. Mestre em Filosofia do Direito pela *Universidad de Alicante*, cursou a *Session Annuelle D'enseignement do Institut International des Droits de L'Homme*, a Escola de Governo da USP e a Escola de Formação da Sociedade Brasileira de Direito Público. Autor e coordenador de diversas obras de preparação para Concursos Públicos e o Exame de Ordem. Advogado. (Twitter: @RenanFlumian)

Robinson Barreirinhas
Secretário Municipal dos Negócios Jurídicos da Prefeitura de São Paulo. Professor do IEDI. Procurador do Município de São Paulo. Autor e coautor de mais de 20 obras de preparação para concursos e OAB. Ex-Assessor de Ministro do STJ.

Sebastião Edilson Gomes
Mestre em Direito Público. Especialista em Direito Civil. Coautor de diversas obras de Preparação para Concursos Públicos. Professor Universitário nas disciplinas de Direito Administrativo e Direito Civil.

Tatiana Creato Subi
Bacharel em Direito pela Pontifícia Universidade Católica de Campinas. Professora em diversos cursos preparatórios para concursos. Coautora do livro Como Passar em Concursos Bancários da Editora Foco.

Tony Chalita
Advogado. Mestrando em Direito. Professor-Assistente PUC/SP. Autor da Editora Foco

Sumário

AUTORES V

COMO USAR O LIVRO? XIII

1. LÍNGUA PORTUGUESA 1

1. INTERPRETAÇÃO DE TEXTOS 1
2. ORTOGRAFIA/ ACENTUAÇÃO 14
3. COESÃO TEXTUAL 17
4. ANÁLISE MORFOSSINTÁTICA 24
5. PONTUAÇÃO 26
6. CONCORDÂNCIA VERBAL E NOMINAL 30
7. CRASE 34
8. PRONOMES E COLOCAÇÃO PRONOMINAL 36
9. REESCRITURA DE FRASES E PARÁGRAFOS 39
10. QUESTÕES COMBINADAS E OUTROS TEMAS 42

2. MATEMÁTICA 59

1. NÚMEROS INTEIROS, RACIONAIS E REAIS 59
2. SISTEMA LEGAL DE MEDIDAS 60
3. RAZÕES E PROPORÇÕES. REGRA DE TRÊS SIMPLES E COMPOSTA 60
4. PORCENTAGENS 63
5. EQUAÇÕES DE 1º E 2º GRAU 65
6. FUNÇÕES 65
7. GRÁFICOS 67
8. PROGRESSÃO ARITMÉTICA E GEOMÉTRICA 69
9. PROBABILIDADE E ESTATÍSTICA 69
10. RACIOCÍNIO LÓGICO 72
11. QUESTÕES COMBINADAS E OUTROS TEMAS 76

www. Acesse o conteúdo on-line. Siga as orientações disponíveis na página III

3. INFORMÁTICA — 79

1. EDITORES DE TEXTO 79
2. CORREIO ELETRÔNICO 84
3. *HARDWARE* 86
4. PLANILHAS ELETRÔNICAS 88
5. REDE E INTERNET 91
6. SEGURANÇA DA INFORMAÇÃO. VÍRUS, *WORMS* E OUTRAS PRAGAS VIRTUAIS. APLICATIVOS DE SEGURANÇA...94
7. SISTEMAS OPERACIONAIS 95

4. FÍSICA — 97

5. ÉTICA NO SERVIÇO PÚBLICO — 101

1. DEFINIÇÕES E NUANCES...101
2. DEVERES FUNDAMENTAIS DO SERVIDOR PÚBLICO...102
3. VEDAÇÕES AO SERVIDOR PÚBLICO 103
4. COMISSÕES DE ÉTICA 104
5. CÓDIGO DE CONDUTA DA ALTA ADMINISTRAÇÃO FEDERAL...105
6. SISTEMA DE GESTÃO DA ÉTICA DO PODER EXECUTIVO FEDERAL 105
7. COMBINADAS E OUTROS TEMAS..106

6. DIREITO ADMINISTRATIVO — 111

1. REGIME JURÍDICO ADMINISTRATIVO E PRINCÍPIOS DO DIREITO ADMINISTRATIVO.........111
2. PODERES DA ADMINISTRAÇÃO PÚBLICA 112
3. ATO ADMINISTRATIVO...116
4. ORGANIZAÇÃO ADMINISTRATIVA..125
5. AGENTES PÚBLICOS 133
6. IMPROBIDADE ADMINISTRATIVA (LEI 8.429/1992) 136
7. RESPONSABILIDADE DO ESTADO..138
8. SERVIÇOS PÚBLICOS 140
9. CONTROLE DA ADMINISTRAÇÃO 141
10. PROCESSO ADMINISTRATIVO (LEI 9.784/1999)...142
11. TEMAS GERAIS COMBINADOS...143

7. DIREITO CONSTITUCIONAL — 145

1. TEORIA DA CONSTITUIÇÃO E PRINCÍPIOS FUNDAMENTAIS...145
2. HERMENÊUTICA CONSTITUCIONAL E EFICÁCIA DAS NORMAS CONSTITUCIONAIS 146

3. CONTROLE DE CONSTITUCIONALIDADE 146
4. DIREITOS E DEVERES INDIVIDUAIS E COLETIVOS 147
5. DIREITOS SOCIAIS 152
6. NACIONALIDADE 152
7. DIREITOS POLÍTICOS 153
8. ORGANIZAÇÃO DO ESTADO 153
9. PODER LEGISLATIVO 155
10. PODER EXECUTIVO 156
11. PODER JUDICIÁRIO 157
12. DEFESA DO ESTADO 157
13. ORDEM SOCIAL 159
14. QUESTÕES COMBINADAS E OUTROS TEMAS 161

8. DIREITO PENAL — 163

1. APLICAÇÃO DA LEI NO TEMPO 163
2. APLICAÇÃO DA LEI NO ESPAÇO 163
3. CONCEITO, CLASSIFICAÇÃO DOS CRIMES E SUJEITOS DO CRIME 163
4. FATO TÍPICO E TIPO PENAL 165
5. CRIMES DOLOSOS, CULPOSOS E PRETERDOLOSOS 166
6. ERRO DE TIPO, DE PROIBIÇÃO E DEMAIS ERROS 166
7. TENTATIVA, CONSUMAÇÃO, DESISTÊNCIA VOLUNTÁRIA, ARREPENDIMENTO EFICAZ E CRIME IMPOSSÍVEL 167
8. ANTIJURIDICIDADE E CAUSAS EXCLUDENTES 167
9. AUTORIA E CONCURSO DE PESSOAS 169
10. CULPABILIDADE E CAUSAS EXCLUDENTES 171
11. AÇÃO PENAL 173
12. EXTINÇÃO DA PUNIBILIDADE 173
13. CRIMES CONTRA A PESSOA 173
14. CRIMES CONTRA A HONRA 177
15. CRIMES CONTRA O PATRIMÔNIO 177
16. CRIMES CONTRA A FÉ PÚBLICA 181
17. CRIMES CONTRA A ADMINISTRAÇÃO PÚBLICA 182
18. OUTROS CRIMES DO CÓDIGO PENAL 186
19. OUTROS CRIMES E TEMAS COMBINADOS 187

9. DIREITO PROCESSUAL PENAL — 191

1. INQUÉRITO POLICIAL E OUTRAS FORMAS DE INVESTIGAÇÃO CRIMINAL 191

2. AÇÃO PENAL, SUSPENSÃO CONDICIONAL DO PROCESSO E AÇÃO CIVIL 196

3. JURISDIÇÃO E COMPETÊNCIA; CONEXÃO E CONTINÊNCIA..198

4. QUESTÕES E PROCESSOS INCIDENTES..199

5. PROVA..199

6. PRISÃO, MEDIDAS CAUTELARES E LIBERDADE PROVISÓRIA 203

7. PROCESSO E PROCEDIMENTOS; SENTENÇA, PRECLUSÃO E COISA JULGADA 209

8. *HABEAS CORPUS*, MANDADO DE SEGURANÇA E REVISÃO CRIMINAL..209

9. LEGISLAÇÃO EXTRAVAGANTE E TEMAS COMBINADOS...210

10. LEGISLAÇÃO ESPECIAL — 215

1. ABUSO DE AUTORIDADE 215

2. APRESENTAÇÃO E USO DE DOCUMENTOS DE IDENTIFICAÇÃO PESSOAL (LEI Nº 5.553/1968) 215

3. RACISMO (LEI Nº 7.716/1989)..216

4. ESTATUTO DA CRIANÇA E DO ADOLESCENTE – ECA (LEI Nº 8.069/1990) 216

5. ORGANIZAÇÕES CRIMINOSAS (LEI Nº 12.850/2013)..216

6. JUIZADOS ESPECIAIS CRIMINAIS (LEI Nº 9.099/1995) 216

7. TORTURA (LEI Nº 9.455/1997)..217

8. CRIMES AMBIENTAIS (LEI Nº 9.605/1998)..218

9. ESTATUTO DO IDOSO (LEI Nº 10.741/2003)...219

10. ESTATUTO DO DESARMAMENTO (LEI Nº 10.826/2003)...220

11. LEI DE DROGAS (LEI Nº 11.343/2006)..222

12. QUESTÕES COMBINADAS E OUTROS TEMAS...225

11. DIREITOS HUMANOS — 227

1. TEORIA GERAL DOS DIREITOS HUMANOS 227

2. DIREITOS HUMANOS NA CONSTITUIÇÃO FEDERAL..229

3. DECLARAÇÃO UNIVERSAL DOS DIREITOS DO HOMEM 231

4. CONVENÇÃO AMERICANA SOBRE DIREITOS HUMANOS (PACTO DE SÃO JOSÉ DA COSTA RICA)....232

5. PACTO INTERNACIONAL DOS DIREITOS ECONÔMICOS, SOCIAIS E CULTURAIS 234

6. TRIBUNAL PENAL INTERNACIONAL...234

7. REGRAS MÍNIMAS PARA O TRATAMENTO DOS PRESOS E CONVENÇÃO CONTRA A TORTURA E OUTROS TRATAMENTOS OU PENAS CRUÉIS, DESUMANOS OU DEGRADANTES.................................234

8. CONVENÇÃO SOBRE OS DIREITOS DA CRIANÇA...235

9.	DIREITOS DOS REFUGIADOS	235
10.	CONVENÇÃO SOBRE A ELIMINAÇÃO DE TODAS AS FORMAS DE DISCRIMINAÇÃO CONTRA A MULHER	235
11.	PROGRAMA NACIONAL DE DIREITOS HUMANOS, ÓRGÃOS NACIONAIS DE PROTEÇÃO	236
12.	COMBINADAS E OUTROS TEMAS	236

12. LEI 8.112/1990 — 241

1.	PROVIMENTO, VACÂNCIA, REMOÇÃO, DISTRIBUIÇÃO E SUBSTITUIÇÃO	241
2.	DIREITOS E VANTAGENS	242
3.	REGIME DISCIPLINAR	244
4.	PROCESSO DISCIPLINAR	246

13. LEGISLAÇÃO RELATIVA AO DEPARTAMENTO DE POLÍCIA RODOVIÁRIA FEDERAL — 247

1.	CÓDIGO DE TRÂNSITO BRASILEIRO (LEI Nº 9.503/1997)	247
2.	PERFIL CONSTITUCIONAL E FUNÇÕES INSTITUCIONAIS DO DPRF	267
3.	LEI Nº 9.654/1998	269
4.	DECRETO Nº 1.655/1995	271

Como usar o livro?

Para que você consiga um ótimo aproveitamento deste livro, atente para as seguintes orientações:

1º Tenha em mãos um **vademecum** ou **um computador** no qual você possa acessar os textos de lei citados.

Neste ponto, recomendamos o **Vade Mecum de Legislação FOCO** – confira em www.editorafoco.com.br.

2º Se você estiver estudando a teoria (fazendo um curso preparatório ou lendo resumos, livros ou apostilas), faça as questões correspondentes deste livro na medida em que for avançando no estudo da parte teórica.

3º Se você já avançou bem no estudo da teoria, leia cada capítulo deste livro até o final, e só passe para o novo capítulo quando acabar o anterior; vai mais uma dica: alterne capítulos de acordo com suas preferências; leia um capítulo de uma disciplina que você gosta e, depois, de uma que você não gosta ou não sabe muito, e assim sucessivamente.

4º Iniciada a resolução das questões, tome o cuidado de ler cada uma delas **sem olhar para o gabarito e para os comentários**; se a curiosidade for muito grande e você não conseguir controlar os olhos, tampe os comentários e os gabaritos com uma régua ou um papel; na primeira tentativa, é fundamental que resolva a questão sozinho; só assim você vai identificar suas deficiências e "pegar o jeito" de resolver as questões; marque com um lápis a resposta que entender correta, e só depois olhe o gabarito e os comentários.

5º **Leia com muita atenção o enunciado das questões.** Ele deve ser lido, no mínimo, duas vezes. Da segunda leitura em diante, começam a aparecer os detalhes, os pontos que não percebemos na primeira leitura.

6º **Grife as palavras-chave, as afirmações e a pergunta formulada.** Ao grifar as palavras importantes e as afirmações você fixará mais os pontos-chave e não se perderá no enunciado como um todo. Tenha atenção especial com as palavras "correto", "incorreto", "certo", "errado", "prescindível" e "imprescindível".

7º Leia os comentários e **leia também cada dispositivo legal** neles mencionados; não tenha preguiça; abra o vademecum e leia os textos de leis citados, tanto os que explicam as alternativas corretas, como os que explicam o porquê de ser incorreta dada alternativa; você tem que conhecer bem a letra da lei, já que mais de 90% das respostas estão nela; mesmo que você já tenha entendido determinada questão, reforce sua memória e leia o texto legal indicado nos comentários.

8º Leia também os **textos legais que estão em volta** do dispositivo; por exemplo, se aparecer, em Direito Penal, uma questão cujo comentário remete ao dispositivo que trata de falsidade ideológica, aproveite para ler também os dispositivos que tratam dos outros crimes de falsidade; outro exemplo: se aparecer uma questão, em Direito Constitucional, que trate da composição do Conselho Nacional de Justiça, leia também as outras regras que regulamentam esse conselho.

9º Depois de resolver sozinho a questão e de ler cada comentário, você deve fazer uma **anotação ao lado da questão**, deixando claro o motivo de eventual erro que você tenha cometido; conheça os motivos mais comuns de erros na resolução das questões:

DL – "desconhecimento da lei"; quando a questão puder ser resolvida apenas com o conhecimento do texto de lei;

DD – "desconhecimento da doutrina"; quando a questão só puder ser resolvida com o conhecimento da doutrina;

DJ – "desconhecimento da jurisprudência"; quando a questão só puder ser resolvida com o conhecimento da jurisprudência;

FA – "falta de atenção"; quando você tiver errado a questão por não ter lido com cuidado o enunciado e as alternativas;

NUT - "não uso das técnicas"; quando você tiver se esquecido de usar as técnicas de resolução de questões objetivas, tais como as da **repetição de elementos** ("quanto mais elementos repetidos existirem, maior a chance de a alternativa ser correta"), das **afirmações generalizantes** ("afirmações generalizantes tendem a ser incorretas" - reconhece-se afirmações generalizantes pelas palavras *sempre, nunca, qualquer, absolutamente, apenas, só, somente exclusivamente* etc.), dos **conceitos compridos** ("os conceitos de maior extensão tendem a ser corretos"), entre outras.

obs: se você tiver interesse em fazer um Curso de "Técnicas de Resolução de Questões Objetivas", recomendamos o curso criado a esse respeito pelo IEDI Cursos On-line: www.iedi.com.br.

10º Confie no **bom-senso**. Normalmente, a resposta correta é a que tem mais a ver com o bom-senso e com a ética. Não ache que todas as perguntas contêm uma pegadinha. Se aparecer um instituto que você não conhece, repare bem no seu nome e tente imaginar o seu significado.

11º Faça um levantamento do **percentual de acertos de cada disciplina** e dos **principais motivos que levaram aos erros cometidos**; de posse da primeira informação, verifique quais disciplinas merecem um reforço no estudo; e de posse da segunda informação, fique atento aos erros que você mais comete, para que eles não se repitam.

12º Uma semana antes da prova, faça uma **leitura dinâmica** de todas as anotações que você fez e leia de novo os dispositivos legais (e seu entorno) das questões em que você marcar "DL", ou seja, desconhecimento da lei.

13º Para que você consiga ler o livro inteiro, faça um bom **planejamento**. Por exemplo, se você tiver 30 dias para ler a obra, divida o número de páginas do livro pelo número de dias que você tem, e cumpra, diariamente, o número de páginas necessárias para chegar até o fim. Se tiver sono ou preguiça, levante um pouco, beba água, masque chiclete ou leia em voz alta por algum tempo.

14º Desejo a você, também, muita **energia, disposição, foco, organização, disciplina, perseverança, amor** e **ética**!

Wander Garcia, Ana Paula Garcia e Henrique Subi
Coordenadores

1. Língua Portuguesa

Henrique Subi

1. INTERPRETAÇÃO DE TEXTOS

1 Leio que a ciência deu agora mais um passo definitivo.
E claro que o definitivo da ciência e transitório, e não por
deficiência da ciência (e ciência demais), que se supera a si
4 mesma a cada dia... Não indaguemos para que, ja que a própria
ciência não o faz — o que, alias, e a mais moderna forma de
objetividade de que dispomos.
7 Mas vamos ao definitivo transitório. Os cientistas
afirmam que podem realmente construir agora a bomba limpa.
Sabemos todos que as bombas atômicas fabricadas ate hoje são
10 sujas (alias, imundas) porque, depois que explodem, deixam
vagando pela atmosfera o ja famoso e temido estrôncio 90.
Ora, isso e desagradável: pode mesmo acontecer que o próprio
13 pais que lançou a bomba venha a sofrer, a longo prazo, as
conseqüências mortíferas da proeza. O que e, sem duvida, uma
sujeira.
16 Pois bem, essas bombas indisciplinadas,
mal-educadas, serão em breve substituídas pelas bombas *n*, que
cumprirão sua missão com lisura: destruirão o inimigo,
19 sem riscos para o atacante. Trata-se, portanto, de uma fabulosa
conquista, não?

Ferreira Gullar. Maravilha. In: A estranha vida banal. Rio de Janeiro: José Olympio, 1989, p. 109.

(Polícia Rodoviária Federal – 2013 – CESPE) No que se refere aos sentidos e as estruturas linguísticas do texto acima, julgue o item a seguir.

(1) O objetivo do texto, de caráter predominantemente dissertativo, e informar o leitor a respeito do surgimento da "bomba limpa" (L.8).

1: incorreta. O objetivo do texto é tecer críticas ao uso da ciência para criar novas armas de destruição em massa. O texto é literário, cheio de figuras de linguagem e feito em tom irônico, o que o afasta da dissertação.

1 Todos nos, homens e mulheres, adultos e jovens,
passamos boa parte da vida tendo de optar entre o certo e o
errado, entre o bem e o mal. Na realidade, entre o que
4 consideramos bem e o que consideramos mal. Apesar da longa
permanência da questão, o que se considera certo e o que se
considera errado muda ao longo da historia e ao redor do globo
7 terrestre.
Ainda hoje, em certos lugares, a previsão da pena de
morte autoriza o Estado a matar em nome da justiça. Em outras
10 sociedades, o direito a vida e inviolável e nem o Estado nem
ninguém tem o direito de tirar a vida alheia. Tempos atrás era
tido como legitimo espancarem-se mulheres e crianças,
13 escravizarem-se povos. Hoje em dia, embora ainda se saiba de
casos de espancamento de mulheres e crianças, de trabalho
escravo, esses comportamentos são publicamente condenados

16 na maior parte do mundo.
    Mas a opção entre o certo e o errado não se coloca
    apenas na esfera de temas polêmicos que atraem os holofotes
19 da mídia. Muitas e muitas vezes e na solidão da consciência de
    cada um de nos, homens e mulheres, pequenos e grandes, que
    certo e errado se enfrentam.
22 E a ética e o domínio desse enfrentamento.

Marisa Lajolo. *Entre o bem e o mal*. In: *Histórias sobre a ética*. 5.ª ed. São Paulo: Ática, 2008 (com adaptações).

(Polícia Rodoviária Federal – 2013 – CESPE) A partir das ideias e das estruturas linguísticas do texto acima, julgue os itens que se seguem.

(1) O trecho "Tempos atrás era tido como legítimo espancarem-se mulheres e crianças, escravizarem-se povos" (L.11-13) poderia ser corretamente reescrito da seguinte forma: Ha tempos, considerava-se legítimo que se espancassem mulheres e crianças, que se escravizassem povos.

(2) Sem prejuízo para o sentido original do texto, o trecho "esses comportamentos são publicamente condenados na maior parte do mundo" (L.15-16) poderia ser corretamente reescrito da seguinte forma: publicamente, esses comportamentos consideram-se condenados em quase todo o mundo.

1: correta. A paráfrase atende a todas as determinações do padrão culto da língua; **2: incorreta.** O termo "condenados", que na oração original exerce função sintática de predicativo do sujeito, ao ser tratado como predicativo do objeto na paráfrase perdeu seu sentido. Melhor seria substituí-lo por "condenáveis".

Gabarito 1C, 2E

(Policial Rodoviário Federal – 2008 – CESPE) À medida que se expandia o Império Romano, a administração adaptava o esquema de construção de estradas nas novas províncias. No seu apogeu, a rede viária romana principal atingiu, consideradas as vias secundárias, cerca de 150.000 km. Os comerciantes romanos perceberam logo o interesse desses eixos vários. Distintamente de outras civilizações mediterrâneas que fundaram o seu desenvolvimento comercial quase unicamente a partir dos seus portos, os romanos utilizaram a sua rede de estradas em paralelo à sua frota comercial. Essa medida favoreceu os intercâmbios no interior do continente, provocando uma expansão mercantil fulgurante. Regiões inteiras especializaram-se e comerciaram entre si, principalmente vinho, azeite, cereais, cerâmicas e carnes.

Internet: <www.wikipedia.org/wiki> (com adaptações).

De acordo com o texto acima, verifica-se que

(A) o apogeu do Império Romano está associado à construção de estradas, em detrimento do desenvolvimento das vias portuárias.
(B) as conquistas territoriais do Império Romano foram acompanhadas de condições favorecedoras de atividades comerciais.
(C) a conquista política de territórios pelo Império Romano era fruto do patrocínio dos comerciantes.
(D) todas as civilizações mediterrâneas, excetuando-se a romana, privilegiavam o comércio marítimo.
(E) o principal interesse da administração romana era o comércio no continente, com regiões cuja produção era especializada.

A: incorreta. O texto não associa o apogeu do Império Romano à construção de estradas, apenas destaca a importância que essas tiveram no crescimento da economia; B: correta. Conforme se depreende das primeiras linhas do texto, o Império Romano cuidava de aplicar sua infraestrutura de transporte também nos novos territórios conquistados, a qual propiciava melhores condições de comércio; C: incorreta. Os comerciantes floresceram ao redor das estradas romanas, mas em nenhum momento se afirma o patrocínio deles junto ao Império; D: incorreta. O texto não diz que Roma não privilegiava o comércio marítimo, mas que, diferentemente das outras civilizações da época, investia também no transporte terrestre; E: incorreta. Não se tratava, segundo o texto, do principal interesse da administração. Na verdade, vislumbrou-se grandes ganhos econômicos com os investimentos em estradas que facilitassem o comércio dentro do continente, os quais induziram à especialização de produção de várias regiões.

Gabarito "B".

(Policial Rodoviário Federal – 2008 – CESPE) A charge abaixo destaca principalmente o seguinte tema:

Angeli. **Folha de S.Paulo**, 27/2/2005.

(A) desenvolvimento urbano e destruição de ambientes naturais.
(B) a sofisticação do comércio nos meios urbanos em contraste com a simplicidade dos índios.
(C) o uso de língua estrangeira como símbolo de desenvolvimento de uma cidade.
(D) desqualificação dos cidadãos sem poder de compra em uma sociedade de consumo.
(E) desmistificação do índio guerreiro e sua consequente exclusão no meio urbano.

A crítica estampada na charge liga-se à destruição dos ambientes naturais em razão do crescimento descontrolado das cidades. A figura dos índios é acessória para demonstrar um povo que usualmente extrai seu sustento da natureza, com a poluição e a degradação dela, vê-se sem comida e aquilo que lhe servia de alimento (no caso, os peixes) transformado em mercadoria para o deleite do cidadão urbano.

Gabarito "A".

No tempo de andarilho

Prospera pouco no Pantanal o andarilho. Seis meses, durante a seca, anda. Remói caminhos e descaminhos. Abastece de perna as distâncias. E, quando as estradas somem, cobertas por águas, arranca.

O andarilho é um antipiqueteiro por vocação. Ninguém o embuçala. Não tem nome nem relógio. Vagabundear é virtude atuante para ele. Nem é um idiota programado, como nós. O próprio esmo é que o erra.

Chega em geral com escuro. Não salva os moradores do lugar. Menos por deseducado. Senão por alheamento e fastio.

Abeira-se do galpão, mais dois cachorros, magros, pede comida, e se recolhe em sua vasilha de dormir armada no tempo.

Cedo, pela magrez dos cachorros que estão medindo o pátio, toda a fazenda sabe que Bernardão chegou. "Venho do oco do mundo. Vou para o oco do mundo." É a única coisa que ele adianta.

O que não adianta.

(...)

Enquanto as águas não descem e as estradas não se mostram, Bernardo trabalha pela boia. Claro que resmunga. Está com raiva de quem inventou a enxada. E vai assustando o mato como um feiticeiro.

Os hippies o imitam por todo o mundo. Não faz entretanto brasão de seu pioneirismo. Isso de entortar pente no cabelo intratável ele pratica de velho. A adesão pura à natureza e a inocência nasceram com ele. Sabe plantas e peixes mais que os santos.

Não sei se os jovens de hoje, adeptos da natureza, conseguirão restaurar dentro deles essa inocência. Não sei se conseguirão matar dentro deles a centopeia do consumismo. Porque, já desde nada, o grande luxo de Bernardo é ser ninguém. Por fora é galalau. Por dentro não arredou de criança. É ser que não conhece ter. Tanto que inveja não se acopla nele.

Manoel de Barros. **Livro de pré-coisas:** roteiro para uma excursão poética no Pantanal. 2. ed. Rio de Janeiro: Record, 1997, p. 47-8.

(Policial Rodoviário Federal – 2008 – CESPE) De acordo com o texto, o andarilho

(A) percebe que as pessoas dos lugares aonde chega têm expectativa do aparecimento de um salvador, mas ele mantém-se alheio às crenças locais.

(B) dispensa qualquer tipo de relação com os habitantes dos lugares por onde passa porque não é "um idiota programado".

(C) não cumprimenta os moradores do lugar onde "arrancha" porque se mantém alheio e considera enfadonho o ato social do cumprimento.

(D) é um cidadão típico que inspira todos os jovens que já nasceram valorizando a natureza e cultuando a inocência.

(E) manifesta atitudes infantis que contrastam com sua aparência robusta porque sua meta é ser ninguém em um mundo que só conhece o ter.

A: incorreta. O verbo "salvar" foi utilizado no sentido de "cumprimentar", "saudar", não se referindo à chegada de um salvador; B: incorreta. A expressão "não é um idiota programado" refere-se ao fato do andarilho caminhar a esmo, sem destinação certa; C: correta. Esse o sentido das expressões "salvar", "alheamento" e "fastio"; D: incorreta. O autor destaca a natureza peculiar do andarilho, que em nada se identifica que os jovens atuais; E: incorreta. O andarilho não manifesta atitudes infantis. O autor diz que "dentro não arredou de criança" no sentido de que, por dentro, o personagem é inocente, puro. Ele não conhece sentimentos ruins, como a inveja, porque valoriza a condição humana, não o patrimônio.

Gabarito "C".

(Policial Rodoviário Federal – 2008 – CESPE) Utilizando a função poética da linguagem, o autor do texto

(A) faz apologia do modo de vida do andarilho e, consequentemente, de todos aqueles que desprezam o trabalho.

(B) critica os valores de indivíduos que compõem a sociedade atual ao contrapor-lhes a beleza que percebe na figura do andarilho.

(C) apresenta a figura idealizada do andarilho, buscando convencer o leitor a se solidarizar com pessoas à margem da sociedade e a lhes oferecer emprego.

(D) descreve um andarilho cujo objetivo "é ser ninguém", para ressaltar a influência desse tipo social no movimento tanto de jovens que romperam com os valores sociais estabelecidos quanto dos jovens consumistas.

(E) desaprova o modo de vida do andarilho, como comprova o trecho "Vagabundear é virtude atuante para ele".

A: incorreta. O andarilho não despreza o trabalho, por isso não pode ser essa a apologia do autor. O andarilho sabe que precisa trabalhar para garantir sua sobrevivência; B: correta. A crítica está disposta na expressão "matar dentro deles a centopeia do consumismo", denotando que a pureza e inocência do andarilho são mais relevantes e louváveis do que o fetiche pelo patrimônio da geração mais jovem; C: incorreta. A descrição, apesar de poética, não é idealizada. Ao contrário, é bastante real: fala de sua magreza, da fome, do fato de dormir ao relento e a necessidade de trabalhar em troca de comida; D: incorreta. Não há essa intenção na fala do autor. Ele destaca o objetivo do andarilho como uma crítica social direcionada ao consumismo moderno e o desrespeito à natureza; E: incorreta. A expressão destacada não foi usada em tom de crítica. "Vagabundear" aqui significa "andar a esmo", sem destino certo.

Gabarito "B".

1 Dizem que Karl Marx descobriu o inconsciente três décadas antes de Freud. Se a afirmação não é rigorosamente exata, não deixa de fazer sentido, uma vez que Marx, em
4 O Capital, no capítulo sobre o fetiche da mercadoria, estabelece dois parâmetros conceituais imprescindíveis para explicar a transformação que o capitalismo produziu na
7 subjetividade. São eles os conceitos de fetichismo e de alienação, ambos tributários da descoberta da mais-valia — ou do inconsciente, como queiram.
10 A rigor, não há grande diferença entre o emprego dessas duas palavras na psicanálise e no materialismo histórico. Em Freud, o fetiche organiza a gestão perversa do desejo
13 sexual e, de forma menos evidente, de todo desejo humano; já a alienação não passa de efeito da divisão do sujeito, ou seja, da existência do inconsciente. Em Marx, o fetiche da
16 mercadoria, fruto da expropriação alienada do trabalho, tem um papel decisivo na produção "inconsciente" da mais-valia.
O sujeito das duas teorias é um só: aquele que sofre e se indaga
19 sobre a origem inconsciente de seus sintomas é o mesmo que desconhece, por efeito dessa mesma inconsciência, que o poder encantatório das mercadorias é condição não de sua riqueza,
22 mas de sua miséria material e espiritual. Se a sociedade em que vivemos se diz "de mercado", é porque a mercadoria é o grande organizador do laço social.

Maria Rita Kehl. **18 crônicas e mais algumas**. São Paulo: Boitempo, 2011, p. 142 (com adaptações).

(CESPE) Com relação às ideias desenvolvidas no texto acima e a seus aspectos gramaticais, julgue os itens subsequentes.

(1) Com correção gramatical, o período "A rigor (...) histórico" (ℓ.10-11) poderia, sem se contrariar a ideia original do texto, ser assim reescrito: Caso se proceda com rigor, a análise desses conceitos, verifica-se que não existe diferenças entre eles.

(2) A informação que inicia o texto é suficiente para se inferir que Freud conheceu a obra de Marx, mas o contrário não é verdadeiro, visto que esses pensadores não foram contemporâneos.

(3) A expressão "dessas duas palavras" (ℓ.11), como comprovam as ideias desenvolvidas no parágrafo em que ela ocorre, remete não aos dois vocábulos que imediatamente a precedem — "mais-valia" (ℓ.8) e "inconsciente" (ℓ.9) —, mas, sim, a "fetichismo" (ℓ.7) e "alienação" (ℓ.8).

(4) Depreende-se da argumentação apresentada que a autora do texto, ao aproximar conceitos presentes nos estudos de Marx e de Freud, busca demonstrar que, nas sociedades "de mercado", a "divisão do sujeito" (ℓ.14) se processa de forma análoga na subjetividade dos indivíduos e na relação de trabalho.

1: incorreta. Há dois problemas com a nova oração proposta. O primeiro é que ela não representa a mesma ideia do texto original, porque não menciona que a comparação só faz sentido se feita entre a psicanálise e o materialismo histórico. O segundo refere-se a questões gramaticais: não deve haver vírgula depois de "rigor", ocorre crase em "à análise" e o verbo "existir" deve ser conjugado no plural – "existem"; 2: incorreta. A conclusão apresentada não pode ser extraída da afirmação inicial do texto. A autora quis demonstrar, somente, que Marx tratou em sua obra de um aspecto do inconsciente humano de forma reflexa, isto é, não ligada à natureza do pensamento, mas em relação a suas consequências econômicas. Não há qualquer referência que, por conta disso, Freud tenha se baseado, em qualquer medida, nos escritos de Marx; 3: correta. O texto prossegue comparando o fetichismo e a alienação nas diversas esferas das relações humanas, demonstrando que a expressão destacada refere-se a esses dois institutos; 4: correta. Essa é justamente a ideia central do texto: demonstrar que as pessoas agem com base em diferentes pontos de vista tanto por questões psicanalíticas (consciente/inconsciente) como por questões econômicas (consumidor/trabalhador explorado).
Gabarito: 1E, 2E, 3C, 4C

---

 1 Nossos projetos de vida dependem muito do futuro
    do país no qual vivemos. E o futuro de um país não é
    obra do acaso ou da fatalidade. Uma nação se constrói.
 4 E constrói-se no meio de embates muito intensos — e, às
    vezes, até violentos — entre grupos com visões de futuro,
    concepções de desenvolvimento e interesses distintos e
 7 conflitantes.
    Para muitos, os carros de luxo que trafegam pelos
    bairros elegantes das capitais ou os telefones celulares não
10 constituem indicadores de modernidade.
    Modernidade seria assegurar a todos os habitantes
    do país um padrão de vida compatível com o pleno exercício
13 dos direitos democráticos. Por isso, dão mais valor a um
    modelo de desenvolvimento que assegure a toda a população
    alimentação, moradia, escola, hospital, transporte coletivo,
16 bibliotecas, parques públicos. Modernidade, para os que
    pensam assim, é sistema judiciário eficiente, com aplicação
    rápida e democrática da justiça; são instituições públicas
19 sólidas e eficazes; é o controle nacional das decisões
    econômicas.

Plínio Arruda Sampaio. O Brasil em construção.
In: Márcia Kupstas (Org.). **Identidade nacional em debate**. São
Paulo: Moderna, 1997, p. 27-9
(com adaptações).

(CESPE) Considerando a argumentação do texto acima bem como as estruturas linguísticas nele utilizadas, julgue o item a seguir.

(1) Infere-se da leitura do texto que o futuro de um país seria "obra do acaso" (l.3) se a modernidade não assegurasse um padrão de vida democrático a todos os seus cidadãos.

1: incorreta, porque o texto não passa essa mensagem. O autor afirmar taxativamente que o futuro de um país nunca será "obra do acaso", sendo sempre construído. A divergência ocorre apenas na forma de construção da modernidade.
Gabarito: 1E

---

 1 Na verdade, o que hoje definimos como democracia
    só foi possível em sociedades de tipo capitalista, mas não
    necessariamente de mercado. De modo geral, a
 4 democratização das sociedades impõe limites ao mercado,
    assim como desigualdades sociais em geral não contribuem
    para a fixação de uma tradição democrática. Penso que temos
 7 de refletir um pouco a respeito do que significa democracia.
    Para mim, não se trata de um regime com características
    fixas, mas de um processo que, apesar de constituir formas
10 institucionais, não se esgota nelas. É tempo de voltar ao
    filósofo Espinosa e imaginar a democracia como uma
    potencialidade do social, que, se de um lado exige a criação
13 de formas e de configurações legais e institucionais, por
    outro não permite parar. A democratização no século XX
    não se limitou à extensão de direitos políticos e civis. O tema
16 da igualdade atravessou, com maior ou menor força, as
    chamadas sociedades ocidentais.

Renato Lessa. Democracia em debate. In: **Revista Cult**,
n.º 137, ano 12, jul./2009, p. 57 (com adaptações).

(CESPE) Com base nas estruturas linguísticas e nas relações argumentativas do texto acima, julgue o item a seguir.

(1) Depreende-se da argumentação do texto que o autor considera as instituições como as únicas "características fixas" (l.8-9) aceitáveis de "democracia" (l.1 e 7).

1: incorreta, pois o autor é categórico ao afirmar que a democracia não pode ser reduzida a "características fixas". Pretende, com sua argumentação, demonstrar que o conceito de democracia não prescinde das instituições, mas vai além delas.
Gabarito: 1E

O valor da vida é de tal magnitude que, até mesmo nos momentos mais graves, quando tudo parece perdido dadas as condições mais excepcionais e precárias — como nos conflitos internacionais, na hora em que o direito da força se instala negando o próprio Direito, e quando tudo é paradoxal e inconcebível —, ainda assim a intuição humana tenta protegê-lo contra a insânia coletiva, criando regras que impeçam a prática de crueldades inúteis.

Quando a paz passa a ser apenas um instante entre dois tumultos, o homem tenta encontrar nos céus do amanhã uma aurora de salvação. A ciência, de forma desesperada, convoca os cientistas a se debruçarem sobre as mesas de seus laboratórios, na procura de meios salvadores da vida. Nas salas de conversação internacionais, mesmo entre intrigas e astúcias, os líderes do mundo inteiro tentam se reencontrar com a mais irrecusável de suas normas: o respeito pela vida humana.

Assim, no âmago de todos os valores, está o mais indeclinável de todos eles: a vida humana. Sem ela, não existe a pessoa humana, não existe a base de sua identidade. Mesmo diante da proletária tragédia de cada homem e de cada mulher, quase naufragados na luta desesperada pela sobrevivência do dia a dia, ninguém abre mão do seu direito de viver. Essa consciência é que faz a vida mais que um bem: um valor.

A partir dessa concepção, hoje, mais ainda, a vida passa a ser respeitada e protegida não só como um bem afetivo ou patrimonial, mas pelo valor ético de que ela se reveste. Não se constitui apenas de um meio de continuidade biológica, mas de uma qualidade e de uma dignidade que faz com que cada um realize seu destino de criatura humana.

Internet: <http://www.dhnet.org.br>.
Acesso em: ago./2004 (com adaptações).

(CESPE) Com base no texto acima, julgue os itens a seguir.

(1) O texto estrutura-se de forma argumentativa em torno de uma ideia fundamental e constante: a vida humana como um bem indeclinável.

(2) O primeiro parágrafo discorre acerca da valorização da existência e da necessidade de proteção da vida contra a insânia coletiva, por intermédio de normas de convivência que impeçam a prática de crueldades inúteis, principalmente em épocas de graves conflitos internacionais, quando o direito da força contrapõe-se à força do Direito e quando a situação se apresenta paradoxal e inconcebível.

(3) No segundo parágrafo, estão presentes as ideias de que a paz é ilusória, não passando de um instante apenas de trégua entre dois tumultos, e de que, para mantê-la, os cientistas se desdobram à procura de fórmulas salvadoras da humanidade e os líderes mundiais se encontram para preservar o respeito recíproco.

(4) No penúltimo parágrafo, encontra-se uma redundância: a afirmação de que o soberano dos valores é a vida humana, sem a qual não existe a pessoa humana, sequer a sua identidade.

(5) O comprometimento ético para com a humanidade é defendido no último parágrafo do texto, que discorre acerca da vida não só como um meio de continuidade biológica, mas como a responsável pelo destino da criatura humana.

1: correta. A estrutura argumentativa, própria dos textos dissertativos, é aquela que pretende convencer o leitor por meio de argumentos, científicos ou emotivos, de que o autor tem razão. No caso, busca-se sacramentar que a vida humana, ainda que diante das arbitrariedades e crueldades dos conflitos, é um bem maior e deve ser sempre protegido; 2: correta. A assertiva parafraseia, sem perda de conteúdo, o que consta do primeiro parágrafo; 3: incorreta. Na verdade, o parágrafo expõe que, apesar da paz ser transitória durante os períodos de conflito, ainda assim o ser humano, espontaneamente ou contrariado, não deixa de buscar formas de salvar vidas ou evitar mais perdas humanas; 4: correta. Ocorre redundância (ou pleonasmo) quando verificamos que a conclusão ou o objeto da frase é uma obviedade. Naturalmente, sem a vida humana, não se pode falar em pessoa humana; 5: incorreta. Não se conclui no texto que a vida é a responsável pelo destino da criatura humana, mas sim que a ética que a reveste o é.

Gabarito 1C, 2C, 3E, 4C, 5E

Os novos sherlocks

1   Dividida basicamente em dois campos, criminalística e medicina legal, a área de perícia nunca esteve tão na moda. Seus especialistas volta e meia estão no
4   noticiário, levados pela profusão de casos que requerem algum tipo de tecnologia na investigação. Também viraram heróis de seriados policiais campeões de audiência.
7   Nos EUA, maior produtor de programas desse tipo, o sucesso é tão grande que o horário nobre, chamado de prime time, ganhou o apelido de crime time. Seis das dez séries de
10 maior audiência na TV norte-americana fazem parte desse filão.
    Pena que a vida de perito não seja tão fácil e
13 glamorosa como se vê na TV. Nem todos utilizam aquelas lanternas com raios ultravioleta para rastrear fluidos do corpo humano nem as canetas com raio laser que traçam a
16 trajetória da bala. "Com o avanço tecnológico, as provas técnicas vêm ampliando seu espaço no direito brasileiro, principalmente na área criminal", declara o presidente da
19 OAB/SP, mas, antes disso, já havia peritos que recorriam às mais diversas ciências para tentar solucionar um crime.
    Na divisão da polícia brasileira, o pontapé inicial da
22 investigação é dado pelo perito, sem a companhia de legistas, como ocorre nos seriados norte-americanos. Cabe a ele examinar o local do crime, fazer o exame externo da vítima,
25 coletar qualquer tipo de vestígio, inclusive impressões digitais, pegadas e objetos do cenário, e levar as evidências para análise nos laboratórios forenses.

Pedro Azevedo. **Folha Imagem**, ago./2004 (com adaptações).

(CESPE) A respeito do texto acima, julgue os itens subsequentes.

(1) De acordo com o presidente da OAB/SP, as provas técnicas têm sido ampliadas, principalmente na área criminal, com o avanço tecnológico no espaço do direito brasileiro.

(2) Está explícita no último parágrafo do texto a seguinte relação de causa e consequência: o perito examina o local do crime, faz o exame externo da vítima e coleta qualquer tipo de vestígio porque precisa levar as evidências para análise nos laboratórios forenses.

1: incorreta. A paráfrase não equivale ao trecho original. A assertiva dá a entender que foi o avanço tecnológico que ganhou espaço no direito brasileiro, sendo que o entrevistado afirma que a prova técnica ganhou espaço, por conta do avanço tecnológico; 2: incorreta, porque a relação está implícita. O texto, puramente, não trata como uma relação de causa e consequência, porque "levar as evidências para análise" também é uma de suas atribuições e não o objetivo delas. A relação causal é uma dedução possível, resultado do exercício de interpretação.

Gabarito 1E, 2E

Texto

1   A maioria dos comentários sobre crimes ou se
    limitam a pedir de volta o autoritarismo ou a culpar a
    violência do cinema e da televisão, por excitar a
4   imaginação criminosa dos jovens. Poucos pensam que
    vivemos em uma sociedade que estimula, de forma
    sistemática, a passividade, o rancor, a impotência, a
7   inveja e o sentimento de nulidade nas pessoas. Não
    podemos interferir na política, porque nos ensinaram a
    perder o gosto pelo bem comum; não podemos tentar
10 mudar nossas relações afetivas, porque isso é assunto de
    cientistas; não podemos, enfim, imaginar modos de viver
    mais dignos, mais cooperativos e solidários, porque isso
13 é coisa de "obscurantista, idealista, perdedor ou ideólogo
    fanático", e o mundo é dos fazedores de dinheiro.
        Somos uma espécie que possui o poder da
16 imaginação, da criatividade, da afirmação e da
    agressividade. Se isso não pode aparecer, surge, no lugar,
    a reação cega ao que nos impede de criar, de colocar no
19 mundo algo de nossa marca, de nosso desejo, de nossa
    vontade de poder. Quem sabe e pode usar — com
    firmeza, agressividade, criatividade e afirmatividade —
22 a sua capacidade de doar e transformar a vida, raramente
    precisa matar inocentes, de maneira bruta. Existem mil
    outras maneiras de nos sentirmos potentes, de nos
25 sentirmos capazes de imprimir um curso à vida que não
    seja pela força das armas, da violência física ou da evasão
    pelas drogas, legais ou ilegais, pouco importa.

Jurandir Freire Costa. In: **Quatro autores em busca do Brasil**. Rio de Janeiro: Rocco, 2000, p. 43 (com adaptações).

(CESPE) Acerca das ideias do texto acima, julgue os seguintes itens.

(1) Muitos acreditam que a censura aos meios de comunicação seria uma forma de reduzir a violência entre jovens.

(2) A argumentação do texto põe em confronto atitudes possíveis: uma que se caracteriza por passividade e impotência, outra, por resistência criativa.

(3) O trecho "Não podemos (...) dinheiro" (ℓ.7-14) apresenta exemplificações que funcionam como argumentos para a afirmação do período que o antecede.

(4) Infere-se do texto que o autor culpa a violência do cinema e da televisão pela disseminação da violência nos dias atuais.

(5) De acordo com as ideias defendidas no texto, as formas positivas de dar sentido à vida e experimentar a sensação de poder vinculam-se à maneira como se usa a capacidade de doação e de transformação.

1: correta. É o que se pode deduzir, em interpretação *a contrario sensu*, dos fatos expostos no primeiro parágrafo; 2: correta. A passividade é exposta nos primeiros parágrafos, resumindo o ideal da maioria de que não podemos interferir nos grandes temas sociais. A "resistência criativa" é descrita a partir da linha 20, ao dizer que podemos usar nossas características humanas como armas para nos sentirmos potentes, sem precisar da violência gratuita; 3: correta. Os exemplos esclarecem o argumento do autor sobre a razão da passividade da maioria das pessoas; 4: incorreta. Ao contrário, os argumentos expostos evidenciam que, para o autor, culpar o cinema e a televisão é evitar olhar sobre o real problema: a passividade das pessoas; 5: correta. Para o autor, apenas pelo uso daquilo que nos faz humanos é que podemos lutar, positivamente, contra a passividade e dar sentido à vida.

Gabarito 1C, 2C, 3C, 4E, 5C

Um desafio cotidiano

Recentemente me pediram para discutir os desafios políticos que o Brasil tem pela frente. Minha primeira dúvida foi se eles seriam diferentes dos de ontem.

Os problemas talvez sejam os mesmos, o país é que mudou e reúne hoje mais condições para enfrentá-los que no passado. A síntese de minhas conclusões é que precisamos prosseguir no processo de democratização do país.

Kant dizia que a busca do conhecimento não tem fim. Na prática, democracia, como um ponto final que uma vez atingido nos deixa satisfeitos e por isso decretamos o fim da política, não existe. Existe é democratização, o avanço rumo a um regime cada vez mais inclusivo, mais representativo, mais justo e mais legítimo. E quais as condições objetivas para tornar sustentável esse movimento de democratização crescente?

Embora exista forte correlação entre desenvolvimento e democracia, as condições gerais para sua sustentação vão além dela. O grau de legitimidade histórica, de mobilidade social, o tipo de conflitos existentes na sociedade, a capacidade institucional para incorporar gradualmente as forças emergentes e o desempenho efetivo dos governos são elementos cruciais na sustentação da democratização no longo prazo.

Nossa democracia emergente não tem legitimidade histórica. Esse requisito nos falta e só o alcançaremos no decorrer do processo de aprofundamento da democracia, que também é de legitimação dela.

Uma parte importante desse processo tem a ver com as relações rotineiras entre o poder público e os cidadãos. Qualquer flagrante da rotina desse relacionamento arrisca capturar cenas explícitas de desrespeito e pequenas ou grandes tiranias. As regras dessa relação não estão claras. Não existem mecanismos acessíveis de reclamação e desagravo.

(CESPE) Com relação às ideias do texto, julgue os seguintes itens.

(1) O autor considera que o modelo de democracia do Brasil não resolverá os problemas políticos do país.

(2) Um regime democrático caracteriza-se pela existência de um processo contínuo de busca pela legitimidade, justiça, representatividade e inclusão.

(3) Democracia é uma das condições de sustentação do desenvolvimento, mas não a única.

(4) Enquanto não houver mecanismos acessíveis de reclamação e desagravo, as relações entre poder público e cidadãos não serão regidas por meio de regras claras.

(5) De acordo com o desenvolvimento da argumentação, o pedido estabelecido no primeiro período do texto, e que deu origem ao ensaio, não pode ser atendido, razão pela qual o texto não é conclusivo.

1: incorreta. O autor aponta que o modelo de democracia no país realmente tem problemas históricos, mas conclui que somente a continuidade do processo de democratização é que poderá resolver nossos problemas políticos; 2: correta. É o que se infere das lições de Kant expostas no terceiro parágrafo; 3: correta. O autor elenca, ainda, "o grau de legitimidade histórica, de mobilidade social, o tipo de conflitos existentes na sociedade, a capacidade institucional para incorporar gradualmente as forças emergentes e o desempenho efetivo dos governos" como condições de sustentação do desenvolvimento; 4: correta. Essa relação pode ser extraída dos dois últimos períodos do texto; 5: incorreta. O autor apresenta suas conclusões sobre o pedido realizado. O que ocorre é uma determinação do ponto de vista a ser abordado, adaptando a pergunta à realidade percebida pelo autor.

Gabarito 1E, 2C, 3C, 4C, 5E

(CESPE) Com relação às ideias do texto, julgue os seguintes itens.
(1) A decretação do "fim da política" (l. 9) traria, como consequência, a satisfação dos praticantes da democracia – representantes e representados.
(2) A ideia de "democracia" está para um produto acabado assim como "democratização" está para um processo.
(3) Relações entre poder público e cidadãos incluem-se no processo de aprofundamento e legitimação da democracia.
(4) Cenas explícitas de desrespeito aos cidadãos têm como causa imediata a emergência de nossa democracia histórica.
(5) Não havendo busca do conhecimento como sustentação histórica, não há democracia e, consequentemente, não há política.

1: incorreta. O autor destaca que a democracia não é um valor realizável em si mesmo. O contínuo processo de democratização é que traz melhorias e vantagens para o povo; 2: correta. Isso pode ser inferido do texto, destacando a impossibilidade de se atingir esse "produto acabado"; 3: correta. Segundo o autor, tais relações são parte integrante do processo de democratização; 4: incorreta. Tal conclusão não é possível a partir da leitura do texto. No máximo, a pouca idade de nossa democracia é um fator indireto, mediato, do desrespeito aos direitos humanos pelo poder público, interação que deve ser melhorada dentro do processo de democratização; 5: incorreta. A busca do conhecimento, no conceito kantiano, é citado como instrumento de retórica para sustentar o argumento que vem em seguida (tal qual a busca do conhecimento, o processo de democratização também não tem um fim). Ela não se relaciona com a existência ou inexistência da democracia e da política. Ademais, há outros sistemas políticos diferentes da democracia, não sendo essa, portanto, seu pressuposto.

Gabarito 1E, 2C, 3C, 4E, 5E

A Revolução Industrial provocou a dissociação entre dois pensamentos: o científico e tecnológico e o humanista. A partir do século XIX, a liberdade do homem começa a ser identificada com a eficiência em dominar e transformar a natureza em bens e serviços. O conceito de liberdade começa a ser sinônimo de consumo. Perde importância a prática das artes e consolidam-se a ciência e a tecnologia. Relega-se a preocupação ética. A procura da liberdade social se faz sem considerar-se sua distribuição. A militância política passa a ser tolerada, mas como opção pessoal de cada um.

Essa ruptura teve o importante papel de contribuir para a revolução do conhecimento científico e tecnológico. A sociedade humana se transformou, com a eficiência técnica e a consequente redução do tempo social necessário à produção dos bens de sobrevivência.

O privilégio da eficiência na dominação da natureza gerou, contudo, as distorções hoje conhecidas: em vez de usar o tempo livre para a prática da liberdade, o homem reorganizou seu projeto e refez seu objetivo no sentido de ampliar o consumo. O avanço técnico e científico, de instrumento da liberdade, adquiriu autonomia e passou a determinar uma estrutura social opressiva, que servisse ao avanço técnico e científico. A liberdade identificou-se com a ideia de consumo. Os meios de produção, que surgiram no avanço técnico, visam ampliar o nível dos meios de produção.

Graças a essa especialização e priorização, foi possível obter-se o elevado nível do potencial de liberdade que o final do século XX oferece à humanidade. O sistema capitalista permitiu que o homem atingisse as vésperas da liberdade em relação ao trabalho alienado, às doenças e à escassez. Mas não consegue permitir que o potencial criado pela ciência e tecnologia seja usado com a eficiência desejada.

(Cristovam Buarque. **Na fronteira do futuro**. Brasília: EDUnB, 1989, p. 13; com adaptações)

(CESPE) Julgue os itens abaixo, relativos às ideias do texto acima.
(1) O conceito de "liberdade" é tomado como sinônimo de consumo e de eficiência no domínio e na transformação da natureza em bens e serviços.
(2) O autor sugere que o sistema capitalista apresenta a seguinte correlação: quanto mais tempo livre, mais consumo, mais lazer e menos opressão.
(3) Depreende-se do primeiro parágrafo que a ética foi abolida a partir do século XIX.
(4) No segundo parágrafo, a expressão "Essa ruptura" retoma e resume a ideia central do parágrafo anterior.
(5) O emprego da expressão "as vésperas da liberdade" (l. 29) sugere que a humanidade ainda não atingiu a liberdade desejada.

1: correta. É correta tal correspondência entre as ideias apresentadas no primeiro parágrafo; 2: incorreta. Ao contrário, o autor coloca as distorções geradas pelo esforço do homem em dominar a natureza: aumentar o consumo tornou-se o grande objetivo, mesmo em detrimento do uso do tempo livre para a prática da liberdade; 3: incorreta. A ética não foi abolida. Diz o autor, apenas, que ela deixou de ser uma preocupação em face do crescente desejo de consumo; 4: correta. A ruptura em questão é a dissociação do pensamento científico-tecnológico do humanista; 5: correta. "Véspera" é o dia anterior. O autor quis dizer que estamos muito próximos à liberdade, mas ainda não chegamos a ela.

Gabarito 1C, 2E, 3E, 4C, 5C

É voz corrente que a humanidade está vivendo um momento de crise. A excessiva exaltação dos objetivos econômicos, com a eleição dos índices de crescimento como o padrão de sucesso ou fracasso dos governos, estimulou a valorização exagerada da busca de bens materiais.

Isso foi agravado pela utilização dos avanços tecnológicos para estimular o consumismo e apresentar maliciosamente a posse de bens materiais supérfluos como padrão de sucesso individual. A consequência última desse processo foi a implantação do materialismo e do egoísmo na convivência humana, sufocando-se os valores espirituais, a ética e a solidariedade.

Dalmo Dallari. Internet: <dhnet.org.br/direitos/sos/
discrim/preconceito/policiais.html>.

(CESPE) Assinale a opção que **não** está de acordo com as ideias do texto acima.

(A) A crise que a humanidade está vivendo envolve o abafamento de valores espirituais, da ética e da solidariedade.
(B) A busca de bens materiais provém da excessiva valorização dos índices de crescimento como padrão de sucesso das nações.
(C) O consumismo foi estimulado por meio dos avanços tecnológicos que apresentam os bens materiais como forma de sucesso individual.
(D) O processo de valorização exagerada dos bens materiais atenua a manifestação do egoísmo na convivência entre as pessoas.

A única alternativa que não está de acordo com o disposto no texto é a letra "D", que deve ser assinalada. Com efeito, o texto exalta justamente o contrário: que a valorização da posse de bens materiais é responsável pelo surgimento do egoísmo na sociedade.
Gabarito "D".

(CESPE) A dimensão social da democracia marcou o primeiro grande salto na conceituação dos direitos humanos. A afirmação dos direitos sociais surgiu da constatação da fragilidade dos direitos liberais, no sentido de que o homem, a favor do qual se proclamavam liberdades políticas, não satisfez ainda necessidades primárias: alimentar-se, vestir-se, morar, ter condições de saúde, ter segurança diante da doença, da velhice, do desemprego e de outros percalços da vida.

Idem, ibidem (com adaptações).

Assinale a opção que está de acordo com as ideias do texto acima.

(A) Do primeiro salto na definição dos direitos humanos decorre o caráter social da democracia.
(B) A fragilidade dos direitos liberais constitui a dimensão social da democracia.
(C) A afirmação dos direitos sociais proveio da constatação de que o homem, para o qual se propunha o direito à liberdade, ainda não havia conquistado suas necessidades primárias.
(D) Alimentar-se, vestir-se, morar, ter saúde, ter segurança diante dos percalços da vida foram os primeiros direitos humanos a serem requeridos na história.

A: incorreta. O caráter social da democracia não é a causa do primeiro salto na definição dos direitos humanos, mas sua principal característica; B: incorreta, pois, segundo o autor do texto, a fragilidade dos direitos liberais foi a causa da afirmação dos direitos sociais, não sendo sinônimos; C: correta, uma vez que o autor expõe a contraposição dos direitos liberais e dos direitos sociais, pois este nasceram da insuficiência daqueles; D: incorreta. O autor define os direitos sociais como o "primeiro grande salto na conceituação dos direitos humanos", deixando claro que estes já eram reconhecidos, mas não ainda em sua completa extensão. "Salto", no texto, tem o sentido de "avanço".
Gabarito "C".

Texto para a questão seguinte.

As mudanças e transformações globais nas estruturas políticas e econômicas no mundo contemporâneo colocam em relevo as questões de identidade e as lutas pela afirmação e manutenção das identidades nacionais e étnicas. Mesmo que o passado que as identidades atuais reconstroem seja, sempre, apenas imaginado, ele proporciona alguma certeza em um clima que é de mudança, fluidez e crescente incerteza. As identidades em conflito estão localizadas no interior de mudanças sociais, políticas e econômicas, mudanças para as quais elas contribuem.

Tomaz Tadeu da Silva (Org.). Stuart Hall e Kathryn Woodward.
Identidade e diferença — A perspectiva dos estudos culturais.
Petrópolis: Vozes, 2004, p. 24-5 (com adaptações).

(CESPE) A argumentação textual se apoia na ideia de que

(A) as transformações globais decorrem de conflitos de identidades nacionais e étnicas.
(B) as lutas pela afirmação e manutenção das estruturas globais são necessárias.
(C) as identidades atuais padecem de incerteza porque são apenas imaginadas.
(D) as identidades não são fixas e integram as mudanças sociais e políticas.
(E) as lutas pelas transformações sociais são o conflito de identidades.

A: incorreta. Segundo o autor do texto, aumenta-se a atenção sobre as identidades nacionais e étnicas por conta das transformações, não o contrário; B: incorreta, pois o autor em momento algum destaca a necessidade de conflitos; C: incorreta. O argumento esposado é de que o passado no qual se fundam as identidades atuais é imaginado, mas mesmo assim é um horizonte fixo em tempos de incerteza; D: correta, sendo um resumo da ideia geral proposta no texto. As identidades nacionais mudam com o tempo, visto que o passado é sempre imaginado, e contribuem para as mudanças sociais e políticas; E: incorreta. O autor não coloca os eventos como sinônimos, mas sim como complementares.
Gabarito "D".

```
1   As mudanças na economia global têm produzido
    uma dispersão das demandas ao redor do mundo. Isso ocorre
    não apenas em termos de bens e serviços, mas também de
4   mercados de trabalho. A migração dos trabalhadores não é,
    obviamente, nova, mas a globalização está estreitamente
    associada à aceleração da migração. E a migração produz
7   identidades plurais, mas também identidades contestadas,
    em um processo que é caracterizado por grandes
    desigualdades em termos de desenvolvimento. Nesse
10  processo, o fator de expulsão dos países pobres é mais forte
    que o fator de atração das sociedades pós-industriais e
    tecnologicamente avançadas.
```

Idem, ibidem, p. 21 (com adaptações).

(CESPE) Assinale a opção correspondente a relação de causa e efeito que se depreende da argumentação do texto acima.

(A) A migração dos trabalhadores tem como causa a aceleração dos movimentos de globalização.
(B) A formação de identidades plurais provoca mais resistência dos trabalhadores às mudanças na economia global.
(C) A migração gera desigualdade de desenvolvimento e confronto entre países pobres e ricos.
(D) A dispersão das demandas ao redor do mundo acelera a migração e a constituição de identidades plurais.
(E) A atração que sociedades tecnologicamente avançadas exercem sobre os migrantes acarreta a expulsão de trabalhadores dos países pobres.

O autor do texto argumenta que as mudanças na economia são um fator de aceleração na migração de mão de obra. Atesta que ela (a migração) aconteceria de qualquer maneira, mas não na velocidade permitida pela globalização. Aduz, ainda, que a miscigenação de culturas cria identidades plurais e, ao mesmo tempo, desequilíbrio de desenvolvimento, porque os países pobres tendem a exportar mais trabalhadores do que os países ricos conseguem absorver. A única alternativa que resume perfeitamente a ideia é a "D".

Gabarito "D".

Texto para as três questões seguintes.

Brinkmanship

1   Em 1964, o cineasta Stanley Kubrick lançava o filme Dr. Strangelove. Nele, um oficial norte-americano ordena um bombardeio nuclear à União Soviética e comete suicídio em seguida, levando consigo o código para cancelar o bombardeio.
     O presidente norte-americano busca o governo soviético na esperança de convencê-lo de que o evento foi um acidente e, por isso,
4   não deveria haver retaliação. É, então, informado de que os soviéticos implementaram uma arma de fim do mundo (uma rede de bombas nucleares subterrâneas), que funcionaria automaticamente quando o país fosse atacado ou quando alguém tentasse desacioná-la. O Dr. Strangelove, estrategista do presidente, aponta uma falha: se os soviéticos dispunham de tal arma, por que
7   a guardavam em segredo? Por que não contar ao mundo? A resposta do inimigo: a máquina seria anunciada na reunião do partido na segunda-feira seguinte.
     Pode-se analisar a situação criada no filme sob a ótica da Teoria dos Jogos: uma bomba nuclear é lançada pelo país
10   A ao país B. A política de B consiste em revidar qualquer ataque com todo o seu arsenal, o qual pode destruir a vida no planeta, caso o país seja atacado. O raciocínio que leva B a adotar tal política é bastante simples: até o país mais fraco do mundo está seguro se criar uma máquina de destruição do mundo, ou seja, ao ter sua sobrevivência seriamente ameaçada, o país destrói o
13   mundo inteiro (ou, em seu modo menos drástico, apenas os invasores). Ao elevar os custos para o país invasor, o detentor dessa arma garante sua segurança. O problema é que de nada adianta um país possuir tal arma em segredo. Seus inimigos devem saber de sua existência e acreditar na sua disposição de usá-la. O poder da máquina do fim do mundo está mais na intimidação do que
16   em seu uso.
     O conflito nuclear fornece um exemplo de uma das conclusões mais surpreendentes a que se chega com a Teoria dos Jogos. O economista Thomas Schelling percebeu que, apesar de o sucesso geralmente ser atribuído a maior inteligência,
19   planejamento, racionalidade, entre outras características que retratam o vencedor como superior ao vencido, o que ocorre, muitas vezes, é justamente o oposto. Até mesmo o poder de um jogador, considerado, no senso comum, como uma vantagem, pode atuar contra seu detentor.
22   Schelling denominou *brinkmanship* (de *brink*, extremo) a estratégia de deliberadamente levar uma situação às suas consequências extremas.
     Um exemplo usado por Schelling é o bem conhecido jogo do frango, que consiste em dois indivíduos acelerarem seus
25   carros na direção um do outro em rota de colisão; o primeiro a virar o volante e sair da pista é o perdedor.
Se ambos forem reto, os dois jogadores pagam o preço mais alto com sua vida. No caso de os dois desviarem, o jogo termina em empate. Se um desviar e o outro for reto, o primeiro será o frango, e o segundo, o vencedor. Schelling propôs que um
28   participante desse jogo retire o volante de seu carro e o atire para fora, fazendo questão de mostrá-lo a todas as pessoas presentes. Ao outro jogador caberia a decisão de desistir ou causar uma catástrofe. Um jogador racional optaria pelo que lhe causasse menos perdas, sempre perdendo o jogo.

Fabio Zugman. **Teoria dos jogos**. Internet: <www.iced.org.br> (com adaptações).

(CESPE) Assinale a opção correta com relação às ideias do texto e às palavras e expressões nele empregadas.

(A) Se o trecho "não deveria haver retaliação" (ℓ.4) estivesse flexionado no plural, a forma verbal "deveria" teria de ser substituída por deveriam.
(B) O período "É então (...) desacioná-la" (ℓ.4-6) esclarece que a informação dada ao presidente norte-americano era falsa.
(C) Nas linhas 5 e 6, as orações introduzidas por "quando" permitem uma leitura em que são interpretadas como condição para que a "arma de fim do mundo" (ℓ.4) funcione automaticamente.
(D) No texto, não há como se identificar o sujeito da oração "Por que não contar ao mundo?" (ℓ.7).
(E) O complemento da palavra "inimigo" (ℓ.7) está subentendido, artifício que evidencia que o autor do texto assumiu a perspectiva norte-americana segundo a qual a União Soviética é inimiga.

A: incorreta. O verbo "dever", no caso, é usado como auxiliar do verbo "haver" que, por estar empregado no sentido de "existir", é impessoal e não deve ser flexionado. Consequentemente, o seu auxiliar também permanece como está; B: incorreta. O trecho relata a forma de funcionamento da arma; C: correta. O pronome "quando" foi utilizado no mesmo sentido de "se"; D: incorreta. O sujeito está implícito e pode ser inferido do texto: os soviéticos; E: incorreta. O autor do texto não assumiu qualquer posição. Ao relatar o filme de Stanley Kubrick, ele o faz da mesma perspectiva que o personagem principal, um estrategista americano.
Gabarito "C".

(CESPE) Com relação às ideias e às estruturas linguísticas do texto, assinale a opção correta.

(A) No trecho "lançada pelo país A ao país B" (ℓ.9-10), a substituição de "ao" por "no" altera o significado do texto, mas não a sua correção gramatical.
(B) O trecho "adotar tal política" (ℓ.11) tem, no texto, o sentido de "destruir a vida no planeta" (ℓ.10).
(C) Os "custos" a que o narrador se refere na linha 13 são os de se construir "uma arma de fim do mundo" (ℓ.4).
(D) No trecho "denominou brinkmanship (de brink, extremo) a estratégia" (ℓ.22), o "a" deveria levar a marca gráfica de crase.
(E) A pontuação do texto permaneceria correta se, no trecho "o primeiro a virar o volante e sair da pista é o perdedor" (ℓ.25), fosse inserida uma vírgula logo após a palavra "pista".

A: correta. O verbo lançar pode reger tanto a preposição "a", indicando o lançamento em determinada direção (ex.: "lancei o papel ao lixo"), como a preposição "em", hipótese em que indica um lançamento sobre algo ou alguém (ex.: "lancei a bola nele"); B: incorreta. A "política" adotada é a de "revidar qualquer ataque com todo seu arsenal"; C: incorreta, pois os "custos" são as perdas de vidas humanas; D: incorreta. "Denominar" é verbo transitivo direto, cujo complemento, portanto, não deve ser preposicionado. Se não há preposição, não há crase; E: incorreta. A oração "O primeiro a virar o volante e sair da pista" é sujeito da oração "é o perdedor" e não se separa com vírgula o sujeito do verbo.
Gabarito "A".

(CESPE) Com base no texto, assinale a opção correta.

(A) Infere-se da leitura do texto que os soviéticos estavam a ponto de disparar a "arma de fim do mundo".
(B) As expressões "o primeiro a virar o volante e sair da pista perde" e "quem virar o volante e sair da pista perde" estabeleceriam a mesma regra descrita no penúltimo parágrafo do texto para determinar o resultado do jogo do frango.
(C) Conclui-se da leitura do texto que, em 1964, a capacidade nuclear da União Soviética era menor do que a norte-americana.
(D) De acordo com a teoria de Schelling, a situação narrada no filme terminaria com a derrota soviética, se o governo daquele país se comportasse como um ser racional.
(E) Segundo o texto, um oficial norte-americano propôs o emprego da estratégia denominada brinkmanship para desmoralizar politicamente o governo da União Soviética.

A: incorreta. Não se pode inferir tal conclusão. O texto narra que os soviéticos alegavam possuir uma "arma de fim do mundo", mas que sua existência chegava mesmo a ser questionada pelos americanos; B: incorreta, porque a segunda expressão não estabelece uma ordem para que o evento aconteça, possibilitando a interpretação de que qualquer dos competidores que sair da pista perde, independentemente se o fez em primeiro ou segundo lugar; C: incorreta. Os soviéticos tentavam, justamente, provar o contrário: que tinham poder nuclear suficiente para deflagrar o fim do mundo; D: correta. Uma vez determinado o bombardeio americano e sem chances de abortá-lo (por conta da morte do oficial), racionalmente caberia à União Soviética não revidar, porque seu contra-ataque mataria todos, inclusive eles mesmos; E: incorreta. Não houve essa proposição dentro do evento hipotético narrado. A teoria do "brinkmanship" aparece como explicação dos possíveis resultados dentro da situação-limite apresentada.
Gabarito "D".

Texto para as duas questões seguintes.

O jargão

1 Nenhuma figura é tão fascinante quanto o Falso
   Entendido. É o cara que não sabe nada de nada, mas sabe
   o jargão. E passa por autoridade no assunto. Um
4 refinamento ainda maior da espécie é o tipo que não sabe
   nem o jargão. Mas inventa.
   — Ó Matias, você, que entende de mercado de
7 capitais...
   — Nem tanto, nem tanto...
   (Uma das características do Falso Entendido é
10 a falsa modéstia.)
   — Você, no momento, aconselharia que tipo de
   aplicação?
13 — Bom. Depende do yield pretendido, do
   throwback e do ciclo refratário. Na faixa de papéis top
   market — ou o que nós chamamos de topi-marque —, o
16 throwback recai sobre o repasse e não sobre o release,
   entende?
   — Francamente, não.
18 Aí o Falso Entendido sorri com tristeza e abre
   os braços como quem diz: "É difícil conversar com
   leigos...".
21 Uma variação do Falso Entendido é o sujeito
   que sempre parece saber mais do que ele pode dizer. A
   conversa é sobre política, os boatos cruzam os ares, mas
24 ele mantém um discreto silêncio. Até que alguém pede a
   sua opinião e ele pensa muito antes de se decidir a
   responder:

27 — Há muito mais coisa por trás disso do que
    vocês pensam...
    Ou então, e esta é mortal:
30 — Não é tão simples assim...
    Faz-se aquele silêncio que precede as grandes
    revelações, mas o falso informado não diz nada. Fica
32 subentendido que ele está protegendo as suas fontes em
    Brasília.
    E há o Falso que interpreta. Para ele, tudo o que
35 acontece deve ser posto na perspectiva de vastas
    transformações históricas que só ele está sacando.
    — O avanço do socialismo na Europa ocorre
38 em proporção direta ao declínio no uso de gordura
    animal nos países do Mercado Comum. Só não vê quem
    não quer.
41 E, se alguém quer mais detalhes sobre a sua
    insólita teoria, ele vê a pergunta como manifestação de
    uma hostilidade bastante significativa a interpretações
44 não ortodoxas, e passa a interpretar os motivos de quem
    o questiona, invocando a Igreja medieval, os grandes
    hereges da história, e vocês sabiam que toda a Reforma
47 se explica a partir da prisão de ventre de Lutero?

Luis Fernando Verissimo. **As mentiras que os homens contam**.
Rio de Janeiro: Objetiva, 2000 (com adaptações).

(CESPE) Com base no texto, julgue os itens a seguir.

I. A substituição de "nem" (l.5) por "sequer" não altera essencialmente o significado do texto nem prejudica a sua correção gramatical.
II. A oração "que entende de mercado de capitais..." (l.6-7) é uma oração restritiva e restringe a referência de "Matias" (l.6).
III. No texto, o sentido de "Francamente, não" (l.18) é o mesmo de "Não entendo de maneira franca".
IV. A expressão "ciclo refratário" (l.14) é um exemplo de nonsense usado pelo "Falso Entendido".
V. Pela leitura de "É difícil conversar com leigos" (l.20-21), conclui-se que o "Falso Entendido" (l.9) não se considera um leigo.

A quantidade de itens certos é igual a

(A) 1.
(B) 2.
(C) 3.
(D) 4.
(E) 5.

I: correta. Ambas as expressões são sinônimas; II: incorreta. Trata-se de oração subordinada adjetiva explicativa, pois dá mais detalhes em relação aos conhecimentos de Matias; III: incorreta. "Francamente" pode ser substituído por "sendo franco", "sendo honesto". "Não entendo de maneira franca" significa que a pessoa não conhece abertamente o assunto, mas apenas parte dele; IV: correta. "Nonsense" é estrangeirismo que significa "palavra ou raciocínio sem sentido"; V: correta, exatamente por isso que ele é chamado pelo autor de falso entendido.
Gabarito "C".

(CESPE) Com base no texto, julgue os itens abaixo.

I. Com base no período "Fica subentendido que ele está protegendo as suas fontes em Brasília" (l.33-35), conclui-se que o "falso informado" (l.33) em questão foi instado a emitir uma opinião sobre a política brasiliense.
II. Não há elementos no texto, para além daqueles apresentados pelo "Falso que interpreta" (l.36), que corroborem a ideia de que o socialismo avança na Europa.
III. Segundo o que defende o "Falso que interpreta" (l.36), se o uso de gordura animal nos países do Mercado Comum Europeu diminui, o socialismo avança na Europa.
IV. A palavra "insólita" (l.44) tem o sentido de normal ou comum.
V. A pergunta expressa nas linhas 48 e 49 pressupõe que o narrador do texto acredita que toda a Reforma se explica a partir da prisão de ventre de Lutero.

A quantidade de itens certos é igual a

(A) 1.
(B) 2.
(C) 3.
(D) 4.
(E) 5.

I: incorreta. A menção a Brasília é feita para indicar a elevada percepção que os interlocutores têm sobre o alcance das informações do Falso Entendido, não que a conversa se refira expressamente a Brasília; II: correta. Salvo o absurdo argumento invocado, não há qualquer outra indicação no texto sobre o avanço do socialismo; III: correta. Se considerarmos que o argumento do Falso Entendido é verdade, a alternativa expressa corretamente o seu sentido; IV: incorreta. "Insólita" significa "extraordinário", "incrível", "incomum"; V: incorreta. A pergunta é lançada para causar surpresa ao leitor, dando ares humorísticos ao texto, porque o autor passa a se comportar como um falso entendido após criticar a conduta deste.
Gabarito "B".

Texto para as três questões seguintes.

1 O poema nasce do espanto, e o espanto decorre
   do incompreensível. Vou contar uma história: um dia,
   estava vendo televisão e o telefone tocou. Mal me ergui
4 para atendê-lo, o fêmur de uma das minhas pernas roçou
   o osso da bacia. Algo do tipo já acontecera antes? Com
   certeza. Entretanto, naquela ocasião, o atrito dos ossos
7 me espantou. Uma ocorrência explicável, de súbito,
   ganhou contornos inexplicáveis. Quer dizer que sou
   osso? — refleti, surpreso. Eu sou osso? Osso pergunta?
10 A parte que em mim pergunta é igualmente osso? Na
   tentativa de elucidar os questionamentos despertados
   pelo espanto, eclode um poema. Entende agora por que
13 demoro 10, 12 anos para lançar um novo livro de poesia?
   Porque preciso do espanto. Não determino o instante de
   escrever: hoje vou sentar e redigir um poema. A poesia
16 está além de minha vontade. Por isso, quando me
   indagam se sou Ferreira Gullar, respondo: às vezes.

Ferreira Gullar. **Bravo**, mar./2009 (com adaptações).

(CESPE) Assinale a opção correta a respeito do texto.

(A) Pelo desenvolvimento do texto, depreende-se que, segundo Ferreira Gullar, o poema tem origem no desconhecido.

(B) Infere-se do texto que um atrito de ossos como o descrito nas linhas de 3 a 7 já havia causado espanto a Ferreira Gullar antes.
(C) Infere-se do texto que, para Ferreira Gullar, aquilo que, usualmente, é denominado espiritual se reduz ao plano material.
(D) Segundo o texto, Ferreira Gullar só experimenta o espanto poético a cada 10 ou 12 anos.
(E) Está explícito no texto que Ferreira Gullar é um nome fictício.

A: correta. É exatamente a mensagem passada por Ferreira Gullar ao relatar sua experiência poética; B: incorreta. Ao contrário, o próprio autor comenta que tal situação é corriqueira, mas naquele momento especial causou-lhe espanto; C: incorreta. Ferreira Gullar não explica a experiência poética através dos planos espiritual e material, mas entre o corriqueiro e o espantoso, entre o explicável e o incompreensível; D: incorreta. A menção ao intervalo de tempo é feita para justificar a demora de se ter tantos "espantos poéticos" para compor um livro de poesias; E: incorreta. O texto não autoriza essa interpretação. Ao dizer que é Ferreira Gullar somente às vezes, significa que expressa seu lado poético apenas quando o lirismo exsurge, independentemente de sua vontade.
Gabarito "A".

(CESPE) Com relação às estruturas linguísticas e às ideias do texto, assinale a opção correta.

(A) No trecho "Mal me ergui para atendê-lo," (l.3-4), o autor informa que se ergueu incorretamente.
(B) Em "Uma ocorrência explicável, de súbito, ganhou contornos inexplicáveis" (l.7-8), a expressão "de súbito" modifica o adjetivo "explicável".
(C) De acordo com o texto, são afirmativas as respostas para todas as perguntas contidas em "Quer dizer que sou osso? (...). Eu sou osso? Osso pergunta? A parte que em mim pergunta é igualmente osso?" (l.8-10).
(D) Infere-se do texto que o episódio do atrito dos ossos (l.3-5) tornou-se deflagrador de um processo poético.
(E) O trecho "Não determino o instante de escrever: hoje vou sentar e redigir um poema" (l.14-15) contradiz o argumento de Ferreira Gullar de que a poesia está além de sua vontade (l.15-16).

A: incorreta. O advérbio "mal" não se refere ao verbo "erguer", mas traz a ideia de tempo, equivalente a: "havia acabado de me erguer (...)"; B: incorreta. "De súbito" é locução adverbial de tempo, equivalente a "de repente", não se ligando ao adjetivo "inexplicável"; C: incorreta. As perguntas são ilações filosóficas que acabarão culminando em um poema, não havendo respostas corretas para elas, quer positivas, quer negativas; D: correta. A história é usada como um exemplo da necessidade de Ferreira Gullar de passar por algo espantoso ou inexplicável para escrever; E: incorreta. O trecho após os dois-pontos tem função de aposto, explicando o que seria "o instante de escrever", que, segundo o autor, não acontece com ele.
Gabarito "D".

(CESPE) Assinale a opção que apresenta um título que melhor resume o tópico desenvolvido no texto.

(A) Como extrair do cotidiano um episódio surpreendente
(B) O óbvio nunca é óbvio
(C) O indivíduo são indivíduos
(D) Poesia não é inspiração
(E) A poesia surge do espanto

O título deve relacionar-se com a ideia desenvolvida no texto. O único que o faz com perfeição é "A poesia surge do espanto", fato que Ferreira Gullar explica com exemplos e experiências vividas como poeta. Os demais fogem a esse argumento principal, não se relacionando com os tópicos abordados.
Gabarito "E".

1   É essencial que as autoridades revejam as providências referentes ao tratamento e à custódia de todos os presos, a fim de assegurar que os mesmos sejam tratados com humanidade
4   e em conformidade com a legislação brasileira e o conjunto de princípios da Organização das Nações Unidas (ONU) sobre proteção de todo indivíduo sob qualquer forma de detenção ou
7   reclusão, as regras mínimas da ONU sobre o tratamento de prisioneiros e o artigo 10 do Acordo Internacional sobre os Direitos Civis e Políticos (ICCPR), que reza que todo
10   indivíduo privado de liberdade deve ser tratado com humanidade e respeito pela dignidade inerente à pessoa humana.

Anistia Internacional. **Tortura e maus-tratos no Brasil**, 2001, p. 72 (com adaptações).

(CESPE) Tendo o texto acima por referência e considerando o tema por ele tratado, julgue os itens seguintes.

(1) A expressão "dignidade inerente à pessoa humana" (ℓ.11-12) pode ser interpretada como: qualquer pessoa, pelo simples fato de se tratar de um ser humano, possui valor essencial e intrínseco que exige e merece respeito.
(2) A lei brasileira, como a de quase todos os países, não aplica o conceito de direitos humanos a prisioneiros que tenham cometido crimes violentos.
(3) Na tentativa de reverter os crescentes níveis de violência dos dias de hoje, o sistema penitenciário brasileiro está sendo modernizado e já é considerado modelo, uma vez que oferece altos níveis de segurança e conforto para os detentos.

1: correta. "Dignidade" é sinônimo de "respeito", "decência". Logo, a dignidade da pessoa decorre de sua natureza humana e, como tal, merecedora de respeito pelos demais; 2: incorreta. O Brasil é signatário de diversos tratados internacionais sobre direitos humanos e nenhum deles, dada o absurdo sugerido, determina a exclusão de qualquer pessoa, sob qualquer razão, de sua proteção; 3: incorreta. Infelizmente, falta muito para que as unidades prisionais brasileiras possam servir de modelo. O que vemos, na verdade, são locais insalubres, superlotados e sem qualquer segurança para os presos ou para os servidores públicos e cidadãos que por eles transitam.
Gabarito: 1C, 2E, 3E.

1   Falar em direitos humanos no Brasil é falar de lutas sociais que se desenrolam em uma sociedade que carrega marcas históricas de desmandos, violências, arbitrariedades,
4   desigualdades e injustiças. Os resultados não poderiam ser outros, senão o quadro de violações aos direitos humanos que permeiam as relações sociais em praticamente toda a sociedade
7   brasileira e que atingem com maior brutalidade as populações empobrecidas e socialmente excluídas.

O importante avanço institucional que conquistamos
10   com o fim do ciclo totalitário, a redemocratização do país e a volta das instituições democráticas, não foi acompanhado de correspondente avanço no que se refere aos direitos

13 econômicos, sociais e culturais. Perpetuam-se no Brasil os modelos econômicos que aprofundam o escandaloso quadro de concentração de renda e contrastes sociais. O agravamento da
16 situação de desesperança de nosso povo, atingido duramente pela exclusão social, pela falência dos serviços públicos e pela violência crescente, seja no campo seja nas grandes cidades,
19 exige da sociedade civil brasileira uma atuação consciente, transformadora e efetiva.

Internet: <http://www.mndh.org/br/asp> (com adaptações).

(CESPE) Considerando o texto acima como referência e tendo em vista o que ele aborda, julgue os itens que se seguem.

(1) A Constituição de 1988, claramente identificada com a defesa dos direitos sociais e individuais, é exemplo significativo daquilo que o texto chama de "importante avanço institucional que conquistamos com o fim do ciclo totalitário" (ℓ.9-10).
(2) De acordo com o texto, as flagrantes desigualdades existentes no Brasil são recentes, frutos do processo de urbanização e industrialização que o país veio a conhecer no século XX.
(3) O Plano Real, embora tenha obtido importante vitória sobre uma inflação descontrolada, não conseguiu promover o fim da concentração de renda e dos elevados contrastes sociais.

1: correta. A Constituição de 1988, apelidada de "Constituição-cidadã", é um marco importante na evolução dos direitos humanos no Brasil, principalmente se considerarmos que ela representa a ruptura com o sistema político anterior, pautado no totalitarismo e no desrespeito sumário aos direitos humanos; 2: incorreta. O texto expõe que o desrespeito aos direitos humanos no Brasil data do início de sua história, toda ela marcada por "desmandos, violências, arbitrariedades, desigualdades e injustiças"; 3: correta. A má distribuição de renda ainda é uma mácula na crescente economia brasileira, situação que nem mesmo o Plano Real, bem sucedido em sua proposta de conter a inflação, pôde resolver.

Gabarito 1C, 2E, 3C

1 A adoção, pela Assembleia Geral das Nações Unidas, da Declaração Universal dos Direitos Humanos, em 1948, constitui o principal marco no desenvolvimento
4 da ideia contemporânea de direitos humanos. Os direitos inscritos nessa Declaração constituem um conjunto indissociável e interdependente de direitos individuais e
7 coletivos, civis, políticos, econômicos, sociais e culturais, sem os quais a dignidade da pessoa humana não se realiza por completo. A Declaração transformou-se, nesta última
10 metade de século, em uma fonte de inspiração para a elaboração de diversas cartas constitucionais e tratados internacionais voltados à proteção dos direitos humanos.
13 Esse documento, chave do nosso tempo, tornou-se um autêntico paradigma ético a partir do qual se pode medir e contestar a legitimidade de regimes e governos.
16 Os direitos ali inscritos constituem hoje um dos mais importantes instrumentos de nossa civilização, visando assegurar um convívio social digno, justo e pacífico.

Internet: <http://www.direitoshumanos.usp.br/dhbrasil/pndh>(com adaptações).

(CESPE) Com base no texto acima e considerando o tema por ele focalizado, julgue os itens subsequentes.
(1) O termo "Esse documento" (ℓ.13) refere-se a "tratados internacionais" (ℓ.11-12).
(2) A palavra "paradigma" (ℓ.14) está sendo utilizada com o sentido de conjunto dos termos substituíveis entre si em uma mesma posição dentro da estrutura a que pertencem.
(3) Entre outros fatores, as atrocidades cometidas na Segunda Guerra Mundial levaram governos e sociedades a se preocuparem com a adoção de princípios considerados fundamentais à dignidade humana, entre os quais os chamados direitos humanos.
(4) Com a chancela da ONU, os direitos humanos foram incorporados pela legislação de todos os países do mundo, cujos governos a eles foram obrigados a se submeter.

1: incorreta. "Esse documento" refere-se a "A Declaração"; 2: incorreta. "Paradigma", no trecho, é utilizada no sentido de "padrão", "exemplo"; 3: correta. A Segunda Guerra Mundial foi um dos fatores preponderantes para o avanço do reconhecimento dos direitos humanos pelo mundo; 4: incorreta. Ainda há países que não respeitam integralmente os direitos humanos consagrados na Declaração Universal dos Direitos Humanos. Isso porque o Direito Internacional não tem poder de coagir os Estados a adotar, em suas legislações, os princípios adotados nos tratados. Basta que um país não queira assiná-lo que nenhum outro país, nem mesmo a ONU, possa suplantar sua soberania e obrigá-lo a aplicar as diretrizes estabelecidas.

Gabarito 1E, 2E, 3C, 4E

Autobiografia desautorizada

1 Olá! Meu nome não é Fidalgo. Fidalgo é meu sobrenome. O nome é Luiz Antonio Alves. Minhas atividades como cidadão comum... não sei se isso interessa,
4 mas... vai lá: sou funcionário público. Trabalho (e como trabalho) com análise de impressões digitais, ou seja, sou um papiloscopista (nesse momento o computador
7 fez aquele serrilhadinho vermelho embaixo da palavra "papiloscopista"). Tudo bem, a palavra ainda não consta no dicionário interno do mané.
10 Bom, com base nas minhas atividades artísticas, pode-se dizer que eu sou um poeta curitibano. Não fui eu quem disse isso. Vejam bem, existe um livro intitulado
13 Antologia de Poetas Contemporâneos do Paraná, II Concurso Helena Kolody. Pois eu estou nesse livro, juntamente com três poemas que, por causa do tamanho
16 diminuto, lembram um *hai-kai*.
Pois é, fechada essa questão de eu já poder ser tratado como um poeta curitibano, quero dizer que agora
19 estou estreando como contista, digo microcontista, uma vez que se trata de um livro com miniestórias chamadas por mim (talvez exageradamente) de microcontos.

Luiz Antonio A. **Fidalgo**. Autobiografia desautorizada.
Internet: <www.curitiba.pr.gov.br> (com adaptações).

(CESPE) Julgue os itens a seguir, referentes ao texto acima.
(1) As expressões "Olá!" (ℓ.1) e "Vejam bem" (ℓ.12) indicam que o autor está se dirigindo ao leitor.
(2) A palavra "Autobiografia", no título do texto, indica que o autor está falando a respeito da vida de uma terceira pessoa.

(3) A palavra "Fidalgo" (ℓ.1) é formada a partir da expressão filho de algo e costuma ser usada no português como sinônima de nobre.

(4) O termo "mané" (ℓ.9) faz referência aos cidadãos comuns de que trata o texto.

(5) Em vez de "Não fui eu quem disse isso" (ℓ.11-12), estaria igualmente correto escrever "Não fui eu aquele que disse isso."

(6) A partir da leitura do texto, é possível concluir que um "hai-kai" (ℓ.16) é um tipo de poema que se caracteriza pelo tamanho pequeno.

(7) A palavra "microcontista" (ℓ.19) também poderia ter sido grafada corretamente com hífen (micro-contista).

1: correta. Trata-se da função fática da linguagem; **2:** incorreta. O prefixo "auto" indica que o termo seguinte refere-se a própria pessoa, como em "autorretrato"; **3:** correta; **4:** incorreta. "Mané", no trecho, foi usado em tom pejorativo, com o sentido de "tolo", "burro"; **5:** correta. Na oração, "quem" tem valor de prenome demonstrativo, sendo perfeitamente possível sua substituição por "aquele"; **6:** correta. O autor compara seus poemas a um "hai-kai", colocando como semelhança o tamanho diminuto, pequeno; **7:** incorreta. Quando prefixo termina com vogal e o termo principal começa com consoante, não se admite o uso do hífen.
Gabarito 1C, 2E, 3C, 4E, 5C, 6C, 7E

Papiloscopista quer esclarecer profissão

1   O Sindicato dos Profissionais da Ciência da Papiloscopia realiza amanhã palestras de conscientização sobre o trabalho desses profissionais, que comemoram em
4   cinco de fevereiro o seu dia.
     De acordo com a presidente do sindicato, Lucicleide do Espírito Santo Moraes, apesar de desenvolver atividades
7   essenciais nas áreas civil e criminal, o papiloscopista não é um profissional reconhecido pela população.
     A maioria das pessoas não sabe, diz ela, que o
10   profissional da papiloscopia realiza desde a expedição da carteira de identidade e atestado de antecedentes, até perícias para a identificação da autoria de delitos e também dos
13   cadáveres que são levados ao Instituto Médico Legal. É o papiloscopista que busca e pesquisa as impressões digitais que são fundamentais para desvendar crimes. "A população
16   necessita diariamente desse serviço, mas em geral ela desconhece o profissional que o realiza", observa Lucicleide Moraes.

Internet: <www.diariodecuiaba.com.br> (com adaptações).

(CESPE) Com referência aos aspectos semânticos e gramaticais do texto acima, julgue o item que se segue.

(1) Segundo o texto, o fato de a população desconhecer o profissional que presta serviços de papiloscopia justifica a realização de palestra de conscientização.

1: correta, pois tal fato pode ser inferido do texto.
Gabarito 1C

---

2. ORTOGRAFIA/ ACENTUAÇÃO

1   Leio que a ciência deu agora mais um passo definitivo.
    E claro que o definitivo da ciência e transitório, e não por deficiência da ciência (e ciência demais), que se supera a si
4   mesma a cada dia... Não indaguemos para que, ja que a própria ciência não o faz — o que, alias, e a mais moderna forma de objetividade de que dispomos.
7   Mas vamos ao definitivo transitório. Os cientistas afirmam que podem realmente construir agora a bomba limpa. Sabemos todos que as bombas atômicas fabricadas ate hoje são
10 sujas (alias, imundas) porque, depois que explodem, deixam vagando pela atmosfera o ja famoso e temido estrôncio 90. Ora, isso e desagradável: pode mesmo acontecer que o próprio
13 pais que lançou a bomba venha a sofrer, a longo prazo, as conseqüências mortíferas da proeza. O que e, sem duvida, uma sujeira.
16 Pois bem, essas bombas indisciplinadas, mal-educadas, serão em breve substituídas pelas bombas *n*, que cumprirão sua missão com lisura: destruirão o inimigo,
19 sem riscos para o atacante. Trata-se, portanto, de uma fabulosa conquista, não?

Ferreira Gullar. *Maravilha*. In: *A estranha vida banal*. Rio de Janeiro: José Olympio, 1989, p. 109.

(Polícia Rodoviária Federal – 2013 – CESPE) No que se refere aos sentidos e as estruturas linguísticas do texto acima, julgue os itens a seguir.

(1) A forma verbal "podem" (L.8) está empregada no sentido de *têm autorização*.

(2) O emprego do acento nas palavras "ciência" e "transitório" justifica-se com base na mesma regra de acentuação.

1: incorreta. O verbo conjugado "podem" foi usado no sentido de "conseguem", "têm aptidão"; **2:** correta. Ambas são paroxítonas terminadas em ditongo crescente.
Gabarito 1E, 2C

Colisão entre caminhão e carro deixa 4 mortos em Pernambuco

Ana Lima Freitas – Texto adaptado

Uma colisão, na qual um caminhão foi de encontro a um carro, deixou 4 pessoas mortas e 2 feridas na noite desta terça-feira na cidade de Salgueiro, a 530 km do Recife, no sertão de Pernambuco. Entre as vítimas fatais, estavam engenheiros responsáveis pela construção da Ferrovia Transnordestina.

Segundo informações da Polícia Rodoviária Federal, o caminhão com placa do Rio Grande do Norte, o qual a Polícia recolheu ao depósito, colidiu com o carro, um veículo Gol, com placa do Ceará. Dos 4 ocupantes do Gol, 3 morreram. Entre eles estavam engenheiros responsáveis pela construção da Ferrovia Transnordestina. O motorista do caminhão também morreu no local do acidente. Ao Hospital Regional de Salgueiro as vítimas do referido acidente foram levadas.

<http://noticias.terra.com.br/transito/interna>.
Acesso em: 26 ago. 2009.

(Policial Rodoviário Federal – 2009 – FUNRIO) Reescrevendo-se trechos do texto, indicados entre parênteses, há correção ortográfica no item

(A) "Uma colisão,..., há 530 km do Recife." (linhas 1 e 2)

(B) "O motorista do caminhão também falesceu no local do acidente" (linhas 6 e 7)

(C) "...um caminhão foi de encontro a um veículo..." (linha 1)
(D) "Entre eles estavam proficionais responsáveis" (linhas 5 e 6)
(E) "Segundo relatorios da Polícia Rodoviária Federal" (linha 4)

A: incorreta. Para indicarmos distâncias, usamos a preposição "a" e não "há", do verbo haver ("a 530 km do Recife"); B: incorreta. A ortografia correta é "faleceu"; C: correta. Todas as palavras estão grafadas corretamente; D: incorreta. O certo é "profissionais"; E: incorreta. A palavra "relatórios" leva acento agudo.

Gabarito "C".

(Policial Rodoviário Federal – 2009 – FUNRIO) No afã de manter a elegância textual e a correção na utilização dos tempos e ortografia verbais, policial em rodovia diz a um companheiro de trabalho: "Na rodovia, ... com .... e agilidade quando .... pessoas que necessitem de seu auxílio".

O item que completará adequadamente o período selecionado é:

(A) haja, descrição, ver.
(B) aja, descrição, vir.
(C) haja, discrição, ver.
(D) aja, discrição, vir.
(E) aja, discrição, ver.

A frase, para fazer sentido, precisa ser complementada, respectivamente, com "aja" (do verbo "agir"), discrição (com "i") e "vir"(conjugação do futuro do subjuntivo do verbo "ver").

Gabarito "D".

"Arrumar o homem"

(Dom Lucas Moreira Neves. **Jornal do Brasil**, Jan. 1997)

Não boto a mão no fogo pela autenticidade da estória que estou para contar. Não posso, porém, duvidar da veracidade da pessoa de quem a escutei e, por isso, tenho-a como verdadeira. Salva-me, de qualquer modo, o provérbio italiano: "Se não é verdadeira... é muito graciosa!"

Estava, pois, aquele pai carioca, engenheiro de profissão, posto em sossego, admitido que, para um engenheiro, é sossego andar mergulhado em cálculos de estrutura. Ao lado, o filho, de 7 ou 8 anos, não cessava de atormentá-lo com perguntas de todo jaez, tentando conquistar um companheiro de lazer.

A ideia mais luminosa que ocorreu ao pai, depois de dez a quinze convites a ficar quieto e a deixá-lo trabalhar, foi a de pôr nas mãos do moleque um belo quebra-cabeça trazido da última viagem à Europa. "Vá brincando enquanto eu termino esta conta". sentencia entre dentes, prelibando pelo menos uma hora, hora e meia de trégua. O peralta não levará menos do que isso para armar o mapa do mundo com os cinco continentes, arquipélagos, mares e oceanos, comemora o pai-engenheiro.

Quem foi que disse hora e meia? Dez minutos depois, dez minutos cravados, e o menino já o puxava triunfante: "Pai, vem ver!" No chão, completinho, sem defeito, o mapa do mundo.

Como fez, como não fez? Em menos de uma hora era impossível. O próprio herói deu a chave da proeza: "Pai,

você não percebeu que, atrás do mundo, o quebra-cabeça tinha um homem? Era mais fácil. E quando eu arrumei o homem, o mundo ficou arrumado!"

"Mas esse garoto é um sábio!", sobressaltei, ouvindo a palavra final. Nunca ouvi verdade tão cristalina: "Basta arrumar o homem (tão desarrumado quase sempre) e o mundo fica arrumado!"

Arrumar o homem é a tarefa das tarefas, se é que se quer arrumar o mundo.

(Policial Rodoviário Federal – 1998 – CESPE) ... por nas mãos do moleque um belo quebra-cabeça...; o substantivo quebra-cabeça forma o plural de modo idêntico a um dos substantivos abaixo:

(A) guarda-chuva;
(B) tenente-coronel;
(C) terça-feira;
(D) ponto-de-vista;
(E) caneta-tinteiro.

O plural de quebra-cabeça é "quebra-cabeças". Palavras compostas que têm um verbo como primeiro elemento formam o plural apenas no segundo elemento. Portanto, "guarda-chuvas" (correta a alternativa "A"), "tenentes-coronéis", "terças-feiras", "pontos de vista" (após o novo Acordo Ortográfico não há mais hífen!) e "canetas-tinteiros".

Gabarito "A".

(Policial Rodoviário Federal – 1998 – CESPE) O item em que o vocábulo destacado tem seu sinônimo corretamente indicado é:

(A) Salva-me, de qualquer modo, o <u>provérbio</u> italiano... – citação;
(B) ...com perguntas de todo <u>jaez</u>... – tipo;
(C) ...tentando conquistar um companheiro de <u>lazer</u>. – aventuras;
(D) ...<u>prelibando</u> pelo menos uma hora... – desejando;
(E) o <u>peralta</u> não levará menos do que isso... – revolucionário.

A: incorreta. "Provérbio" é um "ditado popular"; B: correta. As palavras realmente são sinônimas; C: incorreta. "Lazer" é sinônimo de "diversão"; D: incorreta. "Prelibar" significa "prever"; E: incorreta. "Peralta" é o mesmo que "levado", "brincalhão".

Gabarito "B".

(Policial Rodoviário Federal – 1998 – CESPE) ...pôr nas mãos do moleque um belo quebra-cabeça...; a palavra pôr leva acento gráfico pela mesma razão que nos leva a acentuar:

(A) você;
(B) têm;
(C) pára;
(D) nó;
(E) pôde.

A: incorreta. "Você" leva acento por ser oxítona terminada em "e"; B: incorreta. O acento circunflexo da conjugação da terceira pessoa do plural do presente do indicativo do verbo "ter", "têm", leva acento circunflexo para indicar que houve uma aglutinação de duas vogais "e" (ao invés de "teem", escrevemos "têm"); C: correta, mas com ressalva. Com o adiamento da exigência do Novo Acordo Ortográfico, o candidato deve sempre ter atenção sobre a regra que será cobrada segundo o edital. No caso dessa questão, considerando as antigas regras de acentuação, o verbo "pôr" leva acento diferencial para não se confundir com a preposição "por", da mesma forma que a conjugação "pára", do verbo "parar", para não ser confundida com a preposição "para". Ocorre que, com o Novo Acordo Ortográfico, **alguns** (não todos!) acentos diferenciais foram suprimidos, entre eles o do verbo "pára". "Pôr" continua levando acento diferencial, mas, pelas novas regras, a questão não teria resposta correta; D: incorreta. "Nó" é acentuado por ser monossílabo tônico terminado em "o"; E: incorreta. O acento circunflexo de "pôde" tem valor sonoro, para indicar que a pronúncia da vogal "o" é fechada, diferente do que acontece em "pode" (sem acento).

Gabarito "C".

(CESPE) Os interesses econômicos das grandes potências aconselharam o encorajamento das **reivindicações**(1) dos trabalhadores, em todo o mundo. Era preciso evitar que países onde as forças sindicais eram **débeis**(2) fizessem concorrência industrial aos países onde essas forças eram mais ativas. Era preciso impedir a **vil**(3) remuneração da mão de obra operária, em **prejuízo**(4) das economias então dominantes. Assim, razões extremamente estreitas e egoístas geraram a contradição de contribuir para o avanço do movimento operário, em escala mundial.

Idem, ibidem (com adaptações).

Assinale a opção em que o número apresentado corresponde à palavra do texto acima cuja grafia não está de acordo com as normas da língua padrão.

(A) 1.
(B) 2.
(C) 3.
(D) 4.

A única palavra que está grafada em desacordo com as normas da língua padrão é a de número 1, pois o correto é "reivindicações". Portanto, a alternativa "A" deve ser assinalada.

Gabarito "A".

Brinkmanship

1 Em 1964, o cineasta Stanley Kubrick lançava o filme Dr. Strangelove. Nele, um oficial norte-americano ordena um bombardeio nuclear à União Soviética e comete suicídio em seguida, levando consigo o código para cancelar o bombardeio.

O presidente norte-americano busca o governo soviético na esperança de convencê-lo de que o evento foi um acidente e, por isso,
4 não deveria haver retaliação. É, então, informado de que os soviéticos implementaram uma arma de fim do mundo (uma rede de bombas nucleares subterrâneas), que funcionaria automaticamente quando o país fosse atacado ou quando alguém tentasse desacioná-la. O Dr. Strangelove, estrategista do presidente, aponta uma falha: se os soviéticos dispunham de tal arma, por que
7 a guardavam em segredo? Por que não contar ao mundo? A resposta do inimigo: a máquina seria anunciada na reunião do partido na segunda-feira seguinte.

Pode-se analisar a situação criada no filme sob a ótica da Teoria dos Jogos: uma bomba nuclear é lançada pelo país
10 A ao país B. A política de B consiste em revidar qualquer ataque com todo o seu arsenal, o qual pode destruir a vida no planeta, caso o país seja atacado. O raciocínio que leva B a adotar tal política é bastante simples: até o país mais fraco do mundo está seguro se criar uma máquina de destruição do mundo, ou seja, ao ter sua sobrevivência seriamente ameaçada, o país destrói o
13 mundo inteiro (ou, em seu modo menos drástico, apenas os invasores). Ao elevar os custos para o país invasor, o detentor dessa arma garante sua segurança. O problema é que de nada adianta um país possuir tal arma em segredo. Seus inimigos devem saber de sua existência e acreditar na sua disposição de usá-la. O poder da máquina do fim do mundo está mais na intimidação do que
16 em seu uso.

O conflito nuclear fornece um exemplo de uma das conclusões mais surpreendentes a que se chega com a Teoria dos Jogos. O economista Thomas Schelling percebeu que, apesar de o sucesso geralmente ser atribuído a maior inteligência,
19 planejamento, racionalidade, entre outras características que retratam o vencedor como superior ao vencido, o que ocorre, muitas vezes, é justamente o oposto. Até mesmo o poder de um jogador, considerado, no senso comum, como uma vantagem, pode atuar contra seu detentor.

22 Schelling denominou *brinkmanship* (de *brink*, extremo) a estratégia de deliberadamente levar uma situação às suas consequências extremas.

Um exemplo usado por Schelling é o bem conhecido jogo do frango, que consiste em dois indivíduos acelerarem seus
25 carros na direção um do outro em rota de colisão; o primeiro a virar o volante e sair da pista é o perdedor.
Se ambos forem reto, os dois jogadores pagam o preço mais alto com sua vida. No caso de os dois desviarem, o jogo termina em empate. Se um desviar e o outro for reto, o primeiro será o frango, e o segundo, o vencedor. Schelling propôs que um
28 participante desse jogo retire o volante de seu carro e o atire para fora, fazendo questão de mostrá-lo a todas as pessoas presentes. Ao outro jogador caberia a decisão de desistir ou causar uma catástrofe. Um jogador racional optaria pelo que lhe causasse menos perdas, sempre perdendo o jogo.

Fabio Zugman. Teoria dos jogos. Internet: <www.iced.org.br> (com adaptações).

(CESPE) O sentido geral do texto acima e a sua correção gramatical seriam mantidos caso se substituísse a expressão "no senso comum" (ℓ.20) por

(A) geralmente.
(B) apressadamente.
(C) aproximadamente.
(D) erroneamente.
(E) precipuamente.

A única palavra que representa um sinônimo de "no senso comum" é "geralmente", devendo ser assinalada a alternativa "A". "Apressadamente"

é derivado de "pressa", "rapidez"; "aproximadamente" é derivado de "próximo", "a curta distância"; "erroneamente" é derivado de "erro", "equívoco"; "precipuamente" é derivado de "precípuo", "principal".
Gabarito "A".

Papiloscopista quer esclarecer profissão

1   O Sindicato dos Profissionais da Ciência da
    Papiloscopia realiza amanhã palestras de conscientização
    sobre o trabalho desses profissionais, que comemoram em
4   cinco de fevereiro o seu dia.
        De acordo com a presidente do sindicato, Lucicleide
    do Espírito Santo Moraes, apesar de desenvolver atividades
7   essenciais nas áreas civil e criminal, o papiloscopista não é
    um profissional reconhecido pela população.
        A maioria das pessoas não sabe, diz ela, que o
10 profissional da papiloscopia realiza desde a expedição da
    carteira de identidade e atestado de antecedentes, até perícias
    para a identificação da autoria de delitos e também dos
13 cadáveres que são levados ao Instituto Médico Legal. É o
    papiloscopista que busca e pesquisa as impressões digitais
    que são fundamentais para desvendar crimes. "A população
16 necessita diariamente desse serviço, mas em geral ela
    desconhece o profissional que o realiza", observa Lucicleide
    Moraes.
        Internet: <www.diariodecuiaba.com.br> (com adaptações).

(CESPE) Com referência aos aspectos semânticos e gramaticais do texto acima, julgue os itens que se seguem.

(1) A palavra "Ciência" é acentuada pelo mesmo motivo que a palavra "perícias".

(2) A palavra "delitos" deve ser interpretada como transgressões, desrespeito às leis e pode ser tomada como sinônima de "crimes".

1: correta. Ambas são acentuadas por serem paroxítonas terminadas em ditongo crescente; 2: correta. "Delito" e "crime", tanto no léxico quanto em seu sentido jurídico, são sinônimos.
Gabarito 1C, 2C.

3. COESÃO TEXTUAL

Colisão entre caminhão e carro deixa 4 mortos em Pernambuco

Ana Lima Freitas – Texto adaptado

Uma colisão, na qual um caminhão foi de encontro a um carro, deixou 4 pessoas mortas e 2 feridas na noite desta terça-feira na cidade de Salgueiro, a 530 km do Recife, no sertão de Pernambuco. Entre as vítimas fatais, estavam engenheiros responsáveis pela construção da Ferrovia Transnordestina.
Segundo informações da Polícia Rodoviária Federal, o caminhão com placa do Rio Grande do Norte, o qual a Polícia recolheu ao depósito, colidiu com o carro, um veículo Gol, com placa do Ceará. Dos 4 ocupantes do Gol, 3 morreram. Entre eles estavam engenheiros responsáveis pela construção da Ferrovia Transnordestina. O motorista do caminhão também morreu no local do acidente. Ao Hospital Regional de Salgueiro as vítimas do referido acidente foram levadas.

<http://noticias.terra.com.br/transito/interna>.
Acesso: em 26 ago. 2009.

(Policial Rodoviário Federal – 2009 – FUNRIO) Em relação à manutenção da coesão e coerência do trecho "Ao Hospital Regional de Salgueiro as vítimas do referido acidente foram levadas", pode-se afirmar que

(A) há manutenção da coesão e coerência textuais desfavorecidas pelo emprego da voz passiva.

(B) é sujeito paciente o termo "as vítimas", como comprova a concordância de "serem levadas".

(C) realizando os ajustes necessários, a expressão "foram levadas" seria erroneamente substituída por levaram-se.

(D) há inversão da ordem direta da oração, ocasionando incoerência textual e ambiguidade.

(E) é incoerência textual alocar adjunto adverbial no início do período construído na voz passiva.

A: incorreta. Não houve qualquer prejuízo à coerência ou coesão textuais pelo simples emprego da voz passiva; B: correta. A oração está na voz passiva analítica, sendo "as vítimas" o paciente que, portanto, deve concordar com a locução verbal "serem levadas"; C: incorreta. Ao realizar a substituição, estaríamos somente transformando a oração da voz passiva analítica para a voz passiva sintética conforme as regras gramaticais; D: incorreta. Há, sim, inversão na ordem direta (segundo a qual o adjunto adverbial deveria ficar no final da oração), porém sem qualquer prejuízo à coerência e sem gerar ambiguidade; E: incorreta. A inversão da posição do adjunto adverbial é recurso estilístico comum, mesmo na voz passiva, que não gera qualquer incoerência.
Gabarito "B".

1   Houve uma época em que os homens viviam bem mais
    próximos do céu. E o céu, dos homens. Imagine um mundo sem
    luz elétrica, esparsamente povoado, um mundo praticamente
4   sem tecnologia, fora os arados dos campos e os metais das
    ferramentas e das espadas. Nesse mundo, o céu tinha um
    significado muito diferente do que tem hoje. A sobrevivência das
7   pessoas dependia de sua regularidade e clemência.
        Olhar para os céus e aprender seus ciclos era o único
    modo de marcar a passagem do tempo. Logo ficou claro que o
10 céu tinha dois temperamentos: um, bem-comportado, repetitivo,
    como o nascer e o pôr do Sol a cada dia, as quatro fases da Lua
    e as quatro estações do ano; outro, imprevisível, rebelde e
13 destruidor, o senhor das tempestades e dos furacões, dos
    estranhos cometas, que atravessavam lentamente os céus com
    sua luz fantasmagórica, e dos eclipses totais do Sol, quando dia
16 virava noite e as estrelas e os planetas faziam-se visíveis e o Sol
    tingia-se de um negro profundo.
        Os céus eram mágicos, a morada dos deuses.
19 O significado da vida e da morte, a previsão do futuro, o destino
    dos homens, tanto dos líderes quanto de seus súditos, estavam
    escritos nos astros. Fenômenos celestes inesperados eram
22 profundamente temidos. Entre eles, os eclipses eram dos piores:
    se os deuses podiam apagar o Sol por alguns minutos,
    certamente poderiam fazê-lo permanentemente.

Marcelo Gleiser. O céu de Ulisses.
In: **Folha de S.Paulo**, 6/6/2008, p. 9.

(Policial Rodoviário Federal – 2008 – CESPE) Assinale a opção correta a respeito de elementos de coesão do texto.

(A) No período "E o céu, dos homens" (*ℓ*. 2), a vírgula foi empregada para indicar a oposição dos termos "céu" e "homens".
(B) O emprego de "Naquele mundo", em vez de "Nesse mundo" (*ℓ*. 5), seria mais adequado, visto que o pronome se refere a um mundo muito remoto.
(C) Na linha 7, a referência do pronome "sua" é o termo "pessoas".
(D) Nas linhas 10 e 12, o emprego das expressões "o primeiro" e "o segundo" no lugar, respectivamente, de "um" e "outro" tornaria o texto mais claro.
(E) A expressão "fazê-lo" (*ℓ*. 24), que, no texto, tem o sentido de apagar o Sol, é recurso coesivo utilizado para se evitar a repetição de uma oração.

A: incorreta. A vírgula indica a elipse (supressão) da expressão "mais próximo", para evitar repetição; B: incorreta. O uso de "naquele" não seria correto, porque o termo indicaria um outro mundo que não esse que vivemos, mesmo se tratando de um passado remoto; C: incorreta. "Sua", nessa passagem, refere-se a "céu"; D: incorreta. Não haveria qualquer benefício ou prejuízo à clareza. O texto já está suficientemente claro; E: correta. Nesse caso, o pronome oblíquo "o" substitui toda a oração anterior para evitar sua repetição desnecessária.
Gabarito 'E'.

1   Na verdade, o que hoje definimos como democracia
    só foi possível em sociedades de tipo capitalista, mas não
    necessariamente de mercado. De modo geral, a
4   democratização das sociedades impõe limites ao mercado,
    assim como desigualdades sociais em geral não contribuem
    para a fixação de uma tradição democrática. Penso que temos
7   de refletir um pouco a respeito do que significa democracia.
    Para mim, não se trata de um regime com características
    fixas, mas de um processo que, apesar de constituir formas
10 institucionais, não se esgota nelas. É tempo de voltar ao
    filósofo Espinosa e imaginar a democracia como uma
    potencialidade do social, que, se de um lado exige a criação
13 de formas e de configurações legais e institucionais, por
    outro não permite parar. A democratização no século XX
    não se limitou à extensão de direitos políticos e civis. O tema
16 da igualdade atravessou, com maior ou menor força, as
    chamadas sociedades ocidentais.

Renato Lessa. Democracia em debate. In: **Revista Cult**,
n.º 137, ano 12, jul./2009, p. 57 (com adaptações).

(CESPE) Com base nas estruturas linguísticas e nas relações argumentativas do texto acima, julgue os itens seguintes.

(1) Seria mantida a coerência entre as ideias do texto caso o segundo período sintático fosse introduzido com a expressão "Desse modo", em lugar de "De modo geral" (*ℓ*.3).
(2) Preservam-se a correção gramatical e a coerência textual ao se optar pela determinação do substantivo "respeito" (*ℓ*.7), juntando-se o artigo definido à preposição "a", escrevendo-se "ao respeito".
(3) Em textos de normatização mais rígida do que o texto jornalístico, como os textos de documentos oficiais, a contração de preposição com artigo, como em "da igualdade" (*ℓ*.16), deve ser desfeita, devendo-se escrever "de a igualdade", para que o sujeito da oração seja claramente identificado.

1: incorreta, porque as expressões não têm significado equivalente. "De modo geral" transmite a ideia de uma visão ampla da questão, mantendo a coerência com o primeiro período, que pretende diferenciar "sociedade capitalista" de "sociedade de mercado". Já a expressão "desse modo" é restritiva, de forma que seu uso não acompanharia a pretensão do texto de refletir sobre os diversos conceitos aplicáveis à democracia; 2: incorreta. "A respeito de" é locução prepositiva, sendo o substantivo "respeito" seu integrante. Nessa situação, descabe a determinação do substantivo pelo artigo, porque não é elemento sintático autônomo do período. 3: incorreta. Não se recomenda a contração quando seu uso implicar em prejuízo na clareza da mensagem ou quando o artigo é parte integrante do termo seguinte (como ocorre, por exemplo, em "Os Sertões". O artigo definido plural é parte integrante do título da obra). No caso do texto apresentado, não se verifica nenhuma das hipóteses.
Gabarito 1E, 2E, 3E

1   A visão do sujeito indivíduo — indivisível —
    pressupõe um caráter singular, único, racional e pensante em
    cada um de nós. Mas não há como pensar que existimos
4   previamente a nossas relações sociais: nós nos fazemos em
    teias e tensões relacionais que conformarão nossas
    capacidades, de acordo com a sociedade em que vivemos.
7   A sociologia trabalha com a concepção dessa relação entre
    o que é "meu" e o que é "nosso". A pergunta que propõe
    é: como nos fazemos e nos refazemos em nossas relações
10 com as instituições e nas relações que estabelecemos com os
    outros? Não há, assim, uma visão de homem como uma
    unidade fechada em si mesma, como *Homo clausus*.
13 Estaríamos envolvidos, constantemente, em tramas
    complexas de internalização do "exterior" e, também, de
    rejeição ou negociação próprias e singulares do "exterior".
16 As experiências que o homem vai adquirindo na relação com
    os outros são as que determinarão as suas aptidões, os seus
    gostos, as suas formas de agir.

Flávia Schilling. Perspectivas sociológicas. Educação & psicologia. In: **Revista Educação**, vol. 1, p. 47 (com adaptações).

(CESPE) Julgue o seguinte item, a respeito das estruturas linguísticas e do desenvolvimento argumentativo do texto acima.

(1) Na linha 15, a flexão de plural em "próprias e singulares" estabelece relações de coesão tanto com "rejeição" quanto com "negociação" e indica que esses substantivos têm referentes distintos e não podem ser tomados como sinônimos.

1: correta. O uso do plural mantém a coesão do argumento e indica que cada palavra é usada em sentido diferente da outra, não se traduzindo em sinônimos.
Gabarito 1C

1   O uso do espaço público nas grandes cidades é um
    desafio. Sobretudo porque algumas regras básicas de boa
    convivência não são respeitadas. Por exemplo, tentar sair de
4   um vagão do metrô com a multidão do lado de fora querendo
    entrar a qualquer preço, sem esperar e dar passagem aos

demais usuários. Ou andar por ruas sujas de lixo, com fezes
de cachorro e cheiro de urina. São situações que transformam
o convívio urbano em uma experiência ruim. A saída é a
educação. Convencidos disso, empresas e governos estão
bombardeando a população com campanhas de
conscientização — e multas, quando só as advertências não
funcionarem. Independentemente da estratégia, o senso de
urgência para uma mudança de comportamento na sociedade
brasileira veio para ficar.

As iniciativas são louváveis. Caso a população,
porém, se sinta apenas punida ou obrigada a uma atitude, e
não parte da comunidade, os benefícios não se tornarão
duradouros.

Suzane G. Frutuoso. Vai doer no bolsão. In: **Istoé**,
22/7/2009, p. 74-5 (com adaptações).

(CESPE) A respeito da organização das estruturas linguísticas do texto acima e da redação de correspondências oficiais, julgue os itens subsequentes.

(1) A fragmentação sintática de ideias coordenadas, decorrente do emprego do ponto-final antes de "Sobretudo" (ℓ.2), de "Ou" (ℓ.6) e de "São situações" (ℓ.7), que é admitida em textos jornalísticos, deve ser evitada, para facilitar a objetividade e a clareza, na redação de documentos oficiais.

(2) Na relação entre as ideias do texto, subentende-se "ao" imediatamente antes de "tentar" (ℓ.3) e de "andar" (ℓ.6); por isso, a inserção de "ao" nessas posições tornaria o texto mais claro, além de manter a sua correção gramatical.

1: correto, nos termos do item 9.2.1.2 do Manual de Redação da Presidência da República, disponível em <http://www.planalto.gov.br/ccivil_03/manual/manual.htm>; 2: incorreta. O termo "ao" não está subentendido e seu uso tornaria os períodos incorretos, porque demandaria a complementação da expressão ("ao tentar sair do metrô (...), escorreguei", por exemplo)
Gabarito 1C, 2E

1 Não existem soluções mágicas, é claro, mas uma
coisa é certa: uma crise global requer soluções globais.

Se não as encontrarmos, as consequências serão desastrosas,
a começar pela morte de 2 milhões de crianças nos próximos
cinco anos. Por conta da globalização, ninguém será
poupado, especialmente aqueles que são vítimas inocentes:
as vulneráveis populações da África, por exemplo, e as
mulheres. Ela atinge todos os aspectos da sociedade:
educação, segurança alimentar, as perspectivas de
desenvolvimento da chamada economia verde etc. Ela
também fortalece o "egotismo nacionalista" e incrementa a
xenofobia. Esta crise, porém, não é apenas econômica; ela
também é uma crise moral. É uma crise institucional e
filosófica do sistema que construímos.

O mundo ruma para a incerteza? In: **Planeta**,
ago./2008, p. 51 (com adaptações).

(CESPE) Tomando por base a organização do texto acima, julgue o item que segue.

(1) Amplia-se a possibilidade de a primeira asserção do texto ser verdadeira, preservando-se a correção gramatical e a coerência entre os argumentos, ao se substituir "Não existem" (ℓ.1) por "Não devem haver".

1: incorreta. "Não devem haver" transmite a ideia de dúvida, de possibilidade de existirem "soluções mágicas", o que é refutado pelos demais argumentos, os quais sugerem uma atuação global e concreta contra a crise instalada.
Gabarito 1E

TEXTO

A Revolução Industrial provocou a dissociação entre dois pensamentos: o científico e tecnológico e o humanista. A partir do século XIX, a liberdade do homem começa a ser identificada com a eficiência em dominar e transformar a natureza em bens e serviços. O conceito de liberdade começa a ser sinônimo de consumo. Perde importância a prática das artes e consolidam-se a ciência e a tecnologia. Relega-se a preocupação ética. A procura da liberdade social se faz sem considerar-se sua distribuição. A militância política passa a ser tolerada, mas como opção pessoal de cada um.

Essa ruptura teve o importante papel de contribuir para a revolução do conhecimento científico e tecnológico. A sociedade humana se transformou, com a eficiência técnica e a consequente redução do tempo social necessário à produção dos bens de sobrevivência.

O privilégio da eficiência na dominação da natureza gerou, contudo, as distorções hoje conhecidas: em vez de usar o tempo livre para a prática da liberdade, o homem reorganizou seu projeto e refez seu objetivo no sentido de ampliar o consumo. O avanço técnico e científico, de instrumento da liberdade, adquiriu autonomia e passou a determinar uma estrutura social opressiva, que servisse ao avanço técnico e científico. A liberdade identificou-se com a ideia de consumo. Os meios de produção, que surgiram no avanço técnico, visam ampliar o nível dos meios de produção.

Graças a essa especialização e priorização, foi possível obter-se o elevado nível do potencial de liberdade que o final do século XX oferece à humanidade. O sistema capitalista permitiu que o homem atingisse as vésperas da liberdade em relação ao trabalho alienado, às doenças e à escassez. Mas não consegue permitir que o potencial criado pela ciência e tecnologia seja usado com a eficiência desejada.

(Cristovam Buarque, Na fronteira do futuro. Brasília:
EDUnB, 1989, p. 13; com adaptações)

(CESPE) Quanto à organização do texto acima, julgue os itens a seguir.

(1) A argumentação do texto estrutura-se em três eixos principais: ciência e tecnologia, busca da liberdade e militância política.

(2) A tese para esse texto argumentativo pode assim ser resumida: nem todo "potencial de liberdade" gera liberdade com a eficiência desejada.

(3) Para organizar o texto, predominantemente argumentativo, o autor recorre a ilustrações temáticas e trechos descritivos sobre condições das sociedades.

(4) A ideia de melhor aproveitamento do tempo como resultado da eficiência técnica é um argumento utilizado para provar a necessidade de lazer e descanso dos homens.

(5) O fragmento a seguir, caso fosse utilizado como continuidade do texto, manteria a coerência da argumentação: Existe, assim, uma ambiguidade entre a ampliação dos horizontes da liberdade e os resultados, de fato, alcançados pelo homem.

1: incorreta. A militância política não é um dos eixos principais do texto, sendo mencionada apenas de passagem. Os argumentos são estruturados entre o avanço da ciência e tecnologia e a fruição da liberdade; 2: correta. É justamente a crítica exposta pelo autor do texto ao avanço científico e tecnológico; 3: incorreta. O autor não se vale de ilustrações temáticas. O texto é composto de argumentos pautados na descrição da situação da sociedade, colhidos da observação empírica; 4: incorreta. A conclusão do autor é inversa: o avanço tecnológico criou uma contração, porque aumenta as possibilidades de lazer, porém ao mesmo tempo tolhe do homem o exercício dessa liberdade; 5: correta. O argumento é coerente com as ideias esposadas no texto e conclui de forma lógica a crítica do autor.

Gabarito 1E, 2C, 3E, 4E, 5C

1 É essencial que as autoridades revejam as providências
   referentes ao tratamento e à custódia de todos os presos, a fim
   de assegurar que os mesmos sejam tratados com humanidade
4 e em conformidade com a legislação brasileira e o conjunto de
   princípios da Organização das Nações Unidas (ONU) sobre
   proteção de todo indivíduo sob qualquer forma de detenção
   ou
7 reclusão, as regras mínimas da ONU sobre o tratamento de
   prisioneiros e o artigo 10 do Acordo Internacional sobre os
   Direitos Civis e Políticos (ICCPR), que reza que todo
10 indivíduo privado de liberdade deve ser tratado com
   humanidade e respeito pela dignidade inerente à pessoa
   humana.

Anistia Internacional. **Tortura e maus-tratos no Brasil**,
2001, p. 72 (com adaptações).

(CESPE) Tendo o texto acima por referência e considerando o tema por ele tratado, julgue o item seguinte.

(1) A eliminação do termo referencial "os mesmos" (ℓ.3) prejudicaria a coerência do texto.

1: incorreta. Perceba que a eliminação hipotética do referencial não altera o sentido da oração: "a fim de assegurar que sejam tratados com humanidade (...)"

Gabarito 1E

1 Não existem soluções mágicas, é claro, mas uma
   coisa é certa: uma crise global requer soluções globais.
   Se não as encontrarmos, as consequências serão desastrosas,
4 a começar pela morte de 2 milhões de crianças nos próximos
   cinco anos. Por conta da globalização, ninguém será
   poupado, especialmente aqueles que são vítimas inocentes:
7 as vulneráveis populações da África, por exemplo, e as
   mulheres. Ela atinge todos os aspectos da sociedade:
   educação, segurança alimentar, as perspectivas de
10 desenvolvimento da chamada economia verde etc. Ela

também fortalece o "egotismo nacionalista" e incrementa a
xenofobia. Esta crise, porém, não é apenas econômica; ela
13 também é uma crise moral. É uma crise institucional e
filosófica do sistema que construímos.

O mundo ruma para a incerteza? In: **Planeta**,
ago./2008, p. 51 (com adaptações).

(CESPE) Tomando por base a organização do texto acima, julgue o item a seguir.

(1) A correção gramatical do texto seria preservada se fosse empregada a forma verbal encontrássemos em lugar de "encontrarmos" (l.3), com a vantagem de se reforçar a ideia de condição expressa pela oração iniciada por "Se não" (l.3).

1: incorreta. A forma "encontrarmos" está na primeira pessoa do plural do futuro do subjuntivo, ou seja, denota uma condicional futura, algo que ainda pode acontecer. Trocá-la por "encontrássemos", na primeira pessoa do plural do pretérito imperfeito do subjuntivo, traria o sentido de condicional passada, algo que poderia ter acontecido, mas não aconteceu. Além disso, haveria incorreção gramatical em relação aos demais verbos do período, que estão no tempo futuro em concordância com a primeira forma.

Gabarito 1E

1 Na verdade, o que hoje definimos como democracia
   só foi possível em sociedades de tipo capitalista, mas não
   necessariamente de mercado. De modo geral, a
4 democratização das sociedades impõe limites ao mercado,
   assim como desigualdades sociais em geral não contribuem
   para a fixação de uma tradição democrática. Penso que temos
7 de refletir um pouco a respeito do que significa democracia.
   Para mim, não se trata de um regime com características
   fixas, mas de um processo que, apesar de constituir formas
10 institucionais, não se esgota nelas. É tempo de voltar ao
   filósofo Espinosa e imaginar a democracia como uma
   potencialidade do social, que, se de um lado exige a criação
13 de formas e de configurações legais e institucionais, por
   outro não permite parar. A democratização no século XX
   não se limitou à extensão de direitos políticos e civis. O tema
16 da igualdade atravessou, com maior ou menor força, as
   chamadas sociedades ocidentais.

Renato Lessa. Democracia em debate. In: **Revista Cult**,
n.º 137, ano 12, jul./2009, p. 57 (com adaptações).

(CESPE) Com base nas estruturas linguísticas e nas relações argumentativas do texto acima, julgue o item seguinte.

(1) Pela acepção usada no texto, o emprego da forma verbal pronominal "se limitou" (ℓ.15) exige a presença da preposição "a" no complemento verbal; a substituição pela forma não pronominal — não limitou a extensão —, sem uso da preposição, preservaria a correção gramatical, mas mudaria o efeito da ideia de "democratização" (ℓ.14).

1: correta. A alteração não ofenderia a norma culta, porém alteraria o sentido do texto. A forma pronominal indica que a democratização trouxe outros efeitos além da extensão dos direitos políticos e civis; a forma não pronominal daria a entender que a democratização não influenciou a extensão dos direitos políticos e civis.

Texto

1   A maioria dos comentários sobre crimes ou se
    limitam a pedir de volta o autoritarismo ou a culpar a
    violência do cinema e da televisão, por excitar a
4   imaginação criminosa dos jovens. Poucos pensam que
    vivemos em uma sociedade que estimula, de forma
    sistemática, a passividade, o rancor, a impotência, a
7   inveja e o sentimento de nulidade nas pessoas. Não
    podemos interferir na política, porque nos ensinaram a
    perder o gosto pelo bem comum; não podemos tentar
10 mudar nossas relações afetivas, porque isso é assunto de
    cientistas; não podemos, enfim, imaginar modos de viver
    mais dignos, mais cooperativos e solidários, porque isso
13 é coisa de "obscurantista, idealista, perdedor ou ideólogo
    fanático", e o mundo é dos fazedores de dinheiro.
    Somos uma espécie que possui o poder da
16 imaginação, da criatividade, da afirmação e da
    agressividade. Se isso não pode aparecer, surge, no lugar,
    a reação cega ao que nos impede de criar, de colocar no
19 mundo algo de nossa marca, de nosso desejo, de nossa
    vontade de poder. Quem sabe e pode usar — com
    firmeza, agressividade, criatividade e afirmatividade —
22 a sua capacidade de doar e transformar a vida, raramente
    precisa matar inocentes, de maneira bruta. Existem mil
    outras maneiras de nos sentirmos potentes, de nos
25 sentirmos capazes de imprimir um curso à vida que não
    seja pela força das armas, da violência física ou da evasão
    pelas drogas, legais ou ilegais, pouco importa.

Jurandir Freire Costa. In: **Quatro autores em busca do Brasil**. Rio de Janeiro: Rocco, 2000, p. 43 (com adaptações).

(CESPE) Julgue o item a seguir, a respeito do emprego das estruturas linguísticas do texto acima

(1) Antes da forma verbal "Somos" (ℓ.15), seria coerente com as ideias do texto introduzir, para o fim de articulação sintática entre os parágrafos, a expressão Em consequência disso.

1: incorreta. A forma verbal "somos" introduz um período que irá refutar os argumentos anteriores, usados por outras pessoas e os quais o autor quer justamente atacar. Portanto, o que se segue não pode ser iniciado por "em consequência disso", que dá ideia de continuidade ao raciocínio.

1   Não existem soluções mágicas, é claro, mas uma
    coisa é certa: uma crise global requer soluções globais.
    Se não as encontrarmos, as consequências serão desastrosas,
4   a começar pela morte de 2 milhões de crianças nos próximos
    cinco anos. Por conta da globalização, ninguém será
    poupado, especialmente aqueles que são vítimas inocentes:
7   as vulneráveis populações da África, por exemplo, e as
    mulheres. Ela atinge todos os aspectos da sociedade:
    educação, segurança alimentar, as perspectivas de
10 desenvolvimento da chamada economia verde etc. Ela
    também fortalece o "egotismo nacionalista" e incrementa a
    xenofobia. Esta crise, porém, não é apenas econômica; ela
13 também é uma crise moral. É uma crise institucional e
    filosófica do sistema que construímos.

O mundo ruma para a incerteza? In: **Planeta**, ago./2008, p. 51 (com adaptações).

(CESPE) Tomando por base a organização do texto acima, julgue o item que se segue.

(1) Na linha 14, devido às relações de coesão do último período do texto, estariam mantidas a correção gramatical e a coerência do texto se fosse inserida a preposição "de" antes do pronome "que", escrevendo-se "de que".

1: incorreta. A inserção da preposição "de" não colaboraria em nada com a coerência e coesão do texto, bem como traria incorreção gramatical por não ser regida por nenhum dos termos da oração.

1   Nossos projetos de vida dependem muito do futuro
    do país no qual vivemos. E o futuro de um país não é
    obra do acaso ou da fatalidade. Uma nação se constrói.
4   E constrói-se no meio de embates muito intensos — e, às
    vezes, até violentos — entre grupos com visões de futuro,
    concepções de desenvolvimento e interesses distintos e
7   conflitantes.
    Para muitos, os carros de luxo que trafegam pelos
    bairros elegantes das capitais ou os telefones celulares não
10 constituem indicadores de modernidade.
    Modernidade seria assegurar a todos os habitantes
    do país um padrão de vida compatível com o pleno exercício
13 dos direitos democráticos. Por isso, dão mais valor a um
    modelo de desenvolvimento que assegure a toda a população
    alimentação, moradia, escola, hospital, transporte coletivo,
16 bibliotecas, parques públicos. Modernidade, para os que
    pensam assim, é sistema judiciário eficiente, com aplicação
    rápida e democrática da justiça; são instituições públicas
19 sólidas e eficazes; é o controle nacional das decisões
    econômicas.

Plínio Arruda Sampaio. O Brasil em construção. In: Márcia Kupstas (Org.). **Identidade nacional em debate**. São Paulo: Moderna, 1997, p. 27-9 (com adaptações).

(CESPE) Considerando a argumentação do texto acima bem como as estruturas linguísticas nele utilizadas, julgue os itens a seguir.

(1) Na linha 2, mantendo-se a correção gramatical do texto, pode-se empregar "em que" ou "onde" em lugar de "no qual".

1: correta. "No qual", "em que" e "onde" são todos pronomes relativos, podendo ser substituídos um pelo outro sem prejuízo à correção da oração.

1   A visão do sujeito indivíduo — indivisível —
    pressupõe um caráter singular, único, racional e pensante em
    cada um de nós. Mas não há como pensar que existimos
4   previamente a nossas relações sociais: nós nos fazemos em
    teias e tensões relacionais que conformarão nossas
    capacidades, de acordo com a sociedade em que vivemos.
7   A sociologia trabalha com a concepção dessa relação entre
    o que é "meu" e o que é "nosso". A pergunta que propõe
    é: como nos fazemos e nos refazemos em nossas relações
10 com as instituições e nas relações que estabelecemos com os
    outros? Não há, assim, uma visão de homem como uma
    unidade fechada em si mesma, como *Homo clausus*.
13 Estaríamos envolvidos, constantemente, em tramas
    complexas de internalização do "exterior" e, também, de
    rejeição ou negociação próprias e singulares do "exterior".
16 As experiências que o homem vai adquirindo na relação com
    os outros são as que determinarão as suas aptidões, os seus
    gostos, as suas formas de agir.

Flávia Schilling. Perspectivas sociológicas. Educação
& psicologia. In: **Revista Educação**, vol. 1, p. 47
(com adaptações).

(CESPE) Julgue o seguinte item, a respeito das estruturas linguísticas e do desenvolvimento argumentativo do texto acima.

(1) Ao ligar dois períodos sintáticos, o conectivo "Mas" (ℓ.3) introduz a oposição entre a ideia de um sujeito único e indivisível e a ideia de um sujeito moldado por teias de relações sociais.

1: correta. A preposição "mas" é adversativa, isto é, expressa uma oposição entre duas unidades. De um lado, o sujeito é singular; de outro, não pode ser concebido fora do contexto social
Gabarito 1C

1   O uso do espaço público nas grandes cidades é um
    desafio. Sobretudo porque algumas regras básicas de boa
    convivência não são respeitadas. Por exemplo, tentar sair de
4   um vagão do metrô com a multidão do lado de fora querendo
    entrar a qualquer preço, sem esperar e dar passagem aos
    demais usuários. Ou andar por ruas sujas de lixo, com fezes
7   de cachorro e cheiro de urina. São situações que transformam
    o convívio urbano em uma experiência ruim. A saída é a
    educação. Convencidos disso, empresas e governos estão
10 bombardeando a população com campanhas de
    conscientização — e multas, quando só as advertências não
    funcionarem. Independentemente da estratégia, o senso de
13 urgência para uma mudança de comportamento na sociedade
    brasileira veio para ficar.
    As iniciativas são louváveis. Caso a população,
16 porém, se sinta apenas punida ou obrigada a uma atitude, e
    não parte da comunidade, os benefícios não se tornarão
    duradouros.

Suzane G. Frutuoso. Vai doer no bolsão. In: **Istoé**,
22/7/2009, p. 74-5 (com adaptações).

(CESPE) A respeito da organização das estruturas linguísticas do texto acima e da redação de correspondências oficiais, julgue o item subsequente.

(1) A substituição de "Caso" (ℓ.15) pela conjunção "Se" preservaria a correção gramatical da oração em que se insere, não demandaria outras modificações no trecho e respeitaria a função condicional dessa oração.

1: incorreta. O uso da conjunção "se" demandaria a modificação da conjugação do verbo "sentir": "Se a população, porém, se sentir apenas (...)".
Gabarito 1E

Texto

A Revolução Industrial provocou a dissociação entre dois pensamentos: o científico e tecnológico e o humanista. A partir do século XIX, a liberdade do homem começa a ser identificada com a eficiência em dominar e transformar a natureza em bens e serviços. O conceito de liberdade começa a ser sinônimo de consumo. Perde importância a prática das artes e consolidam-se a ciência e a tecnologia. Relega-se a preocupação ética. A procura da liberdade social se faz sem considerar-se sua distribuição. A militância política passa a ser tolerada, mas como opção pessoal de cada um.

Essa ruptura teve o importante papel de contribuir para a revolução do conhecimento científico e tecnológico. A sociedade humana se transformou, com a eficiência técnica e a consequente redução do tempo social necessário à produção dos bens de sobrevivência.

O privilégio da eficiência na dominação da natureza gerou, contudo, as distorções hoje conhecidas: em vez de usar o tempo livre para a prática da liberdade, o homem reorganizou seu projeto e refez seu objetivo no sentido de ampliar o consumo. O avanço técnico e científico, de instrumento da liberdade, adquiriu autonomia e passou a determinar uma estrutura social opressiva, que servisse ao avanço técnico e científico. A liberdade identificou-se com a ideia de consumo. Os meios de produção, que surgiram no avanço técnico, visam ampliar o nível dos meios de produção.

Graças a essa especialização e priorização, foi possível obter-se o elevado nível do potencial de liberdade que o final do século XX oferece à humanidade. O sistema capitalista permitiu que o homem atingisse as vésperas da liberdade em relação ao trabalho alienado, às doenças e à escassez. Mas não consegue permitir que o potencial criado pela ciência e tecnologia seja usado com a eficiência desejada.

(Cristovam Buarque, **Na fronteira do futuro**. Brasília:
EDUnB, 1989, p. 13; com adaptações)

(CESPE) Julgue o item seguinte, acerca do emprego das palavras e expressões no texto acima.

(1) A ideia expressa no texto pelo emprego de "mas" (ℓ.9) corresponde à ideia adversativa de porém, expressão que pode ocupar o mesmo lugar na oração.

1: correta. "Mas" é conjunção adversativa equivalente a "porém" e podem ser usadas uma pela outra. Outros sinônimos de "mas": "contudo", "todavia", "entretanto".
Gabarito 1C

Texto

1   A maioria dos comentários sobre crimes ou se
    limitam a pedir de volta o autoritarismo ou a culpar a
    violência do cinema e da televisão, por excitar a
4   imaginação criminosa dos jovens. Poucos pensam que
    vivemos em uma sociedade que estimula, de forma
    sistemática, a passividade, o rancor, a impotência, a
7   inveja e o sentimento de nulidade nas pessoas. Não
    podemos interferir na política, porque nos ensinaram a
    perder o gosto pelo bem comum; não podemos tentar
10 mudar nossas relações afetivas, porque isso é assunto de
    cientistas; não podemos, enfim, imaginar modos de viver
    mais dignos, mais cooperativos e solidários, porque isso
13 é coisa de "obscurantista, idealista, perdedor ou ideólogo
    fanático", e o mundo é dos fazedores de dinheiro.
    Somos uma espécie que possui o poder da
16 imaginação, da criatividade, da afirmação e da
    agressividade. Se isso não pode aparecer, surge, no lugar,
    a reação cega ao que nos impede de criar, de colocar no
19 mundo algo de nossa marca, de nosso desejo, de nossa
    vontade de poder. Quem sabe e pode usar — com
    firmeza, agressividade, criatividade e afirmatividade —
22 a sua capacidade de doar e transformar a vida, raramente
    precisa matar inocentes, de maneira bruta. Existem mil
    outras maneiras de nos sentirmos potentes, de nos
25 sentirmos capazes de imprimir um curso à vida que não
    seja pela força das armas, da violência física ou da evasão
    pelas drogas, legais ou ilegais, pouco importa.

Jurandir Freire Costa. In: **Quatro autores em busca do Brasil**. Rio de Janeiro: Rocco, 2000, p. 43 (com adaptações).

(CESPE) Julgue o item a seguir, a respeito do emprego das estruturas linguísticas do texto acima.

(1) As relações semânticas entre os dois primeiros períodos do texto permitiriam iniciar o segundo período com a conjunção "No entanto".

1: correta. Os períodos trazem uma ideia de contraposição, sendo coerente com o uso de "no entanto".
Gabarito 1C

Texto para a questão seguinte.

As mudanças e transformações globais nas estruturas políticas e econômicas no mundo contemporâneo colocam em relevo as questões de identidade e as lutas pela afirmação e manutenção das identidades nacionais e étnicas. Mesmo que o passado que as identidades atuais reconstroem seja, sempre, apenas imaginado, ele proporciona alguma certeza em um clima que é de mudança, fluidez e crescente incerteza. As identidades em conflito estão localizadas no interior de mudanças sociais, políticas e econômicas, mudanças para as quais elas contribuem.

Tomaz Tadeu da Silva (Org.). Stuart Hall e Kathryn Woodward. **Identidade e diferença — A perspectiva dos estudos culturais**. Petrópolis: Vozes, 2004, p. 24-5 (com adaptações).

(CESPE) Preservam-se a correção gramatical do texto e a coerência de sua argumentação ao se substituir, no início do segundo período, o conectivo "Mesmo que" por

(A) Sendo que.
(B) Ainda que.
(C) Apesar de.
(D) Embora.
(E) Visto que.

Apesar de não ter sido anulada oficialmente, a nosso ver a questão apresenta duas respostas corretas. A locução "ainda que" tem o mesmo valor de "embora", sendo ambas equivalentes a "mesmo que". Todas são conjunções concessivas e regem o modo subjuntivo verbal. Logo, tanto as alternativas "B" quanto "D" estão corretas.
Gabarito Anulada

Papiloscopista quer esclarecer profissão

1   O Sindicato dos Profissionais da Ciência da
    Papiloscopia realiza amanhã palestras de conscientização
    sobre o trabalho desses profissionais, que comemoram em
4   cinco de fevereiro o seu dia.
        De acordo com a presidente do sindicato, Lucicleide
    do Espírito Santo Moraes, apesar de desenvolver atividades
7   essenciais nas áreas civil e criminal, o papiloscopista não é
    um profissional reconhecido pela população.
        A maioria das pessoas não sabe, diz ela, que o
10 profissional da papiloscopia realiza desde a expedição da
    carteira de identidade e atestado de antecedentes, até perícias
    para a identificação da autoria de delitos e também dos
13 cadáveres que são levados ao Instituto Médico Legal. É o
    papiloscopista que busca e pesquisa as impressões digitais
    que são fundamentais para desvendar crimes. "A população
16 necessita diariamente desse serviço, mas em geral ela
    desconhece o profissional que o realiza", observa Lucicleide
    Moraes.

Internet: <www.diariodecuiaba.com.br> (com adaptações).

(CESPE) Com referência aos aspectos semânticos e gramaticais do texto acima, julgue o item que se segue.

(1) A expressão "De acordo com" (l.5) está sendo empregada com o mesmo sentido de Conforme.

1: correta. Trata-se de locução conjuntiva conformativa.
Gabarito 1C

4. ANÁLISE MORFOSSINTÁTICA

1   Leio que a ciência deu agora mais um passo definitivo.
    E claro que o definitivo da ciência e transitório, e não por
    deficiência da ciência (e ciência demais), que se supera a si
4   mesma a cada dia... Não indaguemos para que, ja que a própria
    ciência não o faz — o que, alias, e a mais moderna forma de
    objetividade de que dispomos.
7   Mas vamos ao definitivo transitório. Os cientistas
    afirmam que podem realmente construir agora a bomba limpa.
    Sabemos todos que as bombas atômicas fabricadas ate hoje são
10 sujas (alias, imundas) porque, depois que explodem, deixam
    vagando pela atmosfera o ja famoso e temido estrôncio 90.
    Ora, isso e desagradável: pode mesmo acontecer que o próprio
13 pais que lançou a bomba venha a sofrer, a longo prazo, as
    conseqüências mortíferas da proeza. O que e, sem duvida, uma
    sujeira.
16 Pois bem, essas bombas indisciplinadas,
    mal-educadas, serão em breve substituídas pelas bombas *n*, que
    cumprirão sua missão com lisura: destruirão o inimigo,
19 sem riscos para o atacante. Trata-se, portanto, de uma fabulosa
    conquista, não?

Ferreira Gullar. *Maravilha*. In: *A estranha vida banal*. Rio de Janeiro: José Olympio, 1989, p. 109.

(Polícia Rodoviária Federal – 2013 – CESPE) No que se refere aos sentidos e as estruturas linguísticas do texto acima, julgue o item a seguir.

(2) A oração introduzida por "porque" (L.10) expressa a razão de as bombas serem sujas.

1: correta. A conjunção "porque" inaugura a oração subordinada adverbial causal.
Gabarito 1C

(Policial Rodoviário Federal – 2009 – FUNRIO) "Quando você me ouvir cantar,/ Venha, não creia, eu não corro perigo"

A canção de Caetano Veloso emprega uma estrutura sintática que combina os verbos "ouvir" e "cantar" com o pronome "me".

Quanto a essas palavras, é correto afirmar que

(A) os verbos "ouvir" e "cantar" formam uma locução verbal vinculada ao pronome "me".

(B) apenas o verbo "cantar" é transitivo direto, sendo "me" o objeto direto.

(C) o pronome oblíquo ocupa uma posição de ênclise ao verbo "ouvir".

(D) apenas o verbo "ouvir" é intransitivo, sendo "me" uma palavra expletiva.

(E) o pronome "me" se relaciona gramaticalmente com "cantar" e com "ouvir".

A: incorreta. Locução verbal é a forma verbal formada por dois verbos na qual um exerce a função de principal e o outro de auxiliar, de modo que a oração não faz sentido sem um deles (ex.: "eu havia descido a ladeira"). No caso, "ouvir" e "cantar" são verbos autônomos, cada qual com seu sentido, pelo que não formam uma locução; B: incorreta. "Cantar", no trecho, é objeto direto de "ouvir", ele sim verbo transitivo direto; C: incorreta. O pronome oblíquo "me" está em posição de próclise, porque foi colocado antes do verbo; D: incorreta. No trecho, como já mencionado, o verbo "ouvir" é transitivo direto. "Me" exerce a função de objeto direto do verbo "ouvir". Palavras expletivas são aquelas que não exercem qualquer função sintática, sendo utilizadas apenas com fins estilísticos ou de ênfase (ex.: "Não **me** venha com desculpas!"); E: correta. Em construções que se valem de um verbo sensitivo ("ouvir", "ver", sentir") e de outro no infinitivo, segundo a maioria dos gramáticos, o pronome oblíquo tem função de objeto direto do verbo sensitivo ("ouvir") e de sujeito do verbo no infinitivo ("cantar").
Gabarito: E.

(Policial Rodoviário Federal – 2009 – FUNRIO) No tema indígena e em outros, devem-se proteger os interesses de todos e a paz social, imprescindível para o funcionamento do país, mas também devem-se proteger os direitos das partes. As florestas têm seus direitos, independentemente de algumas discussões que possam vir a acontecer sobre a propriedade de determinados territórios, porque as comunidades têm os seus. Deve-se fazer um esforço para dialogar que permita avanço no processo.

(**El Diario Austral**, 30 set. 2001).

O trecho acima foi retirado do discurso do subsecretário do Ministério de Desenvolvimento e Planejamento do Chile, publicado naquele país. Assinale a alternativa que analisa gramaticalmente de modo correto uma das passagens do texto.

(A) "Devem-se proteger os interesses de todos" contém pronome com função indeterminadora do sujeito.

(B) O advérbio "independentemente" introduz uma locução concessiva de causa.

(C) A locução verbal "possam vir a acontecer" indica a precisão das discussões.
(D) O pronome possessivo "seus" está empregado com o valor de "alguns".
(E) O termo "para o funcionamento do país" é complemento nominal de "imprescindível".

A: incorreta. A partícula "se" na oração exerce função de pronome apassivador, porque identifica a voz passiva sintética; B: incorreta. "Independentemente" é adjunto adverbial de modo; C: incorreta. O uso do presente do subjuntivo ("possam") denota a dúvida sobre a efetiva ocorrência das discussões; D: incorreta. "Seus" refere-se a "territórios" para evitar repetição desnecessária do substantivo; E: correta. Complemento nominal é o termo da oração que tem por função sintática explicar, dar mais detalhes sobre um substantivo, um adjetivo ou um advérbio. Realmente, essa é a função do trecho destacado, que esclarece aquilo que é "imprescindível".

Gabarito "E".

Romance LXXXI ou Dos Ilustres Assassinos

1   Ó grandes oportunistas,
    sobre o papel debruçados,
    que calculais mundo e vida
4   em contos, doblas, cruzados,
    que traçais vastas rubricas
    e sinais entrelaçados,
7   com altas penas esguias
    embebidas em pecados!

    Ó personagens solenes
10 que arrastais os apelidos
    como pavões auriverdes
    seus rutilantes vestidos,
13 — todo esse poder que tendes
    confunde os vossos sentidos:
    a glória, que amais, é desses
16 que por vós são perseguidos.

    Levantai-vos dessas mesas,
    saí de vossas molduras,
19 vede que masmorras negras,
    que fortalezas seguras,
    que duro peso de algemas,

22 que profundas sepulturas
    nascidas de vossas penas,
    de vossas assinaturas!
25 Considerai no mistério
    dos humanos desatinos,
    e no polo sempre incerto
28 dos homens e dos destinos!
    Por sentenças, por decretos,
    pareceríeis divinos:
31 e hoje sois, no tempo eterno,
    como ilustres assassinos.

    Ó soberbos titulares,
34 tão desdenhosos e altivos!
    Por fictícia autoridade,
    vãs razões, falsos motivos,
37 inutilmente matastes:
    — vossos mortos são mais vivos;
    e, sobre vós, de longe, abrem
40 grandes olhos pensativos.

Cecília Meireles. **Romanceiro da Inconfidência**.
Rio de Janeiro: Nova Fronteira, 1989, p. 267-8.

(CESPE) Com base no poema acima, julgue o item subsequente.

(1) Os trechos "Por sentenças, por decretos" (v.29) e "Por fictícia autoridade, vãs razões, falsos motivos" (v.35-36) exercem função adverbial nas orações a que pertencem e ambos denotam o meio empregado na ação representada pelo verbo a que se referem.

1: incorreta. No segundo trecho, a expressão destacada ("por fictícia autoridade, vãs razões, falsos motivos") expressam a causa da ação verbal: "matastes por causa de fictícia autoridade, por causa de vãs razões, por causa de falsos motivos". Em outras palavras, as expressões denotam os porquês dos assassinatos. Além disso, é fácil notar que não poderiam ser locuções adverbiais de meio: ninguém mata outro usando um motivo como arma.

Gabarito 1E.

Os novos sherlocks

1   Dividida basicamente em dois campos,
    criminalística e medicina legal, a área de perícia nunca
    esteve tão na moda. Seus especialistas volta e meia estão no
4   noticiário, levados pela profusão de casos que requerem
    algum tipo de tecnologia na investigação. Também viraram
    heróis de seriados policiais campeões de audiência.
7   Nos EUA, maior produtor de programas desse tipo, o
    sucesso é tão grande que o horário nobre, chamado de prime
    time, ganhou o apelido de crime time. Seis das dez séries de
10 maior audiência na TV norte-americana fazem parte desse
    filão.
    Pena que a vida de perito não seja tão fácil e
13 glamorosa como se vê na TV. Nem todos utilizam aquelas
    lanternas com raios ultravioleta para rastrear fluidos do
    corpo humano nem as canetas com raio laser que traçam a
16 trajetória da bala. "Com o avanço tecnológico, as provas
    técnicas vêm ampliando seu espaço no direito brasileiro,
    principalmente na área criminal", declara o presidente da
19 OAB/SP, mas, antes disso, já havia peritos que recorriam às
    mais diversas ciências para tentar solucionar um crime.
    Na divisão da polícia brasileira, o pontapé inicial da
22 investigação é dado pelo perito, sem a companhia de legistas,
    como ocorre nos seriados norte-americanos. Cabe a ele
    examinar o local do crime, fazer o exame externo da vítima,
25 coletar qualquer tipo de vestígio, inclusive impressões
    digitais, pegadas e objetos do cenário, e levar as evidências
    para análise nos laboratórios forenses.

Pedro Azevedo. **Folha Imagem**, ago./2004
(com adaptações).

(CESPE) A respeito do texto acima, julgue os itens subsequentes.

(1) Na oração "que requerem algum tipo de tecnologia na investigação" (ℓ.4-5), o pronome relativo "que" refere-se ao antecedente "casos" e exerce a função sintática de sujeito.
(2) A expressão entre vírgulas "maior produtor de programas desse tipo" (ℓ.7) pode ser suprimida da frase, sem prejuízo sintático ou semântico, por estar exercendo a função de aposto explicativo.
(3) A forma verbal "utilizam" (ℓ.13) está complementada por um objeto direto composto por dois núcleos.

1: correta. Na oração complexa "(...) levados pela profusão de casos que requerem (...)", o pronome relativo "que" refere-se a "casos", de forma que a oração simples "que requerem" é equivalente a "casos requerem". Fica claro, então, que o pronome acumula a função de sujeito da oração; 2: incorreta, porque a expressão é classificada como aposto circunstancial, dando uma qualidade a mais para seu antecedente, importante para a compreensão da informação que virá em seguida (por que dados sobre os EUA? Porque ele é o maior produtor de programas desse tipo); 3: correta, sendo os núcleos do objeto direto "lanternas" e "canetas".

Gabarito 1C, 2E, 3C.

Texto

A Revolução Industrial provocou a dissociação entre dois pensamentos: o científico e tecnológico e o humanista. A partir do século XIX, a liberdade do homem começa a ser identificada com a eficiência em dominar e transformar a natureza em bens e serviços. O conceito de liberdade começa a ser sinônimo de consumo. Perde importância a prática das artes e consolidam-se a ciência e a tecnologia. Relega-se a preocupação ética. A procura da liberdade social se faz sem considerar-se sua distribuição. A militância política passa a ser tolerada, mas como opção pessoal de cada um.

Essa ruptura teve o importante papel de contribuir para a revolução do conhecimento científico e tecnológico. A sociedade humana se transformou, com a eficiência técnica e a consequente redução do tempo social necessário à produção dos bens de sobrevivência.

O privilégio da eficiência na dominação da natureza gerou, contudo, as distorções hoje conhecidas: em vez de usar o tempo livre para a prática da liberdade, o homem reorganizou seu projeto e refez seu objetivo no sentido de ampliar o consumo. O avanço técnico e científico, de instrumento da liberdade, adquiriu autonomia e passou a determinar uma estrutura social opressiva, que servisse ao avanço técnico e científico. A liberdade identificou-se com a ideia de consumo. Os meios de produção, que surgiram no avanço técnico, visam ampliar o nível dos meios de produção.

Graças a essa especialização e priorização, foi possível obter-se o elevado nível do potencial de liberdade que o final do século XX oferece à humanidade. O sistema capitalista permitiu que o homem atingisse as vésperas da liberdade em relação ao trabalho alienado, às doenças e à escassez. Mas não consegue permitir que o potencial criado pela ciência e tecnologia seja usado com a eficiência desejada.

(Cristovam Buarque, **Na fronteira do futuro**. Brasília: EDUnB, 1989, p. 13; com adaptações).

(CESPE) A respeito da organização sintática das estruturas do texto acima, julgue os itens que se seguem.

(1) A oração iniciada por "Perde importância" (ℓ. 6) não precisa ter seu sujeito explicitado porque mantém o mesmo da oração anterior.

(2) Em vez de substantivo, o termo "procura" (ℓ. 7) pode ser classificado como verbo, mas, nesse caso, para que as relações semânticas do texto sejam mantidas, seu sujeito deverá ser "liberdade".

(3) Mantêm-se as mesmas relações de dependência sintática, e a mesma classificação das orações, ao se substituir os dois-pontos depois de "conhecidas" (ℓ. 17) por um ponto final.

(4) Se fosse suprimida a vírgula que antecede a oração "que surgiram do avanço técnico" (ℓ. 24), seria mantida correta a pontuação e não haveria alteração da estrutura sintática do período.

(5) em "obter-se" (ℓ. 27), o sujeito indeterminado expresso pelo pronome indefinido "se" refere-se à ideia de humanidade em geral.

1: incorreta. O sujeito da oração é "a prática das artes"; 2: incorreta. Enxergar o termo "procura" como verbo altera as relações semânticas do texto e "liberdade" seria seu objeto direto; 3: incorreta. O ponto final interrompe o período, alterando-se, assim, as relações sintáticas e a classificação das orações. No texto, a oração após os dois-pontos é oração subordinada substantiva apositiva; se colocado o ponto final, teríamos uma oração subordinada adverbial modal; 4: incorreta. A pontuação estaria correta, mas a classificação sintática se alteraria. Entre vírgulas, "que surgiram do avanço técnico" é oração subordinada adjetiva explicativa; sem a vírgula, tornar-se-ia oração subordinada adjetiva restritiva; 5: correta. A partícula "se" aparece como índice de indeterminação do sujeito, amplo como a humanidade.

Gabarito 1E, 2E, 3E, 4E, 5C

1 Falar em direitos humanos no Brasil é falar de lutas
  sociais que se desenrolam em uma sociedade que carrega
  marcas históricas de desmandos, violências, arbitrariedades,
4 desigualdades e injustiças. Os resultados não poderiam ser
  outros, senão o quadro de violações aos direitos humanos que
  permeiam as relações sociais em praticamente toda a sociedade
7 brasileira e que atingem com maior brutalidade as populações
  empobrecidas e socialmente excluídas.
  O importante avanço institucional que conquistamos
10 com o fim do ciclo totalitário, a redemocratização do país e
  a volta das instituições democráticas, não foi acompanhado
  de correspondente avanço no que se refere aos direitos
13 econômicos, sociais e culturais. Perpetuam-se no Brasil os
  modelos econômicos que aprofundam o escandaloso quadro de
  concentração de renda e contrastes sociais. O agravamento da
16 situação de desesperança de nosso povo, atingido duramente
  pela exclusão social, pela falência dos serviços públicos e pela
  violência crescente, seja no campo seja nas grandes cidades,
19 exige da sociedade civil brasileira uma atuação consciente,
  transformadora e efetiva.

Internet: <http://www.mndh.org/br/asp>
(com adaptações).

(CESPE) Considerando o texto acima como referência e tendo em vista o que ele aborda, julgue o item que se segue.

(1) Para que a expressão "a redemocratização do país e a volta das instituições democráticas" (ℓ.10-11) não seja um aposto, a vírgula após "democráticas" pode ser eliminada, sem prejuízo para a correção gramatical do período.

1: correta. Assim procedendo, a expressão em destaque passa a exercer a função de adjunto adverbial e não há prejuízo para a correção gramatical do texto.

Gabarito 1C

5. PONTUAÇÃO

1 Nossos projetos de vida dependem muito do futuro
  do país no qual vivemos. E o futuro de um país não é
  obra do acaso ou da fatalidade. Uma nação se constrói.
4 E constrói-se no meio de embates muito intensos — e, às
  vezes, até violentos — entre grupos com visões de futuro,
  concepções de desenvolvimento e interesses distintos e
7 conflitantes.
  Para muitos, os carros de luxo que trafegam pelos

bairros elegantes das capitais ou os telefones celulares não
10 constituem indicadores de modernidade.
Modernidade seria assegurar a todos os habitantes
do país um padrão de vida compatível com o pleno exercício
13 dos direitos democráticos. Por isso, dão mais valor a um
modelo de desenvolvimento que assegure a toda a população
alimentação, moradia, escola, hospital, transporte coletivo,
16 bibliotecas, parques públicos. Modernidade, para os que
pensam assim, é sistema judiciário eficiente, com aplicação
rápida e democrática da justiça; são instituições públicas
19 sólidas e eficazes; é o controle nacional das decisões
econômicas.

Plínio Arruda Sampaio. O Brasil em construção.
In: Márcia Kupstas (Org.). Identidade nacional em debate.
São Paulo: Moderna, 1997, p. 27-9 (com adaptações).

(CESPE) Considerando a argumentação do texto acima bem como as estruturas linguísticas nele utilizadas, julgue o item a seguir.

(1) O emprego do sinal de ponto e vírgula, no último período sintático do texto, apresenta a dupla função de deixar claras as relações sintático-semânticas marcadas por vírgulas dentro do período e deixar subentender "Modernidade" (ℓ.16) como o sujeito de "é sistema" (ℓ.17), "são instituições" (ℓ.18) e "é o controle" (ℓ.19).

1: correta. Dentre as funções do ponto e vírgula destaca-se a de separar itens de uma lista, principalmente se já utilizada a vírgula dentro do período. Pode, também, ser usado como instrumento da elipse, figura de linguagem consistente na omissão do termo já empregado e subentendido no restante do período.
Gabarito 1C

1 A visão do sujeito indivíduo — indivisível —
pressupõe um caráter singular, único, racional e pensante em
cada um de nós. Mas não há como pensar que existimos
4 previamente a nossas relações sociais: nós nos fazemos em
teias e tensões relacionais que conformarão nossas
capacidades, de acordo com a sociedade em que vivemos.
7 A sociologia trabalha com a concepção dessa relação entre
o que é "meu" e o que é "nosso". A pergunta que propõe
é: como nos fazemos e nos refazemos em nossas relações
10 com as instituições e nas relações que estabelecemos com os
outros? Não há, assim, uma visão de homem como uma
unidade fechada em si mesma, como *Homo clausus*.
13 Estaríamos envolvidos, constantemente, em tramas
complexas de internalização do "exterior" e, também, de
rejeição ou negociação próprias e singulares do "exterior".
16 As experiências que o homem vai adquirindo na relação com
os outros são as que determinarão as suas aptidões, os seus
gostos, as suas formas de agir.

Flávia Schilling. Perspectivas sociológicas. Educação & psicologia. In: **Revista Educação**, vol. 1, p. 47 (com adaptações).

(CESPE) Julgue os seguintes itens, a respeito das estruturas linguísticas e do desenvolvimento argumentativo do texto acima.

(1) O emprego do sinal de dois-pontos, na linha 9, anuncia que uma consequência do que foi dito é explicitar a pergunta proposta pela sociologia.

(2) O emprego das aspas nos termos das linhas 8, 14 e 15 ressalta, no contexto, o valor significativo não usual desses termos.

1: correta. Uma das funções dos dois-pontos é sugerir uma causa, explicação ou consequência; 2: correta, pois as aspas podem ser usadas para ressaltar que determinada expressão está sendo utilizada em sentido particular, diferente do usual.
Gabarito 1C, 2C

1 O uso do espaço público nas grandes cidades é um
desafio. Sobretudo porque algumas regras básicas de boa
convivência não são respeitadas. Por exemplo, tentar sair de
4 um vagão do metrô com a multidão do lado de fora querendo
entrar a qualquer preço, sem esperar e dar passagem aos
demais usuários. Ou andar por ruas sujas de lixo, com fezes
7 de cachorro e cheiro de urina. São situações que transformam
o convívio urbano em uma experiência ruim. A saída é a
educação. Convencidos disso, empresas e governos estão
10 bombardeando a população com campanhas de
conscientização — e multas, quando só as advertências não
funcionarem. Independentemente da estratégia, o senso de
13 urgência para uma mudança de comportamento na sociedade
brasileira veio para ficar.
As iniciativas são louváveis. Caso a população,
16 porém, se sinta apenas punida ou obrigada a uma atitude, e
não parte da comunidade, os benefícios não se tornarão
duradouros.

Suzane G. Frutuoso. Vai doer no bolso. In: **Istoé**,
22/7/2009, p. 74-5 (com adaptações).

(CESPE) A respeito da organização das estruturas linguísticas do texto acima e da redação de correspondências oficiais, julgue o item subsequente.

(1) Na linha 11, a presença da conjunção "e" torna desnecessário o uso do travessão, que tem apenas a função de enfatizar a aplicação de "multas"; por isso, a retirada desse sinal de pontuação não prejudicaria a correção nem a coerência do texto.

1: incorreta, porque a ausência do travessão poderia indicar que ocorre, também, o "bombardeio" de multas, quando o que se sugere é sua ocorrência apenas quando "as advertências não funcionarem".
Gabarito 1E

1 Não existem soluções mágicas, é claro, mas uma
coisa é certa: uma crise global requer soluções globais.
Se não as encontrarmos, as consequências serão desastrosas,
4 a começar pela morte de 2 milhões de crianças nos próximos
cinco anos. Por conta da globalização, ninguém será
poupado, especialmente aqueles que são vítimas inocentes:
7 as vulneráveis populações da África, por exemplo, e as
mulheres. Ela atinge todos os aspectos da sociedade:
educação, segurança alimentar, as perspectivas de
10 desenvolvimento da chamada economia verde etc. Ela
também fortalece o "egotismo nacionalista" e incrementa a

xenofobia. Esta crise, porém, não é apenas econômica; ela
13 também é uma crise moral. É uma crise institucional e
filosófica do sistema que construímos.

> O mundo ruma para a incerteza? In: **Planeta**,
> ago./2008, p. 51 (com adaptações).

(CESPE) Tomando por base a organização do texto acima, julgue o item que se segue.

(1) A vírgula empregada após "desastrosas" (ℓ.3) separa a oração "as consequências serão desastrosas" (ℓ.3) de uma outra, que lhe atribui uma circunstância, sendo também coerente e gramaticalmente correto iniciá-la por começando, em lugar de "a começar" (ℓ.4).

1: correta. "As consequências serão desastrosas" é a oração principal do período composto por subordinação, sendo a seguinte uma oração subordinada adverbial. Não há incorreção gramatical na substituição de "a começar" por "começando", pois ambas caracterizam oração subordinada reduzida.
Gabarito 1C

Texto

1 A maioria dos comentários sobre crimes ou se
limitam a pedir de volta o autoritarismo ou a culpar a
violência do cinema e da televisão, por excitar a
4 imaginação criminosa dos jovens. Poucos pensam que
vivemos em uma sociedade que estimula, de forma
sistemática, a passividade, o rancor, a impotência, a
7 inveja e o sentimento de nulidade nas pessoas. Não
podemos interferir na política, porque nos ensinaram a
perder o gosto pelo bem comum; não podemos tentar
10 mudar nossas relações afetivas, porque isso é assunto de
cientistas; não podemos, enfim, imaginar modos de viver
mais dignos, mais cooperativos e solidários, porque isso
13 é coisa de "obscurantista, idealista, perdedor ou ideólogo
fanático", e o mundo é dos fazedores de dinheiro.
Somos uma espécie que possui o poder da
16 imaginação, da criatividade, da afirmação e da
agressividade. Se isso não pode aparecer, surge, no lugar,
a reação cega ao que nos impede de criar, de colocar no
19 mundo algo de nossa marca, de nosso desejo, de nossa
vontade de poder. Quem sabe e pode usar — com
firmeza, agressividade, criatividade e afirmatividade —
22 a sua capacidade de doar e transformar a vida, raramente
precisa matar inocentes, de maneira bruta. Existem mil
outras maneiras de nos sentirmos potentes, de nos
25 sentirmos capazes de imprimir um curso à vida que não
seja pela força das armas, da violência física ou da evasão
pelas drogas, legais ou ilegais, pouco importa.

> Jurandir Freire Costa. In: **Quatro autores em busca do Brasil**. Rio de Janeiro: Rocco, 2000, p. 43 (com adaptações).

(CESPE) Julgue o item a seguir, a respeito do emprego das estruturas linguísticas do texto acima.

(1) O emprego das aspas nas linhas 13 e 14 indica a simulação de comentários de outras pessoas, retomadas pelo autor.

1: correta. As aspas, no caso, servem para destacar que o trecho corresponde a uma citação.
Gabarito 1C

Texto

1 No nosso cotidiano, estamos tão envolvidos com a violência
que tendemos a acreditar que o mundo nunca foi tão violento como
agora: pelo que nos contam nossos pais e outras pessoas mais velhas,
4 há dez, vinte ou trinta anos, a vida era mais segura, certos valores eram
mais respeitados e cada coisa parecia ter o seu lugar.
Essa percepção pode ser correta, mas precisamos pensar nas
7 diversas dimensões em que pode ser interpretada. Se ampliarmos o
tempo histórico, por exemplo, ela poderá se mostrar incorreta.
Embora a violência não seja um fenômeno dos dias de hoje,
10 pois está presente em toda e qualquer sociedade humana, sua
ocorrência varia no grau, na forma, no sentido que adquire e na própria
lógica nos diferentes períodos da História. O modo como o homem a
13 vê e a vivencia atualmente é muito diferente daquele que havia na
Idade Média, por exemplo, ou em outros períodos históricos em outras
sociedades.

> Andréa Buoro et al. **Violência urbana** – dilemas e desafios.
> São Paulo: Atual, 1999, p. 12 (com adaptações).

(CESPE) Julgue os seguintes itens, a respeito do emprego dos sinais de pontuação no texto acima.

(1) Pela função que desempenha no texto, o sinal de dois-pontos depois de "agora" (ℓ.3) corresponde à ideia de "pois", colocado entre vírgulas.

(2) Para melhorar a clareza do texto, sem ferir a correção gramatical, deveria ser introduzido o termo "atrás", entre vírgulas, imediatamente após a palavra "anos" (ℓ.4).

(3) Pelo seu sentido textual, a oração entre vírgulas "pois está presente em toda e qualquer sociedade humana" (ℓ.10) poderia vir entre parênteses.

(4) Se a oração "pois está presente em toda e qualquer sociedade humana" (ℓ.10) fosse retirada do texto, seria também obrigatória a retirada de ambas as vírgulas que a isolam.

(5) Na linha 14, a inserção de uma vírgula após "períodos históricos" alteraria as relações semânticas entre essa expressão e "outras sociedades" (ℓ.14-15).

1: correta. Os dois-pontos indicam que o trecho seguinte tem função explicativa, sendo perfeitamente possível sua substituição por "pois", que tem a mesma natureza; 2: incorreta. A assertiva tem dois problemas: primeiro, se fôssemos inserir a palavra "atrás", ela não poderia estar entre vírgulas; segundo, se algo aconteceu "há dez anos", só pode ter sido no passado, para trás. "Há dez anos atrás" é pleonasmo; 3: correta. Pela sua natureza explicativa, as vírgulas poderiam ser substituídas por parênteses; 4: incorreta. A vírgula depois de "hoje" deveria ser mantida, porque separa a oração subordinada que está deslocada da ordem direta do texto; 5: correta. A inserção da vírgula transformaria o trecho em uma enumeração, deixando "períodos históricos" de alterar o termo "outras sociedades" para se tornar um elemento autônomo da oração.

Gabarito 1C, 2E, 3C, 4E, 5C

---

1 Do ponto de vista de sua origem, de sua etimologia, a palavra
   preconceito significa prejulgamento, ou seja, ter ideia firmada sobre
   alguma coisa que ainda não se conhece, ter uma conclusão antes de
4 qualquer análise imparcial e cuidadosa. Na prática, a palavra
   preconceito foi consagrada como um prejulgamento negativo a
   respeito de uma pessoa ou de alguma coisa. Ter preconceito ou ser
7 preconceituoso significa ter uma opinião negativa antes de conhecer
   o suficiente ou de obter os elementos necessários para um julgamento
   imparcial. Com base nesses elementos, pode-se estabelecer a seguinte
10 definição: preconceito é a opinião, geralmente negativa, que se tem
   a respeito de uma pessoa, de uma etnia, de um grupo social, de uma
   cultura ou manifestação cultural, de uma ideia, de uma teoria ou de
13 alguma coisa, antes de se conhecerem os elementos que seriam
   necessários para um julgamento imparcial.
   Um ponto que merece especial atenção das pessoas é que, não
16 raro, o preconceito age no interior da mente, insinuando-se
   sutilmente, procurando disfarçar sua verdadeira natureza, para que
   sua influência não seja percebida.

Idem, ibidem.

(CESPE) Assinale a opção em que a justificativa de emprego de sinal de pontuação, no texto acima, está **incorreta**.

(A) Na linha 1, as vírgulas isolam uma expressão explicativa.

(B) A vírgula empregada na linha 3 separa oração coordenada assindética.

(C) Na linha 10, os dois-pontos indicam a citação de outra voz no texto.

(D) No trecho "é que, não raro, o preconceito" (ℓ.15-16), as vírgulas isolam termo adverbial.

A: correta. A expressão "de sua etimologia" explica o termo "origem"; B: correta. Orações coordenadas são aquelas que contêm, cada uma, todos os termos necessários para sua completa compreensão, sendo, portanto, sintaticamente independentes. São assindéticas as orações coordenadas que não se ligam por uma conjunção, a qual é substituída por vírgula, ponto e vírgula ou dois-pontos; C: incorreta (devendo ser assinalada). Os dois-pontos indicam o início do aposto explicativo, não a mudança da voz do texto; D: correta, pois a locução adverbial está deslocada dentro do período.

Gabarito "C"

(CESPE) Assinale a opção em que a proposta de substituição dos sinais de pontuação preserva a correção gramatical e a coerência textual, considerando que, quando necessárias, sejam feitas as devidas alterações nas letras iniciais maiúsculas ou minúsculas.

(A) Substituição dos sinais de ponto e vírgula logo depois de "recursos" (ℓ.3), "complexas" (ℓ.4) e "humanos" (ℓ.4) por ponto.

(B) Substituição do ponto logo após "aspectos" (ℓ.6) por dois pontos.

(C) Substituição da vírgula logo depois de "e" (ℓ.9) por travessão.

(D) Substituição da vírgula logo após "Américas" (ℓ.9) por ponto e vírgula.

(E) Substituição do travessão depois de "abismo" (ℓ.17) por ponto e vírgula.

A: incorreta, porque o trecho traz uma enumeração de itens, que devem ser separados por ponto e vírgula, nunca por ponto; B: incorreta. O ponto final representa o final da ideia transmitida na oração. Os dois-pontos serviriam para iniciar uma explicação, o que não ocorre no trecho

seguinte; C: incorreta. A expressão "na verdade" está deslocada dentro do período, razão pela qual deve sempre aparecer entre vírgulas; D: incorreta, pela mesma razão da alternativa anterior; E: correta. O ponto e vírgula pode ser usado como pausa mais longa do que a vírgula e mais breve que o ponto, indicando a continuidade do raciocínio sem estar vinculado, inteiramente, ao exposto anteriormente.
Gabarito "E".

6. CONCORDÂNCIA VERBAL E NOMINAL

(Policial Rodoviário Federal – 2004 – CESPE) Tendo o texto por referência inicial e considerando situações históricas relativas à inserção internacional do Brasil e o quadro econômico mundial contemporâneo, julgue os itens seguintes.

1   É opinião unânime entre os analistas políticos que, até agora, o melhor desempenho do governo Luiz Inácio Lula da Silva está se dando no campo diplomático. O primeiro
4   grande êxito foi a intermediação do conflito entre o presidente venezuelano Hugo Cháves e seus opositores. O segundo grande êxito dessa política refere-se às negociações
7   para a criação da Área de Livre Comércio das Américas (ALCA). Na última conferência da Organização Mundial do Comércio (OMC), realizada no balneário mexicano de Cancun,
10 o Itamaraty, manobrando habilmente nos meandros da diplomacia internacional, impediu que os Estados Unidos da América (EUA) escondessem seu protecionismo ferrenho atrás
13 da propaganda do livre comércio, que constitui a justificativa para a formação da ALCA. O mais recente êxito de Lula na ordem internacional foi o discurso proferido na Assembleia
16 Geral da Organização das Nações Unidas (ONU), em Nova Iorque, quando propôs a criação de um comitê de chefes de Estado para dinamizar as ações de combate à fome e à miséria
19 em todo o mundo.

Plínio de Arruda Sampaio. **Política externa independente**. In: **Família Cristã**, ano 69, n.º 815, nov./2003, p. 28-9 (com adaptações).

(1) A substituição da expressão "está se dando" (ℓ.3) por **vêm se dando** mantém a correção gramatical e a coerência semântica do período.

1: incorreta. A forma "vêm" é a conjugação do verbo "vir" na terceira pessoa do plural do presente do indicativo. Para se manter a concordância verbal conforme os preceitos do padrão culto da língua, deve ser utilizada a conjugação da terceira pessoa do singular, "vem" (sem acento).
Gabarito 1E.

Romance LXXXI ou Dos Ilustres Assassinos

1   Ó grandes oportunistas,
    sobre o papel debruçados,
    que calculais mundo e vida
4   em contos, doblas, cruzados,
    que traçais vastas rubricas
    e sinais entrelaçados,
7   com altas penas esguias
    embebidas em pecados!

    Ó personagens solenes

10 que arrastais os apelidos
    como pavões auriverdes
    seus rutilantes vestidos,
13 — todo esse poder que tendes
    confunde os vossos sentidos:
    a glória, que amais, é desses
16 que por vós são perseguidos.

    Levantai-vos dessas mesas,
    saí de vossas molduras,
19 vede que masmorras negras,
    que fortalezas seguras,
    que duro peso de algemas,

22 que profundas sepulturas
    nascidas de vossas penas,
    de vossas assinaturas!
25 Considerai no mistério
    dos humanos desatinos,
    e no polo sempre incerto
28 dos homens e dos destinos!
    Por sentenças, por decretos,
    pareceríeis divinos:
31 e hoje sois, no tempo eterno,
    como ilustres assassinos.

34 Ó soberbos titulares,
    tão desdenhosos e altivos!
    Por fictícia autoridade,
    vãs razões, falsos motivos,
37 inutilmente matastes:
    — vossos mortos são mais vivos;
    e, sobre vós, de longe, abrem
40 grandes olhos pensativos.

Cecília Meireles. **Romanceiro da Inconfidência**. Rio de Janeiro: Nova Fronteira, 1989, p. 267-8.

(CESPE) Com base no poema acima, julgue o item subsequente.

(1) No verso 23, a forma verbal "nascidas", apesar de referir-se a todas as expressões nominais que antecedem, concorda apenas com a mais próxima, conforme faculta regra de concordância nominal.

1: incorreta. Trata-se de *pegadinha* muito rasa do examinador. A questão trata de concordância **verbal,** não nominal.
Gabarito 1E.

1   Na verdade, o que hoje definimos como democracia
    só foi possível em sociedades de tipo capitalista, mas não
    necessariamente de mercado. De modo geral, a
4   democratização das sociedades impõe limites ao mercado,
    assim como desigualdades sociais em geral não contribuem
    para a fixação de uma tradição democrática. Penso que temos
7   de refletir um pouco a respeito do que significa democracia.
    Para mim, não se trata de um regime com características
    fixas, mas de um processo que, apesar de constituir formas
10 institucionais, não se esgota nelas. É tempo de voltar ao
    filósofo Espinosa e imaginar a democracia como uma
    potencialidade do social, que, se de um lado exige a criação
13 de formas e de configurações legais e institucionais, por
    outro não permite parar. A democratização no século XX
    não se limitou à extensão de direitos políticos e civis. O tema
16 da igualdade atravessou, com maior ou menor força, as
    chamadas sociedades ocidentais.

Renato Lessa. Democracia em debate. In: **Revista Cult**, n.º 137, ano 12, jul./2009, p. 57 (com adaptações).

(CESPE) Com base nas estruturas linguísticas e nas relações argumentativas do texto acima, julgue o item seguinte.

(1) Na linha 8, a flexão de singular em "não se trata" deve-se ao emprego do singular em "um regime".

1: incorreta. Emprega-se o singular porque estamos diante de oração com sujeito indeterminado, não por regras de concordância.
Gabarito 1E.

1. LÍNGUA PORTUGUESA

O uso do espaço público nas grandes cidades é um desafio. Sobretudo porque algumas regras básicas de boa convivência não são respeitadas. Por exemplo, tentar sair de um vagão do metrô com a multidão do lado de fora querendo entrar a qualquer preço, sem esperar e dar passagem aos demais usuários. Ou andar por ruas sujas de lixo, com fezes de cachorro e cheiro de urina. São situações que transformam o convívio urbano em uma experiência ruim. A saída é a educação. Convencidos disso, empresas e governos estão bombardeando a população com campanhas de conscientização — e multas, quando só as advertências não funcionarem. Independentemente da estratégia, o senso de urgência para uma mudança de comportamento na sociedade brasileira veio para ficar.

As iniciativas são louváveis. Caso a população, porém, se sinta apenas punida ou obrigada a uma atitude, e não parte da comunidade, os benefícios não se tornarão duradouros.

Suzane G. Frutuoso. Vai doer no bolsão. In: **Istoé**, 22/7/2009, p. 74-5 (com adaptações).

(CESPE) A respeito da organização das estruturas linguísticas do texto acima e da redação de correspondências oficiais, julgue o item subsequente.

(1) Respeitam-se a coerência da argumentação do texto e a sua correção gramatical, se, em vez de se empregar "do espaço público" (ℓ.1), no singular, esse termo for usado no plural: dos espaços públicos.

1: correta, pois realmente não há qualquer prejuízo no uso do plural, considerando que o texto se refere aos espaços públicos em geral.
Gabarito 1C

1 A maioria dos comentários sobre crimes ou se
limitam a pedir de volta o autoritarismo ou a culpar a
violência do cinema e da televisão, por excitar a
4 imaginação criminosa dos jovens. Poucos pensam que

vivemos em uma sociedade que estimula, de forma sistemática, a passividade, o rancor, a impotência, a inveja e o sentimento de nulidade nas pessoas. Não podemos interferir na política, porque nos ensinaram a perder o gosto pelo bem comum; não podemos tentar mudar nossas relações afetivas, porque isso é assunto de cientistas; não podemos, enfim, imaginar modos de viver mais dignos, mais cooperativos e solidários, porque isso é coisa de "obscurantista, idealista, perdedor ou ideólogo fanático", e o mundo é dos fazedores de dinheiro.

Somos uma espécie que possui o poder da imaginação, da criatividade, da afirmação e da agressividade. Se isso não pode aparecer, surge, no lugar, a reação cega ao que nos impede de criar, de colocar no mundo algo de nossa marca, de nosso desejo, de nossa vontade de poder. Quem sabe e pode usar — com firmeza, agressividade, criatividade e afirmatividade — a sua capacidade de doar e transformar a vida, raramente precisa matar inocentes, de maneira bruta. Existem mil outras maneiras de nos sentirmos potentes, de nos sentirmos capazes de imprimir um curso à vida que não seja pela força das armas, da violência física ou da evasão pelas drogas, legais ou ilegais, pouco importa.

Jurandir Freire Costa. In: **Quatro autores em busca do Brasil**. Rio de Janeiro: Rocco, 2000, p. 43 (com adaptações).

(CESPE) Julgue o item a seguir, a respeito do emprego das estruturas linguísticas do texto acima.

(1) Na linha 2, é obrigatório o emprego da forma verbal "limitam" para concordar com o sujeito da oração.

1: incorreta. O uso do plural não é obrigatório, porque em construções dessa natureza, o verbo pode tanto concordar com a palavra que está mais próxima ("comentários"), quanto com o determinante ("maioria"), hipótese em que se usaria o singular e a oração também estaria correta.
Gabarito 1E

Texto

1 No nosso cotidiano, estamos tão envolvidos com a violência
que tendemos a acreditar que o mundo nunca foi tão violento como
agora: pelo que nos contam nossos pais e outras pessoas mais velhas,
4 há dez, vinte ou trinta anos, a vida era mais segura, certos valores eram
mais respeitados e cada coisa parecia ter o seu lugar.

Essa percepção pode ser correta, mas precisamos pensar nas
7 diversas dimensões em que pode ser interpretada. Se ampliarmos o
tempo histórico, por exemplo, ela poderá se mostrar incorreta.

Embora a violência não seja um fenômeno dos dias de hoje,
10 pois está presente em toda e qualquer sociedade humana, sua
ocorrência varia no grau, na forma, no sentido que adquire e na própria
lógica nos diferentes períodos da História. O modo como o homem a
13 vê e a vivencia atualmente é muito diferente daquele que havia na
Idade Média, por exemplo, ou em outros períodos históricos em outras
sociedades.

Andréa Buoro et al. **Violência urbana** – dilemas e desafios.
São Paulo: Atual, 1999, p. 12 (com adaptações).

(CESPE) Com relação ao emprego das estruturas linguísticas do texto acima, julgue os itens abaixo.

(1) Por referir-se ao sujeito da oração iniciada com "tendemos" (ℓ.2), a forma verbal no infinitivo "acreditar" (l.2) poderia ser empregada flexionada: acreditarmos.
(2) Se, em lugar do pronome plural "nos" (ℓ.3), fosse empregado o singular, me, o verbo que o segue deveria ser empregado no singular: conta.
(3) Na linha 5, a forma verbal "parecia ter", empregada no singular, é gramaticalmente invariável: mesmo que o sujeito fosse plural, ela teria de ser empregada no singular.
(4) Se o trecho "toda e qualquer sociedade humana" (ℓ.10) fosse reescrito no plural, ter-se-ia: todas e qualquer sociedades humanas.
(5) Se "O modo" (ℓ.12) for empregado no plural, é obrigatória a substituição do restante do sujeito por "como os homens a veem e a vivenciam".

1: incorreta. Em locuções verbais, a concordância é feita com o verbo auxiliar, mantendo-se sempre o principal no infinitivo; 2: incorreta. "Contam" concorda com "nossos pais e outras pessoas mais velhas", razão pela qual permaneceria no plural mesmo com a alteração sugerida. 3: incorreta. A locução verbal "parecia ter" é variável, devendo ser transposta para o plural para concordar com o sujeito caso esse fosse plural; 4: incorreta. O correto seria: "Todas e quaisquer sociedades humanas"; 5: incorreta. O pronome oblíquo "a" refere-se à violência, que permaneceria no singular mesmo com a alteração sugerida. Com isso, o restante do período não precisaria ser alterado ("Os modos como o homem a vê e a vivencia" — significando que existem várias formas de ver e vivenciar a violência).

Gabarito 1E, 2E, 3E, 4E, 5E

Um desafio cotidiano

Recentemente me pediram para discutir os desafios políticos que o Brasil tem pela frente. Minha primeira dúvida foi se eles seriam diferentes dos de ontem.

Os problemas talvez sejam os mesmos, o país é que mudou e reúne hoje mais condições para enfrentá-los que no passado. A síntese de minhas conclusões é que precisamos prosseguir no processo de democratização do país.

Kant dizia que a busca do conhecimento não tem fim. Na prática, democracia, como um ponto final que uma vez atingido nos deixa satisfeitos e por isso decretamos o fim da política, não existe. Existe é democratização, o avanço rumo a um regime cada vez mais inclusivo, mais representativo, mais justo e mais legítimo. E quais as condições objetivas para tornar sustentável esse movimento de democratização crescente?

Embora exista forte correlação entre desenvolvimento e democracia, as condições gerais para sua sustentação vão além dela. O grau de legitimidade histórica, de mobilidade social, o tipo de conflitos existentes na sociedade, a capacidade institucional para incorporar gradualmente as forças emergentes e o desempenho efetivo dos governos são elementos cruciais na sustentação da democratização no longo prazo.

Nossa democracia emergente não tem legitimidade histórica. Esse requisito nos falta e só o alcançaremos no decorrer do processo de aprofundamento da democracia, que também é de legitimação dela.

Uma parte importante desse processo tem a ver com as relações rotineiras entre o poder público e os cidadãos. Qualquer flagrante da rotina desse relacionamento arrisca capturar cenas explícitas de desrespeito e pequenas ou grandes tiranias. As regras dessa relação não estão claras. Não existem mecanismos acessíveis de reclamação e desagravo.

(CESPE) Com relação às ideias do texto acima, julgue o seguinte item.

(1) Se o substantivo "movimento" (ℓ. 13) estivesse empregado no plural, também os adjetivos "sustentável" (ℓ. 12) e "crescente" (ℓ. 13) precisariam estar no plural.

1: incorreta. Apenas o adjetivo "sustentável" deveria ir para o plural. "Crescente" refere-se a "democratização".

Gabarito 1E

Texto

A Revolução Industrial provocou a dissociação entre dois pensamentos: o científico e tecnológico e o humanista. A partir do século XIX, a liberdade do homem começa a ser identificada com a eficiência em dominar e transformar a natureza em bens e serviços. O conceito de liberdade começa a ser sinônimo de consumo. Perde importância a prática das artes e consolidam-se a ciência e a tecnologia. Relega-se a preocupação ética. A procura da liberdade social se faz sem considerar-se sua distribuição. A militância política passa a ser tolerada, mas como opção pessoal de cada um.

Essa ruptura teve o importante papel de contribuir para a revolução do conhecimento científico e tecnológico. A sociedade humana se transformou, com a eficiência técnica e a consequente redução do tempo social necessário à produção dos bens de sobrevivência.

O privilégio da eficiência na dominação da natureza gerou, contudo, as distorções hoje conhecidas: em vez de usar o tempo livre para a prática da liberdade, o homem reorganizou seu projeto e refez seu objetivo no sentido de ampliar o consumo. O avanço técnico e científico, de instrumento da liberdade, adquiriu autonomia e passou a determinar uma estrutura social opressiva, que servisse ao avanço técnico e científico. A liberdade identificou-se com a ideia de consumo. Os meios de produção, que surgiram no avanço técnico, visam ampliar o nível dos meios de produção.

Graças a essa especialização e priorização, foi possível obter-se o elevado nível do potencial de liberdade que o final do século XX oferece à humanidade. O sistema capitalista permitiu que o homem atingisse as vésperas da liberdade em relação ao trabalho alienado, às doenças e à escassez. Mas não consegue permitir que o potencial criado pela ciência e tecnologia seja usado com a eficiência desejada.

(Cristovam Buarque, **Na fronteira do futuro**. Brasília: EDUnB, 1989, p. 13; com adaptações)

(CESPE) Com relação às ideias do texto acima, julgue o seguinte item

(1) No trecho do último parágrafo "Graças a essa especialização e priorização", de acordo com as regras de concordância nominal, o emprego do pronome

demonstrativo "essa" no singular indica que tal termo se refere apenas ao substantivo "especialização" e não a "priorização".

1: incorreta. A norma culta reconhece a possibilidade de o pronome concordar em gênero e número apenas com a palavra mais próxima, principalmente se ele estiver anteposto.

Texto para a próxima questão.

As mudanças e transformações globais nas estruturas políticas e econômicas no mundo contemporâneo colocam em relevo as questões de identidade e as lutas pela afirmação e manutenção das identidades nacionais e étnicas. Mesmo que o passado que as identidades atuais reconstroem seja, sempre, apenas imaginado, ele proporciona alguma certeza em um clima que é de mudança, fluidez e crescente incerteza. As identidades em conflito estão localizadas no interior de mudanças sociais, políticas e econômicas, mudanças para as quais elas contribuem.

Tomaz Tadeu da Silva (Org.). Stuart Hall e Kathryn Woodward. **Identidade e diferença** — A perspectiva dos estudos culturais. Petrópolis: Vozes, 2004, p. 24-5 (com adaptações).

(CESPE) Os itens abaixo apresentam propostas de reescrita para a oração inicial do texto. Julgue-os quanto à concordância verbal e nominal.

I. A mudança e a transformação global na estrutura política e econômica no mundo contemporâneo coloca em relevo as questões de identidade.
II. A mudança e a transformação globais nas estruturas políticas e econômicas no mundo contemporâneo coloca em relevo as questões de identidade.
III. A existência de mudanças e transformações globais nas estruturas políticas e econômicas no mundo contemporâneo coloca em relevo as questões de identidade.
IV. O fato de as estruturas políticas e econômicas no mundo contemporâneo passarem por mudanças e transformações globais coloca em relevo as questões de identidade.

Estão certos apenas os itens

(A) I e II.
(B) I e III.
(C) II e III.
(D) II e IV.
(E) III e IV.

I: incorreta. A expressão "na estrutura" deve ir para o plural, concordando com "política e econômica": "(...) nas estruturas política e econômica no mundo (...)". Ademais, o verbo "colocar" deve concordar com "a mudança e a transformação", ou seja, deve ir para o plural "colocam"; II: incorreta. Mais uma vez, o verbo "colocar" deveria concordar com "a mudança e a transformação", indo para o plural; III: correta, porque, nesta oração, o verbo "colocar" concorda com "existência", no singular; IV: correta, pela mesma razão da anterior. "Colocar" concorda com "fato", ambos no singular.

1 É essencial que as autoridades revejam as providências
 referentes ao tratamento e à custódia de todos os presos, a fim
 de assegurar que os mesmos sejam tratados com humanidade
4 e em conformidade com a legislação brasileira e o conjunto de
 princípios da Organização das Nações Unidas (ONU) sobre
 proteção de todo indivíduo sob qualquer forma de detenção ou
7 reclusão, as regras mínimas da ONU sobre o tratamento de
 prisioneiros e o artigo 10 do Acordo Internacional sobre os
 Direitos Civis e Políticos (ICCPR), que reza que todo
10 indivíduo privado de liberdade deve ser tratado com
 humanidade e respeito pela dignidade inerente à pessoa
 humana.

Anistia Internacional. **Tortura e maus-tratos no Brasil**, 2001, p. 72 (com adaptações).

(CESPE) Tendo o texto acima por referência e considerando o tema por ele tratado, julgue o item seguinte.

(1) Como o texto se refere a várias ações, seria gramaticalmente correto substituir "É essencial" (ℓ.1) por São essenciais.

1: incorreta. A expressão "É essencial" é oração principal do período composto por subordinação e "essencial" é um advérbio, portanto não se flexiona.

1 Falar em direitos humanos no Brasil é falar de lutas
 sociais que se desenrolam em uma sociedade que carrega
 marcas históricas de desmandos, violências, arbitrariedades,
4 desigualdades e injustiças. Os resultados não poderiam ser
 outros, senão o quadro de violações aos direitos humanos que
 permeiam as relações sociais em praticamente toda a sociedade
7 brasileira e que atingem com maior brutalidade as populações
 empobrecidas e socialmente excluídas.
 O importante avanço institucional que conquistamos
10 com o fim do ciclo totalitário, a redemocratização do país e
 a volta das instituições democráticas, não foi acompanhado
 de correspondente avanço no que se refere aos direitos
13 econômicos, sociais e culturais. Perpetuam-se no Brasil os
 modelos econômicos que aprofundam o escandaloso quadro de
 concentração de renda e contrastes sociais. O agravamento da
16 situação de desesperança de nosso povo, atingido duramente
 pela exclusão social, pela falência dos serviços públicos e pela
 violência crescente, seja no campo seja nas grandes cidades,
19 exige da sociedade civil brasileira uma atuação consciente,
 transformadora e efetiva.

Internet: <http://www.mndh.org/br/asp> (com adaptações).

(CESPE) Considerando o texto acima como referência e tendo em vista o que ele aborda, julgue o item que se segue.

(1) A expressão "Perpetuam-se" (L.13) está no plural para concordar com "contrastes sociais" (L.15).

1: incorreta. No trecho, "perpetuam-se" concorda com "modelos econômicos", seu objeto direto.

1   A adoção, pela Assembleia Geral das Nações
    Unidas, da Declaração Universal dos Direitos Humanos,
    em 1948, constitui o principal marco no desenvolvimento
4   da ideia contemporânea de direitos humanos. Os direitos
    inscritos nessa Declaração constituem um conjunto
    indissociável e interdependente de direitos individuais e
7   coletivos, civis, políticos, econômicos, sociais e culturais,
    sem os quais a dignidade da pessoa humana não se realiza
    por completo. A Declaração transformou-se, nesta última
10 metade de século, em uma fonte de inspiração para a
    elaboração de diversas cartas constitucionais e tratados
    internacionais voltados à proteção dos direitos humanos.
13 Esse documento, chave do nosso tempo, tornou-se um
    autêntico paradigma ético a partir do qual se pode medir
    e contestar a legitimidade de regimes e governos.
16 Os direitos ali inscritos constituem hoje um dos mais
    importantes instrumentos de nossa civilização, visando
    assegurar um convívio social digno, justo e pacífico.

Internet: <http://www.direitoshumanos.usp.br/dhbrasil/pndh>
(com adaptações).

(CESPE) Com base no texto acima e considerando o tema por ele focalizado, julgue o item subsequente.

(1) Se a expressão "os quais" (ℓ.8) viesse no singular — o qual — para concordar com "um conjunto" (ℓ.5), haveria prejuízo para a correção gramatical do período.

1: incorreta. É possível que a locução pronominal relativa "o qual" concorde, no singular, com "um conjunto" sem prejuízo para a correção gramatical.
Gabarito 1E

Papiloscopista quer esclarecer profissão

1   O Sindicato dos Profissionais da Ciência da
    Papiloscopia realiza amanhã palestras de conscientização
    sobre o trabalho desses profissionais, que comemoram em
4   cinco de fevereiro o seu dia.
            De acordo com a presidente do sindicato, Lucicleide
    do Espírito Santo Moraes, apesar de desenvolver atividades
7   essenciais nas áreas civil e criminal, o papiloscopista não é
    um profissional reconhecido pela população.
            A maioria das pessoas não sabe, diz ela, que o
10 profissional da papiloscopia realiza desde a expedição da
    carteira de identidade e atestado de antecedentes, até perícias
    para a identificação da autoria de delitos e também dos
13 cadáveres que são levados ao Instituto Médico Legal. É o
    papiloscopista que busca e pesquisa as impressões digitais
    que são fundamentais para desvendar crimes. "A população
16 necessita diariamente desse serviço, mas em geral ela
    desconhece o profissional que o realiza", observa Lucicleide
    Moraes.

Internet: <www.diariodecuiaba.com.br>
(com adaptações).

(CESPE) Com referência aos aspectos semânticos e gramaticais do texto acima, julgue o item que se segue.

(1) Haveria erro de concordância nominal caso se substituísse a expressão "nas áreas civil e criminal" (ℓ.7) por na área civil e na criminal.

1: incorreta. A expressão sugerida, no singular, está integralmente correta.
Gabarito 1E

7. CRASE

1   A visão do sujeito indivíduo — indivisível —
    pressupõe um caráter singular, único, racional e pensante em
    cada um de nós. Mas não há como pensar que existimos
4   previamente a nossas relações sociais: nós nos fazemos em
    teias e tensões relacionais que conformarão nossas
    capacidades, de acordo com a sociedade em que vivemos.
7   A sociologia trabalha com a concepção dessa relação entre
    o que é "meu" e o que é "nosso". A pergunta que propõe
    é: como nos fazemos e nos refazemos em nossas relações
10 com as instituições e nas relações que estabelecemos com os
    outros? Não há, assim, uma visão de homem como uma
    unidade fechada em si mesma, como *Homo clausus*.
13 Estaríamos envolvidos, constantemente, em tramas
    complexas de internalização do "exterior" e, também, de
    rejeição ou negociação próprias e singulares do "exterior".
16 As experiências que o homem vai adquirindo na relação com
    os outros são as que determinarão as suas aptidões, os seus
    gostos, as suas formas de agir.

Flávia Schilling. Perspectivas sociológicas. Educação & psicologia. In: **Revista Educação**, vol. 1, p. 47 (com adaptações).

(CESPE) Julgue o seguinte item, a respeito das estruturas linguísticas e do desenvolvimento argumentativo do texto acima.

(1) A inserção do sinal indicativo de crase em "existimos previamente a nossas relações sociais" (ℓ.3-4) preservaria a correção gramatical e a coerência do texto, tornando determinado o termo "relações".

1: incorreta. A expressão assinalada não autoriza o emprego da crase, porque o termo "relações" foi determinado pelo pronome possessivo "nossas" e não pelo artigo definido "as", que seria a única possibilidade de ocorrência da crase.
Gabarito 1E

(CESPE) Os fragmentos contidos nos itens seguintes, na ordem em que são apresentados, constituem reescrituras sucessivas de parágrafos de notícia assinada por Julita Lemgruber e publicada no Jornal do Brasil (Internet: <http://www.cesec.ucam.edu.br/artigos.asp>. Acesso em ago./2004). Julgue-os quanto ao emprego do sinal indicativo de crase, à regência, à concordância e à grafia.

(1) Na tarde do dia 29 de abril último, no teatro do SESC Tijuca, adolescentes infratores e sob a responsabilidade do Departamento Geral de Ações Socioeducativas, órgão subordinado à Secretaria da Infância e da Juventude do Estado do Rio de Janeiro, encenaram, orientados por um grupo de profissionais de uma organização não governamental, passagens de suas vidas, a partir de situações e textos criados por eles mesmos.

(2) Os jovens apresentaram à um público, ora perplexo, ora emocionado, mas sempre profundamente impactado, cenas de seu cotidiano: a violência à que estão submetidos dentro de casa; o jovem traficante pegado no flagrante; a relação dos meninos infratores com a polícia e entre eles e o tráfico.

(3) Durante as discussões, em que meninos e meninas, com extraordinária franqueza e emoção, abordaram cenas de suas vidas, uma das meninas disse que sua mãe apanhara de seu pai por anos a fio. Um menino argumentou: "Ora, com todo o respeito, se sua mãe apanhou por tantos anos, ela bem que devia merecer." A menina retrucou, também com respeito, que sua mãe nunca merecera nada; seu pai é que bebia muito.

(4) Este trabalho que obriga a reflexão, provoca questionamento: ajuda a alguns meninos e meninas a concluírem que na vida do crime eles e elas mais perdem que ganham, acaba de ser suspenso. Foi determinado ao grupo de profissionais que vinha trabalhando com os jovens, que, em futuras encenações, estaria proibido o assunto de polícia, de tráfico de drogas, de violência, das lamentáveis condições que são submetidos os adolescentes-infratores privados da liberdade, enfim, de seu trágico cotidiano.

1: correta; 2: incorreta. Não ocorre crase antes de palavra masculina: "Os jovens apresentaram a um público (...)". Da mesma forma, não houve aglutinação, e portanto ocorre crase, no trecho: "a violência a que estão submetido (...)". Apenas para informação, "pegado" está correto (particípio regular do verbo "pegar"); 3: correta; 4: incorreta. "Ajudar" é verbo transitivo direto, portanto a primeira preposição "a" no trecho após os dois pontos é incorreta: "ajuda alguns meninos e meninas a concluírem (...)". Frise-se, também, que em respeito à coerência do texto, os dois pontos deveriam ser substituídos por vírgula.

Gabarito 1C, 2E, 3C, 4E

Texto

A Revolução Industrial provocou a dissociação entre dois pensamentos: o científico e tecnológico e o humanista. A partir do século XIX, a liberdade do homem começa a ser identificada com a eficiência em dominar e transformar a natureza em bens e serviços. O conceito de liberdade começa a ser sinônimo de consumo. Perde importância a prática das artes e consolidam-se a ciência e a tecnologia. Relega-se a preocupação ética. A procura da liberdade social se faz sem considerar-se sua distribuição. A militância política passa a ser tolerada, mas como opção pessoal de cada um.

Essa ruptura teve o importante papel de contribuir para a revolução do conhecimento científico e tecnológico. A sociedade humana se transformou, com a eficiência técnica e a consequente redução do tempo social necessário à produção dos bens de sobrevivência.

O privilégio da eficiência na dominação da natureza gerou, contudo, as distorções hoje conhecidas: em vez de usar o tempo livre para a prática da liberdade, o homem reorganizou seu projeto e refez seu objetivo no sentido de ampliar o consumo. O avanço técnico e científico, de instrumento da liberdade, adquiriu autonomia e passou a determinar uma estrutura social opressiva, que servisse ao avanço técnico e científico. A liberdade identificou-se com a ideia de consumo. Os meios de produção, que surgiram no avanço técnico, visam ampliar o nível dos meios de produção.

Graças a essa especialização e priorização, foi possível obter-se o elevado nível do potencial de liberdade que o final do século XX oferece à humanidade. O sistema capitalista permitiu que o homem atingisse as vésperas da liberdade em relação ao trabalho alienado, às doenças e à escassez. Mas não consegue permitir que o potencial criado pela ciência e tecnologia seja usado com a eficiência desejada.

(Cristovam Buarque. **Na fronteira do futuro**. Brasília: EDUnB, 1989, p. 13; com adaptações)

(CESPE) Julgue o item seguinte, acerca do emprego das palavras e expressões no texto acima.

(1) Na linha 30, o uso da crase em "às doenças" e "à escassez" indica que tais complementos são regidos por "relação" (ℓ. 29), do mesmo modo que "trabalho" (ℓ.30).

1: correta. A locução "em relação" rege a preposição "a". Em "ao trabalho", não ocorre crase por ser palavra masculina; nas demais, femininas, deve-se anotar a crase por meio do acento grave.

Gabarito 1C

1 Acredito que, no século XXI, o sucesso de qualquer
   sociedade dependerá de quatro características: sua geografia e
   sua base de recursos; sua capacidade de administrar mudanças
4 complexas; seu compromisso com os direitos humanos; e seu
   comprometimento com a ciência e a tecnologia. O Brasil pode
   vir a exceder em todos esses aspectos. No passado, o calcanhar
7 de aquiles do Brasil se situou naquela terceira esfera, a dos
   direitos humanos. Como os Estados Unidos da América (EUA)
   e, na verdade, a maior parte das Américas, o Brasil foi forjado
10 em um cadinho de conquista colonial e escravidão brutal.
   Esse nascimento violento deixou um legado de enormes
   divisões étnicas entre as elites de ascendência europeia,
13 as comunidades indígenas e as populações de origem africana,
   descendentes de escravos. Da mesma forma que os EUA, o
   Brasil ainda não superou essa genealogia cruel.
16 As desigualdades associadas a raça e etnia configuram um
   abismo — e, claro, propiciaram a geração de conflitos, a
   inclinação para o populismo e a instalação ocasional de regimes
19 autoritários.

Jeffrey Sachs. In: **Veja 40 Anos**, set./2008 (com adaptações).

(CESPE) Preservam-se a coerência do texto acima e o atendimento às regras gramaticais da língua portuguesa ao se inserir sinal indicativo de crase em

(A) "a ciência e a tecnologia" (ℓ.5): à ciência e à tecnologia.
(B) "a dos direitos" (ℓ.7-8): à dos direitos.
(C) "as comunidades indígenas e as populações de origem africana" (ℓ.13): às comunidades e às populações de origem africana.
(D) "As desigualdades" (ℓ.16): Às desigualdades.
(E) "a raça" (ℓ.16): à raça.

A: incorreta. O termo "comprometimento" rege a preposição "com", sendo impossível ocorrer a crase; B: incorreta, porque não ocorre crase junto a termos masculinos; C: incorreta. O período pretende realizar uma comparação, por isso usa a preposição "entre", com a qual nunca ocorrerá crase; D: incorreta. O artigo definido plural "as" é adjunto adnominal do sujeito da oração, não havendo que pensar em preposição nesta posição a ensejar a crase; E: correta. Trata-se de crase facultativa. O termo "a" que consta da oração é preposição e o termo "raça" pode estar ou não acompanhado do artigo definido "a".

Gabarito: E.

1   A adoção, pela Assembleia Geral das Nações
    Unidas, da Declaração Universal dos Direitos Humanos,
    em 1948, constitui o principal marco no desenvolvimento
4   da ideia contemporânea de direitos humanos. Os direitos
    inscritos nessa Declaração constituem um conjunto
    indissociável e interdependente de direitos individuais e
7   coletivos, civis, políticos, econômicos, sociais e culturais,
    sem os quais a dignidade da pessoa humana não se realiza
    por completo. A Declaração transformou-se, nesta última
10 metade de século, em uma fonte de inspiração para a
    elaboração de diversas cartas constitucionais e tratados
    internacionais voltados à proteção dos direitos humanos.
13 Esse documento, chave do nosso tempo, tornou-se um
    autêntico paradigma ético a partir do qual se pode medir
    e contestar a legitimidade de regimes e governos.
16 Os direitos ali inscritos constituem hoje um dos mais
    importantes instrumentos de nossa civilização, visando
    assegurar um convívio social digno, justo e pacífico.

Internet: <http://www.direitoshumanos.usp.br/dhbrasil/pndh> (com adaptações).

(CESPE) Com base no texto acima e considerando o tema por ele focalizado, julgue o item subsequente.

(1) Na linha 12, a substituição de "à" por para "a" preservaria a coerência e a correção do período.

1: correta. Trata-se de crase facultativa, porque o substantivo "proteção", no caso, não demanda necessariamente a presença do artigo definido.

Gabarito 1C

8. PRONOMES E COLOCAÇÃO PRONOMINAL

1   Todos nos, homens e mulheres, adultos e jovens,
    passamos boa parte da vida tendo de optar entre o certo e o
    errado, entre o bem e o mal. Na realidade, entre o que
4   consideramos bem e o que consideramos mal. Apesar da longa
    permanência da questão, o que se considera certo e o que se
    considera errado muda ao longo da historia e ao redor do globo
7   terrestre.
    Ainda hoje, em certos lugares, a previsão da pena de
    morte autoriza o Estado a matar em nome da justiça. Em outras
10 sociedades, o direito a vida e inviolável e nem o Estado nem
    ninguém tem o direito de tirar a vida alheia. Tempos atrás era
    tido como legítimo espancarem-se mulheres e crianças,
13 escravizarem-se povos. Hoje em dia, embora ainda se saiba de
    casos de espancamento de mulheres e crianças, de trabalho
    escravo, esses comportamentos são publicamente condenados
16 na maior parte do mundo.
    Mas a opção entre o certo e o errado não se coloca
    apenas na esfera de temas polêmicos que atraem os holofotes
19 da mídia. Muitas e muitas vezes e na solidão da consciência de
    cada um de nos, homens e mulheres, pequenos e grandes, que
    certo e errado se enfrentam.
22 E a ética e o domínio desse enfrentamento.

Marisa Lajolo. *Entre o bem e o mal*. In: *Histórias sobre a ética*. 5.ª ed. São Paulo: Ática, 2008 (com adaptações).

(Polícia Rodoviária Federal – 2013 – CESPE) A partir das ideias e das estruturas linguísticas do texto acima, julgue os itens que se seguem.

(1) Devido a presença do advérbio "apenas" (L.18), o pronome "se" (L.17) poderia ser deslocado para imediatamente após a forma verbal "coloca" (L.17), da seguinte forma: coloca-se.

(2) No trecho "o que consideramos bem" (L.3-4), o vocábulo "que" classifica-se como pronome e exerce a função de complemento da forma verbal "consideramos".

1: incorreta. A próclise é obrigatória no caso por força da presença do advérbio de negação "não"; 2: correta. É pronome relativo e objeto direto do verbo "considerar".

Gabarito 1E, 2C

Colisão entre caminhão e carro deixa 4 mortos em Pernambuco

Ana Lima Freitas – Texto adaptado

Uma colisão, na qual um caminhão foi de encontro a um carro, deixou 4 pessoas mortas e 2 feridas na noite desta terça-feira na cidade de Salgueiro, a 530 km do Recife, no sertão de Pernambuco. Entre as vítimas fatais, estavam engenheiros responsáveis pela construção da Ferrovia Transnordestina.

Segundo informações da Polícia Rodoviária Federal, o caminhão com placa do Rio Grande do Norte, o qual a Polícia recolheu ao depósito, colidiu com o carro, um veículo Gol, com placa do Ceará. Dos 4 ocupantes do Gol, 3 morreram. Entre eles estavam engenheiros responsáveis pela construção da Ferrovia Transnordestina. O motorista do caminhão também morreu no local do acidente. Ao Hospital Regional de Salgueiro as vítimas do referido acidente foram levadas.

<http://noticias.terra.com.br/transito/interna>.
Acesso: em 26 ago. 2009.

(Policial Rodoviário Federal – 2009 – FUNRIO) Do texto, considere apenas o trecho: "...o caminhão com placa do Rio Grande do Norte, o qual a Polícia recolheu ao depósito, colidiu com o carro". Em relação ao termo "o qual", é correto afirmar que

(A) promove a coerência textual apontando o termo que o precede, sendo portanto catafórico.
(B) é tido como sujeito da frase, uma vez que substitui tal termo.
(C) pode ser substituído por "cuja" sem comprometer a coesão textual.
(D) é pronome relativo e pertence à segunda oração do período destacado.
(E) é pronome relativo, portanto, não poderia referir-se a um substantivo.

A: incorreta. Por se referir ao termo que o precede, o pronome relativo "o qual" tem função anafórica no período; B: incorreta. O sujeito da oração é "a Polícia"; C: incorreta. "Cuja" equivale a "da qual" ou "de quem", ou seja, indica posse, propriedade; D: correta. "A qual" é locução pronominal relativa que introduz uma oração subordinada adjetiva explicativa; E: incorreta. O pronome relativo pode se referir a um substantivo normalmente.
Gabarito "D".

Romance LXXXI ou Dos Ilustres Assassinos

1   Ó grandes oportunistas,
    sobre o papel debruçados,
    que calculais mundo e vida
4   em contos, doblas, cruzados,
    que traçais vastas rubricas
    e sinais entrelaçados,
7   com altas penas esguias
    embebidas em pecados!

    Ó personagens solenes
10 que arrastais os apelidos

    como pavões auriverdes
    seus rutilantes vestidos,
13 — todo esse poder que tendes
    confunde os vossos sentidos:
    a glória, que amais, é desses
16 que por vós são perseguidos.

    Levantai-vos dessas mesas,
    saí de vossas molduras,
19 vede que masmorras negras,
    que fortalezas seguras,
    que duro peso de algemas,

    como ilustres assassinos.

    Ó soberbos titulares,
34 tão desdenhosos e altivos!
    Por fictícia autoridade,
    vãs razões, falsos motivos,
37 inutilmente matastes:
    — vossos mortos são mais vivos;
    e, sobre vós, de longe, abrem
40 grandes olhos pensativos.

22 que profundas sepulturas
    nascidas de vossas penas,
    de vossas assinaturas!

25 Considerai no mistério
    dos humanos desatinos,
    e no polo sempre incerto
28 dos homens e dos destinos!
    Por sentenças, por decretos,
    pareceríeis divinos:
31 e hoje sois, no tempo eterno,

Cecília Meireles. **Romanceiro da Inconfidência**. Rio de Janeiro: Nova Fronteira, 1989, p. 267-8.

(CESPE) Com base no poema acima, julgue o item subsequente.

(1) O emprego do pronome possessivo em "seus rutilantes vestidos" (v.12) evidencia que essa expressão corresponde à vestimenta usada por autoridades em eventos solenes.

1: incorreta. Os "rutilantes vestidos" são dos "auriverdes pavões". O poeta está comparando a pompa com a qual os "personagens solenes" ostentam seus sobrenomes (apelidos) com a elegância do pavão.
Gabarito 1E.

1   A visão do sujeito indivíduo — indivisível —
    pressupõe um caráter singular, único, racional e pensante em
    cada um de nós. Mas não há como pensar que existimos
4   previamente a nossas relações sociais: nós nos fazemos em
    teias e tensões relacionais que conformarão nossas
    capacidades, de acordo com a sociedade em que vivemos.
7   A sociologia trabalha com a concepção dessa relação entre
    o que é "meu" e o que é "nosso". A pergunta que propõe
    é: como nos fazemos e nos refazemos em nossas relações
10 com as instituições e nas relações que estabelecemos com os
    outros? Não há, assim, uma visão de homem como uma
    unidade fechada em si mesma, como *Homo clausus*.
13 Estaríamos envolvidos, constantemente, em tramas
    complexas de internalização do "exterior" e, também, de
    rejeição ou negociação próprias e singulares do "exterior".
16 As experiências que o homem vai adquirindo na relação com
    os outros são as que determinarão as suas aptidões, os seus
    gostos, as suas formas de agir.

Flávia Schilling. Perspectivas sociológicas. Educação & psicologia. In: **Revista Educação**, vol. 1, p. 47 (com adaptações).

(CESPE) Julgue o seguinte item, a respeito das estruturas linguísticas e do desenvolvimento argumentativo do texto acima.

(1) Na linha 4, para se evitar a sequência "nós nos", o pronome átono poderia ser colocado depois da forma verbal "fazemos", sem que a correção gramatical do trecho fosse prejudicada, prescindindo-se de outras alterações gráficas.

1: incorreta, porque o uso da ênclise demanda a aglutinação do verbo com o pronome por meio do hífen: "fazemo-nos". Necessária, portanto, alteração gráfica.
Gabarito 1E

1 Não existem soluções mágicas, é claro, mas uma
   coisa é certa: uma crise global requer soluções globais.
   Se não as encontrarmos, as consequências serão desastrosas,
4 a começar pela morte de 2 milhões de crianças nos próximos
   cinco anos. Por conta da globalização, ninguém será
   poupado, especialmente aqueles que são vítimas inocentes:
7 as vulneráveis populações da África, por exemplo, e as
   mulheres. Ela atinge todos os aspectos da sociedade:
   educação, segurança alimentar, as perspectivas de
10 desenvolvimento da chamada economia verde etc. Ela
   também fortalece o "egotismo nacionalista" e incrementa a
   xenofobia. Esta crise, porém, não é apenas econômica; ela
13 também é uma crise moral. É uma crise institucional e
   filosófica do sistema que construímos.

O mundo ruma para a incerteza? In: **Planeta**, ago./2008, p. 51 (com adaptações).

(CESPE) Tomando por base a organização do texto acima, julgue o item que se segue.

(1) No texto, dada a sua forma feminina, o pronome "Ela" (ℓ.8) tanto poderia remeter a "globalização" (ℓ.5) quanto a "crise global" (ℓ.2), mas o trecho "Esta crise, porém" (ℓ.12), evidencia que, pela coerência da argumentação, o pronome se refere a "crise global" (ℓ.2).

1: correta. O pronome "ela", aparentemente ambíguo, é especificado posteriormente.
Gabarito 1C

Texto
1 A maioria dos comentários sobre crimes ou se
   limitam a pedir de volta o autoritarismo ou a culpar a
   violência do cinema e da televisão, por excitar a
4 imaginação criminosa dos jovens. Poucos pensam que
   vivemos em uma sociedade que estimula, de forma
   sistemática, a passividade, o rancor, a impotência, a
7 inveja e o sentimento de nulidade nas pessoas. Não
   podemos interferir na política, porque nos ensinaram a
   perder o gosto pelo bem comum; não podemos tentar
10 mudar nossas relações afetivas, porque isso é assunto de
   cientistas; não podemos, enfim, imaginar modos de viver
   mais dignos, mais cooperativos e solidários, porque isso
13 é coisa de "obscurantista, idealista, perdedor ou ideólogo
   fanático", e o mundo é dos fazedores de dinheiro.
   Somos uma espécie que possui o poder da
16 imaginação, da criatividade, da afirmação e da
   agressividade. Se isso não pode aparecer, surge, no lugar,
   a reação cega ao que nos impede de criar, de colocar no
19 mundo algo de nossa marca, de nosso desejo, de nossa
   vontade de poder. Quem sabe e pode usar — com
   firmeza, agressividade, criatividade e afirmatividade —
22 a sua capacidade de doar e transformar a vida, raramente
   precisa matar inocentes, de maneira bruta. Existem mil
   outras maneiras de nos sentirmos potentes, de nos
25 sentirmos capazes de imprimir um curso à vida que não
   seja pela força das armas, da violência física ou da evasão
   pelas drogas, legais ou ilegais, pouco importa.

Jurandir Freire Costa. In: **Quatro autores em busca do Brasil**. Rio de Janeiro: Rocco, 2000, p. 43 (com adaptações).

(CESPE) Julgue o item a seguir, a respeito do emprego das estruturas linguísticas do texto acima.

(1) O pronome indefinido "Poucos" (ℓ.4) refere-se a jovens de imaginação criminosa.

1: incorreta. "Poucos" refere-se a "poucas pessoas" da sociedade em geral.
Gabarito 1E

Um desafio cotidiano
Recentemente me pediram para discutir os desafios políticos que o Brasil tem pela frente. Minha primeira dúvida foi se eles seriam diferentes dos de ontem.

Os problemas talvez sejam os mesmos, o país é que mudou e reúne hoje mais condições para enfrentá-los que no passado. A síntese de minhas conclusões é que precisamos prosseguir no processo de democratização do país.

Kant dizia que a busca do conhecimento não tem fim. Na prática, democracia, como um ponto final que uma vez atingido nos deixa satisfeitos e por isso decretamos o fim da política, não existe. Existe é democratização, o avanço rumo a um regime cada vez mais inclusivo, mais representativo, mais justo e mais legítimo. E quais as condições objetivas para tornar sustentável esse movimento de democratização crescente?

Embora exista forte correlação entre desenvolvimento e democracia, as condições gerais para sua sustentação vão além dela. O grau de legitimidade histórica, de mobilidade social, o tipo de conflitos existentes na sociedade, a capacidade institucional para incorporar gradualmente as forças emergentes e o desempenho efetivo dos governos são elementos cruciais na sustentação da democratização no longo prazo.

Nossa democracia emergente não tem legitimidade histórica. Esse requisito nos falta e só o alcançaremos no decorrer do processo de aprofundamento da democracia, que também é de legitimação dela.

Uma parte importante desse processo tem a ver com as relações rotineiras entre o poder público e os cidadãos. Qualquer flagrante da rotina desse relacionamento arrisca capturar cenas explícitas de desrespeito e pequenas ou grandes tiranias. As regras dessa relação não estão claras. Não existem mecanismos acessíveis de reclamação e desagravo.

(CESPE) Com relação às ideias do texto, julgue os seguintes itens.

(1) A posição do pronome átono "me" (ℓ. 1), antecedendo o verbo, constitui uma violação às regras da colocação pronominal da norma culta e, por isso, ele deveria ser usado posposto a "pediram" (ℓ. 1).

(2) Se a opção pelo emprego do pronome átono antes do verbo em "só o alcançaremos" (ℓ. 22) fosse alterada, a construção sintática correta seria só alcançaremo-lo.

1: incorreta. O advérbio "recentemente" determina a próclise, portanto o texto está dentro dos ditames da norma culta; 2: incorreta. Não se admite a ênclise caso o verbo esteja no futuro do presente ou no futuro do pretérito do indicativo. A opção, nesse caso, é a mesóclise: "alcançá-lo-emos".

Gabarito 1E, 2E

Texto

A Revolução Industrial provocou a dissociação entre dois pensamentos: o científico e tecnológico e o humanista. A partir do século XIX, a liberdade do homem começa a ser identificada com a eficiência em dominar e transformar a natureza em bens e serviços. O conceito de liberdade começa a ser sinônimo de consumo. Perde importância a prática das artes e consolidam-se a ciência e a tecnologia. Relega-se a preocupação ética. A procura da liberdade social se faz sem considerar-se sua distribuição. A militância política passa a ser tolerada, mas como opção pessoal de cada um.

Essa ruptura teve o importante papel de contribuir para a revolução do conhecimento científico e tecnológico. A sociedade humana se transformou, com a eficiência técnica e a consequente redução do tempo social necessário à produção dos bens de sobrevivência.

O privilégio da eficiência na dominação da natureza gerou, contudo, as distorções hoje conhecidas: em vez de usar o tempo livre para a prática da liberdade, o homem reorganizou seu projeto e refez seu objetivo no sentido de ampliar o consumo. O avanço técnico e científico, de instrumento da liberdade, adquiriu autonomia e passou a determinar uma estrutura social opressiva, que servisse ao avanço técnico e científico. A liberdade identificou-se com a ideia de consumo. Os meios de produção, que surgiram no avanço técnico, visam ampliar o nível dos meios de produção.

Graças a essa especialização e priorização, foi possível obter-se o elevado nível do potencial de liberdade que o final do século XX oferece à humanidade. O sistema capitalista permitiu que o homem atingisse às vésperas da liberdade em relação ao trabalho alienado, às doenças e à escassez. Mas não consegue permitir que o potencial criado pela ciência e tecnologia seja usado com a eficiência desejada.

(Cristovam Buarque, **Na fronteira do futuro**. Brasília: EDUnB, 1989, p. 13; com adaptações)

(CESPE) Julgue os itens abaixo, relativos às ideias do texto acima.

(1) A supressão do pronome átono na forma verbal "identificou-se" (ℓ. 23) manteria o mesmo nível de formalidade de linguagem e a mesma regência verbal.

1: incorreta. A alteração da forma pronominal do verbo diminuiria a formalidade do texto, que é focada na impessoalidade do discurso. Além disso, seria alterada a regência verbal, que não mais comportaria a preposição "com".

Gabarito 1E

9. REESCRITURA DE FRASES E PARÁGRAFOS

Violência no trânsito

Se quase sempre é difícil fazer uma autoavaliação, é impossível adivinhar o estado de espírito do motorista ao lado. Assim, uma atitude preventiva – e, por que não, defensiva – é a melhor maneira de não se envolver em situações de violência. O psiquiatra forense Everardo Furtado de Oliveira afirma que é possível prevenir uma briga, evitando, por exemplo, contato de olhos com o condutor agressivo, não fazer ou revidar gestos obscenos, não ficar na cola de ninguém e não bloquear a mão esquerda, por exemplo. Medalhista olímpico em 1992, o judoca Rogério Sampaio não pensa muito diferente: "Respire fundo, tenha consciência de que não vale a pena brigar e, principalmente, pense em sua família".

Com o objetivo de entender o comportamento do motorista e do pedestre capixaba e desenvolver ações para melhorar o tráfego, o Detran do Espírito Santo entrevistou quase 400 motoristas. A pesquisa, coordenada pelo antropólogo Roberto DaMatta, mostrou que desprezo às regras, agressividade e despreparo são características dos motoristas entrevistados. "O que o condutor pensa quando está dentro do carro é que a ele é dado o direito de ser imprudente de vez em quando. Para os nossos erros, procuramos muitas desculpas. Aquele que cumpre a lei é visto como alguém em uma posição inferior, um fraco", diz Luciene Becacici, diretora-geral do órgão.

Em Brasília (DF), a tese de doutorado sobre o trânsito da cidade defendida pela psicóloga Cláudia Aline Soares Monteiro envolveu uma pesquisa com 923 motoristas. "Dos entrevistados, 84% afirmaram sentir raiva enquanto dirigem. Pessoas que tinham mais tempo de habilitação e dirigiam com maior frequência cometiam mais erros e eram mais agressivas", diz Cláudia. Segundo o trabalho, quanto maior o nível de escolaridade da mulher, mais ela se irrita no tráfego. A situação é inversa para o sexo masculino. Além disso, os que mais cometem infrações são jovens com idade entre 18 e 27 anos, solteiros e sem filhos. A situação que mais deixa os homens nervosos é ter avanço impedido do veículo. Já as mulheres se irritam com direção agressiva por parte de outros motoristas.

[...]

O trânsito é um ambiente de interação social como qualquer outro. "O carro é um ambiente particular, mas é preciso seguir regras, treinar o autocontrole e planejar os deslocamentos. É um local em que é preciso agir com civilidade e consciência", diz a hoje doutora em trânsito Cláudia Monteiro.

Ao contrário do que pode parecer à primeira vista, o carro não é o escudo protetor que se supõe. Exercitar a paciência e o autocontrole não faz parte do currículo das autoescolas, mas são práticas cada vez mais necessárias à sobrevivência no trânsito.

Internet: <http://quatrorodas.abril.uol.com.br/reportagens/conteudo_288447.shtml>. Acesso em: 29/8/2009, com adaptações.

(Policial Rodoviário Federal – 2009 – FUNRIO) Assinale a alternativa em que a reescritura do trecho "'Dos entrevistados, 84% afirmaram sentir raiva enquanto dirigem. Pessoas que tinham mais tempo de habilitação e dirigiam com maior frequência cometiam mais erros e eram mais agressivas', diz Cláudia." mantém a correção gramatical e não compromete o sentido original.

(A) A maioria dos entrevistados afirmou que sente raiva enquanto dirige. Pessoas mais experientes na condução de veículos automotivos cometem mais erros e são mais agressivas.
(B) 84% dos entrevistados afirmou que sentem raiva enquanto dirigem. Pessoas, que tinham mais tempo de habilitação e dirigiam com maior frequência, cometiam mais erros e eram mais agressivas.
(C) Dos entrevistados, 84% afirmou que sentem raiva enquanto dirigem. Pessoas que tinham mais tempo de habilitação e dirigiam com mais frequência cometiam mais erros e eram mais agressivas.
(D) Dos entrevistados, 84% afirmou que sente raiva enquanto dirige. Pessoas com mais tempo de habilitação e que dirigiam com mais frequência, cometiam mais erros e eram mais agressivas.
(E) A maior parte dos entrevistados afirmou que sente raiva enquanto dirigem. Pessoas que dirigiam com mais tempo de habilitação frequentemente cometiam mais erros.

A: correta. A paráfrase não altera o sentido original e atende a todas as regras de correção gramatical; B: incorreta. O correto seria "afirmaram" e suprimir as vírgulas depois de "pessoas" e de "frequência"; C: incorreta. O correto seria "afirmaram"; D: incorreta. O correto seria "afirmaram", "sentem" e suprimir a vírgula depois de "frequência"; E: incorreta. O correto seria "dirige".

Gabarito "A".

(Policial Rodoviário Federal – 2009 – FUNRIO) Um importante aspecto da experiência dos outros na vida cotidiana é o caráter direto ou indireto dessa experiência. Em qualquer tempo é possível distinguir entre companheiros com os quais tive uma atuação comum situações face a face e outros que são meros contemporâneos, dos quais tenho lembranças mais ou menos detalhadas, ou que conheço simplesmente de oitiva. Nas situações face a face tenho a evidência direta de meu companheiro, de suas ações, atributos, etc. Já o mesmo não acontece no caso de contemporâneos, dos quais tenho um conhecimento mais ou menos dignos de confiança.

No trecho "Já o mesmo não acontece no caso de contemporâneos, dos quais tenho um conhecimento mais ou menos dignos de confiança.", a palavra "já" pode ser substituída, sem alteração de sentido, por

(A) entretanto.
(B) como.
(C) à medida que.
(D) se.
(E) quando.

Nesse caso, a palavra "já" atua como conjunção adversativa. Pode, assim, ser substituída sem alteração de sentido por "mas", "porém", "entretanto", "todavia", "contudo".

Gabarito "A".

1 Houve uma época em que os homens viviam bem mais próximos do céu. E o céu, dos homens. Imagine um mundo sem luz elétrica, esparsamente povoado, um mundo praticamente
4 sem tecnologia, fora os arados dos campos e os metais das ferramentas e das espadas. Nesse mundo, o céu tinha um significado muito diferente do que tem hoje. A sobrevivência das
7 pessoas dependia de sua regularidade e clemência.
Olhar para os céus e aprender seus ciclos era o único modo de marcar a passagem do tempo. Logo ficou claro que o
10 céu tinha dois temperamentos: um, bem-comportado, repetitivo, como o nascer e o pôr do Sol a cada dia, as quatro fases da Lua e as quatro estações do ano; outro, imprevisível, rebelde e
13 destruidor, o senhor das tempestades e dos furacões, dos estranhos cometas, que atravessavam lentamente os céus com sua luz fantasmagórica, e dos eclipses totais do Sol, quando dia
16 virava noite e as estrelas e os planetas faziam-se visíveis e o Sol tingia-se de um negro profundo.
Os céus eram mágicos, a morada dos deuses.
19 O significado da vida e da morte, a previsão do futuro, o destino dos homens, tanto dos líderes quanto de seus súditos, estavam escritos nos astros. Fenômenos celestes inesperados eram
22 profundamente temidos. Entre eles, os eclipses eram dos piores: se os deuses podiam apagar o Sol por alguns minutos, certamente poderiam fazê-lo permanentemente.

Marcelo Gleiser. O céu de Ulisses.
In: **Folha de S.Paulo**, 6/6/2008, p. 9.

(Policial Rodoviário Federal – 2008 – CESPE) Assinale a opção em que é apresentado resumo do primeiro parágrafo do texto de acordo com a técnica de resumo de frases e textos.

(A) Em um mundo sem energia elétrica e quase sem tecnologia, os homens atribuíam ao céu o poder de lhes determinar a sobrevivência, o que os tornava mais próximos do céu do que são atualmente.
(B) Nos primórdios da humanidade, quando os homens usavam apenas arados, espadas e algumas ferramentas, os homens sabiam que, diferentemente do que ocorre hoje, dependiam da clemência do céu e da regularidade das tempestades.
(C) Há muitos e muitos anos, quando ainda não estava disponível a energia elétrica e quando a tecnologia era muito atrasada e pouco útil, os homens valorizavam muito o que observavam de regularidade no céu porque era ele que lhes indicava se a sobrevivência deles corria risco.
(D) Os homens já viveram mais próximos do céu do que vivem nos dias atuais. Isso aconteceu porque não se usava luz elétrica nem havia toda a tecnologia atual. Naquela época, os homens respeitavam o céu, porque não sabiam defender-se de tempestades.
(E) Num passado remoto, as únicas tecnologias que os homens dominavam eram o arado e metais de ferramentas e espadas. Não havia luz elétrica nessa época e, por isso, o céu era observado apenas à noite,

quando os homens temiam os fenômenos inesperados. Isso os aproximava e garantiu a sobrevivência da espécie humana.

O resumo deve ater-se às principais informações do trecho que está sendo resumido. Com isso, naturalmente ele deve ser um texto curto, claro e escrito, preferencialmente, na ordem direta. A melhor técnica, portanto, foi utilizada na alternativa "A", que deve ser assinalada. As demais ou trazem informações irrelevantes, ou são extensas demais ou apresentam uma redação complexa, que prejudica a clareza.

Gabarito "A".

Os novos sherlocks

1   Dividida basicamente em dois campos, criminalística e medicina legal, a área de perícia nunca esteve tão na moda. Seus especialistas volta e meia estão no
4   noticiário, levados pela profusão de casos que requerem algum tipo de tecnologia na investigação. Também viraram heróis de seriados policiais campeões de audiência.
7   Nos EUA, maior produtor de programas desse tipo, o sucesso é tão grande que o horário nobre, chamado de prime time, ganhou o apelido de crime time. Seis das dez séries de
10 maior audiência na TV norte-americana fazem parte desse filão.
    Pena que a vida de perito não seja tão fácil e
13 glamorosa como se vê na TV. Nem todos utilizam aquelas lanternas com raios ultravioleta para rastrear fluidos do corpo humano nem as canetas com raio laser que traçam a
16 trajetória da bala. "Com o avanço tecnológico, as provas técnicas vêm ampliando seu espaço no direito brasileiro, principalmente na área criminal", declara o presidente da
19 OAB/SP, mas, antes disso, já havia peritos que recorriam às mais diversas ciências para tentar solucionar um crime.
    Na divisão da polícia brasileira, o pontapé inicial da
22 investigação é dado pelo perito, sem a companhia de legistas, como ocorre nos seriados norte-americanos. Cabe a ele examinar o local do crime, fazer o exame externo da vítima,
25 coletar qualquer tipo de vestígio, inclusive impressões digitais, pegadas e objetos do cenário, e levar as evidências para análise nos laboratórios forenses.

Pedro Azevedo. **Folha Imagem**, ago./2004 (com adaptações).

(CESPE) A respeito do texto acima, julgue o item subsequente.

(1) A informação contida no trecho "Na divisão (...) legistas" (ℓ.21-22), reescrita em ordem direta e na voz ativa, fica assim: O perito, sem a companhia de legistas, na divisão da polícia brasileira, dava o pontapé inicial da investigação.

1: incorreta. A frase na ordem direta e na voz ativa seria: O perito dá o pontapé inicial da investigação sem a companhia de legistas na divisão da polícia brasileira.

Gabarito 1E

Texto para as duas questões seguintes.

O jargão

1   Nenhuma figura é tão fascinante quanto o Falso Entendido. É o cara que não sabe nada de nada, mas sabe o jargão. E passa por autoridade no assunto. Um
4   refinamento ainda maior da espécie é o tipo que não sabe nem o jargão. Mas inventa.
    — Ó Matias, você, que entende de mercado de
7   capitais...
    — Nem tanto, nem tanto...
    (Uma das características do Falso Entendido é
10 a falsa modéstia.)
    — Você, no momento, aconselharia que tipo de aplicação?
13 — Bom. Depende do yield pretendido, do throwback e do ciclo refratário. Na faixa de papéis top market — ou o que nós chamamos de topi-marque —, o
16 throwback recai sobre o repasse e não sobre o release, entende?
    — Francamente, não.
18 Aí o Falso Entendido sorri com tristeza e abre os braços como quem diz: "É difícil conversar com leigos...".
21 Uma variação do Falso Entendido é o sujeito que sempre parece saber mais do que ele pode dizer. A conversa é sobre política, os boatos cruzam os ares, mas
24 ele mantém um discreto silêncio. Até que alguém pede a sua opinião e ele pensa muito antes de se decidir a responder:
27 — Há muito mais coisa por trás disso do que vocês pensam...
    Ou então, e esta é mortal:
30 — Não é tão simples assim...
    Faz-se aquele silêncio que precede as grandes revelações, mas o falso informado não diz nada. Fica
32 subentendido que ele está protegendo as suas fontes em Brasília.
    E há o Falso que interpreta. Para ele, tudo o que
35 acontece deve ser posto na perspectiva de vastas transformações históricas que só ele está sacando.
    — O avanço do socialismo na Europa ocorre
38 em proporção direta ao declínio no uso de gordura animal nos países do Mercado Comum. Só não vê quem não quer.
41 E, se alguém quer mais detalhes sobre a sua insólita teoria, ele vê a pergunta como manifestação de uma hostilidade bastante significativa a interpretações
44 não ortodoxas, e passa a interpretar os motivos de quem o questiona, invocando a Igreja medieval, os grandes hereges da história, e vocês sabiam que toda a Reforma
47 se explica a partir da prisão de ventre de Lutero?

Luis Fernando Verissimo. **As mentiras que os homens contam**. Rio de Janeiro: Objetiva, 2000 (com adaptações).

(CESPE) A coerência e o sentido do texto seriam alterados caso a expressão "nada de nada" (ℓ.2) fosse substituída por
(A) nada sobre coisa alguma.
(B) coisa alguma sobre coisa alguma.
(C) absolutamente nada.
(D) alguma coisa sobre nada.
(E) nada sobre nada.

A única expressão que não é sinônima de "nada de nada" é "alguma coisa sobre nada", pois indica que o interlocutor sabe alguma coisa de pouca importância.
Gabarito "D".

(CESPE) Assinale a opção em que a reescritura proposta mantém o sentido e a correção gramatical do período "A conversa é sobre política, os boatos cruzam os ares, mas ele mantém um discreto silêncio" (ℓ.23-25).
(A) Embora a conversa é sobre política e os boatos cruzam os ares, ele mantém um discreto silêncio.
(B) A conversa é sobre política e os boatos cruzam os ares, apesar de ele manter um discreto silêncio.
(C) A conversa é sobre política mas ele mantém um discreto silêncio, embora os boatos cruzam os ares.
(D) A conversa é sobre política e, embora ele mantenha um discreto silêncio, os boatos cruzam os ares.
(E) Apesar de a conversa ser sobre política e de os boatos cruzarem os ares, ele mantém um discreto silêncio.

A: incorreta. A conjunção "embora" deve vir seguida do verbo no presente do subjuntivo: "embora a conversa seja sobre política e os boatos cruzem os ares, (...)"; B: incorreta. A locução conjuntiva "apesar de" tem sentido concessivo. Na alternativa proposta, entende-se que a conversa ocorre independentemente da participação dele. No texto, ao contrário, a conjunção "mas" denota a oposição entre as duas situações: é a situação ideal para o Falso Entendido se manifestar, mas ele não o faz; C: incorreta. Deveria haver vírgula antes de "mas" e, novamente, "embora" deveria vir seguida do verbo no presente do subjuntivo; D: incorreta. A expressão "embora ele mantenha um discreto silêncio", tal qual na alternativa "B", faz parecer que os boatos não deveriam existir nessa situação; E: correta. Aqui a expressão "apesar de" está criando a concessão no sentido correto: mesmo sendo a conversa sobre temas polêmicos, onde esperamos a manifestação dele, o Falso Entendido prefere manter silêncio.
Gabarito "E".

1   O poema nasce do espanto, e o espanto decorre
    do incompreensível. Vou contar uma história: um dia,
    estava vendo televisão e o telefone tocou. Mal me ergui
4   para atendê-lo, o fêmur de uma das minhas pernas roçou
    o osso da bacia. Algo do tipo já acontecera antes? Com
    certeza. Entretanto, naquela ocasião, o atrito dos ossos
7   me espantou. Uma ocorrência explicável, de súbito,
    ganhou contornos inexplicáveis. Quer dizer que sou
    osso? — refleti, surpreso. Eu sou osso? Osso pergunta?
10 A parte que em mim pergunta é igualmente osso? Na
    tentativa de elucidar os questionamentos despertados
    pelo espanto, eclode um poema. Entende agora por que
13 demoro 10, 12 anos para lançar um novo livro de poesia?
    Porque preciso do espanto. Não determino o instante de
    escrever: hoje vou sentar e redigir um poema. A poesia
16 está além de minha vontade. Por isso, quando me
    indagam se sou Ferreira Gullar, respondo: às vezes.

Ferreira Gullar. **Bravo**, mar./2009 (com adaptações).

(CESPE) O sentido geral do texto acima estaria preservado se, em lugar de "um dia, estava vendo televisão e o telefone tocou" (ℓ.2-3), estivesse
(A) certo dia, enquanto o telefone tocava, eu via televisão.
(B) um dia, quando o telefone tocava, eu via televisão.
(C) um dia, quando eu estava vendo televisão, o telefone tocou.
(D) um dia, o telefone tocou e eu vi televisão.
(E) eu estava vendo televisão; certo dia, o telefone tocou.

A: incorreta, porque a conjunção "enquanto" seguida do verbo no pretérito imperfeito no indicativo pressupõe que o autor via televisão na medida em que o telefone tocava incessantemente; B: incorreta, pois o pronome "quando" e o verbo no pretérito imperfeito do subjuntivo ensejam a interpretação de que o autor somente via televisão quando o telefone tocava; C: correta, tendo a oração exatamente o mesmo sentido daquela empregada no texto; D: incorreta, porque passa a mensagem de que o autor somente viu televisão porque o telefone tocou; E: incorreta, porque denota que o autor via televisão incessantemente até que, em dado momento, o telefone tocou.
Gabarito "C".

10. QUESTÕES COMBINADAS E OUTROS TEMAS

1   As atividades pertinentes ao trabalho relacionam-se
    intrinsecamente com a satisfação das necessidades dos
    seres humanos — alimentar-se, proteger-se do frio e do
4   calor, ter o que calçar etc. Estas colocam os homens em
    uma relação de dependência com a natureza, pois no
    mundo natural estão os elementos que serão utilizados para
7   atendê-las.
    Se prestarmos atenção à nossa volta, perceberemos
    que quase tudo que vemos existe em razão de atividades do
10 trabalho humano. Os processos de produção dos objetos
    que nos cercam movimentam relações diversas entre os
    indivíduos, assim como a organização do trabalho
13 alterou-se bastante entre diferentes sociedades e momentos
    da história.
    De acordo com o cientista social norte-americano
16 Marshall Sahlins, nas sociedades tribais, o trabalho
    geralmente não tem a mesma concepção que vigora nas
    sociedades industrializadas. Naquelas, o trabalho está
19 integrado a outras dimensões da sociabilidade — festas,
    ritos, artes, mitos etc. —, não representando, assim, um
    mundo à parte.
22 Nas sociedades tribais, o trabalho está em tudo, e
    praticamente todos trabalham. Sahlins propôs que tais
    sociedades fossem conhecidas como "sociedades de
25 abundância" ou "sociedades do lazer", pelo fato de que
    nelas a satisfação das necessidades básicas sociais e
    materiais se dá plenamente.

Thiago de Mello. Trabalho. Internet: <educacao.globo.com> (com adaptações).

(Policial Rodoviário Federal – CESPE – 2019) Julgue os seguintes itens, a respeito das ideias e das construções linguísticas do texto apresentado.
(1) As formas pronominais "Estas" (ℓ.4) e "las" (ℓ.7) referem-se a "necessidades dos seres humanos" (ℓ. 2 e 3).
(2) Seriam mantidos os sentidos do texto caso o primeiro período do segundo parágrafo fosse assim reescrito: Quando prestamos atenção a nossa volta, percebemos que quase tudo que vemos existe pelas atividades do trabalho humano.

(3) A locução "em razão de" (ℓ.9) expressa uma ideia de causa.
(4) Com o emprego da expressão "assim como" (ℓ.12), estabelece-se uma relação de comparação entre ideias expressas no período.
(5) Conclui-se do texto que, devido à abundância de recursos, nas sociedades tribais os indivíduos não têm necessidade de separar as práticas laborais das outras atividades sociais.
(6) Caso o advérbio "praticamente" (ℓ.23) fosse isolado por vírgulas, a correção gramatical do trecho seria alterada.
(7) No trecho "Os processos de produção dos objetos que nos cercam movimentam relações diversas entre os indivíduos" (ℓ. 10 a 12), o sujeito da forma verbal "cercam" é "Os processos de produção dos objetos".

1: correta. Os pronomes foram utilizados como elementos de coesão para recuperar a expressão anterior sem necessidade de repeti-la; **2:** incorreta. Há alteração de sentido, pois a conjunção condicional "se" foi substituída por "quando", que transmite certeza de que o fato ocorre em determinado momento do tempo; **3:** correta. É mesmo uma locução conjuntiva causal; **4:** correta. "Assim como" se classifica como locução conjuntiva adverbial comparativa; **5:** incorreta. Isso não ocorre por conta da abundância de recursos, mas pelo fato de o trabalho estar integrado a todas as dimensões sociais, inclusive o lazer; **6:** incorreta. Como o adjunto adverbial está deslocado da ordem direta do período, é possível colocá-lo entre vírgulas – que são facultativas nesse caso por se tratar de deslocamento de elemento sintático curto; **7:** incorreta. O sujeito de "cercam" é o pronome "que".

Gabarito: 1C, 2E, 3C, 4C, 5E, 6E, 7E

```
1       A vida humana só viceja sob algum tipo de
        luz, de preferência a do sol, tão óbvia quanto essencial. Somos
        animais diurnos, por mais que boêmios da pá virada e
4       vampiros em geral discordem dessa afirmativa. Poucas
        vezes a gente pensa nisso, do mesmo jeito que devem ser
        poucas as pessoas que acordam se sentindo primatas,
7       mamíferos ou terráqueos, outros rótulos que nos cabem por
        força da natureza das coisas.
            A humanidade continua se aperfeiçoando na arte de
10      afastar as trevas noturnas de todo hábitat humano. Luz soa
        para muitos como sinônimo de civilização, e pode-se
        observar do espaço o mapa das desigualdades econômicas
13      mundiais desenhado na banda noturna do planeta. A
        parcela ocidental do hemisfério norte é, de longe, a mais
        iluminada.
16          Dispor de tanta luz assim, porém, tem um custo
        ambiental muito alto, avisam os cientistas. Nos humanos, o
        excesso de luz urbana que se infiltra no ambiente no qual
19      dormimos pode reduzir drasticamente os níveis de
        melatonina, que regula o nosso ciclo de sono-vigília.
            Mesmo assim, sinto uma alegria quase infantil
22      quando vejo se acenderem as luzes da cidade. E repito para
        mim mesmo a pergunta que me faço desde que me
        conheço por gente: quem é o responsável por acender as
25      luzes da cidade? O mais plausível é imaginar que essa
        tarefa caiba a sensores fotoelétricos espalhados pelos
        bairros. Mas e antes dos sensores, como é que se fazia?
28      Imagino que algum funcionário trepava na antena mais alta
        no topo do maior arranha-céu e, ao constatar a falência da
        luz solar, acionava um interruptor, e a cidade toda se
31      iluminava.
            Não consigo pensar em um cargo público mais
        empolgante que o desse homem. Claro que o cargo, se
34      existia, já foi extinto, e o homem da luz já deve ter se
        transferido para o mundo das trevas eternas.
```

Reinaldo Moraes. "Luz! Mais luz". Internet: <www.nexojornal.com.br> (com adaptações).

(Policial Rodoviário Federal – CESPE – 2019) No que se refere aos sentidos e às construções linguísticas do texto precedente, julgue os itens a seguir.

(1) A forma verbal "viceja" (ℓ.1) poderia ser substituída por germina, sem prejuízo da coerência e da correção gramatical do trecho.
(2) Infere-se do primeiro parágrafo do texto que "boêmios da pá virada e vampiros" diferem biologicamente dos seres humanos em geral, os quais tendem a desempenhar a maior parte de suas atividades durante a manhã e a tarde.
(3) A correção gramatical e os sentidos do texto seriam mantidos caso se suprimisse o trecho "é que", em "como é que se fazia" (ℓ.27).
(4) Sem prejuízo da correção gramatical e dos sentidos do texto, o primeiro período do terceiro parágrafo poderia ser assim reescrito: Contudo, os cientistas avisam que ter tanta luz à nosso dispor custa muito caro ao meio ambiente.
(5) A correção gramatical do texto seria mantida, mas seu sentido seria alterado, caso o trecho "que se infiltra no ambiente no qual dormimos" (ℓ. 18 e 19) fosse isolado por vírgulas.
(6) A correção gramatical e os sentidos do texto seriam mantidos caso a forma verbal "existia" (ℓ.34) fosse substituída por existisse.
(7) A substituição da locução "a cidade toda" (ℓ.30) por toda cidade preservaria os sentidos e a correção gramatical do período.
(8) É correto inferir do trecho "o homem da luz já deve ter se transferido para o mundo das trevas eternas" (ℓ. 34 e 35) que provavelmente o funcionário responsável pelo acionamento da iluminação urbana já morreu.

1: correta. Em uma de suas acepções, "vicejar" é mesmo sinônimo de "germinar", "desenvolver"; **2:** incorreta. O autor usou as expressões destacadas com ironia, para se referir a homens e mulheres que insistem em não seguir a natureza e mantêm seus hábitos noturnos; **3:** correta. A expressão "é que" é pleonástica, que se justifica no texto para representar a coloquialidade da linguagem pensada pelo narrador; **4:** incorreta. "A nosso dispor" não leva acento grave indicativo da crase, por ser expressão adverbial formada por palavra masculina; **5:** correta. A colocação das vírgulas alteraria o sentido restritivo da oração subordinada adjetiva para explicativo; **6:** incorreta. A alteração demandaria também a adaptação da conjugação do verbo "ser" em "já foi extinto" e acarretaria mudança de sentido; **7:** incorreta. "Toda cidade" transmite a ideia de "todas as cidades", que é diferente do que propõe o texto – que se refere à cidade específica onde o narrador mora; **8:** correta. Essa é uma das interpretações possíveis para o trecho.

Gabarito: 1C, 2E, 3C, 4E, 5C, 6E, 7E, 8C

```
1       O nome é o nosso rosto na multidão de palavras.
        Delineia os traços da imagem que fazem de nós, embora
        não do que somos (no íntimo). Alguns escondem seus
4       donos, outros lhes põem nos olhos um azul que não
        possuem. Raramente coincidem, nome e pessoa. Também
        há rostos quase idênticos, e os nomes de quem os leva
7       (pela vida afora) são completamente díspares, nenhuma
        letra se igualando a outra.
            O do autor deste texto é um nome simples,
10      apostólico, advindo do avô. No entanto, o sobrenome, pelo
        qual passou a ser reconhecido, é incomum. Sonoro,
        hispânico. Com uma combinação incomum de nome e
13      sobrenome, difícil seria encontrar um homônimo. Mas eis
```

que um surgiu, quando ele andava pelos vinte anos. E continua, ao seu lado, até agora —sombra amiga.

16 Impossível não existir aqui ou ali alguma confusão entre eles, um episódio obscuro que, logo, viria às claras com a real justificativa: esse não sou eu. Houve o caso da
19 mulher que telefonou para ele, esmagando-o com impropérios por uma crítica feita no jornal pelo outro, sobre um célebre arquiteto, de quem ela era secretária.

João Anzanello Carrascoza. Homônimo. In: Diário das Coincidências. Ed. digital. São Paulo: Objetiva, p. 52 (com adaptações).

(Policial Rodoviário Federal – CESPE – 2019) No que concerne ao texto precedente, julgue os próximos itens.

(1) A afirmação de que alguns nomes põem nos olhos de seus donos "um azul que não possuem" (ℓ. 4 e 5) contradiz a ideia de que os nomes definem não as qualidades reais de cada um, mas o modo como os outros o veem.

(2) A informação apresentada pela oração "nenhuma letra se igualando a outra" (ℓ. 7 e 8) é redundante em relação à informação apresentada na oração imediatamente anterior, servindo para reforçar-lhe o sentido.

(3) O vocábulo "um" (ℓ.14) refere-se a um indivíduo cujo nome é idêntico ao do autor do texto.

(4) Infere-se que o autor do texto é espanhol.

1: incorreta. Não há contradição, mas complementaridade entre as ideias colocadas na assertiva. É exatamente isso (o fato de que os nomes definem o modo como os outros veem o seu dono) que a expressão "põem um azul que não possuem" quer dizer; **2:** correta. A oração destacada tem exatamente o mesmo sentido de "totalmente díspares"; **3:** correta. "Um", no caso, é pronome indefinido, refere-se ao indivíduo que tem o mesmo nome do narrador; **4:** incorreta. O fato de ter sobrenome hispânico não permite afirmar que o narrador é espanhol – pode ser descendente de espanhóis, por exemplo.

Gabarito 1E, 2C, 3C, 4E

---

1 Leio que a ciência deu agora mais um passo definitivo.
E claro que o definitivo da ciência e transitório, e não por deficiência da ciência (e ciência demais), que se supera a si
4 mesma a cada dia... Não indaguemos para que, ja que a própria ciência não o faz — o que, alias, e a mais moderna forma de objetividade de que dispomos.
7 Mas vamos ao definitivo transitório. Os cientistas afirmam que podem realmente construir agora a bomba limpa. Sabemos todos que as bombas atômicas fabricadas ate hoje são
10 sujas (alias, imundas) porque, depois que explodem, deixam vagando pela atmosfera o ja famoso e temido estrôncio 90.
Ora, isso e desagradável: pode mesmo acontecer que o próprio
13 pais que lançou a bomba venha a sofrer, a longo prazo, as conseqüências mortíferas da proeza. O que e, sem duvida, uma sujeira.
16 Pois bem, essas bombas indisciplinadas, mal-educadas, serão em breve substituídas pelas bombas n, que cumprirão sua missão com lisura: destruirão o inimigo,
19 sem riscos para o atacante. Trata-se, portanto, de uma fabulosa conquista, não?

Ferreira Gullar. Maravilha. In: A estranha vida banal. Rio de Janeiro: José Olympio, 1989, p. 109.

(Polícia Rodoviária Federal – 2013 – CESPE) No que se refere aos sentidos e as estruturas linguísticas do texto acima, julgue os itens a seguir.

(1) Mantendo-se a correção gramatical e a coerência do texto, a conjunção "e", em "e não por deficiência da ciência" (L.2-3), poderia ser substituída por mas.

(2) Tendo a oração "que se supera a si mesma a cada dia" (L.3-4) caráter explicativo, o vocábulo "que" poderia ser corretamente substituído por pois ou porque, sem prejuízo do sentido original do período.

1: correta. A conjunção "mas" pode ter excepcionalmente valor aditivo, como no caso proposto; **2:** incorreta. "Que", nesse caso, é pronome relativo, de forma que poderia ser substituído apenas por outro pronome relativo, como "a qual".

Gabarito 1C, 2E

1   Todos nos, homens e mulheres, adultos e jovens,
     passamos boa parte da vida tendo de optar entre o certo e o
     errado, entre o bem e o mal. Na realidade, entre o que
4   consideramos bem e o que consideramos mal. Apesar da longa
     permanência da questão, o que se considera certo e o que se
     considera errado muda ao longo da historia e ao redor do globo
7   terrestre.
     Ainda hoje, em certos lugares, a previsão da pena de
     morte autoriza o Estado a matar em nome da justiça. Em outras
10   sociedades, o direito a vida e inviolável e nem o Estado nem
     ninguém tem o direito de tirar a vida alheia. Tempos atrás era
     tido como legitimo espancarem-se mulheres e crianças,
13   escravizarem-se povos. Hoje em dia, embora ainda se saiba de
     casos de espancamento de mulheres e crianças, de trabalho
     escravo, esses comportamentos são publicamente condenados
16   na maior parte do mundo.
     Mas a opção entre o certo e o errado não se coloca
     apenas na esfera de temas polêmicos que atraem os holofotes
19   da mídia. Muitas e muitas vezes e na solidão da consciência de
     cada um de nos, homens e mulheres, pequenos e grandes, que
     certo e errado se enfrentam.
22   E a ética e o domínio desse enfrentamento.

Marisa Lajolo. *Entre o bem e o mal*. In: *Histórias sobre a ética*. 5.ª ed. São Paulo: Ática, 2008 (com adaptações).

(Polícia Rodoviária Federal – 2013 – CESPE) A partir das ideias e das estruturas linguísticas do texto acima, julgue o item que se segue.

(1) Dado o fato de que *nem* equivale a *e não*, a supressão da conjunção "e" empregada logo após "inviolável", na linha 10, manteria a correção gramatical do texto.

1: incorreta. No trecho, trata-se de locução conjuntiva alternativa "nem... nem" ("nem o Estado nem ninguém"). Destarte, a substituição de um dos termos prejudicaria a correção e a coerência do texto.
Gabarito 1E

(Policial Rodoviário Federal – 2009 – FUNRIO) Observe o trecho de "O Cortiço", de Aluísio de Azevedo:

"Eram cinco horas da manhã e o cortiço acordava, [...]. Um acordar alegre e farto de quem dormiu de uma assentada sete horas de chumbo."

Seu autor utiliza o seguinte recurso estilístico:

(A) eufemismo.
(B) gradação.
(C) comparação.
(D) antítese.
(E) personificação.

A: incorreta. Eufemismo é o uso de palavras mais brandas para indicar uma situação desagradável ("ele falta com a verdade" ao invés de "ele mente", por exemplo); **B: incorreta.** Gradação é o recurso de estilo que usa palavras com intensidade crescente em sequência para transmitir justamente essa ampliação dos sentidos ("caminhava, depois apertou o passo e então começou a correr"); **C: incorreta.** Como o próprio nome sugere, a comparação se caracteriza pela análise das semelhanças ou diferenças entre dois entes ("Ana é doce como uma uva"); **D: incorreta.** Antítese é figura de linguagem que se vale da aproximação de palavras contrárias no texto para destacar sua contraposição ("Morte e Vida Severina", por exemplo); **E: correta.** A personificação, ou prosopopeia, é a figura de linguagem que atribui a um ser inanimado uma característica humana. No trecho, ela ocorre em "o cortiço acordava".
Gabarito "E".

Violência no trânsito

Se quase sempre é difícil fazer uma autoavaliação, é impossível adivinhar o estado de espírito do motorista ao lado. Assim, uma atitude preventiva – e, por que não, defensiva – é a melhor maneira de não se envolver em situações de violência. O psiquiatra forense Everardo Furtado de Oliveira afirma que é possível prevenir uma briga, evitando, por exemplo, contato de olhos com o condutor agressivo, não fazer ou revidar gestos obscenos, não ficar na cola de ninguém e não bloquear a mão esquerda, por exemplo. Medalhista olímpico em 1992, o judoca Rogério Sampaio não pensa muito diferente: "Respire fundo, tenha consciência de que não vale a pena brigar e, principalmente, pense em sua família".

Com o objetivo de entender o comportamento do motorista e do pedestre capixaba e desenvolver ações para melhorar o tráfego, o Detran do Espírito Santo entrevistou quase 400 motoristas. A pesquisa, coordenada pelo antropólogo Roberto DaMatta, mostrou que desprezo às regras, agressividade e despreparo são características dos motoristas entrevistados. "O que o condutor pensa quando está dentro do carro é que a ele é dado o direito de ser imprudente de vez em quando. Para os nossos erros, procuramos muitas desculpas. Aquele que cumpre a lei é visto como alguém em uma posição inferior, um fraco", diz Luciene Becacici, diretora-geral do órgão.

Em Brasília (DF), a tese de doutorado sobre o trânsito da cidade defendida pela psicóloga Cláudia Aline Soares Monteiro envolveu uma pesquisa com 923 motoristas.

"Dos entrevistados, 84% afirmaram sentir raiva enquanto dirigem. Pessoas que tinham mais tempo de habilitação e dirigiam com maior frequência cometiam mais erros e eram mais agressivas", diz Cláudia. Segundo o trabalho, quanto maior o nível de escolaridade da mulher, mais ela se irrita no tráfego. A situação é inversa para o sexo masculino. Além disso, os que mais cometem infrações são jovens com idade entre 18 e 27 anos, solteiros e sem filhos. A situação que mais deixa os homens nervosos é ter avanço impedido do veículo. Já as mulheres se irritam com direção agressiva por parte de outros motoristas.

[...]

O trânsito é um ambiente de interação social como qualquer outro. "O carro é um ambiente particular, mas é preciso seguir regras, treinar o autocontrole e planejar os deslocamentos. É um local em que é preciso agir com civilidade e consciência", diz a hoje doutora em trânsito Cláudia Monteiro.

Ao contrário do que pode parecer à primeira vista, o carro não é o escudo protetor que se supõe. Exercitar a paciência e o autocontrole não faz parte do currículo das autoescolas, mas são práticas cada vez mais necessárias à sobrevivência no trânsito.

Internet: <http://quatrorodas.abril.uol.com.br/reportagens/conteudo_288447.shtml>. Acesso em: 29/8/2009, com adaptações.

(Policial Rodoviário Federal – 2009 – FUNRIO) No trecho "O psiquiatra forense Everardo Furtado de Oliveira afirma que é possível prevenir uma briga, evitando, por exemplo, contato de olhos com o condutor agressivo", verifica-se o emprego do infinitivo verbal, cujo papel gramatical é

(A) indicar tempo futuro hipotético.
(B) condensar a estrutura de sua oração.
(C) caracterizar a opinião do psiquiatra.
(D) reforçar o caráter atemporal da condução agressiva.
(E) manter a clareza e originalidade.

A oração "prevenir uma briga" é uma oração reduzida de infinitivo, na qual o verbo é usado no infinitivo para condensar a estrutura da oração, ou seja, reduzir o número de palavras utilizadas para dizer a mesma coisa. Note que o mesmo período poderia ser escrito: "é possível que uma briga seja prevenida".
Gabarito "B".

(Policial Rodoviário Federal – 2009 – FUNRIO) Assinale a alternativa em que se encontra o mesmo recurso de linguagem empregado em "o carro não é o escudo protetor que se supõe".

(A) O Brasil quer ver o alto índice de acidentes de trânsito diminuir.
(B) Prevaleceu no caso a sua vontade de ferro.
(C) Precisamos proteger as árvores e os rios.
(D) As folhas finas fazem felizes os homens.
(E) Tudo que sei é que nada sei.

O trecho destacado no enunciado é um exemplo de metáfora, figura de linguagem que expressa uma comparação subentendida (note que a oração poderia ser escrita: "não age como um escudo protetor como se supõe", hipótese em que a comparação entre o carro e o escudo fica clara). Sendo assim, vamos analisar as alternativas. A: incorreta. Traz uma antítese, caracterizada pela aproximação dos opostos "alto" e "diminuir"; B: correta. "Vontade de ferro" é metáfora. Equivale a "vontade resistente como o ferro"; C: incorreta. Não há qualquer figura de linguagem na expressão; D: incorreta. Trata-se de uma aliteração, a repetição de fonemas consonantais. No caso, o fonema "f": folhas, finas, fazem, felizes; E: incorreta. Mais uma vez, antítese representada pela aproximação de "tudo" e "nada".
Gabarito "B".

(Policial Rodoviário Federal – 2009 – FUNRIO) No português brasileiro, há a preferência pelo emprego da terceira pessoa para o tratamento do interlocutor, como se pode observar no trecho "Respire fundo, tenha consciência de que não vale a pena brigar e, principalmente, pense em sua família.". Assinale a alternativa em que essa mesma tendência é praticada adequadamente.

(A) "Vem pra Caixa você também."
(B) "Faz um 21."
(C) "Seja mais um motorista consciente."
(D) "Deixa a preguiça no sofá. Anda de bicicleta."
(E) "Afasta de mim esse cálice."

A: incorreta. Na terceira pessoa do singular, teríamos "venha"; B: incorreta. Deveríamos encontrar "faça"; C: correta. O verbo "ser" está corretamente conjugado na terceira pessoa do singular do imperativo afirmativo; D: incorreta. O correto é "deixe" e "anda" se estivermos falando na terceira pessoa do singular; E: incorreta. Deveria ser "afaste".
Gabarito "C".

(Policial Rodoviário Federal – 2009 – FUNRIO) O hino do América F.C., composto por Lamartine Babo, diz:

"Hei de torcer, torcer, torcer... Hei de torcer até morrer, morrer, morrer... Pois a torcida americana é toda assim, a começar por mim."

O recurso linguístico que enfatiza o compromisso entoado pelo hino é

(A) o uso das reticências.
(B) a repetição da estrutura sintática.
(C) o emprego do verbo auxiliar "haver".
(D) a presença da palavra "torcida".
(E) a autorreferência do pronome "mim".

A ênfase ao compromisso de torcer pelo time é dada pelo uso do verbo "haver" (conjugado na primeira pessoa do singular do presente do indicativo – "hei") com sentido de "dever" ("devo torcer").
Gabarito "C".

(Policial Rodoviário Federal – 2009 – FUNRIO) Outra de elevador

"Ascende", dizia o ascensorista. Depois: "Eleva-se." "Para cima." "Para o alto." "Escalando." Quando perguntavam: "Sobe ou desce?", respondia: "A primeira alternativa." Depois dizia "Descende", "Ruma para baixo", "Cai controladamente." "A segunda alternativa." "Gosto de improvisar", justificava-se. Mas como toda a arte tende para o excesso, chegou ao preciosismo. Quando perguntavam "Sobe?", respondia: "É o que veremos..." Nem todo o mundo compreendia, mas alguns os instigavam. Quando comentavam que devia ser uma chatice trabalhar em elevador, ele respondia: "Tem seus altos e baixos", como esperavam. Respondia, criticamente, que era melhor que trabalhar em escala, ou que não se importava, embora o seu sonho fosse um dia, comandar alguma coisa que andasse para os lados. E quando ele perdeu o emprego, porque substituíram o elevador antigo do prédio por um moderno automático, daqueles que têm música ambiental, disse: "Era só me pedirem – eu também canto."

(Luis Fernando Veríssimo – jornal **O Globo**, 2002)

O elemento em destaque em cada vocábulo que deve ser identificado como um morfema, indicador de ação em processo é:

(A) controladamente – mente.
(B) chatice – ice.
(C) escalando – ndo.
(D) ambiental – al.
(E) pedirem – rem.

A: incorreta. "-mente" é sufixo que indica modo, forma de fazer algo; B: incorreta. "-ice" é sufixo utilizado para a formação do substantivo; C: correta. A desinência "-ndo" forma o gerúndio do verbo, o qual indica que a ação está acontecendo naquele momento; D: incorreta. "-al" é sufixo usado para a formação do adjetivo; E: incorreta. "-rem" é a desinência verbal relativa à terceira pessoa do plural do futuro do subjuntivo.
Gabarito "C".

(Policial Rodoviário Federal – 2009 – FUNRIO) "Enquanto o acima exposto é mantido, o sistema ainda consegue grande flexibilidade, graças aos fatos de que qualquer relatório pode ser emitido em impressora ou vídeo, pode ser integrado a um potente sistema de mala-direta (Vide mala-direta do fabricante) para emissão de cartas de cobranças e outros avisos, não possui estrutura de arquivos fixa, permitindo a utilização e criação de diversas combinações de arquivos, permite facilidade para a seleção da consulta ou relatório desejado."

A maneira como certos textos são escritos pode dificultar o entendimento do que se quer dizer. É o que ocorre com o texto acima, cujo problema principal está identificado na seguinte afirmação.

(A) há uso inadequado da palavra flexibilidade, que pode ser interpretada de duas formas, subvertendo a ordem do texto.
(B) há ausência de ponto e vírgula, o que indica, formalmente, a separação da ideia central do texto.
(C) há a presença excessiva de elementos de ligação entre as partes do texto.
(D) há a presença de parênteses desagregando informações e desviando a atenção para a ideia predominante do texto.
(E) há falta de unidade e de progressão textual, o que prejudica a compreensão da mensagem.

Todas as alternativas apontam para vícios de redação que podem ser encontrados no texto. O enunciado pede, entretanto, o "problema principal". A falta de unidade e progressão textual, sem dúvida, é sua maior característica. O autor não conseguiu concatenar as ideias de forma que ficassem claras as vantagens da flexibilidade do sistema. Estão misturadas as características, de forma que algumas que são comuns estão intercaladas com outras de natureza diferente. Veja, por exemplo, que ele começa falando de forma de emissão de relatórios, enumera uma série de outras qualidades e, ao final, em último lugar, menciona novamente ferramentas usadas com os relatórios.
Gabarito "E".

(Policial Rodoviário Federal – 2008 – CESPE) Considerando que os fragmentos de texto incluídos nas opções abaixo, na ordem em que são apresentados, são partes sucessivas de um texto adaptado (Internet: <www.wikipedia.org/wiki>), assinale a opção em que foram atendidas as normas da língua padrão escrita.

(A) À proporção em que o Império Romano conquistou territórios, as novas províncias seriam contempladas com estradas, as quais eram construídas com base em esquema já adotado em outras localidades.
(B) No auge da dominação dos romanos, na região mediterrânea o principal complexo viário do Império, media, inclusive com as estradas marginais, aproximadamente 150.000 quilômetros.
(C) Os comerciantes romanos vislumbram a vantagem dessa obra para o desenvolvimento comercial e diferente de outros povos do Mediterrâneo, utilizaram as estradas para aumentarem o lucro de sua atividade.
(D) Esse fato incrementou as transações comerciais no interior continental, o que acarretou vigorosa expansão mercantil do Império Romano e comércio especializado em determinados produtos.
(E) O comércio dos romanos, que, no passado, fora realizado, unicamente por meio de portos, passaram a dedicar-se principalmente, a venda de produtos alimentícios, dentre os quais destacam-se vinho, azeite, cereais, carnes, entre outros.

A: incorreta. Há erro de coesão na conjugação no verbo "seriam", que deveria ser "eram"; B: incorreta. Não há vírgula depois de "Império"; C: incorreta. O verbo "vislumbram" deveria estar conjugado como "vislumbraram" e deveria haver vírgula antes de "diferente"; D: correta. Essa é a única alternativa que cumpre fielmente as regras do padrão culto da língua; E: incorreta. Não há vírgula depois de "realizado", o verbo "passaram" deveria ser conjugado "passou" (ele concorda com "comércio", não com "romanos"), não há vírgula depois de "principalmente" (ou também deveria haver antes dessa palavra), "à venda" deveria estar com acento grave, o pronome relativo deveria provocar a próclise em "os quais se destacam".
Gabarito "D".

(Policial Rodoviário Federal – 2008 – CESPE) Assinale a opção em que o trecho apresentado atende plenamente às normas gramaticais.

(A) Até 400 a.C., os romanos utilizavam caminhos de terra para deslocar-se da sua capital as cidades vizinhas. O ataque gaulês de Breno, em 390 a.C., que se revelou desastroso para os romanos, mostrou a ineficácia do sistema defensivo de Roma, devido principalmente a lentidão de movimentação das tropas sobre o que eram apenas caminhos pouco aptos para eles se moverem.
(B) A necessidade de melhor defesa, associada à vontade de expansão e de hegemonia sobre a Itália, levou a República Romana, ainda frágil e ameaçada, a pôr em questão estruturas escassamente adaptadas a esses desejos. Eram necessárias rotas sólidas que permitissem a circulação mais rápida e segura, mas, sobretudo, que facilitassem a mobilidade das tropas.
(C) A primeira via em território do Império Romano foi criada em 312 a.C. por Ápio Cláudio Cego, para unir Roma à cidade de Cápua e fora denominada Via Ápia. Em finais da República, o conjunto do território da península italiana estava dotada com grandes arterias, ostentando cada rota o nome do censor que a criara. Essas vias não estavam pavimentadas, salvo no interior das cidades.

(D) Os romanos destacaram-se como engenheiros. Suas obras estenderam-se por todo Império, e grande parte da divulgação se deveu a extensa rede viária. Apesar de não oferecer o conforto do asfalto dos dias de hoje, dado que as rochas de basalto não proporcionam grande continuidade e suavidade ao terreno, a verdade é que, essas rochas encontram-se 2.000 anos depois, ainda bem fixadas nos percursos.

(E) O fato de as rochas das vias romanas estarem fixas até hoje deve-se, provavelmente, a técnica de preparação do terreno, no qual eram colocadas várias camadas de materiais para assegurar a sua estabilidade e, só no final, era feito, com as rochas, a cobertura. Essas vias são, atualmente, protegidas como patrimônio mundial. A grande extensão da cobertura oferecida pelas estradas romanas deu origem ao ditado popular "todos os caminhos levam à Roma".

Opções adaptadas de Internet:
<www.wikipedia.org/wiki>.

A: incorreta. Além da redação confusa, ocorre crase em "às cidades vizinhas" e "devido principalmente à lentidão"; B: correta. Essa é a única alternativa que cumpre fielmente as regras do padrão culto da língua; C: incorreta. Há acento agudo em "artérias" e a regência correta do verbo dotar é "dotar de", não "dotar com"; D: incorreta. O pronome deveria estar enclítico em "deveu-se", ocorre crase em "à extensa rede", não há vírgula antes de "essas rochas", deveria haver vírgula antes de "2.000 anos"; E: incorreta. Ocorre crase em "à técnica de preparação" e não ocorre em "todos os caminhos levam a Roma".

Gabarito "B".

(Policial Rodoviário Federal – 2008 – CESPE) Considerando as prescrições relativas às comunicações oficiais, assinale a opção correta.

(A) Os três tipos de expedientes que seguem o padrão ofício — exposição de motivos, aviso e ofício — têm a mesma finalidade e se diferenciam apenas por sua extensão e pelo detalhamento das informações neles contidas.

(B) Diferentemente da ata, a exposição de motivos deve, obrigatoriamente, conter, no máximo, duas ideias por parágrafo.

(C) Caso haja grande distanciamento hierárquico entre o signatário e o destinatário de uma comunicação oficial, recomenda-se o emprego do fecho "Mui respeitosamente".

(D) Em todas as comunicações oficiais, os pronomes possessivos que se refiram a pronomes de tratamento são sempre os da Terceira pessoa. Por exemplo, o segmento correto é "Vossa Senhoria nomeará seu substituto", e não, "Vossa Senhoria nomeará vosso substituto".

(E) Com o intuito de uniformização do emprego de pronomes de tratamento nos vocativos das comunicações oficiais, foi estabelecido como regra o emprego dos pronomes de tratamento Excelentíssimo Senhor e Excelentíssima Senhora, excetuando-se os casos em que tal comunicação se dirija ao papa ou ao reitor de uma universidade.

A: incorreta. Além deles, o memorando também segue o padrão ofício. Ademais, as diferenças não são as apontadas na alternativa: entre aviso e ofício, o que muda é a origem – o aviso é expedido exclusivamente por Ministros de Estado para autoridades da mesma hierarquia – e a exposição de motivos é dirigida ao Presidente ou Vice-Presidente da República exclusivamente para informá-lo a respeito de determinado assunto, propor alguma medida ou submeter a sua consideração projeto de ato normativo; B: incorreta. Não há qualquer limitação nesse sentido para a exposição de motivos; C: incorreta. Tendo o emitente e o destinatário cargos diferentes, sendo o primeiro de hierarquia inferior, é suficiente o desfecho "respeitosamente", não importando a distância hierárquica entre os cargos; D: correta, conforme o item 2.1.2 do Manual de Redação Oficial da Presidência da República; E: incorreta. O pronome de tratamento adequado ao papa é "Vossa Santidade" e ao reitor de uma universidade é "Vossa Magnificência".

Gabarito "D".

1 Houve uma época em que os homens viviam bem mais próximos do céu. E o céu, dos homens. Imagine um mundo sem luz elétrica, esparsamente povoado, um mundo praticamente
4 sem tecnologia, fora os arados dos campos e os metais das ferramentas e das espadas. Nesse mundo, o céu tinha um significado muito diferente do que tem hoje. A sobrevivência das
7 pessoas dependia de sua regularidade e clemência.
Olhar para os céus e aprender seus ciclos era o único modo de marcar a passagem do tempo. Logo ficou claro que o
10 céu tinha dois temperamentos: um, bem-comportado, repetitivo, como o nascer e o pôr do Sol a cada dia, as quatro fases da Lua e as quatro estações do ano; outro, imprevisível, rebelde e
13 destruidor, o senhor das tempestades e dos furacões, dos estranhos cometas, que atravessavam lentamente os céus com sua luz fantasmagórica, e dos eclipses totais do Sol, quando dia
16 virava noite e as estrelas e os planetas faziam-se visíveis e o Sol tingia-se de um negro profundo.
Os céus eram mágicos, a morada dos deuses.
19 O significado da vida e da morte, a previsão do futuro, o destino dos homens, tanto dos líderes quanto de seus súditos, estavam escritos nos astros. Fenômenos celestes inesperados eram
22 profundamente temidos. Entre eles, os eclipses eram dos piores: se os deuses podiam apagar o Sol por alguns minutos, certamente poderiam fazê-lo permanentemente.

Marcelo Gleiser. **O céu de Ulisses**.
In: **Folha de S.Paulo**, 6/6/2008, p. 9.

(Policial Rodoviário Federal – 2008 – CESPE) Considerando que os fragmentos de texto incluídos nas opções abaixo, na ordem em que são apresentados, são partes sucessivas de um texto adaptado de Marcelo Gleiser, assinale a opção em que, no fragmento adaptado, foram atendidos plenamente os preceitos de clareza e correção gramatical.

(A) Em maio de 2008, dois astrônomos publicaram um estudo que argumentava que a Odisseia, famoso poema de Homero, faz referência a um eclipse que ocorreu de fato no mar Egeu dia 16 de abril de 1178 a.C. A ideia não é nova, tendo sido proposta há cem anos atrás por astrônomos interessados em datar o saque de Troia e o retorno do herói Odisseu (Ulisses, para os romanos) para a sua adorada (e extremamente paciente) Penélope, que esperou por ela por dez anos.

(B) A novidade do novo trabalho é a confluência de outros eventos astronômicos, já anteriormente mencionados e ocorridos, que apoiam a tese de que Homero tinha o eclipse, em mente, quando escreveu as famosas linhas: "O Sol sumiu do céu e uma escuridão funesta cobriu tudo!"

(C) Vasculhando o texto de Homero famoso, os astrônomos encontraram referências a lua nova, condição básica para um eclipse total, as estrelas usadas por Odisseu para orientar-lhe no retorno à casa e à aparição de Vênus logo após a chegada em Ítaca.

(D) O mais fascinante da descoberta é que Homero supostamente escreveu a Odisseia no final do século 8° a.C., mais de 400 anos após o evento, onde não existia quaisquer relatos de eclipses datando do século 8° a.C. (se existiram, foram perdidos). O fato de Homero ter mencionado o eclipse mostra que o imenso efeito que provocava o fenômeno, cujo o terror que despertou ficou gravado na memória coletiva e passado oralmente às gerações futuras até chegar nos ouvidos do poeta.

(E) A descoberta dos astrônomos confirma a ideia de complementaridade entre ciência e arte, visto que o poeta, em seu texto, referiu-se alegoricamente a um fenômeno celeste para tornar mágico um momento extremamente dramático da trama narrativa, e a descrição da regularidade do céu nas leis de gravitação de Newton permite que o passado celeste seja conhecido em detalhes.

A: incorreta. "Há cem anos atrás" é pleonasmo. Basta dizer "há cem anos" ou "cem anos atrás". Além disso, o pronome da terceira pessoa do singular ao final da alternativa deveria ser "ele", não "ela", para concordar com "Odisseu"; B: incorreta. Não há vírgulas antes e depois de "em mente"; C: incorreta. Para fins de clareza, melhor seria "texto famoso de Homero". Além disso, deveria haver o acento grave indicativo da crase em "à lua nova" e "às estrelas". Por fim, o verbo "chegar" rege a preposição "a", pelo que deveria constar "chegar a Ítaca"; D: incorreta. A coesão textual impõe substituir "onde" por "quando"; o verbo deveria estar conjugado "existiam", porque concorda com "quaisquer relatos"; deve ser suprimido o pronome relativo "que" depois de "mostra" e o artigo "o" depois de "cujo"; há prejuízo à clareza a omissão do verbo auxiliar "foi" em "(foi) passado"; a norma de regência determina a construção "chegar aos ouvidos"; E: correta. Essa é a única alternativa que contempla as regras gramaticais, a clareza e a coesão textuais.

Gabarito "E".

(Policial Rodoviário Federal – 2008 – CESPE) A forma oficial de redigir não deve ensejar o entendimento de que se proponha a criação — ou se aceite a existência — de uma forma específica de linguagem administrativa, o que coloquialmente e pejorativamente se chama *burocratês*. Este é antes uma distorção do que deve ser a redação oficial, e se caracteriza pelo abuso de expressões e clichês do jargão burocrático e de formas arcaicas de construção de frases. A redação oficial não é, portanto, necessariamente árida e infensa à evolução da língua. É que sua finalidade básica — comunicar com impessoalidade e máxima clareza — impõe certos parâmetros ao uso que se faz da língua, de maneira diversa daquele da literatura, do texto jornalístico, da correspondência particular etc.

Maria das Graças Dias Brandão. **Português para administração pública**. Brasília: Ministério da Justiça, 2009, p. 6 (com adaptações).

Tendo o texto apresentado acima como referência inicial, julgue os itens a seguir, acerca dos aspectos gerais da redação oficial.

(1) Na redação oficial, a exigência de impessoalidade decorre do caráter público dos elementos que constituem a comunicação: o emissor, o destinatário e o assunto da comunicação.

(2) O padrão oficial de linguagem empregado na redação oficial implica o emprego de linguagem rebuscada e de figuras de linguagem, que é próprio da língua literária.

(3) Em nome da concisão, a redação oficial exige economia de pensamento, isto é, justifica-se a eliminação de passagens substanciais do texto para reduzir o seu tamanho.

1: correta. O trato da coisa pública exige a impessoalidade, inclusive nos textos oficiais; 2: incorreta. A comunicação oficial deve prezar pela clareza e objetividade, evitando formas rebuscadas e complexas da língua, que dificultam sua compreensão (item 1.1 do Manual de Redação Oficial da Presidência da República); 3: incorreta. Concisão não pode ser confundida com eliminação de partes substanciais do texto. Todas as informações relevantes devem estar presentes, ainda que sejam numerosas. O que se impõe é a eliminação de passagens acessórias ou repetitivas.

Gabarito 1C, 2E, 3E.

(Policial Rodoviário Federal – 2008 – CESPE) Além de atender à disposição constitucional, a forma dos atos normativos obedece a certa tradição. Há normas para sua elaboração que remontam ao período de nossa história imperial, como, por exemplo, a obrigatoriedade — estabelecida por decreto imperial de 10 de dezembro de 1822 — de que se aponha, ao final desses atos, o número de anos transcorridos desde a Independência. Essa prática foi mantida no período republicano. Outros procedimentos rotineiros na redação de comunicações oficiais foram incorporados ao longo do tempo, como as formas de tratamento e de cortesia, certos clichês de redação, a estrutura dos expedientes etc.

Idem, ibidem.

Tendo o texto acima como referência inicial, julgue os itens seguintes, relativos às comunicações oficiais.

(1) O atual emprego de pronomes de tratamento indireto nas correspondências oficiais dirigidas às autoridades provém da larga tradição do uso desses pronomes na língua portuguesa.

(2) O trecho a seguir é um dos fechos atuais recomendados pelo Manual da Presidência da República para saudar o destinatário da comunicação oficial: Com os protestos de elevada estima e distinta consideração.

(3) O padrão ofício é a diagramação única adotada atualmente, em nome da uniformidade, para três tipos de expedientes oficiais que têm diferentes finalidades: o ofício, o aviso e o memorando.

(4) Nos termos da legislação em vigor, a mensagem de correio eletrônico carece de valor documental, o que inviabiliza a sua aceitação como forma de transmissão de documentos originais.

1: correta. Realmente, o uso dos pronomes pessoais de tratamento é regido basicamente pela tradição de sua utilização na língua culta; 2: incorreta. Segundo o Manual de Redação Oficial da Presidência da República, é suficiente o desfecho "respeitosamente", se o emitente tiver hierarquia inferior ao destinatário, ou "atenciosamente" se ambos tiverem a mesma hierarquia ou o emitente for superior; 3: correta, nos termos do item 3 do Manual de Redação Oficial da Presidência da

República; 4: incorreta. A mensagem de correio eletrônico é considerada documento para fins legais, inclusive com a mesma força probatória (art. 399, § 2º, do Código de Processo Civil).

Gabarito 1C, 2E, 3C, 4E

(Policial Rodoviário Federal – 2008 – CESPE) O Departamento de Polícia Rodoviária Federal (DPRF) dispõe de instrumentos — atos oficiais — utilizados para publicidade e validade de seus atos administrativos, bem como para a efetivação do trabalho cotidiano do policial rodoviário federal. Quanto a esses atos oficiais, julgue o próximo item.

(1) A narrativa de boletim de ocorrência dispensa o emprego do padrão culto da língua, a clareza e a concisão, uma vez que o policial deve fazer seu registro no local do acidente rodoviário.

1: incorreta. Qualquer documento público deve primar pela correção gramatical, clareza e concisão da redação, a fim de que possa atingir seus objetivos.
Gabarito 1E

No tocante à embriaguez, o CTB estabelece o seguinte:
CAPÍTULO XV DAS INFRAÇÕEs

1   Art. 161. Constitui infração de trânsito a inobservância de qualquer preceito deste Código, da legislação complementar ou das resoluções do CONTRAN, sendo
4   o infrator sujeito às penalidades e medidas administrativas indicadas em cada artigo, além das punições previstas no Capítulo XIX.
7   (...)
    Art. 165. Dirigir sob a influência de álcool, em nível superior a seis decigramas por litro de sangue, ou de
10 qualquer substância entorpecente ou que determine dependência física ou psíquica:
    Infração – gravíssima;
13 Penalidade – multa (cinco vezes) e suspensão do direito de dirigir;
    Medida administrativa – retenção do veículo até a
16 apresentação de condutor habilitado e recolhimento do documento de habilitação.

(Policial Rodoviário Federal – 2002 – CESPE) A partir do texto, julgue os itens que se seguem.

(1) As palavras "inobservância" (ℓ.1), "indicadas" (ℓ.5) e "influência" (ℓ.8) apresentam o mesmo prefixo, apesar de pertencerem a classes gramaticais diferentes.

1: incorreta. A única palavra formada a partir de prefixação é "inobservância", onde o prefixo "in-" significa negação. Nas demais, "in" é, na verdade, a primeira sílaba dos vocábulos, não tendo valor de prefixo.
Gabarito 1E

"Arrumar o homem"

(Dom Lucas Moreira Neves. **Jornal do Brasil**, jan. 1997)

Não boto a mão no fogo pela autenticidade da estória que estou para contar. Não posso, porém, duvidar da veracidade da pessoa de quem a escutei e, por isso, tenho-a como verdadeira. Salva-me, de qualquer modo, o provérbio italiano: "Se não é verdadeira... é muito graciosa!"

Estava, pois, aquele pai carioca, engenheiro de profissão, posto em sossego, admitido que, para um engenheiro, é sossego andar mergulhado em cálculos de estrutura. Ao lado, o filho, de 7 ou 8 anos, não cessava de atormentá-lo com perguntas de todo jaez, tentando conquistar um companheiro de lazer.

A ideia mais luminosa que ocorreu ao pai, depois de dez a quinze convites a ficar quieto e a deixá-lo trabalhar, foi a de pôr nas mãos do moleque um belo quebra-cabeça trazido da última viagem à Europa. "Vá brincando enquanto eu termino esta conta". sentencia entre dentes, prelibando pelo menos uma hora, hora e meia de trégua. O peralta não levará menos do que isso para armar o mapa do mundo com os cinco continentes, arquipélagos, mares e oceanos, comemora o pai-engenheiro.

Quem foi que disse hora e meia? Dez minutos depois, dez minutos cravados, e o menino já o puxava triunfante: "Pai, vem ver!" No chão, completinho, sem defeito, o mapa do mundo.

Como fez, como não fez? Em menos de uma hora era impossível. O próprio herói deu a chave da proeza: "Pai, você não percebeu que, atrás do mundo, o quebra-cabeça tinha um homem? Era mais fácil. E quando eu arrumei o homem, o mundo ficou arrumado!"

"Mas esse garoto é um sábio!", sobressaltei, ouvindo a palavra final. Nunca ouvi verdade tão cristalina: "Basta arrumar o homem (tão desarrumado quase sempre) e o mundo fica arrumado!"

Arrumar o homem é a tarefa das tarefas, se é que se quer arrumar o mundo.

(Policial Rodoviário Federal – 1998 – CESPE) O segmento do texto que NÃO apresenta qualquer processo de intensificação vocabular é:

(A) Arrumar o homem é a tarefa das tarefas...;
(B) Em menos de uma hora era impossível.;
(C) Era mais fácil.;
(D) Nunca ouvi verdade tão cristalina;
(E) A ideia mais luminosa que ocorreu ao pai...

Intensificação vocabular é o processo de aumento do grau do substantivo, indicando acréscimo em sua grandeza. São os chamados graus aumentativo e superlativo. Ela é vista em "tarefa das tarefas" (que equivale a "a tarefa mais importante"); em "mais fácil"; em "tão cristalina" (que equivale a "mais cristalina"); e em "mais luminosa". A única que não apresenta o fenômeno, portanto, é a alternativa "B", que deve ser assinalada. "Menos de uma hora" é apenas uma medida de tempo.
Gabarito "B"

(CESPE) Julgue os fragmentos contidos nos itens a seguir quanto à sua correção gramatical e à sua adequação para compor um documento oficial, que, de acordo com o **Manual de Redação da Presidência da República**, deve caracterizar-se pela impessoalidade, pelo emprego do padrão culto de linguagem, pela clareza, pela concisão, pela formalidade e pela uniformidade.

(1) Cumpre destacar a necessidade de aumento do contingente policial e que é imperioso a ação desses indivíduos em âmbito nacional, pelo que a realização de concurso público para provimento de vagas no Departamento de Polícia Federal consiste em benefício a toda a sociedade.

(2) Caro Senhor Perito Criminal, Convidamos Vossa Senhoria a participar do evento "Destaques do ano",

em que será homenageado pelo belo e admirável trabalho realizado na Polícia Federal. Por gentileza, confirme sua presença a fim de que possamos providenciar as honrarias de praxe.

(3) O departamento que planejará o treinamento de pessoal para a execução de investigações e de operações policiais, sob cuja responsabilidade está também a escolha do local do evento, não se manifestou até o momento.

(4) Senhor Delegado, Segue para divulgação os relatórios das investigações realizadas no órgão, a fim de fazer cumprir a lei vigente.

(5) Solicito a Vossa Senhoria a indicação de cinco agentes de polícia aptos a ministrar aulas de direção no curso de formação de agentes. O início do curso, que será realizado na capital federal, está previsto para o segundo semestre deste ano.

1: incorreta. Problemas gramaticais: "é imperiosa a ação destes indivíduos (...)"; problema de redação: falta clareza na exposição. A "necessidade de atuação em âmbito nacional" deveria estar ligada ao "aumento do contingente policial" por meio de uma conjunção explicativa: "(...) a necessidade de aumento do contingente policial porque é imperiosa a ação desses indivíduos (...)"; 2: incorreta. Problema gramatical: a flexão verbal "convidamos" deveria estar com letra minúscula; problema de redação: falta impessoalidade e formalidade ao texto ao utilizar dois fortes adjetivos em "belo e admirável trabalho"; 3: correta. O texto é claro, conciso e não apresenta qualquer incorreção gramatical; 4: incorreta. Problemas gramaticais: a flexão verbal "segue" deveria estar com letra minúscula e no plural ("seguem"); problema de redação: a expressão "fazer cumprir" não atende à forma culta da língua portuguesa. Deveria constar apenas "cumprir"; 5: correta. O trecho é claro, conciso, formal e atende a todas as predições da norma culta da língua.

Gabarito 1E, 2E, 3C, 4E, 5C

(CESPE) Com relação ao formato e à linguagem das comunicações oficiais, julgue os itens que se seguem com base no **Manual de Redação da Presidência da República.**

(1) A exposição de motivos de caráter meramente informativo deve apresentar, na introdução, no desenvolvimento e na conclusão, a sugestão de adoção de uma medida ou de edição de um ato normativo, além do problema inicial que justifique a proposta indicada.

(2) A estrutura do telegrama e da mensagem por correio eletrônico de caráter oficial é flexível.

(3) As comunicações oficiais emitidas pelo presidente da República, por chefes de poderes e por ministros de Estado devem apresentar ao final, além do nome da pessoa que as expede, o cargo ocupado por ela.

(4) O referido manual estabelece o emprego de dois fechos para comunicações oficiais: **Respeitosamente**, para autoridades superiores; e **Atenciosamente**, para autoridades de mesma hierarquia ou de hierarquia inferior. Tal regra, no entanto, não é aplicável a comunicações dirigidas a autoridades estrangeiras.

(5) A menos que o expediente seja de mero encaminhamento de documentos, o texto de comunicações como aviso, ofício e memorando, que seguem o padrão ofício, deve conter três partes: introdução, desenvolvimento e conclusão.

1: incorreta. Esses são requisitos da exposição de motivos que submete à consideração do Presidente da República a sugestão de alguma medida a ser adotada ou que lhe apresente projeto de ato normativo. A exposição de motivos meramente informativa deve apenas apresentar o dado que quer se levar ao conhecimento da autoridade; 2: correta, nos termos dos itens 6.2 e 8.2 do Manual de Redação da Presidência da República; 3: incorreta. As comunicações assinadas pelo Presidente da República não devem trazer o cargo abaixo do nome (item 2.3 do Manual de Redação da Presidência da República); 4: correta, nos termos do item 2.2 do Manual de Redação da Presidência da República; 5: correta, nos termos do item 3.1, "e", do Manual de Redação da Presidência da República.

Gabarito 1E, 2C, 3E, 4C, 5C

---

1 Nossos projetos de vida dependem muito do futuro
   do país no qual vivemos. E o futuro de um país não é
   obra do acaso ou da fatalidade. Uma nação se constrói.
4 E constrói-se no meio de embates muito intensos — e, às
   vezes, até violentos — entre grupos com visões de futuro,
   concepções de desenvolvimento e interesses distintos e
7 conflitantes.
   Para muitos, os carros de luxo que trafegam pelos
   bairros elegantes das capitais ou os telefones celulares não
10 constituem indicadores de modernidade.
   Modernidade seria assegurar a todos os habitantes
   do país um padrão de vida compatível com o pleno exercício
13 dos direitos democráticos. Por isso, dão mais valor a um
   modelo de desenvolvimento que assegure a toda a população
   alimentação, moradia, escola, hospital, transporte coletivo,
16 bibliotecas, parques públicos. Modernidade, para os que
   pensam assim, é sistema judiciário eficiente, com aplicação
   rápida e democrática da justiça; são instituições públicas
19 sólidas e eficazes; é o controle nacional das decisões
   econômicas.

Plínio Arruda Sampaio. O Brasil em construção.
In: Márcia Kupstas (Org.). **Identidade nacional em debate**. São Paulo: Moderna, 1997, p. 27-9
(com adaptações)

(CESPE) Considerando a argumentação do texto acima bem como as estruturas linguísticas nele utilizadas, julgue os itens a seguir.

(1) Para evitar o emprego redundante de estruturas sintático-semânticas, como o que se identifica no trecho "Uma nação se constrói. E constrói-se no meio de embates muito intensos" (l.3-4), poder-se-ia unir as ideias em um só período sintático — Uma nação se constrói no meio de embates —, o que preservaria a correção gramatical do texto, mas reduziria a intensidade de sua argumentação.

(2) Se o terceiro parágrafo do texto constituísse o corpo de um documento oficial, como um relatório ou parecer, por exemplo, seria necessário preservar o paralelismo entre as ideias a respeito de "Modernidade" (l.11 e 16), por meio da conjugação do verbo ser, nas linhas 11 e 17, no mesmo tempo verbal.

(3) O trecho "os que pensam assim" (l.16-17) retoma, por coesão, o referente de "muitos" (l.8), bem como o sujeito implícito da oração "dão mais valor a um modelo de desenvolvimento" (l.13-14).

1: correta. Não há qualquer erro em unir as duas orações, porém, ao abolir o recurso estilístico da repetição, perder-se-ia parte do

impacto causado pela argumentação; 2: incorreta. A forma culta da língua, adotada pelos documentos oficiais, impõe respeito ao paralelismo dentro da mesma oração, não se exigindo em pontos diferentes do texto; 3: correta. A coesão visa a manter a unidade do texto, evitando que os argumentos pareçam desvinculados um do outro. Assim, a expressão "os que pensam assim" retoma o grupo de pessoas referido como "muitos" anteriormente, sujeito implícito da oração mencionada.
Gabarito 1C, 2E, 3C

(CESPE) Com referência à redação de correspondências oficiais, julgue os itens a seguir.

(1) Documentos oficiais em forma de ofício, memorando, aviso e exposição de motivos têm em comum, entre outras características, a aposição da data de sua assinatura e emissão, que deve estar alinhada à direita, logo após a identificação do documento com o tipo, o número do expediente e a sigla do órgão que o emite.

(2) Desconsiderando-se as margens e os espaços adequados, respeitam as normas de redação de um documento oficial encaminhado por um chefe de seção a seu diretor o seguinte trecho, contendo o parágrafo final e fecho de um ofício.
(...)
Por fim, por oportuno informamos que as providências tomadas, e aqui mencionadas, também já são do conhecimento das partes envolvidas.

Atenciosamente

[assinatura]

Pedro Álvares Cabral

Chefe da seção de logística

e distribuição de pessoal (SLDP).

1: correta, nos termos dos itens 3.3.2, 3.4.2 e 4.2 do Manual de Redação da Presidência da República; 2: incorreta. De acordo com o Manual de Redação da Presidência da República, item 2.2, o termo a ser usado para fechar o ofício endereçado à autoridade de hierarquia superior à daquele que o emite é "respeitosamente" e deve estar alinhado à esquerda.
Gabarito 1C, 2E

(CESPE) A respeito das normas estabelecidas para redação oficial, julgue os próximos itens.

(1) Documentos oficiais em forma de ofício, memorando, aviso e exposição de motivos têm em comum, entre outras características, a aposição da data de sua assinatura e emissão, que deve estar alinhada à direita, logo após a identificação do documento com o tipo, o número do expediente e a sigla do órgão que o emite.

(2) Respeita as normas de redação de documentos oficiais o seguinte endereçamento de um envelope.

A Vossa Excelência

Dr. Cristóvão Hernandes

DD. Juiz de Direito da 99.ª Vara Cível

Rua Jardim da América, 2.345

01.000-101 Belo Horizonte – MG

1: correta, nos termos do Manual de Redação da Presidência da República; 2: incorreta. A redação oficial prescreve: "A Sua Excelência/ Cristóvão Hernandes/ Juiz de Direito da 99ª Vara Cível/ Rua Jardim da América, 2345/ 01.000-101 – Belo Horizonte. MG"
Gabarito 1C, 2E

(CESPE) De acordo com o Manual de Redação da Presidência da República, a redação oficial deve caracterizar-se por impessoalidade, uso de padrão culto da linguagem, clareza, concisão, formalidade e uniformidade. Em face dessa caracterização e do fragmento de texto oficial abaixo, julgue os itens que se seguem.

> A subchefia de assuntos jurídicos desse ministério submeteu ao magnífico procurador-geral da república, Dr. Aristóteles Sócrates Platão, consulta sobre sua opinião pessoal a respeito de matéria controversa que versa sobre os limites entre os direitos dos cidadãos e a esfera do poder público, no sentido de tornar clara, explícita e incontroversa a questão levantada pela prestigiosa comissão que investiga o recebimento de um excelente automóvel zero quilômetro da marca Mercedez Benz pelo senhor chefe dos serviços gerais do nosso ministério para que seje investigado a fundo se o episódio pode ser considerado inflação do código de ética recentemente promulgado pelo poder executivo.

(1) Exceto pelo emprego de períodos sintáticos longos, o fragmento respeita as normas de concisão e objetividade recomendadas pelo Manual de Redação da Presidência da República.

(2) No fragmento, para que a característica de clareza seja observada, deve não apenas ser reformulado o nível sintático como também deve haver mais precisão na organização das ideias.

(3) Embora os níveis gráfico e lexical estejam corretos, o texto desrespeita as regras do padrão culto da linguagem no nível sintático.

(4) O texto não obedece às características de formalidade e de impessoalidade que devem nortear toda correspondência oficial para que esta adquira uniformidade.

(5) As formas de tratamento empregadas no texto revelam um caráter de respeitosa formalidade e estão de acordo com as recomendações para textos oficiais.

1: incorreta. Falta ao texto objetividade, porque permeado de opiniões pessoais do autor, e concisão, pois diversas passagens apresentam reiterações de termos sinônimos, caracterizando a prolixidade; 2: correta. Tais falhas também são percebidas na redação, à qual falta clareza na exposição das ideias; 3: incorreta. Há problemas também no nível gráfico (ortografia) e lexical (vocabulário); 4: correta. Como salientado no comentário da questão 1, o texto é permeado de opiniões do próprio autor, fulminando a objetividade necessária aos documentos oficiais; 5: incorreta. "Magnífico" é pronome de tratamento reservado a reitores de universidades. O Procurador-Geral da República, chefe do Ministério Público da União, deve ser tratado por "Excelência".
Gabarito 1E, 2C, 3E, 4C, 5E

Um desafio cotidiano

Recentemente me pediram para discutir os desafios políticos que o Brasil tem pela frente. Minha primeira dúvida foi se eles seriam diferentes dos de ontem.

Os problemas talvez sejam os mesmos, o país é que mudou e reúne hoje mais condições para enfrentá-los que no passado. A síntese de minhas conclusões é que precisamos prosseguir no processo de democratização do país.

Kant dizia que a busca do conhecimento não tem fim. Na prática, democracia, como um ponto final que uma vez atingido nos deixa satisfeitos e por isso decretamos o fim da política, não existe. Existe é democratização, o avanço rumo a um regime cada vez mais inclusivo, mais representativo, mais justo e mais legítimo. E quais as condições objetivas para tornar sustentável esse movimento de democratização crescente?

Embora exista forte correlação entre desenvolvimento e democracia, as condições gerais para sua sustentação vão além dela. O grau de legitimidade histórica, de mobilidade social, o tipo de conflitos existentes na sociedade, a capacidade institucional para incorporar gradualmente as forças emergentes e o desempenho efetivo dos governos são elementos cruciais na sustentação da democratização no longo prazo.

Nossa democracia emergente não tem legitimidade histórica. Esse requisito nos falta e só o alcançaremos no decorrer do processo de aprofundamento da democracia, que também é de legitimação dela.

Uma parte importante desse processo tem a ver com as relações rotineiras entre o poder público e os cidadãos. Qualquer flagrante da rotina desse relacionamento arrisca capturar cenas explícitas de desrespeito e pequenas ou grandes tiranias. As regras dessa relação não estão claras. Não existem mecanismos acessíveis de reclamação e desagravo.

(CESPE) Com relação às ideias do texto acima, julgue o item a seguir.

(1) Considerando que o verbo existir pode ser substituído pelo verbo haver, as formas verbais "exista" (ℓ. 14) e "existem" (ℓ. 29) admitem ser substituídas por haja e há, respectivamente.

1: correta. O verbo "haver", quando sinônimo de "existir", é impessoal e não se flexiona.

Gabarito 1C

Brinkmanship

1   Em 1964, o cineasta Stanley Kubrick lançava o filme Dr. Strangelove. Nele, um oficial norte-americano ordena um bombardeio nuclear à União Soviética e comete suicídio em seguida, levando consigo o código para cancelar o bombardeio.

    O presidente norte-americano busca o governo soviético na esperança de convencê-lo de que o evento foi um acidente e, por isso,
4   não deveria haver retaliação. É, então, informado de que os soviéticos implementaram uma arma de fim do mundo (uma rede de bombas nucleares subterrâneas), que funcionaria automaticamente quando o país fosse atacado ou quando alguém tentasse desacioná-la. O Dr. Strangelove, estrategista do presidente, aponta uma falha: se os soviéticos dispunham de tal arma, por que
7   a guardavam em segredo? Por que não contar ao mundo? A resposta do inimigo: a máquina seria anunciada na reunião do partido na segunda-feira seguinte.

    Pode-se analisar a situação criada no filme sob a ótica da Teoria dos Jogos: uma bomba nuclear é lançada pelo país
10 A ao país B. A política de B consiste em revidar qualquer ataque com todo o seu arsenal, o qual pode destruir a vida no planeta, caso o país seja atacado. O raciocínio que leva B a adotar tal política é bastante simples: até o país mais fraco do mundo está seguro se criar uma máquina de destruição do mundo, ou seja, ao ter sua sobrevivência seriamente ameaçada, o país destrói o
13 mundo inteiro (ou, em seu modo menos drástico, apenas os invasores). Ao elevar os custos para o país invasor, o detentor dessa arma garante sua segurança. O problema é que de nada adianta um país possuir tal arma em segredo. Seus inimigos devem saber de sua existência e acreditar na sua disposição de usá-la. O poder da máquina do fim do mundo está mais na intimidação do que
16 em seu uso.

    O conflito nuclear fornece um exemplo de uma das conclusões mais surpreendentes a que se chega com a Teoria dos Jogos. O economista Thomas Schelling percebeu que, apesar do sucesso geralmente ser atribuído a maior inteligência,
19 planejamento, racionalidade, entre outras características que retratam o vencedor como superior ao vencido, o que ocorre, muitas vezes, é justamente o oposto. Até mesmo o poder de um jogador, considerado, no senso comum, como uma vantagem, pode atuar contra seu detentor.
22 Schelling denominou *brinkmanship* (de *brink*, extremo) a estratégia de deliberadamente levar uma situação às suas consequências extremas.

    Um exemplo usado por Schelling é o bem conhecido jogo do frango, que consiste em dois indivíduos acelerarem seus
25 carros na direção um do outro em rota de colisão; o primeiro a virar o volante e sair da pista é o perdedor. Se ambos forem reto, os dois jogadores pagam o preço mais alto com sua vida. No caso de os dois desviarem, o jogo termina em empate. Se um desviar e o outro for reto, o primeiro será o frango, e o segundo, o vencedor. Schelling propôs que um
28 participante desse jogo retire o volante de seu carro e o atire para fora, fazendo questão de mostrá-lo a todas as pessoas presentes. Ao outro jogador caberia a decisão de desistir ou causar uma catástrofe. Um jogador racional optaria pelo que lhe causasse menos perdas, sempre perdendo o jogo.

Fabio Zugman. **Teoria dos jogos**. Internet: <www.iced.org.br> (com adaptações).

(CESPE) Na linha 4, do texto acima, o verbo implementar, na forma verbal "implementaram", está sendo usado no sentido de

(A) suprir de implementos.
(B) solucionar.

(C) demarcar.
(D) distribuir estruturas em determinada área.
(E) desenvolver ou produzir.

Os únicos termos que podem ser usados como sinônimos de "implementar" no texto são "desenvolver" ou "produzir". Todos os demais, caso inseridos, alterariam o sentido da oração.
Gabarito "E".

1 É essencial que as autoridades revejam as providências
referentes ao tratamento e à custódia de todos os presos, a fim
de assegurar que os mesmos sejam tratados com humanidade
4 e em conformidade com a legislação brasileira e o conjunto de
princípios da Organização das Nações Unidas (ONU) sobre
proteção de todo indivíduo sob qualquer forma de detenção
ou
7 reclusão, as regras mínimas da ONU sobre o tratamento de
prisioneiros e o artigo 10 do Acordo Internacional sobre os
Direitos Civis e Políticos (ICCPR), que reza que todo
10 indivíduo privado de liberdade deve ser tratado com
humanidade e respeito pela dignidade inerente à pessoa
humana.

Anistia Internacional. **Tortura e maus-tratos no Brasil**, 2001, p. 72 (com adaptações).

(CESPE) Tendo o texto acima por referência e considerando o tema por ele tratado, julgue o item a seguir.

(1) O verbo rezar tem várias acepções e a forma "reza" (ℓ.9) está sendo utilizada no texto com o sentido de: contém escrito, encerra, prescreve, preceitua, determina.

1: correta. "Rezar" ainda pode significar "referir", "resmungar", "murmurar".
Gabarito 1C.

1 A adoção, pela Assembleia Geral das Nações
Unidas, da Declaração Universal dos Direitos Humanos,
em 1948, constitui o principal marco no desenvolvimento
4 da ideia contemporânea de direitos humanos. Os direitos
inscritos nessa Declaração constituem um conjunto
indissociável e interdependente de direitos individuais e
7 coletivos, civis, políticos, econômicos, sociais e culturais,
sem os quais a dignidade da pessoa humana não se realiza
por completo. A Declaração transformou-se, nesta última
10 metade de século, em uma fonte de inspiração para a
elaboração de diversas cartas constitucionais e tratados
internacionais voltados à proteção dos direitos humanos.
13 Esse documento, chave do nosso tempo, tornou-se um
autêntico paradigma ético a partir do qual se pode medir
e contestar a legitimidade de regimes e governos.
16 Os direitos ali inscritos constituem hoje um dos mais
importantes instrumentos de nossa civilização, visando
assegurar um convívio social digno, justo e pacífico.

Internet: <http://www.direitoshumanos.usp.br/dhbrasil/pndh> (com adaptações).

(CESPE) Com base no texto acima e considerando o tema por ele focalizado, julgue o item subsequente.

(1) Embora o efeito de sentido seja diferente, o emprego da forma verbal no presente "constitui" (ℓ.3) ou no pretérito constituiu opções gramaticalmente corretas e coerentes para o primeiro período do texto.

1: correta. A única diferença será semântica (no original, o verbo no presente indica a importância do documento até os dias de hoje; se alterado para o pretérito, terá sentido de informação histórica), sem qualquer prejuízo para a correção gramatical.
Gabarito 1C.

(CESPE) Considerando os trechos abaixo, que constituem um texto, assinale a opção incorreta no que se refere ao emprego das classes de palavras e suas flexões.

(A) A técnica de estabelecer freios ao poder na linha da tradição ocidental não é o único caminho possível para a vigência dos direitos humanos.
(B) Não é da essência de um regime de direitos humanos a separação entre o domínio jurídico e os outros domínios da existência humana, como os domínios religioso, moral e social.
(C) O Ocidente repetirá hoje os mesmos erros do passado se insistir na existência de um modelo único para a expressão e a proteção dos direitos humanos.
(D) Estados Unidos e Europa desrespeitaram a autonomia de destino de cada povo se tentarem impor sua verdade, sua economia, seu modo de vida, seus direitos humanos.

João Baptista Herkenhoff.
Internet: <dhnet.org.br/inedex.htm>(com adaptações).

A única alternativa que apresenta erro gramatical é a letra "D", devendo ser assinalada. O período estaria correto se trocássemos o pronome "se" pela preposição "ao": "(...) de cada povo ao tentarem impor sua verdade (...)".
Gabarito "D".

(CESPE) Considerando os trechos abaixo, que constituem um texto, assinale a opção em que há erro de regência.

(A) A Inglaterra deu início ao constitucionalismo, como depois veio a ser entendido, quando, em 1215, os bispos e barões impuseram o rei João Sem Terra a Magna Carta. Era o primeiro freio que se opunha ao poder dos reis.
(B) O constitucionalismo inglês desencadeou conquistas liberais na sociedade. Apenas o *habeas corpus* bastaria para assegurar à Inglaterra um lugar proeminente na História do Direito.
(C) Sabe-se, contudo, da origem feudal dos grandes documentos ingleses: não eram cartas de liberdade do homem comum. Pelo contrário, eram contratos feudais escritos, nos quais o rei, como suserano, compromretia-se a respeitar os direitos de seus vassalos.
(D) Não afirmavam direitos humanos, mas direitos de estamentos. Em consonância com a estrutura social feudal, o patrimônio jurídico de cada um era determinado pelo estamento, ordem ou estado a que pertencesse.

Idem, ibidem (com adaptações).

A única alternativa que apresenta erro de regência é a letra "A", que deve ser assinalada. O verbo "impor" rege a preposição "a", sendo correto dizer: "(...) os bispos e barões impuseram ao rei João Sem Terra (...)".

1 Imagine que um poder absoluto ou um texto sagrado declarem que quem roubar ou assaltar será enforcado (ou terá a mão cortada). Nesse caso, puxar a corda, afiar a faca ou
4 assistir à execução seria simples, pois a responsabilidade moral do veredicto não estaria conosco. Nas sociedades tradicionais, em que a punição é decidida por uma autoridade superior a
7 todos, as execuções podem ser públicas: a coletividade festeja o soberano que se encarregou da justiça — que alívio!

A coisa é mais complicada na modernidade, em que
10 os cidadãos comuns (como você e eu) são a fonte de toda autoridade jurídica e moral. Hoje, no mundo ocidental, se alguém é executado, o braço que mata é, em última
13 instância, o dos cidadãos — o nosso. Mesmo que o condenado seja indiscutivelmente culpado, pairam mil dúvidas. Matar um condenado à morte não é mais uma festa, pois é difícil celebrar
15 o triunfo de uma moral tecida de perplexidade. As execuções acontecem em lugares fechados, diante de poucas testemunhas:
há uma espécie de vergonha. Essa discrição é apresentada
19 como um progresso: os povos civilizados não executam seus condenados nas praças. Mas o dito progresso é, de fato, um corolário da incerteza ética de nossa cultura.
22 Reprimimos em nós desejos e fantasias que nos parecem ameaçar o convívio social. Logo, frustrados, zelamos pela prisão daqueles que não se impõem as mesmas renúncias.
25 Mas a coisa muda quando a pena é radical, pois há o risco de que a morte do culpado sirva para nos dar a ilusão de liquidar, com ela, o que há de pior em nós. Nesse caso, a execução do
28 condenado é usada para limpar nossa alma. Em geral, a justiça sumária é isto: uma pressa em suprimir desejos inconfessáveis de quem faz justiça. Como psicanalista, apenas gostaria que a
31 morte dos culpados não servisse para exorcizar nossas piores fantasias — isso, sobretudo, porque o exorcismo seria ilusório.

Contudo é possível que haja crimes hediondos nos quais não
34 reconhecemos nada de nossos desejos reprimidos.

Contardo Calligaris. **Terra de ninguém** – 101 crônicas.
São Paulo: Publifolha, 2004, p. 94-6 (com adaptações).

(CESPE) Com referência às ideias e aos aspectos linguísticos do texto acima, julgue os itens abaixo.

(1) Suprimindo-se o emprego de termos característicos da linguagem informal, como o da palavra "coisa" (ℓ.9) e o do trecho "(como você e eu)" (ℓ.10), o primeiro período do segundo parágrafo poderia ser reescrito, com correção gramatical, da seguinte forma: Essa prática social apresenta-se mais complexa na modernidade, onde a autoridade jurídica e moral submete-se à opinião pública.

(2) No período "Nesse caso (...) estaria conosco" (ℓ.3-5), como o conector "ou" está empregado com sentido aditivo, e não, de exclusão, a forma verbal do predicado "seria simples" poderia, conforme faculta a prescrição gramatical, ter sido flexionada na terceira pessoa do plural: seriam.

(3) De acordo com o texto, nas sociedades tradicionais, os cidadãos sentem-se aliviados sempre que um soberano decide infligir a pena de morte a um infrator porque se livram das ameaças de quem desrespeita a moral que rege o convívio social, como evidencia o emprego da interjeição "que alívio!" (ℓ.8).

(4) Mantendo-se a correção gramatical e a coerência do texto, a oração "se alguém é executado" (ℓ.12), que expressa uma hipótese, poderia ser escrita como "caso se execute alguém", mas não, como "se caso alguém se execute".

(5) O termo "Essa discrição" (ℓ.18) refere-se apenas ao que está expresso na primeira oração do período que o antecede.

(6) Na condição de psicanalista, o autor do texto adverte que a punição de infratores das leis é uma forma de os indivíduos expurgarem seus desejos inconfessáveis, ressalvando, no entanto, que, quando se trata de crime hediondo, tal não se aplica.

(7) Na linha 24, considerando-se a dupla regência do verbo impor e a presença do pronome "mesmas", seria facultado o emprego do acento indicativo de crase na palavra "as" da expressão "as mesmas renúncias".

1: incorreta. O uso do verbo "submeter-se" não guarda correlação com o texto original. Para manter o sentido, deveria constar "advir" ou "nascer"; 2: incorreta. A conjunção "ou" está empregada em sentido alternativo, porque as situações enumeradas não ocorrem todas no mesmo contexto. Assim, o verbo deve necessariamente ser flexionado na terceira pessoa do singular; 3: incorreta. O alívio da população decorre da responsabilidade exclusiva do soberano em condenar alguém à morte, sem que tenham, os próprios cidadãos, de julgar o próximo pelo crime cometido; 4: correta. A primeira sugestão mantém o sentido do texto porque representa a transformação da voz passiva analítica usada originalmente para a voz passiva sintética. A segunda proposição alteraria o sentido do texto porque o termo "alguém" deixou de ser objeto direto para se tornar sujeito – ou seja, na primeira situação, "alguém" é quem morre por ação de outrem na execução; na segunda, "alguém" é suicida; 5: correta. A expressão remete à discrição, à limitação da publicidade com a qual as execuções são conduzidas hoje em dia; 6: incorreta. O autor sugere que, mesmo em caso de condenação por crimes hediondos, há uma parcela de nós que coaduna com a prática ilícita, porém nós a negamos veementemente, com a certeza de que ela não existe, sem saber que, na verdade, nós apenas não a conhecemos; 7: incorreta. O termo "as mesmas renúncias" é objeto direto do verbo "impor", portanto não é precedido de preposição. Sendo assim, impossível a ocorrência da crase.

(CESPE) Considerando os trechos abaixo, que constituem um texto, assinale a opção gramaticalmente correta.

(A) Nas declarações de direitos, resultantes das revoluções americana e francesa, o sentido universal, está presente.

(B) Os direitos do homem e do cidadão, proclamados nessa fase histórica, quer na América, quer na Europa, tinham, entretanto, um conteúdo bastante individualista, que consagrava a chamada democracia burguesa.

(C) Apenas na Segunda etapa da Revolução Francesa, sob a ação de Robespierre e da força do pensamento de Rousseau, proclamam-se direitos sociais do homem: direitos relativos ao trabalho e à meios de existência, direito de proteção contra a indigência, direito à instrução.

(D) Entretanto, a realização desses direitos cabia a sociedade e não ao Estado. Salvaguarda-se, assim, a ideia, então vigente, de que o Estado devia abster-se em face a tais problemas.

Idem, ibidem (com adaptações).

A: incorreta. "Sentido universal" é sujeito da oração e não se separa com vírgula o sujeito do verbo; B: correta, devendo ser assinalada; C: incorreta. Não ocorre crase antes de termos masculinos, porquanto estes não podem ser antecedidos do artigo definido feminino "a". Assim, o correto é: "(...) relativos ao trabalho e a meios de existência (...)"; D: incorreta. Aqui, deveria haver o acento indicativo da crase em: "(...) cabia à sociedade e não ao Estado (...)", por se tratar de aglutinação da preposição "a", regida pelo verbo "caber", e do artigo definido feminino singular "a", adjunto adnominal de "sociedade".

Gabarito "B".

1   O que temos em jogo com o poder simbólico é
    a imposição de um modo de apreensão do mundo social
    que configura a "naturalização" de uma ordem social
4   vigente. Podemos nos questionar a serviço de quem está
    o poder. Quem são os excluídos pelo poder? O poder
    simbólico é uma forma transformada ou mascarada de
7   outras formas de poder, notadamente o poder econômico
    e o político; todavia não se trata simplesmente de uma
    dominação estritamente consciente, maniqueísta ou
10 intencional. Ele frequentemente é ignorado e apreendido
    como arbitrário por quem o exerce.

Rogério Haesbaert e Marcelo de Jesus Santa Bárbara. **Identidade e migração em áreas fronteiriças**. Internet: <www.uff.br> (com adaptações).

(CESPE) Assinale a opção correta a respeito das estruturas linguísticas do texto acima.

(A) Na linha 1, o uso da flexão de singular em "é" deve-se à concordância com "poder simbólico".
(B) Por retomar "mundo social" (ℓ.2), o pronome "que" (ℓ.3) pode ser substituído por **o qual**.
(C) A preposição **por**, em "pelo poder" (ℓ.5), introduz um modo, uma circunstância para a exclusão.
(D) Na linha 8, a forma verbal "trata" está flexionada no singular para concordar com o sujeito da oração, "uma dominação"; se este estivesse no plural, **dominações**, a forma verbal deveria ser **tratam**.
(E) O pronome "o" (ℓ.11) refere-se a "poder simbólico" (ℓ.5-6).

A: incorreta. O verbo no singular "é" está concordando com "a imposição", sujeito da oração; B: incorreta. O pronome "que" retoma "modo de apreensão"; C: incorreta. É a preposição "per" que se aglutina com o artigo "o" para formar "pelo"; D: incorreta. O verbo está no singular porque caracteriza o sujeito indeterminado da oração; E: correta, pois o pronome "o" realmente retoma o termo "poder simbólico", núcleo do argumento.

Gabarito "E".

(CESPE) Nos itens seguintes, são apresentados fragmentos sucessivos adaptados do texto **Identidade e Migração em Áreas Fronteiriças**, de Rogério Haesbaert e Marcelo de Jesus Santa Bárbara (Internet: <www.uff.br>). Julgue-os quanto à correção gramatical.

I. Um dos processos sociais contemporâneos que dá relevância ao estudo da dimensão cultural é aquele que envolve a dinâmica migratória, cada vez mais destacada no cenário mundial globalizado.
II. O Brasil, visto como um país imune aos dilemas étnicos e culturais que afetam o mundo nas últimas décadas, e os brasileiros, às vezes, até enaltecidos como exemplos de democracia racial, pareciam alheios ao debate sobre o poder da identidade e os grandes fluxos migratórios deste final de século.
III. Estávamos enganados: não só o mito da democracia racial a muito vem sendo questionado, como não eramos de forma alguma, imunes aos grandes fluxos migratórios e as questões de ordem cultural envolvendo essa dinâmica da população.

Assinale a opção correta.

(A) Apenas o item I está certo.
(B) Apenas o item II está certo.
(C) Apenas o item III está certo.
(D) Apenas os itens I e II estão certos.
(E) Apenas os itens II e III estão certos.

I: correta; II: correta; III: incorreta. A locução adverbial corretamente grafada é "há muito", "éramos" leva acento por ser proparoxítona, não há vírgula depois de "alguma" e "às questões" leva acento grave indicativo da crase.

Gabarito "D".

Brinkmanship

1   Em 1964, o cineasta Stanley Kubrick lançava o filme Dr. Strangelove. Nele, um oficial norte-americano ordena um
    bombardeio nuclear à União Soviética e comete suicídio em seguida, levando consigo o código para cancelar o bombardeio.
    O presidente norte-americano busca o governo soviético na esperança de convencê-lo de que o evento foi um acidente e, por isso,
4   não deveria haver retaliação. É, então, informado de que os soviéticos implementaram uma arma de fim do mundo (uma rede de
    bombas nucleares subterrâneas), que funcionaria automaticamente quando o país fosse atacado ou quando alguém tentasse
    desacioná-la. O Dr. Strangelove, estrategista do presidente, aponta uma falha: se os soviéticos dispunham de tal arma, por que
7   a guardavam em segredo? Por que não contar ao mundo? A resposta do inimigo: a máquina seria anunciada na reunião do partido
    na segunda-feira seguinte.
    Pode-se analisar a situação criada no filme sob a ótica da Teoria dos Jogos: uma bomba nuclear é lançada pelo país
10 A ao país B. A política de B consiste em revidar qualquer ataque com todo o seu arsenal, o qual pode destruir a vida no planeta,
    caso o país seja atacado. O raciocínio que leva B a adotar tal política é bastante simples: até o país mais fraco do mundo está
    seguro se criar uma máquina de destruição do mundo, ou seja, ao ter sua sobrevivência seriamente ameaçada, o país destrói o
13 mundo inteiro (ou, em seu modo menos drástico, apenas os invasores). Ao elevar os custos para o país invasor, o detentor dessa
    arma garante sua segurança. O problema é que de nada adianta um país possuir tal arma em segredo. Seus inimigos devem saber

de sua existência e acreditar na sua disposição de usá-la. O poder da máquina do fim do mundo está mais na intimidação do que em seu uso.

O conflito nuclear fornece um exemplo de uma das conclusões mais surpreendentes a que se chega com a Teoria dos Jogos. O economista Thomas Schelling percebeu que, apesar de o sucesso geralmente ser atribuído a maior inteligência, planejamento, racionalidade, entre outras características que retratam o vencedor como superior ao vencido, o que ocorre, muitas vezes, é justamente o oposto. Até mesmo o poder de um jogador, considerado, no senso comum, como uma vantagem, pode atuar contra seu detentor.

Schelling denominou *brinkmanship* (de *brink*, extremo) a estratégia de deliberadamente levar uma situação às suas consequências extremas.

Um exemplo usado por Schelling é o bem conhecido jogo do frango, que consiste em dois indivíduos acelerarem seus carros na direção um do outro em rota de colisão; o primeiro a virar o volante e sair da pista é o perdedor. Se ambos forem reto, os dois jogadores pagam o preço mais alto com sua vida. No caso de os dois desviarem, o jogo termina em empate. Se um desviar e o outro for reto, o primeiro será o frango, e o segundo, o vencedor. Schelling propôs que um participante desse jogo retire o volante de seu carro e o atire para fora, fazendo questão de mostrá-lo a todas as pessoas presentes. Ao outro jogador caberia a decisão de desistir ou causar uma catástrofe. Um jogador racional optaria pelo que lhe causasse menos perdas, sempre perdendo o jogo.

Fabio Zugman. **Teoria dos jogos**. Internet: <www.iced.org.br> (com adaptações).

(CESPE) Com base no texto acima, assinale a opção correta.

(A) A leitura do final do 1º parágrafo (ℓ.7-8) permite inferir-se que "A resposta do inimigo" não foi dada em uma segunda-feira.
(B) A expressão "à União Soviética" (ℓ.2) é complemento da forma verbal "ordena" (ℓ.1).
(C) Acrescentando-se de que imediatamente após a conjunção "e" (ℓ.3), o significado do período correspondente não seria alterado.
(D) A expressão "por isso" (ℓ.3) foi empregada com o sentido concessivo.
(E) Mantém-se a correção gramatical do texto ao se substituir "convencê-lo de que" (ℓ.3) por convencer-lhe que.

A: incorreta. Tal dedução não é autorizada, porque a resposta pode ter sido dada em determinada segunda-feira que, mesmo assim, seria coerente dizer que o anúncio seria feito na "segunda-feira seguinte", ou seja, uma semana depois; B: incorreta. É, na verdade, um adjunto adverbial de lugar; C: correta. A locução prepositiva "de que" está subentendida no texto, de forma que sua inclusão não altera o sentido do período; D: incorreta. Trata-se de locução conjuntiva conclusiva (ou consecutiva), exprimindo ideia de consequência, não de concessão; E: incorreta. "Convencer" é verbo transitivo direto, portanto não pode ser complementado pelo pronome "lhe", equivalente a "a ele".

Gabarito "C".

Texto I

Autobiografia desautorizada

Olá! Meu nome não é Fidalgo. Fidalgo é meu sobrenome. O nome é Luiz Antonio Alves. Minhas atividades como cidadão comum... não sei se isso interessa, mas... vai lá: sou funcionário público. Trabalho (e como trabalho) com análise de impressões digitais, ou seja, sou um papiloscopista (nesse momento o computador fez aquele serrilhadinho vermelho embaixo da palavra "papiloscopista"). Tudo bem, a palavra ainda não consta no dicionário interno do mané.

Bom, com base nas minhas atividades artísticas, pode-se dizer que eu sou um poeta curitibano. Não fui eu quem disse isso. Vejam bem, existe um livro intitulado Antologia de Poetas Contemporâneos do Paraná, II Concurso Helena Kolody. Pois eu estou nesse livro, juntamente com três poemas que, por causa do tamanho diminuto, lembram um *hai-kai*.

Pois é, fechada essa questão de eu já poder ser tratado como um poeta curitibano, quero dizer que agora estou estreando como contista, digo microcontista, uma vez que se trata de um livro com miniestórias chamadas por mim (talvez exageradamente) de microcontos.

Luiz Antonio A. **Fidalgo**. Autobiografia desautorizada.
Internet: <www.curitiba.pr.gov.br> (com adaptações).

Texto II
Papiloscopista quer esclarecer profissão

1   O Sindicato dos Profissionais da Ciência da
Papiloscopia realiza amanhã palestras de conscientização
sobre o trabalho desses profissionais, que comemoram em
4   cinco de fevereiro o seu dia.
De acordo com a presidente do sindicato, Lucicleide
do Espírito Santo Moraes, apesar de desenvolver atividades
7   essenciais nas áreas civil e criminal, o papiloscopista não é
um profissional reconhecido pela população.
A maioria das pessoas não sabe, diz ela, que o
10   profissional da papiloscopia realiza desde a expedição da
carteira de identidade e atestado de antecedentes, até perícias
para a identificação da autoria de delitos e também dos
13   cadáveres que são levados ao Instituto Médico Legal. É o
papiloscopista que busca e pesquisa as impressões digitais
que são fundamentais para desvendar crimes. "A população
16   necessita diariamente desse serviço, mas em geral ela
desconhece o profissional que o realiza", observa Lucicleide
Moraes.

Internet: <www.diariodecuiaba.com.br>
(com adaptações).

(CESPE) Julgue os itens seguintes, referentes aos textos I e II.

(1) Entre as atribuições dos papiloscopistas, está a de escrever textos literários (poemas ou contos). Essa atribuição, mencionada no texto I, é ignorada pelo autor do texto II.

(2) As aspas foram empregadas com a mesma finalidade no primeiro parágrafo do texto I e no último parágrafo do texto II.

(3) Com relação à estrutura dos textos, é correto afirmar que o texto I se aproxima dos textos literários, enquanto o texto II tem caráter jornalístico.

1: incorreta. A função dos papiloscopistas é realizar perícias que envolvam impressões digitais. O fato do autor do texto I ser papiloscopista não se relaciona com sua função dentro do serviço público; 2: incorreta. No primeiro parágrafo do texto I, as aspas foram usadas para destacar a palavra "papiloscopista". Já no último parágrafo do texto II, as aspas servem para indicar que o trecho é uma citação; 3: correta. O estilo utilizado no texto I é literário, buscando aproximar o autor do leitor, ao passo que o texto II é eminentemente jornalístico, buscando transmitir uma informação concreta ao leitor.

Gabarito 1E, 2E, 3C

2. MATEMÁTICA

André Fioravanti, Enildo Garcia e Elson Garcia

1. NÚMEROS INTEIROS, RACIONAIS E REAIS

(Policial Rodoviário Federal – CESPE – 2019) Uma unidade da PRF interceptou, durante vários meses, lotes de mercadorias vendidas por uma empresa com a emissão de notas fiscais falsas. A sequência dos números das notas fiscais apreendidas, ordenados pela data de interceptação, é a seguinte: 25, 75, 50, 150, 100, 300, 200, 600, 400, 1.200, 800, ...

Tendo como referência essa situação hipotética, julgue os itens seguintes, considerando que a sequência dos números das notas fiscais apreendidas segue o padrão apresentado.

1. O padrão apresentado pela referida sequência indica que os números podem corresponder, na ordem em que aparecem, a ordenadas de pontos do gráfico de uma função afim de inclinação positiva.

2. A partir do padrão da sequência, infere-se que o 12.º termo é o número 1.600.

3. Se a_n for o n-ésimo termo da sequência, em que n = 1, 2, 3, ..., então, para n ≥ 3, tem-se que $a_n = 2 \times a_{n-2}$.

1. Não se trata de uma função afim contínua e sim de uma sequência de números. => **Errado**
2. A partir do **padrão da sequência**, infere-se que o 12º termo é o número 2.400, que é o dobro do 10º termo. => **Errado**
3.
$a_1 = 25 \quad a_5 = 100 \quad a_9 = 400$
$a_2 = 75 \quad a_6 = 300 \quad a_{10} = 1.200$
$a_3 = 50 \quad a_7 = 200 \quad a_{11} = 800$
$a_4 = 150 \quad a_8 = 600 \quad a_{12}$
Nota-se que
$a_3 = 50 = 2 \times a_1$
$a_4 = 150 = 2 \times a_2$
E assim por diante.
Então, para n ≥ 3, tem-se que $a_n = 2 \times a_{n-2}$. => **Certo** ENG

Gabarito 1E, 2E, 3C

(Policial Rodoviário Federal – 2008 – CESPE) No ano de 2006, um indivíduo pagou R$ 4.000,00 pelas multas de trânsito recebidas, por ter cometido várias vezes um mesmo tipo de infração de trânsito, e o valor de cada uma dessas multas foi superior a R$ 200,00. Em 2007, o valor da multa pela mesma infração sofreu um reajuste de R$ 40,00, e esse mesmo indivíduo recebeu 3 multas a mais que em 2006, pagando um total de R$ 6.720,00.

Nessa situação, em 2006, o valor de cada multa era

(A) inferior a R$ 750,00.
(B) superior R$ 750,00 e inferior a R$ 850,00.
(C) superior a R$ 850,00 e inferior a R$ 950,00.
(D) superior a R$ 950,00 e inferior a R$ 1.050,00.
(E) superior a R$ 1.050,00.

Seja V o valor da multa em 2006, e n o número de multas que o indivíduo levou neste ano. Dessa forma, n.V = 4000,00. Também temos que (n+3).(V + 40) = 6.720,00, ou seja, n.V + 40n + 3V + 120 = 6.720,00. Porém, como n.V = 4.000,00, temos que 40n + 3V = 2.600,00. Podemos multiplicar por n esta igualdade, o que resulta em $40n^2 – 2.600n + 12.000 = 0$, ou seja, $n^2 – 65n + 300 = 0$. As raízes deste polinômio são n = 60 ou n = 5. Para n = 5, temos que 5V = 4.000,00, V = 800,00, e para n = 60, 60V = 4.000,00, V = 66,67. Como sabemos que V > 200,00, temos que V = 800,00 e n = 5.

Gabarito "B".

(Policial Rodoviário Federal – 2004 – CESPE) Além das perdas de vidas, o custo financeiro das guerras é astronômico. Por exemplo, um bombardeiro B-2, utilizado pela força aérea norte-americana na guerra do Iraque, tem um custo de R$ 6,3 bilhões. Se esse dinheiro fosse utilizado para fins sociais, com ele seria possível a construção de várias casas populares, escolas e postos de saúde. No Brasil, o custo de construção de uma casa popular, dependendo da sua localização, varia entre R$ 18 mil e R$ 22 mil. O custo de construção de uma escola adicionado ao de um posto de saúde equivale ao custo de construção de 20 casas populares. Além disso, o total de recursos necessários para a construção de duas casas populares e de dois postos de saúde é igual ao custo de construção de uma escola. Com base nesses dados e considerando que o governo brasileiro disponha de um montante, em reais, igual ao custo de um bombardeiro B-2 para a construção de casas populares, escolas ou postos de saúde, julgue os itens que se seguem.

(1) Com esse montante, seria possível construir mais de 280.000 casas populares.
(2) Com o montante referido, seria possível construir, no máximo, 25.000 escolas.
(3) O montante citado seria suficiente para se construir 100.000 casas populares e 30.000 postos de saúde.
(4) O montante mencionado seria suficiente para a construção de 200.000 casas populares, 10.000 postos de saúde e 10.000 escolas.

1: correta, pois o valor máximo de uma casa popular é de 22 mil reais. Portanto, é possível construir mais de $6,3 \times 10^9 / (22 \times 10^3) = 0,286 \times 10^6 = 286.000$ casas populares; 2: correta, pois seja E o valor de uma Escola, P de um Posto de Saúde e C de uma casa. Sabemos que E + P = 20C e também 2C + 2P = E, ou seja, P = E/2 – C. Dessa forma, E + E/2 – C = 20C, e, portanto (3/2)E = 21C, E = 14C, em outras palavras, podemos construir 1 Escola com o valor de 14 Casas. Como cada casa custa no mínimo 18 mil reais, cada escola custa no mínimo 252 mil reais, e poderemos construir, no máximo, $6,3 \times 10^9 / 252 \times 10^3 = 0,025 \times 10^6 = 25.000$ escolas; 3: correta, pois para termos certeza de construir 100.000 casas populares precisamos disponibilizar de 100.000 x 22.000 = 2.200.000.000,00 reais. Das relações acima temos também que 2C + 2P + P = 20C, ou seja, 3P = 18C, P = 6C. Portanto, para termos certeza de construir 30.000 postos de saúde, precisamos disponibilizar de 30.000 x 6 x 22.000 = 2.640.000.000,00 reais. Ou seja, precisamos de um total de 4.840.000.000,00 reais, menos do que o valor do bombardeiro em questão; 4: incorreta, pois o valor para construção destes imóveis equivale à construção de 200.000 + 10.000 x 6 + 10.000 x 14 = 400.000 casas populares. Mas sabemos do item a que, considerando o valor máximo, poderemos construir 286.000 casas populares. Dessa forma, o montante não é suficiente para a construção de imóveis que tem custo equivalente de 400.000 casas populares.

Gabarito 1C, 2C, 3C, 4E

Gasolina sobe até 10% amanhã;
encha o tanque até meia-noite

O consumidor tem até hoje à noite, 15/3/2002, para encher o tanque do carro. A gasolina fica 9,39% mais cara nas refinarias a partir da zero hora deste sábado. Para o consumidor, o reajuste será de 10%. É a segunda vez que a gasolina sobe neste mês. O último aumento para o consumidor foi de 2% no dia 2 de março. Segundo a PETROBRAS, desde o começo do mês, "a gasolina apresentou altas diárias, sucessivas, em todos os mercados mundiais". A PETROBRAS afirmou que a valorização do real em relação ao dólar permitiu que o reajuste no Brasil fosse inferior aos percentuais internacionais. Desde o início do ano, o mercado de gasolina é livre, e a PETROBRAS tem autonomia para definir o seu preço. Em janeiro, houve uma redução de 25% no preço do combustível nas refinarias e, para o consumidor, essa redução foi de 20%. A empresa estima que, com o novo reajuste, o preço da gasolina para o consumidor ainda acumulará neste ano uma queda de 15% em relação a 2001.

Internet: <www.folha.com.br>.
Acesso em: 17/3/2002 (com adaptações).

(Policial Rodoviário Federal – 2002 – CESPE) Com base no texto e supondo que não haja diferença no preço da gasolina praticado pelos postos brasileiros e nenhuma outra alteração – além das mencionadas no texto – no preço desse combustível durante os meses de fevereiro e março de 2002, julgue o item subsequente.

(1) Considerando que, entre dezembro de 2001 e março de 2002, as únicas alterações no preço da gasolina para o consumidor foram as mencionadas no texto, se um indivíduo, em dezembro de 2001, gastava R$ 100,00 para colocar 55 L de gasolina no tanque do seu carro, em 17 de março de 2002, ele teria gasto R$ 89,76 para comprar a mesma quantidade de gasolina.

1: correta, para o consumidor, no período em questão, houve uma redução de 20%, seguido de um aumento de 2% e de outro de 10%. Portanto, se ele gastava 100,00 reais antes deste período para colocar 55 litros, depois deste período ele gasta 100,00 x (1 – 0,2) x (1 + 0,02) x (1 + 0,1) = 89,76 reais pela mesma quantidade de combustível.

Gabarito 1C

(Policial Rodoviário Federal – 1998 – CESPE) A distância entre duas cidades A e B é de 265 metros e o único posto de gasolina entre elas encontra-se a 3/5 desta distância, partindo de A. O total de quilômetros a serem percorridos da cidade B até este posto é de:

(A) 57
(B) 106
(C) 110
(D) 159
(E) 212

Consideraremos que a distância entre as duas cidades é 265 quilômetros. Portanto, da cidade B até este posto encontram-se (1 – 3/5) x 265 = 106 km.

Gabarito "B".

(Policial Rodoviário Federal – 1998 – CESPE) Num determinado Estado, quando um veículo é rebocado por estacionar em local proibido, o motorista paga uma taxa fixa de R$ 76,88 e mais R$ 1,25 por hora de permanência no estacionamento da polícia. Se o valor pago foi de R$ 101,88 o total de horas que o veículo ficou estacionado na polícia corresponde a:

(A) 20
(B) 21
(C) 22
(D) 23
(E) 24

Seja h o número de horas que o veículo ficou estacionado. Assim 76,88 + 1,25h = 101,88; 1,25h = 25; h = 20 horas.

Gabarito "A".

2. SISTEMA LEGAL DE MEDIDAS

(Policial Rodoviário Federal – 1998 – CESPE) Uma caixa de fósforos tem 1 cm de altura e o comprimento tem 2 cm mais que a largura, Se o volume caixa é de 24 cm^3, o comprimento da caixa, em metros,

(A) 0,04
(B) 0,05
(C) 0,06
(D) 0,10
(E) 0,12

O volume da caixa é o produto das três medidas. Seja L a largura, então temos que 24 = 1 x L x (L + 2), ou seja, L = 4 cm, e C = 4 + 2 = 6 cm = 0,06 m.

Gabarito "C".

(Policial Rodoviário Federal – 1998 – CESPE) Para chegar ao trabalho, José gasta 2h30min dirigindo à velocidade média de 75 km/h. Se aumentar a velocidade para 90 km/h, o tempo gasto, em minuto para José fazer o mesmo percurso é:

(A) 50
(B) 75
(C) 90
(D) 125
(E) 180

José gasta 2,5 horas a uma velocidade média de 75 km/h. Dessa forma, ele percorre 75 x 2,5 = 187,5 km. Se aumentar a velocidade para 90 km/h, ele percorrerá os mesmos 187,5 km em 187,5/90 = 2,083 horas, ou seja, 2,083 x 60 = 125 minutos.

Gabarito "D".

3. RAZÕES E PROPORÇÕES. REGRA DE TRÊS SIMPLES E COMPOSTA

Texto para as próximas 4 questões

Ficou pior para quem bebe

O governo ainda espera a consolidação dos dados do primeiro mês de aplicação da Lei Seca para avaliar seu impacto sobre a cassação de CNHs. As primeiras projeções indicam, porém, que as apreensões subirão, no mínimo, 10%. Antes da vigência da Lei Seca, eram suspensas ou cassadas, em média, aproximadamente 155.000 CNHs por ano. Se as previsões estiverem corretas, a média anual deve subir para próximo de 170.000. A tabela a seguir mostra esses resultados nos últimos anos (fonte: DENATRAN).

ano	CNHs concedidas (em milhões)	CNHs suspensas ou cassadas
2003	1,8	148.500
2004	3,4	314.200
2005	3,2	115.700
2006	2,2	98.800
2007	2,8	112.100
2008	1,5*	64.500*
total	14,9	853.900

* dados de janeiro a junho

Veja, ed. 2.072, 6/8/2008, p. 51 (com adaptações).

(Policial Rodoviário Federal – 2008 – CESPE) Para que a média de CNHs suspensas ou cassadas, de 2003 a 2008, atinja o valor previsto de 170.000, será necessário que, em 2008, a quantidade de CNHs suspensas ou cassadas seja um número

(A) inferior a 180.000.
(B) superior a 180.000 e inferior a 200.000.
(C) superior a 200.000 e inferior a 220.000.
(D) superior a 220.000 e inferior a 240.000.
(E) superior a 240.000.

A soma das CNHs suspensas ou cassadas de 2003 a 2007 é de 148.500 + 314.200 + 115.700 + 98.800 + 112.100 = 789.300. Para que a média em 6 anos seja 170.000, nestes 6 anos devem ser suspensas ou cassadas 170.000 x 6 = 1.020.000 CNHs, e, portanto, em 2008, são necessárias 1.020.000 – 789.300 = 230.700 CNHs suspensas ou cassadas.
Gabarito "D".

(Policial Rodoviário Federal – 2008 – CESPE) Suponha que, em 2006, nenhuma CNH tenha sofrido simultaneamente as penalidades de suspensão e de cassação e que, nesse mesmo ano, para cada 5 CNHs suspensas, 3 eram cassadas.
Nessa situação, é correto afirmar que a diferença entre o número de CNHs suspensas e o número de CNHs cassadas é

(A) inferior a 24.000.
(B) superior a 24.000 e inferior a 25.000.
(C) superior a 25.000 e inferior a 26.000.
(D) superior a 26.000 e inferior a 27.000.
(E) superior a 27.000.

Seja S o número de CNHs suspensas e C o das cassadas em 2006. Como para cada 5 CNHs suspensas temos 3 cassadas, então $S/5 = C/3$, ou seja, $S = 5C/3$. Como $C + S = 98.800$, $C + 5C/3 = 8C/3 = 98.800$, ou seja, $C = 36.750$, e $S = 61.250$. Dessa forma, $S - C = 24.500$.
Gabarito "B".

(Policial Rodoviário Federal – 2008 – CESPE) Supondo que, neste ano de 2008, a variação na quantidade de CNHs emitidas de um mês para o mês anterior seja mantida constante e que, em fevereiro de 2008, tenham sido emitidas 175.000 habilitações, então o total de habilitações emitidas em 2008 será, em milhões,

(A) inferior a 3.
(B) superior a 3 e inferior a 3,5.
(C) superior a 3,5 e inferior a 4.
(D) superior a 4 e inferior a 4,5.
(E) superior a 4,5.

Seja r a variação na quantidade de CNHs emitidas a cada mês. Então, em janeiro foram emitidas 175.000 – r, em fevereiro 175.000, em março 175.000 + r, e assim por diante, até junho, em que foram emitidas 175.500 + 4r. Dessa forma, de janeiro a junho foram emitidas 6 x 175.000 + 9r = 1.500.000, ou seja, r = 50.000. Com o mesmo raciocínio chegamos que de janeiro a dezembro teremos um total de 12 x 175.000 + 54 x r = 4.800.000 CNHs emitidas.
Gabarito "E".

(Policial Rodoviário Federal – 2008 – CESPE) Considerando que, em 2005, o motivo de todas as cassações ou suspensões de CNH tenha sido dirigir veículo automotor depois de ingerir bebida alcoólica em quantidade superior à permitida, e que uma pesquisa tenha revelado que 12% da população brasileira admitia dirigir veículo automotor depois de ingerir bebida alcoólica em quantidade superior à permitida, e considerando, também, que a quantidade de CNHs cassadas ou suspensas corresponda, proporcionalmente, a 3 em cada 600 indivíduos que admitiam dirigir veículo automotor depois de ingerir bebida alcoólica em quantidade superior à permitida, é correto inferir que, em 2005, a população brasileira era, em milhões,

(A) inferior a 180.
(B) superior a 180 e inferior a 185.
(C) superior a 185 e inferior a 190.
(D) superior a 190 e inferior a 195.
(E) superior a 195.

Em 2005, 115.700 CNHs foram cassadas ou suspensas. Sendo P a população brasileira em 2005, temos que $0,12P$ x $(3/600)$ = 115.700, ou seja, P = 192.833.333 habitantes.
Gabarito "D".

(Policial Rodoviário Federal – 2004 – CESPE) O gráfico abaixo ilustra o número de acidentes de trânsito nos estados do Acre, Mato Grosso do Sul, Amazonas, Espírito Santo e Minas Gerais, no ano de 2001.
Com base nessas informações, julgue os itens seguintes.

(1) A média aritmética de acidentes de trânsito nos cinco estados citados é superior a 7.000.
(2) Se, no ano de 2004, com relação ao ano de 2001, o número de acidentes de trânsito no Acre crescesse 10%, o do Mato Grosso do Sul diminuísse 20%, o do Amazonas aumentasse 15% e os demais permanecessem inalterados, então a média aritmética da série numérica formada pelo número de acidentes de trânsito em cada estado, em 2004, seria maior que a mediana dessa mesma série.

1: correta, pois a média aritmética de acidentes nos cinco estados é de (2.100 + 6.400 + 4.100 + 10.300 + 13.100) / 5 = 7.200; 2: correta, pois em 2004, teríamos então o AC com 2.100 x 1,1 = 2.310, MS = 6.400 x 0,8 = 5.120, AM = 4.100 x 1,15 = 4.715, ES = 10.300 e MG = 13.100 acidentes. Nesse caso, a média aritmética é de 7.109. A mediana desta série é o elemento central da distribuição ordenada, ou seja, 5.120. Portanto, a média aritmética é de fato maior que a mediana.
Gabarito 1C, 2C.

Polícia Rodoviária Federal registra redução de acidentes, mortos e feridos nas rodovias federais

Em 2001, os números de acidentes, mortos e feridos nas rodovias federais do país diminuíram em relação a 2000, segundo dados da Polícia Rodoviária Federal (PRF) divulgados no dia 2/1/2002. Os índices de mortes, que caíram 12%, se comparados aos do ano anterior, foram os melhores apresentados. Os de acidentes e de feridos, respectivamente, reduziram-se em 7% e 4%.

O coordenador operacional da PRF afirmou que os acidentes com mortes foram consequência, principalmente, de ultrapassagens irregulares e de excesso de velocidade. Também ficou comprovada a presença de álcool no organismo dos condutores na maioria dos acidentes graves. Segundo esse coordenador, o comportamento do motorista brasileiro ainda é preocupante. "As tragédias ocorrem em decorrência da falta de respeito às leis de trânsito", disse.

Os estados do Acre e de Rondônia tiveram um aumento de 51,52% no número de mortos nas estradas federais, no ano passado, seguidos do Distrito Federal (DF), que teve um crescimento de 43,48%. Já os estados de Tocantins e do Amazonas apresentaram as maiores reduções de mortes, 34,21% e 35,71%, respectivamente.

Internet: <http://www.mj.gov.br>. Acesso em: 10/3/2002 (com adaptações).

(Policial Rodoviário Federal – 2002 – CESPE) A tabela abaixo resume a comparação dos acidentes nas rodovias federais brasileiras nos anos de 2000 e de 2001. Nela, alguns dados foram omitidos e representados pelas letras x, y, z e w.

	2000	2001	decréscimo (em %)
acidentes	110.100	w	x
feridos	60.400	57.984	y
mortos	6.525	5.742	z

Com base no texto e na tabela acima, julgue os seguintes itens.

(1) Em 2001, a média diária de mortos em acidentes nas rodovias federais brasileiras foi superior a 15.

(2) Nas rodovias federais brasileiras, a razão entre o número de mortos e o de feridos em acidentes foi a mesma nos anos de 2000 e 2001.

1: correta, pois em 2001 tivemos 365 dias. Dessa forma, a média diária foi de 5.742/365 = 15,73; 2: incorreta, pois a razão mortos / feridos em 2000 é de 6.525 / 60.400 = 0,108, e em 2001 é de 5.742 / 57.984 = 0,099.

No tocante à embriaguez, o CTB estabelece o seguinte:

CAPÍTULO XV
DAS INFRAÇÕES

1 Art. 161. Constitui infração de trânsito a inobservância de qualquer preceito deste Código, da legislação complementar ou das resoluções do CONTRAN, sendo o infrator sujeito às penalidades e medidas administrativas indicadas em cada artigo, além das punições previstas no Capítulo XIX.

7 (...)

Art. 165. Dirigir sob a influência de álcool, em nível superior a seis decigramas por litro de sangue, ou de qualquer substância entorpecente ou que determine dependência física ou psíquica:

Infração – gravíssima;

Penalidade – multa (cinco vezes) e suspensão do direito de dirigir;

Medida administrativa – retenção do veículo até a apresentação de condutor habilitado e recolhimento do documento de habilitação.

A tabela abaixo ilustra o nível máximo de alcoolemia — presença de álcool no sangue — aceitável para os motoristas em alguns países.

país	alcoolemia legal
Alemanha	0,5 mg/mL
Áustria	0,8 g/L
Estados Unidos da América (EUA)	0,1 g/100 mL
França	0,8 mg/mL
Holanda	0,5 mg/mL
Inglaterra	8 mg/100 mL

Lúcio N. G. Mourão et al. A embriaguez e o trânsito: avaliação da nova lei de trânsito no que se refere à abordagem da embriaguez. In: **Rev. Psiq. Clín.**, 27, p. 2.

(Policial Rodoviário Federal – 2002 – CESPE) Com base nas informações do texto, julgue os itens a seguir.

(1) A alcoolemia legal na Inglaterra é oito vezes a dos EUA.

(2) A alcoolemia legal da Holanda está para a da Áustria, assim como a da Alemanha está para a da França.

1: incorreta, pois lembrando que 1 g = 1.000 mg, temos que nos EUA a alcoolemia legal é de 0,1 x 1.000 mg / 100 ml = 100 mg / 100 ml, ou seja, 100/8 = 12,5 vezes maior que na Inglaterra; 2: correta, pois para encontrarmos as razões, iremos passar todas as alcoolemias legais para mg / ml. Na Áustria, temos que a alcoolemia legal é de 0,8 g/L = 0,8 x 1.000 mg / (1000 ml) = 0,8 mg/ml. Dessa forma, a razão das alcoolemias legais da Holanda para Áustria é de 0,5 / 0,8 = 0,625. A razão da Alemanha para a França também é de 0,5 / 0,8 = 0,625.

Gabarito 1E, 2C

(Policial Rodoviário Federal – 1998 – CESPE) Duas grandezas a e b foram divididas, respectivamente, em partes diretamente proporcionais a 3 e 4 na razão 1,2. O valor de 3a + 2b é :

(A) 6,0
(B) 8,2
(C) 8,4
(D) 14,4
(E) 20,4

A partir do enunciado temos que a / 3= b / 4 = 1,2. Dessa forma, a = 3 x 1,2 = 3,6 e b = 4 x 1,2 = 4,8. Portanto, 3a + 2b = 20,4.

Gabarito "E".

4. PORCENTAGENS

(Policial Rodoviário Federal – 2009 – FUNRIO) Em uma reunião de agentes da Polícia Rodoviária Federal, verificou-se que a presença por Estado correspondia a 46% do Rio de Janeiro, 34% de Minas Gerais e 20% do Espírito Santo. Alguns agentes do Rio de Janeiro se ausentaram antes do final da reunião, alterando o percentual de agentes presentes do Rio de Janeiro para 40%. O percentual referente ao número de agentes que se retirou em relação ao total inicialmente presente na reunião é de

(A) 6%.
(B) 8%.
(C) 12%.
(D) 10%.
(E) 15%.

Podemos supor, para facilidade de cálculo, que na reunião estavam presentes 46 agentes do RJ, 34 de MG e 20 do ES, em um total de 100 agentes. Seja *n* o número de agentes do RJ que se ausentaram antes do final. Temos que (46 – x) / (100 – x) = 0,4, ou seja, 46 – x = 40 – 0,4x, e dessa forma 0,6x = 6, x = 10. Portanto, o percentual entre o número que se retirou do total presente no início é de 10 / 100 = 10%.

Gabarito "D".

(Policial Rodoviário Federal – 2004 – CESPE) Considerando o texto abaixo e o tema por ele abordado, julgue os itens a seguir.

Acidentes de trânsito custam R$ 5,3 bi por ano

No Brasil, registra-se um alto número de mortes devido a acidentes de trânsito. Além da dor e do sofrimento das vítimas e de seus familiares, a violência no trânsito tem um custo social de R$ 5,3 bilhões por ano, segundo levantamento realizado pelo Instituto de Pesquisa Econômica Aplicada (IPEA), publicado em 2003. Desse total, 30% são devidos aos gastos com saúde e o restante é devido a previdência, justiça, seguro e infraestrutura. De acordo com esse levantamento, de janeiro a julho de 2003, os acidentes de trânsito consumiram entre 30% e 40% do que o Sistema Único de Saúde (SUS) gastou com internações por causas externas, resultantes de acidentes e violência em geral.

Internet: <http://noticias.terra.com.br>.
Acesso em: 10/12/2003 (com adaptações).

(1) Do "custo social de R$ 5,3 bilhões por ano" mencionado no texto, R$ 1,59 bilhões foram gastos com saúde.

(2) Supondo que, em 2004, o gasto com cada um dos itens saúde, previdência, justiça, seguro e infraestrutura seja reduzido em 10%, é correto concluir que o gasto total com o conjunto desses itens, em 2004, será superior a R$ 4,8 bilhões.

(3) Considerando que, de janeiro a julho de 2003, o gasto total do SUS "com internações por causas externas, resultantes de acidentes e violência em geral" tenha sido entre R$ 2 bilhões e R$ 2,5 bilhões, é correto concluir que a parte desse gasto que foi consumida pelos acidentes de trânsito foi superior a R$ 500 milhões e inferior a R$ 1,1 bilhão.

1: correta, pois do texto, temos que 30% dos 5,3 bilhões por ano é destinado aos gastos com saúde, ou seja 0,3 x 5,3 = 1,59 bilhões de reais; 2: incorreta, pois se vão ser reduzidos os gastos em 10% com todas as parcelas do custo social, podemos dizer de forma equivalente que será reduzido em 10% o total deste custo, ou seja, ele será de (1 – 0,1) x 5,3 = 4,77 bilhões de reais; 3: correta, pois os acidentes de trânsito consomem entre 30 a 40% destes gastos, ou seja, eles somam no mínimo 0,3 x 2 = 0,6 bilhões e no máximo 0,4 x 2,5 = 1 bilhão de reais.

Gabarito 1C, 2E, 3C

Polícia Rodoviária Federal registra redução de acidentes, mortos e feridos nas rodovias federais

1   Em 2001, os números de acidentes, mortos e feridos nas rodovias federais do país diminuíram em relação a 2000, segundo dados da Polícia Rodoviária Federal (PRF)
4   divulgados no dia 2/1/2002. Os índices de mortes, que caíram 12%, se comparados aos do ano anterior, foram os melhores apresentados. Os de acidentes e de feridos,
7   respectivamente, reduziram-se em 7% e 4%.
    O coordenador operacional da PRF afirmou que os acidentes com mortes foram consequência, principalmente,
10 de ultrapassagens irregulares e de excesso de velocidade.
    Também ficou comprovada a presença de álcool no organismo dos condutores na maioria dos acidentes graves.
13 Segundo esse coordenador, o comportamento do motorista brasileiro ainda é preocupante. "As tragédias ocorrem em decorrência da falta de respeito às leis de trânsito", disse.
16 Os estados do Acre e de Rondônia tiveram um aumento de 51,52% no número de mortos nas estradas federais, no ano passado, seguidos do Distrito Federal (DF), que teve um
19 crescimento de 43,48%. Já os estados de Tocantins e do Amazonas apresentaram as maiores reduções de mortes, 34,21% e 35,71%, respectivamente.

Internet: <http://www.mj.gov.br>. Acesso em: 10/3/2002 (com adaptações).

(Policial Rodoviário Federal – 2002 – CESPE) A tabela abaixo resume a comparação dos acidentes nas rodovias federais brasileiras nos anos de 2000 e de 2001. Nela, alguns dados foram omitidos e representados pelas letras x, y, z e w.

	2000	2001	decréscimo (em %)
acidentes	110.100	w	x
feridos	60.400	57.984	y
mortos	6.525	5.742	z

Com base no texto e na tabela acima, julgue os seguintes itens.

(1) O valor de z é maior que a soma de x com y.
(2) No ano de 2000, em mais de 35% dos acidentes nas rodovias federais brasileiras não houve mortos nem feridos.
(3) Apesar do decréscimo ocorrido no número de acidentes nas rodovias federais brasileiras de 2000 para 2001, o percentual de mortos em relação ao número de acidentes foi maior em 2001 que em 2000.

1: correta, pois do texto (ou da tabela), podemos calcular z = 0,12, y = 0,04 e x = 0,07. Dessa forma, x + y = 0,11, ou seja, z > x + y; 2: correta, pois em 2000, dos 110.100 acidentes, 60.400 + 6.525 = 66.925 apresentaram mortos ou feridos, ou seja, 66.925 / 110.100 = 60,79%. Portanto, 100 – 60,79 = 39,21% dos acidentes não apresentaram mortos ou feridos; 3: incorreta, pois em 2000, o percentual de mortes em relação ao número de acidentes foi de 6.525 / 110.100 = 5,93%. Em 2001, sabemos que houve w = 110.100 x (1 – 0,07) = 102.393 acidentes. Dessa forma, o percentual de mortos em relação ao número de acidentes em 2001 foi de 5.742 / 102.393 = 5,61%.
Gabarito 1C, 2C, 3E

(Policial Rodoviário Federal – 2002 – CESPE) Considerando o texto, julgue os itens seguintes.

(1) O decréscimo ocorrido no número de mortos em acidentes em rodovias federais brasileiras de 2000 para 2001 seria o mesmo, se tivesse ocorrido um decréscimo de 1% ao mês durante todo o ano de 2001.
(2) A partir do texto, é correto inferir que, em 2001, o número de mortos nas estradas federais do estado de Tocantins, em termos absolutos, foi inferior ao número de mortos nas estradas federais do estado do Acre.

1: incorreta, pois o decréscimo no número de mortos de 2000 a 2001 foi de 12%. Isto equivale a uma queda de 12% no número de mortos em todos os meses do ano, mas não um decréscimo de 1% ao mês, assim, somente em dezembro a queda de 12% seria obtida; 2: incorreta, pois não conseguimos inferir nada sobre os números absolutos de mortes, apenas a variação entre os dois anos pesquisados.
Gabarito 1E, 2E

Mortes por atropelamento sobem no período de redução da iluminação

As mortes por atropelamento dispararam em municípios que reduziram a iluminação das ruas no racionamento de energia elétrica, encerrado anteontem. Os dados mostram uma inversão na tendência de queda das mortes desde a implantação do CTB, em 1998, exceto em municípios que criaram alternativas para minimizar a falta de iluminação e na região Sul do país.

Os dados disponíveis comprovam aquilo que os especialistas previam, já que mais da metade dos atropelamentos ocorrem à noite. Mas as medidas atenuantes, em geral, não foram tomadas. O racionamento foi instituído em 21/5/2001. A partir dessa data, as prefeituras tiveram um prazo até 30 de junho para reduzir em 35% a carga de energia da iluminação pública.

Folha de S. Paulo, 3/3/2002, p. C1 (com adaptações).

(Policial Rodoviário Federal – 2002 – CESPE) Com base nas informações apresentadas no texto, julgue o item abaixo.

(1) Em um atropelamento no qual a velocidade de colisão seja de 50 km/h, a vítima tem menos de 40% de chance de sobreviver.

1: incorreta, pois, do gráfico, obtemos que a probabilidade de morte em um atropelamento a 50 km/h é de aproximadamente 40%, ou seja, a chance de sobrevida é de aproximadamente 100 – 40 = 60%.
Gabarito 1E.

Gasolina sobe até 10% amanhã; encha o tanque até meia-noite

O consumidor tem até hoje à noite, 15/3/2002, para encher o tanque do carro. A gasolina fica 9,39% mais cara nas refinarias a partir da zero hora deste sábado. Para o consumidor, o reajuste será de 10%. É a segunda vez que a gasolina sobe neste mês. O último aumento para o consumidor foi de 2% no dia 2 de março. Segundo a PETROBRAS, desde o começo do mês, "a gasolina apresentou altas diárias, sucessivas, em todos os mercados mundiais". A PETROBRAS afirmou que a valorização do real em relação ao dólar permitiu que o reajuste no Brasil fosse inferior aos percentuais internacionais. Desde o início do ano, o mercado de gasolina é livre, e a PETROBRAS tem autonomia para definir o seu preço. Em janeiro, houve uma redução de 25% no preço do combustível nas refinarias e, para o consumidor, essa redução foi de 20%. A empresa estima que, com o novo reajuste, o preço da gasolina para o consumidor ainda acumulará neste ano uma queda de 15% em relação a 2001.

Internet: <www.folha.com.br>.
Acesso em: 17/3/2002 (com adaptações).

(Policial Rodoviário Federal – 2002 – CESPE) Com base no texto e supondo que não haja diferença no preço da gasolina praticado pelos postos brasileiros e nenhuma outra alteração – além das mencionadas no texto – no preço desse combustível durante os meses de fevereiro e março de 2002, julgue os itens subsequentes.

(1) Durante os primeiros 16 dias do mês de março de 2002, o aumento total, ou seja, a taxa efetiva de aumento, no preço da gasolina para o consumidor foi igual a 12%.

(2) Considerando que, de 1º de fevereiro a 31 de março de 2002, a taxa mensal de inflação no Brasil tenha sido de 1%, então, nesse período, a taxa real de reajuste do preço da gasolina para o consumidor foi inferior a 10%.

(3) Suponha que, no dia 1º de março de 2002, um cliente de um posto de gasolina abasteceu o tanque de seu carro, pagando a conta por meio de um cartão de crédito. No dia 31 do mesmo mês, retornou ao mesmo posto e adquiriu a mesma quantidade de gasolina, pagando-a em dinheiro. Admitindo que a administradora de cartão de crédito cobre, para cada pagamento feito por meio de cartão, uma taxa de 5% sobre o valor da conta e repasse o crédito para o dono do posto de gasolina somente 30 dias após a compra, então o valor relativo à primeira compra recebido pelo posto foi inferior a 84% daquele relativo à segunda compra.

1: incorreta, pois a taxa efetiva de aumento foi de $(1 + 0,02) \times (1 + 0,1) - 1 = 0,1220 = 12,20\%$; 2: correta, pois a taxa real r é tal que $1 + 0,1220 = (1 + r) \times (1 + i)$, onde i é a taxa de inflação. Dessa forma $1,1220 = (1 + r) \times (1 + 0,01)^2$, ou seja, $r = 0,0999$ ou $9,99\%$; 3: incorreta. Seja V o valor do abastecimento em 1º de março. Dessa forma, 30 dias após, o posto recebeu $0,95V$. No dia 31 do mesmo mês, o cliente gastou, para colocar a mesma quantidade de combustível, $(1,02) \times (1,1) \times V = 1,122V$. Portanto, o valor recebido pelo posto da 1ª compra dividido pela 2ª é de $0,95V / 1,22V = 0,8467 = 84,67\%$.
Gabarito 1E, 2C, 3E.

(Policial Rodoviário Federal – 1998 – CESPE) Uma pesquisa realizada na Grã-Bretanha mostrou que no primeiro semestre deste ano 295 doentes cardíacos precisaram de transplantes, mas só 131 conseguiram doadores. O percentual aproximado de pacientes que não conseguiram o transplante é:

(A) 31%
(B) 36%
(C) 44%
(D) 56%
(E) 64%

O número que não conseguiu doadores é de $295 – 131 = 164$ doentes, o que equivale a $164 / 295 = 0,5559$ ou $55,59\%$.
Gabarito "D".

5. EQUAÇÕES DE 1º E 2º GRAU

(Policial Rodoviário Federal – 1998 – CESPE) Sabendo-se que: $16x + 1/5 + 1/25 + 1/125 + ... = 67/12$, o valor de x é:

(A) 3/16
(B) 1/3
(C) 33/56
(D) 55/16
(E) 33/8

Observamos que $1/5 + 1/25 + 1/125 + ...$ forma uma PG de termo inicial $a_0 = 1/5$ e razão $q = 1/5$. Dessa forma, a soma de todos os seus elementos $S = (a_0) / (1 – q) = (1/5) / (4/5) = 1/4$. Portanto, $16x + 3/12 = 67/12$, ou seja, $16x = 64/12$. Portanto $x = 4/12 = 1/3$.
Gabarito "B".

6. FUNÇÕES

(Policial Rodoviário Federal – 2008 – CESPE) Considere que um cilindro circular reto seja inscrito em um cone circular reto de raio da base igual a 10 cm e altura igual a 25 cm, de forma que a base do cilindro esteja no mesmo plano da base do cone. Em face dessas informações e, considerando, ainda, que h e r correspondam à altura e ao raio da base do cilindro, respectivamente, assinale a opção correta.

(A) A função afim que descreve h como função de r é crescente.
(B) O volume do cilindro como uma função de r é uma função quadrática.
(C) Se $A(r)$ é a área lateral do cilindro em função de r, então $A(r) = 50r$
(D) É possível encontrar um cilindro de raio da base igual a 2 cm e altura igual a 19 cm que esteja inscrito no referido cone.
(E) O cilindro de maior área lateral que pode ser inscrito no referido cone tem raio da base superior a 6 cm.

A: incorreta, pois fazendo um corte transversal no cone circular reto, obtemos a seguinte figura.
Dessa forma, por semelhança de triângulos, temos que 10 / 25 = r / (25 – h), ou seja, 25r = 250 – 10h, h = 25 – 2,5r; B: incorreta, pois o volume do cilindro é , ou seja, é uma função cúbica de r; C: correta, pois a área lateral do cilindro é Des D: incorreta, pois da fórmula inicial, para um raio de r = 2cm, a altura é de h = 25 – 2,5x2 = 20cm; E: incorreta, pois derivando A em função de r e igualando a zero, temos que o raio que define a maior área lateral é tal que , ou seja, r = 5cm.
Gabarito C.

Mortes por atropelamento sobem no período de redução da iluminação

As mortes por atropelamento dispararam em municípios que reduziram a iluminação das ruas no racionamento de energia elétrica, encerrado anteontem. Os dados mostram uma inversão na tendência de queda das mortes desde a implantação do CTB, em 1998, exceto em municípios que criaram alternativas para minimizar a falta de iluminação e na região Sul do país.

Os dados disponíveis comprovam aquilo que os especialistas previam, já que mais da metade dos atropelamentos ocorrem à noite. Mas as medidas atenuantes, em geral, não foram tomadas. O racionamento foi instituído em 21/5/2001. A partir dessa data, as prefeituras tiveram um prazo até 30 de junho para reduzir em 35% a carga de energia da iluminação pública.

Folha de S. Paulo, 3/3/2002, p. C1 (com adaptações).

(Policial Rodoviário Federal – 2002 – CESPE) Com base nas informações apresentadas no texto, julgue o item abaixo.

(1) É impossível encontrar números reais *a*, *b* e *c* tais que o gráfico da função f(x) = ax² + bx + c coincida com o gráfico ilustrado na figura, em que *x* é a velocidade de colisão e *f(x)* é a probabilidade de morte.

1: correta, pois para uma função quadrática, como *f(x)*, o gráfico dela só pode apresentar um tipo de concavidade. Porém, observamos que para velocidade de colisão entre 0 e aproximadamente 60 km/h, a função apresenta uma concavidade para cima (em forma de U), enquanto entre 60 a 100 km/h, esta apresenta uma concavidade para baixo. (em forma de). Isto se relaciona com o fato de a derivada segunda de uma função quadrática ser constante (e igual a 2a em f(x) dada), e que, portanto, não pode apresentar mudança de sinal.
Gabarito 1C

(Policial Rodoviário Federal – 2002 – CESPE) Considere as seguintes acepções da palavra **função**, reproduzidas de três dicionários da língua portuguesa.

A: Qualquer correspondência entre dois ou mais conjuntos.

Novo Dicionário Aurélio da Língua Portuguesa.

B: Grandeza relacionada a outra(s), de tal modo que, a cada valor atribuído a esta(s), corresponde um valor daquela.

Michaelis. Moderno Dicionário da Língua Portuguesa.

C: Relação entre dois conjuntos que abrange todos os elementos do primeiro e associa a cada elemento deste primeiro conjunto somente um elemento do segundo.

Dicionário Houaiss da Língua Portuguesa.

Com base nas acepções acima, no conceito matemático de função e no CTB, julgue os itens que se seguem.

(1) Uma relação entre dois conjuntos que satisfaça a condição da acepção C também satisfará a da acepção A.

(2) A regra que associa a cada pontuação possível nesta prova os candidatos que obtiverem essa pontuação não é função em nenhuma das três acepções apresentadas.

(3) Para que a acepção B coincida com o conceito matemático de função, é necessário entender que "um" corresponde a um mesmo.

(4) A regra que associa a cada automóvel brasileiro devidamente licenciado a identificação alfanumérica de sua placa é uma função de acordo com somente uma das acepções acima.

(5) De acordo com o conceito matemático, a correspondência entre as infrações de trânsito cometidas e os valores das multas a elas atribuídas é uma função injetora.

1: correta, pois como a condição A é a mais genérica (qualquer correspondência), então uma relação que corresponda a C também estará contida em A; 2: incorreta, pois uma regra que associa as pontuações às pessoas que a obtiveram é uma correspondência entre 2 conjuntos (pontuações e pessoas que fizeram a prova), e, portanto, está inclusa na condição A; 3: incorreta, pois o conceito matemático de função é o dado na condição C. Precisamos entender que "um" é portanto um e somente um; 4: incorreta, pois esta regra é uma função matemática, já que todos os automóveis licenciados possuem uma e somente uma placa. Dessa forma, todas as acepções englobam a regra; 5: incorreta, pois se fosse uma função injetora, cada infração de trânsito deveria ter um valor de multa único, o que não ocorre na prática.
Gabarito 1C, 2E, 3E, 4E, 5E

(Policial Rodoviário Federal – CESPE – 2019) As figuras seguintes ilustram a vista frontal e a vista da esquerda de um sólido que foi formado empilhando-se cubos de mesmo tamanho.

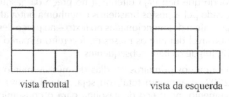

vista frontal   vista da esquerda

A partir das figuras precedentes, julgue os itens a seguir, com relação à possibilidade de a figura representar uma vista superior do referido sólido.

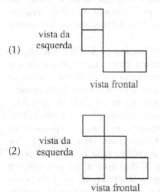

(1)

(2)

(3) vista da esquerda

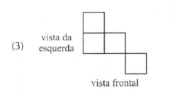

vista frontal

Ao analisar as figuras nota-se

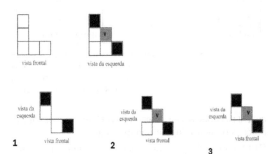

O cubo vermelho v deve constar da vista superior.
Sendo assim somente as figuras 2 e 3 estão corretas. **ENG**
Gabarito 1E, 2C, 3C

7. GRÁFICOS

Gráfico para os itens de 1 a 5

(Polícia Rodoviária Federal – 2013 – CESPE) Considerando os dados apresentados no gráfico, julgue os itens seguintes.

(1) A média do número de acidentes ocorridos no período de 2007 a 2010 e inferior a mediana da sequência de dados apresentada no gráfico.

(2) Os valores associados aos anos de 2008, 2009 e 2010 estão em progressão aritmética.

(3) O número de acidentes ocorridos em 2008 foi, pelo menos, 26% maior que o número de acidentes ocorridos em 2005. Considere que, em 2009, tenha sido construído um modelo linear para a previsão de valores futuros do número de acidentes ocorridos nas estradas brasileiras. Nesse sentido, suponha que o número de acidentes no ano t seja representado pela função $F(t) = At + B$, tal que $F(2007) = 129.000$ e $F(2009) = 159.000$. Com base nessas informações e no gráfico apresentado, julgue os itens a seguir.

(4) A diferença entre a previsão para o número de acidentes em 2011 feita pelo referido modelo linear e o número de acidentes ocorridos em 2011 dado no gráfico e superior a 8.000.

(5) O valor da constante A em $F(t)$ e superior a 14.500.

Analisando as afirmativas:
(1) Incorreta, pois a média de acidentes de 2007 a 2010 = 153 é superior à mediana da sequência = 141.
(2) Incorreta, pois 141, 159 e 183 não estão em progressão aritmética. 159-141=18, diferente de 183-159=24.
(3) Correta, pois como o número de acidentes em 2.008 foi de 141 e o número de acidentes em 2.005 foi de 110, a relação entre 2.008 e 2.005 foi 141/110 ~ 1,28, portanto maior que 26%.
Para analisar as afirmativas (4) e (5), vamos construir um gráfico a partir dos dados fornecidos:
F(2.007) = 129.000 acidentes; F(2.009) = 159.000 acidentes.
Consideraremos como eixo das abcissas os anos e como eixo das ordenadas os números de acidentes.
Em seguida traçaremos uma linha reta, conforme abaixo, representando a equação F(t) = B + At, que é equação de uma reta.

Examinando a figura, notamos que o triângulo CDE é semelhante ao triângulo BDF, e portanto:
DE/CE = DF/BF, onde DE = 159.000 – 129.000 = 30.000; CE = 2.009 – 2.007 = 2 e BF = 2.009 – 2.000 = 9.

Então: DF = (9)(30.000/2) = 135.000 e B - 0 = 159.000 – 135.000 = 24.000 e B = 24.000.
Como DE/CE= tangente á = 15.000 = A e a equação da reta é F(t) = B + At = 24.000 + 15.000t.

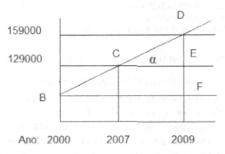

(4) Incorreta, pois a previsão para o número de acidentes pelo modelo linear, que é igual a 24.000 + 15.000t = 189.000, onde t = 11 anos. Esta previsão é igual ao número de acidentes realmente ocorridos em 2.011.

(5) Correto, pois o valor da constante A em F(t), que é de 15.000 acidentes, é superior a 14.500.
Gabarito 1E, 2E, 3C, 4E, 5C

(Polícia Rodoviária Federal – 2013 – CESPE)

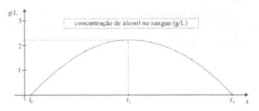

Considere que o nível de concentração de álcool na corrente sanguínea, em g/L, de uma pessoa, em função do tempo t, em horas, seja expresso por $N = -0,008$ $(t_2 - 35t + 34)$. Considere, ainda, que essa pessoa tenha começado a ingerir bebida alcoólica a partir de $t = t_0$ ($N(t_0) = 0$), partindo de um estado de sobriedade, e que tenha parado de ingerir bebida alcoólica em $t = t_1$, voltando a ficar sóbria em $t = t_2$. Considere, por fim, a figura acima, que apresenta o gráfico da função $N(t)$ para t 0 $[t_0, t_2]$. Com base nessas informações e tomando 24,3 como valor aproximado de $\sqrt{589}$, julgue os itens que se seguem.

(1) O nível de concentração mais alto de álcool na corrente sanguínea da referida pessoa ocorreu em $t = t1$ com $t1 > 18$ horas.

(2) O nível de concentração de álcool na corrente sanguínea da pessoa em questão foi superior a 1 g/L por pelo menos 23 horas.

(3) O valor de $t2$ e inferior a 36.

Analisando as afirmativas:
(1) Incorreta, pois o nível de concentração mais alto de álcool na corrente sanguínea ocorre no ponto situado bem no meio das raízes da equação, ou seja: t1 = (to + t2)/2
N = 0 = -0,008(t^2– 35t + 34) ou t^2– 35t + 34 = 0.
Portanto: t = [+35 +/- √(35² - 4x34)]/[2] t = [+35 +/- √ 1.225 – 136]/2
t = [35 +/- 33]/2 e to = 1 h e t2 = 34h e, portanto t1 = (1 + 34)/(2) = 17,5horas, inferior a 18 horas.
(2) Correto, pois N = 1 g/l = -0,008(t^2– 35t + 34) ou (1)/(-0,008) = -125 = (t^2– 35t + 34) ou t^2– 35t + 159 = 0 t = [+35 +/- √(35² - 4x159)]/[2] t = [+35 +/- √ 589]/2 t = [+35 +/- 24,3]/2 t' = 5,35 h t" = 29,65 h
t" – t' = 24,3 h, superior a 23 horas.
(3) Correto, pois t2 = 34 h, inferior a 36 horas.

Gabarito 1E, 2C, 3C

No tocante à embriaguez, o CTB estabelece o seguinte:

CAPÍTULO XV DAS INFRAÇÕES

1 Art. 161. Constitui infração de trânsito a inobservância de qualquer preceito deste Código, da legislação complementar ou das resoluções do CONTRAN, sendo
4 o infrator sujeito às penalidades e medidas administrativas indicadas em cada artigo, além das punições previstas no Capítulo XIX.
7 (...)
   Art. 165. Dirigir sob a influência de álcool, em nível superior a seis decigramas por litro de sangue, ou de
10 qualquer substância entorpecente ou que determine dependência física ou psíquica:
   Infração – gravíssima;
13 Penalidade – multa (cinco vezes) e suspensão do direito de dirigir;
   Medida administrativa – retenção do veículo até a
16 apresentação de condutor habilitado e recolhimento do documento de habilitação.

A tabela abaixo ilustra o nível máximo de alcoolemia – presença de álcool no sangue – aceitável para os motoristas em alguns países.

país	alcoolemia legal
Alemanha	0,5 mg/mL
Áustria	0,8 g/L
Estados Unidos da América (EUA)	0,1 g/100 mL
França	0,8 mg/mL
Holanda	0,5 mg/mL
Inglaterra	8 mg/100 mL

Lúcio N. G. Mourão et al. A embriaguez e o trânsito: avaliação da nova lei de trânsito no que se refere à abordagem da embriaguez. In: **Rev. Psiq. Clín.**, 27, p. 2.

(Policial Rodoviário Federal – 2002 – CESPE) Com base nas informações do texto, julgue o item a seguir.

(1) O gráfico abaixo representa corretamente a alcoolemia legal, em g/L, praticada pelos países listados na tabela do texto.

1: incorreta, pois a alcoolemia legal na Inglaterra é de 8 mg / 100 ml, que equivale a 0,008 g / 100 ml, ou seja, 0,08g / litro, o que não condiz com o gráfico apresentado.

Gabarito 1E

Mortes por atropelamento sobem no período de redução da iluminação

As mortes por atropelamento dispararam em municípios que reduziram a iluminação das ruas no racionamento de energia elétrica, encerrado anteontem. Os dados mostram uma inversão na tendência de queda das mortes desde a implantação do CTB, em 1998, exceto em municípios que criaram alternativas para minimizar a falta de iluminação e na região Sul do país.

Os dados disponíveis comprovam aquilo que os especialistas previam, já que mais da metade dos atropelamentos ocorrem à noite. Mas as medidas atenuantes, em geral, não foram tomadas. O racionamento foi instituído em 21/5/2001. A partir dessa data, as prefeituras tiveram um prazo até 30 de junho para reduzir em 35% a carga de energia da iluminação pública.

Folha de S. Paulo, 3/3/2002, p. C1 (com adaptações).

(Policial Rodoviário Federal – 2002 – CESPE) Com base nas informações apresentadas no texto, julgue os itens abaixo.

(1) Quando, em um atropelamento, a velocidade de colisão é superior a 80 km/h, praticamente todas as vítimas morrem.

(2) A velocidade de impacto que o corpo humano suporta é aquela em que não há risco de morte.

1: correta, pois observamos do gráfico que para velocidades superiores a 80 km/h, a probabilidade de morte é próximo a 1, ou seja, a 100%;
2: incorreta, pois o gráfico diz que o corpo humano suporta impactos de aproximadamente 30 km/h, e do gráfico observamos que a probabilidade de morte neste caso é de aproximadamente 0,05 ou 5%.

Gabarito 1C, 2E

8. PROGRESSÃO ARITMÉTICA E GEOMÉTRICA

(Policial Rodoviário Federal – 2004 – CESPE) Considerando o texto abaixo e o tema por ele abordado, julgue os itens a seguir.

Acidentes de trânsito custam R$ 5,3 bi por ano

No Brasil, registra-se um alto número de mortes devido a acidentes de trânsito. Além da dor e do sofrimento das vítimas e de seus familiares, a violência no trânsito tem um custo social de R$ 5,3 bilhões por ano, segundo levantamento realizado pelo Instituto de Pesquisa Econômica Aplicada (IPEA), publicado em 2003. Desse total, 30% são devidos aos gastos com saúde e o restante é devido a previdência, justiça, seguro e infraestrutura. De acordo com esse levantamento, de janeiro a julho de 2003, os acidentes de trânsito consumiram entre 30% e 40% do que o Sistema Único de Saúde (SUS) gastou com internações por causas externas, resultantes de acidentes e violência em geral.

Internet: <http://noticias.terra.com.br>. Acesso em: 10/12/2003 (com adaptações).

(1) Se os gastos, em reais, com previdência, justiça, seguro e infraestrutura correspondem, respectivamente, a 25%, 20%, 15% e 10% do "custo social de R$ 5,3 bilhões", citado no texto, então os gastos com saúde, previdência, justiça, seguro e infraestrutura formam, nessa ordem, uma progressão aritmética de razão igual a R$ 265 milhões.

(2) Se os gastos com saúde, previdência e justiça totalizam 52,5% do "custo social de R$ 5,3 bilhões" e formam, nessa ordem, uma progressão geométrica de razão positiva, então o gasto correspondente à justiça foi superior a R$ 400 milhões.

1: incorreta, pois a partir dos dados fornecidos, observamos que os gastos com saúde são de 100 − (25 + 20 + 15 + 10) = 30% do total. Ou seja, os gastos com saúde, previdência, justiça, seguro e infraestrutura são de 30, 25, 20, 15 e 10% do custo social. Observe que estes valores formam uma PA de razão -5%, ou seja, − 265 milhões de reais; 2: incorreta, pois sabemos que os gastos com a saúde são responsáveis por 30% do custo social. Dessa forma, se os três gastos do item formam uma PG de razão q, temos que $0,3 + 0,3q + 0,3q^2 = 0,525$, ou seja, $1 + q + q^2 = 1,75$, portanto $q^2 + q − 0,75 = 0$. A única raiz positiva deste polinômio é $q = 0,5$. Portanto, o gasto com justiça foi $0,3q^2 = 0,3 / 4 = 7,5$% dos gastos, ou seja, $0,075 \times 5,3 = 0,3975$ bilhões de reais, o equivalente a 397,5 milhões de reais.
Gabarito 1E, 2E

(Policial Rodoviário Federal – 2002 – CESPE) Considere que, durante uma certa epidemia, cada indivíduo, começando no dia seguinte ao que foi infectado pelo vírus transmissor da doença e durante 10 dias consecutivos, contamine diariamente um outro indivíduo. Assim, se um indivíduo é infectado no dia 0, no dia 1, ele continuará infectado e contaminará mais um indivíduo; no dia 2, serão 4 indivíduos infectados, e assim por diante. No dia 11, o ciclo de vida do vírus completa-se para o primeiro indivíduo infectado, que, então, livra-se da doença, o mesmo se repetindo para os demais indivíduos, quando se completam 11 dias após eles serem infectados. Com base nessa situação hipotética, representando por a_n o número de indivíduos infectados n dias após a ocorrência da primeira infecção por esse vírus e supondo $a_0 = 1$, julgue os itens a seguir.

(1) Para $0 \le n \le 10$, a sequência de termos a_n forma, nessa ordem, uma progressão geométrica.

(2) Para todo n, o quociente a_{n+1}/a_n é constante e maior que 1.

(3) $(a_5 − a_4) \times (a_5 + a_4)$ é divisível por 3.

(4) No dia 9, mais de 250 indivíduos estarão contaminados com o vírus, mas não serão capazes de transmitir a doença.

(5) Os termos a_{10}, a_{11}, a_{12}, ... formam, nessa ordem, uma progressão aritmética.

1: correta, pois de a_0 até a_{10}, o número de infectados dobra a cada dia, ou seja $a_n = 2a_{n-1}$. Portanto, formam uma progressão geométrica; 2: incorreta, pois a partir de a_{11} o número de infectados começa a diminuir, e, portanto, a razão dada será menor que a unidade; 3: correta, pois temos que $a_0 = 1$, $a_1 = 2$, $a_2 = 4$, $a_3 = 8$, $a_4 = 16$ e $a_5 = 32$. Portanto, $(a_5 − a_4) \times (a_5 + a_4) = 16 \times 48 = 768$ que é divisível por 3; 4: correta, pois seguindo com a série, $a_6 = 64$, $a_7 = 128$, $a_8 = 256$ e $a_9 = 512$. Observe que no dia 9, 512 − 256 = 256 pessoas estão contaminadas, mas que só poderão contaminar a partir do dia 10; 5: incorreta, pois a partir de a_{10}, as pessoas que completaram 11 dias de ser infectadas saíram da doença, mas enquanto isso a doença continua se espalhando a partir dos infectados com menos de 11 dias de doença. Dessa forma, a sequência deixa de formar tanto uma PA quanto uma PG.
Gabarito 1C, 2E, 3C, 4C, 5E

(Policial Rodoviário Federal – 1998 – CESPE) As idades de Bruno, Magno e André estão, nesta ordem, em progressão aritmética. Sabendo-se que Bruno tem 19 anos e André 53 anos, a idade de Magno é:

(A) 24
(B) 27
(C) 30
(D) 33
(E) 36

Se as idades formam uma PA de razão r, temos que $53 = 19 + 2r$, ou seja, $r = 17$. Portanto, Magno tem $19 + r = 36$ anos.
Gabarito E.

9. PROBABILIDADE E ESTATÍSTICA

(Polícia Rodoviária Federal – 2013 – CESPE) Considerando que uma equipe de 30 operários, igualmente produtivos, construa uma estrada de 10 km de extensão em 30 dias, julgue os próximos itens.

(1) Se a tarefa estiver sendo realizada pela equipe inicial de 30 operários e, no início do quinto dia, 2 operários abandonarem a equipe, e não forem substituídos, então essa perda ocasionará atraso de 10 dias no prazo de conclusão da obra.

(2) Se, ao iniciar a obra, a equipe designada para a empreitada receber reforço de uma segunda equipe, com 90 operários igualmente produtivos e desempenho igual ao dos operários da equipe inicial, então a estrada será concluída em menos de $\dfrac{1}{5}$ do tempo inicialmente previsto.

Analisando as afirmativas:
(1) Errada, pois o atraso será de 1,89 dias:

Item	Número operários	Número dias	km construídos	Cálculos	Total km/dias
1	30	30	10	-	10 km
2	1	1	-	[10]/[(30)(30)]	1/90=0,0111 km
3	30	4	-	(30)(4)(0,0111)	1,33 km
4	28	26	-	(28)(26)(0,0111)	8,08 km
5	km faltantes	-	-	10− 1,33 - 8,08	0,59 km
6	28	X	0,59	0,59 = (X)(28)(0,0111)	X = 1,89 dias

(2) Errada, pois serão necessários 7,5 dias, que é maior que 1/5 de 30 = 6 dias.

Item	Número operários	Número dias	km construídos	Cálculos	Total km/dias
1	30	30	10	-	10 km
2	120	Y	-	Y =(1/4)(30)	Y = 7,5 dias

(Policial Rodoviário Federal – 2004 – CESPE) O gráfico abaixo ilustra o número de acidentes de trânsito nos estados do Acre, Mato Grosso do Sul, Amazonas, Espírito Santo e Minas Gerais, no ano de 2001.

Com base nessas informações, julgue os itens seguintes.

(1) Se, no ano de 2004, com relação ao ano de 2001, o número de acidentes de trânsito no Acre passasse para 2.500, o número de acidentes de trânsito no Espírito Santo fosse reduzido para 10.000, o de Minas Gerais fosse reduzido para 13.000 e os demais permanecessem inalterados, então o desvio-padrão da série numérica formada pelo número de acidentes de trânsito em cada estado em 2004 seria superior ao desvio-padrão da série numérica formada pelo número de acidentes de trânsito em cada estado em 2001.

(2) Se, no ano de 2004, com relação ao ano de 2001, o número de acidentes de trânsito em cada um dos estados considerados aumentasse de 150, então o desvio-padrão da série numérica formada pelo número de acidentes de trânsito em cada estado em 2004 seria superior ao desvio-padrão da série numérica formada pelo número de acidentes de trânsito em cada estado em 2001.

1: incorreta, pois sabemos que a média da série dos acidentes em 2001 foi de 7.200. Se considerarmos as variações propostas, observamos que a média geral não varia, mas estes 3 elementos estão mais próximos da média. Portanto, o desvio-padrão certamente diminuirá; 2: incorreta, pois somar uma constante em todos os elementos de uma série numérica não altera seu desvio-padrão.

(Policial Rodoviário Federal – 2004 – CESPE) Considere que a tabela abaixo mostra o número de vítimas fatais em acidentes de trânsito ocorridos em quatro estados brasileiros, de janeiro a junho de 2003.

estado em que ocorreu o acidente	total de vítimas fatais	
	sexo masculino	sexo feminino
Maranhão	225	81
Paraíba	153	42
Paraná	532	142
Santa Catarina	188	42

A fim de fazer um estudo de causas, a PRF elaborou 1.405 relatórios, um para cada uma das vítimas fatais mencionadas na tabela acima, contendo o perfil da vítima e as condições em que ocorreu o acidente. Com base nessas informações, julgue os itens que se seguem, acerca de um relatório escolhido aleatoriamente entre os citados acima.

(1) A probabilidade de que esse relatório corresponda a uma vítima de um acidente ocorrido no estado do Maranhão é superior a 0,2.

(2) A chance de que esse relatório corresponda a uma vítima do sexo feminino é superior a 23%.

(3) Considerando que o relatório escolhido corresponda a uma vítima do sexo masculino, a probabilidade de que o acidente nele mencionado tenha ocorrido no estado do Paraná é superior a 0,5.

(4) Considerando que o relatório escolhido corresponda a uma vítima de um acidente que não ocorreu no Paraná, a probabilidade de que ela seja do sexo masculino e de que o acidente tenha ocorrido no estado do Maranhão é superior a 0,27.

(5) A chance de que o relatório escolhido corresponda a uma vítima do sexo feminino ou a um acidente ocorrido em um dos estados da região Sul do Brasil listados na tabela é inferior a 70%.

1: correta, pois Dds 1.405 relatórios, 225 + 81 = 306 correspondem a ocorridos no estado do Maranhão, ou seja, a probabilidade é de 306/1.405 = 0,2178; 2: incorreta, pois de todos os relatórios, 81 + 42 + 142 + 42 = 307 são vítimas do sexo feminino, ou seja, a chance é de 307/1405 = 0,2185; 3: incorreta, pois existem 1.405 − 307 = 1.098 relatórios com vítimas do sexo masculino. Portanto, a chance em questão é 532/1098 = 0,4845; 4: correta, pois dos 1.405 relatórios, 1.405 − 532 − 142 = 731 não ocorreram no Paraná. Temos que 225 destes são de vítimas masculinas do Maranhão, portanto, a probabilidade é 225 / 731 = 0,3078; 5: incorreta, pois a probabilidade desejada é 1 − Probabilidade de vítimas homens não no sul do Brasil. Portanto, P = 1 − (225 + 153) / 1.405 = 0,7310.

Mortes por atropelamento sobem no período de redução da iluminação

As mortes por atropelamento dispararam em municípios que reduziram a iluminação das ruas no racionamento de energia elétrica, encerrado anteontem. Os dados mostram uma inversão na tendência de queda das mortes desde a implantação do CTB, em 1998, exceto em municípios que criaram alternativas para minimizar a falta de iluminação e na região Sul do país.

Os dados disponíveis comprovam aquilo que os especialistas previam, já que mais da metade dos atropelamentos ocorrem à noite. Mas as medidas atenuantes, em geral, não foram tomadas. O racionamento foi instituído em 21/5/2001. A partir dessa data, as prefeituras tiveram um prazo até 30 de junho para reduzir em 35% a carga de energia da iluminação pública.

Folha de S. Paulo, 3/3/2002, p. C1 (com adaptações).

(Policial Rodoviário Federal – 2002 – CESPE) Com base nas informações apresentadas no texto, julgue o item abaixo.

(1) Se p(v) representa a probabilidade de morte da vítima de um atropelamento no qual a velocidade de colisão, em km/h, é igual a v, então os números p(40), p(50), p(60), p(70) e p(80) estão, nessa ordem, em progressão geométrica.

1: incorreta, pois observamos que a sequência desejada é, aproximadamente, {0,12; 0,38; 0,75; 0,98; 1,00}, de onde vemos que claramente não se trata de uma PG.
Gabarito 1E

(CESPE) De acordo com o jornal espanhol El País, em 2009 o contrabando de armas disparou nos países da América Latina, tendo crescido 16% nos últimos 12 anos. O crime é apontado como o principal problema desses países, provocando uma grande quantidade de mortes. O índice de homicídios por 100.000 habitantes na América Latina é alarmante, sendo, por exemplo, 28 no Brasil, 45 em El Salvador, 65 na Colômbia, 50 na Guatemala.

Internet: <www.noticias.uol.com.br>.

Tendo como referência as informações apresentados no texto acima, julgue o item que se segue.

(1) Se, em cada grupo de 100.000 habitantes da Europa, a probabilidade de que um cidadão desse grupo seja assassinado é 30 vezes menor que essa mesma probabilidade para habitantes de El Salvador ou da Guatemala, então, em cada 100.000 habitantes da Europa, a probabilidade referida é inferior a 10-5.

Resolução
Ao se calcular a probabilidade, na Europa, p: 30x menor que 45(El Salvador) ou 50(Guatemala),obtém-se p menor que 45/30=1,5 ou p menor que 50/30=1,67(aprox.) por 100.000 habitantes, isto é, p<1,5x10 -5 ou p<1,67x10 -5.
O item sugere que a probabilidade p é menor que 1x10-5, o que está errado.
Gabarito 1E

(CESPE) A Polícia Federal brasileira identificou pelo menos 17 cidades de fronteira como locais de entrada ilegal de armas; 6 dessas cidades estão na fronteira do Mato Grosso do Sul (MS) com o Paraguai.

Internet: <www.estadao.com.br> (com adaptações).

Considerando as informações do texto acima, julgue o próximo item.

(1) Se uma organização criminosa escolher 6 das 17 cidades citadas no texto, com exceção daquelas da fronteira do MS com o Paraguai, para a entrada ilegal de armas no Brasil, então essa organização terá mais de 500 maneiras diferentes de fazer essa escolha.

Solução
Como a organização vai escolher 6 cidades entre as 11 cidades que que não são fronteira, temos o numero de combinações possíveis de
C11,6 =[11!]/[(6!)(5!)]
[11.10.9.8.7.6!]/[(6!)(5.4.3.2.1)]=462
C11,6 = 462 cidades. O item está Errado.
Gabarito 1E

(CESPE) O item subsequente contém uma situação hipotética seguida de uma assertiva a ser julgada.

(1) Uma empresa fornecedora de armas possui 6 modelos adequados para operações policiais e 2 modelos inadequados. Nesse caso, se a pessoa encarregada da compra de armas para uma unidade da polícia ignorar essa adequação e solicitar ao acaso a compra de uma das armas, então a probabilidade de ser adquirida uma arma inadequada é inferior a 1/2.

Solução
6 modelos adequados e 2 inadequados => total de 8 modelos.
P(inadequada) = 2/8 = ¼ = 25%.
Gabarito 1C

(CESPE) Considerando que, em um torneio de basquete, as 11 equipes inscritas serão divididas nos grupos A e B, e que, para formar o grupo A, serão sorteadas 5 equipes, julgue o item que se segue.

(1) A quantidade de maneiras distintas de se escolher as 5 equipes que formarão o grupo A será inferior a 400.

Resolução:
Trata-se de combinações de 11 equipes 5 a 5:
C11,5= =[11!]/[(6!)(5!)]= [11.10.9.8.7.6!]/[(6!)(5.4.3.2.1)]=462=> Item Errado.
Gabarito 1E

(CESPE) Para uma investigação a ser feita pela Polícia Federal, será necessária uma equipe com 5 agentes. Para formar essa equipe, a coordenação da operação dispõe de 29 agentes, sendo 9 da superintendência regional de Minas Gerais, 8 da regional de São Paulo e 12 da regional do Rio de Janeiro. Em uma equipe, todos os agentes terão atribuições semelhantes, de modo que a ordem de escolha dos agentes não será relevante.

Com base nessa situação hipotética, julgue os itens seguintes.

(1) Poderão ser formadas, no máximo, 19 × 14 × 13 × 7 × 5 × 3 equipes distintas.

(2) Se a equipe deve conter exatamente 2 agentes da regional do Rio de Janeiro, o número máximo de equipes distintas que a coordenação dessa operação poderá formar é inferior a 19 × 17 × 11 × 7.

(3) Se a equipe deve conter exatamente 2 agentes da regional do Rio de Janeiro, 1 agente da regional de São Paulo e 2 agentes da regional de Minas Gerais, então a coordenação da operação poderá formar, no máximo, 12 × 11 × 9 × 8 × 4 equipes distintas.

1: Errado porque podem-se formar C29,5= [(29.28.27.26.25.24!]/[(24!)(5!)] = 14250600/120=118755 < 19x14x13x7x5x3=363.090 equipes.
2: Errado porque podem-se formar C12,2 x C17,5 = [(12.11.10!]/

[(10!)(2!)]x[(17.16.15.14.13.12!]/[(12!).(5.4.3.2)= = 408.408 equipes > 19x17x11x7=24.871.
3: Errado porque podem-se formar C12,2 x C8,1xC9,2 = [(12.11.10!]/ [(10!)(2)]x[(8.7!)]/[(7!)(1)]x[(9.8.7!)]/(7!)(2)]=19.008 equipes distintas.
Gabarito 1E, 2E, 3E

(CESPE) Com relação às operações com conjuntos, julgue o item abaixo.

(1) Considere que os candidatos ao cargo de programador tenham as seguintes especialidades: 27 são especialistas no sistema operacional Linux, 32 são especialistas no sistema operacional Windows e 11 desses candidatos são especialistas nos dois sistemas. Nessa situação, é correto inferir que o número total de candidatos ao cargo de programador é inferior a 50.

Solução
i) Como 27 sabem Linux temos que 27 – 11(sabem os dois) = 16 só sabem Linux .
ii) Como 32 sabem Windows temos que 32-11(sabem os dois) = 21 só sabem Windows.
III) Temos, então o total de 16 + 21 + 11 = 48 programadores. Correto.
Gabarito 1C

10. RACIOCÍNIO LÓGICO

(Policial Rodoviário Federal – 2009 – FUNRIO) Duas tabelas, cada qual com 5 linhas e 3 colunas, apresentam os números de acidentes referentes a 5 rodovias federais em três meses. Na primeira tabela, os números foram obtidos sem o uso de radar, enquanto na segunda esses números foram levantados com o emprego de radar. Constatou-se que, na primeira tabela, o número registrado na i-ésima linha e j-ésima coluna é dado pelo quadrado da soma (i + j) e que, na segunda tabela, o número na posição correspondente é dado pelo quadrado da diferença (i – j).

Após esse levantamento, deseja-se diminuir a quantidade de acidentes nessas estradas com o emprego de apenas 2 radares, adotando a seguinte estratégia: primeiramente, colocar um dos radares na estrada em que se verificou a maior redução de acidentes e, em seguida, empregar o outro numa das demais estradas, escolhida aleatoriamente para cada um dos três meses. A redução média do número total de acidentes utilizando essa estratégia em relação à situação em que não se empregam radares é de

(A) 160.
(B) 140.
(C) 200.
(D) 180.
(E) 120.

Construímos inicialmente as 2 tabelas em questão:
Tabela 1

4	9	16
9	16	25
16	25	36
25	36	49
36	49	64

Tabela 2

0	1	4
1	0	1
4	1	0
9	4	1
16	9	4

Calculamos também a tabela com a diferença dos valores entre a Tabela 2 e a Tabela 1

-4	-8	-12
-8	-16	-24
-12	-24	-36
-16	-32	-48
-20	-40	-60

Claramente, a rodovia 5 foi a que mais teve redução de acidentes, com variação total de -120 acidentes. Colocando aleatoriamente o outro radar em uma das outras estradas, a redução média será de (-4 – 8 – 12 – 8 – 16 – 24 – 12 – 24 – 36 – 16 – 32 – 48) / 4 = -60, de forma que a redução total média será de -60 – 120 = -180 acidentes.
Gabarito "D".

(Policial Rodoviário Federal – 2009 – FUNRIO) Um policial rodoviário deteve Carlos, João, José, Marcelo e Roberto, suspeitos de terem causado um acidente fatal em uma autoestrada.

Na inquirição, os suspeitos afirmaram o seguinte:
– Carlos: o culpado é João ou José;
– João: o culpado é Marcelo ou Roberto;
– José: o culpado não é Roberto;
– Marcelo: o culpado está mentindo;
– Roberto: o culpado não é José.

Sabe-se ainda que
– existe apenas um único culpado;
– um único suspeito sempre mente e todos os demais sempre falam a verdade.

Pode-se concluir que o culpado é
(A) Carlos.
(B) João.
(C) José.
(D) Marcelo.
(E) Roberto.

Para resolver a questão, devemos supor quem não fala a verdade e verificar se todas as afirmações estão coerentes. Porém, podemos observar que, dado que Carlos e João afirmam que os culpados são pessoas diferentes, então um destes certamente está mentindo. Dessa forma, se assumirmos que Carlos mente, então João afirma que o culpado é Marcelo ou Roberto, e Marcelo afirma que o culpado está mentindo, o que torna o conjunto vazio. Se assumirmos que João mente, então Marcelo afirma que João é culpado, e nenhum dos outros suspeitos afirmam o contrário, sendo, portanto, a resposta certa.
Gabarito "B".

(Policial Rodoviário Federal – 2008 – CESPE) Em um posto de fiscalização da PRF, cinco veículos foram abordados por estarem com alguns caracteres das placas de identificação cobertos por uma tinta que não permitia o reconhecimento, como ilustradas abaixo, em que as interrogações indicam os caracteres ilegíveis.

Os policiais que fizeram a abordagem receberam a seguinte informação: se todas as três letras forem vogais, então o número, formado por quatro algarismos, é par. Para verificar se essa informação está correta, os policiais deverão retirar a tinta das placas

(A) I, II e V.
(B) I, III e IV.
(C) I, III e V.
(D) II, III e IV.
(E) II, IV e V.

Os policiais querem verificar a hipótese de que, se todas as letras forem vogais, então o número é par. Como em I as três letras são vogais, precisamos retirar a tinta do último algarismo. Em II, as 3 letras não são todas vogais, e portanto não precisamos retirar a tinta. Em III, existe a chance das 3 letras serem vogais, então precisamos retirar a tinta das duas letras restantes e do último algarismo. Em IV, já sabemos que o algarismo é par, portanto não nos interessa saber as 3 letras para comprovar a hipótese. Finalmente em V, como o algarismo é ímpar, precisamos saber se a última letra é vogal para provar ser falsa a hipótese.
Gabarito "C".

(Policial Rodoviário Federal – 2008 – CESPE) Em um posto de fiscalização da PRF, os veículos A, B e C foram abordados, e os seus condutores, Pedro, Jorge e Mário, foram autuados pelas seguintes infrações: (i) um deles estava dirigindo alcoolizado; (ii) outro apresentou a CNH vencida; (iii) a CNH apresentada pelo terceiro motorista era de categoria inferior à exigida para conduzir o veículo que ele dirigia. Sabe-se que Pedro era o condutor do veículo C; o motorista que apresentou a CNH vencida conduzia o veículo B; Mário era quem estava dirigindo alcoolizado.

Com relação a essa situação hipotética, julgue os itens que se seguem. Caso queira, use a tabela na coluna de rascunho como auxílio.

I. A CNH do motorista do veículo A era de categoria inferior à exigida.
II. Mário não era o condutor do veículo A.
III. Jorge era o condutor do veículo B.
IV. A CNH de Pedro estava vencida.
V. A proposição "Se Pedro apresentou CNH vencida, então Mário é o condutor do veículo B" é verdadeira.

Estão certos apenas os itens

(A) I e II.
(B) I e IV.
(C) II e III.
(D) III e V.
(E) IV e V.

Se Mário estava dirigindo alcoolizado e quem estava com a CNH vencida conduzia o veículo B, temos que Mário não conduzia B. Como Pedro conduz C, temos que Mário conduz A e Jorge conduz B. Portanto, Jorge conduz com carteira vencida e Pedro em Categoria errada. Assim temos: I: incorreta, A é conduzido por Mário que estava alcoolizado; II: incorreta, Mário conduz A; III: correta, Jorge conduz B; IV: incorreta, Pedro estava em categoria errada; V: correta, Pedro foi autuado em categoria errada, e Mário era condutor do veículo A. Dessa forma a proposição em questão é F → F, o que é logicamente verdadeiro.
Gabarito "D".

(CESPE) Uma proposição é uma declaração que pode ser julgada como verdadeira —V—, ou falsa — F —, mas não como V e F simultaneamente. As proposições são, frequentemente, simbolizadas por letras maiúsculas: A, B, C, D etc.

As proposições compostas são expressões construídas a partir de outras proposições, usando-se símbolos lógicos, como nos casos a seguir.

- A → B, lida como "se A, então B", tem valor lógico F quando A for V e B for F; nos demais casos, será V;
- A∨B, lida como "A ou B", tem valor lógico F quando A e B forem F; nos demais casos, será V;
- A∧B, lida como "A e B", tem valor lógico V quando A e B forem V; nos demais casos, será F;
- ¬A é a negação de A: tem valor lógico F quando A for V, e V, quando A for F.

Uma sequência de proposições A1, A2, ..., Ak, é uma dedução correta se a última proposição, Ak, denominada conclusão, é uma consequência das anteriores, consideradas V e denominadas premissas.

Duas proposições são equivalentes quando têm os mesmos valores lógicos para todos os possíveis valores lógicos das proposições que as compõem.

A regra da contradição estabelece que, se, ao supor verdadeira uma proposição P, for obtido que a proposição P∧ (¬P) é verdadeira, então P não pode ser verdadeira; P tem de ser falsa.

A partir dessas informações, julgue os itens os itens subsequentes.

(1) Considere as proposições A, B e C a seguir.
   A: Se Jane é policial federal ou procuradora de justiça, então Jane foi aprovada em concurso público.
   B: Jane foi aprovada em concurso público.
   C: Jane é policial federal ou procuradora de justiça.
   Nesse caso, se A e B forem V, então C também será V.

(2) As proposições "Se o delegado não prender o chefe da quadrilha, então a operação agarra não será bem-sucedida" e "Se o delegado prender o chefe da quadrilha, então a operação agarra será bem-sucedida" são equivalentes.

(3) Considere que um delegado, quando foi interrogar Carlos e José, já sabia que, na quadrilha à qual estes pertenciam, os comparsas ou falavam sempre a verdade ou sempre mentiam. Considere, ainda, que, no interrogatório, Carlos disse: José só fala a verdade, e José disse: Carlos e eu somos de tipos opostos. Nesse caso, com base nessas declarações e na regra da contradição, seria correto o delegado concluir que Carlos e José mentiram.

(4) Se A for a proposição "Todos os policiais são honestos", então a proposição ¬A estará enunciada corretamente por "Nenhum policial é honesto".

(5) A sequência de proposições a seguir constitui uma dedução correta.
   Se Carlos não estudou, então ele fracassou na prova de Física.
   Se Carlos jogou futebol, então ele não estudou.
   Carlos não fracassou na prova de Física.
   Carlos não jogou futebol.

1: Por A sabemos que Jane é policial federal ou procuradora de justiça e que foi aprovada em concurso público.

Porém se A e B forem V não implica C pois, por B, ela foi aprovada em concurso público mas pode ter sido para outro cargo. => Item Errado.
2: Para que as proposições sejam equivalentes devem ter os mesmos valores lógicos para todos os possíveis valores
lógicos das proposições que as compõem, isto é, suas tabelas verdade devem possuir valores iguais.
No caso temos

¬A ¬B	¬A → ¬B	A B	A→B	
V V	V	V V	V	A: prender o chefe da quadrilha
V F	V e V F	F	B: operação bem-sucedida
F V	F	F V	V	
F F	V	F F	V	

Conclusão: as proposições não são equivalentes. => Item Errado.
3: i) Carlos disse que José V:
Se Carlos V então José V.
Se Carlos F então José F.
ii) Se o que José disse é V então Carlos F → não pode ser pois ambos são de mesmo tipo.
Se o que José disse é F então Carlos V → não pode ser pois ambos são de mesmo tipo.
Conclusão: ambos mentiram. => Item Correto.
Outra solução
José disse: Carlos e eu somos de tipos opostos: mentira porque são do mesmo tipo conforme o enunciado.
Logo José é F e também Carlos é F.
Daí, os dois mentiram. => Item Correto.
4: A negação de Todos não é Nenhum e sim Nem Todos, isto é, existe algum policial que não é honesto. Item Errado.
5: p: estudar
q: passar na prova de Física
r: jogar futebol
Proposições:
¬p → ¬q Verdadeira
r → ¬p V
q → ¬r V pois p → q e p → ¬r. => Item Correto.

(CESPE) Ainda com relação ao texto, julgue os itens seguintes.
(1) Independentemente dos valores lógicos atribuídos às proposições A e B, a proposição [(A→B)(¬B)]→(¬A) tem somente o valor lógico F.
(2) Considere que as proposições da sequência a seguir sejam verdadeiras.
Se Fred é policial, então ele tem porte de arma.
Fred mora em São Paulo ou ele é engenheiro.
Se Fred é engenheiro, então ele faz cálculos estruturais.
Fred não tem porte de arma.
Se Fred mora em São Paulo, então ele é policial.
Nesse caso, é correto inferir que a proposição "Fred não mora em São Paulo" é uma conclusão verdadeira com base nessa sequência.

1: Façamos a Tabela verdade

A B	(A→B)	(¬B)	(A→B)e(¬B)	(A → B) e (¬B)]→(¬A)
V V	V	F	F	V
V F	V	V	V	F
F V	F	F	F	V
F F	V	V	V	V

Há valor logico V => O item está Errado.

2: Sejam
p: ser policial; q: ter porte de arma; r: morar em são Paulo e s: engenheiro.
Temos
p→q
r → p Logo, r→p→q.
Como temos ¬q, teremos ¬r. Ou seja, Fred não mora em são Paulo.

(CESPE) Quando Paulo estuda, ele é aprovado nos concursos em que se inscreve. Como ele não estudou recentemente, não deve ser aprovado neste concurso.
Em cada um dos itens a seguir, julgue se o argumento apresentado tem estrutura lógica equivalente à do texto acima.
(1) Quando Paulo gosta de alguém, ele não mede esforços para oferecer ajuda. Como Maria gosta muito de Paulo, ele vai ajudá-la a responder as questões de direito constitucional.
(2) Quando os críticos literários recomendam a leitura de um livro, muitas pessoas compram o livro e o leem. O livro sobre viagens maravilhosas, lançado recentemente, não recebeu comentários favoráveis dos críticos literários, assim, não deve ser lido por muitas pessoas.
(3) Sempre que Paulo insulta Maria, ela fica aborrecida. Como Paulo não insultou Maria recentemente, ela não deve estar aborrecida.
(4) Toda vez que Paulo chega a casa, seu cachorro late e corre a seu encontro. Hoje Paulo viajou, logo seu cachorro está triste.

1: r: Paulo gosta
s: Paulo ajuda Então r → s.
Mas a questão não diz que Paulo gosta de Maria. Logo não podemos concluir r → s. => Item Errado.
2: A negação não implica que nenhum ou poucos livros serão lidos. Pode implicar que exista algum livro que sera lido por muitos. => Item Errado.
3: p: Paulo insulta
q: Maria fica aborrecida
p → q : V e ¬p → ¬q. Item Correto.
4: p: Paulo chega em casa
q: cachorro late
p → q : V e ¬p → ¬q.
Então o cachorro não latiu mas não quer dizer que está triste.

(CESPE) Uma noção básica da lógica é a de que um argumento é composto de um conjunto de sentenças denominadas premissas e de uma sentença denominada conclusão. Um argumento é válido se a conclusão é necessariamente verdadeira sempre que as premissas forem verdadeiras. Com base nessas informações, julgue os itens que se seguem.
(1) Toda premissa de um argumento válido é verdadeira.
(2) Se a conclusão é falsa, o argumento não é válido.
(3) Se a conclusão é verdadeira, o argumento é válido.
(4) É válido o seguinte argumento: Todo cachorro é verde, e tudo que é verde é vegetal, logo todo cachorro é vegetal.

1: Premissas verdadeiras → conclusão V o que não implica a recíproca.
2: Não, as premissas tem que ser todas verdadeiras.
3: Quando a conclusão, apesar de verdadeira, nada tiver a ver com com as premissas não torna o argumento válido.

4: p: todo cachorro é verde. V
q: tudo que é verde é vegetal V
p → q V.

(CESPE) Pedro, candidato ao cargo de Escrivão de Polícia Federal, necessitando adquirir livros para se preparar para o concurso, utilizou um site de busca da Internet e pesquisou em uma livraria virtual, especializada nas áreas de direito, administração e economia, que vende livros nacionais e importados. Nessa livraria, alguns livros de direito e todos os de administração fazem parte dos produtos nacionais. Além disso, não há livro nacional disponível de capa dura.

Com base nas informações acima, é possível que Pedro, em sua pesquisa, tenha

(1) encontrado um livro de administração de capa dura.
(2) adquirido dessa livraria um livro de economia de capa flexível.
(3) selecionado para compra um livro nacional de direito de capa dura.
(4) comprado um livro importado de direito de capa flexível.

Solução das quatro questões.
Ao fazer o diagrama de Venn, obtemos (Economia, Direito, Administração)
1: Errado pois não há livro de administração de capa dura.
2: Certo: há livro de economia de capa flexível.
3: Errado: não há livro nacional de direito de capa dura.
4: Certo: há livro importado de direito de capa flexível.

(CESPE) Uma proposição é uma afirmação que pode ser julgada como verdadeira — V —, ou falsa — F —, mas não como ambas. Uma proposição é denominada simples quando não contém nenhuma outra proposição como parte de si mesma, e é denominada composta quando for formada pela combinação de duas ou mais proposições simples.

De acordo com as informações contidas no texto, julgue os itens a seguir.

(1) A frase "Você sabe que horas são?" é uma proposição.
(2) A frase "Se o mercúrio é mais leve que a água, então o planeta Terra é azul", não é considerada uma proposição composta.

1: Errado porque a pergunta não pode ser julgada como verdadeira ou falsa, isto é, não é uma proposição.
2: Errado porque temos a composta de duas proposições.

(CESPE) Uma proposição simples é representada, frequentemente, por letras maiúsculas do alfabeto. Se A e B são proposições simples, então a expressão AVB representa uma proposição composta, lida como "A ou B", e que tem valor lógico F quando A e B são ambos F e, nos demais casos, é V. A expressão ¬A representa uma proposição composta, lida como "não A", e tem valor lógico V quando A é F, e tem valor lógico F quando A é V. Com base nessas informações e no texto, julgue os itens seguintes.

(1) Considere que a proposição composta "Alice não mora aqui ou o pecado mora ao lado" e a proposição simples "Alice mora aqui" sejam ambas verdadeiras.

Nesse caso, a proposição simples "O pecado mora ao lado" é verdadeira.

A: Alice mora aqui
B: o pecado mora ao lado
Façamos a Tabela verdade
 A ¬AouB => ¬A B
 V V   V V   => O item está correto..

(CESPE) Julgue os itens a seguir, acerca de raciocínio lógico.

(1) Considere que em um canil estejam abrigados 48 cães, dos quais:
• 24 são pretos;
• 12 têm rabos curtos;
• 30 têm pelos longos;
• 4 são pretos, têm rabos curtos e não têm pelos longos;
• 4 têm rabos curtos e pelos longos e não são pretos;
• 2 são pretos, têm rabos curtos e pelos longos.

Então, nesse canil, o número de cães abrigados que são pretos, têm pelos longos mas não têm rabos curtos é superior a 3 e inferior a 8.

(2) Na sequência numérica 23, 32, 27, 36, 31, 40, 35, 44, X, Y, Z, ..., o valor de Z é igual a 43.

(3) Considere que o delegado faça a seguinte afirmação para o acusado: "O senhor espanca a sua esposa, pois foi acusado de maltratá-la". Nesse caso, é correto afirmar que o argumento formulado pelo delegado constitui uma falácia.

1: Façamos a árvore binária
I: pretos
J: não pretos
K,M: rabo curto
L,N: rabo longo
A,C,E,G: pelos longos
B,D,F,H: pelos curtos

```
                K=6
                         A=4
                         B=2
I=24                     C
           L=18          D=18-C
--                       E=2
           M=6           F=4
                         G
J=24       N=18          H=18-G
Total                    48
```

Pede-se o valor de C, cães abrigados que são pretos, têm pelos longos e rabos longos.
Então, como cães com pelos curtos, B+D+F+H=48-30=18, temos 2+D+4+H=18 => D+H=12 => D=12-H => D<12 ou 18-C<12 => C>6 e também C+D=18 ou C<18.
Daí,
6<C<18. => Item Correto.
2: Notamos que o segundo número é o primeiro mais 9 e o terceiro é o segundo menos cinco e assim por diante. Isto é,
23, 23+9=32, 32-5=27, 27+9=36, 36-5=31, 31+9=40, 40-5=35, 35+9=44, 44-5=39, 39+9=48, 48-5=43,... => Correto.
3: Como maltratar uma pessoa não significa, necessariamente, que que ela seja espancada, o argumento do delegado
é uma falácia.

11. QUESTÕES COMBINADAS E OUTROS TEMAS

(Policial Rodoviário Federal – CESPE – 2019) Para avaliar a resposta dos motoristas a uma campanha educativa promovida pela PRF, foi proposta a função $f(x) = 350 + 150e^{-x}$, que modela a quantidade de acidentes de trânsito com vítimas fatais ocorridos em cada ano. Nessa função, $x \geq 0$ indica o número de anos decorridos após o início da campanha.

Com referência a essa situação hipotética, julgue os itens que se seguem.

(1) Segundo o modelo apresentado, após dez anos de campanha educativa, haverá, em cada um dos anos seguintes, menos de 300 acidentes de trânsito com vítimas fatais.

(2) De acordo com o modelo, no final do primeiro ano da campanha, apesar do decréscimo com relação ao ano anterior, ainda ocorreram mais de 400 acidentes de trânsito com vítimas fatais.

1. Após 10 aos
$f(10) = 350 + 150 \times e^{-10}$

$f(10) \approx 350 + \dfrac{150}{2{,}7^{10}}$

Observa-se que f(10) é maior que 350. => Errado
2. Primeiro ao
$f(1) = 350 + 150 \times e^{-1}$
$f(1) = 350 + 150 \times \dfrac{1}{e}$

$f(1) \approx 350 + \dfrac{150}{2{,}7}$

$f(1) \approx 405{,}5$. =>Certo **ENG**

Gabarito 1E, 2C

(Policial Rodoviário Federal – 2009 – FUNRIO) Os motoristas que cometeram as infrações A, B e C foram contabilizados em sete conjuntos: X1, X2, X3, X4, X5, X6 e X7. Os conjuntos X1, X2 e X3 são compostos pelos motoristas que cometeram, respectivamente, a infração A, B e C; os conjuntos X4, X5 e X6 são formados pelos que cometeram, respectivamente, as infrações A e B, A e C, e B e C. Finalmente, o conjunto X7 é composto pelos que cometeram as três infrações; seja N o número mínimo de motoristas que cometeram apenas uma infração.

Sabendo que os números de motoristas desses sete conjuntos são todos diferentes e divisores de 30, o valor de N é

(A) 6.
(B) 22.
(C) 18.
(D) 14.
(E) 10.

Os divisores de 30 são: {1, 2, 3, 5, 6, 10, 15, 30}. Portanto, $X_7 = 1$ é o valor que vai gerar o menor valor de N. Podemos, sem perda de generalidade, escolher $X_4 = 2$, $X_5 = 3$ e $X_6 = 5$, e assim $X_1 = 6$, $X_2 = 10$, $X_3 = 15$. Assim sendo, o número de infratores com apenas uma infração é $X_1 + X_2 + X_3 - 2(X_4 + X_5 + X_6) + 3X_7 = 31 - 20 + 3 = 14$. Essa solução é apresentada graficamente como:

Gabarito "D".

(Policial Rodoviário Federal – 2008 – CESPE) Considerando, em relação às figuras abaixo, que, na figura I, as 4 curvas são quartos de círculo; nas figuras II, III e IV, as curvas são 2 semicírculos; na figura V, aparece 1 quarto de círculo e, interno a ele, um semicírculo.

Nessa situação, as figuras em que as partes sombreadas têm áreas iguais são

(A) I e IV.
(B) I e V.
(C) II e III.
(D) II e V.
(E) III e IV.

A área da figura I é a área de um quadrado de lado 2 menos a área de um círculo de raio 1, ou seja, $A_1 = 4 - \varpi$. A área da figura II é 3/4 de uma circunferência de raio 1 menos uma circunferência de raio 1/2, ou seja, $A_2 = 3\varpi/4 - \varpi/4 = \varpi/2$. Na figura III, temos 3/4 da circunferência de raio 1, ou seja, $A_3 = 3\varpi/4$. Na figura IV, podemos ver que a área em questão é exatamente metade da área do quadrado de lado 2, ou seja, $A_4 = 2$. Na figura V, a área em questão é 1/4 da área de um círculo de raio 2 menos metade de um círculo de raio 1, ou seja, $A_5 = \varpi.2^2/4 - \varpi/2 = \varpi/2$. Portanto $A_2 = A_5$.

Gabarito "D".

(Policial Rodoviário Federal – 2004 – CESPE) O esquema abaixo ilustra um radar rodoviário, posicionado no ponto O, a 4 m de distância de uma das bordas de uma rodovia de três faixas retilíneas e paralelas, de 4 m de largura cada.

Nesse esquema, a região triangular de vértices O, P1 e P2 é a área de cobertura do radar. O radar detecta o instante em que o automóvel entra na área de cobertura, em um dos pontos A1, B1 ou C1, e o instante em que ele deixa essa área, em um dos pontos A2, B2 ou C2, e registra o tempo gasto em cada um desses percursos. Como as distâncias d1, d2 e d3 são preestabelecidas, o radar calcula a velocidade média desenvolvida pelo veículo nesse percurso, dividindo a distância percorrida pelo tempo gasto para percorrê-la, dependendo da faixa em que o veículo se encontra. Os pontos A1, B1 e C1 distam 2 m das bordas de cada uma das faixas A, B e C, respectivamente, e os segmentos de reta A1A2, B1B2 e C1C2 são paralelos às bordas da rodovia.

Com base no esquema apresentado e nas condições estabelecidas, julgue os itens a seguir.

(1) O triângulo OP_1P_2 é equilátero.
(2) A distância d_1 é inferior a 20 m.
(3) A distância do ponto B_2 ao ponto O é igual a 20 m.
(4) Os valores d_1 e d_3 satisfazem à equação $7d_1 - 3d_3 = 0$.
(5) A área da parte da rodovia que está dentro da área de cobertura do radar, que tem como vértices os pontos P_1, P_2, Q_2 e Q_1, é igual a 200 m².
(6) Se um automóvel, deslocando-se pela faixa B, leva 2 s para percorrer o trajeto correspondente ao segmento B_1B_2, então a sua velocidade média nesse percurso é inferior a 60 km/h.
(7) Considere que três veículos, deslocando-se pelas faixas A, B e C com velocidades VA, VB e VC, respectivamente, passem simultaneamente pelos pontos A_1, B_1 e C_1 e, logo em seguida, passem, simultaneamente, pelos pontos A_2, B_2 e C_2. Nessas condições, é correto afirmar que .

1: incorreto, pois um triângulo equilátero tem todos seus ângulos de 60°, mas observamos que o ângulo P_1OP_2 tem 180 − 60 = 120°;
2: incorreto, pois das relações trigonométricas, temos que $\tan(60°) = d_1/12 = d_2/20 = d_3/28$. Portanto, $d_1 = 12.\tan(60°) = 20{,}78$ m;
3: correto, pois temos que $d_2 = 20.\tan(60°) = 34{,}61$. Portanto, via triângulo de Pitágoras, $10^2 + (d_2/2)^2 = [B_2O]^2$, ou seja, a distância procurada é $B_2O = 20$ m;
4: correto, pois $7 \times 12.\tan(60°) − 3 \times 28.\tan(60°) = (84−84).\tan(60°) = 0$;
5: incorreto, pois precisamos da medida de $P_1P_2 = 32.\tan(60°) = 32 \times$ e de $Q_1Q_2 = 8.\tan(60°) = 8 \times$. Assim sendo, a área do trapézio em questão é $A = (40x) \times 12 / 2 = 240$;
6: incorreto, pois temos que $d_2 = 34{,}61$ m. Portanto, o carro em questão tem velocidade média de $34{,}61 / 2 = 17{,}30$ m/s = 62,3 km/h;
7: incorreto, pois esta relação só seria verdade se $d_1/d_2 = d_2/d_3$. Mas $d_1/d_2 = 12/20 = 3/5$ e $d_2/d_3 = 20/28 = 5/7$.

Gabarito 1E, 2E, 3C, 4C, 5E, 6E, 7E

Gasolina sobe até 10% amanhã; encha o tanque até meia-noite

O consumidor tem até hoje à noite, 15/3/2002, para encher o tanque do carro. A gasolina fica 9,39% mais cara nas refinarias a partir da zero hora deste sábado. Para o consumidor, o reajuste será de 10%. É a segunda vez que a gasolina sobe neste mês. O último aumento para o consumidor foi de 2% no dia 2 de março. Segundo a PETROBRAS, desde o começo do mês, "a gasolina apresentou altas diárias, sucessivas, em todos os mercados mundiais". A PETROBRAS afirmou que a valorização do real em relação ao dólar permitiu que o reajuste no Brasil fosse inferior aos percentuais internacionais. Desde o início do ano, o mercado de gasolina é livre, e a PETROBRAS tem autonomia para definir o seu preço. Em janeiro, houve uma redução de 25% no preço do combustível nas refinarias e, para o consumidor, essa redução foi de 20%. A empresa estima que, com o novo reajuste, o preço da gasolina para o consumidor ainda acumulará neste ano uma queda de 15% em relação a 2001.

Internet: <www.folha.com.br>. Acesso em: 17/3/2002 (com adaptações).

(Policial Rodoviário Federal – 2002 – CESPE) Com base no texto e supondo que não haja diferença no preço da gasolina praticado pelos postos brasileiros e nenhuma outra alteração – além das mencionadas no texto – no preço desse combustível durante os meses de fevereiro e março de 2002, julgue o item subsequente.

(1) Considere que um posto de combustíveis possua um reservatório de gasolina com espaço interno em forma de um cilindro circular reto de comprimento igual a 5 m e de raio da base medindo 2 m. Se, imediatamente antes de ser praticado o reajuste da gasolina do dia 16/3/2002, quando o preço do litro desse combustível era de R$ 1,40, esse reservatório se encontrasse cheio, então o montante que o posto poderia arrecadar com a venda de todo o combustível desse reservatório pelo novo preço seria superior a R$ 90.000,00.

1: correto, pois o volume V deste reservatório é de $V = \pi.2^2.5 = 20\pi$ m³ $\approx 62.831{,}85$ litros. Vendendo o combustível a $1{,}40 \times (1 + 0{,}1) = 1{,}54$ reais por litro, o montante que o posto vai arrecadar é de $62.831{,}15 \times 1{,}54 = 96.761{,}05$ reais.

Gabarito 1C

(Policial Rodoviário Federal – 1998 – CESPE) Os vértices do triângulo PRF da figura representam, respectivamente, uma papelaria, uma relojoaria e uma farmácia, estando as distâncias representadas em metro:

A distância entre a papelaria e a farmácia, em km, é

(A) 0,0007
(B) 0,007
(C) 0,07
(D) 0,7
(E) 7,0

Utilizando a lei dos cossenos, temos que $[DF]^2 = [RP]^2 + [RF]^2 − 2.[RP].[RF].\cos(60°) = 64 + 9 − 48/2 = 49$ metros. Logo $[DF] = 7$ metros = 0,007 km.

Gabarito "B"

(Policial Rodoviário Federal – 1998 – CESPE) Um triângulo tem 0,675 m² de área e sua altura corresponde a 3/5 da base. A altura do triângulo, em decímetros, é igual a:

(A) 0,9
(B) 1,5
(C) 9,0
(D) 15,0
(E) 24,0

Se $h = (3/5)b$, onde h é a altura e b é a base do triângulo, então $3b^2/10 = 0{,}675$, ou seja, $b = 1{,}5$ metros. Portanto, $h = 0{,}90$ m, ou seja, 9 dm.

Gabarito "C".

3. INFORMÁTICA

Helder Satin

1. EDITORES DE TEXTO

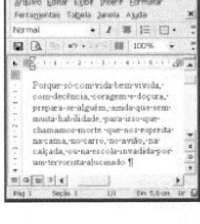

(CESPE) Considerando a figura acima, que mostra uma janela do *Word* 2002, com um texto em edição, em que nenhuma parte está formatada como negrito, julgue os próximos itens.

(1) Ao se clicar à direita da palavra "devidamente" e, em seguida, clicar o botão ¶, o símbolo ¶ será exibido à direita da referida palavra.

(2) Ao se aplicar um clique duplo em um local da barra de título que não contenha botão ou ícone, a janela mostrada será maximizada.

(3) O conteúdo da primeira linha do texto mostrado será centralizado, após a realização da seguinte sequência de ações: selecionar a referida linha; pressionar e manter pressionada a tecla Ctrl; acionar a tecla C, pressionando-a e liberando-a; liberar a tecla Ctrl.

1: Incorreta, o botão mencionado ativa a função de exibição dos símbolos de marcação de parágrafo e outras formatações ocultas. 2: Correta, o duplo clique na barra de título de uma janela faz com que esta seja maximizada caso não esteja, ou é restaurada ao tamanho anterior, caso esteja maximizada. 3: Incorreta, as teclas mencionadas apenas copiam o texto selecionado para a área de transferência, não alterando sua formatação.

Gabarito 1E, 2C, 3E

(CESPE) A figura acima ilustra uma janela do *Word* 2000 contendo parte de um texto de Lya Luft, extraído da revista *Veja*, nº 1.872, de 22/9/2004. Considerando essa figura, julgue os itens subsequentes.

(1) Mantém-se a correção gramatical do texto, caso se realize o seguinte procedimento: clicar imediatamente após "doçura,"; pressionar e manter pressionada a tecla Shift; teclar Home; liberar a tecla Shift; teclar Backspace.

(2) Considere a realização das seguintes ações: clicar sobre a palavra "alucinado"; clicar Ferramentas; na lista de opções desse *menu*, apontar para Idioma. Por meio desse procedimento, tem-se acesso a um *submenu* que disponibiliza um dicionário de sinônimos. Caso esse dicionário esteja devidamente instalado, é possível se obter o significado da referida palavra.

(3) O parágrafo mostrado ficará centralizado, numerado e com a fonte alterada para itálico após a realização da seguinte sequência de ações: aplicar um clique duplo sobre qualquer palavra do referido parágrafo; clicar *I*; clicar ≡; clicar ≣.

1: Correta, o procedimento descrito irá remover todas as palavras, desde doçura até o início da linha, ainda assim a frase se manteria gramaticalmente correta. 2: Correta, a opção Idioma do menu Ferramentas permite a escolha de sinônimos para uma palavra pré-selecionada e também seu significado. 3: Incorreta, desta forma o parágrafo estaria centralizado porém apenas a palavra selecionada estaria em itálico e apenas a linha estaria numerada, o correto seria aplicar um triplo clique para selecionar todo o parágrafo e então aplicar as formatações como mencionadas.
Gabarito 1C, 2C, 3E

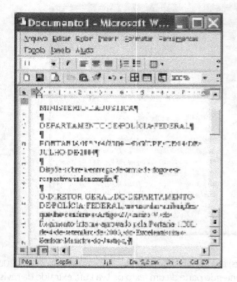

(CESPE) Considerando a figura acima, que ilustra uma janela do *Word* 2000 contendo parte de um texto extraído e adaptado do sítio http://www.dpf.gov.br, julgue os itens subsequentes.

(1) Considere a realização do seguinte procedimento: clicar imediatamente antes de "MINISTÉRIO"; pressionar e manter pressionada a tecla Shift; teclar End; liberar a tecla Shift; clicar o botão ≡; pressionar e manter pressionada a tecla Ctrl; teclar N; liberar a tecla Ctrl. Após esse procedimento, o primeiro parágrafo mostrado do documento ficará centralizado e com a fonte alterada para o estilo negrito.

(2) Sabendo que o trecho "DIRETOR (...) FEDERAL" foi digitado com a tecla Caps Lock ativada, então, caso se deseje alterar todas as letras desse trecho para fonte em minúsculas, é suficiente realizar o seguinte procedimento: selecionar o referido trecho; clicar a opção Maiúsculas e minúsculas no *menu* Formatar; na janela decorrente dessa ação, clicar OK.

(3) Por meio de opção encontrada no *menu* Ferramentas, é possível proteger o documento em edição com uma senha, de maneira que apenas alterações controladas sejam permitidas. Caso se esqueça essa senha e se deseje restabelecer a situação de documento sem proteção, é suficiente salvar o documento em um arquivo com nome diferente do atual.

(4) Considere a realização do seguinte procedimento: selecionar o texto mostrado, o que ativa o botão Copiar; clicar esse botão; teclar Delete. Esse procedimento exclui do documento todo o texto selecionado. Por meio de opção encontrada no *menu* Editar, é possível colar no documento esse texto sem a formatação atual, que contém vários parágrafos, de modo que o texto colado tenha apenas um único parágrafo.

1: Correta, os primeiros três passos irão selecionar o parágrafo, o botão ≡ irá em seguida centralizar o texto e o atalho Ctrl + N ativa o estilo negrito, formatando o parágrafo com este estilo. 2: Correta, a função Maiúsculas e minúsculas permite alterar todos os caracteres de um trecho selecionado para maiúscula ou minúscula, neste caso sendo utilizada a segunda opção. 3: Incorreta, as senhas são definidas ao salvar o documento, uma vez adicionada, salvá-lo com outro nome não faz com que a senha seja removida. 4: Incorreta, a função Copiar irá copiar também a formatação utilizada, portanto o texto manteria os parágrafos e outras formatações.
Gabarito 1C, 2C, 3E, 4E

Figura para as duas próximas questões.

A figura a seguir mostra, na área de trabalho do Word 2000, a parte inicial de um artigo extraído da edição nº 171, de dezembro de 2001, da revista Superinteressante, que trata do terrorismo eletrônico por meio da rede mundial de computadores.

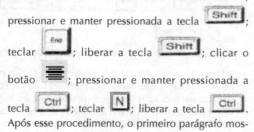

3. INFORMÁTICA

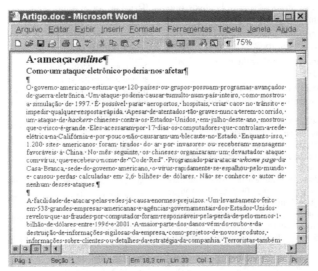

(CESPE) Com base no texto acima e considerando o *Word* 2000, julgue os itens seguintes.

(1) Posicionar o cursor sobre qualquer palavra do parágrafo iniciado por "A facilidade" e, em seguida, clicar em ≡≡, fará que todo esse parágrafo fique com a formatação das margens idêntica à do parágrafo precedente.

(2) O termo *"online"* que aparece no título do artigo está com a fonte formatada em itálico. Para obter esse efeito, o usuário pode ter realizado o seguinte procedimento: digitou o termo no mesmo estilo do restante do título; deu um clique duplo sobre ele; clicou em , para acessar uma lista de opções; nessa lista, clicou em Fonte; na janela decorrente dessa ação, escolheu, na caixa Estilo da fonte, a opção Itálico; finalmente, clicou em OK.

1: Incorreta, o botão mencionado permite selecionar a quantidade de colunas que o trecho de texto terá. 2: Correta, é possível alterar vários aspectos da formatação do texto por meio da opção Fonte do menu Formatar, entre outros é possível alterar o estilo da fonte, cor, tamanho da fonte e efeitos como o itálico.
Gabarito 1E, 2C

(CESPE) Ainda com base no texto acima e considerando o *Word* 2000, julgue os itens a seguir.

(1) Por meio do *menu* , é possível a correção automática de erros comumente cometidos durante a digitação. Por exemplo, o *Word* 2000 permite que o erro cometido ao se digitar duas iniciais maiúsculas seja automaticamente corrigido.

(2) O *Word* 2000 permite que o usuário inicie a digitação em qualquer ponto da página em branco. Para isso, é necessário que o documento esteja no modo de exibição *Layout* de impressão ou *Layout* da *Web*.

(3) Em documentos com muitas páginas e com vários tipos de informações, como títulos, tabelas e gráficos, uma maneira de deslocar o cursor rapidamente no documento é utilizar o botão de procura , localizado na barra horizontal de rolagem.

(4) Para imprimir o documento com cada página numerada em seu canto superior direito, é suficiente que o usuário siga o seguinte procedimento: no *menu* , escolha Opções; na janela disponibilizada depois dessa ação, clique na aba Imprimir e marque, em Posição, Canto superior direito; clique em OK; no *menu* , clique em Número de páginas.

1: Correta, erros comuns podem ser corrigidos pela autocorreção do Word, que é acessada pelo menu Ferramentas. 2: Correta, é possível escrever em qualquer parte de uma página em branco a partir de um Layout de impressão ou da Web. 3: Incorreta, o botão mencionado apenas alterada o modo de exibição do documento atual para Layout *on-line*. 4: Incorreta, para inserir números nas páginas deve-se ir ao menu Inserir e escolher a opção Números de Páginas, lá também é possível escolher a posição em que os números estarão na página.
Gabarito 1C, 2C, 3E, 4E

(CESPE) Considerando a figura acima, que apresenta uma tabela em edição do *Word*, julgue os itens que se seguem.

(1) O *Word* possui recurso que permite criar um gráfico de barras com os valores apresentados na tabela.

(2) Para se calcular o "Total Trimestre" usando-se fórmula é necessário copiar a tabela para o *Excel* e digitar a fórmula =soma (C1:C3).

(3) Para se criar uma cópia de segurança do arquivo do *Word* é suficiente clicar a opção Salvar como, do *menu* Arquivo e selecionar o tipo de arquivo *backup* com extensão .BCK.

(4) Podem ser instalados no computador aplicativos que permitem imprimir o arquivo em questão no modo PDF.

(5) Para se centralizar o conteúdo das células é suficiente selecioná-las, clicar a opção Parágrafo do menu Formatar, selecionar Centralizada na opção Alinhamento e clicar OK.

(6) Sistema de arquivo é a maneira como o sistema operacional organiza e administra os dados em disco.

1: Correta, é possível criar gráficos a partir de dados tabelados diretamente pelo Word por meio de função acessível pelo menu Inserir. 2: Incorreta, o Word também permite a inserção de fórmulas como a de somatória sem a necessidade de uso de Excel. 3: Incorreta, não existe tal extensão no Word, basta salvar o arquivo em outro local como uma unidade removível, mídia ou disquete. 4: Correta, por meio de software específico é possível imprimir o arquivo como PDF. 5: Correta, a opção de Alinhamento no item Parágrafo do menu Formatar permite alterar a forma com que as células alinham seu conteúdo. 6: Correta, o sistema de arquivo define não só os parâmetros com que os arquivos serão salvos mas também a capacidade máxima do disco e velocidade de gravação.

Gabarito 1C, 2E, 3E, 4C, 5C, 6C

(CESPE) Os botões ▢, ▣, ▤, ▥ e ▦, encontrados na janela do *Word* 2002, são utilizados, respectivamente, para:

(A) abrir novo documento em branco; localizar documento em uma pasta específica; salvar o documento em elaboração; pesquisar uma palavra no documento em edição; inserir o conteúdo da área de transferência na posição do ponto de inserção.

(B) pesquisar uma palavra no documento em edição; salvar documento em elaboração; carregar documento armazenado em disquete; abrir novo documento em branco; transferir texto selecionado para a área de transferência;

(C) abrir novo documento em branco; salvar documento em elaboração; carregar documento armazenado em disquete; visualizar impressão; transferir texto selecionado para a área de transferência.

(D) abrir novo documento em branco; abrir ou localizar arquivo; salvar o documento em elaboração; visualizar impressão; inserir o conteúdo da área de transferência na posição do ponto de inserção.

A: Incorreta, o segundo botão tem como função abrir um documento já existente; B: Incorreta, o primeiro botão tem como função abrir um novo documento em branco; C: Incorreta, o botão que permite salvar documentos em elaboração é o terceiro e não o segundo; D: Correta, o primeiro botão tem como função abrir um novo documento, o segundo abrir um documento existente, o terceiro salvar o documento em edição, o quarto visualizar para impressão e colar o conteúdo da área de transferência no local do ponto de inserção.

Gabarito "D".

(Policial Rodoviário Federal – 2009 – FUNRIO) No sistema operacional Microsoft Windows, o programa Windows Explorer, entre outras tarefas,

(A) exibe a estrutura hierárquica de arquivos, pastas e unidades no computador.

(B) pesquisa e exibe informações na World Wide Web, através de uma conexão à Internet.

(C) serve para ler e-mails, participar de chat on-line, apreciar música e vídeo on-line.

(D) edita documentos simples, com textos básicos, sem imagens e sem formatação.

(E) gerencia calendários e agendas, publicando-os e compartilhando-os na Internet.

A: correta, a principal função do Windows Explorer é exibir toda a estrutura de arquivos das unidades de armazenamento do computador; B: errada, a descrição fornecida é de navegador, ou *browser*, como o Internet Explorer ou Chrome, entre outros; C: errada, a descrição fornecida é mais compatível com navegadores web; D: errada, a descrição fornecida é programas de edição de texto como o Bloco de Notas; E: errada, a descrição fornecida pode ser encontrada em programas de gerenciamento de mensagens eletrônicas.

Gabarito "A".

(Policial Rodoviário Federal – 2004 – CESPE) Com relação às especificações abaixo e a conceitos de *hardware* e *software* de computadores do tipo PC.

• Pentium 4, de 1,8 GHz	• gabinete ATX
• placa-mãe PC CHIPS	• Kit multimídia com caixas de som de 120 W PMPO
• 256 MB de RAM	
• HD de 40 GB	
• gravador de CD 52x	• teclado ABNT, mouse de 320 dpi, monitor de 21"
• fax/modem de 56 kbps	
	• Windows XP-professional

Julgue os itens seguintes.

(1) O sistema operacional especificado para o computador apresenta diversas vantagens com relação ao Windows 98. Uma delas é que o Windows XP aboliu o sistema *plug and play*, que permitia que leigos realizassem instalações de *hardware*. Sem esse sistema, a instalação de *hardware* em computadores que têm como sistema operacional o Windows XP requer um técnico especializado, para configurar as placas-mãe por meio de *jumpers*.

(2) O sistema operacional especificado para o computador apresenta diferenças em relação ao Windows 98 no referente ao *menu*, que foi remodelado, podendo agora ser apresentado em uma janela com duas colunas.

1: errada, o sistema de *plug and play* está presente em todas as versões do Windows posteriores ao Windows 98; 2: correta, o menu Iniciar do Windows XP sofreu uma reformulação em sua interface, porém ainda é possível utilizar o modelo antigo alterando as configurações do menu.

Gabarito 1E, 2C

(Policial Rodoviário Federal – 2009 – FUNRIO) Um programa de planilha eletrônica como Microsoft Excel ou BrOfficeCalc permite realizar cálculos através de números e fórmulas armazenadas em células. Suponha as seguintes células preenchidas com números: A1=6, A2=5, A3=4, B1=3, B2=2, B3=1. Que valor será calculado e exibido na célula C3 caso esta tenha o conteúdo =SOMA(A2:B3)?

(A) 5
(B) 6
(C) 12
(D) 15
(E) 21

A, B D e E: incorretas; C: correta. A fórmula =SOMA(x:y) realiza a soma dos valores das células de x à y, neste caso englobando as células A2, A3, B2 e B3 o que resultaria em 5+4+2+1=12.
Gabarito "C".

A figura a seguir ilustra uma janela do aplicativo BrOffice.org Writer 2.4, que está sendo usado para a elaboração de um documento.

(Policial Rodoviário Federal – 2008 – CESPE) Com relação à janela do BrOffice.org Writer 2.4 mostrada no texto, assinale a opção correta.

(A) A função de distribuição automática de texto está ativada, fazendo que a figura inserida no documento fique posicionada no início da página.
(B) Ao se clicar sucessivamente a palavra "sabiazeiro" e o botão , será mostrada uma lista de opções, tal como a ilustrada abaixo.
(C) Há informações suficientes na janela mostrada para se concluir corretamente que a página na qual o documento está sendo editado está configurada para largura de aproximadamente 8 cm.
(D) No *menu* , encontra-se opção que permite configurar a página para duas colunas, e essa opção pode ter sido usada no documento em edição.
(E) Por meio do conjunto de botões , é possível alterar o espaçamento entre as linhas de um parágrafo do documento em edição que estiverem selecionadas.

A: errada, pois não há uma função chamada distribuição automática de texto que afete o posicionamento de imagens no texto; B: errada, pois a janela mencionada será exibida ao realizar um clique com o botão direito do mouse na dita palavra; C: errada, pois como existe uma barra de rolagem horizontal é possível que a página se estenda para a direita, portanto não é possível determinar a largura para a qual a página está configurada; D: correta, pois a opção Colunas do menu Formatar permite criar colunas no texto e esta opção pode ter sido utilizada, vista a formatação atual da página; E: errada, pois os botões mencionados têm por função Alinha em cima e Alinhar no meio, respectivamente.
Gabarito "D".

(Policial Rodoviário Federal – 2008 – CESPE) Ainda com relação à janela do BrOffice Writer 2.4 mostrada no texto, assinale a opção correta.

(A) Caso, ao se passar o cursor do mouse sobre o botão , seja visualizada a mensagem , é correto afirmar que existe uma impressora, definida com o nome CutePDF, conectada ao computador em uso.
(B) Caso, ao se passar o cursor do mouse sobre determinado botão da janela, seja visualizada a mensagem é correto inferir que o cursor do mouse foi, nesse caso, passado sobre o botão .
(C) As opções apresentadas abaixo são encontradas no *menu* .
(D) Na situação da janela mostrada, caso se aplique um clique duplo no botão , será disponibilizada ferramenta que permite salvar apenas a figura contida no documento em edição, em um arquivo do tipo bmp.
(E) Na situação da janela mostrada, a figura e o texto contidos no documento em edição serão selecionados e, em seguida, excluídos desse documento, após a realização da seguinte sequência de procedimentos: pressionar e manter pressionada a tecla ; clicar imediatamente após "estado.", no final do texto mostrado; liberar a tecla ; clicar .

A: errada, pois CutePDF Writer é um programa que simula uma impressora e cria uma versão PDF de um documento; B: correta, pois o botão mencionado gera um arquivo PDF com o conteúdo do arquivo atual; C: Errada, pois a imagem mostra uma parte das opções do menu Ferramentas; D: errada, pois o botão mencionado permitirá salvar todo o documento em edição; E: errada, pois a sequência correta envolveria a tecla Shift e não a tecla Ctrl.
Gabarito "B".

(Policial Rodoviário Federal – 2008 – CESPE) Considerando a figura abaixo, que ilustra uma janela do BrOffice.org Impress 2.4, contendo uma apresentação em processo de elaboração.

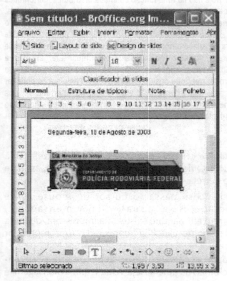

Julgue os itens a seguir.

I. Para se visualizar *slides* em miniatura, é suficiente clicar na guia . Nessa situação, ao se clicar um *slide* em miniatura com o botão direito do mouse e, na lista disponibilizada, se escolher a opção Ocultar slide, o referido *slide* ficará oculto no modo apresentação; após essas ações, caso se clique com o botão direito do mouse nesse *slide*, a lista disponibilizada conterá uma opção que permite exibir novamente esse *slide*.
II. A lista a seguir apresenta opções da Barra de tarefas que é acessada por meio do *menu* .
III. Na situação da janela mostrada, é correto afirmar que as linhas duplas observadas nas réguas horizontal e vertical definem as dimensões da figura contida no *slide*. Para redimensionar essa figura, é suficiente arrastar uma das linhas duplas para uma nova posição na régua.
IV. Se, após determinado procedimento com o botão direito do mouse, for visualizada uma janela com as informações a seguir, será correto inferir que a data que aparece no *slide* consiste em um campo variável e será automaticamente atualizada toda vez em que o arquivo contendo a apresentação for reaberto.
V. Ao se clicar , será disponibilizada uma lista com diferentes tipos de *design* de estruturas básicas, como triângulos, retângulos, círculos e cubos, que podem ser inseridos no *slide* mostrado.

A quantidade de itens certos é igual a

(A) 1.
(B) 2.
(C) 3.
(D) 4.
(E) 5.

I, II, III e IV: corretas; V: incorreta. O botão Design de slides permite selecionar um modelo de *slide* previamente salvo; portanto apenas a alternativa D está correta.
Gabarito "D".

2. CORREIO ELETRÔNICO

(CESPE) Considerando a janela do *Outlook Express* 6 (OE6) abaixo ilustrada, julgue os itens que se seguem.

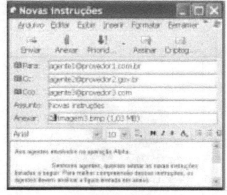

(1) Para que a mensagem acima seja enviada aos destinatários de forma criptografada, o que dificulta a sua leitura por pessoas não autorizadas, deve-se inicialmente clicar o botão . Em seguida, ao se clicar o botão , será iniciado um processo de envio da referida mensagem, em que a chave pública do recipiente local será utilizada para codificar o conteúdo da *mensagem*. Nos recipientes destinatários, uma identificação previamente acordada entre as partes, denominada chave privada, deverá ser utilizada para que a mensagem seja corretamente decodificada.

(2) Como a mensagem contém arquivo anexado de dimensão superior a 1 MB, a sua transmissão por rede de capacidade igual ou inferior a 56 kbps, como no caso de redes *dial up*, não poderá ser realizada sem que as devidas compressões sejam aplicadas. O OE6, de forma transparente ao usuário, realiza automaticamente essa compressão, utilizando técnica denominada *winzipping*.

(3) Sistemas de comunicação móvel pessoal, com tecnologia digital do tipo GPRS e CDMAone, são capazes atualmente de permitir o envio de mensagens de correio eletrônico a partir do OE6. Para isso, é necessário que o *driver wap (wireless application protocol)* do Windows XP esteja instalado no celular a partir do qual a mensagem deverá ser enviada.

1: Incorreta, a mensagem é enviada assinada digitalmente por um certificado previamente configurado. 2: Incorreta, os arquivos anexos não precisam ser comprimidos para que sejam enviados. 3: Incorreta, o WAP não está relacionado ao Windows XP, sendo apenas um padrão internacional para aplicações que utilizam comunicações de dados digitais sem fio.
Gabarito 1E, 2E, 3E.

(CESPE) O envio e o recebimento de mensagens de correio eletrônico contendo documentos e imagens anexos podem ser realizados por meio do *software*:
(A) Microsoft Publisher.
(B) Hyper Terminal.
(C) Skype.
(D) Adobe Acrobat.
(E) Microsoft Outlook.

A: Incorreta, o Microsoft Publisher é usado para diagramação eletrônica; B: Incorreta, o Hyper Terminal é usado para acesso remoto; C: Incorreta, o Skype é um comunicador instantâneo também utilizado para chamadas via VoIP; D: Incorreta, o Adobe Acrobat é um *software* que provê leitura de arquivos do tipo PDF; E: Correta, o Microsoft Outlook é um gerenciador de *e-mails* que permite o recebimento e envio de mensagens contendo anexos.
Gabarito "E".

(Policial Rodoviário Federal – 2008 – CESPE) Em cada um dos itens a seguir, é apresentada uma forma de endereçamento de correio eletrônico.
I. pedro@gmail.com
II. ftp6maria@hotmail:www.servidor.com
III. joao da silva@servidor:linux-a-r-w
IV. www.gmail.com/paulo@
V. mateus.silva@cespe.unb.br
Como forma correta de endereçamento de correio eletrônico, estão certas apenas as apresentadas nos itens
(A) I e II.
(B) I e V.
(C) II e IV.
(D) III e IV.
(E) III e V.

I e V: corretas; II, III e IV: incorretas. Endereços de correio eletrônico possuem o seguinte formato: <destinatário>@<domínio>, sem a presença de espaços, logo os itens I e V são os únicos endereços válidos e, portanto, apenas a alternativa B está correta.
Gabarito "B".

A figura abaixo ilustra uma janela do Mozilla ThunderbirdTM2 que está sendo executada em um computador pessoal que tem acesso à Internet por meio de uma conexão adequadamente configurada.

(Policial Rodoviário Federal – 2008 – CESPE) Com relação às funcionalidades disponibilizadas na janela do Mozilla Thunderbird™ 2 ilustrada no texto, assinale a opção correta.
(A) O botão   tem por função obter informações acerca de atualizações do aplicativo Mozilla Thunderbird™ 2, na Internet.
(B) Sabendo-se que usuario.d.correio refere-se a uma conta de *webmail*, ao se clicar , será dado início a um processo de acesso à Internet que tem por objetivo atualizar o catálogo do Mozilla Thunderbird™ 2 referente a usuario.d.correio a partir de informações contidas nessa conta de *webmail*.
(C) Por meio de opção disponibilizada no *menu*, pode-se acessar janela que permite acionar ferramenta para verificar se uma mensagem de correio eletrônico exibida constitui tentativa de fraude por *phishing*.
(D) Por meio do botão , é possível marcar a mensagem de correio eletrônico selecionada como não lida.
(E) Ao se clicar o botão , será executada ferramenta anti-*spam*, tendo como foco a mensagem de correio eletrônico selecionada: caso essa mensagem constitua alguma forma de *spam*, ela será automaticamente eliminada da caixa de entrada da conta usuario.d.correio.

A: errada, pois o botão em questão verifica se há novas mensagens e as carrega no programa gerenciador; B: errada, pois o botão em questão abre o catálogo de endereços com a lista de endereços que o usuário cadastrou; C: correta, pois o Thunderbird permite a inclusão de vários *add-ons*, entre eles há os *add-ons* que verificam se a mensagem pode ser uma tentativa de *phishing*; D: errada, pois o botão em questão apenas adiciona um marcador à mensagem para melhor organização das mensagens na caixa do usuário; E: errada, pois o botão em questão apenas marca a mensagem como um *spam*.
Gabarito "C".

(Policial Rodoviário Federal – 2008 – CESPE) O Mozilla Thunderbird™ 2 permite que sejam armazenadas mensagens de correio eletrônico em pastas específicas, que podem ser criadas pelo próprio usuário. Na janela do Mozilla Thunderbird™ 2 ilustrada no texto, o usuário pode criar suas próprias pastas a partir de opção encontrada no *menu*
(A) Arquivo.
(B) Editar.
(C) Exibir.
(D) Mensagem.
(E) Ferramentas.

A: correta; B, C, D e E: incorretas. A opção "Novo" no menu Arquivo permite criar pastas personalizadas para que o usuário possa organizar suas mensagens; portanto apenas a alternativa A está correta.
Gabarito "A".

(Policial Rodoviário Federal – 2008 – CESPE) Na situação em que se encontra a janela do Mozilla Thunderbird™ 2 ilustrada no texto, caso o botão   seja acionado,
(A) a mensagem de correio eletrônico selecionada será encaminhada à pasta associada à conta a que pertence a referida mensagem.
(B) será aberta uma janela de edição de mensagem de correio eletrônico que possui funcionalidades que permitem enviar a mensagem de correio eletrônico selecionada a determinado destinatário.
(C) a mensagem de correio eletrônico selecionada será colocada em quarentena, para que seja verificada a

existência de vírus de computador associado à referida mensagem.
(D) serão aplicados os filtros de mensagem eletrônica previamente definidos à mensagem de correio eletrônico selecionada, que será excluída da pasta na qual se encontra, caso haja alguma diretiva que assim estipule a sua exclusão.
(E) a mensagem de correio eletrônico selecionada será automaticamente enviada a uma conta de webmail cujo destinatário tem como endereço eletrônico usuario.d.correio@gmail.com.

A, C, D e E: incorretas; B: correta. O botão mencionado tem por função encaminhar uma cópia da mensagem atualmente selecionada, com ou sem edições do usuário, para algum destinatário.
Gabarito "B".

3. HARDWARE

(Policial Rodoviário Federal – 2009 – FUNRIO) O hardware de um computador é composto por processador, memória e unidades de entrada e/ou saída denominados dispositivos periféricos. Qual alternativa lista três dispositivos que são periféricos de entrada e saída?
(A) Teclado, microfone e mouse.
(B) Modem, alto-falante e impressora.
(C) Disco magnético, mouse e alto-falante.
(D) Disco magnético, modem e tela de toque.
(E) Tela de toque, teclado e impressora.

A: errada, pois todos os três periféricos mencionados são dispositivos de entrada de dados apenas; B: errada, pois o alto-falante e a impressora são periféricos de saída de dados; C: errada, pois o *mouse* é um dispositivo de entrada e o alto-falante de saída; D: correta, pois discos magnéticos (HDs), o *modem* e as telas de toque são dispositivos de entrada e saída de dados; E: errada, o teclado é um dispositivo de entrada de dados e a impressora é um dispositivo de saída.
Gabarito "D".

(Policial Rodoviário Federal – 2008 – CESPE) Com relação a *software* livres, suas licenças de uso, distribuição e modificação, assinale a opção correta, tendo como referência as definições e os conceitos atualmente empregados pela Free Software Foundation.
(A) Todo software livre deve ser desenvolvido para uso por pessoa física em ambiente com sistema operacional da família Linux, devendo haver restrições de uso a serem impostas por fornecedor no caso de outros sistemas operacionais.
(B) O código-fonte de um *software* livre pode ser adaptado ou aperfeiçoado pelo usuário, para necessidades próprias, e o resultado de aperfeiçoamentos desse *software* pode ser liberado e redistribuído para outros usuários, sem necessidade de permissão do fornecedor do código original.
(C) Toda licença de *software* livre deve estabelecer a liberdade de que esse *software* seja, a qualquer momento, convertido em software proprietário e, a partir desse momento, passem a ser respeitados os direitos de propriedade intelectual do código-fonte do *software* convertido.
(D) Quando a licença de um *software* livre contém cláusula denominada *copyleft*, significa que esse *software*, além de livre, é também de domínio público e, dessa forma, empresas interessadas em comercializar versões não gratuitas do referido *software* poderão fazê-lo, desde que não haja alterações nas funcionalidades originais do *software*.
(E) Um *software* livre é considerado *software* de código aberto quando o seu código-fonte está disponível em sítio da Internet com designação .org, podendo, assim, ser continuamente atualizado, aperfeiçoado e estendido às necessidades dos usuários, que, para executá-lo, devem compilá-lo em seus computadores pessoais. Essa característica garante a superioridade do *software* livre em face dos seus concorrentes comerciais proprietários.

A: errada, pois *softwares* livres podem ser executados em qualquer tipo de sistema operacional e por qualquer tipo de pessoa; B: correta, pois um *software* livre pode ser modificado por qualquer pessoa e esta modificação também pode ser redistribuída livremente para outros usuários; C: errada, pois *softwares* livres não podem ser convertidos em *software* proprietário como parte da definição de *software* livre; D: errada, pois o *copyleft* impõe barreiras à utilização, difusão e modificação de uma obra criativa; E: errada, pois não é necessário que o código esteja disponível em um domínio de um tipo específico para que o *software* seja considerado livre.
Gabarito "B".

(CESPE) A respeito de *hardware* e de *software* utilizados em microcomputadores do tipo PC, julgue os itens seguintes.
(1) Em programas denominados *driver*, estão contidas todas as informações necessárias para que o sistema operacional reconheça os componentes periféricos instalados no computador. No *driver* principal, está definida a sequência de boot desejada para o sistema.
(2) Considere que um computador *Pentium III* contenha um HD de 20 GB e uma unidade de disquete de 3½", e seja alimentado por uma fonte de potência igual a 250 W. Caso se deseje atualizar a configuração desse computador, pode-se optar por: processador *Pentium IV*, HD de 40 GB e gravador de CD. Nesse caso, recomenda-se também a substituição da fonte de alimentação por outra de potência superior.

1: Incorreta, os *drivers* possuem informações necessárias para que certos periféricos possam funcionar normalmente, não tendo relação com o boot do sistema. 2: Correta, os itens descritos são versões mais novas que iriam aumentar a capacidade de processamento, armazenamento e permitir maior integração com mídias de CD, lembrando que equipamentos mais potentes consomem mais energia, logo o aumento da capacidade da fonte também é recomendável.
Gabarito 1E, 2C

(CESPE) Para proferir uma palestra acerca de crime organizado, um agente conectou dispositivo USB do tipo *bluetooth* no computador que lhe estava disponível. A respeito desse cenário, julgue o item abaixo.
(1) O uso de dispositivos *bluetooth* em portas USB necessita de *driver* especial do sistema operacional. Em termos de funcionalidade, esse *driver* equivale ao de uma interface de rede sem fio (*wireless* LAN), pois ambas as tecnologias trabalham com o mesmo tipo de endereço físico.

1: Incorreta, muitas vezes podem ser usados drivers genéricos para utilização de dispositivos do tipo *bluetooth* e as redes de dispositivos desta tecnologia foram PANs (*personal area network*) e não LANs (*local area network*).
Gabarito 1E

Figura 1   Figura 2

(CESPE) Com base nas figuras apresentadas acima, julgue o item.

(1) A figura 2 ilustra um conector do tipo S-Vídeo, utilizado para ligar dispositivos de vídeo em computadores ou em outros equipamentos de vídeo.

1: Correta, a figura 2 representa um conector do tipo S-Video utilizado para conectar um dispositivo de vídeo a um computador ou outro equipamento eletrônico, como TVs e videogames.
Gabarito 1C

(CESPE) Considere que um usuário tenha editado um arquivo em *Word* 2002 e deseje salvá-lo. Com relação a essa situação, julgue os itens seguintes.

(1) Se o tamanho do arquivo for 10 MB, o usuário não conseguirá salvá-lo em um disquete de 3½" por meio do botão Salvar do *Word*.

(2) Se o tamanho do arquivo for inferior a 1 MB, o usuário poderá salvá-lo na memória ROM do computador.

1: Correta, os disquetes de 3"½ possuem capacidade de 1.44MB, não suportando portanto um arquivo de 10MB. 2: Incorreta, a memória ROM é uma memória que não permite escrita.
Gabarito 1C, 2E

(CESPE) Julgue os itens a seguir, acerca de *hardware* e de *software* usados em computadores pessoais.

(1) ROM é um tipo de memória não volátil, tal que os dados nela armazenados não são apagados quando há falha de energia ou quando a energia do computador é desligada.

(2) Existem dispositivos do tipo *pendrive* que possuem capacidade de armazenamento de dados superior a 1 bilhão de *bytes*. Esses dispositivos podem comunicar-se com o computador por meio de porta USB.

1: Correta, a memória ROM é uma memória que não permite escrita e que mantém seu conteúdo mesmo quando o computador está desligado. 2: Correta, 1 bilhão de *bytes* equivale a menos de 1 Gigabyte, os pendrives atuais possuem capacidade em geral superior a este valor e possuem como interface de comunicação uma entrada USB.
Gabarito 1C, 2C

(CESPE) Acerca dos conceitos de *hardware* e *software*, assinale a opção correta.

(A) Para se fazer cópia de segurança, procedimento fundamental para proteger os dados contra infecção de vírus, são necessários *hardware* e *software* específicos para *backup*.

(B) A expansão da memória ROM, que armazena os programas em execução temporariamente, permite aumentar a velocidade de processamento.

(C) USB (*universal serial bus*) é um tipo de barramento usado para conectar facilmente ao computador várias categorias de dispositivos, como teclados, *mouses*, monitores, *escâneres*, câmeras e outros.

(D) Multimídia é um *software* que executa músicas compactadas com qualidade.

(E) A informação *Intel core duo* indica que o computador possui dupla memória RAM, o que acelera o processamento dos dados.

A: Incorreta, não é necessário um conjunto de *software* e *hardware*, existem soluções de cada tipo que podem realizar as tarefas de *backup*; B: Incorreta, a memória descrita é a RAM e não a ROM, a memória ROM não permite escrita; C: Correta, o padrão USB é hoje utilizado nos mais diversos tipos de periféricos e unidades de armazenamento; D: Incorreta, multimídia é a combinação de mais de um tipo de mídia estática, como texto, imagem, som; E: Incorreta, Intel Core Duo descreve um tipo de microprocessador e não de memória RAM.
Gabarito "C".

(CESPE) Entre os dispositivos de entrada de dados em informática, incluem-se:

(A) o teclado e o *mouse*;
(B) o *mouse* e a memória ROM;
(C) o teclado e a impressora;
(D) o monitor e a impressora;
(E) a impressora e o *mouse*.

A: Correta, o teclado e o mouse são dispositivos de entrada de dado para o computador; B: Incorreta, a memória ROM é um dispositivo de armazenamento e não de entrada ou saída; C: Incorreta, a impressora é um dispositivo de saída. D: Incorreta, o monitor (a menos que seja touchscreen) é um dispositivo de saída, exibindo dados na tela para o usuário; E: Incorreta, a impressora é um periférico que tem a função de dispositivo de saída.
Gabarito "A".

(CESPE) Nos computadores atuais, os dispositivos de armazenamento são de primordial importância e têm evoluído rapidamente, de forma a se tornarem cada vez mais eficientes. Com relação a dispositivos de armazenamento, julgue os itens seguintes.

(1) O disco rígido é um dispositivo para armazenamento de dados e programas que realiza a gravação por meio de processos ópticos.

(2) O disco flexível de 3½" é um dispositivo de armazenamento de dados que utiliza gravação magnética, capaz de armazenar uma quantidade de bytes superior a 700 mil.

1: Incorreta, o disco rígido utiliza métodos magnéticos, e não ópticos, para a gravação dos dados. 2: Correta, o disco flexível de 3"½ utiliza também métodos magnéticos e possui uma capacidade de armazenamento de até 1.44MB (sendo que 700 mil bytes são cerca de 0.66MB).
Gabarito 1E, 2C

(CESPE) Julgue os itens seguintes, relacionados á tecnologia de informática.

(1) A *interface* UDP é uma tecnologia implantada na placa mãe que permite a conexão de diversos tipos de periféricos de forma rápida e segura.

(2) O sistema operacional é um conjunto de programas que fazem a interface entre o usuário e o *hardware*, fazendo o gerenciamento dos periféricos.

(3) A velocidade dos microprocessadores atuais é normalmente medida em *gigabytes*.

(4) Criptografia é a técnica de converter uma mensagem ou mesmo um arquivo utilizando um código secreto. Com o propósito de segurança, as informações submetidas a essa técnica não podem ser utilizadas ou lidas até serem decodificadas.

(5) Para se fazer o *backup* de um arquivo de dados com 500 Mb é suficiente utilizar um CD comercial padrão.
(6) O recurso de Plug and Play permite a realização de *backup* automático dos arquivos armazenados no computador.

1: Incorreta, UDP designa um tipo de pacote que pode ser enviado em uma rede e não uma interface física. 2: Correta, um sistema operacional pode ser definido como um conjunto de programas que facilitam a interface entre o usuário e o *hardware* do computador, gerenciando este itens e seus periféricos. 3: Incorreta, a velocidade de microprocessadores é medida em giga-hertz. 4: Correta, a Criptografia tem como objetivo ocultar um arquivo ou parte dele garantindo segurança para que este possa ser transmitido sem que possa ser interceptado e seu conteúdo comprometido. 5: Correta, a capacidade de armazenamento de CD comercial padrão é de 700Mb, podendo facilmente armazenar 500Mb. 6: Incorreta, o recurso *Plug and Play* permite conectar um periférico ao computador sem que este tenha que ser reiniciado para que possa detectar o novo periférico.
Gabarito 1E, 2C, 3E, 4C, 5C, 6E

4. PLANILHAS ELETRÔNICAS

(CESPE) Julgue o item a seguir, considerando a figura acima, que mostra uma planilha em edição no Excel 2002, com uma lista de preços unitários de mesas e cadeiras, bem como a quantidade a ser adquirida de cada item.

(1) Para se inserir uma nova linha entre as linhas 1 e 2, movendo os conteúdos das linhas 2 e 3 para baixo, é suficiente clicar no cabeçalho da linha 2 — 2 — e, em seguida, clicar o botão .

1: Incorreta, o botão mencionado tem como função mesclar e centralizar células e não adicionar novas linhas.
Gabarito 1E

(CESPE) Julgue o item a seguir, acerca do Excel 2000, considerando que esse aplicativo esteja em uma sessão de uso.

(1) A célula A1 conterá o número 20 após a realização do seguinte procedimento: clicar a referida célula; digitar =MÉDIA(26;14;10;30;20) e, em seguida, teclar Enter.

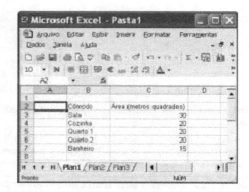

1: Correta, a fórmula =MÉDIA calcula a média dos números passados como parâmetro, que neste exemplo resulta em 20.
Gabarito 1C

(CESPE) A figura acima mostra uma janela do *Excel* 2002, com uma planilha em processo de edição, contendo as áreas de todos os cômodos de uma casa. Com relação a essa figura e ao *Excel* 2002, julgue os itens seguintes.

(1) Para calcular a área total ocupada pela casa e pôr o resultado na célula C8, é suficiente clicar a célula C8, digitar somar(C3-C7) e, em seguida, teclar Enter.
(2) Para aplicar negrito aos conteúdos das células B2 e C2, é suficiente clicar a célula B2, clicar N e, em seguida, clicar a célula C2.

1: Incorreta, a sintaxe correta da fórmula é =SOMA(C3:C7). 2: Incorreta, deve-se selecionar ambas as células antes de clicar em N ou clicar novamente em N depois do último passo descrito.
Gabarito 1E, 2E

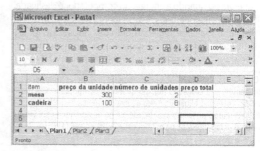

(CESPE) Julgue o item a seguir, considerando a figura acima, que mostra uma planilha em edição no *Excel* 2002, com uma lista de preços unitários de mesas e cadeiras, bem como a quantidade a ser adquirida de cada item.

(1) Ao se clicar a célula C3 e, em seguida, se clicar o botão , a célula B3 será selecionada.

1: Incorreta, o botão mencionado apenas desfaz a ultima ação realizada, como voltar o conteúdo excluído de uma célula ou adicionar uma linha apagada anteriormente.
Gabarito 1E

(CESPE) Com relação a bancos de dados e processos de informação, julgue os itens seguintes.

(1) O uso de chaves estrangeiras em bancos de dados que adotam modelos relacionais permite que o fortalecimento da característica de integridade de dados seja melhor do que o das características de confidencialidade, autenticidade e disponibilidade de dados e informações.

(2) O ciclo de vida da informação em uma organização pode corresponder às seguintes fases: criação e recebimento; distribuição; uso; manutenção; e descarte.

1: Correta, as chaves estrangeiras forçam uma tabela que tenha uma relação com outra tabela possua apenas registros válidos existentes na segunda, isso garante a integridade dos dados mais que qualquer outra característica. 2: Correta, toda informação é criada e recebida por algo ou alguém, ela pode ser distribuída, utilizada e receber manutenção durante um período até que seja por fim descartada.
Gabarito 1C, 2C

(CESPE) Um empregado de um banco elaborou, no *Excel* 2000, a planilha mostrada na figura acima, contendo os depósitos mensais realizados por pequenos investidores. Essa carteira de investimentos do banco tem um rendimento igual a 1% ao mês, que incide sobre o saldo acumulado. Com relação a essa situação, julgue o item subsequente.

(1) Todas as células de A2 até A5 serão selecionadas se o empregado aplicar um clique duplo na célula A2 e, em seguida, aplicar um clique duplo na célula A5.

1: Incorreta, o duplo clique ativa a edição da célula onde os cliques foram aplicados, não servindo portanto para realizar a seleção de células.
Gabarito 1E

(CESPE) Acerca do *Excel* 2010, julgue os itens seguintes.

(1) Um usuário que deseje que todos os valores contidos nas células de B2 até B16 de uma planilha *Excel* sejam automaticamente formatados para o tipo número e o formato moeda (R$) pode fazê-lo mediante a seguinte sequência de ações: selecionar as células desejadas; clicar, na barra de ferramentas do Excel, a opção Formato de Número de Contabilização; e, por fim, selecionar a unidade monetária desejada.

(2) Em uma planilha *Excel*, para somar os valores contidos nas células de B2 até B16 e colocar o resultado na célula B17, é suficiente que o usuário digite, na célula B17, a fórmula =SOMA(B2:B16) e tecle .

1: Correta, a opção Formato de Número de Contabilização permite formatar uma ou mais células como moeda; 2: Correta, a fórmula =SOMA(B2:B16) realiza a soma dos valores das células do intervalo que vai de B2 até B16.
Gabarito 1C, 2C

(CESPE) A figura acima mostra uma janela do *Excel* 2002, com uma planilha, em processo de elaboração, contendo o consumo de dois carros de dois fabricantes diferentes, em quilômetros por litro, e a distância percorrida por eles em dois percursos diferentes. Com relação a essa situação hipotética e ao *Excel* 2002, julgue os itens seguintes.

(1) Considerando-se que nenhuma célula da planilha mostrada esteja formatada em negrito, ao final da seguinte sequência de ações os conteúdos das células A1 e C1 estarão formatados em negrito: clicar a célula A1; clicar ; clicar e, em seguida, clicar a célula C1.

(2) Para calcular o número total de litros consumidos no percurso realizado pelo carro do fabricante Mercedes, pondo o resultado na célula D2, é suficiente clicar a célula D2, clicar Σ e, em seguida, teclar Enter.

1: Correta, a função copia a formatação de um célula e aplica a outra célula, portanto após a primeira ação a célula A1 estaria em negrito e com a utilização do Pincel a célula teria a mesma formatação. 2: Incorreta, o cálculo realização pela função Σ é a somatória, neste caso é preciso realizar a divisão do valor da célula C2 pelo da célula B2.
Gabarito 1C, 2E

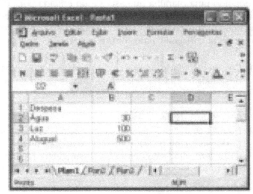

(CESPE) A figura apresentada acima mostra uma janela do *Excel* 2002 em que uma planilha, contendo despesas mensais do usuário, está em processo de elaboração. Com relação a essa planilha e ao *Excel* 2002, assinale a opção correta.

(A) Para centralizar os conteúdos das células contidas na coluna B, é suficiente clicar o cabeçalho dessa coluna e, em seguida, pressionar simultaneamente as teclas .

(B) Para aplicar negrito ao conteúdo da célula A1 é suficiente clicar essa célula e, em seguida, pressionar simultaneamente as células [Shift] e [N].

(C) Para copiar os conteúdos das células B2 e B3 para, respectivamente, as células D2 e D3, é suficiente realizar a seguinte sequência de ações: selecionar o grupo de células formado pelas células B2 e B3; clicar [ícone]; clicar a célula D2 e clicar [ícone].

(D) Ao se selecionar as células A1, A2, A3 e A4, e se pressionar a tecla [↓], os conteúdos dessas células serão organizados em ordem alfabética.

A: Incorreta, as teclas [Ctrl] e [C] apenas copiam o conteúdo do elemento selecionado; B: Incorreta, o atalho correto é [Ctrl] e [N]; C: Correta, a sequência de ações mencionada irá copiar o conteúdo das células B2 e B3 para as células D2 e D3; D: Incorreta, a tecla [↓] irá apenas levar a caixa de seleção uma linha para baixo.
Gabarito "C".

(CESPE) A figura acima mostra uma janela do *Excel* 2000 contendo uma planilha que está sendo editada por um usuário, com informações sobre a distribuição de estabelecimentos prisionais no Brasil, por região. Com relação a essa figura, à planilha mostrada e ao *Excel* 2000, julgue os itens seguintes.

(1) Para se calcular o número total de estabelecimentos prisionais no Brasil e pôr o resultado na célula C8, é suficiente clicar essa célula, digitar =soma(C3:C7) e, em seguida, teclar [Enter].

(2) Para se determinar a porcentagem de estabelecimentos prisionais na região Norte em relação ao total no Brasil e pôr o resultado na célula D4, é suficiente realizar a seguinte sequência de ações: clicar a célula C4; clicar [%], selecionar as células de C3 até C7; clicar novamente [%]; clicar a célula D4; teclar [Enter].

(3) Para se mesclar as células B1 e C1, é suficiente realizar a seguinte sequência de ações: posicionar o ponteiro do mouse no centro da célula B1; pressionar o botão esquerdo do mouse e, mantendo-o pressionado, movê-lo até que o seu ponteiro se posicione no centro da célula C1; liberar o botão esquerdo do mouse e clicar [ícone].

1: Correta, a fórmula =Soma(C3:C7) irá somar os valores presentes nas células no intervalo de C3 até C7, totalizando o número desejado.

2: Incorreta, ao clicar o ícone [%] o conteúdo da célula será exibido no formato de porcentagem, ao fazer isso na célula C4 ela não poderia ser usada para o cálculo pois é necessário seu valor unitário para que este possa ser feito. 3: Correta, o ícone [ícone] ativa a função Mesclar e centralizar, que irá juntar o conteúdo das duas células conforme desejado.

Gabarito 1C, 2E, 3C

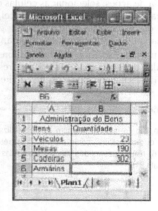

(CESPE) Considerando a figura acima, que mostra parte de uma planilha em edição no Excel 2003, julgue os itens subsequentes.

(1) Considerando que o número de armários é 30% do número de mesas, a fórmula para o cálculo desse percentual é = ▦+B4.
(2) A ferramenta ▦ é usada para realçar as células com cores variadas.

1: Incorreta, a fórmula matemática correta seria =B4*30%, utilizando a multiplicação e não adição. 2: Incorreta, a ferramenta ▦ é usada para a inserção de gráficos no documento atual.
Gabarito 1E, 2E

5. REDE E INTERNET

(Policial Rodoviário Federal – CESPE – 2019) Julgue o item subsequente, a respeito de conceitos e modos de utilização de tecnologias, ferramentas, aplicativos e procedimentos associados à Internet.

(1) As versões mais modernas dos navegadores Chrome, Firefox e Edge reconhecem e suportam, em instalação padrão, os protocolos de Internet FTP, SMTP e NNTP, os quais implementam, respectivamente, aplicações de transferência de arquivos, correio eletrônico e compartilhamento de notícias.
(2) Por meio de uma aplicação de acesso remoto, um computador é capaz de acessar e controlar outro computador, independentemente da distância física entre eles, desde que ambos os computadores estejam conectados à Internet.

1: errada, os navegadores têm por objetivo permitir a navegação em páginas na internet, não possuindo nenhuma implementação para utilização direta de protocolos como SMTP, usado para enviar mensagens de correio eletrônico e o NNTP, usado para grupos de discussão; 2: correta, os softwares de acesso remoto permitem que um usuário controle outro computador por meio de uma rede, independentemente da distância física entre eles, desde que ambos estejam conectados à mesma rede, seja ela uma Intranet ou a Internet.
Gabarito 1E, 2C

(Policial Rodoviário Federal – CESPE – 2019) A respeito de computação em nuvem, julgue o próximo item.

(1) A computação em nuvem do tipo *software* as a *service* (SaaS) possibilita que o usuário acesse aplicativos e serviços de qualquer local usando um computador conectado à Internet.

1: correto, no conceito de Software as a service, ou Software como um serviço, o usuário pode utilizar programas e recursos através da internet pagando por um valor mensal, como, por exemplo, o Microsoft Office 365, que permite a utilização dos programas do pacote Office através de navegador.
Gabarito 1C

(CESPE) Julgue os itens subsequentes, a respeito de Internet e intranet.

(1) As *intranets*, por serem redes com acesso restrito aos usuários de empresas, não utilizam os mesmos protocolos de comunicação usados na *Internet*, como o TCP/IP.

(2) Um *cookie* é um arquivo passível de ser armazenado no computador de um usuário, que pode conter informações utilizáveis por um *Website* quando este for acessado pelo usuário. O usuário deve ser cuidadoso ao aceitar um *cookie*, já que os navegadores da *Web* não oferecem opções para excluí-lo.

1: Incorreta, a intranet é baseada nos mesmos protocolos utilizados para a Internet, principalmente o TCP/IP. 2: Incorreta, todo navegador permite a exclusão dos cookies por meio de função interna.
Gabarito 1E, 2E

(CESPE) A figura acima mostra a parte superior de uma janela do *Internet Explorer 7* (IE7), em execução em um computador com sistema operacional Windows Vista, em que a página da *Web* http://www.google.com.br está sendo acessada. Com relação a essa janela, ao IE7 e a conceitos de Internet, julgue os itens que se seguem.

(1) Ao se clicar o botão ▦, a página que estiver sendo exibida no navegador passará a ser a página inicial do IE7 sempre que este navegador for aberto.
(2) O Google é um instrumento de busca que pode auxiliar a execução de diversas atividades, como, por exemplo, pesquisas escolares.

1: Incorreta, o botão mencionado leva o usuário para a página inicial configurada no navegador. 2: Correta, o Google é um dos sites de buscas mais utilizado no mundo e auxilia em atividades como pesquisas de forma muito eficiente.
Gabarito 1E, 2C

(CESPE) Com relação a conceitos de *Internet*, julgue o item abaixo.

(1) A sigla FTP designa um protocolo que pode ser usado para a transferência de arquivos de dados na *Internet*.

1: Correta, o protocolo FTP trata do envio de arquivos em rede.
Gabarito 1C

(CESPE) Considerando que, para acessar uma página da *Internet* via conexão segura (HTTPS), um usuário tenha ficado em dúvida sobre qual *software* de navegação escolher, julgue os itens que se seguem.

(1) Se o certificado digital na conexão HTTPS for maior que 1.024 *bits*, o usuário deverá escolher o *Mozilla Firefox* ou o *Internet Explorer*, que suportariam a conexão, pois o *Google Chrome* trabalha somente com certificados de até 796 *bits*.
(2) O *Google Chrome*, o *Mozilla Firefox* e o *Internet Explorer* suportam o uso do protocolo HTTPS, que possibilita ao usuário uma conexão segura, mediante certificados digitais.

1: Incorreta, o Chrome, assim como os outros navegadores mencionados, não possui esta limitação e funciona com certificados de 1024 bits e superiores; 2: Correta, todos os três navegadores permitem a navegação utilizando o protocolo HTTPS, atualmente todos os navegadores permitem tal função.
Gabarito 1E, 2C

(CESPE) Aplicativos do tipo *firewall* são úteis para proteger de acessos indesejados computadores conectados à Internet. A respeito do funcionamento básico de um *firewall* do tipo pessoal em sistemas Windows 7 configurados e em funcionamento normal, julgue os próximos itens.

(1) Quando a solicitação de conexão do tipo UDP na porta 21 for recebida por estação com *firewall* desligado, caberá ao sistema operacional habilitar o *firewall*, receber a conexão, processar a requisição e desligar o *firewall*. Esse procedimento é realizado porque a função do UDP na porta 21 é testar a conexão do *firewall* com a *Internet*.

(2) Se uma estação com *firewall* habilitado receber solicitação de conexão do tipo TCP, a conexão será automaticamente negada, porque, comumente, o protocolo TCP transporta vírus.

1: Incorreta, a porta 21 é utilizada para transferência de dados (FTP) e não está relacionada a testes de firewall; 2: Incorreta, o protocolo TCP transporta quase toda a comunicação em rede e por isso não é bloqueado pelo Firewall.
Gabarito 1E, 2E

(CESPE) Acerca de serviços e ferramentas da *Internet,* julgue os itens a seguir:

(1) Da mesma forma que é possível transmiti-los via correio eletrônico, arquivos gráficos e programas executáveis podem ser colocados em um servidor de grupos de discussão, para serem acessados pelos usuários do serviço.

(2) O *Internet Relay Chat* permite que diversas pessoas realizem comunicação *online* por meio da Internet.

(3) Via Internet, é possível conectar-se a um computador distante de onde o usuário esteja por meio da ferramenta de Internet dominada Telnet. O Telnet segue um modelo cliente/servidor para usar recursos de um computador-servidor distante.

(4) O uso do FTP *(file transfer protocol)* é um recurso da Internet utilizado para transferir arquivos de um servidor ou um host para um computador-cliente. Para realizar essa transferência, é necessário que o usuário se conecte ao servidor por meio de *software* específico. No momento da conexão, o servidor exigirá, obrigatoriamente, uma senha que deve ser fornecida pelo usuário, da mesma forma que o usuário deve fornecer uma senha para acessar um provedor da Internet. Essa senha permite que o usuário acesse quaisquer bancos de dados que estiverem armazenados no servidor de FTP.

1: Correta, arquivos podem estar armazenados em servidores para que possam ser acessados mais facilmente em grupos de discussão ou outros meios de comunicação pela Web; 2: Correta, o Internet Relay Chat (IRC) é um protocolo utilizado para conversas em tempo real; 3: Correta, o Telnet é uma ferramenta cliente/servidor utilizada para acesso remoto via rede, o qual pode ser feito pela internet; 4: Incorreta, em alguns casos pode ser feita conexão anônima, sem necessidade de usuário e senha, e uma vez feita a conexão, se tem acesso a arquivos e não bancos de dados.
Gabarito 1C, 2C, 3C, 4E

(CESPE) Com relação à Internet, julgue o item abaixo.

(1) Na tecnologia TCP/IP, usada na Internet, um arquivo, ao ser transferido, é transferido inteiro (sem ser dividido em vários pedaços), e transita sempre por uma única rota entre os computadores de origem e de destino, sempre que ocorre uma transmissão.

1: Incorreta, os arquivos são divididos em várias partes quando transferidos e nem sempre fazem o mesmo caminho, optando sempre pelo caminho mostrado pelo roteador, onde os pacotes passam.
Gabarito 1E

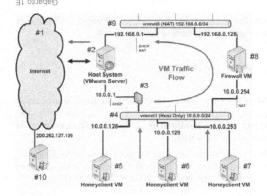

Internet: <honeyclient.org>.

(CESPE) Considerando a figura acima, que apresenta o esquema de uma rede de computadores conectada à Internet, na qual se destacam elementos nomeados de 1 a 10, julgue os itens a seguir, a respeito de redes de computadores, segurança de redes e segurança da informação.

(1) Caso uma aplicação em execução no elemento 10 envie com sucesso um pedido http para um servidor *Web* em funcionamento em 6 e receba como resposta uma página HTML com centenas de *kilobytes*, o fluxo de pacotes estabelecido entre os dois hosts será filtrado obrigatoriamente pelo dispositivo 3.

(2) O endereço IP 10.0.0.253 deve ser usado na URL inserida em um *browser* em funcionamento em 10 para viabilizar a comunicação entre esse *browser* e um servidor http em funcionamento na porta 80 do dispositivo 7, caso não seja possível usar um servidor de DNS em 10.

(3) Se uma aplicação cliente de correio eletrônico, em funcionamento em 5, recupera o conjunto de e-mails de um usuário de serviço de *e-mail* do tipo POP3 localizado em 10, então o fluxo de pacotes UDP deve ser estabelecido entre esses computadores.

1: Incorreta, o tráfego entre a internet e os servidores é filtrado no dispositivo 8 e não no dispositivo 3, este segundo apenas encaminha os dados. 2: Incorreta, o IP 10.0.0.253 é um IP interno, não possuindo acesso direto pela internet, apenas na rede local em que se encontra. 3: Incorreta, o tipo de pacote utilizado pelo protocolo POP3 é o TCP e não o UDP, pois ele precisa garantir a entrega da informação ao host requisitante.
Gabarito 1E, 2E, 3E

3. INFORMÁTICA

(CESPE) A figura acima ilustra uma janela do *Internet Explorer* 6 (IE6), que mostra uma página *Web* do sítio do DPF, cujo URL *(uniform resource locator)* é http://www.dpf.gov.br. Com relação ao IE6, julgue os itens seguintes, tendo por referência a janela ilustrada e considerando que essa janela tenha sido obtida em uma sessão de uso do referido aplicativo por um escrivão de polícia federal.

(1) Se o escrivão utilizou uma rede WLAN para acessar a *Internet*, então conclui-se que o seu computador estava equipado com tecnologia *bluetooth*.

(2) Caso a página mostrada estivesse em uma *intranet* do DPF, para que o escrivão pudesse acessá-la, com o uso do IE6, seu computador deveria estar equipado com um modem ADSL.

(3) Por meio do botão ☆, o escrivão pode definir a página ilustrada como uma das páginas favoritas do IE6. Depois dessa operação, é possível determinar quantas vezes a referida página foi acessada e a data do último acesso, mesmo após deletar informações armazenadas no arquivo referente ao histórico do IE6.

1: Incorreta, não é possível determinar o método de conexão apenas sabendo que foi utilizada uma conexão WLAN. 2: Incorreta, o acesso a uma intranet pode ser feito por outros meios de conexão, como por exemplo utilizando uma conexão de rede ethernet convencional. 3: Correta, o botão mencionado gerencia os sites favoritos, tornando o acesso aos mesmos mais rápido e permitindo gerar informações sobre os acessos.
Gabarito 1E, 2E, 3C

(CESPE) Considerando os conceitos de *Internet, intranet* e correio eletrônico, julgue os itens a seguir.

(1) As redes *wireless* possuem a vantagem de permitir conexão à *Internet*, mas não permitem a conexão à *intranet* por se tratar de rede corporativa local.

(2) O navegador *Internet Explorer* 7.0 possibilita que se alterne de um sítio para outro por meio de separadores no topo da moldura do browser, fato que facilita a navegação.

(3) O *Outlook Express* possui recurso para impedir a infecção de vírus enviados por *e-mail*.

(4) Para se fazer *upload* e *download* de arquivos na intranet é necessário que o usuário tenha o sistema *zipdriver* instalado no computador.

1: Incorreta, tanto a Internet como a intranet podem ser acessadas por meio de redes wireless. 2: Correta, o IE7 apresenta a navegação por meio de abas que se encontram na parte superior da página, facilitando a navegação quando o usuário deseja abrir várias páginas. 3: Incorreta, o Outlook Express em sua configuração padrão não conta com nenhum sistema antivírus. 4: Incorreta, o sistema zipdrive é apenas uma interface de entrada e saída que permite o uso de disquetes de capacidade superior aos disquetes de 3"½.
Gabarito 1E, 2C, 3E, 4E

(CESPE) Assinale a opção correta com relação a conceitos de *Internet*.

(A) A tecnologia WWWD *(world wide Web duo)* substituirá a WWW, acrescentando realidade virtual e acesso ultrarrápido.

(B) HTTPS é um protocolo que permite fazer *upload* de arquivos, para serem disponibilizados na *Internet*.

(C) Para se disponibilizar arquivo de dados na Internet, é necessário comprimir os dados por meio do aplicativo ZIP.

(D) O MP3 utiliza uma técnica de compressão de áudio em que a perda de qualidade do som não é, normalmente, de fácil percepção pelo ouvido humano.

(E) Para se transferir um texto anexado a um *e-mail*, deve-se utilizar aplicativo PDF.

A: Incorreta, não existe tal tecnologia; B: Incorreta, HTTPS funciona da mesma forma que o protocolo HTTP, utilizado para navegação em páginas Web, porém com uma camada de segurança; C: Incorreta, arquivos podem ser disponibilizados em qualquer formato e não apenas no formato ZIP; D: Correta, os arquivos MP3 possuem uma compressão de áudio que mantém uma boa qualidade de som; E: Incorreta, o texto também pode estar em outros formatos como doc, docx ou txt, entre outros.
Gabarito "D".

(CESPE) Ainda com relação à situação apresentada no texto acima, caso o usuário deseje acessar o conteúdo da pasta histórico associada ao IE6, que contém dados referentes a acessos a páginas *Web* previamente realizados, é suficiente que ele, na janela do IE6, clique o botão:

(A) .

(B) .

(C) .

(D) .

A: Incorreta, este botão apenas atualiza o conteúdo da página atual; B: Incorreta, este botão leva o usuário para a página inicial configurada no navegador; C: Incorreta, este botão exibe as páginas favoritas; D: Correta, este botão exibe o histórico de navegação salvo no navegador.
Gabarito "D".

(CESPE) A *Internet* consiste em um conjunto de computadores, recursos e dispositivos interligados por meio de uma série de tecnologias e protocolos. Na *Internet*, utiliza-se uma pilha de protocolos denominada:

(A) OSI.
(B) ADSL.
(C) TCP/IP.
(D) HTTP.
(E) SMTP.

A: Incorreta, OSI é a denominação das camadas do protocolo TCP/IP; B: Incorreta, ADSL é uma tecnologia de conexão com a Internet; C: Correta, o protocolo TCP/IP é aquele que dá base para as conexões de rede e para a Internet; D: Incorreta, o protocolo HTTP é usado na navegação de páginas Web; E: Incorreta, o protocolo SMTP é utilizado no envio de mensagens eletrônicas.
Gabarito "C".

(CESPE) Google é um serviço que permite a realização de buscas avançadas por meio da combinação de resultados ou da inclusão de palavras-chave. A busca por uma expressão inteira, por exemplo, delegado de polícia, no Google pode ser feita a partir da digitação do trecho:

(A) (delegado de polícia);
(B) {delegado de polícia};
(C) *delegado de polícia*/;
(D) "delegado de polícia";
(E) _delegado_de_polícia.

A: Incorreta, parênteses não são um dos operadores de diferenciação nas buscas no Google; B: Incorreta, chaves não são um dos operadores de diferenciação nas buscas no Google; C: Incorreta, a utilização de asteriscos indica que pode haver qualquer conteúdo em seu lugar; D: Correta, a utilização de aspas duplas impõe que os resultados contenham as palavras na forma em que foram buscadas; E: Incorreta, o underline não é um dos operadores de diferenciação nas buscas no Google.
Gabarito "D".

(Policial Rodoviário Federal - 2009 - FUNRIO) Nos programas de navegação na Internet, como Microsoft Internet Explorer ou Mozilla Firefox, que tecla de função do teclado, ao ser pressionada, alterna entre os modos de exibição tela inteira e normal da janela do navegador?

(A) F1
(B) F3
(C) F7
(D) F12
(E) F11

A: errada, pois a tecla F1 ativa a ajuda; B: errada, pois a tecla F3 ativa a função Localizar; C: errada, pois a tecla F7 ativa ou desativa o cursor do teclado; D: errada, pois a tecla F12 ativa uma ferramenta de depuração de código fonte; E: correta, pois a tecla F11 ativa ou desativa a exibição no modo tela cheia.
Gabarito "E".

6. SEGURANÇA DA INFORMAÇÃO. VÍRUS, *WORMS* E OUTRAS PRAGAS VIRTUAIS. APLICATIVOS DE SEGURANÇA

(Policial Rodoviário Federal – CESPE – 2019) Acerca de proteção e segurança da informação, julgue o seguinte item.

(1) No acesso a uma página *web* que contenha o código de um vírus de *script*, pode ocorrer a execução automática desse vírus, conforme as configurações do navegador.

1: correto, arquivos de script, cuja linguagem mais comumente utilizada é o javascript, podem ser executados automaticamente pelo navegador assim que este for carregado sem a necessidade de nenhuma interação do usuário.
Gabarito 1C

(Papiloscopista – PF – CESPE – 2018) No que se refere à segurança de computadores, julgue os itens subsecutivos.

(1) Cavalos de Troia são exemplos de vírus contidos em programas aparentemente inofensivos e sua ação danosa é mascarada pelas funcionalidades do hospedeiro.

(2) Os *browsers* Internet Explorer, Firefox e Chrome permitem a instalação de plugins para implementar proteção antiphishing.

(3) Servidores *proxy* que atuam em nível de aplicação conseguem bloquear acesso a arquivos executáveis em conexões HTTP, o que não pode ser realizado com filtros de pacotes.

(4) Um dos objetivos do *firewall* é monitorar todo o tráfego de dados entrando e saindo de uma rede local e entrar em ação ao identificar um *sniffer* externo.

(5) Para a melhoria de desempenho, vários produtos de segurança (*firewall* e *antispyware*, por exemplo) podem ser substituídos por um sistema de gerenciamento unificado de ameaça (UTM – *unified threat management*).

1: correta, os Cavalos de Troia são ameaças que se disfarçam de um software legítimo para manter uma porta de conexão aberta para um usuário malicioso; 2: errada, a proteção antiphising deve ser implementada por softwares gestores de correio eletrônico como o Mozilla Thunderbird e o Microsoft Outlook e não por navegadores de internet; 3: correta, os servidores proxy filtram e direcionam a navegação do usuário e podem impedir o acesso a determinados tipos de programa; 4: errada, o papel do firewall é monitorar o trafego de entrada e saída e garantia a execução das políticas de acesso definidas pelo administrador. 5: correta, um UTM ou Gerenciamento unificado de ameaças, é um termo que se refere a uma solução de segurança único que provê múltiplas funções de segurança em um ponto de uma rede.
Gabarito 1C, 2E, 3C, 4E, 5C

(Policial Rodoviário Federal – 2008 – CESPE) Com relação a vírus de computador, *phishing*, *pharming* e *spam*, julgue os itens seguintes.

I. Uma das vantagens de serviços *webmail* em relação a aplicativos clientes de correio eletrônico tais como o Mozilla Thunderbird™ 2 está no fato de que a infecção por vírus de computador a partir de arquivos anexados em mensagens de *e-mail* é impossível, já que esses arquivos são executados no ambiente do sítio *webmail* e não no computador cliente do usuário.

II. *Phishing* e *pharming* são pragas virtuais variantes dos denominados cavalos-de-troia, se diferenciando destes por precisarem de arquivos específicos para se replicar e contaminar um computador e se diferenciando, entre eles, pelo fato de que um atua em mensagens de *e-mail* trocadas por serviços de *webmail* e o outro, não.

III. O uso de firewall e de *software* antivírus é a única forma eficiente atualmente de se implementar os denominados filtros anti-*spam*.

IV. Se o sistema de nomes de domínio (DNS) de uma rede de computadores for corrompido por meio de técnica denominada *DNS cache poisoning*, fazendo que esse sistema interprete incorretamente a URL (*uniform resource locator*) de determinado sítio, esse sistema pode estar sendo vítima de *pharming*.

V. Quando enviado na forma de correio eletrônico para uma quantidade considerável de destinatários, um hoax pode ser considerado um tipo de *spam*, em que o *spammer* cria e distribui histórias falsas, algumas delas denominadas lendas urbanas.

A quantidade de itens certos é igual a

(A) 1.
(B) 2.
(C) 3.
(D) 4.
(E) 5.

I, II e III: erradas; IV e V: corretas. Se um arquivo anexado em uma mensagem é executado esta ação é feita sempre no computador do usuário, não importa como ele obteve o arquivo; *phishing* são tentativas de obtenção de dados de acesso em que o fraudador tenta se passar por uma pessoa ou empresa confiável e *pharming* é o termo atribuído ao ataque baseado na técnica *DNS cache poisoning* que faz com que a URL de um endereço direcione o usuário para outro lugar; firewalls e antivírus não têm controle sobre o recebimento de mensagens eletrônicas, para isso devem ser usadas ferramentas específicas para o controle de *spam*, seja no servidor que hospeda o serviço ou no *software* gerenciador de mensagens do usuário. Portanto, apenas a alternativa B está correta.
Gabarito "B".

(Policial Rodoviário Federal – 2004 – CESPE) Julgue o item seguinte, relativo a conceitos de segurança e proteção na Internet.

(1) Para evitar que as informações obtidas em sua pesquisa, ao trafegarem na rede mundial de computadores, do servidor ao cliente, possam ser visualizadas por quem estiver monitorando as operações realizadas na Internet, o usuário tem à disposição diversas ferramentas cuja eficiência varia de implementação para implementação. Atualmente, as ferramentas que apresentam melhor desempenho para a funcionalidade mencionada são as denominadas *sniffers* e *backdoors* e os sistemas ditos *firewall*, sendo que, para garantir tal eficiência, todas essas ferramentas fazem uso de técnicas de criptografia tanto no servidor quanto no cliente da aplicação Internet.

1: Errada, *sniffers* são programas que procuram por pacotes de dados que estão trafegando na rede e *backdoor* é um tipo de ameaça virtual que mantém uma porta de acesso aberta para um invasor.
Gabarito 1E.

7. SISTEMAS OPERACIONAIS

(CESPE) Considerando a figura acima, que representa as propriedades de um disco em um sistema operacional *Windows*, julgue os itens subsequentes.

(1) Se o usuário clicar o botão [Limpeza de Disco] todos os vírus de computador detectados no disco C serão removidos do sistema operacional.

(2) O sistema operacional em questão não pode ser o Windows 7 Professional, uma vez que o tipo do sistema de arquivo não é FAT32.

1: Incorreta, a Limpeza de Disco tem como função liberar espaço em disco removendo arquivo temporários; 2: Incorreta, o Windows 7 necessita de um sistema de arquivos NTFS para poder funcionar e não de um sistema FAT32.
Gabarito 1E. 2E.

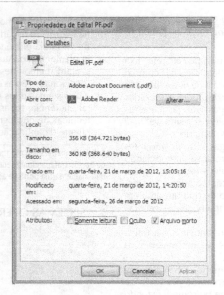

(CESPE) A figura acima apresenta as propriedades básicas de um arquivo em disco, no sistema operacional *Windows*. A respeito da figura, julgue os itens a seguir.

(2) Caso deseje alterar o nome do arquivo em questão, o usuário deverá selecionar o nome do arquivo na caixa de texto, alterá-lo conforme desejado e clicar o botão [OK].

(3) Ao clicar na guia [Detalhes] o usuário visualizará a data de criação do arquivo e a data de sua última modificação.

1: Incorreta, a opção apenas oculta a exibição do arquivo, softwares antivírus continuarão podendo acessar estes arquivos; 2: Correta, alterar o nome na caixa de texto correspondente e clicar no botão OK irá mudar o nome do arquivo; 3: Correta, data de criação e modificação são algumas das informações disponíveis na aba Detalhes, assim como tamanho, tipo, caminho, entre outros.

Gabarito 1E, 2C, 3C

4. FÍSICA

André Fioravanti e Elson Garcia

(Policial Rodoviário Federal – CESPE – 2019) A figura seguinte ilustra uma prova de tiro ao alvo com arma de fogo: o alvo é um círculo de 20 cm de diâmetro e está localizado a 50 m da extremidade do cano da arma. O cano da arma e o centro do alvo estão à altura de 1,5 m do solo.

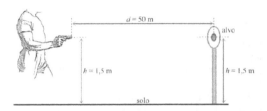

Nessa situação, um projétil de massa igual a 15 g sai do cano da arma paralelamente ao solo, com velocidade horizontal inicial de 720 km/h.

Tendo como referência a situação apresentada, julgue os itens a seguir, considerando que a aceleração da gravidade seja de 9,8 m/s2 e desprezando o atrito do ar sobre o projétil.

(1) O deslocamento do projétil na direção horizontal ocorre de acordo com uma função quadrática do tempo.
(2) Na situação em tela, o projétil atingirá o alvo circular.
(3) Se o alvo fosse retirado da direção do projétil, então o trabalho realizado pela força gravitacional para levar o projétil até o solo seria superior a 0,10 J.

1. O item está errado, pois na horizontal temos um movimento uniforme, portanto a função com o tempo, do deslocamento, é uma função linear do primeiro grau dada por x = v.t.

2. O item está errado, conforme cálculos e explicações a seguir.
A ação da gravidade faz com que o projétil seja deslocado para baixo descrevendo uma queda realizada em MRUV. Inicialmente iremos calcular o tempo para o projetil atingir o alvo:
Como o alcance (na horizontal) é de: $X - X_0 = 50m$. Usando as fórmulas:
$X - X_0 = V_{ox}.t = 50m$ e $V_{ox} = V_o.\cos\theta$ e $\cos\theta = 1$. Como $V_o = 720$ km/h = 200m/s teremos: $t = (X - X_0)/V_o$ e $t = (50m)/(200m/s)$ ou t = 0,25s.
Em seguida, calcularemos a queda do projétil $y - y_0$, na vertical. $y - y_0 = V_{oy}.t + (1/2)g.t^2$. Como $V_{oy} = V_o.\sen\theta$ e $\sen\theta = 0$ e $g = 9,8$m/s2 teremos $y - y_0 = (1/2)g.t^2 = (1/2)(9,8).0,25^2 = 0,30625m$, ou 30,6cm.
Como o alvo circular tem um raio de 10cm, ou seja, menor do que a queda do projétil, ele não vai atingir o alvo, portanto o item 2 está errado.

3. O item está correto, pois se o alvo fosse retirado da direção do projétil, o trabalho realizado
pela força gravitacional para levar o projétil até o solo, seria de W = m.g.h =
(0,015kg)(9,8m/s²)(1,5m) = 0,2205J, ou seja, superior a 0,10J.

Gabarito 1E, 2E, 3C

(Policial Rodoviário Federal – CESPE – 2019) Um veículo de 1.000 kg de massa, que se desloca sobre uma pista plana, faz uma curva circular de 50 m de raio, com velocidade de 54 km/h. O coeficiente de atrito estático entre os pneus do veículo e a pista é igual a 0,60.

A partir dessa situação, julgue os itens que se seguem, considerando a aceleração da gravidade local igual a 9,8 m/s2.

(1) O veículo está sujeito a uma aceleração centrípeta superior à aceleração gravitacional.
(2) Se o veículo estivesse sujeito a uma aceleração centrípeta de 4,8 m/s2, então ele faria a curva em segurança, sem derrapar.
(3) Considere que esse veículo colida com outro veículo, mas o sistema permaneça isolado, ou seja, não haja troca de matéria com o meio externo nem existam forças externas agindo sobre ele. Nesse caso, segundo a lei de conservação da quantidade de movimento, a soma das quantidades de movimento dos dois veículos, antes e após a colisão, permanece constante.

1. O item está incorreto, pois a aceleração centrípeta quando calculada por meio da fórmula: $A_c = V^2/R$, será menor que a aceleração da gravidade.
Cálculos: V=54km/h, ou 15m/s e R = 50m, $A_c = 15^2/50 = 4,5$m/s² e $A_c < g$.

2. O item está correto, pois para o carro derrapar ele teria que apresentar uma aceleração superior a $F_{at} = \mu.g = 0,6.9,8 = 5,88$m/s². Com **4,8m/s², ele faria a curva em segurança, sem derrapar.**

3. O item está correto, pois a quantidade de movimento se conserva em todas as colisões.

Gabarito 1E, 2C, 3C

(Polícia Rodoviária Federal – 2013 – CESPE) Considerando que um veículo com massa igual a 1.000 kg se mova em linha reta com velocidade constante e igual a 72 km/h, e considerando, ainda, que a aceleração da gravidade seja igual a 10 m/s², julgue os itens a seguir.

(1) Quando o freio for acionado, para que o veiculo pare, a sua energia cinética e o trabalho da força de atrito, em modulo, deverão ser iguais.
(2) Antes de iniciar o processo de frenagem, a energia mecânica do veiculo era igual a 200.000 J.

(1) O trabalho da força resultante que age sobre um objeto é igual a variação da energia cinética:
$W = \Delta Ec = Ecf - Eci$, onde *W* é o trabalho da força resultante e *Ecf* e *Eci* são as energias cinéticas inicial e final.
Quando o freio é acionado, a velocidade do veículo final é zero e a energia cinética final também é zero.
Assim: $W = \Delta Ec = Ecf - Eci = 0 - Eci$ e $W = -Eci$
Como a força normal e a força peso são perpendiculares à trajetória, o trabalho resultante é o próprio trabalho da força de atrito e concluímos

que o trabalho da força de atrito e a energia cinética inicial são iguais em módulo.
(2) Antes de iniciar a frenagem a energia mecânica do veículo era $Eci = (1/2)(mv^2)$ onde $m = 1.000$ kg,
$v = 72$ km/h $= 72.000$ m/3.600 s $= 20$ m/s. Portanto $Eci = (1/2)(1.000)/(20^2) = 200.000$ kg.m²/s² $= 200.000$ J.

Gabarito 1C, 2C

(Polícia Rodoviária Federal – 2013 – CESPE)

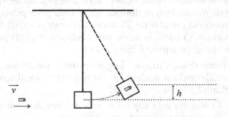

Uma bala de revolver de massa igual a 10 g foi disparada, com velocidade v, na direção de um bloco de massa igual a 4 kg, suspenso por um fio, conforme ilustrado na figura acima. A bala ficou encravada no bloco e o conjunto subiu ate uma altura h igual a 30 cm.

Considerando essas informações e assumindo que a aceleração da gravidade seja igual a 10 m/s², julgue o item abaixo.

(1) Se toda a energia cinética que o conjunto adquiriu imediatamente apos a colisão fosse transformada em energia potencial, a velocidade do conjunto apos a colisão e a velocidade com que a bala foi disparada seriam, respectivamente, superiores a 2,0 m/s e a 960 m/s.

(1) Inicialmente, vamos calcular a relação entre a velocidade do conjunto bloco-bala após a colisão (Vf) e a velocidade da bala antes da colisão (Vi), utilizando o Princípio da Conservação da Quantidade de Movimento.
Qf = Qi   Qf = (massa bala + bloco)(Vf)   e Qi = (massa bala)(Vi).
Como a massa da bala = 0,01 kg e massa do bloco = 4 kg , teremos:
(4,01)(Vf) = (0,01)(Vi)   e Vi =(401)(Vf).
Em seguida, com base no Princípio da Conservação da Energia Mecânica, calcularemos a velocidade do conjunto Bloco + Bala após a colisão (Vf):
Em1 = Energia mecânica cinética após a colisão = (½)(massa bala + bloco)(Vf)² = (2,005)(Vf)²
Em2 = Energia mecânica potencial gravitacional no ponto de altura máxima: (massa bala + bloco)(g)(h)
onde g = 10 m/s² e h = 0,3 m. Portanto   Em2 = (4,01)(10)(0,3) = 12,3 kg.m/s²
Como Em1 = Em2, (2,005)(Vf)² = 12,3 kg.m/s²   e Vf ~ 2,45 m/s. como: Vi =(401)(Vf), Vi =(401)(2,45) ~ 982 m/s e, portanto, a afirmativa está correta. (EG)

Gabarito 1C

(Polícia Rodoviária Federal – 2013 – CESPE) Considerando que um corpo de massa igual a 1,0 kg oscile em movimento harmônico simples de acordo com a equação

$x(t) = 6{,}0 \cos\left[3\pi t + \dfrac{\pi}{3}\right]$, em que t e o tempo, em segundos, e x(t) e dada em metros, julgue os itens que se seguem.

(1) A forca resultante que atua no corpo e expressa por $F(t) = -(3\eth)2\, x(t)$.

(2) O período do movimento e igual a 0,5 s.

Inicialmente vamos analisar a função da elongação no Movimento Harmônico Simples:

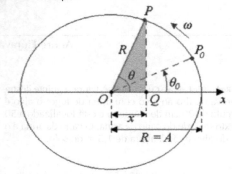

Projeção de um movimento harmônico simples circular uniforme

O movimento harmônico simples é um movimento oscilatório de grande importância na Física. É um movimento periódico em que ocorrem deslocamentos simétricos em torno de um ponto.

A fim de obter a função da elongação em relação ao tempo, utilizamos um artifício que consiste em analisar a projeção de um movimento circular uniforme sobre um dos seus diâmetros. O movimento dessa projeção é um MHS.

Vamos considerar o objeto móvel da figura acima descrevendo um MCU de período T, na circunferência de centro O e raio A. No instante inicial, t0, o móvel ocupa a posição P0 e sua posição angular inicial é è0. Em um instante posterior, t, o móvel passa a ocupar a posição P, associada à posição angular è.
Com base no estudo do MCU podemos dizer que: $\theta = \theta_0 + \omega.t$
Enquanto o móvel percorre a circunferência, sua projeção ortogonal Q, sobre o diâmetro orientado Ox, descreve um MHS de período T e amplitude A. No triângulo OPQ, destacado na figura acima, temos:

$$\cos\theta = \dfrac{OQ}{OP} \implies \cos\theta = \dfrac{x}{R} \implies x = R.\cos\theta$$

Como R = A e $\theta = \theta_0 + \omega.t$, então:

$$x(t) = A.\cos(\theta_0 + \omega.t)$$

(1) è0 é denominado fase inicial do MHS e é medido em radianos. A grandeza ù é chamada de frequência angular do MHS e é expressa em radianos por segundo (rad/s). Observe que a frequência angular corresponde à velocidade angular do MCU e tem com o período a mesma relação já estudada no MCU:

$$\omega = \dfrac{2\pi}{T}$$

Vamos comparar a equação dada com a equação da elongação:
$x(t) = 6{,}0.\cos(3 \Rightarrow t + \Rightarrow /3)$ e $x(t) = A.\cos(\Theta o + \text{ù} t)$ ou $x(t) = A.\cos(\text{ù} t + \Theta o)$
Portanto: $A = 6{,}0$, ù = 3ð e Θo = ð/3
Com esses dados já podemos calcular a aceleração do MHS.

aMHS = -ù².x = -(3⇒)².x

Como x é da do em função de t teremos: aMHS = -(3⇒)².x(t)

Como a força sobre o corpo é dada $F = m.a$ e $m = 1$ kg $F = 1.a$ = - (3ð)².x(t)

Portanto o item (1) está correto.

(2) Como ∂ = 2∂/T e ∂ = 3∂, 2∂ = 3∂T Portanto: T = 2/3 e o item (2) está errado.

(Polícia Rodoviária Federal – 2013 – CESPE) O fenômeno de redução na frequência do som emitido pela buzina de um veiculo em movimento, observado por um ouvinte, e denominado efeito Doppler. Essa diferença na frequência deve-se ao deslocamento no numero de oscilações por segundo que atinge o ouvido do ouvinte. Os instrumentos utilizados pela PRF para o controle de velocidade se baseiam nesse efeito. A respeito do efeito Doppler, julgue o item abaixo.

(1) Considere que um PRF, em uma viatura que se desloca com velocidade igual a 90 km/h, se aproxime do local de um acidente onde já se encontra uma ambulância parada, cuja sirene esteja emitindo som com frequência de 1.000 Hz. Nesse caso, se a velocidade do som no ar for igual a 340 m/s, a frequência do som da sirene ouvido pelo policial será superior a 1.025 Hz.

Podemos calcular a frequência aparente (fap) ouvida por um observador, a partir da frequência f emitida pela fonte, da velocidade vo do observador e da velocidade da fonte vf usando a expressão:
fap = f.(v+/- vo)/(v +/- vf)
Em que v é a velocidade da onda.
Para a correta manipulação da expressão, adotamos a convenção:
Se o observador se aproxima da fonte, +vo ; se ele se afasta da fonte, -vo
Se a fonte se afasta do observador, +vf ; se a fonte se aproxima dele, - vf.
Neste caso, a ambulância está parada e o observador se aproxima com velocidade de 90/3,6= 25 m/s.
fap = (f)(v+ vo)/(v) = (1.000)(340+25)/340 = 1.073 Hz.
Gabarito 1C

(Policial Rodoviário Federal – 2009 – FUNRIO) Ao longo de uma estrada retilínea, um carro passa pelo posto policial da cidade A, no km 223, às 9h30min e 20s, conforme registra o relógio da cabine de vigilância. Ao chegar à cidade B, no km 379, o relógio do posto policial daquela cidade registra 10h20min e 40s. O chefe do policiamento da cidade A verifica junto ao chefe do posto da cidade B que o seu relógio está adiantado em relação àquele em 3min e 10s. Admitindo-se que o veículo, ao passar no ponto exato de cada posto policial, apresenta velocidade dentro dos limites permitidos pela rodovia, o que se pode afirmar com relação à transposição do percurso pelo veículo, entre os postos, sabendo-se que neste trecho o limite de velocidade permitida é de 110 km/h?

(A) Trafegou com velocidade média ACIMA do limite de velocidade.
(B) Trafegou com velocidade sempre ABAIXO do limite de velocidade.
(C) Trafegou com velocidade média ABAIXO do limite de velocidade.
(D) Trafegou com velocidade sempre ACIMA do limite de velocidade.
(E) Trafegou com aceleração média DENTRO do limite permitido para o trecho.

Inicialmente, observamos que não podemos dizer nada sobre as velocidades instantâneas (itens B e D) sabendo apenas tempo e distância entre dois pontos. Da mesma forma, não existe o conceito de "aceleração média" dentro dos limites, o que torna a letra E também errada. Portanto, precisamos calcular a velocidade média desenvolvida pelo carro entre estes dois pontos. A distância entre as duas cidades é de 379 – 223 = 156 km. Se os relógios dos dois chefes de policiamento estivessem sincronizados, o tempo total de viagem entre estes dois pontos seria de 10h20min40s – 9h30min20s, ou seja, 50min20s. Mas como o relógio do chefe de policiamento A está adiantado em 3min10s, podemos perceber que, assumindo o ponto de vista do chefe de policiamento B, o carro passou em A às 9h30min20s – 3min10s = 9h27min10s, e portanto, o tempo total de viagem foi de 10h20min40s – 9h27min10s = 53min30s, o que equivale a 53,5 / 60 = 0,8917h. Portanto, o veículo percorreu 156 km em 0,8917h, ou seja, com velocidade média de v = 156/0,8917 = 174,95 km/h.
Gabarito "A".

(Policial Rodoviário Federal – 2009 – FUNRIO) Um automóvel, de peso 12000 N, apresentou pane mecânica e ficou parado no acostamento de uma rodovia. Um caminhão reboque veio ao local para retirá-lo. O automóvel será puxado para cima do caminhão com o auxílio de um cabo de aço, através de uma rampa que tem uma inclinação de 30 graus com a horizontal. Considerando que o cabo de aço permanece paralelo à rampa e que os atritos são desprezíveis, a menor força que o cabo de aço deverá exercer para puxar o automóvel será, aproximadamente, de

(A) 12000 N.
(B) 6000 N.
(C) 10400 N.
(D) 5200 N.
(E) 4000 N.

O diagrama de forças atuantes é dado pela figura a seguir:
Dessa forma, observamos que a Tração (T) do cabo de aço tem de equilibrar a parte do peso que se decompõe na direção de deslocamento, ou seja, T = P x sen(a) = P x sen(30°) = P/2 = 6.000N.
Gabarito "B".

(Policial Rodoviário Federal – 2009 – FUNRIO) Um veículo desgovernado perde o controle e tomba à margem da rodovia, permanecendo posicionado com a lateral sobre o piso e o seu plano superior rente à beira de um precipício. Uma equipe de resgate decide como ação o tombamento do veículo à posição normal para viabilizar o resgate dos feridos e liberação da pista de rolamento. Diante disso precisam decidir qual o melhor ponto de amarração dos cabos na parte inferior do veículo e então puxá-lo. Qual a condição mais favorável de amarração e que também demanda o menor esforço físico da equipe?

(A) A amarração no veículo deve ser feita em um ponto mais afastado possível do solo (mais alta), e a equipe deve puxar o cabo o mais próximo possível do veículo, dentro dos limites de segurança.
(B) A amarração no veículo deve ser feita em um ponto mais próximo possível do seu centro de massa, e a equipe deve puxar o cabo o mais distante possível do veículo.
(C) A amarração no veículo deve ser feita em um ponto mais próximo possível do seu centro de massa, e a equipe deve puxar o cabo o mais próximo possível do veículo, dentro dos limites de segurança.
(D) A amarração no veículo deve ser feita em um ponto mais afastado do solo (mais alta), entretanto o esforço feito pela equipe independe de sua posição em

relação ao veículo, desde que dentro dos limites de segurança.

(E) A amarração no veículo deve ser feita em um ponto mais afastado possível do solo (mais alta), e a equipe deve puxar o cabo o mais distante possível do veículo.

O resgate consiste em tombar o carro utilizando a base como *pivot*. Um esquemático para cada uma das soluções apontadas nos itens é: Observamos então que a melhor opção para tombar o veículo é aplicar a força o mais distante possível do seu ponto de pivoteamento, e para minimizar o esforço, este deve ser o mais perpendicular possível ao veículo, o que nos leva ao item E.
Gabarito "E".

(Policial Rodoviário Federal – 2009 – FUNRIO) Uma condição necessária e suficiente para que um veículo de 1.000 kg apresente uma quantidade de movimento NULA é que

(A) esteja trafegando em uma trajetória retilínea.
(B) esteja somente em queda livre.
(C) esteja parado, ou seja, em repouso.
(D) apresente velocidade constante e diferente de zero.
(E) seja nula a resultante de forças que nele atua.

Em mecânica, a quantidade de movimento (ou momento) de um objeto é o produto da sua massa pela sua velocidade. Portanto, como a massa do veículo é de 1.000 kg, para este apresentar quantidade de movimento igual a zero, deve-se ter velocidade nula, ou seja, em repouso.
Gabarito "C".

(Policial Rodoviário Federal – 2009 – FUNRIO) Um condutor, ao desrespeitar a sinalização, cruza seu veículo de 5.000 kg por uma linha férrea e é atingido por um vagão ferroviário de 20 t que trafegava a 36 km/h. Após o choque, o vagão arrasta o veículo sobre os trilhos. Desprezando-se a influência do atrito e a natureza do choque como sendo perfeitamente anelástico, qual a velocidade em que o veículo foi arrastado?

(A) 9 m/s.
(B) 8 m/s.
(C) 10 m/s.
(D) 12 m/s.
(E) nula.

A quantidade de movimento na direção dos trilhos é conservada. Portanto, antes do choque, observamos que o vagão trafegava a 36 / 3,6 = 10 m/s. Nessa direção a quantidade de movimento era p = m.v = 20.000 x 10 = 200.000 kg.m/s. Como o choque foi inelástico, os dois corpos permaneceram juntos depois da colisão, e, portanto, p = (20.000 + 5.000)v = 200.000, ou seja, v = 200.000 / 25.000 = 8 m/s.
Gabarito "B".

5. ÉTICA NO SERVIÇO PÚBLICO

Renan Flumian, Robinson Barreirinhas e Tony Chalita

1. DEFINIÇÕES E NUANCES

(Policial Rodoviário Federal – CESPE – 2019) A respeito de ética no serviço público, julgue os itens a seguir.

(1) Na administração pública, moralidade restringe-se à distinção entre o bem e o mal: o servidor público nunca poderá desprezar o elemento ético de sua conduta.

(2) No estrito exercício de sua função, o servidor público deve nortear-se por primados maiores — como a consciência dos princípios morais, o zelo e a eficácia —; fora dessa função, porém, por estar diante de situação particular, não está obrigado a agir conforme tais primados.

(3) Servidor público que se apresenta habitualmente embriagado no serviço ou até mesmo fora dele poderá ser submetido à Comissão de Ética, a qual poderá aplicar-lhe a pena de censura.

(4) Servidor público que, no exercício da função pública, desviar outro servidor para atender a seu interesse particular, ou, movido pelo espírito de solidariedade, for conivente com prática como esta, poderá ser submetido à Comissão de Ética.

1: incorreta. Nos termos do item III do Código de Ética Profissional do Servidor Público Civil do Poder Executivo Federal – Código de Ética – Decreto 1.171/1994, a moralidade da Administração Pública não se limita à distinção entre o bem e o mal, devendo ser acrescida da ideia de que o fim é sempre o bem comum. O equilíbrio entre a legalidade e a finalidade, na conduta do servidor público, é que poderá consolidar a moralidade do ato administrativo; **2:** incorreta, pois esses primados devem nortear o servidor não apenas no exercício do cargo ou função, mas também fora dele – item I do Código de Ética; **3:** correta. Itens XV, n, XVI e XXII do Código de Ética; **4:** correta. Itens XV, j, XVI e XXII do Código de Ética. **RB**
Gabarito 1E, 2E, 3C, 4C

(Polícia Rodoviária Federal – 2013 – CESPE) A respeito da ética no serviço público, julgue o item subsequente.

(1) Considere que os usuários de determinado serviço público tenham formado longas filas a espera de atendimento por determinado servidor que, embora responsável pelo setor, não viabilizou o atendimento. Nessa situação, segundo dispõe a legislação de regência, a atitude do servidor caracteriza conduta contrária à ética e ato de desumanidade, mas não grave dano moral aos usuários do serviço.

1: errado, não caracteriza apenas atitude contra a ética ou ato de desumanidade, mas principalmente grave dano moral aos usuários dos serviços públicos, é o que dispõe o Capítulo I, X do Decreto 1.171/1994. **TC**
Gabarito 1E

(ESAF) Ética no setor público pode ser qualificada como:

I. o padrão de comportamento que cada servidor estabelece como adequado à sua conduta.

II. o conjunto de valores e regras estabelecidos com a finalidade de orientar a conduta dos servidores públicos.

III. cumprimento dos deveres e finalidades para os quais o serviço público foi criado.

IV. cuidar para que os usuários do serviço público sejam tratados com respeito, cortesia, honestidade e humanidade.

V. não utilizar o cargo público para atendimento de interesses e sentimentos pessoais.

Estão corretas:

(A) as afirmativas I, II, III, IV e V.
(B) apenas as afirmativas I, II, III e IV.
(C) apenas as afirmativas II, III, IV e V.
(D) apenas as afirmativas II, III e IV.
(E) apenas as afirmativas IV e V.

I: incorreta, pois a ética é uma construção objetiva e apriorística e não subjetiva e casuística; II: correta, pois traz um possível conceito de ética no setor público; III: correta, pois traz um possível conceito de ética no setor público; IV: correta, pois a assertiva cuida de uma responsabilidade ética do servidor público; V: correta, pois a assertiva cuida de uma responsabilidade ética do servidor público.
Gabarito "C".

(ESAF) Julgue as afirmações referentes a Moral e Ética e, em seguida, marque a opção que apresenta os itens corretos.

I. Moral e Ética são termos que possuem sentido semelhante.
II. "Moral" vem do latim mos, que quer dizer "costume".
III. "Ética" vem do grego ethos, que quer dizer "costume".
IV. Os dois termos – Moral e Ética – vêm do grego mos e ethos, sendo que o primeiro (mos) quer dizer "moradia" enquanto que o segundo (ethos) quer dizer "costume".
V. Moral e Ética são termos complementares um do outro e significam "costume" (ethos) segundo o lugar em que se mora (mos).

(A) I, II e III
(B) III, IV e V
(C) I, IV e V
(D) I, III e IV
(E) I, III, IV e V

Etimologicamente a palavra *ética* possui conexões com as palavras gregas *ethos* e *areté*. *Ethos* significa costume, uso, hábito, mas também significa caráter, temperamento, índole, maneira de ser de uma pessoa. O *ethos* é tratado pela ética (*tá ethiká*), que estuda as ações e as paixões humanas segundo o caráter ou a índole natural dos seres humanos. Na filosofia latina (Cícero) a palavra *ethos* foi traduzida por moral (*moralem*). Por esse motivo, as palavras *moral* e *ética* aparecem muitas vezes como sinônimos. Ética pode ser definida como uma disciplina filosófica cujo objeto de estudo é o *ethos* ou *moralem*. Ao longo da História, os filósofos elaboraram diversos modelos éticos (paradigmas), motivo pelo qual também se usa a palavra *ética* para

se referir a esses modelos. Nesse sentido fala-se na ética dos antigos, na ética socrática, na ética aristotélica, na ética estoica, na ética cristã, ética utilitária, ética kantiana, ética protestante etc. Em síntese, a ética como disciplina estuda os paradigmas (modelos) éticos elaborados ao longo da História e que ainda não foram superados.
I: correta, pois, de fato, possuem sentido semelhante. Mas cabe ressaltar que ética é a parte da filosofia que estuda a moral, isto é, reflete sobre as regras morais, assim é algo mais abrangente; II: correta; III: correta; IV: incorreta, pois tanto *ethos* como *mos* querem dizer *costume*; V: incorreta, reler os comentários anteriores e a consideração inicial.
Gabarito "A".

(ESAF) Ética no setor público pode ser qualificada como

I. cumprimento dos deveres e finalidades para os quais o serviço público foi criado.
II. uso do cargo público para alcançar as finalidades de interesse do seu titular.
III. poder responsabilizar o servidor público por aquilo que ele fez e, também, por aquilo que não fez mas que deveria tê-lo feito.
IV. fornecimento aos cidadãos de informações relativas às razões que levaram à adoção de decisão de interesse público, num sentido ou noutro.
V. pleitear ajuda financeira dos administrados, quando entender necessária, em retribuição ao cumprimento de suas obrigações funcionais.

Estão corretos os itens

(A) I, II e III.
(B) I, III e IV.
(C) II, III e V.
(D) I, IV e V.
(E) II, IV e V.

As únicas assertivas que trazem exemplos de como ética no setor público pode ser qualificada são: I, III e IV.
Gabarito "B".

2. DEVERES FUNDAMENTAIS DO SERVIDOR PÚBLICO

(Polícia Rodoviária Federal – 2013 – CESPE) Nessa situação, segundo dispõe a legislação de regência, a atitude do servidor caracteriza conduta contraria a ética e ato de desumanidade, mas não grave dano moral aos usuários do serviço.

(1) O elemento ético deve estar presente na conduta de todo servidor publico, que deve ser capaz de discernir o que e honesto e desonesto no exercício de sua função.

1: certo, é o que se vê no Capítulo I, inciso II do Decreto 1.171/1994. O servidor público não poderá jamais desprezar o elemento ético de sua conduta. Assim, não terá que decidir somente entre o legal e o ilegal, o justo e o injusto, o conveniente e o inconveniente, o oportuno e o inoportuno, mas principalmente entre o honesto e o desonesto.
Gabarito 1C.

(Polícia Rodoviária Federal – 2013 – CESPE) No que se refere aos deveres do servidor publico, previstos no Código de Ética Profissional do Servidor Publico Civil do Poder Executivo Federal, julgue os próximos itens.

(1) Os registros que consistiram em objeto de apuração e aplicação de penalidade referentes a conduta ética do servidor devem ficar arquivados junto a comissão de ética e não podem ser fornecidos a outras unidades do órgão a que se encontre vinculado o servidor.

(2) Estará sujeito a penalidade de censura, a qual e aplicada pela comissão de ética, mediante parecer assinado por todos os seus integrantes, o servidor que violar algum de seus deveres funcionais.

(3) A publicidade de ato administrativo, qualquer que seja sua natureza, constitui requisito de eficácia e moralidade.

1: errado, deverá a Comissão de Ética fornecer aos organismos encarregados da execução do quadro de carreira dos servidores, registros sobre sua conduta ética, nos termos do Capítulo II, inciso XVIII do Decreto 1.171/1994; **2:** certo, é o que prevê o Capítulo II, inciso XXII, do Decreto 1.171/94; **3:** errado, há exceções previstas no Capítulo I, inciso VII, do Decreto 1.171/1994.
Gabarito 1E, 2C, 3E.

(FUNRIO) Segundo o Código de Ética Profissional do Servidor Público Civil do Poder Executivo Federal, são deveres fundamentais do servidor público:

(A) atuar, com alguma moderação, as prerrogativas profissionais que lhe sejam atribuídas, abstendo-se de fazê-lo contrariamente aos legítimos interesses dos usuários do serviço público e dos jurisdicionados administrativos.
(B) exercitar, com moderação, as prerrogativas profissionais que lhe sejam atribuídas, abstendo-se de fazê-lo contrariamente aos legítimos interesses do serviço público.
(C) atuar, com moderação, as prerrogativas profissionais que lhe sejam atribuídas, abstendo-se de fazê-lo contrariamente aos legítimos interesses dos usuários do serviço público e dos jurisdicionados administrativos.
(D) exercer, com estrita moderação, as prerrogativas funcionais que lhe sejam atribuídas, abstendo-se de fazê-lo contrariamente aos legítimos interesses dos usuários do serviço público e dos jurisdicionados administrativos.
(E) exercer, com moderação, as prerrogativas funcionais que lhe sejam atribuídas, abstendo-se de fazê-lo contrariamente aos interesses dos usuários do serviço público e dos jurisdicionados administrativos.

A assertiva que traz um verdadeiro dever fundamental do servidor público é a D (art. XIV, *t*, do Anexo do Código de Conduta do Servidor Público Civil do Poder Executivo Federal).
Gabarito "D".

(FUNRIO) Com relação aos deveres do servidor público, nos termos do Código de Ética Profissional do Servidor Público Civil do Poder Civil, estabelecido pelo Decreto nº 1.171/94, é correto

(A) ter consciência de que seu trabalho é regido por princípios éticos e religiosos que se materializam na adequada prestação dos serviços públicos.
(B) exercer suas atribuições com rapidez, perfeição e rendimento, pondo fim ou procurando prioritariamente resolver situações procrastinatórias, principalmente diante de filas ou de qualquer outra espécie de atraso na prestação dos serviços pelo setor em que exerça suas atribuições, com o fim de evitar dano moral ao usuário.

(C) não participar de greve, de forma a garantir a defesa da vida, do patrimônio público e privado, pela liberdade de opinião e da segurança pública.
(D) ser assíduo e frequente ao serviço, na certeza de que sua ausência provoca danos ao trabalho ordenado, desde que reflita negativamente em todo o sistema.
(E) participar obrigatoriamente dos movimentos e dos estudos que se relacionem com a melhoria do exercício das funções da Unidade em que está lotado, tendo por escopo a realização da função social.

A única assertiva correta é a B (art. XIV, *b*, do Anexo do Código de Conduta do Servidor Público Civil do Poder Executivo Federal).
Gabarito "B".

(FUNRIO) O Código de Ética Profissional do Servidor Público Civil do Poder Executivo Federal, aprovado pelo DECRETO Nº 1.171, DE 22 DE JUNHO DE 1994, estabelece em seu CAPÍTULO I, Seção II ("Dos Principais Deveres do Servidor Público"), que está entre os deveres fundamentais do servidor público, zelar, no exercício do direito de greve, pelas exigências específicas da defesa
(A) nacional e da segurança do Estado.
(B) nacional e da segurança individual.
(C) da vida e da segurança coletiva.
(D) das instituições e da segurança do cidadão
(E) do Estado e da segurança nacional.

A assertiva correta é a C: o art. XIV, *j*, do Anexo do Código de Conduta do Servidor Público Civil do Poder Executivo Federal assim dispõe: "zelar, no exercício do direito de greve, pelas exigências específicas da defesa da vida e da segurança coletiva".
Gabarito "C".

(ESAF) De acordo com o Decreto 1.171/1994 (Código de Conduta do Servidor Público Civil do Poder Executivo Federal), são deveres fundamentais do servidor público
I. ser probo, reto, leal e justo, demonstrando toda a integridade do seu caráter, escolhendo sempre, quando estiver diante de duas opções, a melhor e a mais vantajosa para o bem comum.
II. não prejudicar a Administração Pública, mesmo que, para tanto, seja necessário omitir a verdade sobre fato relevante.
III. abster-se de observar as formalidades legais desde que não cometa qualquer violação expressa à lei.
IV. facilitar a fiscalização de todos os atos ou serviços por quem de direito.
V. apresentar-se ao trabalho com vestimentas adequadas ao exercício da função.
Estão corretos os itens
(A) I, II e III.
(B) II, IV e V.
(C) III, IV e V.
(D) I, II e IV.
(E) I, IV e V.

I: correto (art. XIV, *c*, do Anexo do Código de Conduta do Servidor Público Civil do Poder Executivo Federal); II: incorreto, pois não se trata de um dever fundamental do servidor público; III: incorreto, pois não se trata de um dever fundamental do servidor público; IV: correto (art. XIV, *s*, do Anexo do Código de Conduta do Servidor Público Civil do Poder Executivo Federal); V: correto (art. XIV, *p*, do Anexo do Código de Conduta do Servidor Público Civil do Poder Executivo Federal).
Gabarito "E".

3. VEDAÇÕES AO SERVIDOR PÚBLICO

(FUNRIO) Segundo Código de Ética Profissional do Servidor Público Civil do Poder Executivo Federal, conforme a Seção III Das Vedações ao Servidor Público, é vedado ao servidor público:
(A) deixar de utilizar as atualizações técnicas e científicas ao seu alcance para atendimento do seu exercício profissional.
(B) deixar de considerar os avanços técnicos ao seu alcance ou do seu conhecimento para atendimento dos usuários.
(C) deixar de utilizar os avanços técnicos e científicos do seu conhecimento para atendimento do seu mister.
(D) deixar de utilizar os avanços técnicos e científicos ao seu alcance ou do seu conhecimento para atendimento do seu mister.
(E) deixar de considerar os avanços científicos ao seu alcance ou do seu conhecimento para atendimento do seu mister.

A assertiva que traz uma verdadeira proibição ao servidor público é a D (art. XV, *e*, do Anexo do Código de Conduta do Servidor Público Civil do Poder Executivo Federal).
Gabarito "D".

(FUNRIO) É proibido ao servidor público:
(A) Ser assíduo ao serviço público objetivando obter vantagem no seu conceito na vida profissional.
(B) Participar dos movimentos e estudos relacionados com a melhoria do exercício de suas funções, sem autorização superior.
(C) Prejudicar deliberadamente a reputação de outros servidores ou de cidadãos que deles dependam.
(D) Obrigar o subordinado a apresentar-se ao trabalho com vestimentas adequadas ao exercício da função.
(E) Deixar de informar e divulgar a todos os integrantes da sua classe sobre a existência do Código de Ética da Administração Pública Federal para que ele seja integralmente cumprido.

A assertiva que traz uma verdadeira proibição ao servidor público é a C (art. XV, *b*, do Anexo do Código de Conduta do Servidor Público Civil do Poder Executivo Federal).
Gabarito "C".

(ESAF) De acordo com o Código de Ética Profissional do Servidor Público Civil do Poder Executivo Federal, é vedado ao servidor público:
I. ser sócio de empresa que explore atividade considerada ilegal ou imoral.
II. sugerir ao usuário do serviço público que dê uma colaboração em dinheiro para as reuniões de confraternização da repartição.
III. deixar de dar regular andamento a um processo administrativo porque o interessado é seu desafeto.
IV. determinar a servidor subordinado que realize serviços do seu interesse particular (interesse do mandante).

V. deixar de utilizar os avanços técnicos e científicos ao seu alcance ou do seu conhecimento para atendimento do seu mister.

Estão corretas:

(A) as afirmativas I, II, III, IV e V.
(B) apenas as afirmativas I, II, III e IV.
(C) apenas as afirmativas II, III e IV.
(D) apenas as afirmativas II e IV.
(E) apenas as afirmativas III e IV.

I, II, III, IV e V: As cinco assertivas estão corretas, pois tratam de situações que se enquadram nas hipóteses previstas pelo Código de Ética como vedações ao servidor público. Segue a redação do art. XV do Código de Ética Profissional do Servidor Público Civil do Poder Executivo Federal que traz todas as vedações: "É vedado ao servidor público; a) o uso do cargo ou função, facilidades, amizades, tempo, posição e influências, para obter qualquer favorecimento, para si ou para outrem; b) prejudicar deliberadamente a reputação de outros servidores ou de cidadãos que deles dependam; c) ser, em função de seu espírito de solidariedade, conivente com erro ou infração a este Código de Ética ou ao Código de Ética de sua profissão; d) usar de artifícios para procrastinar ou dificultar o exercício regular de direito por qualquer pessoa, causando-lhe dano moral ou material; e) deixar de utilizar os avanços técnicos e científicos ao seu alcance ou do seu conhecimento para atendimento do seu mister; f) permitir que perseguições, simpatias, antipatias, caprichos, paixões ou interesses de ordem pessoal interfiram no trato com o público, com os jurisdicionados administrativos ou com colegas hierarquicamente superiores ou inferiores; g) pleitear, solicitar, provocar, sugerir ou receber qualquer tipo de ajuda financeira, gratificação, prêmio, comissão, doação ou vantagem de qualquer espécie, para si, familiares ou qualquer pessoa, para o cumprimento da sua missão ou para influenciar outro servidor para o mesmo fim; h) alterar ou deturpar o teor de documentos que deva encaminhar para providências; i) iludir ou tentar iludir qualquer pessoa que necessite do atendimento em serviços públicos; j) desviar servidor público para atendimento a interesse particular; l) retirar da repartição pública, sem estar legalmente autorizado, qualquer documento, livro ou bem pertencente ao patrimônio público; m) fazer uso de informações privilegiadas obtidas no âmbito interno de seu serviço, em benefício próprio, de parentes, de amigos ou de terceiros; n) apresentar-se embriagado no serviço ou fora dele habitualmente; o) dar o seu concurso a qualquer instituição que atente contra a moral, a honestidade ou a dignidade da pessoa humana; p) exercer atividade profissional aética ou ligar o seu nome a empreendimentos de cunho duvidoso". Mais especificamente, o item I relaciona-se com p; o item II relaciona-se com g; o item III relaciona-se com d; o tem IV relaciona-se com f; e o item V relaciona-se com e.

Gabarito "A".

(NCE-UFRJ) O Decreto Federal nº 1.171 de 22 de junho de 1994 aprovou o Código de Ética Profissional do servidor público civil do Poder Executivo Federal estabelecendo na seção III, diversas vedações ao servidor público, entre as quais NÃO está prevista:

(A) deixar de utilizar os serviços técnicos e científicos ao seu alcance ou do seu conhecimento para atendimento do seu mister;
(B) usar de artifícios para procrastinar ou dificultar o exercício regular de direito por qualquer pessoa, causando-lhe dano material ou moral;
(C) ausentar-se, sem justificativa, do seu local de trabalho;
(D) iludir ou tentar iludir qualquer pessoa que necessite de atendimento em serviços públicos;
(E) permitir que perseguições, simpatias, antipatias, caprichos, paixões ou interesses de ordem pessoal interfiram no trato com o público.

A: correta (inciso XV, e, do Anexo do Código de Conduta do Servidor Público Civil do Poder Executivo Federal); B: correta (inciso XV, d, do Anexo do Código de Conduta do Servidor Público Civil do Poder Executivo Federal); C: incorreta (devendo ser assinalada). A única vedação que não está prevista no Código de Conduta do Servidor Público Civil do Poder Executivo Federal é a anunciada pela assertiva C; D: correta (inciso XV, i, do Anexo do Código de Conduta do Servidor Público Civil do Poder Executivo Federal); E: correta (inciso XV, f, do Anexo do Código de Conduta do Servidor Público Civil do Poder Executivo Federal).

Gabarito "C".

4. COMISSÕES DE ÉTICA

(ESAF) Nos termos do Código de Ética Profissional do Servidor Público Civil do Poder Executivo Federal, o conceito de servidor público, para fins de apuração do comprometimento ético, é

(A) restritivo, abrangendo apenas os que, por força de lei, prestem serviços de natureza permanente, ligados diretamente a qualquer órgão do poder estatal.
(B) restritivo, abrangendo apenas os que, por força de lei ou contrato, prestem serviços de natureza permanente, ligados diretamente a qualquer órgão do poder estatal.
(C) relativamente restritivo, abrangendo apenas os que, por força de lei, contrato ou outro ato jurídico, prestem serviços de natureza permanente, ligados diretamente a qualquer órgão do poder estatal.
(D) bastante amplo, abrangendo até mesmo os que, por força de qualquer ato jurídico, prestem serviços de natureza excepcional, mesmo que não remunerados para tanto e ligados apenas indiretamente a um órgão do poder estatal.
(E) amplo, abrangendo também os que, por força de qualquer ato jurídico, prestem até mesmo serviços de natureza temporária ou excepcional, desde que com retribuição financeira e ligados diretamente a algum órgão do poder estatal.

A assertiva D é a correta porque está em conformidade com a redação do art. XXIV do Código de Conduta do Servidor Público Civil do Poder Executivo Federal: "Para fins de apuração do comprometimento ético, entende-se por servidor público todo aquele que, por força de lei, contrato ou de qualquer ato jurídico, preste serviços de natureza permanente, temporária ou excepcional, ainda que sem retribuição financeira, desde que ligado direta ou indiretamente a qualquer órgão do poder estatal, como as autarquias, as fundações públicas, as entidades paraestatais, as empresas públicas e as sociedades de economia mista, ou em qualquer setor onde prevaleça o interesse do Estado".

Gabarito "D".

(CESGRANRIO) Tendo como referência o Código de Ética, aprovado pelo Decreto no 1.171, de 22 de junho de 1994, incluídas suas alterações posteriores, bem como as disposições pertinentes da Lei no 8.112, de 11 de dezembro de 1990, consolidada com as suas várias alterações posteriores, analise as afirmações a seguir.

I. O referido código só é aplicável aos servidores efetivos, não vinculando os servidores temporários.
II. A comissão de ética tem como atribuição fornecer dados, para utilização nos processos de progressão funcional dos servidores.

III. A formação de uma comissão de ética específica, no âmbito dos diversos órgãos federais, é compulsória.

IV. A comissão de ética pode aplicar a pena de suspensão, prevista na Lei nº 8.112, de 1990, considerada sua alteração no referido Decreto.

É(São) verdadeira(s) APENAS a(s) afirmativa(s)

(A) I
(B) I e III
(C) I e IV
(D) II e III
(E) II e IV

I: incorreta, pois o Código é aplicável aos servidores efetivos e aos temporários também (art. XXIV do Anexo do Código de Conduta do Servidor Público Civil do Poder Executivo Federal); II: correta (art. XVIII do Anexo do Código de Conduta do Servidor Público Civil do Poder Executivo Federal); III: correta (art. XVI do Anexo do Código de Conduta do Servidor Público Civil do Poder Executivo Federal); IV: incorreta, pois em contradição com a redação do art. XXII do Anexo do Código de Conduta do Servidor Público Civil do Poder Executivo Federal: "A pena aplicável ao servidor público pela Comissão de Ética é a de censura e sua fundamentação constará do respectivo parecer, assinado por todos os seus integrantes, com ciência do faltoso".
Gabarito "D".

(CESPE) Acerca do Código de Ética Profissional do Servidor Público Civil do Poder Executivo Federal, julgue os próximos itens.

(1) O código de ética se caracteriza como decreto autônomo no que concerne à lealdade à instituição a que o indivíduo serve.

(2) Órgãos que exercem atribuições delegadas do poder público devem criar comissões de ética.

(3) Age de modo equivocado o servidor público que, ao reunir documentos para fundamentar seu pedido de promoção, solicita a seu chefe uma declaração que ateste a lisura de sua conduta profissional. O equívoco refere-se ao fato de que, nessa situação, o pedido deveria ser feito não ao chefe, mas à comissão de ética, que tem a incumbência de fornecer registros acerca da conduta ética de servidor para instruir sua promoção.

(4) Na estrutura da administração, os integrantes de comissão de ética pública têm cargo equivalente ao de ministro de Estado no que se refere a hierarquia e remuneração.

(5) Caso um servidor público tenha cometido pequenos deslizes de conduta comprovados por comissão de sindicância que recomende a pena de censura, o relatório da comissão de sindicância deve ser encaminhado para a comissão de ética, pois é esta que tem competência para aplicar tal pena ao servidor.

1: errado, pois se trata de um decreto regulamentar; 2: correto (art. XVI do Código de Conduta do Servidor Público Civil do Poder Executivo Federal); 3: certo (art. XVIII do Código de Conduta do Servidor Público Civil do Poder Executivo Federal); 4: errado, pois não possuem cargo equivalente ao de Ministro de Estado; 5: correto (art. XXII do Código de Conduta do Servidor Público Civil do Poder Executivo Federal).
Gabarito 1E, 2C, 3C, 4E, 5C.

(CESGRANRIO) O Decreto nº 1.171/94, que aprovou o Código de Ética Profissional do Servidor Público Civil do Poder Executivo Federal, prevê a criação de Comissão de Ética em todos os órgãos da Administração Pública Federal direta, indireta, autárquica e fundacional. As denúncias dirigidas a essa Comissão:

(A) somente serão conhecidas se subscritas por qualquer servidor público.
(B) poderão ser enviadas anonimamente, por qualquer cidadão.
(C) serão apuradas em rito sumário, ouvidos apenas o queixoso e o servidor.
(D) são de prerrogativa exclusiva das autoridades hierarquicamente superiores ao denunciado.
(E) deverão conter justificativa sobre o interesse específico do denunciante na apuração dos fatos.

A resposta correta no ano de feitura dessa questão é a C, com fundamento no art. XIX do Anexo do Código de Ética Profissional do Servidor Público Civil do Poder Executivo Federal. Todavia, no ano de 2007 o referido art. XIX do Anexo foi revogado pelo Decreto 6.029/2007. O art. 12 do citado Decreto assim estatui hodiernamente: "O processo de apuração de prática de ato em desrespeito ao preceituado no Código de Conduta da Alta Administração Federal e no Código de Ética Profissional do Servidor Público Civil do Poder Executivo Federal será instaurado, de ofício ou em razão de denúncia fundamentada, respeitando-se, sempre, as garantias do contraditório e da ampla defesa, pela Comissão de Ética Pública ou Comissões de Ética de que tratam os incisos II e III do art. 2.º, conforme o caso, que notificará o investigado para manifestar-se, por escrito, no prazo de dez dias".
Gabarito "C".

5. CÓDIGO DE CONDUTA DA ALTA ADMINISTRAÇÃO FEDERAL

(CESGRANRIO) A violação das normas estipuladas no Código de Conduta da Alta Administração Federal por autoridades no exercício de cargo de presidente ou diretor de autarquia federal, conforme a gravidade, acarreta:

(A) multa.
(B) suspensão.
(C) repreensão.
(D) advertência.
(E) censura ética.

"Na verdade, o Código trata de um conjunto de normas às quais se sujeitam as pessoas nomeadas pelo Presidente da República para ocupar qualquer dos cargos nele previstos, sendo certo que a transgressão dessas normas não implicará, necessariamente, violação de lei, mas, principalmente, descumprimento de um compromisso moral e dos padrões qualitativos estabelecidos para a conduta da Alta Administração. Em consequência, a punição prevista é de caráter político: advertência e 'censura ética'. Além disso, é prevista a sugestão de exoneração, dependendo da gravidade da transgressão" (Exposição de Motivos n. 37 de 2000).
O art. 17, I e II, do Código de Conduta da Alta Administração Federal assim dispõe: "A violação das normas estipuladas neste Código acarretará, conforme sua gravidade, as seguintes providências: I – advertência, aplicável às autoridades no exercício do cargo; II – censura ética, aplicável às autoridades que já tiverem deixado o cargo". Logo, a assertiva D é a correta.
Gabarito "D".

6. SISTEMA DE GESTÃO DA ÉTICA DO PODER EXECUTIVO FEDERAL

(ESAF) Considerando-se as normas aplicáveis ao Sistema de Gestão da Ética do Poder Executivo Federal, assinale a opção *incorreta*.

(A) As pessoas jurídicas de direito privado podem provocar a atuação de Comissão de Ética para apuração de infração ética imputada a agente público.

(B) As Comissões de Ética, ao concluir pela existência de falta de ética, poderão aplicar ao servidor penas disciplinares como a de advertência e suspensão.

(C) A abertura de processo para apuração de infração de natureza ética não depende de recebimento de denúncia.

(D) Até sua conclusão, os procedimentos instaurados para apuração de possíveis infrações das normas éticas serão mantidos com a chancela de "reservado".

(E) Nem sempre a identidade do denunciante de infração às normas éticas será mantida sob reserva.

A: correta, pois em consonância com a redação do art. 11 do Sistema de Gestão da Ética do Poder Executivo Federal (Decreto 6.029/2007): "Qualquer cidadão, agente público, pessoa jurídica de direito privado, associação ou entidade de classe poderá provocar a atuação da CEP ou de Comissão de Ética, visando à apuração de infração ética imputada a agente público, órgão ou setor específico de ente estatal"; B: incorreta (devendo ser assinalada), pois o art. 12, § 5.º, do Sistema de Gestão da Ética do Poder Executivo Federal (Decreto 6.029/2007) assim estatui: "Se a conclusão for pela existência de falta ética, além das providências previstas no Código de Conduta da Alta Administração Federal e no Código de Ética Profissional do Servidor Público Civil do Poder Executivo Federal, as Comissões de Ética tomarão as seguintes providências, no que couber: I – encaminhamento de sugestão de exoneração de cargo ou função de confiança à autoridade hierarquicamente superior ou devolução ao órgão de origem, conforme o caso; II – encaminhamento, conforme o caso, para a Controladoria-Geral da União ou unidade específica do Sistema de Correição do Poder Executivo Federal de que trata o Decreto 5.480, de 30 de junho de 2005 para exame de eventuais transgressões disciplinares; e III – recomendação de abertura de procedimento administrativo, se a gravidade da conduta assim o exigir". E segundo o art. XXII do Anexo do Código de Conduta do Servidor Público Civil do Poder Executivo Federal, a Comissão de Ética pode aplicar a pena de censura; C: correta, pois não existe a necessidade de recebimento da denúncia (art. 12, § 5.º, III, do Decreto 6.029/2007 – Sistema de Gestão da Ética do Poder Executivo Federal); D: correta, pois reflete a redação do art. 13 do Sistema de Gestão da Ética do Poder Executivo Federal (Decreto 6.029/2007); E: correta, pois em consonância com a redação do art. 10, II, do Decreto 6029/2007 – Sistema de Gestão da Ética do Poder Executivo Federal: "Art. 10. Os trabalhos da CEP e das demais Comissões de Ética devem ser desenvolvidos com celeridade e observância dos seguintes tópicos: (...) II – proteção à identidade do denunciante, que deverá ser mantida sob reserva, *se este assim o desejar*".

Gabarito "B".

(FUNRIO) A qualquer pessoa que esteja sendo investigada é assegurado o direito de conhecer o teor da acusação

(A) somente após ser notificada com objetivo de preservar a instauração do processo investigatório.

(B) antes mesmo de ser notificado e, nesse caso, não podendo ter vistas ao processo e obter cópia dos autos.

(C) antes de ser notificado, para apresentação de defesa prévia que, se aceita, evitará a instauração do procedimento investigatório.

(D) além de ter vistas dos autos no recinto das Comissões de Ética e obtenção de cópia dos autos e de certidão de seu teor.

(E) através de notificação formal, não podendo ter vistas ao processo pelo seu caráter sigiloso.

A assertiva D é a correta, pois está em consonância com a redação do art. 14, *caput* e parágrafo único, do Decreto 6.029/2007 – Sistema de Gestão da Ética do Poder Executivo Federal: "A qualquer pessoa que esteja sendo investigada é assegurado o direito de saber o que lhe está sendo imputado, de conhecer o teor da acusação e de ter vista dos autos, no recinto das Comissões de Ética, mesmo que ainda não tenha sido notificada da existência do procedimento investigatório. Parágrafo único. O direito assegurado neste artigo inclui o de obter cópia dos autos e de certidão do seu teor".

Gabarito "D".

7. COMBINADAS E OUTROS TEMAS

(CESPE) Acerca do Código de Ética Profissional do Servidor Público Civil do Poder Executivo Federal, julgue os itens a seguir.

(1) A publicidade de qualquer ato administrativo constitui requisito de eficácia e moralidade, ensejando sua omissão comprometimento ético contra o bem comum, imputável a quem a negar, sendo ressalvados, apenas, os casos de segurança nacional e investigações policiais.

(2) O trabalho que o servidor público desenvolve perante a comunidade é um acréscimo ao seu próprio bem-estar, já que este é também um cidadão, integrante da sociedade. Em decorrência, o êxito desse trabalho pode ser considerado como seu maior patrimônio, e sua remuneração, custeada pelos tributos pagos direta ou indiretamente por todos, exige, como contrapartida, que a moralidade administrativa se integre no direito, como elemento indissociável de sua aplicação e de sua finalidade, erigindo-se, como consequência, em fator de legalidade.

(3) O servidor público deve saber que causará dano moral quando tratar mal uma pessoa que paga tributos direta ou indiretamente, bem como quando deixar qualquer pessoa à espera de solução que compita ao setor em que exerça suas funções, permitindo a formação de longas filas, ou qualquer outra espécie de atraso na prestação do serviço. Isso não caracteriza apenas atitude contra a ética ou ato de desumanidade, mas principalmente grave dano moral aos usuários dos serviços públicos.

(4) O servidor público deve abster-se, de forma absoluta, de exercer sua função, poder ou autoridade com finalidade estranha ao interesse público, ainda que observando as formalidades legais e não cometendo qualquer violação expressa à lei. Deve, isto sim, exercer as prerrogativas funcionais que lhe sejam atribuídas, com estrita moderação, abstendo-se de fazê-lo contrariamente aos legítimos interesses dos usuários do serviço público e dos jurisdicionados administrativos.

(5) O servidor da ANATEL deve ter consciência de que seu trabalho é regido por princípios éticos que se materializam na adequada prestação dos serviços públicos. Para que isso ocorra, deve ele ser probo, reto, leal, justo e cortês, respeitando a capacidade e as limitações individuais de todos os usuários do serviço público, sem qualquer espécie de preconceito ou distinção de raça, sexo, nacionalidade, cor, idade, religião, cunho político e posição social, escolhendo sempre, quando estiver diante de duas opções, a melhor e mais vantajosa para a ANATEL, aperfeiçoando, com isso, o processo de comunicação corporativa.

(6) São deveres dos titulares de entidade ou órgão da administração pública federal, direta e indireta: conduzir em seu âmbito a avaliação da gestão da ética conforme processo coordenado pela Comissão de Ética Pública, bem como assegurar as condições de trabalho para que as comissões de ética cumpram suas funções, inclusive para que do exercício das atribuições de seus integrantes não lhes resulte qualquer prejuízo ou dano.

(7) A proteção à honra e à imagem da pessoa investigada, a proteção à identidade do denunciante — que deve ser mantida sob reserva, se este assim o desejar —, bem como a independência e imparcialidade dos seus membros na apuração dos fatos são princípios que devem ser observados pelas comissões de ética em seus trabalhos.

1: errado, pois contraria a redação do art. VII do Anexo do Código de Ética Profissional do Servidor Público Civil do Poder Executivo Federal (Decreto 1.171/1994): "salvo os casos de segurança nacional, investigações policiais ou *interesse superior do Estado e da Administração Pública*, a serem preservados em processo previamente declarado sigiloso, nos termos da lei, a publicidade de qualquer ato administrativo constitui requisito de eficácia e moralidade, ensejando sua omissão comprometimento ético contra o bem comum, imputável a quem a negar"; 2: correto, pois em consonância com os arts. IV e V do Anexo do Código de Ética Profissional do Servidor Público Civil do Poder Executivo Federal; 3: correto, pois em consonância com os arts. IX e X do Anexo do Código de Ética Profissional do Servidor Público Civil do Poder Executivo Federal; 4: correto. A presente assertiva reproduz o mandamento estampado no art. XIV, *t* e *u*, do Anexo do Código de Ética; 5: errado, pois não está em harmonia com os mandamentos inculpidos no Código de Ética; 6: correto, pois em conformidade com a redação do art. 6.º, I e II. do Decreto 6.029/2007; 7: correto, pois em conformidade com a redação do art. 10, I, II e III, do Decreto 6.029/2007.

Gabarito 1E, 2C, 3C, 4C, 5E, 6C, 7C

(CESPE) Com relação ao Código de Ética Profissional do Servidor Público, julgue os itens que se seguem.

(1) Em todos os órgãos e entidades da administração pública federal direta, deve existir uma comissão de ética encarregada de orientar e aconselhar sobre a ética profissional do servidor, no tratamento com o patrimônio público; de julgar infrações e determinar punições, advertências e censuras administrativas cabíveis; bem como de aplicar multas e de executar a liquidação extrajudicial do patrimônio particular dos indiciados.

(2) É vedado ao servidor público receber qualquer tipo de ajuda financeira, gratificação, prêmio, comissão, doação ou vantagem de qualquer espécie, para o cumprimento da sua missão ou para, com a mesma finalidade, influenciar outro servidor.

1: errado, pois não está em total concordância com o art. XVI do Anexo do Código de Ética Profissional do Servidor Público Civil do Poder Executivo Federal; 2: correto, pois está em consonância com a redação do art. XV, *g*, do Anexo do Código de Ética.

Gabarito 1E, 2C

(ESAF) De acordo com o Código de Ética Profissional do Servidor Público Civil do Poder Executivo Federal, "a moralidade da Administração Pública não se limita à distinção entre o bem e o mal, devendo ser acrescida da ideia de que o fim é sempre o bem comum. O equilíbrio entre a legalidade e a finalidade, na conduta do servidor, é que poderá consolidar a moralidade do ato administrativo". Esse enunciado expressa:

I. um valor ético destinado a orientar a prática dos atos administrativos.
II. uma regra de conduta consubstanciada num dever.
III. a impossibilidade de um ato administrativo, praticado de acordo com a lei, ser impugnado sob o aspecto da moralidade.
IV. que a finalidade do ato administrativo influencia a sua análise sob o aspecto da moralidade.
V. que todo ato legal é também moral.

Estão corretas:

(A) as afirmativas I, II, III, IV e V.
(B) apenas as afirmativas I, II, III e IV.
(C) apenas as afirmativas II, IV e V.
(D) apenas as afirmativas II, III e IV.
(E) apenas as afirmativas I e IV.

I: correta, pois se trata, indiscutivelmente, de uma orientação ética para a prática de atos administrativos (art. III do Anexo); II: incorreta. Não se trata de um dever, mas sim de uma orientação que visa a realização do bem comum; III: incorreta, pois a assertiva não cuida de um possível significado a ser extraído do texto mediante o recurso interpretativo; IV: correta, pois a finalidade do ato administrativo sempre deverá ser o bem comum; V: incorreta, pois essa afirmação é errônea.

Gabarito "E".

Nas próximas duas questões, as proposições representam valores éticos e regras éticas. Distinga as que representam "valor" das que representam "regra".

I. É vedado ao servidor público usar do cargo ou função, facilidades, amizades, tempo, posição e influências, para obter qualquer favorecimento, para si ou para outrem.
II. A cortesia, a boa vontade, o cuidado e o tempo dedicados ao serviço público caracterizam o esforço pela disciplina.
III. A dignidade, o decoro, o zelo, a eficácia e a verdade são primados maiores que devem nortear o servidor público.
IV. Ao servidor público não se pode permitir que perseguições, simpatias, antipatias, caprichos, paixões ou interesses de ordem pessoal interfiram no trato com o público, com os jurisdicionados administrativos ou com colegas hierarquicamente superiores ou inferiores.
V. Ao servidor público é proibido pleitear, solicitar, provocar, sugerir ou receber qualquer tipo de ajuda financeira, gratificação, prêmio, comissão, doação ou vantagem de qualquer espécie, para si, familiares ou qualquer pessoa, para o cumprimento da sua missão ou para influenciar outro servidor para o mesmo fim.
VI. O trabalho desenvolvido pelo servidor público perante a comunidade deve ser entendido como acréscimo ao seu próprio bem-estar, já que, como cidadão, integrante da sociedade, o êxito desse trabalho pode ser considerado como seu maior patrimônio.

(ESAF) Representam "valores" as proposições indicadas nos itens

(A) I, II e III.
(B) IV, V e VI.
(C) I, III e VI.

(D) II, III e VI.
(E) I, IV e V.

Representam valores as proposições indicadas nos itens II (art. IX do Anexo do Código de Ética), III (art. I do Anexo do Código de Ética) e VI (art. V do Anexo do Código de Ética).

Gabarito "D".

(ESAF) Representam "regras" as proposições indicadas nos itens

(A) I, II e III.
(B) IV, V e VI.
(C) I, IV e V.
(D) II, III e VI.
(E) I, III e VI.

Representam regras as proposições indicadas nos itens I (art. XV, a, do Anexo do Código de Ética), IV (art. XV, f, do Anexo do Código de Ética) e V (art. XV, g, do Anexo do Código de Ética).

Gabarito "C".

(CESGRANRIO) O Código de Ética Profissional do Administrador está fundamentado num conceito de ética direcionado para o desenvolvimento, servindo, simultaneamente, de estímulo e parâmetro para que o Administrador amplie sua capacidade de pensar, visualize seu papel e torne sua ação mais eficaz diante da sociedade. A tarefa de processar e julgar as transgressões ao Código e Ética, aplicando as penalidades previstas, cabe ao

(A) Tribunal Regional do Trabalho.
(B) Tribunal Regional de Ética dos Administradores.
(C) Tribunal Superior de Ética dos Administradores.
(D) Tribunal de Ética Profissional.
(E) Sindicato dos Administradores.

Tribunal Regional de Ética dos Administradores.

Gabarito "B".

(FGV) Segundo o Código de Ética Profissional do Servidor Civil Público do Poder Executivo Federal, analise as alternativas a seguir:

I. É vedado ao servidor o uso do cargo ou função, facilidades, amizades, tempo, posição e influências, para obter qualquer favorecimento, para si ou para outrem.
II. É dever fundamental do servidor zelar, no exercício do direito de greve, pelas exigências específicas da defesa da vida e da segurança coletiva.
III. A pena aplicável ao servidor público pela Comissão de Ética é a de censura, e sua fundamentação constará do respectivo parecer, assinado por todos os seus integrantes, com ciência do faltoso.

Assinale:

(A) se nenhuma afirmativa estiver correta.
(B) se apenas as afirmativas I e II estiverem corretas.
(C) se apenas as afirmativas I e III estiverem corretas.
(D) se apenas as afirmativas II e III estiverem corretas.
(E) se todas as afirmativas estiverem corretas.

I: correta (art. XV, a, do Código de Conduta do Servidor Público Civil do Poder Executivo Federal); II: correta (art. XIV, j, do Código de Conduta do Servidor Público Civil do Poder Executivo Federal); III: correta (art. XXII do Código de Conduta do Servidor Público Civil do Poder Executivo Federal).

Gabarito "E".

(FGV) Não é objetivo do Sistema Nacional de Cultura – SNC:

(A) promover a verticalidade, e não a transversalidade, da política cultural.
(B) realizar a articulação entre os setores público e privado para a gestão e promoção pública da cultura.
(C) realizar uma gestão democrática, com participação da sociedade civil nas definições de políticas e investimentos públicos.
(D) capacitar, avaliar e acompanhar o desenvolvimento dos diferentes setores e das instituições públicas e privadas da cultura.
(E) promover mapeamentos culturais para o conhecimento da diversidade cultural brasileira.

Não é um dos objetivos do SNC o descrito na assertiva A.

Gabarito "A".

O imperativo do aprimoramento da conduta ética do servidor público assumiu uma importância política inquestionável em nossos dias. De fato, a opinião pública, manifestada de maneira espontânea ou condicionada pelos meios de comunicação, concorda que o grau de obediência a princípios éticos é muito baixo no serviço público. Nesse sentido, as frequentes denúncias de corrupção estimularam na sociedade essa percepção. Algumas pesquisas recentes de opinião revelam que o cidadão brasileiro tem um conceito negativo a respeito da conduta ética da classe política. Ainda que tais pesquisas tenham se cingido à opinião sobre o universo parlamentar, é lícito presumir que a mesma opinião negativa se estenda, ainda que em diferentes graus, à conduta ética nas esferas dos Poderes Executivo e Judiciário. Pouco importa, para fins desta análise, se a opinião pública é fundada, infundada ou meramente preconceituosa. Importante é a opinião em si, pois revela um ceticismo intrínseco do povo em relação ao padrão ético do aparelho de Estado.

João Geraldo Piquet Carneiro. **Revista do Serviço Público.** Ano 49, n.º 3, jul.-set./1998, p. 123 (com adaptações).

(CESPE) Tendo o texto acima como referência inicial e considerando o Código de Ética do Servidor Público, julgue os seguintes itens.

(1) As comissões de ética têm o encargo de orientar o servidor quanto à sua ética profissional, além de aconselhá-lo no tratamento com as pessoas e com o patrimônio público, competindo a elas conhecer concretamente acerca de imputação ou de procedimento suscetível de censura.

(2) Tendo por fundamento o princípio da supremacia do interesse público e obedecendo aos critérios estabelecidos pela Organização de Cooperação e de Desenvolvimento Econômico que permitem averiguar o índice de opacidade da administração pública, as comissões de ética podem inverter o ônus da prova em desfavor do servidor sempre que sua conduta ou suas atitudes derem margem a ambiguidades, considerando a natureza inquisitorial de seus procedimentos.

(3) O servidor público não pode permitir que perseguições, simpatias, antipatias, caprichos, paixões ou interesses de ordem pessoal interfiram no trato com o público, com os jurisdicionados administrativos ou

com colegas hierarquicamente superiores ou inferiores, o que não significa que ele possa ser conivente com erro ou infração às normas vigentes.

(4) Tanto para instruir e fundamentar promoções quanto para todos os demais procedimentos próprios da carreira do servidor público, cabe à comissão de ética fornecer aos organismos encarregados da execução do quadro de carreira dos servidores os registros a respeito da sua conduta ética.

1: certo, pois reflete a redação do art. XVI do Anexo do Código de Conduta do Servidor Público Civil do Poder Executivo Federal; 2: errado, pois não existe previsão no Código de Conduta do Servidor Público Civil do Poder Executivo Federal e muito menos embasamento no texto que permita a inversão do ônus da prova em prejuízo do servidor; 3: certo, pois reflete a redação do art. XV, f, do Anexo do Código de Conduta do Servidor Público Civil do Poder Executivo Federal; 4: certo, pois reflete a redação do art. XVIII do Anexo do Código de Conduta do Servidor Público Civil do Poder Executivo Federal.

Gabarito 1C, 2E, 3C, 4C

(FUNRIO) Segundo o Código de Ética Profissional do Servidor Público Civil do Poder Executivo Federal, na parte das Regras Deontológicas:

(A) O exercício da vida pública deve ser considerada como exercício profissional e, portanto, se integra na vida pública de cada servidor público.
(B) A atuação pública deve ser entendida como exercício profissional e, portanto, se integra na vida diária de cada servidor público.
(C) A participação do funcionário público deve ser tida como exercício profissional e, portanto, se integra na vida particular de cada servidor público.
(D) A função pública deve ser tida como exercício profissional e, portanto, se integra na vida particular de cada servidor público.
(E) A atividade pública deve ser tida como exercício profissional e, portanto, se integra na vida pública de cada servidor público.

A assertiva que traz uma verdadeira regra deontológica é a D (art. VI do Anexo do Código de Conduta do Servidor Público Civil do Poder Executivo Federal).

Gabarito "D".

(CESPE) Com base no disposto no Código de Ética Profissional do Serviço Público, julgue os itens subsecutivos.

(1) Compete ao órgão em que o servidor exerce suas funções mantê-lo informado e atualizado em relação às instruções, às normas de serviço e à legislação pertinentes ao exercício dessas funções.
(2) Os atos praticados por servidores públicos no âmbito de sua vida privada influenciam no conceito atribuído a sua vida funcional.
(3) A comissão de ética de uma fundação pública, além de ser a encarregada de orientar e aconselhar o servidor sobre o exercício de uma conduta ética no ambiente profissional, é autorizada a aplicar-lhe pena de suspensão, em caso de comprovada falha do servidor em sua conduta pública.
(4) O acúmulo de cargo de professor e cargo técnico, ainda que juridicamente legal, contraria o princípio do decoro.
(5) Pode ser punido com pena de demissão o agente público que se recusar a prestar declaração de bens no prazo determinado.
(6) É vedado o uso de artifícios para procrastinar o exercício regular de direito por qualquer pessoa.

1: errado, pois compete ao próprio servidor manter-se atualizado com as instruções, as normas de serviço e a legislação pertinentes ao órgão onde exerce suas funções (art. XIV, q, do Anexo do Código de Conduta do Servidor Público Civil do Poder Executivo Federal); 2: certo, pois está em consonância com a redação do art. VI do Anexo do Código de Conduta do Servidor Público Civil do Poder Executivo Federal: "A função pública deve ser tida como exercício profissional e, portanto, se integra na vida particular de cada servidor público. Assim, os fatos e atos verificados na conduta do dia a dia em sua vida privada poderão acrescer ou diminuir o seu bom conceito na vida funcional"; 3: errado. A Comissão de Ética está encarregada de aplicar a pena de censura e não a de suspensão (art. XXII do Anexo do Código de Conduta do Servidor Público Civil do Poder Executivo Federal: "A pena aplicável ao servidor público pela Comissão de Ética é a de censura e sua fundamentação constará do respectivo parecer, assinado por todos os seus integrantes, com ciência do faltoso"; 4: errado, pois o citado acúmulo não viola por si só o princípio do decoro (art. I do Anexo do Código de Conduta do Servidor Público Civil do Poder Executivo Federal: "A dignidade, o decoro, o zelo, a eficácia e a consciência dos princípios morais são primados maiores que devem nortear o servidor público, seja no exercício do cargo ou função, ou fora dele, já que refletirá o exercício da vocação do próprio poder estatal. Seus atos, comportamentos e atitudes serão direcionados para a preservação da honra e da tradição dos serviços públicos"); 5: anulada. A redação do art. 13, § 3.º, da Lei de Improbidade Administrativa (Lei 8.429/1992) diz o seguinte: "Será punido com a pena de demissão, a bem do serviço público, sem prejuízo de outras sanções cabíveis, o agente público que se recusar a prestar declaração dos bens, dentro do prazo determinado, ou que a prestar falsa". O que torna a assertiva correta, todavia, a questão pede para analisar as alternativas com supedâneo no Código de Conduta do Servidor Público Civil do Poder Executivo Federal e não na Lei de Improbidade. Em razão disso a questão foi considerada como anulada, pois o Código de Conduta não conta com expressão similar e ao mesmo tempo não se pode apontar como incorreta a assertiva, afinal é uma previsão do ordenamento jurídico brasileiro como um todo; 6: certo, pois reflete a redação do art. XV, d, do Anexo do Código de Conduta do Servidor Público Civil do Poder Executivo Federal.

Gabarito 1E, 2C, 3E, 4E, 5 Anulada, 6C

(FUNRIO) A função pública deve ser tida como exercício profissional e, portanto, se integrar à vida particular de cada agente público, que é entendido como aquele que

(A) cumpre estágio probatório, ocupa cargo estável, efetivo ou cargo em comissão da Administração Direta.
(B) exerce atividade pública remunerada na Administração Direta e Autarquias.
(C) por força de lei ou por qualquer ato jurídico preste serviço permanente, temporário, eventual ou excepcional, ainda que sem retribuição financeira, para a Administração Pública
(D) exerce atividade pública remunerada na Administração Pública, exceto nas empresas de economia mista e empresas públicas.
(E) exerce atividade pública remunerada pelo erário na Administração Pública.

O art. 2.º da Lei 8.429/1992 assim dispõe: "Reputa-se agente público, para os efeitos desta lei, todo aquele que exerce, ainda que transitoriamente ou sem remuneração, por eleição, nomeação, designação, contratação ou qualquer outra forma de investidura ou vínculo, mandato, cargo, emprego ou função nas entidades mencionadas no artigo anterior".

Gabarito "C".

(FUNRIO) A Administração Pública de qualquer dos Poderes Nacionais obedecerá aos princípios de legalidade, impessoalidade, moralidade, publicidade e eficiência. O Código de Ética Profissional do Servidor Público considera consolidada a moralidade quando há

(A) cortesia, boa vontade, cuidado e tempo dedicado pelo agente público ao serviço público.
(B) equilíbrio entre a legalidade e a finalidade, na conduta do agente público.
(C) assiduidade e pontualidade do servidor ao seu local de trabalho.
(D) rapidez, perfeição e rendimento no exercício de suas atribuições.
(E) obediência aos prazos de prestação de contas, condição essencial na gestão da coisa pública.

O inciso III do Anexo do Código de Ética Profissional do Servidor Público Civil do Poder Executivo Federal assim dispõe: "A moralidade da Administração Pública não se limita à distinção entre o bem e o mal, devendo ser acrescida da ideia de que o fim é sempre o bem comum. O equilíbrio entre a legalidade e a finalidade, na conduta do servidor público, é que poderá consolidar a moralidade do ato administrativo".

Gabarito "B".

6. DIREITO ADMINISTRATIVO

Wander Garcia, Flavia Moraes Barros e Sebastião Edilson Gomes

1. REGIME JURÍDICO ADMINISTRATIVO E PRINCÍPIOS DO DIREITO ADMINISTRATIVO

(IBADE – 2017) No que tange aos princípios que informam o Direito Administrativo Brasileiro e aos atos administrativos, é correto afirmar:

(A) O acordo de designações recíprocas, a despeito de ser prática socialmente reprovada, não chega a constituir violação aos princípios da moralidade, impessoalidade, eficiência e isonomia.
(B) Constatado que um ato administrativo é ilegal, por vício originário ou superveniente, sua retirada do mundo jurídico é medida que deve ser operada imediatamente, porque o princípio da legalidade administrativo veda a aplicação do princípio da segurança jurídica para convalidar o ato inválido ou mesmo para estabilizá-lo.
(C) A publicidade dos atos, programas, obras, serviços e campanhas dos órgãos públicos deverá ter caráter educativo, informativo ou de orientação social, dela não podendo constar nomes, símbolos ou imagens que caracterizem promoção pessoal de autoridades ou servidores públicos.
(D) A Administração Pública pode revogar seus próprios atos, quando eivados de vícios que os tornam ilegais, porque deles não se originam direitos; ou anulá-los, por motivo de conveniência ou oportunidade, respeitados os direitos adquiridos, e ressalvada, em todos os casos, a apreciação judicial.
(E) Conforme expressa indicação constitucional, o princípio da eficiência é absoluto no Direito Administrativo Brasileiro, de modo que os processos e procedimento de controle devem ser afastados sempre que gerarem aumento de gastos para a Administração Pública.

O Art. 37 da Constituição Federal, que vem indicar os princípios norteadores da Administração Publica e de sua atuação frente à coletividade, assim determina: § 1º A publicidade dos atos, programas, obras, serviços e campanhas dos órgãos públicos deverá ter caráter educativo, informativo ou de orientação social, dela não podendo constar nomes, símbolos ou imagens que caracterizem promoção pessoal de autoridades ou servidores públicos. **FMB**
Gabarito "C".

(VUNESP – 2017) O Escrivão de Polícia, como administrador público, deve orientar a sua conduta não somente pelos critérios da oportunidade e conveniência mas, também, verificando preceitos éticos, distinguindo o que é honesto do que é desonesto.

Tal afirmação está amparada no princípio da:

(A) Economia.
(B) Impessoalidade.
(C) Publicidade.
(D) Autotutela.
(E) Moralidade.

A: incorreta. Não se trata de princípio fundamental do direito administrativo; **B:** incorreta. O agente público trabalha em prol da coletividade tendo por fundamento o interesse público e não o pessoal. A Constituição Federal consagra o princípio da impessoalidade quando prevê: art. 37, § 1º: "A publicidade dos atos, programas, obras, serviços e campanhas dos órgãos públicos deverá ter caráter educativo, informativo ou de orientação social, dele não podendo constar nomes, símbolos ou imagens que caracterizem promoção pessoal de autoridades ou servidores públicos." Também o faz a Lei 9.784/1999, em seu art. 2º, parágrafo único,. III, que determina que, nos processos administrativos, serão observados os critérios de objetividade no atendimento do interesse público, vedada a promoção pessoal de agentes ou autoridades. Não guarda relação com a assertiva proposta; **C:** incorreta. Princípio da publicidade é a obrigação de dar publicidade, levar ao conhecimento de todos os seus atos, contratos ou instrumentos jurídicos como um todo. Alguns exemplos de previsão legal de tal princípio: Constituição Federal, art. 5º: "XIV - é assegurado a todos o acesso à informação e resguardado o sigilo da fonte, quando necessário ao exercício profissional; XXXIII - todos têm direitos a receber dos órgãos públicos informações de seu interesse particular ou de interesse coletivo ou geral, que serão prestadas no prazo da lei, sob pena de responsabilidade, ressalvadas aquelas cujo sigilo seja imprescindível à segurança da sociedade e do Estado." Não guarda relação com a assertiva proposta; **D:** incorreta. É o poder-dever de rever seus atos, respeitando sempre o direito de terceiros de boa-fé. Nesse sentido, STF, Súmula 346: "A Administração Pública pode declarar a nulidade dos seus próprios atos." Súmula 473: "A Administração pode anular seus próprios atos, quando eivados de vícios que os tornam ilegais, por que deles não se originam direitos; ou revogá-los, por motivo de conveniência ou oportunidade, respeitados os direitos adquiridos, e ressalvada, em todos os casos, a apreciação judicial." Não guarda relação com a assertiva proposta; **E:** correta. O princípio da moralidade visa a realização dos atos públicos, por meio de seus agentes, fazendo o que for melhor e mais útil ao interesse público, diferenciando o justo do injusto, o conveniente do inconveniente. **FMB**
Gabarito "E".

(CESPE – 2016) Acerca de conceitos inerentes ao direito administrativo e à administração pública, assinale a opção correta.

(A) O objeto do direito administrativo são as relações de natureza eminentemente privada.
(B) A divisão de poderes no Estado, segundo a clássica teoria de Montesquieu, é adotada pelo ordenamento jurídico brasileiro, com divisão absoluta de funções.
(C) Segundo o delineamento constitucional, os poderes do Estado são independentes e harmônicos entre si e suas funções são reciprocamente indelegáveis.
(D) A jurisprudência e os costumes não são fontes do direito administrativo.

(E) Pelo critério legalista, o direito administrativo compreende os direitos respectivos e as obrigações mútuas da administração e dos administrados.

CF, Art. 2º - São Poderes da União, independentes e harmônicos entre si, o Legislativo, o Executivo e o Judiciário. Não há previsão legal que permita a delegação de funções entre os poderes, que têm sua determinação em separado defesa por clausula pétrea. Art. 60, §4º, CF. FMB
Gabarito "C".

(CESPE) Julgue os próximos itens, a respeito da administração pública e de certos princípios de que ela é informada.

(1) A obrigação de que a administração pública observe estritamente o disposto no edital na realização de concursos públicos decorre do princípio constitucional da vinculação editalícia.

(2) A exigência de que o administrador público atue com diligência e racionalidade, otimizando o aproveitamento dos recursos públicos para obtenção dos resultados mais úteis à sociedade, se amolda ao princípio da continuidade dos serviços públicos.

1: o princípio da vinculação editalícia não está previsto na Constituição; esta prevê os seguintes princípios administrativos: legalidade, impessoalidade, moralidade, publicidade e eficiência (art. 37, caput, da Constituição); 2: o princípio narrado na afirmativa é o da *eficiência*, e não o da *continuidade do serviço público*; basta ler com calma a afirmativa, para perceber que o administrador que cumpre o narrado está sendo eficiente; o princípio da continuidade do serviço público, por sua vez, é aquele que determina que os serviços públicos não parem e fiquem sempre à disposição da população. WG
Gabarito 1E, 2E.

(CESPE) A Emenda Constitucional n.º 19/1998 acrescentou aos princípios constitucionais da administração pública o princípio da eficiência. Esse passo visou dar garantia de maior qualidade na atividade pública e na prestação de seus serviços. A respeito do princípio da eficiência, assinale a opção incorreta.

(A) A introdução desse princípio na carta constitucional demonstra que o legislador constituinte não se contenta apenas com o cumprimento da legislação, segundo o princípio da legalidade estrita. É necessário observar a lei da forma mais eficiente possível.

(B) A falta de zelo na atuação do servidor público que resulta em desperdício de dinheiro público pode ser considerada ato ofensivo ao princípio da eficiência.

(C) O princípio da eficiência impõe ao agente público um modo de atuar que produza resultados favoráveis à consecução das finalidades do Estado.

(D) Foi fundamental a introdução do princípio da eficiência na Constituição Federal, pois esse princípio não podia ser implicitamente deduzido do rol constitucional dos princípios da administração pública existente até a Emenda Constitucional n.º 19/1998.

(E) O administrador público precisa produzir os resultados desejados, tendo obrigação de otimizar suas atividades, para que a administração pública não se torne ineficiente na gestão do aparelho público.

A: correta, pois, além de respeitar a lei, a Administração Pública tem que agir do modo mais eficiente possível; B: correta, pois não age conforme à eficiência quem desperdiça dinheiro público; C: correta, pois a eficiência está preocupada com os resultados, com o atendimento ou não das finalidades do Estado; D: incorreta, pois o princípio estava implícito na Constituição, por exemplo, pela interpretação do art. 70, caput, da Constituição, que impõe respeito à *legitimidade* e à *economicidade*; E: correta, o princípio, a eficiência, como se viu, implica em a administração pública alcançar resultados, atendendo efetivamente aos interesses da coletividade. WG
Gabarito "D".

(CESPE) Em relação ao princípio da legalidade administrativa, assinale a opção correta.

(A) Enquanto na administração particular é lícito fazer tudo o que a lei não proíbe, na administração pública só é permitido ao agente fazer o que a lei autoriza.

(B) A legalidade administrativa é princípio constitucional implícito e decorre da necessidade de observância da moralidade administrativa nas relações de Estado.

(C) O administrador público pode criar seus próprios limites, mediante norma regulamentar editada no âmbito da competência do órgão.

(D) Na licitação, o leiloeiro deve obedecer ao edital que dita as normas da concorrência pública, e não à lei.

(E) Somente lei pode extinguir cargo público, quando este estiver vago.

A: correta; o princípio da legalidade para o particular está no art. 5º, II, da CF, ao passo que o da legalidade para a Administração, no art. 37, caput, da CF; B: incorreta, pois a legalidade é princípio expresso (art. 37, caput, da CF); C: incorreta, pois quem cria os limites do administrador público é a lei, e não ele; D: incorreta, pois, antes de tudo, deve-se obedecer à lei; E: incorreta, pois o decreto também pode extinguir cargos públicos vagos (art. 84, VI, b, da CF). WG
Gabarito "A".

2. PODERES DA ADMINISTRAÇÃO PÚBLICA

Para resolver as questões deste item, vale citar as definições de cada poder administrativo apresentadas por Hely Lopes Meirelles, definições estas muito utilizadas em concursos públicos. Confira:

a) poder vinculado – "é aquele que o Direito Positivo – a lei – confere à Administração Pública para a prática de ato de sua competência, determinando os elementos e requisitos necessários à sua formalização"; b) poder discricionário – "é o que o Direito concede à Administração, de modo explícito, para a prática de atos administrativos com liberdade na escolha de sua conveniência, oportunidade e conteúdo"; c) poder hierárquico – "é o de que dispõe o Executivo para distribuir e escalonar as funções de seus órgãos, ordenar e rever a atuação de seus agentes, estabelecendo a relação de subordinação entre os servidores do seu quadro de pessoal"; d) poder disciplinar – "é a faculdade de punir internamente as infrações funcionais dos servidores e demais pessoas sujeitas à disciplina dos órgãos e serviços da Administração"; e) poder regulamentar – "é a faculdade de que dispõem os Chefes de Executivo (Presidente da República, Governadores e Prefeitos) de explicar a lei para sua correta execução, ou de expedir decretos autônomos sobre matéria de sua competência ainda não disciplinada por lei"; f) poder de polícia – "é a faculdade de que dispõe a Administração Pública para condicionar e restringir o uso e gozo de bens, atividades e direitos individuais, em benefício da coletividade ou do próprio Estado". (Direito Administrativo Brasileiro, 26ª ed., São Paulo: Malheiros, p. 109 a 123).

(CESPE – 2016) Com relação aos poderes administrativos e ao uso e abuso desses poderes, assinale a opção correta.

(A) O poder de polícia refere-se às relações jurídicas especiais, decorrentes de vínculos jurídicos específicos existentes entre o Estado e o particular.
(B) O poder disciplinar, mediante o qual a administração pública está autorizada a apurar e aplicar penalidades, alcança tão somente os servidores que compõem o seu quadro de pessoal.
(C) A invalidação, por motivos de ilegalidade, de conduta abusiva praticada por administradores públicos ocorre no âmbito judicial, mas não na esfera administrativa.
(D) Poder regulamentar é a competência atribuída às entidades administrativas para a edição de normas técnicas de caráter normativo, executivo e judicante.
(E) Insere-se no âmbito do poder hierárquico a prerrogativa que os agentes públicos possuem de rever os atos praticados pelos subordinados para anulá-los, quando estes forem considerados ilegais, ou revogá-los por conveniência e oportunidade, nos termos da legislação respectiva.

A: incorreta. CTN, art. 78 - Considera-se poder de polícia a atividade da Administração Pública que, limitando ou disciplinando direito, interesse ou liberdade, regula a prática de ato ou abstenção de fato, em razão de interesse público concernente à segurança, à higiene, à ordem, aos costumes, à disciplina da produção e do mercado, ao exercício de atividades econômicas dependentes de concessão ou autorização do Poder Público, à tranquilidade pública ou ao respeito à propriedade e aos direitos individuais ou coletivos; **B:** incorreta. **Poder disciplinar** é a atribuição de que dispõe a Administração Pública de apurar as infrações administrativas e punir seus agentes públicos responsáveis e demais pessoas sujeitas à disciplina administrativa, que contratam com a Administração ou se sujeitam a ela; **C:** incorreta. Pelo princípio da autotutela, a invalidação pode ocorrer ainda na esfera administrativa; **D:** incorreta. O poder regulamentar ou, como prefere parte da doutrina, poder normativo é uma das formas de expressão da função normativa **do Poder Executivo**, cabendo a este editar normas complementares à lei para a sua fiel execução (DI PIETRO, 2011:91); **E:** correta. São atribuições típicas do poder hierárquico: dar/receber ordens, fiscalizar, rever, delegar e avocar atribuições. A assertiva se refere em especial a atribuição de rever e avocar os atos praticados. Gabarito "E".

(CESPE – 2016) Após investigação, foi localizada, no interior da residência de Paulo, farta quantidade de *Cannabis sativa*, vulgarmente conhecida por maconha, razão por que Paulo foi preso em flagrante pelo crime de tráfico de drogas. No momento de sua prisão, Paulo tentou resistir, motivo pelo qual os policiais, utilizando da força necessária, efetuaram sua imobilização.

Nessa situação hipotética, foi exercido o poder administrativo denominado:

(A) poder disciplinar, o qual permite que se detenham todos quantos estejam em desconformidade com a lei.
(B) poder regulamentar, que corresponde ao poder estatal de determinar quais práticas serão penalizadas no caso de o particular as cometer.
(C) poder hierárquico, devido ao fato de o Estado, representado na ocasião pelos policiais, ser um ente superior ao particular.
(D) poder discricionário, mas houve abuso no exercício desse poder, caracterizado pela utilização da força para proceder à prisão.
(E) poder de polícia, que corresponde ao direito do Estado em limitar o exercício dos direitos individuais em benefício do interesse público.

Trata-se de expressão do poder de polícia, que vem assim definido: Código Tributário - **Art. 78**. Considera-se poder de polícia atividade da administração pública que, limitando ou disciplinando direito, interesse ou liberdade, regula a prática de ato ou abstenção de fato, em razão de interesse público concernente à segurança, à higiene, à ordem, aos costumes, à disciplina da produção e do mercado, ao exercício de atividades econômicas dependentes de concessão ou autorização do Poder Público, à tranquilidade pública ou ao respeito à propriedade e aos direitos individuais ou coletivos. (Redação dada pelo Ato Complementar nº 31, de 1966) **Parágrafo único**. Considera-se regular o exercício do poder de polícia quando desempenhado pelo órgão competente nos limites da lei aplicável, com observância do processo legal e, tratando-se de atividade que a lei tenha como discricionária, sem abuso ou desvio de poder. Gabarito "E".

(IBADE – 2017) Considerando os Poderes e Deveres da Administração Pública e dos administradores públicos, é correta a seguinte afirmação:

(A) A possibilidade do chefe de um órgão público emitir ordens e punir servidores que desrespeitem o ordenamento jurídico não possui arrimo no dever-poder de polícia, mas sim no dever-poder normativo.
(B) O dever-poder de polícia pressupõe uma prévia relação entre a Administração Pública e o administrado. Esta é a razão pela qual este dever-poder possui por fundamento a supremacia especial.
(C) Verificado que um agente público integrante da estrutura organizacional da Administração Pública praticou uma infração funcional, o dever- poder de polícia autoriza que seu superior hierárquico aplique as sanções previstas para aquele agente.
(D) O dever-poder normativo viabiliza que o Chefe do Poder Executivo expeça regulamentos para a fiel execução de leis.
(E) O dever-poder de polícia, também denominado de dever-poder disciplinar ou dever-poder da supremacia da administração perante os súditos, é a atividade da administração pública que, limitando ou disciplinando direito, interesse ou liberdade, regula a prática de ato ou abstenção de fato, em razão de interesse público concernente à segurança, à higiene, à ordem, aos costumes, à disciplina da produção e do mercado, ao exercício de atividades econômicas dependentes de concessão ou autorização do Poder Público, à tranquilidade pública ou ao respeito à propriedade e aos direitos individuais ou coletivos.

A: incorreta. Trata-se do dever-poder hierárquico; **B:** incorreta. Dever-poder de polícia trata da possibilidade administração limitar a ação e interesses de seus administrados tendo por base o interesse público; **C:** incorreta. O que autoriza a atuação dentro da administração é o poder hierárquico; **D:** correta. O poder normativo permite ao chefe do executivo a criação de ato normativo regulamentar tendo por objeto lei anterior. **E:** incorreta. A assertiva indicou a letra do dispositivo legal inserto no art. 78 do CTN, mas está incorreta ao dizer que o poder de polícia é também denominado de dever-poder disciplinar ou dever-poder da supremacia da administração perante os súditos. Gabarito "D".

(VUNESP – 2017) O Delegado Geral da Polícia Civil, ao organizar e distribuir as funções de seus órgãos, estabelecendo a relação de subordinação entre os servidores do seu quadro de pessoal, estará exercendo o seu:

(A) poder regulamentar.
(B) poder normativo.
(C) poder de polícia.
(D) poder hierárquico.
(E) poder disciplinar.

Trata-se de expressão do poder hierárquico a medida que este é o de que dispõe o Executivo para organizar e distribuir as funções de seus órgãos, estabelecendo a relação de subordinação entre os servidores do seu quadro de pessoal. Inexistente no Judiciário e no Legislativo, a hierarquia é privativa da função executiva, sendo elemento típico da organização e ordenação dos serviços administrativos. **FMB**
Gabarito "D".

(VUNESP – 2017) Quando um Escrivão de Polícia, acompanhando o Delegado de Polícia e outros policiais civis, durante uma Operação realizada nas proximidades de uma comunidade, verifica atitudes suspeitas de pessoas no interior de um veículo (uso de entorpecentes) e determina a sua abordagem, restringindo, assim, o uso e o gozo de liberdades individuais, estará:

(A) praticando um ato legal, alicerçado no poder disciplinar.
(B) praticando um ato legal, alicerçado no poder de polícia.
(C) praticando um ato ilegal, em razão do abuso de autoridade.
(D) praticando um ato ilegal, em razão do desvio de poder.
(E) praticando um ato legal, em razão do poder punitivo de Estado.

Trata-se de expressão do poder de polícia assim definido no CTN, **Art. 78** - Considera-se poder de polícia atividade da administração pública que, limitando ou disciplinando direito, interesse ou liberdade, regula a prática de ato ou abstenção de fato, em razão de interesse público concernente à segurança, à higiene, à ordem, aos costumes, à disciplina da produção e do mercado, ao exercício de atividades econômicas dependentes de concessão ou autorização do Poder Público, à tranquilidade pública ou ao respeito à propriedade e aos direitos individuais ou coletivos. (Redação dada pelo Ato Complementar nº 31, de 1966). **FMB**
Gabarito "B".

(Funcab – 2016) No que se refere aos poderes da Administração Pública, é correto afirmar que:

(A) praticado o ato por autoridade, no exercício de competência delegada, contra a autoridade delegante caberá mandado de segurança, ou outra medida judicial, por ser detentora da competência originária.
(B) tanto a posição da doutrina, quanto da jurisprudência são pacíficas sobre a possibilidade de edição dos regulamentos autônomos, mesmo quando importarem em aumento de despesas.
(C) o Poder Hierárquico é o escalonamento vertical típico da administração direta. Desta forma, a aplicação de uma penalidade pelo poder executivo da União a uma concessionária de serviço público é uma forma de manifestação deste Poder.
(D) o Poder regulamentar deverá ser exercido nos limites legais, sem inovar no ordenamento jurídico, expedindo normas gerais e abstratas, permitindo a fiel execução das leis, minudenciando seus termos.
(E) decorre do Poder Hierárquico a punição de um aluno de uma universidade pública pelo seu reitor, uma vez que este é o chefe da autarquia educacional, sendo competência dele a punição dos alunos faltosos.

Por se tratar de poder de natureza derivada, cabe a ele tão somente ser exercido à luz da Lei já existente e nesse sentido, CF, **Art. 84** - Compete privativamente ao Presidente da República: IV - sancionar, promulgar e fazer publicar as leis, bem como expedir decretos e regulamentos para sua fiel execução. Pelo princípio da simetria constitucional tal poder é estendido aos demais chefes de executivo dos entes subnacionais. **FMB**
Gabarito "D".

(Policial Rodoviário Federal – 2008 – CESPE) A respeito da administração pública, julgue o item subsequente.

(1) Um dos poderes da administração é o de disciplinar, que se caracteriza pela expedição de normas com o objetivo de facilitar a execução das leis.

1: incorreta, pois o poder que se caracteriza pela expedição de normas é o *poder normativo* e não o *poder disciplinar*. **WG**
Gabarito 1E.

(CESPE) Quanto ao poder hierárquico na administração pública, julgue os itens que se seguem.

(1) O funcionamento racional da estrutura administrativa pressupõe uma configuração interna embasada em relações que assegurem coordenação entre as diversas unidades que desenvolvem a atividade administrativa.
(2) O poder de direção das entidades políticas se manifesta pela capacidade de orientar as esferas administrativas inferiores, o que se faz por meio de atos concretos ou normativos de caráter vinculante.
(3) No exercício do poder hierárquico, os agentes públicos têm competência para dar ordens, rever atos, avocar atribuições, delegar competência e fiscalizar.

1: certa, pois atualmente vem se dando mais importância às relações de *coordenação* do que às situações de *subordinação*; 2: certa, pois o poder de direção está ligado à ideia de orientação e se faz por atos concretos (orientações específicas) e por ato normativos (orientações gerais); 3: certa, pois todas as competências citadas estão contidas no poder hierárquico. **WG**
Gabarito 1C, 2C, 3C.

(CESPE) Quanto ao poder hierárquico e ao poder disciplinar, julgue os itens a seguir.

(1) A remoção de servidor ocupante de cargo efetivo para localidade muito distante da que originalmente ocupava, com intuito de puni-lo, decorre do exercício do poder hierárquico.
(2) A aplicação de penalidade criminal exclui a sanção administrativa pelo mesmo fato objeto de apuração.

1: errada, pois a afirmativa revela *poder disciplinar*, e não *poder hierárquico*; no entanto, é bom consignar que a situação narrada importa numa ilegalidade (*desvio de poder* ou *desvio de finalidade*), pois usou-se da *remoção* para punir e esse instituto não tem essa finalidade; 2: errada, pois as punições criminais são independentes das punições administrativas. **WG**
Gabarito 1E, 2E.

6. DIREITO ADMINISTRATIVO

(CESPE) Julgue o seguinte item.

(1) O poder de polícia manifesta-se apenas por meio de medidas repressivas.

1: incorreta, pois o poder de polícia atua tanto preventiva, como repressivamente. Quando um fiscal da vigilância sanitária vai a um estabelecimento conferir se este vem respeitando as leis sanitárias, tem-se poder de polícia preventivo; já quando o mesmo fiscal, diante da notícia de que algum estabelecimento está descumprindo a lei sanitária, aplica uma multa ao estabelecimento ou determina a sua interdição, tem-se poder de polícia repressivo. WG
Gabarito 1E

(CESPE) Julgue o seguinte item.

(1) A hierarquia é o escalonamento em plano vertical dos órgãos e agentes da administração. Desse modo, se, de um lado, os agentes de grau superior têm poderes de fiscalização e de revisão sobre os agentes de grau menor, os órgãos superiores, como os ministérios, exercem o controle sobre os demais órgãos de sua estrutura administrativa e sobre os entes a eles vinculados.

1: incorreta, pois os órgãos superiores exercem hierarquia, e não controle, sobre os demais órgãos de sua estrutura administrativa; o controle (ou supervisão ministerial) é exercido apenas em relação a outros entes (pessoas jurídicas); assim, o Ministério da Previdência, por exemplo, exerce hierarquia em relação a um órgão desse Ministério, e controle (ou supervisão ministerial) em relação ao INSS, que é uma pessoa jurídica. WG
Gabarito 1E

(CESPE) Um açougue recebeu a visita de agentes da Vigilância Sanitária, que pretendiam aferir as condições de higiene do estabelecimento. Constataram diversas irregularidades, entre as quais: carnes acondicionadas indevidamente e sem comprovação de procedência; funcionários não utilizavam os equipamentos básicos exigidos por lei; péssimas condições de limpeza das geladeiras. Diante desse quadro, os agentes públicos multaram o dono do açougue e fecharam o estabelecimento até que as irregularidades fossem sanadas. Considerando a atuação da administração na situação hipotética acima, assinale a opção correspondente ao poder administrativo exercido no caso descrito.

(A) poder hierárquico
(B) poder disciplinar
(C) poder discricionário
(D) poder de polícia

Confira o conceito de poder de polícia trazido no início desse item. Tal conceito abrange a fiscalização por irregularidades em estabelecimentos comerciais. WG
Gabarito "D".

(CESPE) A respeito do poder de polícia, assinale a opção incorreta.

(A) Mais do que poder, é dever do órgão fiscalizador tomar as medidas pertinentes quando se depara com atividades ilegais perpetradas no âmbito de sua atuação.
(B) A adoção, pela administração, de medidas drásticas restritivas de direito, como apreensão e lacração de equipamentos, conquanto, em alguns casos, como medida de polícia administrativa, possa anteceder ao exercício do direito de defesa, constitui exceção, que somente se justifica em casos de urgência e imperatividade da defesa da ordem pública.
(C) O exercício do poder de polícia mediante autuação e aplicação de pena (multa pecuniária) é atribuição que deve ser regida por lei, não podendo ser objeto de ato hierarquicamente inferior ou de efeitos meramente internos.
(D) A administração pode — e deve, em certas hipóteses — conter os abusos do direito individual em benefício do interesse da coletividade, porém a execução da sua decisão depende de prévia intervenção do Poder Judiciário.
(E) O poder de polícia tem como finalidade a proteção do interesse público.

A: de fato, o órgão fiscalizador não tem só um poder, mas também um dever de agir quando estiver diante de ilegalidades; B: de fato, a Administração, ao agir, não pode usar a força, pois somente o Judiciário pode fazê-lo; a Administração só pode tomar esse tipo de medida quando a lei expressamente autorizar ou em situações de urgência e imperatividade da defesa da ordem pública; C: de fato, somente a lei tem o poder de autorizar autuações e aplicação de penas, em virtude do princípio da legalidade; não é possível que uma Portaria, por exemplo, crie hipóteses para a aplicação de autuações; D: incorreta, pois, como se viu, há hipóteses em que a Administração também pode conter materialmente atividades particulares; E: de fato, esse é o objetivo do poder de polícia. WG
Gabarito "D".

(CESPE) A respeito do poder disciplinar da administração e do controle judicial dos seus atos, assinale a opção incorreta.

(A) Ao Poder Judiciário cabe examinar o aspecto da legalidade e da legitimidade da sanção imposta pela administração ao servidor, analisando os fatos apurados e a motivação utilizada pela autoridade administrativa, sem que isso implique intromissão indevida nos critérios de conveniência e oportunidade, de competência exclusiva da administração.
(B) O Poder Judiciário pode, com esteio no princípio da proporcionalidade, anular uma pena disciplinar que julgar muito severa, na hipótese de considerar que a conduta do servidor não possa ser tida como procedimento desidioso.
(C) Em caso de juntada de documento falso, por servidor investigado, no curso da instrução do procedimento administrativo, não será necessária a instauração de um procedimento administrativo próprio e específico para poder apená-lo por este ato, em que o servidor tenha ciência da imputação, prazo para se defender e para o exercício do contraditório.
(D) Estando o ato administrativo punitivo revestido de competência, forma, finalidade e motivação, aspectos estes passíveis de apreciação pelo Poder Judiciário, torna-se vedado a este último o exame do mérito da sanção disciplinar.
(E) Cabe ao Poder Judiciário o exame da legalidade do ato, aí incluindo-se a investigação em torno da existência do fato ou de sua adequação à lei.

A: de fato, o Judiciário pode analisar os aspectos de legalidade e legitimidade dos atos administrativos, o que inclui analisar se o ato respeita os princípios da legalidade, da impessoalidade, da moralidade, da publicidade, da eficiência, da razoabilidade etc; B: de fato, o Judiciário pode tomar essa medida, em atenção ao princípio da razoabilidade e da proporcionalidade (art. 2º, caput, da Lei 9.784/99); C: incorreta, pois qualquer apuração disciplinar depende de procedimento próprio, com ciência da imputação, prazo para se defender e para o exercício do contraditório; D: de fato, o Judiciário não pode entrar no *mérito administrativo* (na *margem de liberdade* dada pela lei), mas cabe ao Judiciário analisar se os atos administrativos obedecem aos demais requisitos previstos na lei; E: de fato, para que o ato administrativo seja válido, além de ter de obedecer à lei, deve trazer como fundamentos fatos verdadeiros; caso não os traga, o Judiciário poderá anular o ato. WG

Gabarito "C".

(CESPE) Acerca dos poderes administrativos, assinale a opção incorreta.

(A) Os poderes administrativos são característicos do Poder Executivo, embora possam também estar presentes na rotina dos demais poderes.

(B) O poder hierárquico se reflete na existência de graus ou escalões na esfera interna da administração.

(C) O poder regulamentar é aquele exercido pelos parlamentares no detalhamento das leis.

(D) O poder de polícia está ligado ao controle estatal das atividades e dos interesses dos administrados.

A: correta, pois nos Poderes Legislativo e Judiciário também há pratica de *atos administrativos* (além dos atos legislativos e jurisdicionais, típicos desses Poderes), de maneira que os *poderes administrativos* também se encontram presentes nos demais Poderes; B: correta, pois esse poder pressupõe, obviamente, hierarquia, e a hierarquia pressupõe, pelo menos, dois escalões, com o órgão subordinado e o órgão superior; C: incorreta, pois o poder regulamentar não é exercido pelos parlamentares (vereadores, deputados e senadores), mas pelos Chefes do Executivo (prefeitos, governadores e presidente); D: correta, pois o poder de polícia tem por objetivo central *controlar* o comportamento das pessoas, para que estas não ajam de modo contrário aos interesses da coletividade. WG

Gabarito "C".

(CESPE) Com relação aos poderes administrativos, julgue o item a seguir.

(1) As prerrogativas do regime jurídico administrativo conferem poderes à administração, colocada em posição de supremacia sobre o particular; já as sujeições servem de limites à atuação administrativa, como garantia do respeito às finalidades públicas e também dos direitos do cidadão.

1: correta, pois a Administração tem um misto de poderes (ex.: disciplinar, regulamentar, de polícia etc.) e de sujeições (ex.: prestar contas, cumprir a lei etc.); os poderes conferem uma supremacia da Administração em relação ao particular; já as sujeições servem de limites à atuação administrativa. WG

Gabarito 1C.

(CESPE) Acerca do poder de polícia julgue o próximo item.

(1) O poder de polícia, vinculado à prática de ato ilícito de um particular, tem natureza sancionatória, devendo ser exercido apenas de maneira repressiva.

1: incorreta, pois o poder de polícia pode ser repressivo ou preventivo. WG

Gabarito 1E.

3. ATO ADMINISTRATIVO

3.1. Atributos do ato administrativo

(Funcab – 2016) Considere o texto constitucional: art. 66, § 1º – Se o Presidente da República considerar o projeto, no todo ou em parte, inconstitucional ou contrário ao interesse público, vetá-lo-á total ou parcialmente, no prazo de quinze dias úteis, contados da data do recebimento, e comunicará, dentro de quarenta e oito horas, ao Presidente do Senado Federal os motivos do veto. Continua o texto constitucional: § 3º Decorrido o prazo de quinze dias, o silêncio do Presidente da República importará sanção.

Diante do silêncio da Administração Pública, assinale a opção correta.

(A) Em regra o silêncio da Administração Pública não significa manifestação de vontade, todavia, em respeito ao princípio da legalidade, artigo 37, "caput", da Constituição Federal, pode o texto legal prever efeitos ao silêncio da Administração Pública, sendo este qualificado pelo decurso de prazo determinado em lei.

(B) Somente o texto constitucional poderá determinar o silêncio da Administração Pública como manifestação de vontade, sendo vedado ao legislador infraconstitucional prever efeitos ao silêncio estatal.

(C) O silêncio da administração nunca significará manifestação de vontade.

(D) Quando a Administração Pública é chamada a se manifestar sobre determinado assunto, todavia se mantém silente, em regra, esta inércia significa manifestação de vontade, no sentido de aceitação, em respeito ao princípio da razoável duração do processo, inciso LXXVIII, do artigo 5º da Constituição Federal.

(E) Uma vez chamada a se manifestar sobre determinado assunto relacionado à administração da coisa pública, o silêncio estatal pode configurar uma lesão ou ameaça de lesão ao direito do administrado. Dessa forma, o poder judiciário não poderá ser manifestado para sanar tal ato, em virtude da separação dos poderes, nem poderá determinar que o agente competente o pratique.

O Art. 37, "caput", indica que a Administração Pública direta e indireta de qualquer dos Poderes da União, dos Estados, do Distrito Federal e dos Municípios obedecerão aos princípios de legalidade, impessoalidade, moralidade, publicidade e eficiência. Os efeitos do silêncio da Administração Pública diante da proposta de texto legal deve ser objeto de normatização haja vista suas consequências ante ao interesse público. FMB

Gabarito "A".

(Universa – 2016) Com relação a atos administrativos e à responsabilidade civil do Estado, assinale a alternativa correta.

(A) O ato imperfeito é aquele que se encontra maculado de vício sanável.

(B) Tratando-se de comprovada má-fé, a administração pública pode anular atos administrativos de que decorram efeitos favoráveis para os destinatários, ainda que após o prazo decadencial de cinco anos.

(C) A convalidação engloba os elementos motivo e objeto do ato administrativo.
(D) Quanto aos atos de império, o ordenamento jurídico brasileiro adotou a teoria da irresponsabilidade civil do Estado.
(E) Os atos administrativos que dependem de homologação são classificados como complexos.

A: incorreta. O ato imperfeito apenas não completou seu ciclo de formação, ex.: aguardando publicação; **B:** correta. Lei 9.784/1999, art. 54 - O direito da Administração de anular os atos administrativos de que decorram efeitos favoráveis para os destinatários decai em cinco anos, contados da data em que foram praticados, salvo comprovada má-fé; **C:** incorreta. Os motivos são vícios insanáveis e o objeto só será sanável se o ato tiver forma plúrima, retirando-se o objeto viciado e mantendo os demais; **D:** incorreta. Não há tal previsão; **E:** incorreta. Os atos administrativos que dependem de homologação são compostos. FMB
Gabarito "B".

(CESPE – 2016) O ato administrativo é uma espécie de ato jurídico de direito público, ou seja, suas características distinguem-no do ato jurídico de direito privado. Os atributos do ato administrativo – ato jurídico de direito público – incluem a:
(A) legalidade, a publicidade e a imperatividade.
(B) presunção de legitimidade, a imperatividade e a autoexecutoriedade.
(C) imperatividade, o motivo, a finalidade e a autoexecutoriedade.
(D) eficiência, a presunção de legitimidade e a continuidade.
(E) proporcionalidade, a motivação e a moralidade.

São atributos do ato administrativo: presunção de legitimidade – presume-se que o ato é legal, legítimo e verdadeiro. A presunção é relativa, pois admite prova em contrário; imperatividade – a Administração Pública impõe suas decisões aos administrados; e autoexecutoriedade – a Administração Publica impõe suas decisões independente de provimento judicial. FMB
Gabarito "B".

(CESPE – 2016) Assinale a opção correta a respeito dos atos administrativos.
(A) A competência administrativa pode ser transferida e prorrogada pela vontade dos interessados.
(B) A alteração da finalidade expressa na norma legal ou implícita no ordenamento da administração caracteriza desvio de poder que dá causa à invalidação do ato.
(C) O princípio da presunção de legitimidade do ato administrativo impede que haja a transferência do ônus da prova de sua invalidade para quem a invoca.
(D) O ato administrativo típico é uma manifestação volitiva do administrado frente ao poder público.
(E) O motivo constitui requisito dispensável na formação do ato administrativo.

A finalidade, na condição de requisito ou elemento do ato, não pode ser alterada, tornando o ato e seus efeitos nulos. FMB
Gabarito "B".

(CESPE – 2016) Ainda a respeito dos atos administrativos, assinale a opção correta.
(A) A convalidação é o suprimento da invalidade de um ato com efeitos retroativos.
(B) O controle judicial dos atos administrativos é de legalidade e mérito.
(C) A revogação pressupõe um ato administrativo ilegal ou imperfeito.
(D) Os atos administrativos normativos são leis em sentido formal.
(E) O ato anulável e o ato nulo produzem efeitos, independentemente do trânsito em julgado de sentença constitutiva negativa.

A convalidação ou saneamento "é o ato administrativo pelo qual é suprido o vício existente em um ato ilegal, com efeitos retroativos à data em que este foi praticado". Trata-se de mera faculdade da Administração Pública. São passíveis de convalidação os atos em que o vício é relativo ao sujeito ou vício relativo à forma. FMB
Gabarito "A".

(Policial Rodoviário Federal – 2009 – FUNRIO) A "Lei Seca" considera crime conduzir veículos com a ingestão no organismo de determinado teor alcoólico, com penas que variam da multa até a reclusão. Um dos pontos polêmicos da lei trata da obrigatoriedade do motorista em fazer testes de dosagem alcoólica (bafômetro) por estar usando a rodovia que é de uso comum do povo, mas o motorista pode se recusar a fazer qualquer teste, já que ninguém é obrigado a produzir uma prova contra si. No caso de o motorista usar a artimanha de se negar a fazer o exame, entrando posteriormente com um recurso na Justiça, a lei prevê que o testemunho do agente de trânsito ou policial rodoviário tem força de prova diante do juiz. A Administração Pública autua, por meio do seu agente policial, que se vale de meios indiretos de coação, aplicando uma multa. Como se denomina esse atributo do poder de polícia na doutrina, segundo Maria Sylvia Zanella Di Pietro (Direito Administrativo)?
(A) Atributo da coercibilidade.
(B) Atributo da exigibilidade.
(C) Atributo da autoexecutoriedade.
(D) Atributo de ordem pública.
(E) Atributo da previsibilidade legal.

São **atributos do ato administrativo** (qualidades, prerrogativas dos atos), os seguintes: i) **presunção de legitimidade**, que *é a qualidade do ato pela qual este se presume verdadeiro e legal até prova em contrário*; ex.: uma multa aplicada pelo Fisco presume-se verdadeira quanto aos fatos narrados para a sua aplicação e se presume legal quanto ao direito aplicado, à pessoa tida como infratora e o valor aplicado; ii) **Imperatividade**, que *é a qualidade do ato pela qual este pode se impor a terceiros, independentemente de sua concordância*; ex.: uma notificação da fiscalização municipal para que alguém limpe um terreno ainda não objeto de construção, que esteja cheio de mato; III) **exigibilidade**, que *é a qualidade do ato pela qual, imposta a obrigação, esta pode ser exigida mediante coação indireta*; ex.: no exemplo anterior, não sendo atendida a notificação, cabe a aplicação de uma multa pela fiscalização, sendo a multa uma forma de coação indireta; **executoriedade (ou coercibilidade)**, que *é a qualidade pela qual, imposta e exigida a obrigação, está pode ser implementada mediante coação direta, ou seja, mediante o uso da coação material, da força*; ex.: no exemplo anterior, já tendo sido aplicada a multa, mais uma vez sem êxito, pode a fiscalização municipal ingressar à força no terreno particular, fazer a limpeza e mandar a conta, o que se traduz numa coação direta; a executoriedade não é a regra; ela existe quando a lei expressamente autorizar ou quando não houver tempo hábil para requerer a apreciação jurisdicional; **vale ressaltar que** a expressão

autoexecutoriedade também é usada no sentido da qualidade do ato que enseja sua imediata e direta execução pela própria Administração, independentemente de ordem judicial. A questão faz referência à aplicação de uma MULTA, ligada à exigibilidade, de maneira que a alternativa "b" é a correta. WG
Gabarito "B".

(CESPE) Considerando o disposto acerca dos atos administrativos, julgue o seguinte item.

(1) A presunção de legitimidade dos atos administrativos inverte o ônus da prova para quem alega a ilegalidade de determinado ato administrativo.

1: correta, pois essa presunção, como o próprio nome diz, faz com que os atos praticados pela Administração sejam presumidamente legais e verdadeiros, cabendo a quem alega a ilegalidade o ônus da prova de que esta ocorre. WG
Gabarito 1C

(CESPE) Acerca dos atos administrativos, julgue os itens que se seguem.

I. A imperatividade é a característica do ato administrativo que faz com que esse ato, tão logo seja praticado, possa ser imediatamente executado e seu objeto, imediatamente alcançado.
II. A presunção de legitimidade dos atos administrativos é *iuris tantum*.
III. Todo ato administrativo é autoexecutável.
IV. São atributos dos atos administrativos a presunção de legitimidade, a imperatividade, a exigibilidade e a autoexecutoriedade.

Estão certos apenas os itens
(A) I e III.
(B) II e IV.
(C) III e IV.
(D) I, II e III.
(E) I, II e IV.

I: incorreta, pois a definição dada é do atributo *autoexecutoriedade*; II: correta, pois a expressão *juris tantum* indica que a presunção de legitimidade é relativa, e não absoluta (cuja expressão utilizada é *juris et de jure*); III: incorreta, pois a autoexecutoriedade somente existe quando a lei expressamente autorizar ou quando não houver tempo de buscar a prestação jurisdicional; IV: correta, valendo conferir o texto introdutório que trouxemos no início deste capítulo. WG
Gabarito "B".

(CESPE) Assinale a opção que contém apenas atributos dos atos administrativos.

(A) presunção de legitimidade / autoexecutoriedade
(B) imperatividade / discricionariedade
(C) resolução / portaria
(D) licença / ordem de serviço
(E) presunção de legitimidade / autorização

A: correta, pois só contém *atributos* do ato administrativo; B: incorreta, pois discricionariedade é um *poder administrativo*, e não um *atributo* do ato administrativo; C: incorreta, pois resoluções e portarias são *atos administrativos em espécie*, e não um *atributo* do ato administrativo; D: incorreta, pois licença e ordem de serviço são *atos administrativos em espécie*, e não um *atributo* do ato administrativo; E: incorreta, pois autorização é *ato administrativo em espécie*, e não um *atributo* do ato administrativo. WG
Gabarito "A".

3.2. Requisitos ou elementos do ato administrativo

Para resolver as questões sobre os requisitos do ato administrativo, vale a pena trazer alguns elementos doutrinários. Confira:

Requisitos do ato administrativo (são requisitos para que o ato seja válido)

- Competência: é a atribuição legal de cargos, órgãos e entidades. São vícios de competência: a1) usurpação de função: alguém se faz passar por agente público sem o ser. Ato será inexistente; a2) excesso de poder: alguém que é agente público acaba por exceder os limites de sua competência. Ex.: fiscal do sossego que multa um bar que visita por falta de higiene; o ato será nulo; a3) função de fato: exercida por agente que está irregularmente investido no cargo público, apesar de a situação ter aparência de legal. Os praticados serão válidos se houver boa-fé.
- Objeto: é o conteúdo do ato, aquilo que o ato dispõe, decide, enuncia, opina ou modifica na ordem jurídica. O objeto deve lícito, possível e determinável, sob pena de nulidade. Ex.: a autorização e a permissão dadas.
- Forma: são as formalidades necessárias para a seriedade do ato. A seriedade do ato impõe a) respeito à forma propriamente dita; b) e motivação.
- Motivo: fundamento de fato e de direito que autoriza a expedição do ato. Ex.: o motivo da interdição de estabelecimento consiste no fato de não ter licença (motivo de fato) e de a lei proibir o funcionamento sem licença (motivo de direito). Pela *Teoria dos Motivos Determinantes, o motivo invocado para a prática do ato condiciona sua validade*. Se se provar que o motivo é inexistente, falso ou mal qualificado, o ato será nulo.
- Finalidade: é o bem jurídico objetivado pelo ato. Ex.: proteger a paz pública, a salubridade, a ordem pública. Cada ato administrativo tem uma finalidade. Desvio de poder (ou de finalidade): *ocorre quando um agente exerce uma competência que possuía, mas para alcançar finalidade diversa daquela para a qual foi criada*. Não confunda o *excesso de poder* (vício de sujeito) com o *desvio de poder* (vício de finalidade), espécies do *gênero abuso de autoridade*.

(Policial Rodoviário Federal – 2002 – CESPE) Julgue o item a seguir, relativo ao desvio de finalidade.

(1) Considere o seguinte trecho, de autoria de Hely Lopes Meirelles.

"O desvio de finalidade ou de poder verifica-se quando a autoridade, embora atuando nos limites de sua competência, pratica o ato por motivos ou com fins diversos dos objetivados pela lei ou exigidos pelo interesse público. O desvio de finalidade ou de poder é, assim, a violação ideológica da lei, ou, por outras palavras, a violação moral da lei, colimando o administrador público fins não queridos pelo legislador, ou utilizando motivos e meios imorais para a prática de um ato administrativo aparentemente legal."

Com base nesse trecho, incorre em desvio de finalidade o policial que aciona o alarme sonoro e a iluminação vermelha intermitente da viatura, sem serviço de urgência que o justifique, para efeito de ter a circulação facilitada em meio a via de trânsito congestionada.

1: correta, pois, no exemplo, o policial tem competência para o ato praticado (ou seja, não há vício algum na competência), mas pratica o ato buscando finalidade diversa da prevista em lei para esse ato. No caso, a lei prevê que o policial acione esses sinais (alarme e iluminação) em caso de urgência, e não para fugir do trânsito em situações em que isso não se faz necessário. Assim, tem-se caso de desvio de finalidade ou desvio de poder, praticando-se ato que desvia da finalidade dos atos administrativos, que é atender ao interesse público e não ao interesse particular do policial em chegar mais cedo ao seu destino sem que haja uma situação urgência. WG
Gabarito 1C

(CESPE) João, inspetor do trabalho, servidor do Ministério do Trabalho e Emprego (MTE), fiscalizou a empresa Beta e, após detectar diversas irregularidades, lavrou auto de infração, fixando multa. A empresa entendeu que o auto de infração não era cabível, pois, na sua visão, não havia qualquer irregularidade que a justificasse. A empresa, então, resolveu recorrer no prazo legal. Entretanto, ao protocolar o recurso, teve notícia de que deveria realizar prévio depósito de 30% do valor da multa fixada para poder recorrer. Tendo como referência a situação hipotética apresentada, julgue os itens seguintes.

(1) O ato praticado por João constitui típico ato derivado do poder disciplinar da administração pública.
(2) O ato praticado por João goza de presunção de legitimidade e executoriedade.
(3) A autoridade administrativa responsável pelo julgamento do recurso interposto pela empresa Beta pode delegar a decisão ao próprio João.
(4) A exigência do depósito prévio como pressuposto de admissibilidade do recurso administrativo é uma exigência compatível com a CF.
(5) Caso a administração pública verifique que o ato de João foi ilegal, deve revogá-lo em atenção à conveniência pública.
(6) O MTE é exemplo de entidade administrativa, ou seja, unidade de atuação dotada de personalidade jurídica.
(7) O ato administrativo praticado por João deve estar pautado nos princípios da legalidade, da finalidade e da moralidade, que configuram princípios explícitos da administração pública.
(8) Nos processos administrativos de que possam resultar sanções aos administrados, como é o descrito nessa situação hipotética, devem ser garantidos os direitos de apresentação de alegações finais, produção de provas e interposição de recurso.
(9) A empresa Beta, embora tenha direitos e interesses que podem ser afetados por decisão da administração pública, não poderá ser qualificada como interessada junto à administração pública, pois apenas as pessoas físicas podem ostentar essa qualidade.
(10) A empresa Beta, após a interposição do recurso, não poderá dele desistir.

1: errada, pois o ato constitui típico ato de *poder de polícia*; 2: errada, pois o ato praticado revela *presunção de legitimidade* e *exigibilidade* (vide os conceitos dos *atributos* do ato administrativo, que está no

início deste item); 3: errada, pois a delegação não cabe para a decisão de *recursos administrativos* (art. 13, II, da Lei 9.784/1999); 4: errada, nos termos da Súmula 373 do STJ ("é ilegítima a exigência de depósito prévio para a admissibilidade de recurso administrativo") e da Súmula Vinculante 21 do STF ("É inconstitucional a exigência de depósito ou arrolamento prévios de dinheiro ou bens para admissibilidade de recurso administrativo"); 5: errada, pois quando um ato é *ilegal*, esse ato deve ser *anulado*, e não *revogado*; a *revogação* se dá quanto a atos *inconvenientes*; 6: errada, pois os ministérios não são *entidades* (pessoas jurídicas), mas meros *órgãos* dentro da entidade União; 7: correta, pois tais princípios estão explícitos no art. 2º, caput, da Lei 9.784/1999; 8: correta, nos termos do art. 2º, p. único, X, da Lei 9.784/1999; 9: errada, pois pessoas jurídicas podem ter interesses junto à Administração e defender seus direitos perante esta (art. 9º da Lei 9.784/1999); 10: errada, pois a desistência do processo (e consequentemente dos recursos interpostos) é admitida pelo art. 51 da Lei 9.784/1999. WG
Gabarito 1E, 2E, 3E, 4E, 5E, 6E, 7C, 8C, 9E, 10E

(CESPE) Assinale a opção incorreta com relação ao princípio da legalidade dos atos da administração pública.
(A) Esse princípio constitui uma das principais garantias de respeito aos direitos individuais.
(B) A vontade da administração pública é a que decorre da lei.
(C) Por meio de simples ato administrativo podem ser concedidos direitos e criadas obrigações aos administrados.
(D) Esse princípio traz um sentido de certeza, garantia e limitação do poder do administrador.
(E) Em uma democracia, a visibilidade e a transparência do poder são ingredientes básicos para, no âmbito do referido princípio, permitir a atuação de mecanismo de controle pela população da conduta dos governantes.

A: correta, pois, se não existisse esse princípio, as pessoas não teriam segurança, pois a Administração poderia fazer o que quisesse, ao passo que, pelo princípio da legalidade, a Administração só pode fazer o que a lei permitir ou determinar; B: correta, pois a Administração só pode fazer o que a lei permitir ou determinar, não tendo, portanto, vontade própria; C: incorreta, pois somente a lei pode ser fonte de direitos e deveres, e nunca um mero ato administrativo; D: correta, pois o princípio é a *garantia* que a Administração tem de que ninguém vai poder impedi-la de fazer o que está na lei, e ao mesmo tempo é uma *limitação*, pois os interessados poderão questionar a Administração quando esta agir fora dos limites legais; E: correta, pois a população só terá como saber se está sendo respeitado o princípio da legalidade, se a Administração tornar públicos seus atos, ou seja, se der visibilidade e transparência a estes. WG
Gabarito C

(CESPE) Em relação aos atos administrativos e aos poderes da administração, julgue os seguintes itens.
(1) A revogação de ato administrativo ocorre por manifestação bilateral de vontade, ou seja, por vontade da administração e do administrado.
(2) O ato administrativo simples resulta da vontade de um órgão, mas depende da verificação por parte de outro órgão para se tornar exequível.
(3) A fiscalização de farmácias e drogarias para verificar se os medicamentos vendidos estão dentro do prazo de validade decorre do poder de polícia.

1: errada, pois a revogação pode ser feita unilateralmente pela própria Administração; 2: errada, pois o ato simples é praticado por um órgão só, que não depende de outro órgão para que o ato produza efeitos; 3:

correta, pois a fiscalização importa em condicionar as atividades aos interesses da coletividade, conceito de *poder de polícia* e de *polícia administrativa*. WG

Gabarito 1E, 2E, 3C

(CESPE) Assinale a opção correta acerca dos atos administrativos.

(A) Quando o agente público explicita a motivação do ato administrativo discricionário, os motivos implicam vinculação apenas quanto aos fundamentos de direito.
(B) O ato administrativo pode ser revogado por ter perdido sua utilidade.
(C) A competência para a prática do ato administrativo, seja vinculado, seja discricionário, é condição para a sua validade, mas admite-se a delegação do seu exercício por vontade do delegante.
(D) O ato administrativo discricionário pode ser motivado após sua edição.
(E) A presunção de legitimidade do ato administrativo transfere à administração o ônus de provar que o ato administrativo é legítimo.

A: incorreta, pois os motivos de *fato* também ficam vinculados; B: correta, pois se o ato não tem mais utilidade, não é mais conveniente e oportuno mantê-lo no mundo jurídico; C: incorreta, pois a delegação não depende só da vontade do delegante, devendo-se cumprir os requisitos expressos nos arts. 12 a 14 da Lei 9.784/99; D: incorreta, pois a motivação deve ser prévia ou contemporânea à prática do ato, e nunca posterior à prática deste; E: incorreta, pois o ônus é da parte contrária. WG

Gabarito B.

3.3. Classificações e espécies de ato administrativo

Antes de verificarmos as questões deste item, vale trazer um resumo das principais espécies de atos administrativos.

Espécies de atos administrativos segundo Hely Lopes Meirelles:

– Atos normativos são aqueles que contêm comando geral da Administração Pública, com o objetivo de executar a lei. Ex.: regulamentos (da alçada do chefe do Executivo), instruções normativas (da alçada dos Ministros de Estado), regimentos, resoluções etc.
– Atos ordinatórios são aqueles que disciplinam o funcionamento da Administração e a conduta funcional de seus agentes. Ex.: instruções (são escritas e gerais, destinadas a determinado serviço público), circulares (escritas e de caráter uniforme, direcionadas a determinados servidores), avisos, portarias (expedidas por chefes de órgãos – trazem determinações gerais ou especiais aos subordinados, designam alguns servidores, instauram sindicâncias e processos administrativos etc), ordens de serviço (determinações especiais ao responsável pelo ato), ofícios (destinados às comunicações escritas entre autoridades) e despacho (contém decisões administrativas).
– Atos negociais são declarações de vontade coincidentes com a pretensão do particular. Ex.: licença, autorização e protocolo administrativo.
– Atos enunciativos são aqueles que apenas atestam, enunciam situações existentes. Não há prescrição de conduta por parte da Administração. Ex.: certidões, atestados, apostilas e pareceres.

– Atos punitivos são as sanções aplicadas pela Administração aos servidores públicos e aos particulares. Ex.: advertência, suspensão e demissão; multa de trânsito.

Confira mais classificações dos atos administrativos:

– Quanto à liberdade de atuação do agente

Ato vinculado é aquele em que a lei tipifica objetiva e claramente a situação em que o agente deve agir e o único comportamento que poderá tomar. Tanto a situação em que o agente deve agir, como o comportamento que vai tomar são únicos e estão clara e objetivamente definidos na lei, de forma a inexistir qualquer margem de liberdade ou apreciação subjetiva por parte do agente público. Ex: licença para construir, concessão de aposentadoria.

Ato discricionário é aquele em que a lei confere margem de liberdade para avaliação da situação em que o agente deve agir ou para escolha do melhor comportamento a ser tomado.

Seja na situação em que o agente deve agir, seja no comportamento que vai tomar, o agente público terá uma margem de liberdade na escolha do que mais atende ao interesse público. Neste ponto se fala em mérito administrativo, ou seja, na valoração dos motivos e escolha do comportamento a ser tomado pelo agente.

Vale dizer, o agente público fará apreciação subjetiva, agindo segundo o que entender ser mais conveniente e oportuno ao interesse público. Reconhece-se a discricionariedade, por exemplo, quando a regra que traz a competência do agente traz conceitos fluídos, como bem comum, moralidade, ordem pública etc. Ou ainda quando a lei não traz um motivo que enseja a prática do ato, como, por exemplo, a que permite nomeação para cargo em comissão, de livre provimento e exoneração. Também se está diante de ato discricionário quando há mais de uma opção para o agente quanto ao momento de atuar, à forma do ato (ex: verbal, gestual ou escrita), sua finalidade ou conteúdo (ex: advertência, multa ou apreensão).

A discricionariedade sofre alguns temperamentos. Em primeiro lugar é bom lembrar que todo ato discricionário é parcialmente regrado ou vinculado. A competência, por exemplo, é sempre vinculada (Hely diz que competência, forma e finalidade são sempre vinculadas, conforme vimos). Ademais, só há discricionariedade nas situações marginais, nas zonas cinzentas. Assim, se algo for patente, como quando, por exemplo, uma dada conduta fira veementemente a moralidade pública (ex: pessoas fazendo sexo no meio de uma rua), o agente, em que pese estar diante de um conceito fluído, deverá agir reconhecendo a existência de uma situação de imoralidade. Deve-se deixar claro, portanto, que a situação concreta diminui o espectro da discricionariedade (a margem de liberdade) conferida ao agente.

Assim, o Judiciário até pode apreciar um ato discricionário, mas apenas quanto aos aspectos de legalidade, razoabilidade e moralidade, não sendo possível a revisão dos critérios adotados pelo administrador (mérito administrativo), se tirados de dentro da margem de liberdade a ele conferida pelo sistema normativo.

– Quanto às prerrogativas da administração

Atos de império são os *praticados no gozo de prerrogativas de autoridade*. Ex: interdição de um estabelecimento.

Atos de gestão são *os praticados sem uso de prerrogativas públicas, em igualdade com o particular, na administração de bens e serviços*. Ex: contrato de compra e venda ou de locação de um bem imóvel.

Atos de expediente *são os destinados a dar andamentos aos processos e papéis que tramitam pelas repartições, preparando-os para decisão de mérito a ser proferida pela autoridade*. Ex: remessa dos autos à autoridade para julgá-lo.

A distinção entre ato de gestão e de império está em desuso, pois era feita para excluir a responsabilidade do Estado pela prática de atos de império, de soberania. Melhor é distingui-los em atos regidos pelo direito público e pelo direito privado.

– Quanto aos destinatários

Atos individuais *são os dirigidos a destinatários certos, criando-lhes situação jurídica particular*. Ex: decreto de desapropriação, nomeação, exoneração, licença, autorização, tombamento.

Atos gerais *são os dirigidos a todas as pessoas que se encontram na mesma situação, tendo finalidade normativa*.

São diferenças entre um e outro as seguintes:
– só ato individual pode ser impugnado individualmente; normativos só por ADIN ou após providência concreta.
– ato normativo prevalece sobre o ato individual
– ato normativo é revogável; individual deve respeitar direito adquirido.
– ato normativo não pode ser impugnado administrativamente; só após providência concreta.
– Quanto à formação da vontade

Atos simples: *decorrem de um órgão, seja ele singular ou colegiado*. Ex: nomeação feita pelo Prefeito; deliberação de um conselho ou de uma comissão.

Atos complexos: *decorrem de dois ou mais órgãos, em que as vontades se fundem para formar um único ato*. Ex: decreto do Presidente, com referendo de Ministros.

Atos compostos: *decorrem de dois ou mais órgãos, em que vontade de um é instrumental à vontade de outro, que edita o ato principal*. Aqui existem dois atos pelo menos: um principal e um acessório. Exs: nomeação do Procurador Geral da República depende de prévia aprovação pelo Senado; atos que dependem de aprovação ou homologação. Não se deve confundi-los com atos de um procedimento, em que há vários atos acessórios.

– Quanto aos efeitos

Ato constitutivo é aquele em que a Administração cria, modifica ou extingue direito ou situação jurídica do administrado. Ex: permissão, penalidade, revogação, autorização.

Ato declaratório é aquele em que a Administração reconhece um direito que já existia. Ex: admissão, licença, homologação, isenção, anulação.

Ato enunciativo é aquele em que a Administração apenas atesta dada situação de fato ou de direito. Não produz efeitos jurídicos diretos. São juízos de conhecimento ou de opinião. Ex: certidões, atestados, informações e pareceres.

– Quanto à situação de terceiros

Atos internos são aqueles que produzem efeitos apenas no interior da Administração. Ex: pareceres, informações.

Atos externos são aqueles que produzem efeitos sobre terceiros. Nesse caso, dependerão de publicidade para terem eficácia. Ex: admissão, licença.

– Quanto à estrutura.

Atos concretos são aqueles que dispõem para uma única situação, para um caso concreto. Ex: exoneração de um agente público.

Atos abstratos são aqueles que dispõem para reiteradas e infinitas situações, de forma abstrata. Ex: regulamento.

Confira outros atos administrativos, em espécie:

– Quanto ao conteúdo: a) autorização: *ato unilateral, discricionário e precário pelo qual se faculta ao particular, em proveito desse, o uso privativo de bem público ou o desempenho de uma atividade, os quais, sem esse consentimento, seriam legalmente proibidos*. Exs.: autorização de uso de praça para festa beneficente; autorização para porte de arma; b) licença: *ato administrativo unilateral e vinculado pelo qual a Administração faculta àquele que preencha requisitos legais o exercício de uma atividade*. Ex.: licença para construir; c) admissão: *ato unilateral e vinculado pelo qual se reconhece ao particular que preencha requisitos legais o direito de receber serviço público*. Ex.: aluno de escola; paciente em hospital; programa de assistência social; d) permissão: *ato administrativo unilateral, discricionário e precário, pelo qual a Administração faculta ao particular a execução de serviço público ou a utilização privativa de bem público, mediante licitação*. Exs.: permissão para perueiro; permissão para uma banca de jornal. Vale lembrar que, por ser precária, pode ser revogada a qualquer momento, sem direito à indenização; e) concessão: *ato bilateral e não precário, pelo qual a Administração faculta ao particular a execução de serviço público ou a utilização privativa de bem público, mediante licitação*. Ex.: concessão para empresa de ônibus efetuar transporte remunerado de passageiros. Quanto aos bens públicos, há também a *concessão de direito real de uso*, oponível até ao poder concedente, e a *cessão de uso*, em que se transfere o uso para entes ou órgãos públicos; f) aprovação: *ato de controle discricionário*. Vê-se a conveniência do ato controlado. Ex.: aprovação pelo Senado de indicação para Ministro do STF; g) homologação: *ato de controle vinculado*. Ex.: homologação de licitação ou de concurso público; h) parecer: *ato pelo qual órgãos consultivos da Administração emitem opinião técnica sobre assunto de sua competência*. Tipos: *facultativo* (parecer solicitado se a autoridade quiser); *obrigatório* (autoridade é obrigada a solicitar o parecer, mas não a acatá-lo) e *vinculante* (a autoridade é obrigada a solicitar o parecer e a acatar o seu conteúdo; ex.: parecer médico).

– Quanto à forma: a) decreto: *é a forma de que se revestem os atos individuais ou gerais, emanados do Chefe do Poder Executivo*. Exs.: nomeação e exoneração (atos individuais); regulamentos (atos gerais que têm por objeto proporcionar a fiel execução da lei – art.

84, IV, da CF); b) resolução e portaria: *são as formas de que se revestem os atos, gerais ou individuais, emanados de autoridades que não sejam o Chefe do Executivo*; c) alvará: *forma pela qual a Administração confere licença ou autorização para a prática de ato ou exercício de atividade sujeita ao poder de polícia do Estado*. Exs.: alvará de construção (instrumento da licença); alvará de porte (instrumento da autorização).

(CESPE – 2016) O ato que concede aposentadoria a servidor público classifica-se como ato:
(A) simples.
(B) discricionário.
(C) composto.
(D) declaratório.
(E) complexo.

É pacífico o entendimento de que a aposentadoria se trata de ato administrativo complexo, sendo válido somente posterior registro pelo Tribunal de Contas. E neste sentido: ADMINISTRATIVO. APOSENTADORIA. ATO COMPLEXO. CONFIRMAÇÃO PELO TRIBUNAL DE CONTAS DA UNIÃO. DECADÊNCIA ADMINISTRATIVA QUE SE CONTA A PARTIR DESSE ÚLTIMO ATO. NÃO CONFIGURAÇÃO. AgRg no REsp 1068703 SC 2008/0136386-2.1. Nos temos da jurisprudência deste Superior Tribunal de Justiça e da Suprema Corte, o ato de aposentadoria constitui-se ato administrativo complexo, que se aperfeiçoa somente com o registro perante o Tribunal de Contas, razão pela qual o marco inicial do prazo decadencial para Administração rever os atos de aposentação se opera com a manifestação final da Corte de Contas. **FMB**
Gabarito "E."

(CESPE) A respeito de atos administrativos, julgue os itens seguintes.
(1) O Poder Judiciário pode revogar seus próprios atos administrativos e anular os atos administrativos praticados pelo Poder Legislativo.
(2) O ato administrativo de remoção de servidor público ocupante de cargo efetivo com o intuito de puni-lo caracteriza desvio de poder.
(3) A administração tem o ônus de provar a legalidade do ato administrativo sempre que ela for questionada judicialmente.
(4) A aposentadoria de cargo de provimento efetivo, por implemento de idade, é um ato administrativo discricionário.

1: correta, pois o Judiciário pode *anular* atos próprios e de outros poderes, mas, quanto à revogação, só pode *revogar* atos próprios; 2: correta, pois a remoção não tem por finalidade a punição, e, havendo remoção com caráter punitivo, tem-se o chamado desvio de poder ou desvio de finalidade; 3: errada, pois os atos administrativos já nascem com uma presunção de legalidade; 4: errada, pois a aposentadoria, para ser concedida, depende do preenchimento de requisitos bem claros e objetivos, encerrando verdadeiro ato vinculado, e não ato discricionário, no qual há subjetividades e margem de liberdade para o agente público praticar ou não o ato. **WG**
Gabarito 1C, 2C, 3E, 4E

(CESPE) Julgue o seguinte item.
(1) Entre as espécies de atos administrativos, os atestados são classificados como enunciativos, porque seu conteúdo expressa a existência de certo fato jurídico.

1: correto, pois os atestados apenas enunciam a existência de um certo fato jurídico. Exemplos são o atestado médico e o atestado dado por tribunal, certificando que alguém participou de um ato judicial, possibilitando que esse alguém justifique, por exemplo, o motivo de ter faltado ao trabalho. **WG**
Gabarito 1C

3.4. Discricionariedade e vinculação

(Policial Rodoviário Federal – CESPE – 2019) No tocante a atos administrativos, julgue o item a seguir.
(1) Tanto a inexistência da matéria de fato quanto a sua inadequação jurídica podem configurar o vício de motivo de um ato administrativo.

1: correta. Motivo é o fato que autoriza ou determina a prática do ato. Se o motivo está previsto em lei, o ato é vinculado. Se não estiver previsto, o ato é discricionário. A assertiva adota aqui a linha de Hely Lopes Meirelles, para quem motivo consiste não só no fundamento de *fato*, mas também no de *direito*, que autoriza a expedição do ato. Há outra linha doutrinária que diferencia o motivo da motivação, essa última integrando a formalização do ato, e consiste na exposição do motivo de fato e da sua relação de pertinência com a fundamentação jurídica e com o ato praticado. Como regra, a motivação é obrigatória, só deixando de existir tal dever se a lei expressamente autorizar. **FB**
Gabarito 1C

(CESPE) Acerca dos atos administrativos, julgue os itens a seguir.
(1) Segundo entendimento majoritário da doutrina do direito administrativo brasileiro, os atos administrativos dos servidores da administração pública indireta não são passíveis de controle jurisdicional.
(2) Qualquer ato discricionário praticado por prefeito municipal deve atender obrigatoriamente ao princípio da moralidade pública previsto na Constituição Federal.

1: errada, pois todo ato administrativo está sujeito ao controle jurisdicional; 2: correta, pois todo e qualquer ato administrativo deve obedecer ao princípio constitucional da moralidade administrativa (art. 37, caput, da CF). **WG**
Gabarito 1E, 2C

Texto para os itens seguintes.

Uma autoridade administrativa do TST, no exercício de sua competência, editou ato administrativo que determinava a instalação de detectores de metais nas entradas da sede do Tribunal e estabelecia que todas as pessoas deveriam submeter-se ao detector e que somente poderiam ingressar no edifício ou sair dele caso apresentassem aos agentes da segurança todos os pertences de metal. Porém, seis meses depois da instalação dos detectores, as reclamações dirigidas à administração do TST fizeram com que a autoridade editasse ato anulando a referida determinação, por considerar que ela não alcançou devidamente os seus objetivos.

(CESPE) Acerca da situação hipotética descrita no texto, julgue os itens a seguir.
(1) Nessa situação, o dever de submeter-se aos detectores de metais não poderia ser imposto a juízes do trabalho, pois tal exigência violaria as garantias constitucionais da magistratura.
(2) O ato que determinou a instalação dos detectores de metais é um ato administrativo discricionário.

(3) Os motivos alegados pela referida autoridade para invalidar o ato deveriam conduzir à sua revogação, e não, à sua anulação.

1: errada, pois não existe garantia constitucional dos juízes que os exime de se submeter a detectores de metais; 2: correta, pois trata-se de ato inserido na conveniência e oportunidade do TST quanto às regras de segurança que entende pertinente; C: correta, pois os motivos revelam que o ato foi extinto por motivo de conveniência e oportunidade (revogação), e não por motivo de ilegalidade (anulação). WG
Gabarito 1E, 2C, 3C

(CESPE) Márcio, servidor público federal ocupante de cargo comissionado, criticou abertamente uma decisão que havia sido tomada por Antônio, seu superior hierárquico direto. Ao saber das críticas que lhe haviam sido dirigidas, Antônio exonerou Márcio do seu cargo em comissão. Quinze dias depois, Antônio arrependeu-se de seu ato e decidiu anular o ato de exoneração. Considerando a situação hipotética acima, julgue os itens a seguir.

(1) O ato de exoneração de Márcio caracterizou exercício de poder administrativo vinculado.
(2) Seria descabido que Antônio editasse ato administrativo anulando a exoneração de Márcio.

1: errada, pois a nomeação e a exoneração de alguém de cargo em comissão é *livre*, de modo que se está diante de ato discricionário; 2: correta, pois um ato administrativo só pode ser anulado quando for *ilegal*, e no caso, não houve ilegalidade; Antônio poderia, na verdade, nomear novamente Márcio, pois não há impedimento legal nesse sentido. WG
Gabarito 1E, 2C

(CESPE) A CF estabelece que a lei não pode excluir do Poder Judiciário a apreciação de lesão ou ameaça a direito, o que se denomina princípio da inevitabilidade do controle jurisdicional. Dessa forma, a atuação do Poder Judiciário, em relação aos atos administrativos, alcança

(A) até mesmo o julgamento do mérito do ato administrativo, pois a CF não estabelece distinção entre atos que podem ser objeto de apreciação judicial.
(B) o exame dos atos discricionários quanto à competência, finalidade, forma e aos limites da discricionariedade.
(C) apenas os atos administrativos vinculados no ponto em que deixem de observar aspectos objetivos.
(D) atos individuais e exclui atos decorrentes de decisão colegiada em sede de recurso administrativo.
(E) atos administrativos dos Poderes Executivo e Legislativo, mas não os do próprio Poder Judiciário, por não fazer sentido controlar o próprio ato.

A: incorreta, pois o Judiciário pode controlar atos discricionários, mas apenas em seus aspectos de legalidade, razoabilidade e moralidade, não sendo possível que o Judiciário aprecie o *mérito* (a margem de liberdade que sobra ao agente público); B: correta, pois a competência, a finalidade e a forma são elementos do ato administrativo que estão sempre predefinidos na lei, não gerando normalmente margem de liberdade para o agente público; assim, o Judiciário pode examinar o ato discricionário quanto a essas aspectos e quanto aos demais limites que a lei traz à Administração Pública; C: incorreta, pois, como se viu, o Judiciário também pode controlar atos discricionários; D: incorreta, pois todos os atos administrativos, inclusive os colegiados, podem ser controlados pelo Judiciário; E: incorreta, pois todos os atos administrativos de todos os Poderes podem ser controlados pelo Judiciário. WG
Gabarito "B".

(CESPE) Assinale a opção que não indica pressuposto ordinariamente presente nos atos discricionários.

(A) Existência de lei que confere ao administrador expressamente a faculdade de optar por uma entre várias soluções administrativas juridicamente possíveis.
(B) Presença de conceitos jurídicos indeterminados que permitem fixar a melhor interpretação.
(C) Reconhecimento pela lei de que o administrador, por estar mais próximo dos casos concretos, está mais bem preparado para a tomada de decisões.
(D) Direito subjetivo do particular de exigir da autoridade administrativa a edição de determinado ato.

A: incorreta, pois a *faculdade* ditada pela lei (conceito que equivale dizer margem de liberdade) indica ato discricionário; B: incorreta, pois a presença de *conceitos jurídicos indeterminados* (conceitos vagos, que dão maior flexibilidade ao agente) indica ato discricionário; C: incorreta, pois o fato de a lei dar margem de liberdade para o administrador, no *caso concreto*, tomar a melhor decisão indica ato discricionário; D: correta, pois um direito subjetivo do particular obriga (*vincula*) a Administração a agir para atendê-lo, situação que diz respeito a atos vinculados e que, portanto, não indica ato discricionário. WG
Gabarito "D".

(CESPE) Em determinadas situações, a lei conferiu ao administrador público certa margem de liberdade de atuação. Assim, poderá o administrador adotar, conforme a diversidade de situações, a serem enfrentadas, a providência mais adequada, valendo-se de seu juízo de oportunidade e conveniência. Com a outorga da discricionariedade administrativa, visa-se à obtenção da medida mais apropriada para cada caso. Acerca dessa importante classificação dos atos administrativos, que os divide em discricionários e vinculados, assinale a opção correta.

(A) O ato discricionário caracteriza-se por permitir que o administrador possa escolher-lhe a forma.
(B) A discricionariedade administrativa decorre da ausência de lei.
(C) Ainda que esteja o administrador, em tese, diante de atuação discricionária, se sua atuação, no caso concreto, for considerada desarrazoada, o ato respectivo será passível de anulação.
(D) Diante do ato vinculado, o administrador ficará livre na escolha do motivo e do objeto do ato.
(E) O ato discricionário não é passível de controle judicial.

A: incorreta, pois a discricionariedade se dá em relação ao objeto ou ao motivo, e não em relação à forma, assim como também não em relação à competência e à finalidade; B: incorreta, pois a discricionariedade não é sinônimo de arbitrariedade; a lei é que vai traçar os contornos da discricionariedade, ou seja, a lei é que vai estabelecer o tamanho da margem de liberdade da administração; C: correta, pois a competência discricionária tem que também respeitar o princípio da razoabilidade (art. 2º, *caput* e p. ún., VI, da Lei 9.784/1999); D: incorreta, pois o ato vinculado é justamente aquele em que não há margem de liberdade para o administrador; E: incorreta, pois os atos discricionários são passíveis de controle judicial, quanto aos aspectos de legalidade, que incluem a obediência à lei e aos demais princípios, como o da moralidade e o da razoabilidade; o que não é passível de controle é justamente a parte do ato discricionário em que se tem a margem de liberdade (o chamado mérito), mas, quanto aos seus demais aspectos do ato discricionário, é possível o seu controle. WG
Gabarito "C".

3.5. Extinção

Segue resumo acerca das formas de extinção dos atos administrativos

- Cumprimento de seus efeitos: como exemplo, temos a autorização da Prefeitura para que seja feita uma festa na praça da cidade. Este ato administrativo se extingue no momento em que a festa termina, uma vez que seus efeitos foram cumpridos.
- Desaparecimento do sujeito ou do objeto sobre o qual recai o ato: morte de um servidor público, por exemplo.
- Contraposição: extinção de um ato administrativo pela prática de outro antagônico em relação ao primeiro. Ex.: com o ato de exoneração do servidor público, o ato de nomeação fica automaticamente extinto.
- Renúncia: extinção do ato por vontade do beneficiário deste.
- Cassação: extinção de um ato que beneficia um particular por este não ter cumprido os deveres para dele continuar gozando. Não se confunde com a revogação – que é a extinção do ato por não ser mais conveniente ao interesse público. Também difere da anulação – que é a extinção do ato por ser nulo. Como exemplo desse tipo de extinção tem-se a permissão para banca de jornal se instalar numa praça que é cassada porque seu dono não paga o preço público devido; ou a autorização de porte de arma de fogo que é cassada porque o beneficiário é detido ou abordado em estado de embriaguez ou sob efeito de entorpecentes (art. 10, § 2°, do Estatuto do Desarmamento – Lei 10.826/03).
- Caducidade. Extinção de um ato porque a lei não mais o permite. Trata-se de extinção por invalidade superveniente. Exs.: autorização para condutor de perua praticar sua atividade que se torna caduca por conta de lei posterior que não mais permite tal transporte na cidade; autorizações de porte de arma que caducaram 90 dias após a publicação do Estatuto do Desarmamento, conforme reza seu art. 29.
- Revogação. Extinção de um ato administrativo legal ou de seus efeitos por outro ato administrativo, efetuada somente pela Administração, dada a existência de fato novo que o torne inconveniente ou inoportuno, respeitando-se os efeitos precedentes ("ex nunc"). Ex.: permissão para a mesma banca de jornal se instalar numa praça que é revogada por estar atrapalhando o trânsito de pedestres, dado o aumento populacional, não havendo mais conveniência na sua manutenção.

O sujeito ativo da revogação é a *Administração Pública*, por meio de autoridade administrativa competente para o ato, podendo ser seu superior hierárquico. O Poder Judiciário nunca poderá revogar um ato administrativo, já que se limita a apreciar aspectos de legalidade (o que gera a anulação), e não de conveniência, salvo se se tratar de um ato administrativo da Administração Pública dele, como na hipótese em que um provimento do próprio Tribunal é revogado.

Quanto ao tema objeto da revogação, tem-se que este recai sobre o ato administrativo ou relação jurídica deste decorrente, salientando-se que o ato administrativo deve ser válido, pois, caso seja inválido, estaremos diante de hipótese que enseja anulação. Importante ressaltar que não é possível *revogar* um ato administrativo já extinto, dada a falta de utilidade em tal proceder, diferente do que se dá com a *anulação* de um ato extinto, que, por envolver a retroação de seus efeitos (a invalidação tem efeitos "ex tunc"), é útil e, portanto, possível.

O fundamento da revogação é a *mesma regra de competência que habilitou o administrador à prática do ato que está sendo revogado*, devendo-se lembrar que só há que se falar em revogação nas hipóteses de ato discricionário.

Já o motivo da revogação é a *inconveniência ou inoportunidade* da manutenção do ato ou da relação jurídica gerada por este. Isto é, o administrador público faz apreciação ulterior e conclui pela necessidade da revogação do ato para atender ao interesse público.

Quanto aos efeitos da revogação, esta suprime o ato ou seus efeitos, mas respeita os efeitos que já transcorreram. Trata-se, portanto, de eficácia *"ex nunc"*.

Há limites ao poder de revogar. São atos irrevogáveis os seguintes: os que a lei assim declarar; os atos já exauridos, ou seja, que cumpriram seus efeitos; os atos vinculados, já que não se fala em conveniência ou oportunidade neste tipo de ato, em que o agente só tem uma opção; os meros ou puros atos administrativos (exs.: certidão, voto dentro de uma comissão de servidores); os atos de controle; os atos complexos (praticados por mais de um órgão em conjunto); e atos que geram direitos adquiridos. Os atos gerais ou regulamentares são, por sua natureza, revogáveis a qualquer tempo e em quaisquer circunstâncias, respeitando-se os efeitos produzidos.

- Anulação (invalidação): *extinção do ato administrativo ou de seus efeitos por outro ato administrativo ou por decisão judicial, por motivo de ilegalidade, com efeito retroativo* ("ex tunc"). Ex.: anulação da permissão para instalação de banca de jornal em bem público por ter sido conferida sem licitação.

O sujeito ativo da invalidação pode ser tanto o *administrador público* como o *juiz*. A Administração Pública poderá invalidar de ofício ou a requerimento. O Poder Judiciário, por sua vez, só poderá invalidar por provocação ou no bojo de uma lide. A possibilidade de o Poder Judiciário anular atos administrativos decorre do fato de estarmos num Estado de Direito (art. 1°, CF), em que a lei deve ser obedecida por todos, do princípio da inafastabilidade da jurisdição ("a lei não poderá excluir da apreciação do Poder Judiciário lesão ou ameaça de lesão a direito" – artigo 5°, XXXV) e da previsão constitucional do mandado de segurança, do "habeas data" e da ação popular.

O objeto da invalidação é o ato administrativo inválido ou os efeitos de tal ato (relação jurídica).

Seu fundamento é o dever de obediência ao princípio da legalidade. Não se pode conviver com a ilegalidade. Portanto, o ato nulo deve ser invalidado.

O motivo da invalidação é a *ilegalidade* do ato e da eventual relação jurídica por ele gerada. Hely Lopes Meirelles diz que o motivo é a ilegalidade ou ilegitimidade do ato, diferente da revogação, que tem por motivo a inconveniência ou inoportunidade.

Quanto ao prazo para se efetivar a invalidação, o art. 54 da Lei 9.784/1999 dispõe "O direito da Administração de anular os atos administrativos de que decorram efeitos favoráveis para os destinatários decai em 5 (cinco) anos, contados da data em que foram praticados, salvo comprovada má-fé". Perceba-se que tal disposição só vale para atos administrativos em geral de que decorram efeitos favoráveis ao agente (ex.: permissão, licença) e que tal decadência só aproveita ao particular se este estiver de boa-fé. A regra do art. 54 contém ainda os seguintes parágrafos: § 1º: "No caso de efeitos patrimoniais contínuos, o prazo de decadência contar-se-á da percepção do primeiro pagamento"; § 2º: "Considera-se exercício do direito de anular qualquer medida de autoridade administrativa que importe impugnação à validade do ato".

No que concerne aos efeitos da invalidação, como o ato nulo já nasce com a sanção de nulidade, a declaração se dá retroativamente, ou seja, com efeito *ex tunc*. Invalidam-se as consequências passadas, presentes e futuras do ato. Do ato ilegal não nascem direitos. A anulação importa no desfazimento do vínculo e no retorno das partes ao estado anterior. Tal regra é atenuada em face dos terceiros de boa-fé. Assim, a anulação de uma nomeação de um agente público surte efeitos em relação a este (que é parte da relação jurídica anulada), mas não em relação aos terceiros que receberam atos por este praticados, desde que tais atos respeitem a lei quanto aos demais aspectos.

(CESPE) Em relação aos atos administrativos, julgue os itens subsequentes.

(1) As razões explicitadas na motivação de um ato administrativo são determinantes na aferição da validade e da eficácia do ato em eventual exame pelo Poder Judiciário.
(2) O ato administrativo é válido quando expedido em absoluta conformidade com as exigências do ordenamento jurídico.
(3) O Poder Judiciário pode revogar ato administrativo por não considerar sua edição oportuna.
(4) Um ato administrativo pode ser revogado se ofender direito líquido e certo de particular.

1: correta, em virtude da Teoria dos Motivos Determinantes; 2: correta, pois a *validade* tem a ver com o cumprimento da *lei*; 3: errada, pois só a Administração Pública que tiver expedido o ato pode revogá-lo; 4: errada, pois um ato que ofende direito líquido e certo de alguém é um ato *ilegal*, devendo ser *anulado*, e não *revogado*.
Gabarito 1C, 2C, 3E, 4E

(CESPE) Em relação à extinção dos atos administrativos, assinale a opção correta.

(A) O ato se extingue pelo desfazimento volitivo quando sua retirada funda-se no advento de nova legislação que impede a permanência da situação anteriormente consentida.
(B) A conversão de ato administrativo ocorre quando o órgão decide sanar ato inválido anteriormente praticado, suprindo a ilegalidade que o vicia.
(C) A revogação do ato gera, em regra, eficácia desde a prolação do ato ilegal.
(D) Não compete ao Poder Judiciário revogar atos administrativos do Poder Executivo, sob pena de ofensa ao princípio da separação dos poderes.
(E) Admite-se a revogação de atos integrativos de um procedimento administrativo, mesmo quando se opera preclusão de ato sucessivo.

A: incorreta, pois a extinção do ato administrativo no caso, que tem o nome de *caducidade*, não ocorre por *vontade* de alguém (*desfazimento volitivo*), mas ocorre automaticamente com a edição da nova lei; B: incorreta, pois a conversão ocorre quando o órgão *aproveita* um ato inválido em outra situação jurídica, na qual o ato praticado é considerado válido; assim, não há que se falar em *saneamento* do vício do ato, mas aproveitamento do ato em outra categoria de ato, em que o primeiro é válido; por exemplo, podemos citar a nomeação de alguém para um *cargo efetivo*, sem concurso público; essa situação torna o ato inválido e não há como manter essa nomeação, não há como sanear essa nomeação; porém pode-se aproveitar nomeação *convertendo-a* para nomeação para *cargo em comissão*, a qual não requer concurso público; C: incorreta, pois a revogação tem efeito *ex nunc* (não retroage para a data do ato praticado originariamente); além disso, a revogação não diz respeito a atos *ilegais*, e sim a atos *inconvenientes*; D: correta, pois a revogação, realmente, só pode ser feita pela Administração Pública que expedir o ato; E: incorreta, pois, num procedimento administrativo, pratica-se normalmente atos vinculados, e os atos vinculados não podem ser revogados; ademais, ocorrendo a preclusão (ou seja, a impossibilidade de se questionar um ato praticado por não caber mais recurso, por exemplo), não há mais que se falar em revogação do ato administrativo.
Gabarito "D"

4. ORGANIZAÇÃO ADMINISTRATIVA

4.1. Temas gerais (Administração Pública, órgãos e entidades, desconcentração e descentralização, controle e hierarquia, teoria do órgão)

Segue um resumo sobre essa parte introdutória:

O objetivo deste tópico é efetuar uma série de distinções, de grande valia para o estudo sistematizado do tema. A primeira delas tratará da relação entre pessoa jurídica e órgãos estatais.

Pessoas jurídicas estatais *são entidades integrantes da estrutura do Estado e dotadas de personalidade jurídica*, ou seja, de aptidão genérica para contrair direitos e obrigações.

Órgãos públicos *são centros de competência integrantes das pessoas estatais instituídos para o desempenho das funções públicas por meio de agentes públicos*. São, portanto, parte do corpo (pessoa jurídica). Cada órgão é investido de determinada competência, dividida entre seus cargos. Apesar de não terem personalidade jurídica, têm prerrogativas funcionais, o que admite até que interponham mandado de segurança, quando violadas (tal capacidade processual, todavia, só têm os órgãos independentes e os autônomos). Todo ato de um órgão é imputado diretamente à pessoa jurídica da qual é integrante, assim como todo ato de agente público é imputado diretamente ao órgão à qual pertence (trata-se da chamada "teoria do órgão", que se contrapõe à teoria da representação ou do mandato, conforme se verá no capítulo seguinte). Deve-se ressaltar todavia que a representação legal da entidade é atribuição de determinados agentes, como o Chefe do Poder Executivo e os Procuradores. Confiram-se algumas classificações dos órgãos públicos, segundo o magistério de Hely Lopes Meirelles:

Quanto à **posição**, podem ser órgãos *independentes* (originários da Constituição e representativos dos Poderes do Estado: Legislativo, Executivo e Judiciário – aqui estão todas as corporações legislativas, chefias de executivo e tribunais e juízo singulares); *autônomos* (estão na cúpula da Administração, logo abaixo dos órgãos independentes, tendo autonomia administrativa, financeira e técnica, segundo as diretrizes dos órgãos a eles superiores – cá estão os Ministérios, as Secretarias Estaduais e Municipais, a AGU etc.), *superiores* (detêm poder de direção quanto aos assuntos de sua competência, mas sem autonomia administrativa e financeira – ex.: gabinetes, procuradorias judiciais, departamentos, divisões, etc) e *subalternos* (são os que se acham na base da hierarquia entre órgãos, tendo reduzido poder decisório, com atribuições de mera execução – ex.: portarias, seções de expediente):

Quanto à **estrutura**, podem ser *simples* ou *unitários* (constituídos por um só centro de competência) e *compostos* (reúnem outros órgãos menores com atividades-fim idênticas ou atividades auxiliares – ex.: Ministério da Saúde).

Quanto à **atuação funcional**, podem ser *singulares* ou *unipessoais* (atuam por um único agente – ex.: Presidência da República) e *colegiados* ou *pluripessoais* (atuam por manifestação conjunta da vontade de seus membros – ex.: corporações legislativas, tribunais e comissões).

Outra distinção relevante para o estudo da estrutura da Administração Pública é a que se faz entre desconcentração e descentralização. Confira-se:

Desconcentração é *a distribuição interna de atividades administrativas, de competências.* Ocorre de órgão para órgão da entidade. Ex.: competência no âmbito da Prefeitura, que poderia estar totalmente concentrada no órgão Prefeito Municipal, mas que é distribuída internamente aos Secretários de Saúde, Educação etc.

Descentralização é *a distribuição externa de atividades administrativas, que passam a ser exercidas por pessoa ou pessoas distintas do Estado.* Dá-se de pessoa jurídica para pessoa jurídica como técnica de especialização. Ex.: criação de autarquia para titularizar e executar um dado serviço público, antes de titularidade do ente político que a criou.

Na descentralização **por serviço** a lei atribui ou autoriza que outra pessoa detenha a *titularidade* e a execução do serviço. Depende de lei. Fala-se também em *outorga* do serviço.

Na descentralização **por colaboração** o contrato ou ato unilateral atribui a outra pessoa a *execução* do serviço. Aqui o particular pode colaborar, recebendo a execução do serviço, e não a titularidade. Fala-se também em *delegação* do serviço e o caráter é transitório.

É importante também saber a seguinte distinção.

Administração direta *compreende os órgãos integrados no âmbito direto das pessoas políticas (União, Estados, Distrito Federal e Municípios).*

Administração indireta *compreende as pessoas jurídicas criadas pelo Estado para titularizar e exercer atividades públicas (autarquias e fundações públicas) e para agir na atividade econômica quando necessário (empresas públicas e sociedades de economia Mista).*

Outra classificação relevante para o estudo do tema em questão é a que segue.

As **pessoas jurídicas de direito público** *são os entes políticos e mais as autarquias e fundações públicas, uma vez que todas essas pessoas são criadas para exercer típica atividade administrativa, o que impõe tenham, de um lado, prerrogativas de direito público, e, de outro, restrições de direito público, próprias de quem gere coisa pública.*

As **pessoas jurídicas de direito privado** *são as empresas púbicas e as sociedades de economia mista, visto que são criadas para exercer atividade econômica, devendo ter os mesmos direitos e restrições das demais pessoas jurídica privadas, em que pese terem algumas restrições adicionais, pelo fato de terem sido criadas pelo Estado.*

Para fecharmos essa introdução, tem-se que saber a seguinte distinção.

Hierarquia *consiste no poder que um órgão superior tem sobre outro inferior, que lhe confere, dentre outras prerrogativas, uma ampla possibilidade de fiscalização dos atos do órgão subordinado.*

Controle (tutela ou supervisão ministerial) *consiste no poder de fiscalização que a pessoa jurídica política tem sobre a pessoa jurídica que criou, que lhe confere tão somente a possibilidade de submeter a segunda ao cumprimento de seus objetivos globais, nos termos do que dispuser a lei.* Ex: a União não pode anular um ato administrativo de concessão de aposentadoria por parte do INSS (autarquia por ela criada), por não haver hierarquia; mas pode impedir que o INSS passe a comercializar títulos de capitalização, por exemplo, por haver nítido desvio dos objetivos globais para os quais fora criada a autarquia. Aqui não se fala em subordinação, mas em vinculação administrativa.

(CESPE – 2016) A respeito de Estado, governo e administração pública, assinale a opção correta.

(A) Governo é o órgão central máximo que formula a política em determinado momento.

(B) A organização da administração pública como um todo é de competência dos dirigentes de cada órgão, os quais são escolhidos pelo chefe do Poder Executivo.

(C) Poder hierárquico consiste na faculdade de punir as infrações funcionais dos servidores.

(D) Território e povo são elementos suficientes para a constituição de um Estado.

(E) República é a forma de governo em que o povo governa no interesse do povo.

A: incorreta. Não há que se falar em formulação da política em "determinado momento". O governo é o exercício do poder estatal em si, em todos os momentos; B: incorreta. A assertiva pressupõe que todos os órgãos da administração direta e indireta se auto-organizam e que todos os dirigentes são escolhidos pelo Chefe do Executivo, não há previsão legal nesse sentido; C: incorreta. Esta definição é afeta ao poder disciplinar; D: incorreta. A constituição de um Estado é feita por meio dos elementos: território, povo e soberania; E: correta. **República** é uma palavra que descreve uma **forma de governo** em que o Chefe de Estado é eleito pelos representantes dos cidadãos ou pelos próprios cidadãos, e exerce a sua função durante um tempo limitado. FMB

Gabarito "E".

(CESPE – 2016) A administração direta da União inclui:

(A) a Casa Civil.

(B) o Departamento Nacional de Infraestrutura de Transportes (DNIT).

(C) as agências executivas.

(D) o Instituto Brasileiro do Meio Ambiente e dos Recursos Naturais Renováveis (IBAMA).

(E) a Agência Nacional de Energia Elétrica (ANEEL).

A: correta. Casa Civil é órgão da Presidência da Republica e neste mister exerce suas funções na Administração direta; B: incorreta. O DNIT – Departamento Nacional de Infraestrutura de Transportes é uma autarquia federal vinculada ao Ministério dos Transportes; C: incorreta. As autarquias e fundações públicas responsáveis por atividades e serviços exclusivos do Estado são chamadas agências executivas; D: incorreta. IBAMA – Lei 7.735/1989 - Art. 2º É criado o Instituto Brasileiro do Meio Ambiente e dos Recursos Naturais Renováveis – IBAMA, autarquia federal dotada de personalidade jurídica de direito público, autonomia administrativa e financeira, vinculada ao Ministério do Meio Ambiente; E: incorreta. ANEEL – Lei 9.427/1996 - Art. 1º É instituída a Agência Nacional de Energia Elétrica - ANEEL, autarquia sob regime especial, vinculada ao Ministério de Minas e Energia, com sede e foro no Distrito Federal e prazo de duração indeterminado. FMB
Gabarito "A".

(CESPE – 2016) Em relação à prestação de serviços públicos e à organização da administração pública, assinale a opção correta.

(A) As sociedades de economia mista são entidades de direito privado constituídas exclusivamente para prestar serviços públicos, de modo que não podem explorar qualquer atividade econômica.

(B) Em decorrência do princípio da continuidade do serviço público, admite-se que o poder concedente tenha prerrogativas contratuais em relação ao concessionário. Uma dessas prerrogativas é a possibilidade de encampação do serviço, quando necessária à sua continuidade.

(C) A concessão de serviço público pode prever a delegação do serviço a um consórcio de empresas, caso em que o contrato de concessão terá prazo indeterminado.

(D) Os serviços públicos serão gratuitos, ainda que prestados por meio de agentes delegados.

(E) O poder público poderá criar uma autarquia para centralizar determinados serviços públicos autônomos. Nessa hipótese, esses serviços passam a integrar a administração direta, com gestão administrativa e financeira centralizadas no respectivo ente federativo.

Uma das possibilidades de encerramento da concessão é a encampação. Isto ocorre justamente para que não haja solução de continuidade bem como para a manutenção da eficácia na prestação do serviço público. Lei 8.987/1995, Art. 35. Extingue-se a concessão por: II - encampação; § 2º Extinta a concessão, haverá a imediata assunção do serviço pelo poder concedente, procedendo-se aos levantamentos, avaliações e liquidações necessários. FMB
Gabarito "B".

(IBADE – 2017) Quanto aos temas órgão público, Estado, Governo e Administração Pública, é correto afirmar que:

(A) o órgão público é desprovido de personalidade jurídica. Assim, eventual prejuízo causado pela Assembleia Legislativa do Estado do Acre deve ser imputado ao Estado do Acre.

(B) governo democraticamente eleito e Estado são noções intercambiáveis para o Direito Administrativo.

(C) fala-se em Administração Pública Extroversa para frisar a relação existente entre Administração Pública e seu corpo de agentes públicos.

(D) a Administração Pública, sob o enfoque funcional, é representada pelos agentes públicos e seus bens.

(E) um órgão público estadual pode ser criado por meio de Decreto do Chefe do Poder Executivo Estadual ou por meio de Portaria de Secretário de Estado, desde que editada por delegação do Governador.

A: correta. Responderá objetivamente o Estado pelas ações de seus agentes, diante da inexistência de personalidade jurídica de seus órgãos. Neste sentido: TJ-MG - Apelação Cível AC 10518081396013001 MG (TJ-MG) Data de publicação: 03/05/2013. Ementa: PROCESSUAL CIVIL E ADMINISTRATIVO - AÇÃO ANULATÓRIA DE MULTA APLICADA PELO PROCON ESTADUAL - ÓRGÃO DESPROVIDO DE PERSONALIDADE JURÍDICA PARA ATUAR NO POLO PASSIVO DA DEMANDA - ILEGITIMIDADE CARACTERIZADA - RECURSO PROVIDO. 1 - O Programa Estadual de Proteção e Defesa do Consumidor - PROCON/MG é órgão da estrutura do Estado de Minas Gerais, e como tal, não detém legitimidade para figurar no polo passivo de demanda em que pretendida a anulação de multa aplicada a particular. 2 - A possibilidade conferida aos órgãos da Administração Pública, sem personalidade jurídica, de atuarem na defesa dos interesses e direitos protegidos pelo Código de Defesa do Consumidor(...); B: incorreta. Não se pode dizer que são nocoes intercambiáveis pois Estado é uma entidade com poder soberano para governar um povo dentro de uma área territorial delimitada, não apensas a ideia de governo democraticamente eleito. C: incorreta. A Administração Pública extroversa trata da relação desta com os administrados estando sempre regida pela Supremacia do Interesse Público; D: incorreta. Em sentido objetivo (material ou funcional) a Administração Pública pode ser definida como a atividade concreta e imediata que o Estado desenvolve, sob regime jurídico de direito público, para a consecução dos interesses de todos; E: incorreta. CF, Art. 48 - Cabe ao Congresso Nacional, com a sanção do Presidente da República, não exigida está para o especificado nos arts. 49, 51 e 52, dispor sobre todas as matérias de competência da União, especialmente sobre: XI - criação e extinção de Ministérios e órgãos da administração pública; (Redação dada pela Emenda Constitucional nº 32, de 2001). FMB
Gabarito "A".

(CESPE – 2016) Com referência à administração pública direta e indireta, assinale a opção correta.

(A) Os serviços sociais autônomos, por possuírem personalidade jurídica de direito público, são mantidos por dotações orçamentárias ou por contribuições parafiscais.

(B) A fundação pública não tem capacidade de autoadministração.

(C) Como pessoa jurídica de direito público, a autarquia realiza atividades típicas da administração pública.

(D) A sociedade de economia mista tem personalidade jurídica de direito público e destina-se à exploração de atividade econômica.

(E) A empresa pública tem personalidade jurídica de direito privado e controle acionário majoritário da União ou outra entidade da administração indireta.

A: incorreta. Os **serviços sociais autônomos**, também conhecidos como entidades integrantes do Sistema "S", são pessoas **jurídicas** cuja criação é autorizada por lei e materializada após o devido registro de seus atos constitutivos no órgão competente, possuindo **personalidade jurídica** de direito privado, sem fins lucrativos; B: incorreta. Dec 200/67, Art. 5º - Para os fins desta lei, considera-se: IV - Fundação Pública - a entidade dotada de personalidade jurídica de direito privado, sem fins lucrativos, criada em virtude de autorização legislativa, para o desenvolvimento de atividades que não exijam execução por órgãos ou entidades de direito público, com autonomia administrativa, patrimônio próprio gerido pelos respectivos órgãos de direção, e funcionamento custeado por recursos da União e de outras fontes. Assim sendo, no dizer de Maria Sylvia Zanella di Pietro: a fundação tem natureza pública quando "é instituída pelo poder público com patrimônio, total ou parcialmente público, dotado de personalidade jurídica, de direito público ou privado, e, destinado, por lei, ao desempenho de atividades do Estado na ordem social, com capacidade de autoadministração e mediante controle da Administração Pública, nos limites da lei" (*Direito Administrativo*. 5ª ed. São Paulo: Atlas, 1995, p. 320); **C**: incorreta. As autarquias por definição são responsáveis pela realização de atividades típicas de Administração Publica dada a sua criação decorrente de Lei e características próprias, conforme previsão legal: Dec. 200/67 - Art. 5º Para os fins desta lei, considera-se: I - Autarquia – o serviço autônomo, criado por lei, com personalidade jurídica, patrimônio e receita próprios, para executar atividades típicas da Administração Pública, que requeiram, para seu melhor funcionamento, gestão administrativa e financeira descentralizada. **D**: incorreta. Decreto 200/1967, Art. 5º - III - Sociedade de Economia Mista – a entidade dotada de personalidade jurídica de direito privado, criada por lei para a exploração de atividade econômica, sob a forma de sociedade anônima, cujas ações com direito a voto pertençam em sua maioria à União ou a entidade da Administração Indireta; **E**: correta. Decreto 200/1967, Art. 5º - II - Empresa Pública - a entidade dotada de personalidade jurídica de direito privado, com patrimônio próprio e capital exclusivo da União, criado por lei para a exploração de atividade econômica que o Governo seja levado a exercer por força de contingência ou de conveniência administrativa podendo revestir-se de qualquer das formas admitidas em direito. § 1º No caso do inciso III, quando a atividade for submetida a regime de monopólio estatal, a maioria acionária caberá apenas à União, em caráter permanente. FMB

Gabarito "E".

(VUNESP – 2017) A Administração Pública Indireta corresponde às pessoas jurídicas constituídas para o desempenho especializado de um serviço público. São vinculadas à Administração Pública Direta, mas gozam de autonomia de gestão.

Podem ser citados, entre outros, os seguintes exemplos:

(A) as Autarquias e os Consórcios Públicos.
(B) as Empresas Públicas e os Estados-membros.
(C) os Estados-membros e as Autarquias.
(D) os Estados-membros e as Fundações Públicas.
(E) as Autarquias e os Ministérios.

CF, Art. 241 - A União, os Estados, o Distrito Federal e os Municípios disciplinarão por meio de lei os consórcios públicos e os convênios de cooperação entre os entes federados, autorizando a gestão associada de serviços públicos, bem como a transferência total ou parcial de encargos, serviços, pessoal, bens essenciais à continuidade dos serviços transferidos. Decreto 200/1967, Art. 5º - Para os fins desta lei, considera-se: I - Autarquia - o serviço autônomo, criado por lei, com personalidade jurídica, patrimônio e receita próprios, para executar atividades típicas da Administração Pública, que requeiram, para seu melhor funcionamento, gestão administrativa e financeira descentralizada. FMB

Gabarito "A".

(Funcab – 2016) No que se refere à organização da Administração Pública Direta e Indireta, assinale a alternativa correta.

(A) Conselhos que controlam as profissões possuem a natureza jurídica de empresas públicas.
(B) As estatais possuem prazo em quádruplo para contestar e em dobro para recorrer.
(C) Há um controle pela Administração Direta, nas entidades da Administração Indireta, denominado controle hierárquico.
(D) Estatal lucrativa não está sujeita ao teto máximo de remuneração dos ministros do STF, ao se manter com os seus próprios recursos, sem orçamento do ente federativo criador.
(E) Não se concebe a autarquia o mesmo tratamento dos entes da federação em matéria de privilégio fiscal.

A: incorreta. Assunto já pacificado pelo STF de que os conselhos de controle a profissões têm natureza autárquica, e neste sentido: Os conselhos profissionais têm poder de polícia, inclusive nos aspectos de fiscalização e sanção. Precedentes. As contribuições impostas aos profissionais sob fiscalização dos conselhos, normalmente denominadas de "anuidades", têm evidente natureza de tributo, cujo conceito encontra-se previsto no art. 3º do Código Tributário Nacional. É firme a jurisprudência do Supremo Tribunal Federal no sentido de que as contribuições recolhidas pelos conselhos profissionais são tributos, classificadas como contribuições de interesse das categorias profissionais, nos termos do art. 149 da Constituição. Por conseguinte, devem ser estabelecidas por lei, conforme o art. 150, inciso I, da Carta de 1988. Trecho de decisão do Superior Tribunal de Justiça no REsp 953127/SP; **B**: incorreta. É exceção aposta pelo art. 188 do CPC, que se aplica somente aos entes da Administração Publica que possuam regime jurídico de direito publico; **C**: incorreta. O controle entre os dois vieses da Administração é tão somente finalístico; **D**: correta. 7º, CF: XI - a remuneração e o subsídio dos ocupantes de cargos, funções e **empregos públicos da administração direta, autárquica e fundacional**, dos membros de qualquer dos Poderes da União, dos Estados, do Distrito Federal e dos Municípios, dos detentores de mandato eletivo e dos demais agentes políticos e os proventos, pensões ou outra espécie remuneratória, percebidos cumulativamente ou não, incluídas as vantagens pessoais ou de qualquer outra natureza, não poderão exceder o subsídio mensal, em espécie, dos Ministros do Supremo Tribunal Federal, aplicando-se como limite, nos Municípios, o subsídio do Prefeito, e nos Estados e no Distrito Federal, o subsídio mensal do Governador no âmbito do Poder Executivo, o subsídio dos Deputados Estaduais e Distritais no âmbito do Poder Legislativo e o subsídio dos Desembargadores do Tribunal de Justiça, limitado a noventa inteiros e vinte e cinco centésimos por cento do subsídio mensal, em espécie, dos Ministros do Supremo Tribunal Federal, no âmbito do Poder Judiciário, aplicável este limite aos membros do Ministério Público, aos Procuradores e aos Defensores Público **E**: incorreta. CF/88, Art. 150 - Sem prejuízo de outras garantias asseguradas ao contribuinte, é vedado à União, aos Estados, ao Distrito Federal e aos Municípios: VI- instituir impostos sobre: a) patrimônio, renda ou serviços, uns dos outros;§ 2º A vedação do inciso VI, "a", é extensiva às autarquias e às fundações instituídas e mantidas pelo Poder Público, no que se refere ao patrimônio, à renda e aos serviços, vinculados a suas finalidades essenciais ou às delas decorrentes (exemplo de aplicação de privilegio fiscal aos entes da federação e autarquias). FMB

Gabarito "D".

(Polícia Rodoviária Federal – 2013 – CESPE) A respeito da organização do Departamento de Polícia Rodoviária Federal e da natureza dos atos praticados por seus agentes, julgue os itens que se seguem.

(1) Praticado ato ilegal por agente da PRF, deve a administração revogá-lo.
(2) Por ser órgão do Ministério da Justiça, a PRF é órgão do Poder Executivo, integrante da administração direta.
(3) Os atos praticados pelos agentes públicos da PRF estão sujeitos ao controle contábil e financeiro do Tribunal de Contas da União.

1: incorreta. O ato revestido de vício de legalidade deverá ser anulado e não revogado. **2:** Correta. As entidades que integram a administração indireta são as autarquias, fundações públicas, empresas públicas e sociedades de economia mista, dela não fazendo parte a PRF. **3:** Correta, pois conforme art. 71, II, da CF, compete ao Tribunal de Contas, dentre outras atribuições, julgar as contas dos administradores e demais responsáveis por dinheiros, bens e valores públicos da administração direta e indireta, incluídas as fundações e sociedades instituídas e mantidas pelo Poder Público federal e as contas daqueles que derem causa a perda, extravio ou outra irregularidade de que resulte prejuízo ao erário.

Gabarito 1E, 2C, 3C

(Policial Rodoviário Federal – 2008 – CESPE) A respeito da administração pública, julgue os itens subsequentes.

(1) As autarquias são entidades dotadas de personalidade jurídica própria e fazem parte da administração direta.

(2) A Agência Nacional de Transportes Terrestres é uma agência reguladora integrante da administração direta.

1: incorreta, pois as autarquias, apesar de serem entidades dotadas de personalidade jurídica própria, não fazem parte da administração direta (desta só fazem parte os *órgãos* da União, Estados, DF e Municípios, e não as *pessoas jurídicas* criadas por esta), mas sim da administração indireta; 2: incorreta, pois a agência reguladora em questão é uma *pessoa jurídica* criada pela União e, portanto, faz parte da administração indireta.

Gabarito 1E, 2E

(CESPE) Com relação à administração pública, julgue os itens que se seguem.

(1) Enquanto pessoas jurídicas, órgãos e agentes públicos formam o sentido subjetivo da administração pública, a atividade administrativa exercida por eles indica o sentido objetivo.

(2) O fomento abrange a atividade administrativa de incentivo a qualquer iniciativa privada que requisite subvenções ou financiamentos.

(3) A polícia administrativa, como componente da administração pública, estabelece as limitações administrativas, configuradas nas restrições de direitos individuais em favor de direitos coletivos ou públicos.

(4) Enquanto a desconcentração é a distribuição de competências de uma para outra pessoa, física ou jurídica, a descentralização é a distribuição interna de competência dentro da mesma pessoa jurídica.

(5) A descentralização por serviços caracteriza-se pelo reconhecimento de personalidade jurídica ao ente descentralizado, que deve ter capacidade de autoadministração, patrimônio próprio, capacidade específica ou de especialização e submissão ao controle ou à tutela por parte de ente descentralizado nos termos da lei.

1: correta, pois o sentido *subjetivo* tem a ver com os *sujeitos* (pessoas jurídicas, órgãos e agentes públicos), ao passo que o sentido *objetivo* tem a ver com o *objeto* da Administração, no caso o exercício da atividade administrativa; 2: errada, pois o fomento deve ser direcionado a atividades em que este é necessário e conveniente ao interesse público, e não em relação a *qualquer* iniciativa que o requisite; 3: correta, estando a afirmativa adequada ao conceito de polícia administrativa, já visto no início deste capítulo; 4: errada, pois houve uma inversão nos conceitos; 5: correta, pois a *descentralização* importa na distribuição externa de competências (ou seja, distribuição de competência para uma pessoa jurídica externa), e, no caso da descentralização *por serviço*, passa-se para a entidade criada a possibilidade de exercer atividade típica de Estado, de modo que tal entidade tem capacidade específica, no caso capacidade de exercer atividade administrativa, diferentemente da descentralização *por colaboração*, na qual a entidade que a recebe pode apenas *executar* um serviço público, e não *regulamentá-lo* e *fiscalizá-lo*.

Gabarito 1C, 2E, 3C, 4E, 5C

(CESPE) Acerca da organização administrativa e dos conceitos relativos à administração direta e indireta, julgue os itens que se seguem.

(1) As agências reguladoras são entidades que compõem a administração indireta e, por isso, são classificadas como entidades do terceiro setor.

(2) A criação de uma autarquia para executar determinado serviço público representa uma descentralização das atividades estatais. Essa criação somente se promove por meio da edição de lei específica para esse fim.

1: incorreta, pois as agências reguladoras não são entidades do terceiro setor, mas entidades da Administração Indireta; as entidades do terceiro setor são aquelas que não fazem parte da Administração Pública, apesar de serem sem fins lucrativos e colaborarem com esta; 2: correta, pois a criação de outra pessoa jurídica tem o nome de descentralização, sendo certo que é necessário lei específica (art. 37, XIX, da CF).

Gabarito 1E, 2C

(CESPE) Segundo Maria Sylvia Di Pietro, "os órgãos da administração pública são estruturados de forma a criar uma relação de coordenação e subordinação entre eles, cada qual com suas atribuições previstas em lei." **Direito Administrativo.** 16.ª edição, São Paulo: Atlas, p. 74 (com adaptações). O trecho acima corresponde ao princípio do(a)

(A) hierarquia.
(B) autotutela.
(C) especialidade.
(D) controle ou tutela.

Entre órgãos públicos há *hierarquia*. Já entre pessoas jurídicas (entre a pessoa criadora e a pessoa criada) há *controle* ou *tutela*.

Gabarito "A".

(CESPE) Pessoa jurídica de direito público, dotada de patrimônio próprio, criada por lei para o desempenho de serviço público descentralizado. A definição acima refere-se a

(A) órgão público.
(B) autarquia.
(C) sociedade de economia mista.
(D) empresa pública.

A: incorreta, pois o órgão público não é uma *pessoa jurídica*, mas sim parte integrante de uma pessoa jurídica; B: correta, pois a autarquia é uma *pessoa jurídica*, e mais, do tipo de *direito público*, já que é *criada por lei* para desempenhar, descentralizadamente, uma atividade típica de Estado (um *serviço público*); C e D: incorretas, pois a sociedade de economia mista e a empresa pública são pessoas jurídicas de *direito privado*, criadas pelo Estado para *explorar atividade econômica* ou *meramente executar* um serviço público.

Gabarito "B".

(CESPE) Acerca da organização administrativa, assinale a opção correta.

(A) Do ponto de vista orgânico, a administração pública compreende as diversas unidades administrativas (órgãos e entidades) que visam cumprir os fins do Estado.
(B) No processo de descentralização administrativa, há distribuição de competências materiais entre unidades administrativas desprovidas de personalidade jurídica.
(C) A criação de determinado órgão prescinde de autorização legislativa do chefe do Poder Executivo.
(D) Os órgãos possuem personalidade jurídica própria, motivo pelo qual é amplamente aceita pelos tribunais a sua capacidade processual para estar em juízo.
(E) Ocorre desconcentração administrativa quando determinada entidade federativa cria autarquia mediante lei específica.

A: correta, pois, analisando a Administração Pública organicamente, percebe-se que ela é composta de pessoas jurídicas (entidades) e, dentro das pessoas jurídicas, ela é dividida em órgãos; B: incorreta, pois a descentralização diz respeito à distribuição de competência para *pessoas jurídicas* (distribuição externa de competências), e não para meros *órgãos internos*; C: incorreta, pois, de acordo com o princípio da legalidade, somente por lei a Administração pode agir, o que inclui o agir para criar órgãos; as exceções a esse princípio estão no art. 84, VI, da CF, e não incluem a *criação* de órgãos; D: os órgãos não são pessoas jurídicas e, portanto, não tem personalidade jurídica própria; E: a desconcentração é a distribuição interna de competência, ou seja, de um órgão de uma pessoa jurídica para um outro órgão da mesma pessoa jurídica; a situação narrada na afirmativa ora analisada diz respeito à criação de uma outra pessoa jurídica (uma autarquia), caracterizando a descentralização. Gabarito "A".

(CESPE) A respeito da administração direta e indireta, considere as características apresentadas nos itens a seguir.

I. Serviços integrados na estrutura administrativa da presidência da República e na estrutura dos ministérios.
II. Grande generalidade de atribuições e tarefas.
III. Supervisão exercida mediante orientação, coordenação e controle dos órgãos e entidades subordinados.
IV. Entidades dotadas de personalidade jurídica própria.

A quantidade de itens que apresentam características relacionadas à administração direta é igual a

(A) 0.
(B) 1.
(C) 2.
(D) 3.
(E) 4.

I: a afirmativa diz respeito à administração direta, pois essa administração compreende os órgãos das pessoas políticas (União, Estados, DF e Municípios), e a presidência da República e os ministérios são órgãos da União; II: a afirmativa diz respeito à administração direta, pois num ente político há grande generalidade de atribuições e tarefas, diferentemente de uma entidade da administração indireta (autarquia, agência reguladora, empresa pública, sociedade de economia mista etc), em que há grande especialidade de atribuições e tarefas; III: a afirmativa diz respeito à administração direta, pois esta exerce tais controles internamente (por meio da hierarquia) e também externamente (por meio do controle, tutela ou supervisão ministerial); IV: a afirmativa diz respeito *também à administração* *indireta*, pois esta é dotada de várias entidades com personalidade jurídica própria; assim, apenas três itens dizem respeito exclusivamente à administração direta (I, II e III), o que faz com que a alternativa "D" seja a correta. Gabarito "D".

(CESPE) Com relação aos órgãos e agentes públicos, assinale a opção correta.

(A) A CF admite a investidura derivada de cargo público para servidores civis, mediante a realização de concurso interno.
(B) Os órgãos administrativos não têm personalidade jurídica.
(C) Como decorrência do poder hierárquico, o agente público pode editar atos regulamentares.
(D) Os tribunais de contas estaduais são órgãos independentes, mas só podem ir a juízo por meio da procuradoria geral da assembleia legislativa, por não possuírem personalidade judiciária.
(E) Os agentes públicos só podem prover seus cargos por concurso público.

A: incorreta, pois a investidura em cargo público depende sempre de concurso; não é possível, portanto, que se faça um concurso público entre integrantes de um dado cargo público para que estes sejam nomeados para cargos públicos de outras carreiras; toda vez que, numa dada carreira, surgir uma vaga num cargo público inicial, há de se fazer um concurso aberto para qualquer interessado, e não apenas para pessoas que já têm algum cargo público na Administração; B: correta, pois, de fato, os órgão não têm personalidade jurídica; C: o poder de editar atos regulamentares só existe em favor dos Chefes do Executivo (prefeito, governador e presidente) e decorre do *poder regulamentar*, e não do *poder hierárquico*; D: incorreta, pois, para a defesa das suas prerrogativas funcionais, os tribunais de contas tem personalidade judiciária, podendo ingressar em juízo com advogados próprios ou contratos; E: incorreta, pois os cargos em comissão podem ser providos independentemente de concurso público. Gabarito "B".

(CESPE) Na organização administrativa da União podem ser encontradas figuras jurídicas como órgãos, entidades e autoridades. Assinale a opção correta acerca dessas figuras.

(A) Entidades são centros internos de competência, integrados por pessoas administrativas, com a finalidade de melhor organizar a atuação dessas pessoas.
(B) A mais notável característica dos órgãos é o fato de serem dotados de personalidade jurídica própria.
(C) Entidades não detêm personalidade judiciária, ou seja, não têm a capacidade de assumir a condição de parte em uma lide processual.
(D) A noção de autoridade tem mais de um sentido, pode comportar o conceito de sujeito, um servidor dotado de poder de decisão, e pode ter o sentido de poder administrativo.

A: incorreta, pois a definição dada é de órgãos públicos, e não de entidades (pessoas jurídicas); B: incorreta, pois os órgãos não têm personalidade jurídica própria; C: incorreta, pois as entidades têm personalidade jurídica e, consequentemente, têm personalidade judiciária; D: correta, pois a expressão autoridade tem um sentido subjetivo (de um servidor com poder de decisão) e um sentido objetivo (de um poder administrativo). Gabarito "D".

(CESPE) No que se refere à organização administrativa, julgue os itens que se seguem, relativos a centralização, descentralização, concentração e desconcentração.

(1) Caso o presidente da República determine a centralização da administração de determinado serviço público, esse serviço deverá ser realizado e acompanhado por órgão da administração direta.

(2) Considere que o órgão responsável pela infraestrutura de transporte de determinada região repassou para outra pessoa jurídica a atribuição de executar obras nas estradas sob sua jurisdição. Nessa situação, caracteriza-se a ocorrência de desconcentração.

(3) Considere que um estado crie, por meio de lei, uma nova entidade que receba a titularidade e o poder de execução de ações de saneamento público. Nessa situação, configura-se a descentralização administrativa efetivada por meio de outorga.

1: correto, pois a centralização (movimento contrário à descentralização) importa no retorno de atribuições à Administração Indireta; 2: incorreta, pois nesse caso tem-se descentralização por colaboração; 3: correta, pois como há uma outra pessoa jurídica (descentralização) e o recebimento da titularidade das ações (por outorga). WG
Gabarito 1C, 2E, 3C

(CESPE) Julgue o seguinte item.

(1) O Ministério Público da União (MPU), quanto à sua posição estatal, está subordinado à Presidência da República.

1: incorreta, pois o Ministério Público tem autonomia funcional e administrativa (art. 127, § 2º, da CF). WG
Gabarito 1E

(CESPE) No que se refere à organização administrativa da União, julgue os próximos itens.

(1) Um órgão (pessoa jurídica) integrante da administração indireta está hierarquicamente subordinado à pessoa jurídica da administração direta que o instituiu.

(2) Ocorre autotutela quando um ministério exerce controle sobre um órgão da administração indireta.

1: incorreta, pois órgão não é pessoa jurídica; 2: incorreta, pois os ministérios exercem *tutela* (e não autotutela) ou *controle* sobre entidades da administração indireta. WG
Gabarito 1E, 2E

(CESPE) No que diz respeito à organização administrativa federal, julgue o item abaixo.

(1) As entidades compreendidas na administração indireta subordinam-se ao ministério em cuja área de competência estiver enquadrada sua principal atividade, mantendo com este uma relação hierárquica de índole político-administrativa, mas não funcional.

1: incorreta, pois entre os ministérios e as entidades respectivas da administração indireta há *controle* ou *tutela*, e não *hierarquia*. WG
Gabarito 1E

(CESPE) Acerca dos mecanismos de centralização e de descentralização da administração pública assinale a opção correta.

(A) As sociedades de economia mista embora criadas para atingir fins públicos, são integralmente regidas pelas normas aplicáveis às empresas privadas, nos termos da Constituição.

(B) É mantido, na administração indireta, o vínculo hierárquico entre a administração central e os órgãos descentralizados.

(C) Os Ministérios, órgãos ligados ao Poder Executivo federal, por se dedicarem à atuação em áreas específicas, são tidos como entes da administração pública indireta.

(D) As empresas públicas são pessoas jurídicas de direito privado, apesar de integrarem a administração pública indireta.

(E) Reconhece-se às fundações públicas natureza jurídica semelhante à das empresas públicas.

A: incorreta, pois as sociedades de economia mista são criadas para atingir outros fins, consistentes ou na exploração de atividade econômica ou na mera prestação de serviços públicos; ademais, tais pessoas têm um regime de direito privado com algumas condicionantes públicas (ex.: são obrigadas a fazer licitação e concurso público, entre outras exigências públicas), de modo que não estão submetidas a regras integralmente privadas; B: incorreta; entre os entes políticos e as entidades da administração indireta há controle, e não hierarquia; já entre os órgãos superiores de uma entidade da administração direta (uma autarquia, por exemplo) e os órgãos inferiores da mesma administração, há hierarquia, mas o fenômeno de distribuição de competências para tais órgãos inferiores tem o nome de *desconcentração*, e não de *descentralização*; C: incorreta, pois os ministérios são *órgãos* integrantes da administração pública *direta*; D: correta, pois as empresas públicas são pessoas jurídicas de direito privado estatais, fazendo parte da administração pública indireta; E: incorreta, pois as fundações criadas pelo Estado podem ter regime de direito público (nesse caso têm regime semelhante às autarquias) ou de direito privado (nesse caso têm regime semelhante às empresas públicas), sendo que o critério para verificar qual é o regime jurídico aplicável é o papel institucional da fundação; caso a fundação seja criada para exercer uma atividade típica de Estado (p. ex.: para fazer fiscalização, poder de polícia), o regime será de direito público; do contrário, o regime será de direito privado. WG
Gabarito "D".

4.2. Administração indireta e suas entidades

(CESPE) Assinale a opção que contém órgão da administração direta.

(A) Advocacia Geral da União
(B) Caixa Econômica Federal
(C) IBAMA
(D) Banco Central

A Advocacia Geral da União é um *órgão*, ao passo que as demais (Caixa, Ibama e BC) são *pessoas jurídicas*. WG
Gabarito "A".

(CESPE) Assinale a opção que apresenta uma entidade que integra a administração indireta federal.

(A) TSE
(B) Ministério da Justiça
(C) Congresso Nacional
(D) Partido político de âmbito nacional
(E) Fundação pública instituída pela União

A a C: incorretas, pois o TSE, o Ministério da Justiça e o Congresso Nacional são órgãos da administração direta federal; D: incorreta, pois um partido político não é uma pessoa jurídica da Administração Direta ou Indireta; tal ente não faz parte da Administração Pública; E:

correta, pois uma fundação criada pela União é um ente da administração indireta federal.
Gabarito "E".

(CESPE) Julgue os itens abaixo, relativos à administração indireta.

I. As empresas públicas e as sociedades de economia mista não se sujeitam a procedimentos licitatórios por terem o mesmo tratamento jurídico das empresas privadas.
II. As sociedades de economia mista só podem adotar a forma de sociedade anônima.
III. O capital de empresa pública é todo estatal.
IV. Não é permitido às autarquias desempenhar atividades econômicas.
V. As fundações públicas são, exclusivamente, pessoas jurídicas de direito público.

A quantidade de itens certos é igual a
(A) 1.
(B) 2.
(C) 3.
(D) 4.
(E) 5.

I: errada, pois tais empresas devem, sim, fazer licitação; II: correta, pois as sociedades de economia mista precisam captar recursos privados e a maneira mais efetiva de isso acontecer é por meio da instituição de uma S/A; III: correta, pois na empresa pública só há capital público, ao passo que na sociedade de economia mista há, necessariamente, capital público e privado; IV: incorreta, pois as autarquias são criadas para exercer atividade típica de Estado; porém, podem, eventualmente, exercer atividade econômica, desde que não haja fins lucrativos; um exemplo é uma autarquia hospitalar que cobra alguns serviços prestados a outras entidades de saúde; V: incorreta, pois as fundações criadas pelo estado podem ser de duas espécies, quais sejam, fundação pública de direito público (criada para exercer atividade típica de Estado) e fundação pública de direito privado (criada para exercer outros tipos de atividade).
Gabarito "B".

(CESPE) Julgue o seguinte item.

(1) O Banco Central do Brasil (BACEN) tem autonomia política para criar suas próprias normas.

1: incorreta, pois o BACEN é uma autarquia e, como tal, não tem poder legiferante; o máximo que pode fazer é expedir resoluções sublegais, ou seja, que tenham por fim a fiel execução da lei.
Gabarito 1E.

(CESPE) Julgue os itens subsequentes, acerca das agências executivas e reguladoras.

(1) Considere que Pedro, imediatamente após o término de seu mandato como dirigente de agência reguladora, tenha sido convidado a assumir cargo gerencial em empresa do setor regulado pela agência onde cumpriu o mandato. Nessa situação, Pedro não poderá assumir imediatamente o novo cargo, devendo cumprir quarentena.
(2) A agência reguladora não se sujeita a qualquer forma de tutela dos ministérios, ao contrário do que ocorre com a agência executiva.
(3) Considere que os representantes legais de uma empresa distribuidora de energia elétrica estejam inconformados com decisão da Agência Nacional de Energia Elétrica (ANEEL), reguladora do setor elétrico. Nessa situação, não cabe recurso hierárquico da decisão da ANEEL, salvo quanto ao controle de legalidade.
(4) É vedada à agência executiva a fixação, em contrato, dos direitos e obrigações dos administradores.

1: correta, pois, de acordo com o art. 8º da Lei Geral das Agências Reguladoras (Lei 9.986/00), o ex-dirigente fica impedido para o exercício de atividades ou para prestar qualquer serviço no setor regulado pela respectiva agência, por um período de quatro meses, contados da exoneração ou do término do seu mandato, período em que o ex-dirigente ficará vinculado à agência, fazendo jus a remuneração compensatória equivalente à do cargo de direção que exerceu; 2: incorreta, pois as agências reguladoras, apesar de terem maior autonomia do que as autarquias tradicionais, estão vinculadas ao ministério respectivo (ex: a ANEEL é vinculada ao Ministério de Minas e Energia – art. 1º da Lei 9.427/96); 3: correta, pois o art. 22, § 2º, do Regulamento da ANEEL (Decreto 2.335/97), prevê a possibilidade de recursos, que devem respeitar a discricionariedade administrativa, de modo que devem se ater a aspectos de legalidade; 4: incorreta, pois não há proibição nesse sentido nos arts. 51 e 52 da Lei 9.649/98, lei que regula a agência executiva; ademais, esse tipo de previsão (fixação, em contrato, dos direitos e obrigações dos administradores) é típico dos contratos de gestão, contratos esses essenciais em se tratando de agências executivas (vide os artigos citados), conforme se verifica do inciso II do § 8º do art. 37 da CF.
Gabarito 1C, 2E, 3C, 4E.

(CESPE) Acerca das agências executivas e reguladoras, julgue os seguintes itens.

(1) Os diretores de agência reguladora são indicados e exonerados *ad nutum* pelo chefe do ministério a que a agência se vincula.
(2) Para se transformar em agência executiva, uma fundação deve ter, em andamento, planos estratégicos de reestruturação e de desenvolvimento institucional.
(3) À agência executiva é vedada a celebração de contrato de gestão com órgão da administração direta.
(4) A desqualificação de fundação como agência executiva é realizada mediante decreto, por iniciativa do ministério supervisor.
(5) As agências executivas fazem parte da administração direta, e as agências reguladoras integram a administração pública indireta.

1: incorreta, pois os dirigentes de agências reguladoras têm mandato fixo e são indicados pelo Chefe do Executivo, com aprovação pelo Senado; 2: correta (art. 51, I, da Lei 9.649/1998); 3: incorreta (art. 51, II, da Lei 9.649/1998); 4: correta (art. 1º, § 4º, do Decreto 2.487/1998); 5: incorreta, pois somente autarquias e fundações podem ser qualificadas como agências executivas e tais entidades, como se sabe, são entidades da administração indireta.
Gabarito 1E, 2C, 3E, 4C, 5E.

4.3. Entes de cooperação

(CESPE) Julgue o seguinte item.

(1) O Serviço Nacional do Comércio (SENAC), como serviço social autônomo sem fins lucrativos, é exemplo de empresa pública que desempenha atividade de caráter econômico ou de prestação de serviços públicos.

1: incorreta, pois o SENAC, serviço social autônomo sem fins lucrativos, não integrante da Administração Pública, não é uma empresa pública, tratando-se de entidade paraestatal – segue paralela ao Estado, mas não se confunde com este; ademais, essas entidades não desempenham atividade de caráter econômico, mas atividades de utilidade pública, colaborando com o Estado no desempenho de atividades relacionadas à educação, lazer, dentre outras. WG
Gabarito 1E

5. AGENTES PÚBLICOS

5.1. Conceito, classificação, vínculos, provimento e vacância

(**Polícia Rodoviária Federal – 2013 – CESPE**) No que concerne ao regime jurídico do servidor público federal, julgue os próximos itens.

(1) Anulado o ato de demissão, o servidor estável será reintegrado ao cargo por ele ocupado anteriormente, exceto se o cargo estiver ocupado, hipótese em que ficará em disponibilidade até aproveitamento posterior em cargo de atribuições e vencimentos compatíveis.

(2) O servidor público federal investido em mandato eletivo municipal somente será afastado do cargo se não houver compatibilidade de horário, sendo-lhe facultado, em caso de afastamento, optar pela sua remuneração.

(3) Não é possível a aplicação de penalidade a servidor inativo, ainda que a infração funcional tenha sido praticada anteriormente a sua aposentadoria.

(4) A nomeação para cargo de provimento efetivo será realizada mediante prévia habilitação em concurso público de provas ou de provas e títulos ou, em algumas situações excepcionais, por livre escolha da autoridade competente.

1: incorreta, pois quando invalidada a demissão por decisão administrativa ou judicial, o servidor será reintegrado com ressarcimento de todas as vantagens. Na hipótese de o cargo ter sido extinto, o servidor ficará em disponibilidade. Encontrando-se provido o cargo, o seu eventual ocupante será reconduzido ao cargo de origem, sem direito à indenização ou aproveitado em outro cargo, ou, ainda, posto em disponibilidade (art. 28 da Lei 8.112/1990). **2**: incorreta, pois o servidor público federal investido em mandato eletivo municipal, havendo compatibilidade de horário, perceberá as vantagens de seu cargo, sem prejuízo da remuneração do cargo eletivo. Não havendo compatibilidade de horário, será afastado do cargo, sendo-lhe facultado optar pela sua remuneração (art. 94, III, "a" e "b" da Lei 8.112/1990). **3**: Incorreta. Dentre as penalidades disciplinares encontra-se a cassação de aposentadoria, e esta será cassada quando o inativo houver praticado, na atividade, falta punível com a demissão (arts. 127, IV e 134 da Lei 8.112/1990). **4**: incorreta. Conforme prevê a CF, a investidura em cargo ou emprego público depende de aprovação prévia em concurso público de provas ou de provas e títulos, de acordo com a natureza e a complexidade do cargo ou emprego, na forma prevista em lei, ressalvadas as nomeações para cargo em comissão declarado em lei de livre nomeação e exoneração (art. 37, II da CF). Por outro lado, a Lei 8.112/1990 aduz que a nomeação para cargo de carreira ou cargo isolado de provimento efetivo depende de prévia habilitação em concurso público de provas ou de provas e títulos, obedecidos a ordem de classificação e o prazo de sua validade (art. 10 da Lei 8.112/1990). Pelo exposto, verifica-se que não existe situação excepcional à regra da aprovação em concurso público para provimento de cargo efetivo, mas somente para somente para provimento de cargo em comissão. SE
Gabarito 1E, 2E, 3E, 4E

(**CESPE**) Julgue os itens que se seguem, considerando que Ronaldo celebrou contrato de trabalho com a Caixa Econômica Federal (CAIXA), que é uma empresa pública federal.

(1) Ronaldo ocupa cargo público de provimento efetivo.

(2) Ronaldo é empregado público na administração federal direta, pois a CAIXA é pessoa jurídica de direito público.

1: errada, pois aqueles que celebram contrato de trabalho com empresas estatais (empresa pública ou sociedade de economia mista) ocupam *emprego público*, e não *cargo público*; 2: errada, pois a CAIXA é pessoa jurídica de direito *privado* estatal. WG
Gabarito 1E, 2E

(**CESPE**) Tendo em vista o regime jurídico aplicável aos servidores públicos federais, assinale a opção correta.

(A) O regime estatutário é o regime jurídico aplicável aos servidores da administração direta, mas não aos das autarquias e fundações públicas, pois estas, como entidades que integram a administração indireta, submetem-se ao regime celetista.

(B) Com a Emenda Constitucional n.º 19/1998, não mais se exige, para os servidores da administração direta, autárquica e fundacional, que seja observado unicamente o regime estatutário, podendo esses servidores, além do disposto nos estatutos, ter suas relações laborais norteadas também pela CLT.

(C) Os órgãos da administração direta têm de observar unicamente o regime estatutário, no qual constam todos os requisitos necessários para investidura, remuneração, promoção, aplicação de sanções disciplinares, entre outros.

(D) A Lei n.º 8.112/1990 é aplicável tanto aos servidores da administração direta quanto aos empregados das empresas públicas. Estão sujeitos ao regime geral das empresas privadas apenas os servidores das sociedades de economia mista, que têm a natureza de pessoa jurídica de direito privado.

A: incorreta, pois o regime estatutário é aplicável a todos aqueles que detêm cargo público, seja na administração direta, seja na administração indireta; B: incorreta, pois servidores que detêm cargos em áreas que exercem atividade típica de Estado devem, necessariamente, ter regime estatutário, porque esse que não se submete a regras da CLT; a EC 19/1998 estabeleceu o fim do regime jurídico único, a dizer que é possível a convivência de servidores pelo regime estatutário com servidores pelo regime celetista; atualmente o Supremo Tribunal Federal suspendeu a EC 19/98 nessa parte; porém, o que a emenda estabelecia era apenas a obrigação de se ter apenas um regime estatutário único, que vale para todas entidades de cada administração pública, nada impedindo a convivência de servidores de regime estatutário com outros servidores de regime celetista; C: correta, pois a administração direta deve observar como regra o regime estatutário; apenas excepcionalmente admite-se a existência de agentes públicos com outro regime no âmbito da administração direta; D: incorreta, pois a Lei 8.112/1990 só se aplica àqueles que tem *cargo público*, efetivo ou em comissão. WG
Gabarito "C"

(**CESPE**) Considerando as distinções entre ocupante de cargo, emprego e função pública, assinale a opção correta.

(A) As pessoas que, nos termos da CF, são contratadas para atender a necessidade temporária de excepcional interesse público, por se constituírem em categoria especial de agentes públicos, não podem ser consideradas servidores públicos em sentido amplo.

(B) As funções de confiança podem ser exercidas tanto por servidores efetivos quanto por aqueles que, mesmo não detendo vínculo permanente com a administração, trabalham no serviço público e percebem vantagem pecuniária extra, paga em virtude do tipo especial de atribuição que desempenham.

(C) Cargo público é o lugar dentro da organização funcional da administração direta, de suas autarquias, empresas públicas, sociedades de economia mista e fundações públicas que, ocupado por servidor público, tem funções e remuneração fixadas em lei ou diploma a ela equivalente.

(D) Os ocupantes de empregos públicos são designados empregados públicos, contratados sob o regime da legislação trabalhista, ainda que submetidos a todas as normas constitucionais referentes a requisitos para investidura, acumulação de cargos e vencimentos.

A: incorreta, pois tais pessoas estão no conceito de servidor público em sentido amplo; B: incorreta, pois as funções de confiança são exercidas exclusivamente por servidores ocupantes de cargo efetivo (art. 37, V, da CF); C: incorreta, pois não há cargo público nas empresas públicas e nas sociedades de economia mista; D: correta, valendo salientar que, apesar de regidos pela CLT, tais agentes públicos são admitidos mediante concurso público, não podem acumular cargos e empregos, a não ser nas exceções previstas na Constituição (art. 37, XVI, da CF), e tem limitações de vencimentos previstas na própria Constituição, como a que diz respeito ao teto remuneratório (art. 37, XI, da CF). Gabarito "D".

(CESPE) No que concerne a demissão e exoneração, assinale a opção incorreta.

(A) A demissão é ato de caráter punitivo, representando uma penalidade aplicada ao servidor em razão de infração funcional grave.

(B) A administração pode promover a exoneração de ofício, entre outras situações, quando o servidor, ocupante de cargo efetivo, não satisfizer as condições do estágio probatório.

(C) O servidor será demitido quando, tendo tomado posse, não entrar em exercício no prazo legal.

(D) A dispensa de função de confiança pode se dar a juízo da autoridade competente ou a pedido do próprio servidor.

A: correta, pois a expressão *demissão*, realmente, é utilizada como desligamento com caráter punitivo, no âmbito do Direito Administrativo; B: correta (art. 34, p. único, I, da Lei 8.112/1990); C: incorreta, pois essa situação é caso de exoneração, e não de demissão (art. 34, p. único, II, da Lei 8.112/1990); D: correta (art. 35 da Lei 8.112/1990). Gabarito "C".

(CESPE) João, servidor público federal, obteve, mediante ação judicial transitada em julgado, determinada vantagem pecuniária que, cerca de 15 anos depois, foi incorporada aos proventos da sua aposentadoria. O TCU, ao examinar a concessão da aposentadoria, determinou a suspensão do pagamento da parcela, arguindo estar em conflito com jurisprudência pacífica do STF. Considerando essa situação hipotética, para impedir o ato do TCU, a defesa de João deve arguir o princípio da

(A) legalidade.

(B) moralidade.

(C) impessoalidade.

(D) segurança jurídica.

(E) responsabilidade do Estado por atos administrativos.

Os Tribunais Superiores vêm invocando o princípio da segurança jurídica para evitar que haja modificação na aposentadoria 5 anos após à sua concessão. Também é utilizado como fundamento o art. 54 da Lei 9.784/99, que estabelece o prazo decadencial de 5 anos para a administração anular atos que beneficiam terceiros, salvo comprovada má-fé. Gabarito "D".

(CESPE) Ao atuar como mesário em uma eleição, um profissional liberal

(A) exerce cargo público temporário.

(B) exerce função pública.

(C) exerce emprego público por tempo determinado.

(D) atua como permissionário de serviço público.

(E) atua como concessionário de serviço público.

Trata-se de uma função pública. No caso temos um agente público do tipo agente honorífico, vez que a pessoa é chamada para colaborar em razão de sua honra, de sua reputação ilibada. Gabarito "B".

(CESPE) No que se refere ao servidor público civil, segundo a CF, assinale a opção correta.

(A) Somente após regular sindicância, o servidor público estável que participa de greve da categoria e, portanto, comete falta grave, fica sujeito à aplicação da pena de demissão.

(B) É permitida a acumulação do cargo de médico com o de professor de música da rede municipal de ensino.

(C) É permitido ao servidor afastado para o exercício de cargo eletivo contar o tempo de mandato para fins de tempo de serviço.

(D) O servidor público que é eleito prefeito, em caso de haver compatibilidade de horário, perceberá as vantagens do cargo efetivo, sem prejuízo da percepção do cargo eletivo.

(E) Todo concurso público deve conter, em seu edital, reserva de vagas para pessoas portadoras de necessidades especiais.

A: incorreta, pois a greve é direito do servidor (art. 37, VII, da CF); B: incorreta, pois não existe essa exceção no art. 37, XVI, da CF; C: correta, nos termos do art. 38, IV, da CF; D: incorreta, nos termos do art. 37, II, da CF; E: incorreta, pois apesar do disposto no art. 37, VIII, da CF, o art. 5º, § 2º, da Lei 8.112/1990 prevê que a reserva de vagas se dará quanto a atribuições compatíveis com a deficiência dos interessados; assim, não se pode reservar vaga para certos deficientes, por exemplo, para o cargo de motorista. Gabarito "C".

(CESPE) A nova redação do art. 39 da Constituição Federal, definida pela Emenda Constitucional nº 19, extinguiu o regime jurídico único dos servidores públicos. Assinale a opção correta acerca das consequências decorrentes dessa extinção.

(A) Os estados e municípios poderão, a partir de então, adotar para seus servidores regime jurídico distinto do adotado pela união.

(B) Poderão ser admitidos empregados pelo regime da

Consolidação das Leis do Trabalho (CLT) pra entidades autárquicas, fundacionais ou mesmo para a própria Administração Pública direta.
(C) Empresas públicas e sociedades de economia mista não mais estarão obrigadas a seguir regime estatutário.
(D) Empresas públicas e sociedades de economia mista não mais estão obrigadas a contratar seus empregados mediante concurso público.
(E) As autarquias deverão manter o mesmo regime aplicável aos servidores da administração direta a que estejam vinculadas; as fundações poderão adotar o regime da CLT.

De fato, a EC 19/98 acabou com a exigência do regime jurídico único. Essa exigência obrigava a existência de um único estatuto de servidores públicos para toda a administração direta e indireta, quanto aos servidores ocupantes de cargo. Já quanto aos ocupantes de emprego público, a CLT se aplicaria normalmente. Com o fim do regime jurídico único é possível a convivência de mais um estatuto de servidor público numa administração pública, independentemente dos celetistas, que, obviamente, são regidos pela CLT. Todavia, o Supremo Tribunal Federal suspendeu a EC 19/98, nesse ponto (que trata do fim do regime jurídico único), por um problema na votação da emenda nesse aspecto, ficando preservada a redação original do art. 39, estabelecendo a obrigatoriedade do regime jurídico único. De qualquer maneira, isso significa apenas que só é possível ter um único estatuto de servidores públicos para aqueles que detêm *cargo público*, nada impedindo que outros agentes sejam contratados pela CLT, desde que não se trate de cargo público, mas sim de emprego público, pouco importando se são da administração direta ou indireta. WG
Gabarito "B".

5.2. Concurso público

(CESPE) Quanto aos atos administrativos e aos servidores públicos, cada um dos itens subsequentes apresenta uma situação hipotética, seguida de uma assertiva a ser julgada.

(1) Uma autarquia federal realizou concurso público para alguns cargos e fixou seu prazo de validade em apenas um ano, improrrogável. Nessa situação, nada há de irregular na conduta do mencionado ente público, pois se trata de ato discricionário.
(2) Dalton exerceu, por dois anos, o cargo comissionado de assessor especial de ministro de Estado. Nessa situação, embora não tenha feito concurso público, durante o citado período Dalton atuou na condição de agente público.
(3) Maria Lúcia conseguiu aprovação em concurso público, e, depois de cinco anos de efetivo exercício no cargo, este foi extinto, e ela, posta em disponibilidade com remuneração proporcional ao tempo que trabalhara. Nessa situação, Maria Lúcia nada poderá fazer para reverter a situação, pois o ato praticado atende aos princípios que informam a administração pública, cujo interesse prevalece no caso.

1: correta, pois a Constituição admite que o prazo concurso seja de *até* 2 anos, de modo que o prazo de 1 ano está dentro dessa possibilidade; ademais a Constituição dispõe que esse prazo é *prorrogável*, e não que deve ser prorrogado necessariamente (art. 37, III, da CF); 2: correta, pois é possível o ingresso no serviço público sem concurso, quando se trata de cargo em comissão (art. 37, II, da CF); 3: correta (art. 41, § 3º, da CF). WG
Gabarito 1C, 2C, 3C.

5.3. Efetividade, estabilidade e vitaliciedade

(CESPE) À luz do direito administrativo brasileiro e da Constituição Federal, julgue os itens seguintes.

(1) Considere a seguinte situação hipotética. Elaine, servidora pública, foi dispensada pela Secretaria de Turismo à qual estava vinculada, após sindicância, com ampla defesa assegurada, por ter praticado atos incompatíveis com a função do cargo em que se encontrava investida. Nessa situação, Elaine não poderia ter sido dispensada, sendo nulo o ato da Secretária de Turismo, por não ter sido fundado em sentença judicial transitada em julgado, hipótese única em que um servidor público perde o seu cargo.
(2) Segundo o texto constitucional, a administração pública é regida, entre outros, pelos princípios da legalidade, moralidade e da eficiência. Considerando-se um servidor público em estágio probatório, durante o qual também se verifica se a pessoa habilitada no certame preenche os requisitos legais exigidos, é correto afirmar que esse servidor deverá, obrigatoriamente, observar, em suas atividades, os princípios da eficiência e da moralidade.

1: errada (art. 41, § 1º, II, da CF); 2: correta (art. 37, *caput*, da CF). WG
Gabarito 1E, 2C.

(CESPE) Considerando as normas acerca de concurso público e estabilidade, assinale a opção correta.
(A) A norma constitucional que proíbe tratamento discriminatório em razão da idade, para efeito de ingresso no serviço público, não tem caráter absoluto, sendo legítima, em consequência, a estipulação da exigência de ordem etária quando esta decorrer da natureza e do conteúdo ocupacional do cargo a ser provido.
(B) O servidor estável que for investido em cargo de natureza e carreira diversas está dispensado de cumprir o estágio probatório no novo cargo, pois a estabilidade já é direito que lhe assiste após o período de três anos de efetivo exercício.
(C) Adquirida a estabilidade, o servidor somente poderá ser demitido em virtude de sentença judicial transitada em julgado.
(D) Ao dispor que o direito de acesso ao serviço público é conferido aos brasileiros que preencham os requisitos estabelecidos em lei, a CF proíbe terminantemente a admissão de estrangeiros a cargos, empregos e funções públicas.

A: correta, nos termos da Súmula 683 do STF; B: incorreta, pois cada cargo deve ser objeto de cumprimento do estágio probatório respectivo; C: incorreta (art. 41, § 1º, da CF); D: incorreta (art. 37, I, da CF). WG
Gabarito "A".

5.4. Acumulação remunerada e afastamento

(CESPE) Acerca do direito de greve e da acumulação de cargos no serviço público, assinale a opção correta.
(A) De acordo com entendimento do STF, a competência para processar e julgar as ações que envolvam o

exercício do direito de greve de servidores públicos federais é sempre da Justiça do Trabalho.

(B) A CF admite que um servidor aposentado possa acumular os proventos que percebe com a remuneração de um cargo em comissão de livre nomeação e exoneração.

(C) A norma constitucional que proíbe a greve aos militares federais não se estende aos militares dos estados e do Distrito Federal, devendo as constituições e a Lei Orgânica respectivas dispor sobre o tema.

(D) A proibição de acumular remuneradamente cargos públicos estende-se a empregos e funções nas autarquias e fundações, mas não nas empresas públicas e sociedades de economia mista, pois estas se regem, quanto às obrigações trabalhistas, pelas normas aplicáveis às empresas privadas.

A: incorreta, pois se os servidores são estatutários, a Justiça Federal é a competente; B: correta (art. 37, X, da CF); C: incorreta, pois não há essa distinção no art. 142, § 3º, IV, da CF); D: incorreta (art. 37, XVII, da CF). WG
Gabarito "B".

(CESPE) Em relação ao afastamento para exercício de mandato eletivo e aos direitos sociais dos servidores públicos, assinale a opção correta.

(A) O servidor público da administração direta, autárquica ou fundacional em exercício de mandato eletivo tem o direito de ficar afastado do cargo, computando esse tempo para todos os efeitos legais, exceto para promoção por merecimento.

(B) Ao servidor ocupante de cargo público estendem-se os direitos sociais previstos para os trabalhadores urbanos e rurais, como o direito ao seguro-desemprego e ao aviso prévio proporcional ao tempo de serviço.

(C) Quando o servidor ocupa o cargo de vereador ou de prefeito municipal, poderá optar pela remuneração de seu cargo efetivo, embora tenha de obrigatoriamente se afastar dele, abdicando da remuneração do cargo eletivo.

(D) O servidor tem direito a férias anuais de trinta dias, podendo voluntariamente acumulá-las, até o máximo de três períodos, desde que o requeira com pelo menos sessenta dias de antecedência.

A: correta (art. 38, IV, da CF); B: incorreta, pois apenas nos direitos previstos no art. 39, § 3º, da CF são estendidos aos servidores ocupantes de cargos públicos; C: incorreta (art. 38, II e III, da CF); D: incorreta (art. 77 da Lei 8.112/90). WG
Gabarito "A".

5.5. Remuneração e subsídio

(CESPE) Com relação ao sistema remuneratório dos servidores públicos, assinale a opção correta.

(A) Vencimento é o somatório das várias parcelas indenizatórias a que o servidor faz jus em decorrência de sua situação funcional, aí incluídas as vantagens pecuniárias, como os adicionais e as gratificações.

(B) A remuneração dos servidores públicos somente poderá ser fixada por lei específica, e sua alteração só se dará por decreto de iniciativa do chefe do Executivo da respectiva unidade da Federação, assegurada revisão geral anual, sempre na mesma data e sem distinção de índices.

(C) A CF determina que os ministros de Estado, os membros do Ministério Público, os integrantes da Defensoria Pública e da Advocacia Pública, assim como os servidores públicos policiais, entre outras categorias, serão obrigatoriamente remunerados por subsídios, a serem pagos em parcela única.

(D) O teto remuneratório dos servidores públicos, nas esferas federal, estadual e municipal, é o mesmo para todos os servidores e corresponde ao subsídio dos ministros do STF, estando vedado o estabelecimento de tetos específicos.

A: art. 40 da Lei 8.112/1990; B: art. 37, X, da CF; C: art. 39, § 4º, da CF; D: art. 37, XI, da CF. WG
Gabarito "C".

(CESPE) Com relação ao vencimento e à remuneração dos servidores públicos, julgue o próximo item.

(1) Assegura-se a isonomia de vencimentos para cargos de atribuições iguais ou assemelhadas do mesmo Poder, ou entre servidores dos três Poderes, ressalvadas as vantagens de caráter individual e as relativas à natureza ou ao local de trabalho.

1: correta (art. 41, § 4º, da Lei 8.112/1990). WG
Gabarito 1C.

5.6. Processo disciplinar

(CESPE) As emendas Constitucionais nºs 19 e 20 alteraram alguns dispositivos da Constituição brasileira relativos aos servidores públicos. Com relação a esse tema, assinale a opção correta.

(A) Os magistrados e membros do Ministério Público serão remunerados de acordo com os mesmos critérios de remuneração aplicáveis aos demais servidores públicos.

(B) Foi extinta a estabilidade dos servidores públicos.

(C) A aposentadoria compulsória se dará aos setenta e cinco anos de idade.

(D) Foi mantida a aposentadoria voluntária proporcional por tempo de serviço.

(E) A aposentadoria voluntária pressupõe, tanto para homens quanto para mulheres, tempo mínimo de dez anos de efetivo exercício no serviço público e cinco anos no cargo efetivo em que se dará a aposentadoria.

A: incorreta, pois tais agentes públicos são remunerados por meio do subsídio (arts. 95, III, e 128, § 5º, I, c, ambos da CF); B: incorreta, nos termos do art. 41 da CF; C: incorreta, pois se dará aos 70 anos (art. 40, § 1º, II, da CF); D: incorreta, pois o que se tem, nesse sentido, é a aposentadoria voluntária por tempo de contribuição (art. 40, § 1º, III, a e b, da CF); E: correta (art. 40, § 1º, III, da CF). WG
Gabarito "E".

6. IMPROBIDADE ADMINISTRATIVA (LEI 8.429/1992)

(Polícia Rodoviária Federal – 2013 – CESPE) No que se refere ao regime jurídico administrativo, julgue os itens subsecutivos.

(1) Somente são considerados atos de improbidade administrativa aqueles que causem lesão ao patrimônio público ou importem enriquecimento ilícito.

(2) A administração não pode estabelecer, unilateralmente, obrigações aos particulares, mas apenas aos seus servidores e aos concessionários, permissionários e delegatórios de serviços públicos.

1: incorreta, pois nos termos da Lei 8.429/1992, são considerados atos de improbidade administrativa os que importem em enriquecimento ilícito (art. 9º); que causam lesão ao erário (art. 10) e os que atentam contra os princípios da administração pública (art. 11). **2:** incorreta, pois a administração pública pode estabelecer unilateralmente obrigações aos particulares. Cite-se como exemplo, a limitação administrativa, que é uma imposição geral, gratuita, unilateral e de ordem pública, que condiciona o exercício de direitos ou de atividades particulares, em benefício da sociedade, consistindo em obrigações de fazer, como a obrigação de construir de calçada, muros, por exemplo; ou obrigações de não fazer, como por exemplo, não construir um prédio acima do limite de altura disposto na lei de zoneamento ou código de obras do município. Gabarito 1E, 2E

(Policial Rodoviário Federal – 2009 – FUNRIO) Diretor de Administração de autarquia federal formaliza contrato para reforma de elevadores do ente público, sem proceder a prévio procedimento licitatório, esclarecendo que a empresa contratada é a única capaz de efetuar o serviço. Uma vez reconhecida a nulidade da contratação, é correto afirmar, sob ponto de vista administrativo, que a conduta mencionada constitui

(A) conduta administrativa imune à punição.
(B) probidade administrativa.
(C) improbidade penal.
(D) improbidade culposa civil.
(E) improbidade administrativa.

Segundo o art. 10, VIII, da Lei 8.429/1992 (Lei de Improbidade Administrativa), frustrar a licitude de processo licitatório ou dispensá-lo indevidamente, constitui improbidade administrativa. Assim, a alternativa "e" é a correta. Gabarito "E".

(Policial Rodoviário Federal – 2008 – CESPE) Durante abordagem a um carro, um PRF, ao revistar o porta-malas do automóvel, verificou que mercadorias de comercialização proibida no território nacional haviam sido importadas pelo condutor e estavam sendo transportadas. O condutor informou que era desempregado e fizera viagem a país vizinho porque pretendia vender as mercadorias no DF e, ato contínuo, ofereceu ao PRF R$ 1.000,00 para que este possibilitasse a continuidade da viagem, livre de qualquer repressão.

Diante dessa situação hipotética e levando em consideração os ditames da Lei de Improbidade Administrativa, assinale a opção correta.

(A) Caso o PRF aceitasse a oferta do condutor, estaria configurada a prática de improbidade administrativa na modalidade dos atos que importem enriquecimento ilícito.

(B) Caso o PRF aceitasse a vantagem econômica oferecida, o condutor poderia responder criminalmente, mas não responderia por improbidade administrativa, já que é particular, ou seja, não ocupa função pública.

(C) Caso o PRF aceitasse a vantagem econômica oferecida, estaria sujeito às cominações previstas na lei em questão, as quais impedem, para evitar a dupla penalização, a aplicação de outras sanções civis e administrativas.

(D) Caso o PRF aceitasse a propina oferecida, qualquer pessoa que viesse a ter ciência do fato poderia representar à autoridade administrativa competente para a instauração de investigação destinada a apurar a prática do ato de improbidade. Caso a representação atendesse aos requisitos legais, a apuração dos fatos seria processada na forma do procedimento previsto no CPC.

(E) No caso de o PRF praticar o ato ímprobo, qualquer ação destinada a aplicar sanções previstas na lei em apreço poderia ser proposta até cinco anos após o término do exercício do mandato do PRF.

A: correta, pois, segundo o art. 9º, I, da Lei 8.429/1992, constitui ato de improbidade o agente público receber dinheiro de quem tenha interesse que possa ser atingido por ação ou omissão sua; no caso, a o corruptor está querendo uma omissão do corrupto, de modo a se desvencilhar das punições que receberia se o agente público fizesse a sua parte conforme a lei; quem comete improbidade administrativa na modalidade de "enriquecimento ilícito" está sujeito às punições previstas no art. 12, I, da Lei 8.429/1992, valendo à pena ler cada sanção lá prevista; **B:** incorreta, pois, além de responder por crime, o condutor (corruptor) responderá por improbidade administrativa, pois o art. 3º, da Lei 8.429/1992 é claro no sentido de que os beneficiários da prática de ato de improbidade respondem também; **C:** incorreta, pois o art. 12, caput, da Lei 8.429/1992 é claro no sentido de que as sanções previstas nessa lei são independentes das sanções penais, civis e administrativas; **D:** incorreta, pois a representação será processada na forma prevista na Lei 8.429/1992 (art. 14 e seguintes desta lei) e não na forma prevista pelo Código de Processo Civil (CPC); **E:** incorreta, pois, considerando que um policial rodoviário federal tem um cargo efetivo, aplica-se a ele a regra prescricional prevista no art. 23, II, da Lei 8.429/1992 (e não o inciso I deste artigo), dispositivo esse que estabelece que a sanção em questão prescreve dentro do prazo prescricional previsto em lei específica para faltas disciplinares previstas com demissão a bem do serviço público; no caso, esse prazo, na Lei 8.112/1990, é de 5 anos, mas contado da data em que o fato foi conhecido (art. 142, I e p. 1º), e não da data em que terminar o vínculo do policial (que não é de "mandato", mas de "cargo") com o Poder Público. Gabarito "A".

(CESPE) Tendo em vista as disposições da Lei n.º 8.429/1992 acerca da improbidade administrativa, julgue o seguinte item.

(1) Adriano foi nomeado pelo Presidente da República membro de um conselho nacional, com mandato de dois anos e sem direito a qualquer remuneração. Nessa situação, ao exercer referido mandato, Adriano não poderá responder pela prática de ato de improbidade administrativa, pois não deterá a condição de agente público.

1: errada, pois, de acordo com o art. 2º da Lei 8.429/1992, para efeito de se saber quem é agente público, pouco importa se há *remuneração* ou não, ou se trata de vínculo *transitório* ou não. Gabarito 1E

(CESPE) Julgue os itens subsequentes acerca da improbidade.

(1) As penalidades previstas na lei de improbidade (Lei n.º 8.429/1992) se aplicam, no que couber, àquele que, mesmo não sendo agente público, induza ou concorra

para a prática do ato de improbidade ou dele se beneficie sob qualquer forma, direta ou indiretamente.

1: art. 3º da Lei 8.429/1992.

(CESPE) Com base no que dispõe a Lei n.º 8.429/1992, julgue o item seguinte, relacionado a improbidade administrativa.

(1) São sujeitos passivos do ato de improbidade administrativa, entre outros, os entes da administração indireta, as pessoas para cuja criação ou custeio o erário haja concorrido ou concorra com mais de cinquenta por cento do patrimônio ou da receita anual e as entidades que recebam subvenção, benefício ou incentivo, fiscal ou creditício, de órgão público.

1: correta (art. 1º da Lei 8.429/1992).

(CESPE) Quanto à lei de improbidade administrativa, julgue os itens subsequentes.

(1) Os atos de improbidade administrativa devem ter por pressuposto a ocorrência de dano ao erário público.
(2) A aquisição, para si ou para outrem, no exercício de função pública, de bens cujo valor seja desproporcional à evolução do patrimônio ou à renda do agente público configura ato de improbidade administrativa na modalidade dos que importam em enriquecimento ilícito.
(3) Considera-se agente público, para os efeitos da lei de improbidade administrativa, todo aquele que exerce, ainda que transitoriamente ou sem remuneração, por eleição, nomeação, designação, contratação ou qualquer outra forma de investidura ou vínculo, mandato, cargo, emprego ou função nas entidades que recebam subvenção, benefício ou incentivo, fiscal ou creditício, de órgão público.

1: errado, pois existem três modalidades de improbidade administrativa – *enriquecimento ilícito, prejuízo ao erário* e *violação a princípios administrativos* (arts. 9º a 11 da Lei 8.429/1992); além disso, vale conferir o texto do art. 21, II, da Lei 8.429/1992; 2: correto (art. 9º, VII, da Lei 8.429/1992); 3: correto (art. 2º c/c art. 1º, p. único, da Lei 8.429/1992).

(CESPE) Em relação à improbidade administrativa, assinale a opção correta.

(A) Uma vez proposta ação de improbidade administrativa, o juiz, verificada a observância dos requisitos da petição inicial, determinará como primeiro ato judicial a citação dos réus, para o fim de interromper a prescrição.
(B) Empresa que agir em conluio com agente público na prática de ato ímprobo poderá responder pelas condutas descritas na Lei n.º 8.429/1992, e o prazo prescricional terá início após o término do contrato administrativo firmado.
(C) A aprovação das contas do agente público pelo TCU afasta a aplicação de penalidade por improbidade.
(D) A fluência do prazo prescricional de cinco anos para condenação por ato de improbidade administrativa praticado por governador de Estado somente é iniciada após o término do exercício do mandato.
(E) A aplicação das penalidades por ato de improbidade depende da demonstração de dano financeiro ao patrimônio público.

A: incorreta, pois o juiz notificará os réus para oferecerem uma defesa preliminar (art. 17, § 7º, da Lei 8.429/1992); em seguida, o juiz receberá ou não a petição inicial, e, se receber, determinará a citação destes para apresentação de contestação (art. 17, § 9º, da Lei 8.429/1992); B: incorreta, pois o prazo prescricional seguirá uma das regras do art. 23 da Lei 8.429/1992, de acordo com o agente público envolvido, e nenhum dos casos traz a data do término dos contratos como data do início do prazo prescricional; C: incorreta (art. 21, II, da Lei 8.429/1992); D: correta (art. 23, I, da Lei 8.429/1992); E: incorreta (art. 21, I, da Lei 8.429/1992).

(CESPE) Com relação à improbidade administrativa, julgue os itens que se seguem.

(1) Considere a seguinte situação hipotética. José foi secretário de saúde do município Alfa e celebrou contrato com a empresa Gama S.A., na data de 12/3/2004, para manutenção dos equipamentos hospitalares da rede pública de saúde de Alfa. Após investigação, constatou-se a existência de esquema de corrupção com a percepção de ilegais vantagens financeiras para assinatura da avença, o que implicou seu afastamento definitivo do cargo em 20/10/2004. Nessa situação hipotética, a ação de improbidade estará prescrita a partir de 19/4/2009.
(2) A posse e o exercício de agente público em seu cargo ficam condicionados à apresentação de declaração de bens e valores que componham seu patrimônio, a fim de ser arquivada no setor de pessoal do órgão.
(3) O indivíduo que for condenado por improbidade administrativa à perda de direitos políticos não pode, enquanto perdurarem os efeitos da decisão judicial, propor ação popular.

1: errada, pois, como João tem um cargo em comissão, aplica-se o disposto no art. 23, I, da Lei 8.429/1992, de maneira que o prazo prescricional é de 5 anos, contados da data do afastamento do cargo; no caso, esse prazo vence no dia 20/10/10, não se podendo dizer, portanto, que a prescrição se deu a partir de 19/04/09; 2: correta (art. 13, caput, da Lei 8.429/1992); 3: correta, pois somente o cidadão, ou seja, aquele que está com os direitos políticos em dia, pode propor a ação popular; de qualquer maneira, é bom ressaltar que a questão deveria ser mais técnica e usar a expressão "*suspensão* dos direitos políticos", e não perda.

7. RESPONSABILIDADE DO ESTADO

(Polícia Rodoviária Federal – 2013 – CESPE) Um PRF, ao desviar de um cachorro que surgiu inesperadamente na pista em que ele trafegava com a viatura de polícia, colidiu com veículo que trafegava em sentido contrário, o que ocasionou a morte do condutor desse veículo.

Com base nessa situação hipotética, julgue os itens a seguir.

(1) Em razão da responsabilidade civil objetiva da administração, o PRF será obrigado a ressarcir os danos causados a administração e a terceiros, independentemente de ter agido com dolo ou culpa.
(2) Não poderá ser objeto de delegação a decisão referente a recurso administrativo interposto pelo PRF

contra decisão que lhe tiver aplicado penalidade em razão do acidente.

(3) Ainda que seja absolvido por ausência de provas em processo penal, o PRF poderá ser processado administrativamente por eventual infração disciplinar cometida em razão do acidente.

1: incorreta. Conforme determinação constitucional, as pessoas jurídicas de direito público e as de direito privado prestadoras de serviços públicos responderão pelos danos que seus agentes, nessa qualidade, causarem a terceiros, assegurado o direito de regresso contra o responsável nos casos de culpa ou dolo (art. 37, § 6º). **2:** Correta. A decisão de recursos administrativos, **não podem** ser objetos de delegação (art. 13, II, da Lei 9.784/1999). **3:** Correta. As sanções civis, penais e administrativas poderão cumular-se, sendo independentes entre si, sendo que responsabilidade administrativa do servidor **somente** será afastada no caso de absolvição criminal que negue a existência do fato ou sua autoria (arts. 125 e 126 da Lei 8.112/1990). SE
Gabarito 1E, 2C, 3C

(Policial Rodoviário Federal – 2009 – FUNRIO) No que respeita à pessoa jurídica de direito público, a responsabilidade civil por ato ilícito praticado por seu agente, em regra, se baseia na

(A) culpa presumida.
(B) teoria da responsabilidade por culpa.
(C) teoria da irresponsabilidade.
(D) prova de fortuito externo.
(E) teoria da responsabilidade objetiva.

A responsabilidade civil do Estado quando este pratica atos comissivos que causam danos a alguém é objetiva, ou seja, configura-se independentemente de culpa ou dolo, ou de necessidade de demonstração de que o serviço prestado funcionou mal (art. 37, p. 6º, da CF). Basta que haja uma conduta estatal, um dano e um nexo de causalidade entre a primeira e o segundo. Assim, a alternativa "e" é a correta. WG
Gabarito "E".

(Policial Rodoviário Federal – 2004 – CESPE) A respeito da responsabilidade civil do Estado, em cada um dos itens abaixo é apresentada uma situação hipotética, seguida de uma assertiva a ser julgada.

(1) Um policial rodoviário federal lavrou um auto de infração em desfavor de um motorista que disputava corrida, por espírito de emulação, em rodovia federal. O policial aplicou, ainda, as seguintes medidas administrativas: recolhimento do documento de habilitação e remoção do veículo automotor. O veículo removido foi recolhido ao depósito da PRF, onde veio a ser danificado em decorrência de uma descarga elétrica (raio) ocorrida durante uma tempestade. Nessa situação, em face da responsabilidade objetiva do Estado, o proprietário do veículo removido poderá responsabilizar a União pelos danos sofridos.

(2) Um empregado de uma sociedade de economia mista integrante da administração pública indireta, a qual executava atividade econômica de natureza privada, nessa condição causou dano a um terceiro particular. Nessa situação, não se aplicará a responsabilidade objetiva do Estado, mas a responsabilidade disciplinada pelo direito privado.

1: incorreta; apesar de a responsabilidade civil do Estado ser objetiva, ou seja, independentemente de culpa ou dolo, adotamos no Brasil a Teoria do Risco Administrativo, pela qual a responsabilidade estatal pode ser afastada quando se demonstrar que o dano foi causado por caso fortuito ou de força maior, culpa exclusiva da vítima ou culpa exclusiva de terceiro; nesse sentido, considerando que o evento relacionado ao raio se enquadra na primeira excludente, o Estado não responderá no caso; **2:** correta; a responsabilidade objetiva do Estado, prevista no art. 37, p. 6º, da CF, aplica-se a às pessoas jurídicas de direito público (União, Estados, DF, Municípios, autarquias, fundações públicas de direito público, agências reguladoras e associações públicas) e, quanto às pessoas jurídicas de direito privado, apenas às que prestem serviço público (ex: os Correios, que são empresa estatal que presta serviço público); o caso narrado na afirmativa diz respeito a uma sociedade de economia mista que não presta serviço público (mas que atua em atividade econômica de natureza privada, como é o caso do Banco do Brasil, por exemplo) e, que, portanto, não recebe os influxos da responsabilidade objetiva do Estado prevista no dispositivo constitucional mencionado. WG
Gabarito 1E, 2C

(CESPE) Joaquim, motorista de pessoa jurídica prestadora de serviço público, transportava documentos oficiais que necessitavam ser entregues com urgência. No trajeto, Joaquim, por imperícia e imprudência, envolveu-se em acidente de trânsito, no qual colidiu com veículo de particular. Considerando a situação hipotética acima, assinale opção correta.

(A) A responsabilidade civil será exclusiva de Joaquim, visto que agiu com imperícia e imprudência.
(B) A Constituição Federal de 1988 (CF) adotou a responsabilidade objetiva do Estado, sob a modalidade do risco integral, razão pela qual a pessoa jurídica deverá responder pelos danos.
(C) Trata-se de hipótese que exclui o dever de indenizar, visto que Joaquim estava executando serviço público de natureza urgente.
(D) A responsabilidade civil será da pessoa jurídica, na modalidade objetiva, com a possibilidade de direito de regresso contra o motorista.

A: incorreta, pois o Estado é responsável pela reparação civil, nos termos do art. 37, § 6º, da CF, sendo sua responsabilidade objetiva, ou seja, independentemente de culpa ou dolo de seu agente público; Joaquim, se tiver agido com culpa ou dolo, poderá sofrer ação regressiva do Estado, para que este possa se ressarcir dos prejuízos que tiver que suportar, mas não pode ser acionado pela vítima; B: incorreta, pois a CF adotou a responsabilidade objetiva sob a modalidade *risco administrativo*, e não *risco integral*; na primeira modalidade admite-se excludentes de responsabilidade (ex: força maior, caso fortuito, culpa exclusiva da vítima ou de terceiro), ao passo que na segunda, não; C: incorreta, pois a urgência não é excludente de responsabilidade; confira exemplos de excludentes no comentário do item anterior; D: correta, nos termos do art. 37, § 6º, da CF. WG
Gabarito "D".

(CESPE) Com relação à responsabilidade civil do Estado, assinale a opção correta.

(A) O fundamento da teoria da responsabilidade objetiva, trazida na CF e adotada atualmente no Brasil, é a teoria do risco administrativo.
(B) As pessoas jurídicas de direito privado prestadoras de serviços públicos estão sujeitas à responsabilidade subjetiva comum.
(C) Para configurar-se a responsabilidade objetiva do Estado, basta apenas a comprovação de dois pressupostos: o fato administrativo e o dano.

(D) De acordo com a responsabilidade objetiva consagrada na CF, mesmo na hipótese de o poder público comprovar a culpa exclusiva da vítima, ainda assim persiste o dever de indenizá-la.

(E) As ações de ressarcimento propostas pelo Estado contra os seus agentes prescrevem no prazo de dez anos.

A: correta, pois adotamos a teoria do *risco administrativo* (que admite excludentes de responsabilidade do Estado), e não do *risco integral* (que não admite excludentes de responsabilidade do Estado); B: incorreta, pois tais pessoas, como são prestadoras de serviço público, também respondem objetivamente (art. 37, § 6º, da CF); C: incorreta, pois além do *fato* e do *dano*, há de se demonstrar o *nexo de causalidade* entre o primeiro e o segundo; D: incorreta, pois adotamos a teoria do risco administrativo, que admite excludentes de responsabilidade do Estado, sendo que a *culpa exclusiva da vítima* é uma delas; E: incorreta, pois o prazo para ingressar com ação visando à reparação civil é de 3 anos (art. 206, § 3º, V, do Código Civil). **WG**
Gabarito "A".

(CESPE) Uma companhia portuária, empresa particular concessionária de um estado da federação, armazenou e deixou estragar mercadorias guardadas em seus armazéns, em razão de contrato firmado com a empresa particular Zeta Ltda. Em face dessa situação hipotética, assinale a opção correta.

(A) Não tem aplicação qualquer teoria de responsabilidade do Estado, porque a relação foi constituída entre particulares.

(B) Embora se trate de relação constituída entre particulares, terá aplicação a teoria do risco integral, pois a empresa concessionária assumiu o risco de produzir o resultado no momento em que se dispôs a guardar mercadorias da Zeta Ltda.

(C) Caso queira ressarcir-se do prejuízo, a empresa Zeta Ltda. deve provar a culpa da companhia portuária, ou seja, sua negligência.

(D) A transferência de um serviço originariamente público a um particular não descaracteriza sua natureza estatal e não libera o executor privado das idênticas responsabilidades que poderiam ser exigidas do poder público, caso este estivesse executando o serviço diretamente. Assim, a companhia portuária pode ser responsabilizada objetivamente pelos danos causados à empresa particular.

(E) O que impede a aplicação de qualquer teoria fixadora da responsabilidade contratual é o fato de o dano não ter decorrido de uma ação, mas sim de uma omissão, o que impossibilita eventual responsabilização.

A: incorreta, pois, por ser prestadora de serviço público, a responsabilidade da companhia portuária é objetiva, ou seja, independentemente de culpa (art. 37, § 6º, da CF); B: incorreta, pois a teoria aplicável é a do risco administrativo; C: incorreta, pois a responsabilidade é objetiva (art. 37, § 6º, da CF); D: correta, pois, como seu viu, por prestar serviço público, a concessionária tem responsabilidade equivalente ao Estado, no caso, objetiva; E: incorreta, pois a omissão também enseja a responsabilidade do Estado, valendo lembrar que, nesse caso (de condutas omissivas), a responsabilidade do Estado, apesar de existir, é do tipo subjetiva, sendo necessário demonstrar que o serviço prestado é defeituoso, faltoso. **WG**
Gabarito "D".

(CESPE) A consagração da responsabilidade civil do Estado constitui imprescindível mecanismo de defesa do indivíduo em face do poder público. Mediante a possibilidade de responsabilização, o cidadão tem assegurada a certeza de que todo dano a direito seu ocasionado pela ação de qualquer funcionário público no desempenho de suas atividades será prontamente ressarcido pelo Estado. Internet: <http://www.juxtalegem.com.br/artigos/Responsabilidade_Civil_do_Estado.php>.

Sobre a responsabilidade civil do Estado brasileiro, assinale a opção correta.

(A) A redação do dispositivo constitucional pertinente não foi eficaz para pôr fim às controvérsias anteriores quanto à extensão da responsabilidade, ao não incluir, de forma expressa, as pessoas jurídicas de direito privado prestadoras de serviços públicos.

(B) A Constituição Federal de 1988, ao disciplinar a responsabilidade civil do Estado, o fez prestigiando a responsabilidade objetiva.

(C) A prova cabal de dano e da respectiva causa é ônus da administração e não da pessoa que pretende indenização.

(D) O dever de indenizar decorre da teoria do risco integral, adotada pelo ordenamento jurídico brasileiro.

(E) Para a responsabilização da administração, o lesado deve demonstrar apenas o dano que justifica a obrigação indenizatória do Estado.

A: incorreta, pois o art. 37, § 6º, inclui as pessoas de direito privado prestadoras de serviços públicos; B: correta, conforme o teor do art. 37, § 6º, da CF; C: incorreta, pois quem ingressa com a ação (a vítima) tem o ônus probatório, no caso, quanto à existência do *fato*, do *dano* e do *nexo de causalidade*; D: incorreta, pois adotamos a teoria do *risco administrativo*; E: incorreta, pois o lesado deve demonstrar a existência do *fato*, do *dano* e do *nexo de causalidade*. **WG**
Gabarito "B".

8. SERVIÇOS PÚBLICOS

8.1. Conceito, classificação e características

(CESPE) Considerando-se os serviços públicos, julgue o item seguinte.

(1) Em regra, não viola o princípio da continuidade do serviço público a suspensão de um serviço, após aviso prévio, decorrente de falta ou atraso de pagamento.

1: correta, pois a jurisprudência do Superior Tribunal de Justiça autoriza a suspensão do serviço (ex: água, energia elétrica) por falta de pagamento, desde que haja atraso no pagamento; vale também registrar que a interrupção do serviço só não é admitida quanto a unidades consumidoras que prestem serviços essenciais (ex: hospitais, creches), quanto a débitos antigos e quanto a valores apurados unilateralmente pela concessionária de serviço público em caso de alegação de fraude no medidor. **WG**
Gabarito 1C.

(CESPE) Acerca dos serviços públicos, julgue o item a seguir.

(1) Um dos princípios que regem a prestação de todas as modalidades de serviço público é o princípio da generalidade, segundo o qual os serviços públicos não devem sofrer interrupção.

1: incorreta, pois a ideia de que os serviços públicos não devem sofrer interrupção diz respeito ao princípio da continuidade; já o princípio da generalidade quer dizer que os serviços públicos devem estar disponíveis a todos, sem discriminação.

8.2. Concessão de serviço público

(CESPE) Assinale a opção correta quanto à concessão de serviço público.

(A) O concessionário atua em nome da administração, por conta e risco desta, respondendo subsidiariamente por eventuais danos causados na execução do serviço.
(B) O poder concedente é atribuição exclusiva da União e dos estados, sendo vedado aos municípios.
(C) O contrato de concessão de serviço público deve ser precedido de licitação, na modalidade de concorrência, salvo nas hipóteses previstas em lei.
(D) A pessoa física pode ser concessionária de serviço público.

A: incorreta, pois o concessionário atua em nome próprio e por conta e risco próprios (art. 2º, II, da Lei 8.987/95); B: incorreta (art. 2º, I, da Lei 8.987/95); C: correta (art. 2º, II, da Lei 8.987/95); D: incorreta (art. 2º, II, da Lei 8.987/95).

(CESPE) Não se configura caso de concessão administrativa o

(A) contrato realizado entre o Estado e particulares para manutenção de rodovias no país, em que, durante um período preestabelecido em contrato, a iniciativa privada deve cumprir rigorosamente um extenso cronograma de investimentos, com fiscalização e monitoramento do Estado e, ao final da gestão privada, a rodovia volta ao poder público com todos os benefícios realizados, como a ampliação, a renovação e a modernização da malha rodoviária.
(B) contrato em que se prevê um conjunto de direitos e obrigações de empresa particular com o Estado para prestação do serviço público de telecomunicações e exploração da infraestrutura afeta à prestação desses serviços, por período predeterminado e remuneração tarifária.
(C) contrato em que ministério permite ao particular a exploração de linhas de transmissão de energia elétrica, visando à instalação, à operação e à manutenção de cerca de 2.250 quilômetros de novas linhas, mediante remuneração tarifária.
(D) contrato de adesão em que o Estado permite a particulares ligados a uma cooperativa explorar serviços rodoviários municipais de transporte coletivo de passageiros.

Os casos narrados nas alternativas "A" a "C" envolvem prestação de serviço público que importam em altíssimo investimento, reclamando o instituto da concessão de serviço público, que, por sua natureza contratual, dá mais segurança para as partes envolvidas. Já o caso narrado na alternativa "D" envolve prestação de serviço público mais simples e que importa em investimento de menor monta, sendo cabível adequada a permissão de serviço, que tem natureza precária e é revogável a qualquer tempo, valendo lembrar que a lei reserva a expressão *contrato de adesão* justamente para os casos de permissão (art. 40 da Lei 8.987/1995).

(CESPE) Com relação à disciplina das concessões de serviço público, julgue os itens seguintes.

I. O concessionário, quando se trate de empresa privada, presta serviços aos usuários como tal e não como sendo o próprio Estado; por isso, a relação entre eles é essencialmente submetida ao direito privado.
II. Os empregados de uma empresa privada concessionária não são servidores públicos, mas os contratos que ela realizar com seus fornecedores serão contratos administrativos.
III. A fixação de prazo para a concessão não constitui obstáculo à retomada antecipada do serviço, fundada em razões de conveniência e interesse público, independentemente da prática de ato ilícito do concessionário.
IV. A atribuição de serviços públicos a sociedades de economia mista faz surgirem as concessões impróprias; nessa hipótese, o serviço, para ser prestado, não se sujeita à prévia licitação.
V. A concorrência é a modalidade exigida para a administração licitar a concessão de serviços públicos a particulares.

São certos apenas os itens:
(A) I, II e III
(B) I, II e V
(C) I, III e IV
(D) II, IV e V
(E) III, IV e V

I: incorreto, pois o concessionário presta um tipo de serviço especial, que se sujeita a normas de direito público; II: incorreto, pois, apesar de estar correta a afirmativa de que os empregados das concessionárias não são servidores públicos, está incorreta a afirmativa de que os contratos celebrados entre a concessionária e seus fornecedores são contratos administrativos, pois tais contratos são regidos pelo direito privado e nem licitação é necessário fazer para celebrá-los; III: correto, pois a administração pode retomar o serviço antes do prazo final da concessão, quando se estiver diante de interesse público que justifique essa medida, medida essa que tem o nome de encampação ou resgate (art. 37 da Lei 8.987/1995); IV: correto, pois nesses casos a licitação é dispensada (art. 24, XXIII, da Lei 8.666/1993); V: correto (art. 2º, II, da Lei 8.987/1995).

9. CONTROLE DA ADMINISTRAÇÃO

(CESPE) Julgue o seguinte item.

(1) O controle financeiro exercido pelo Poder Legislativo da União, com auxílio do Tribunal de Contas da União, alcança a administração direta e indireta, bem como entidades privadas que guardem bens ou valores da União.

1: correta, nos termos do art. 70 da Constituição Federal.

(CESPE) Em relação ao controle da administração pública, assinale a opção correta, segundo o disposto na CF.

(A) O Poder Judiciário exerce o controle externo da administração com auxílio dos tribunais de contas.
(B) As entidades da administração indireta não são fiscalizadas pelos tribunais de contas.
(C) Compete ao Congresso Nacional julgar anualmente as contas prestadas pelo Presidente da República e apreciar os relatórios sobre a execução dos planos de governo.

(D) O Congresso Nacional, mediante aprovação da maioria absoluta de seus membros, poderá convocar o Presidente da República e seus ministros para prestarem, pessoalmente, informações sobre assunto previamente determinado.

A: incorreta (art. 71, *caput*, da CF); B: incorreta (art. 70, *caput*, da CF); C: correta (art. 49, IX, da CF); D: incorreta (art. 50 da CF). WG
Gabarito "C".

(CESPE) José aposentou-se, em março de 1997, no cargo de oficial de justiça do TJRJ, ocasião em que, após a publicação na imprensa oficial, o procedimento administrativo foi enviado ao TCE/RJ. Em outubro de 2006, a Corte de Contas, sem ouvir José no processo, além de verificar a falta de tempo de serviço para a aposentadoria, julgou inconstitucional a concessão de gratificação por ele recebida, determinando que ela deixasse de ser paga. Com referência à situação hipotética descrita acima, assinale a opção correta.

(A) Ao TCE/RJ, no exercício de suas atribuições, não é admitido o exame de constitucionalidade de lei.

(B) Como José é servidor do Poder Judiciário, o seu processo de aposentadoria não precisaria ser encaminhado ao TCE/RJ, bastando que ato administrativo do Órgão Especial, a que alude o inciso XI do art. 93 da CF, a aprovasse.

(C) O processo do TCE/RJ é nulo porque decorreram mais de cinco anos sem que a apreciação da legalidade da aposentadoria tivesse sido notificada a José para que ele pudesse oferecer razões de defesa de seu interesse.

(D) A afirmação de que José não tinha tempo de serviço para aposentar-se extrapola os limites de competência do TCE/RJ, e é aspecto de mérito do ato administrativo praticado pelo Poder Judiciário.

(E) A concessão de aposentadoria de servidor do Poder Judiciário é classificada como ato administrativo simples.

Art. 54 da Lei 9.784/99. WG
Gabarito "C".

(CESPE) Assinale a opção incorreta a respeito do controle da administração pública.

(A) O controle da administração pública pode ser interno, quando praticado pela própria administração, e externo, quando realizado pelos demais poderes.

(B) O Poder Judiciário, como órgão que exerce de ofício o controle externo da administração pública, tem total liberdade para adentrar os aspectos meritórios dos atos administrativos.

(C) No controle interno, a administração pode anular seus próprios atos, quando eivados de vícios que os tornem ilegais, ou revogá-los, quando presentes razões de conveniência ou oportunidade.

(D) A ação dos indivíduos na defesa de seus direitos ou contra os atos administrativos irregulares constitui uma forma de controle da administração.

A alternativa "B" está incorreta, pois o Judiciário deve agir mediante *provocação*, e não de ofício, ou seja, por iniciativa própria. WG
Gabarito "B".

10. PROCESSO ADMINISTRATIVO (LEI 9.784/1999)

10.1. Disposições gerais

(CESPE) Em relação ao processo administrativo, regulado pela Lei n.º 9.784/1999, julgue o seguinte item.

(1) Quando os membros do Tribunal de Justiça do Distrito Federal e Territórios se reúnem para decidir questões administrativas, têm de observar apenas a respectiva lei de organização judiciária e seu regimento interno, haja vista a Lei n.º 9.784/1999 ser aplicável tão somente aos órgãos do Poder Executivo da União.

1: errada (art. 1º, § 1º, da Lei 9.784/1999). WG
Gabarito 1E

(CESPE) Acerca da Lei n.º 9.784/1999, julgue o seguinte item.

(1) O STM, no desempenho de função administrativa, deve utilizar-se da Lei n.º 9.784/1999, uma vez que, nessa hipótese, seus preceitos também se aplicam aos órgãos dos poderes Legislativo e Judiciário da União.

1: correta (art. 1º, § 1º, da Lei 9.784/1999). WG
Gabarito 1C

(CESPE) A respeito do processo administrativo (Lei n.º 9.784/1999), julgue o item abaixo.

(1) De acordo com a Lei n.º 9.784/1999, entidade é a unidade de atuação dotada de personalidade jurídica, enquanto autoridade é o servidor ou agente público dotado de poder de decisão.

1: correta, nos termos do art. 1º, § 2º, II e III, respectivamente, da Lei 9.784/1999. WG
Gabarito 1C

(CESPE) Tendo em vista as disposições gerais da lei que regula o processo administrativo no âmbito da administração pública federal (Lei n.º 9.784/1999), julgue os itens a seguir.

(1) O processo administrativo pauta-se por uma série de princípios que devem ser observados pelas autoridades, entre os quais se inclui o impulso de ofício, que lhes permite adotar as medidas necessárias à adequada instrução do processo.

(2) A referida lei estabelece normas básicas sobre o processo administrativo no âmbito da administração pública direta e indireta, e seus preceitos também se aplicam aos órgãos dos Poderes Legislativo e Judiciário, quando no desempenho de função administrativa.

1: correta (art. 2º, p. ún., XII, da Lei 9.784/1999); 2: correta (art. 1º, § 1º, da Lei 9.784/1999). WG
Gabarito 1C, 2C

10.2. Competência

(CESPE) Em relação ao exercício da competência administrativa e ao regramento que lhe dá a Lei n.º 9.784/1999, assinale a opção correta.

(A) A decisão de recurso administrativo pode ser delegada pelo agente público competente a servidor que tenha curso de capacitação específico para a matéria objeto de julgamento, nos termos do regimento interno de autarquia federal.

(B) A delegação não extingue a possibilidade de o delegante a revogar e, em assim fazendo, poder praticar o ato administrativo.

(C) O ato de delegação deve ser publicado no meio oficial, mas a sua revogação, por restaurar competência legal, dispensa a publicização.

(D) A avocação administrativa viola o princípio do juiz natural e é vedada pela Lei n.º 9.784/1999.

(E) Circunstâncias de índole social não autorizam a delegação de competência administrativa.

A: incorreta (art. 13, II, da Lei 9.784/1999); B: correta (art. 14, § 2º, da Lei 9.784/1999); C: incorreta (art. 14, caput, da Lei 9.784/1999); D: incorreta (art. 15 da Lei 9.784/1999); E: incorreta (art. 12, parte final, da Lei 9.784/1999).

10.3. Forma, tempo, lugar dos atos do processo e prazos

(CESPE) Acerca da Lei nº 9.784/1999, julgue o seguinte item.

(1) Considere a seguinte situação hipotética. Célio, servidor público concursado da Secretaria de Cultura de estado-membro da Federação, recebeu intimação para prestar esclarecimentos em processo administrativo que estava em curso no departamento em que atuava. Para obter maiores informações acerca do processo, Célio manteve contato com o assessor jurídico da Secretaria, que informou a Célio a respeito da impossibilidade de fornecer informações, uma vez que os atos do processo obedecem ao princípio da oralidade e celeridade, não sendo produzidos por escrito. Nessa situação, a informação do assessor jurídico não corresponde a preceito da Lei n.º 9.784/1999, que prevê a forma escrita para os referidos atos.

1: correta (art. 22, § 1º, da Lei 9.784/1999).

10.4. Instrução, decisão, motivação, desistência, extinção

(CESPE) Em relação ao processo administrativo, regulado pela Lei nº 9.784/1999, julgue os itens que se seguem.

(1) Como regra geral os atos administrativos devem ser motivados, com a clara indicação dos fatos e fundamentos, sendo, por esse motivo, vedadas as decisões orais.

(2) Ainda que um ato praticado pela administração tenha observado todas as formalidades legais, ela poderá revogá-lo se julgar conveniente, desde que respeite os direitos adquiridos por ele gerados.

1: errada (art. 50, § 3º, da Lei 9.784/1999); 2: correta (art. 53 da Lei 9.784/1999).

10.5. Recurso administrativo e Revisão

(CESPE) Julgue o seguinte item.

(1) O prazo para a interposição de recurso administrativo é, em regra, de dez dias, contados a partir da ciência ou da divulgação oficial da decisão recorrida e quando a lei não fixar prazo diferente.

1: correta (art. 59, caput, da Lei 9.784/1999).

11. TEMAS GERAIS COMBINADOS

(Policial Rodoviário Federal – CESPE – 2019) No tocante aos poderes administrativos e à responsabilidade civil do Estado, julgue os próximos itens.

(1) Constitui poder de polícia a atividade da administração pública ou de empresa privada ou concessionária com delegação para disciplinar ou limitar direito, interesse ou liberdade, de modo a regular a prática de ato em razão do interesse público relativo à segurança.

(2) O abuso de poder, que inclui o excesso de poder e o desvio de finalidade, não decorre de conduta omissiva de agente público.

(3) A responsabilidade civil do Estado por ato comissivo é subjetiva e baseada na teoria do risco administrativo, devendo o particular, que foi a vítima, comprovar a culpa ou o dolo do agente público.

1: incorreta. O poder de polícia é indelegável e consiste no dever poder da Administração Pública de limitar a liberdade e a propriedade em prol do bem comum, mas sempre nos termos da lei; 2: incorreta. O abuso de poder pode ser caracterizado como uma ilegalidade que se dá quando o administrador se utiliza inadequadamente dos poderes/prerrogativas que lhes são atribuídos para a prática de atos sempre em benefício da coletividade. Ele ultrapassa os limites de suas atribuições (excesso de poder) ou competências, ou se desvia da finalidade legal (desvio de poder). Tais práticas podem ser encontradas tanto nos atos omissivos como comissivos. Abuso de poder é o gênero, do qual são espécies o excesso de poder e o desvio de finalidade; 3: incorreta. A Constituição Federal consagra a teoria da responsabilidade objetiva do Estado, estabelecendo que: "as pessoas jurídicas de direito público e as de direito privado prestadoras de serviços públicos responderão pelos danos que seus agentes, nessa qualidade, causarem a terceiros, assegurado o direito de regresso contra o responsável nos casos de dolo ou culpa" – art. 37, § 6º, CF/88. Em caso de ato omissivo, a responsabilidade é do tipo subjetiva, o que implica na necessidade de comprovação do dolo ou culpa do agente.

7. DIREITO CONSTITUCIONAL

André Nascimento, Fábio Tavares Sobreira, Licínia Rossi e Henrique Subi

1. TEORIA DA CONSTITUIÇÃO E PRINCÍPIOS FUNDAMENTAIS

(Polícia Rodoviária Federal – 2013 – CESPE) No que se refere aos princípios fundamentais da Constituição Federal de 1988 (CF) e a aplicabilidade das normas constitucionais, julgue os itens a seguir.

(1) O mecanismo denominado sistema de freios e contrapesos é aplicado, por exemplo, no caso da nomeação dos ministros do Supremo Tribunal Federal (STF), atribuição do presidente da República e dependente da aprovação pelo Senado Federal.
(2) A liberdade de exercer qualquer trabalho, ofício ou profissão, atendidas as qualificações profissionais que a lei estabelecer, é um exemplo de norma constitucional de eficácia limitada.
(3) Decorre do princípio constitucional fundamental da independência e harmonia entre os poderes a impossibilidade de que um poder exerça função típica de outro, não podendo, por exemplo, o Poder Judiciário exercer a função administrativa.
(4) No que se refere as relações internacionais, a República Federativa do Brasil rege-se pelos princípios da igualdade entre os Estados, da cooperação entre os povos para o progresso da humanidade e da concessão de asilo político, entre outros.

1: correta, como estabelecido pelo art. 101 do Texto Constitucional. Ademais, é preciso que se compreenda que o artigo 2º da Carta Magna consagra a regra da separação dos poderes: "são poderes da União, independentes e harmônicos entre si, o Legislativo, o Executivo e o Judiciário". Para evitar os abusos cometidos pelos detentores do poder, ou seja, a concentração do poder nas mãos de uma única pessoa ou órgão, foi necessário dividir as funções estatais. Isso se consagrou por meio do sistema dos freios e contrapesos (*checks and balances*), que menciona que os três Poderes são autônomos e independentes, porém subordinados ao princípio da harmonia. Tal regra resulta na técnica em que o poder é contido pelo próprio poder, sendo, portanto, uma garantia do povo contra o arbítrio e o despotismo; **2:** errada, pois estamos diante de um clássico exemplo de norma de eficácia contida. Cabe para tanto, que estabeleçamos uma síntese quanto à eficácia jurídica das normas constitucionais. A teoria clássica estabelece que as normas constitucionais poderão ser classificadas em: normas constitucionais de eficácia plena, contida e limitada. As de eficácia plena são aquelas que, por si só, produzem todos os seus efeitos no mundo jurídico, de forma imediata. Quanto às de eficácia contida, como no presente caso, são aquelas que produzem a integralidade de seus efeitos, mas dão a possibilidade de outras normas restringi-las (Ex: A OAB exige aprovação em Prova específica para o exercício da Advocacia). Por fim, as de eficácia limitada que, para produzirem seus efeitos, dependem da atuação do legislador infraconstitucional, ou seja, somente após a edição de norma regulamentadora é que efetivamente produzirão efeitos no mundo jurídico; **3:** errada, de fato o princípio constitucional fundamental da independência e harmonia entre os poderes garante a atuação independente das atribuições estatais. Todavia, a função típica do Poder Judiciário é, sem dúvida, a jurisdicional (julgar e aplicar a lei ao caso concreto), mas possui a prerrogativa de operar de forma atípica, atuando em questões de natureza administrativa (ex: organizar um Concurso Público, lançar um Edital de licitação de seu interesse) ou legislativa (ex: elaboração do regimento interno do Tribunal de Justiça respectivo); **4:** correta, é o que está estampado no art. 4º, incisos de I a X, do Texto Constitucional.
Gabarito 1C, 2E, 3E, 4C

(Policial Rodoviário Federal – 2008 – CESPE) Logo no preâmbulo da Carta de 1988, encontramos a proclamação de que os representantes do povo brasileiro se reuniram em Assembleia Nacional Constituinte "para instituir um Estado democrático, destinado a assegurar o exercício dos direitos sociais e individuais, a liberdade, a segurança, o bem-estar, o desenvolvimento, a igualdade e a justiça como valores supremos de uma sociedade fraterna, pluralista e sem preconceitos, fundada na harmonia social e comprometida, na ordem interna e internacional, com a solução pacífica das controvérsias".

No Estado democrático de direito, o que se exige do agente de cumprimento da lei não é que execute, a qualquer custo, o que nela estiver previsto, mas que realize o comando legal, de forma que lese o mínimo possível os interesses particulares.

> José Teógenes Abreu, Jetson José da Silva, Luciano Crisafulli Rodrigues. Sociedade, Estado e Polícia. Brasília: MJ/DPRF/CGA/CE, 2009, p. 13 (com adaptações).

Tendo o texto acima como referência inicial e considerando a abrangência do tema por ele focalizado, julgue os itens seguintes.

(1) Princípio essencial da Constituição de 1988, o Estado democrático de direito pressupõe o respeito à cidadania, à dignidade da pessoa humana, ao trabalho, à livre iniciativa e ao pluralismo político.
(2) A Constituição brasileira sugere que a guerra é o caminho natural para a resolução de problemas ou disputas no âmbito internacional.
(3) No Estado democrático de direito, o princípio da intervenção máxima existe para garantir a segurança pública, não impondo limites à ação do agente no cumprimento da lei.
(4) A integridade física e moral do preso é garantida constitucionalmente.

1: correta, conforme disposto no art. 1º, II, III, IV e V, da CF; **2:** incorreta, pois são princípios da República, em suas relações internacionais, a não intervenção, a defesa da paz e a solução pacífica dos conflitos (art. 4º, IV, VI e VII, da CF); **3:** incorreta, pois fala-se, na verdade, no princípio da intervenção **mínima**, consubstanciado no elenco dos direitos e garantias individuais, que garantem liberdade ao indivíduo contra as interferências estatais. Ademais, a responsabilidade civil dos agentes públicos é expressamente prevista no art. 37, § 6º, da CF; **4:** correta, nos termos do art. 5º, XLIX, da CF.
Gabarito 1C, 2E, 3E, 4C

(CESPE) Os princípios constitucionais podem ser positivados ou não positivados. Os positivados são aqueles previstos expressamente no texto constitucional; os não positivados não estão escritos no texto, mas dele podem ser diretamente deduzidos. Nesse sentido, constitui princípio constitucional não positivado

(A) o federativo.
(B) o republicano.
(C) o estado democrático de direito.
(D) o devido processo legal.
(E) a proporcionalidade.

De fato o princípio da proporcionalidade não está expresso no Texto Constitucional. O princípio federativo, republicano, e estado democrático de direito têm previsão no art. 1º da CF. Já o devido processo legal encontra seu fundamento no art. 5º, LV, da CF.
Gabarito "E".

2. HERMENÊUTICA CONSTITUCIONAL E EFICÁCIA DAS NORMAS CONSTITUCIONAIS

(CESPE) Julgue o seguinte item.

(1) A Constituição da República estabelece que todo preso tem direito à identificação dos responsáveis por sua prisão ou por seu interrogatório policial. Essa disposição pode ser classificada como norma programática, espécie que se caracteriza por não atribuir aos cidadãos o direito de exigir a sua efetivação imediata, o que é típico das constituições-garantia.

1: incorreta (essa disposição pode ser classificada como norma programática). O art. 5º, LXIV, da CF não é norma classificada como programática, essas são as que fixam fins a serem alcançados pelo Estado, sem precisar os meios para isso. Ex: são normas programáticas as que direitos sociais tais como lazer, moradia (art. 6º da CF).
Gabarito 1E.

3. CONTROLE DE CONSTITUCIONALIDADE

(CESPE) O princípio da supremacia requer que todas as situações jurídicas se conformem com os princípios e preceitos da Constituição. Essa conformidade com os ditames constitucionais, agora, não se satisfaz apenas com a atuação positiva de acordo com a constituição. Exige mais, pois omitir a aplicação de normas constitucionais, quando a Constituição assim a determina, também constitui conduta inconstitucional.

Com o auxilio do texto, julgue os seguintes itens.

(1) A Constituição de 1988 estabelece mecanismos de repressão da inconstitucionalidade causada apenas por ação, não por omissão.
(2) Só nos atos legislativos há inconstitucionalidade controlável judicialmente.
(3) Ocorre inconstitucionalidade se a norma jurídica hierarquicamente inferior mostra-se incompatível com a Constituição.
(4) A inconstitucionalidade das normas pode dar-se sob os ângulos formal e material.
(5) Nos Países que reconhecem a inconstitucionalidade por omissão, esta ocorre, por exemplo, quando o legislador impede o gozo de algum direito inscrito na constituição, por sua inércia em regulamentá-lo.

1: incorreta (causada apenas por ação, não por omissão). Nosso ordenamento reconhece a inconstitucionalidade por omissão – fixa inclusive mecanismos para controle diante da falta de norma regulamentadora: a) mandado de injunção (controle difuso de constitucionalidade) e b) ação direita de inconstitucionalidade por omissão (controle concreto de constitucionalidade); 2: incorreta (só nos atos legislativos); 3: correta: traz o conceito de compatibilidade vertical e da observância do princípio da supremacia da Constituição; 4: correta, será formal se o procedimento previsto na CF não for observado, será material quando o conteúdo da CF for desrespeitado; 5: correta, inclusive neste caso o titular do direito poderá fazer uso do remédio constitucional mandado de injunção (art. 5º, LXXI, da CF), por exemplo.
Gabarito 1E, 2E, 3C, 4C, 5C

(CESPE) Dispõe o art. 102, I, a, da Constituição da República de 1988:

Art. 102. Compete ao Supremo Tribunal Federal, precipuamente, a guarda da Constituição, cabendo-lhe:

I - Processar e julgar, originariamente:

a) *a ação direta de inconstitucionalidade de lei ou ato normativo federal ou estadual e a ação declaratória de constitucionalidade de lei ou ato normativo federal;*

À vista desse dispositivo e considerando as regras acerca do controle de constitucionalidade, julgue os itens abaixo.

(1) No Brasil, só o Supremo Tribunal Federal exerce o controle de constitucionalidade.
(2) No Brasil, só a ação direta de inconstitucionalidade e a ação declaratória de constitucionalidade prestem-se à realização do controle de constitucionalidade.
(3) Além da constitucionalidade das leis e dos atos normativos federais e estaduais, o poder judiciário pode também efetuar controle de constitucionalidade de atos administrativos.
(4) A ação direta de inconstitucionalidade pode ser ajuizada apenas por certos sujeitos a que a Constituição da República expressamente deu legitimidade para tanto.
(5) As emendas constitucionais não são passíveis de controle de constitucionalidade, por serem normas que passam, a integrar a própria Constituição.

1: incorreta (só o Supremo Tribunal Federal). O STF exerce controle de constitucionalidade, porém demais órgãos do judiciário também poderão fazê-lo (em sede de controle difuso/concreto, por exemplo). Também Executivo e Legislativo podem controlar a constitucionalidade de lei ou ato normativo (controle repressivo de constitucionalidade, por exemplo); 2: incorreta (só a ação direta de inconstitucionalidade e a ação declaratória). Temos outros mecanismos de controle tais como a arguição de descumprimento de preceito fundamental, o mandado de injunção (controle concreto), a ação direta de inconstitucionalidade por omissão; 3: correta, o Judiciário pode realizar atos administrativos no exercício de sua função atípica e, nesta função poderá controlar a constitucionalidade desses atos; 4: correta (art. 103 da CF); 5: incorreta (não são passíveis). As emendas constitucionais integram a CF e, por essa razão são passíveis de controle.
Gabarito 1E, 2E, 3C, 4C, 5E

4. DIREITOS E DEVERES INDIVIDUAIS E COLETIVOS

4.1. Direitos e deveres em espécie

(Polícia Rodoviária Federal – 2013 – CESPE) Julgue os itens subsequentes, relativos aos direitos e garantias fundamentais previstos na CF.

(1) Consideram-se brasileiros naturalizados os nascidos no estrangeiro de pai brasileiro ou de mãe brasileira, desde que sejam registrados em repartição brasileira competente ou venham a residir na República Federativa do Brasil e optem, em qualquer tempo, depois de atingida a maioridade, pela nacionalidade brasileira.

(2) No caso de iminente perigo público, a autoridade competente poderá usar de propriedade particular, assegurada ao proprietário indenização ulterior, se houver dano.

(3) O estrangeiro condenado por autoridades estrangeiras pela prática de crime político poderá ser extraditado do Brasil se houver reciprocidade do país solicitante.

(4) Aos que comprovem insuficiência de recursos é assegurada a gratuidade na prestação de assistência jurídica integral pelo Estado.

(5) Somente aos brasileiros e aos estrangeiros residentes no país é assegurado o direito de petição em defesa de direitos ou contra ilegalidade ou abuso de poder.

1: errada, a assertiva traz a definição de uma das hipóteses elencadas no art. 12, I, da Constituição Federal, que faz referência aos brasileiros natos; **2:** correta, é o que estabelece o art. 5°, inciso XXV, da Constituição Federal; **3:** errada, pois nos termos do art. 5°, inciso LII, da Constituição Federal "não será concedida extradição de estrangeiro por crime político ou de opinião"; **4:** correta, o art. 5°, inciso LXXIV, da Constituição Federal, estabelece que "o Estado prestará assistência jurídica integral e gratuita aos que comprovarem insuficiência de recursos."; **5:** errada, a Constituição Federal estabelece que é **assegurado a todos**, o direito de petição contra ilegalidade ou abuso de poder, não fazendo a restrição apontada na assertiva, de que o direito é assegurado apenas aos brasileiros e estrangeiros residentes no país.

Gabarito 1E, 2C, 3E, 4C, 5E

(Policial Rodoviário Federal – 2004 – CESPE) Acerca dos direitos e deveres individuais e coletivos, julgue os itens seguintes.

(1) Considere a seguinte situação hipotética.

No edital de um concurso público para provimento de vagas no cargo de policial rodoviário estadual, no item referente aos requisitos para a investidura no cargo, constava um subitem segundo o qual o candidato teria de ser do sexo masculino.

Nessa situação, em face do tratamento isonômico entre homens e mulheres, o subitem do edital é inconstitucional.

(2) Sem restringir o direito de propriedade previsto na Constituição da República, uma lei municipal poderá proibir que o proprietário de um estabelecimento de ensino superior cobre dos alunos, sob qualquer pretexto, a utilização de estacionamento de veículos construído em área de sua propriedade.

(3) A Constituição da República protege todas as formas de vida, inclusive a uterina.

1: correta, pois não havendo qualquer justificativa razoável para a discriminação (ex.: concurso para provimento de vagas de agente de segurança para penitenciárias femininas), o estabelecimento de diferenças de direitos entre homens e mulheres fere o art. 5°, I, da CF; **2:** incorreta, pois tal medida feriria o princípio da livre iniciativa para o exercício de atividades econômicas (arts. 5°, XIII, e 170, *caput*, da CF); **3:** correta, pois o direito à vida, previsto no *caput* do art. 5° da CF, não tem qualquer restrição quanto ao seu alcance. Nesse sentido, o aborto é punido como crime pelos arts. 124 a 126 do CP.

Gabarito 1C, 2E, 3C

(CESPE) Acerca dos direitos e deveres individuais e coletivos, julgue os itens subsequentes.

(1) O direito ao silêncio, constitucionalmente assegurado ao preso, estende-se a pessoa denunciada ou investigada em qualquer processo criminal, em inquérito policial, em processo administrativo disciplinar e àquela que for convocada a prestar depoimento perante comissão parlamentar de inquérito.

(2) O exercício do direito à liberdade de reunião em locais abertos ao público, previsto na Constituição Federal, condiciona-se a dois requisitos expressos: o encontro não pode frustrar outro anteriormente convocado para o mesmo local e a autoridade competente deve ser previamente avisada a respeito de sua realização.

1: correta, pois a prisão de qualquer pessoa e o local onde se encontre serão comunicados imediatamente ao juiz competente e à família do preso ou à pessoa por ele indicada, logo, o preso será informado de seus direitos, entre os quais o de permanecer calado, sendo-lhe assegurada a assistência da família e do advogado. Os incisos LXII e LXIII, do art. 5° da CF se complementam; **2:** correta, nos termos do art. 5°, XVI, da CF. Reunir-se a outros é condição para o desenvolvimento da personalidade humana, pois somente a interação dos membros da comunidade é que permite ao homem realizar suas virtudes. Aristóteles já dizia que o homem é um animal político, ou seja, somente vive se estiver em comunidade com os outros, com eles se relacionando por meio da palavra, do contato e da educação cívica. Entretanto, essa aproximação entre homens deve ocorrer de forma pacífica, em praças onde haja acesso para todos – espaços públicos – e, desde que não perturbe ou atrapalhe a realização de outra reunião anteriormente marcada para o mesmo local. Da mesma forma, a reunião há de ser transitória, sem objetivo de perenidade. A passeata, mesmo estando em constante movimento, pode ser entendida como espécie de reunião, contudo, quando realizada em vias públicas de grande circulação, ela pode ser proibida. Foi o caso da passeata realizada pela Polícia Civil, ocorrida em 16 de outubro de 2008, que resultou em batalha com a Polícia Militar em frente ao Palácio dos Bandeirantes em São Paulo. Não obstante o direito de se reunir em espaços públicos sem necessidade de autorização, há necessidade de comunicar previamente a autoridade competente.

Gabarito 1C, 2C

(CESPE) Um português, em férias no Brasil, soube, por amigos, que havia sido investigado pelo DPF, logo após a sua chegada, em razão de denúncia de que ele pertenceria a uma organização internacional envolvida com espionagem financeira e industrial. Indignado com a invasão de sua privacidade, ele requereu perante o órgão local do DPF que lhe fosse dada ciência das informações obtidas a seu respeito nessa investigação. Como o funcionário administrativo não quis receber sua petição, ele ameaçou recorrer ao Poder Judiciário brasileiro, sendo preso, imediatamente, por desacato. Na prisão, ele pediu que lhe fosse indicado um advogado, o que lhe foi negado porque ele havia afirmado que não possuía recursos para pagar pelos serviços de um profissional. Considerando a situação hipotética apresentada acima, julgue os itens a seguir.

(1) Não há fundamento constitucional para o pedido formulado pelo turista português, porque o direito a receber informações de órgãos públicos se aplica apenas aos estrangeiros com residência fixa no Brasil.

(2) Se a situação vivenciada pelo turista português tivesse ocorrido com um brasileiro, a Constituição asseguraria ao brasileiro preso o direito de assistência de advogado, cabendo ao Estado prestar assistência jurídica integral e gratuita se ele comprovasse insuficiência de recursos.

1: incorreta (se aplica apenas aos estrangeiros com residência fixa no Brasil). Os direitos e garantias fundamentais são aplicados tantos aos brasileiros quanto aos estrangeiros, residentes ou não no país: interpretação ampliativa ao art. 5° da CF; 2: correta (art. 5°, LXIII e LXXIV, da CF): cabe ao Estado prestar assistência jurídica integral e gratuita aos que comprovarem insuficiência de recursos e assegurar ao preso assistência da família e de advogado.
Gabarito 1E, 2C

(CESPE) Considerando as normas constitucionais que regem os direitos fundamentais, julgue os itens a seguir.

(1) A Constituição prevê proteção jurídica apenas aos direitos fundamentais explicitamente indicados no próprio texto constitucional.

(2) Se Pedro é Agente de Polícia Federal e, juntamente com outros colegas, está de posse de um mandado de prisão, expedido pelo Juiz Federal competente, contra Marcelo, por este haver participado de tráfico internacional de entorpecentes, e se Marcelo é encontrado, à noite, pela equipe policial no barraco em que mora, e não consente na entrada dos policiais nem aceita entregar-se, então Pedro poderá ingressar na residência de Marcelo e efetuar a prisão, imediatamente.

(3) Considere a seguinte situação: Suzana é Agente de Policia Federal e comanda uma equipe organizada para investigar e eventualmente prender em flagrante Antônio, um importante servidor público federal, suspeito de exigir propina Com base em escuta autorizada judicialmente, e com a colaboração de Sandro, empresário vítima das exigências ilegais de Antônio, a equipe acompanha o empresário a uma reunião marcada por Antônio na casa deste, no período da noite. Logo após a chegada de Sandro, Antônio anuncia que, se aquele não lhe pagar a quantia de R$ 50.000,00, será impedido de participar de licitações na administração pública federal pelo prazo de dois anos. Nesse momento, em que se consumou o crime de concussão, a equipe invadiu a casa de Antônio e o prendeu em estado de flagrância, embora fosse noite. É correto afirmar que, na situação apresentada, a equipe agiu corretamente.

(4) Se Carlos, suspeito de participar de tráfico de armas na região de fronteira internacional do Brasil e, por isso, investigado pela Polícia Federal, embora sem antecedentes criminais, um dia, transitando em uma cidade brasileira dessa região, foi abordado por uma equipe comandada pelo Agente de Policia Federal Augusto, que, apenas em razão das suspeitas pendentes sobre ele, o deteve para maiores averiguações, então, nessas circunstâncias, Augusto agiu inconstitucionalmente.

(5) O indivíduo que sofrer ato ilegal de agente público contra o direito líquido e certo de locomoção pode recorrer ao Poder Judiciário, por meio de mandado de segurança contra a ilegalidade, sem prejuízo da ação penal que poderá a ser instaurada, caso se configurar o crime de abuso de autoridade.

1: incorreta (apenas aos direitos fundamentais explicitamente indicados no próprio texto constitucional); 2: incorreta (então Pedro poderá ingressar na residência de Marcelo e efetuar a prisão, imediatamente), este ingresso violará o art. 5°, XI, da CF já que determinações judiciais devem ser cumpridas durante o dia; 3: correta: em caso de flagrante delito (não importa se ocorrido de dia à noite) a autoridade poderá violar o domicílio da pessoa (art. 5°, XI, da CF); 4: correta: a liberdade de locomoção só ocorrerá em flagrante delito ou por ordem escrita e fundamentada da autoridade competente (art. 5°, LXI, da CF); 5: incorreta (pode recorrer ao Poder Judiciário, por meio de mandado de segurança contra a ilegalidade), o remédio constitucional adequado neste caso é o *habeas corpus* (art. 5°, LXVIII e LXIX, da CF).
Gabarito 1E, 2E, 3C, 4C, 5E

(CESPE) Ainda acerca dos direitos fundamentais na Constituição da República de 1988, julgue os itens seguintes.

(1) Se Patrícia foi presa em flagrante pelo crime de descaminho, em detrimento dos interesses da União, e, ao chegar à Superintendência Regional do Departamento de Polícia Federal para ser autuada, apresentou cédula de identidade regularmente expedida, Júlio, o Delegado de Polícia Federal que presidia o inquérito policial, para prevenir possível e eventuais dúvidas acerca da pessoa da autuada, determinou que fossem coletadas suas impressões papiloscópicas, então Júlio feriu a Constituição.

(2) Considere a seguinte situação: João e Maria firmaram um contrato de empréstimo, mediante o qual esta emprestou àquele a importância de R$ 5.000,00, a ser devolvida após seis meses, sob pena de prisão de João. Após o término do prazo contratual, João tornou-se inadimplente e, a despeito dos prazos de tolerância concedidos pela credora não liquidou o débito. Maria, então, com apoio no instrumento contratual; ajuizou ação contra o devedor impontual, requerendo ordem judicial para que ele fosse preso, até o pagamento da dívida É correto afirmar que, na situação apresentada, esse último pedido não pode merecer deferimento.

(3) Considere a seguinte noticia, de autoria do jornalista Lúcio Vaz, divulgada na Folha de São Paulo, em 15/19/97: a Câmara dos Deputados pagou os salários de sete jogadores e do supervisor do time de futebol do Itumbiara Esporte Clube. Todos eles forem contratados por meio do gabinete do deputado Zé Gomes da Rocha (PSD.GO), presidente do clube de 94 a 96, que confirmou Ter contratado os jogadores pelo gabinete e disse que voltará a fazê-lo, se for presidente do clube de novo. Em face dessa notícia e partindo da premissa de que é inconstitucional e lesivo ao patrimônio público o pagamento de remuneração, com verba pública, em situação de ofensa aos princípios da finalidade e da moralidade, qualquer cidadão poderia ajuizar, com base na Constituição, mandado de segurança contra os atos do citado parlamentar.

(4) O *habeas corpus* é cabível não só contra a lesão a certo direito como também se houver apenas ameaça a ele.

(5) Constituição, por exigência do princípio da segurança jurídica, não permite a retroatividade da lei penal, em hipótese; alguma.

1: correta: o civilmente identificado não será submetido a identificação criminal – exceto nas hipóteses previstas em lei (art. 5º, LVIII, da CF); 2: correta: Não há prisão civil por dívida, exceto a do responsável pelo inadimplemento voluntário e inescusável de obrigação alimentícia (art. 5º, LXVII, da CF). Descabida a prisão civil do depositário infiel, conforme entendimento do STF (Súmula Vinculante 25); 3: incorreta (mandado de segurança): o instrumento adequado deveria ser a ação popular (art. 5º, LXXIII, da CF); 4: correta (art. 5º, LXVIII, da CF); 5: incorreta: a lei penal retroagirá para beneficiar o réu (art. 5º, XL, da CF).
Gabarito 1C, 2C, 3E, 4C, 5E

(CESPE) Julgue o seguinte item.

(1) Um brasileiro nato que possua envolvimento comprovado em crime de tráfico ilícito de entorpecentes pode ser extraditado, desde que cumpridas as formalidades estabelecidas na lei.

1: incorreta (pode ser extraditado). O brasileiro nato nunca poderá ser extraditado. Só poderá ser extraditado o naturalizado em caso de cometimento de crime comum, praticado antes da naturalização, ou de comprovado envolvimento em tráfico ilícito de entorpecentes e drogas afins (art. 5º, LI, da CF).
Gabarito 1E

(CESPE) Julgue o seguinte item.

(1) O uso de algemas, apesar de não estar expressamente previsto na Constituição ou em lei, tem como balizamento jurídico os princípios da proporcionalidade e da razoabilidade.

1: correta. Na Súmula Vinculante 11, o STF firmou entendimento no sentido de que só é lícito o uso de algemas em casos de resistência e de fundado receio de fuga ou de perigo à integridade física própria ou alheia, por parte do preso ou de terceiros, justificada a excepcionalidade por escrito, sob pena de responsabilidade disciplinar, civil e penal do agente ou da autoridade e de nulidade da prisão ou do ato processual a que se refere, sem prejuízo da responsabilidade civil do Estado.
Gabarito 1C

(CESPE) Julgue o seguinte item.

(1) A liberdade de expressão é um direito fundamental do cidadão, envolvendo o pensamento, a exposição de fatos atuais ou históricos e a crítica.

1: correta. A CF (art. 5º, IV) garante a livre manifestação do pensamento como uma de suas cláusulas pétreas. Também no art. 5º, IX, garante a liberdade de expressão da atividade intelectual, artística, científica e de comunicação, independentemente de censura ou licença. Proíbe, assim, a censura administrativa ou a necessidade de licença prévia para o exercício dessa liberdade.
Gabarito 1C

(CESPE) Julgue o seguinte item.

(1) A Convenção de Varsóvia (tratado internacional ratificado pelo Brasil) prevê que é cabível indenização tarifada por danos materiais em casos de extravio de bagagem. Nesse caso, como não existe previsão expressa, não se pode pleitear também a indenização por danos morais.

1: incorreta (não se pode pleitear também indenização por danos morais). É possível a cumulação de danos morais e materiais. Incidência da Súmula 37 do STJ: são cumuláveis as indenizações por dano material e dano moral oriundos do mesmo fato.
Gabarito 1E

(CESPE) Julgue o seguinte item.

(1) O sigilo bancário, espécie de direito de privacidade protegido pela Constituição Federal, é absoluto em qualquer caso.

1: incorreta (é absoluto em qualquer caso). Não existe direito fundamental absoluto. Uma de suas características é a possibilidade de relativização desses direitos se existirem motivos suficientemente fortes que a justifiquem. Assim, é possível que, de forma excepcional, haja a quebra de sigilo bancário, fiscal, telefônico ou de dados, desde que devidamente fundamentada, por autoridade judicial ou comissão parlamentar de inquérito (art. 58, § 3º, da CF).
Gabarito 1E

(CESPE) Julgue o seguinte item.

(1) A prisão de um traficante em sua residência, durante o período noturno, não constitui ato ilícito, já que o tráfico de drogas é crime de natureza permanente.

1: correta (art. 5º, XI, da CF). A CF autoriza a violação do domicílio excepcionalmente nos casos de flagrante delito, desastre, socorro ou durante o dia por determinação judicial. Em se tratando de tráfico de drogas, por se tratar de crime de natureza permanente, estará o agente em flagrante delito – motivo que autoriza a violação do domicílio.
Gabarito 1C

(CESPE) Julgue o seguinte item.

(1) Um agente de polícia pode adentrar em quarto de hotel ocupado para realizar a busca e apreensão de objeto constitutivo de crime, mesmo sem mandado judicial, durante o dia, já que quarto de hotel não pode ser considerado como casa.

1: incorreta (mesmo sem mandado judicial, durante o dia, já que quarto de hotel não pode ser considerado como casa). O conceito de casa do art. 5º, XI, da CF deve ser entendido de forma ampla, abarca a moradia ou qualquer outro espaço habitado (tais como os locais onde é exercida atividade profissional, escritórios, consultórios, estabelecimentos comerciais e industriais). Porém, para que haja a violação de domicílio é necessário determinação judicial (reserva constitucional de jurisdição), que deve ser cumprida durante o dia (período compreendido entre 6 e 18 horas).
Gabarito 1E

(CESPE) Julgue o seguinte item.

(1) O direito de edificar é relativo, uma vez que está condicionado à função social da propriedade.

1: correta. A propriedade deverá atender sua função social (art. 5º, XXIII, da CF). Assim, só será garantido o direito da propriedade que atenda sua função social.
Gabarito 1C

(CESPE) Julgue o seguinte item.

(1) A Constituição Federal estabelece que a competência para julgar os crimes dolosos contra a vida é do tribunal do júri. Sendo assim, compete ao referido tribunal o julgamento de crimes de latrocínio.

1: incorreta (sendo assim, compete ao referido tribunal o julgamento de crimes de latrocínio) – teor do art. 5º, XXXVIII, d, da CF. O crime de latrocínio (art. 157, § 3º do Código Penal) conforme enunciado da Súmula 603 do STF é de competência para processo e julgamento do juiz singular e não do tribunal do júri.
Gabarito 1E

(CESPE) Julgue o seguinte item.

(1) Um acusado somente poderá ser declarado culpado após o trânsito em julgado da sentença penal condenatória.

1: correta (art. 5º, LVII, da CF). O princípio da presunção de inocência tem por escopo evitar juízos condenatórios precipitados impedindo que o Estado trate como culpado aquele que ainda não sofreu condenação penal irrecorrível (presunção de não culpabilidade).
Gabarito 1C

(CESPE) Julgue o seguinte item.

(1) A garantia constitucional da ampla defesa afasta a exigência do depósito recursal como pressuposto de admissibilidade de recurso administrativo.

1: correta. O contraditório e a ampla defesa são assegurados aos litigantes e aos acusados em geral, em processo administrativo ou judicial (art. 5º, LV, da CF). E, nos termos da Súmula Vinculante 21 é inconstitucional a exigência de depósito ou arrolamento prévios de dinheiro ou bens para admissibilidade de recurso administrativo.
Gabarito 1C

(CESPE) Um deputado federal subiu à tribuna da Câmara dos Deputados para defender um projeto de emenda constitucional com a finalidade de instituir a pena de morte no Brasil. O deputado, durante seu discurso em plenário, no momento em que informava aos colegas da proposta realizada, disse que discordava da vedação constitucional absoluta da pena de morte. Com referência à situação hipotética acima apresentada, aos direitos fundamentais, em especial ao direito à vida, julgue os itens que se seguem.

(1) O projeto de emenda constitucional é de duvidosa constitucionalidade, já que não se admite emenda constitucional que tenha por fim abolir direitos e garantias individuais.

(2) Equivocou-se o deputado ao dizer que a Constituição Federal de 1988 (CF) veda a pena de morte de forma absoluta, pois a CF admite a pena de morte em caso de guerra declarada, desde que atendidos os requisitos constitucionais.

1: correta. Não será objeto de deliberação a proposta de emenda tendente a abolir: a forma federativa de Estado; o voto direto, secreto, universal e periódico; a separação dos Poderes; os direitos e garantias individuais (art. 60, § 4º, I a IV, da CF). A proibição da instituição de pena de morte no Brasil é direito e garantia individual fixado no art. 5º, XLVII, da CF: não haverá penas: de morte, salvo em caso de guerra declarada, nos termos do art. 84, XIX; de caráter perpétuo; de trabalhos forçados; de banimento; cruéis; 2: correta (art. 5º, XLVII, da CF).
Gabarito 1C, 2C

(CESPE) A CF estabelece a garantia da inviolabilidade domiciliar, porém autoriza a violação do lar durante o período noturno

(A) por meio de determinação judicial.
(B) por meio de autorização ou determinação do MP.
(C) para cumprimento de diligência policial.
(D) em caso de desastre.
(E) em caso de descumprimento de lei.

A: incorreta. Não se cumpre determinação judicial durante o período noturno (art. 5º, XI, da CF); B: incorreta (ou determinação do MP). A CF exige autorização judicial para a ocorrência da violação de domicílio;
C: incorreta (para cumprimento de diligencia policial). Não é possível a violação de domicílio para o cumprimento de diligência policial; D: correta (art. 5º, XI, da CF). A casa é asilo inviolável do indivíduo, ninguém nela podendo penetrar sem consentimento do morador, salvo em caso de flagrante delito ou desastre, ou para prestar socorro, ou, durante o dia, por determinação judicial; E: incorreta (descumprimento de lei). O descumprimento de lei não assegura a violação de domicílio.
Gabarito "D".

(CESPE) A proteção dos direitos humanos e sua efetividade na vida social constituem atualmente preocupações do Estado e de suas instituições. Acerca desse tema, julgue os itens que se seguem.

(1) O Ministério Público tem atribuição de ajuizar ações civis públicas para defender direitos coletivos e difusos.

(2) O sigilo das comunicações telefônicas pode ser quebrado por determinação do Ministério Público, durante inquérito policial.

(3) O racismo constitui crime prescritível no período de dois anos.

(4) Um cidadão com residência em Porto Alegre pode ajuizar ação popular contra ato do governador de Roraima, em defesa do patrimônio deste estado.

(5) O Estado, por interesse social, pode impor ao proprietário a perda do seu imóvel.

(6) O *habeas data* é meio adequado para o cidadão conhecer informações suas constantes de banco de dados de caráter público.

(7) O ajuizamento de *habeas corpus* depende do pagamento de taxa judiciária, salvo para os pobres.

1: correta (art. 129, III, da CF). O Ministério Público é órgão constitucional independente e autônomo, instituição permanente e essencial à função jurisdicional do Estado, incumbindo-lhe promover, privativamente, a ação penal pública, na forma da lei; zelar pelo efetivo respeito dos Poderes Públicos e dos serviços de relevância pública aos direitos assegurados nesta Constituição, promovendo as medidas necessárias a sua garantia; promover o inquérito civil e a ação civil pública, para a proteção do patrimônio público e social, do meio ambiente e de outros interesses difusos e coletivos; promover a ação de inconstitucionalidade ou representação para fins de intervenção da União e dos Estados, nos casos previstos nesta Constituição; defender judicialmente os direitos e interesses das populações indígenas; expedir notificações nos procedimentos administrativos de sua competência, requisitando informações e documentos para instruí-los, na forma da lei complementar respectiva; exercer o controle externo da atividade policial, na forma da lei complementar mencionada no artigo anterior; requisitar diligências investigatórias e a instauração de inquérito policial, indicados os fundamentos jurídicos de suas manifestações processuais; exercer outras funções que lhe forem conferidas, desde que compatíveis com sua finalidade, sendo-lhe vedada a representação judicial e a consultoria jurídica de entidades públicas; 2: incorreta (por determinação do Ministério Público, durante o inquérito policial). É inviolável o sigilo da correspondência e das comunicações telegráficas, de dados e das comunicações telefônicas, salvo, no último caso, por ordem judicial, nas hipóteses e na forma que a lei estabelecer para fins de investigação criminal ou instrução processual penal (art. 5º, XII, da CF). Exige-se ordem judicial para que ocorra a violação do sigilo das comunicações telefônicas (cláusula de reserva de jurisdição); 3: incorreta (prescritível no período de dois anos). A prática do racismo constitui crime inafiançável e imprescritível, sujeito à pena de reclusão, nos termos da lei (art. 5º, XLII, da CF); 4: correta. Qualquer cidadão é parte legítima para propor ação popular que vise a anular ato lesivo ao patrimônio público ou de entidade de que o Estado participe, à moralidade administrativa, ao meio ambiente e ao patrimônio histórico e cultural, ficando o autor, salvo comprovada má-fé, isento de custas judiciais e do ônus da sucumbência (art. 5º, LXXIII, da CF); 5: correta (ar. 5º, XXIV, da CF). Com fundamento no princípio da supremacia do interesse público sobre o particular é possível a intervenção do Estado na propriedade privada baseada em motivos de interesse social ou utilidade pública ou necessidade pública. A lei estabelecerá o procedimento para desapropriação por necessidade ou utilidade pública, ou por interesse social, mediante justa e prévia indenização em dinheiro, ressalvados os casos previstos nesta Constituição; 6: correta (art. 5º, LXXII, *a*, da CF). Também a possível o *habeas data* para a retificação de dados, quando não se prefira fazê-lo por processo sigiloso, judicial ou administrativo (art. 5º, LXXII, *b* da CF); 7: incorreta (salvo para os pobres). São gratuitas as ações de *habeas corpus*" e *habeas data*, e, na forma da lei, os atos necessários ao exercício da cidadania (art. 5º, LXXVII, da CF).

Gabarito 1C, 2E, 3E, 4C, 5C, 6C, 7E

(CESPE) A respeito dos direitos fundamentais, julgue os itens a seguir.

(1) O preso tem o direito de saber os motivos de sua prisão e a identificação das autoridades ou agentes que a estão efetuando, para que eventuais ilegalidades e abusos sejam apontados.

(2) Ao disciplinar o direito de propriedade, a Constituição estabelece, como regra geral, que a desapropriação por necessidade ou utilidade pública, ou por interesse social, se dará mediante prévia indenização em dinheiro.

1: correta (art. 5º, LXIV, da CF). São direitos assegurados ao preso de forma que se houver prisão ilegal, esta será imediatamente relaxada pela autoridade judiciária (art. 5º, LXV, da CF); 2: correta (art. 5º, XXIV, da CF). É hipótese de intervenção do Estado na propriedade do particular por razões de interesse público e como consequência da incidência do Princípio da Supremacia do Interesse Público sobre o particular. Para complementar vide art. 182, § 4º, III; art. 184, *caput* e art. 243, todos da CF (esses artigos fixam outras hipóteses de desapropriação: desapropriação extraordinária).

Gabarito 1C, 2C

(CESPE) Julgue o seguinte item.

(1) O direito ao contraditório e à ampla defesa é assegurado aos litigantes em processo judicial, mas não em processo administrativo, pois, no caso deste, o administrado sempre terá garantida a possibilidade de recorrer à instância judicial.

1: incorreta. O direito ao contraditório e ampla defesa deve ser garantido tanto no processo judicial quanto em âmbito administrativo (art. 5º, LV, da CF).

Gabarito 1E

4.2. Remédios constitucionais

(Policial Rodoviário Federal – 2009 – FUNRIO) Ana Júlia impetra Mandado de Segurança em face do Presidente de uma autarquia federal, sob a argumentação de que requereu em janeiro de 2008 certidão para esclarecer assunto de interesse pessoal, relativo a sua remuneração como fiscal de rendas da autarquia, sendo que esta, até a presente data, não veio a ser expedida, o que configura, em seu entender, ato omissivo. Prestadas as informações, declara a autoridade impetrada que não há que se falar em ato omissivo, uma vez que a Impetrante não demonstrou que a autoridade coatora estivesse evitando a emissão da referida certidão. Com relação aos fatos narrados, é correto afirmar que

(A) o direito à obtenção de certidão é garantido pela Constituição da República, porém a inação da Administração Pública não configura ato omissivo.

(B) o direito à obtenção de certidão é garantido pela Constituição da República, porém o mandado de segurança não pode prosperar por não ter o impetrante comprovado que a Administração Pública estivesse evitando a emissão da certidão pleiteada.

(C) o direito à obtenção de certidão é garantido pela Constituição da República, e a inação da Administração Pública configura ato omissivo.

(D) a impetração de mandado de segurança para a obtenção de certidão não é cabível quando esta deva ser expedida por Ente da Administração Indireta.

(E) o direito à obtenção de certidão é garantido pela Constituição da República, e o mandado de segurança se presta a permitir sua expedição pelo Poder Judiciário, substituindo, assim a Administração Pública.

A: incorreta, pois, naturalmente, a falta de qualquer ação por parte da Administração Pública configura omissão passível de ser atacada por mandado de segurança; B: incorreta, pois é impossível ao particular realizar uma prova negativa, isto é, provar que algo **não** aconteceu. Cabe a autoridade coatora provar que expediu a certidão no prazo legal; C: correta, pois tal direito está previsto no art. 5º, XXXIV, *b*, da CF; D: incorreta, pois o mandado de segurança é cabível para proteger direito líquido e certo violado por ato de autoridade pública ou agente de pessoa jurídica no exercício de atribuições do Poder Público, o que abrange a Administração Indireta; E: incorreta, pois o Poder Judiciário não emite a certidão nem substitui a Administração Pública em suas funções, pois isso configuraria atentado contra a separação dos poderes. Cabe ao primeiro determinar a realização do ato pela segunda.

Gabarito "C."

(CESPE) Acerca dos direitos e garantias fundamentais, julgue o seguinte item, à luz da CF.

(1) Conceder-se-á *habeas data* para assegurar o conhecimento de informações relativas à pessoa do impetrante ou à de terceiros, constantes de registros ou bancos de dados de entidades governamentais ou de caráter público.

1: incorreta, o *habeas data* (art. 5º, LXXII, da CF) é ação personalíssima, cuja tutela se limita a informações relativas à pessoa do impetrante (não é possível a impetração por terceiros, em regra).

Gabarito 1E

(CESPE) Ainda acerca da Constituição da República, julgue o seguinte item.

(1) A ordem postulada em sede de mandado de injunção, também chamado de ação direta de inconstitucionalidade por omissão, deve ser concedida quando a falta de regra regulamentadora impossibilitar o exercício de direitos fundamentais ou de prerrogativas inerentes à nacionalidade, à soberania ou à cidadania.

1: incorreta (também chamado de ação direta de inconstitucionalidade por omissão). Mandado de Injunção (art. 5º, LXXI, da CF) é remédio constitucional e instrumento de controle concreto de constitucionalidade (processo constitucional subjetivo).

Gabarito 1E

(CESPE) No direito brasileiro, como nos sistemas que lhe são próximos, os direitos fundamentais se definem como direitos constitucionais. Essa característica da constitucionalização dos direitos fundamentais traz consequências de evidente relevo. As normas que os obrigam impõem-se a todos os poderes constituídos, até ao poder de reforma da Constituição.

Gilmar Ferreira Mendes, et al. **Curso de DireitoConstitucional.** São Paulo: Saraiva,2.ª ed., 2008, p. 245 (com adaptações).

Com relação aos direitos e garantias fundamentais, assinale a opção correta.

(A) Não cabe ação popular para anular ato lesivo ao meio ambiente.
(B) Pessoa jurídica não tem legitimidade para propor ação popular.
(C) A impetração de mandado de segurança coletivo por entidade de classe em favor dos associados depende da autorização destes.
(D) É cabível mandado de segurança contra lei em tese, ainda que produtora de efeitos concretos.
(E) Praticado o ato por autoridade no exercício de competência delegada, contra essa autoridade não cabe mandado de segurança.

A: incorreta (não cabe). Qualquer cidadão é parte legítima para propor ação popular que vise a anular ato lesivo ao patrimônio público ou de entidade de que o Estado participe, à moralidade administrativa, ao meio ambiente e ao patrimônio histórico e cultural, ficando o autor, salvo comprovada má-fé, isento de custas judiciais e do ônus da sucumbência (art. 5°, LXXIII, da CF); B: correta. É exatamente o teor da Súmula 365 do STF; C: incorreta (depende de autorização destes). O mandado de segurança coletivo (art. 5°, LXX, da CF) pode ser impetrado por: a) partido político com representação no Congresso Nacional; b) organização sindical, entidade de classe ou associação legalmente constituída e em funcionamento há pelo menos um ano, em defesa dos interesses de seus membros ou associados, independe, portanto, da autorização destes; D: incorreta (contra lei em tese). O mandado de segurança (art. 5°, LXIX, da CF) é remédio constitucional para proteção de direito líquido e certo, não amparado por *habeas corpus* ou *habeas data*, quando o responsável pela ilegalidade ou abuso de poder for autoridade pública ou agente de pessoa jurídica no exercício de atribuições do Poder Público. Inclusive, o STF sumulou o entendimento (Súmula 266) no sentido de que "não cabe mandado de segurança contra lei em tese"; E: incorreta (não cabe). É possível sim o mandado de segurança contra ato de autoridade no exercício de competência delegada. Nesse sentido a Súmula 510 do STF: "praticado o ato por autoridade, no exercício de competência delegada, contra ela cabe o mandado de segurança ou a medida judicial".
Gabarito "B".

5. DIREITOS SOCIAIS

(CESPE) O artigo 8.° da CF estabelece que é livre a associação profissional ou sindical. Acerca da liberdade sindical, assinale a opção correta.

(A) Ao sindicato cabe a defesa dos direitos e interesses coletivos ou individuais da categoria, com exceção das questões judiciais.
(B) O aposentado filiado tem direito a votar, mas não de ser votado nas organizações sindicais.
(C) É vedada a dispensa do empregado sindicalizado a partir do registro da candidatura a cargo de direção ou representação sindical e, se eleito, ainda que suplente, até dois anos após o final do mandato, salvo se cometer falta grave nos termos da lei.
(D) Ninguém será obrigado a filiar-se ou a manter-se filiado a sindicato.
(E) A lei pode exigir autorização do Estado para a fundação de sindicato, podendo o poder público intervir na organização sindical.

A: incorreta (com exceção das questões judiciais). Ao sindicato cabe a defesa dos direitos e interesses coletivos ou individuais da categoria, inclusive em questões judiciais ou administrativas (art. 8°, III, da CF); B: incorreta (mas não de ser votado nas organizações sindicais). O aposentado filiado tem direito a votar e ser votado nas organizações sindicais (art. 8°, VII, da CF); C: incorreta (até dois anos após o final do mandato, salvo se cometer falta grave nos termos da lei). O erro desta assertiva diz respeito ao prazo. É vedada a dispensa do empregado sindicalizado a partir do registro da candidatura a cargo de direção ou representação sindical e, se eleito, ainda que suplente, até um ano após o final do mandato, salvo se cometer falta grave nos termos da lei (art. 8°, VIII, da CF); D: correta (art. 8°, V, da CF); E: incorreta (a lei pode exigir). A lei não poderá exigir autorização do Estado para a fundação de sindicato, ressalvado o registro no órgão competente, vedadas ao Poder Público a interferência e a intervenção na organização sindical (art. 8°, I, da CF).
Gabarito "D".

6. NACIONALIDADE

(CESPE) Acerca dos direitos e garantias fundamentais, julgue o seguinte item, à luz da CF.

(1) São privativos de brasileiro nato os cargos de ministro de Estado da Defesa, ministro de Estado da Fazenda e de oficial da Marinha, do Exército ou da Aeronáutica.

1: incorreta (ministro de Estado da Fazenda). O art. 12, § 3°, da CF estabelece como cargos privativos de brasileiros natos os de Presidente e Vice-Presidente da República; Presidente da Câmara dos Deputados e do Senado Federal; Ministro do Supremo Tribunal Federal; carreiras diplomáticas; oficiais das forças armadas e Ministro de Estado da Defesa. Não insere nesta lista o "Ministro de Estado da Fazenda". Para complementar veja também art. 89, VII; art. 222 ambos da CF (também trazendo alguns cargos privativos de brasileiros natos).
Gabarito 1E.

(CESPE) Dispõe a Constituição Federal que são brasileiros natos os nascidos no estrangeiro, de pai brasileiro ou de mãe brasileira, desde que venham a residir no Brasil e optem, em qualquer tempo, pela nacionalidade brasileira. A respeito dessa opção de nacionalidade, julgue os itens que se seguem.

(1) Essa opção pode ser manifestada em qualquer idade.
(2) Essa opção, por decorrer da vontade, tem caráter personalíssimo.
(3) Após atingida a maioridade, enquanto não manifestada a opção, esta passa a constituir-se em condição suspensiva da nacionalidade brasileira.

1: incorreta (em qualquer idade). São brasileiros natos os nascidos no estrangeiro de pai brasileiro ou de mãe brasileira, desde que sejam registrados em repartição brasileira competente ou venham a residir na República Federativa do Brasil e optem, em qualquer tempo, depois de atingida a maioridade, pela nacionalidade brasileira (art. 12, I, *c*, da CF, com redação dada pela EC 54 de 2007); 2: correta. De fato há o caráter personalíssimo dessa manifestação de vontade. Admite-se a nacionalidade provisória até os dezoito anos, quanto então a opção confirmativa passa a ser condição suspensiva da nacionalidade enquanto não for manifestada (STF, RE 418.096/RS, rel. Min. Carlos Velloso); 3: correta (STF, RE 418.096/RS, rel. Min. Carlos Velloso).

(CESPE) Considerando aspectos referentes à disciplina constitucional sobre os direitos e garantias fundamentais, julgue o seguinte item.

(1) A perda de nacionalidade ocorrerá, em qualquer circunstância, se o brasileiro vier a adquirir outra nacionalidade.

1: incorreta (em qualquer circunstância). Só haverá a perda da nacionalidade se o brasileiro adquirir outra, exceto se houver reconhecimento de nacionalidade originária pela lei estrangeira e, imposição de naturalização pela norma estrangeira, ao brasileiro residente em Estado estrangeiro, como condição para permanência em seu território ou para exercício de direitos civis (art. 12, § 4º, da CF).

7. DIREITOS POLÍTICOS

(CESPE) Considerando as normas constitucionais disciplinadoras dos direitos políticos, julgue os itens abaixo.

(1) No Brasil, o alistamento eleitoral e o voto são obrigatórios para todos os indivíduos maiores de dezoito anos.
(2) Todos aqueles que podem votar podem ser votados.
(3) O condenado criminalmente por decisão passada em julgado não pode votar nem ser votado, enquanto durarem os efeitos da condenação.
(4) A condenação por ato de improbidade administrativa implica a suspensão dos direitos políticos.

1: incorreta (para todos os indivíduos): os maiores de setenta anos são maiores de dezoito anos, mas, para eles o voto é facultativo, assim como para os analfabetos maiores de dezoito anos (art. 14, § 1º, II, *a* e *b* da CF). 2: incorreta (todos aqueles): nem todos os que podem votar, podem ser votados, *v.g.*, os analfabetos (art. 14, § 4º, da CF). 3: correta (art. 15, III, da CF). 4: correta (art. 15, V, da CF).

(CESPE) Quanto aos direitos políticos e de acordo com a Constituição da República, julgue os itens subsequentes.

(1) Os analfabetos podem votar, mas não podem ser eleitos.
(2) A condenação criminal definitiva pode dar causa à suspensão de direitos políticos.
(3) O menor de dezoito anos de idade pode ser eleito para cargo dos Poderes Executivo ou Legislativo.
(4) O governador de estado que desejar concorrer à reeleição deverá renunciar ao respectivo mandato seis meses antes do novo pleito.
(5) A criação de um partido político depende de aprovação do Poder Legislativo.

1: correta. O alistamento eleitoral é facultativo para os analfabetos (art. 14, § 1º, II, *a*, da CF). Assim, os analfabetos têm capacidade eleitoral ativa (alistabilidade) e, podem, se quiserem, participar da formação da vontade política do Estado. Porém, os analfabetos não têm capacidade eleitoral passiva (elegibilidade). Não podem concorrer a um mandato eletivo: são inelegíveis (art. 14, § 4º, da CF); 2: correta (art. 15, III, da CF). No caso de condenação criminal transitada em julgado, enquanto durarem os seus efeitos é causa de privação temporária dos direitos políticos (suspensão dos direitos políticos); 3: incorreta (menor de dezoito anos). A CF fixa um rol de idades mínimas para que certo indivíduo concorra a um mandato eletivo (art. 14, § 3º, III, da CF): a) trinta e cinco anos para Presidente e Vice-Presidente da República e Senador; b) trinta anos para Governador e Vice-Governador de Estado e do Distrito Federal; c) vinte e um anos para Deputado Federal, Deputado Estadual ou Distrital, Prefeito, Vice-Prefeito e juiz de paz; d) dezoito anos para Vereador; 4: incorreta (deverá renunciar ao respectivo mandato seis meses antes do novo pleito). Quando o chefe do Executivo deseja se candidatar à reeleição, não precisa se afastar de suas funções antes do término do mandato. Porém, para concorrer a **outros cargos** a Constituição exige que a desincompatibilização ocorra até seis meses antes (art. 14, § 6º da CF). Conclusão: para concorrerem a outros cargos, o Presidente da República, os Governadores de Estado e do Distrito Federal e os Prefeitos devem renunciar aos respectivos mandatos até seis meses antes do pleito; 5: incorreta (depende de aprovação do Poder Legislativo). É livre a criação de partido político, fusão, incorporação e extinção de partidos políticos, resguardados a soberania nacional, o regime democrático, o pluripartidarismo, os direitos fundamentais da pessoa humana e observados os seguintes preceitos: caráter nacional; proibição de recebimento de recursos financeiros de entidade ou governo estrangeiros ou de subordinação a estes; prestação de contas à Justiça Eleitoral; funcionamento parlamentar de acordo com a lei (art. 17 da CF).

(CESPE) Considerando os aspectos referentes à disciplina constitucional sobre os direitos e garantias fundamentais, julgue o seguinte item.

(1) O ordenamento constitucional brasileiro veda a cassação de direitos políticos, razão pela qual só admite a suspensão, mas não a perda, desses direitos.

1: incorreta (só admite a suspensão, mas não a perda) – art. 15 da CF. A perda consiste na privação definitiva dos direitos políticos. Já a suspensão ocorre em situações temporárias tais como cometimento de improbidade administrativa e condenação criminal transitada em julgado, enquanto durarem seus efeitos.

8. ORGANIZAÇÃO DO ESTADO

8.1. Organização político--administrativa. União, Estados, DF, Municípios e Territórios

(Polícia Rodoviária Federal – 2013 – CESPE) A respeito da organização político-administrativa do Estado e da administração pública, julgue os itens que se seguem.

(1) O Distrito Federal (DF) é ente federativo autônomo, pois possui capacidade de auto-organização, autogoverno e autoadministração, sendo vedado subdividi-lo em municípios.
(2) Conforme o STF, a responsabilidade civil das empresas prestadoras de serviço público é objetiva, mesmo em relação a terceiros não usuários do serviço público.
(3) Os atos de improbidade administrativa importarão ao agente a suspensão dos direitos políticos, a perda da função pública, a indisponibilidade dos bens e o ressarcimento ao erário, na forma e gradação previstas em lei, sem prejuízo da ação penal cabível.
(4) Em se tratando de matéria para a qual se preveja a competência legislativa concorrente, a CF autoriza os estados a exercerem a competência legislativa plena para atenderem a suas peculiaridades se inexistir lei federal sobre normas gerais.

1: correta, a Constituição Federal garante ao Distrito Federal a natureza de ente federativo autônomo, em virtude da mencionada tríplice capacidade de auto-organização, autogoverno e autoadministração (CF arts. 1º, 18, 32 e 34), sendo-lhe vedada a possibilidade de subdivisão em municípios; **2:** correta, o STF pacificou este entendimento a partir do julgamento do Recurso Extraordinário 591874, ao interpretar o § 6º do artigo 37 da Constituição Federal. Referido Recurso discutiu se a palavra "terceiros", também alcançaria pessoas que não se utilizam do serviço público. Na ocasião, o relator Min. Lewandowski (vencedor), negou seguimento ao recurso, assentando que é obrigação do Estado reparar os danos causados a terceiros em razão de atividades praticadas por agentes públicos ou revestidos de função pública; **3:** correta, é o que prevê o artigo 37, § 4º, da Constituição Federal; **4:** correta, é o que prevê o artigo 24, § 3º, da Constituição Federal.

Gabarito 1C, 2C, 3C, 4C

(Policial Rodoviário Federal – 2008 – CESPE) A respeito da administração pública, julgue o item subsequente.

(1) O DF tem a mesma estrutura político-administrativa dos estados, com Poderes Executivo, Legislativo e Judiciário próprios. Entretanto, os estados são regidos por constituição estadual e o DF, por lei orgânica.

1: correta, nos termos dos arts. 25, 32 e 92, VII, da CF.

Gabarito 1C

(CESPE) O Distrito Federal (DF) não é um estado nem um município, mas possui competências legislativas de tais. As características do DF não incluem

(A) a auto-organização.
(B) o autogoverno.
(C) as autonomias tributária e financeira.
(D) a possibilidade de subdividir-se em municípios.
(E) a autoadministração.

De fato é vedada a divisão do DF em Municípios (art. 32 da CF). O Distrito Federal, vedada sua divisão em Municípios, reger-se-á por lei orgânica, votada em dois turnos com interstício mínimo de dez dias, e aprovada por dois terços da Câmara Legislativa, que a promulgará, atendidos os princípios estabelecidos nesta Constituição. A lei orgânica é o documento normativo apto a organizar e estruturar o Distrito Federal.

Gabarito "D".

8.2. Administração Pública

(Policial Rodoviário Federal – 2009 – FUNRIO) Servidor público ajuíza ação judicial em face do Ente onde está lotado, sustentando equívoco no pagamento de seus vencimentos, ao ter sido aplicado o teto remuneratório, considerando o prêmio anual de produtividade fiscal. Aduz o servidor em questão ser a referida vantagem, de caráter geral, percebida em razão do exercício do cargo (prêmio anual de produtividade), razão pela qual não é incidente o aludido teto. Aduz ainda que o Prêmio Anual de Produtividade só é pago quando a arrecadação supera cotas previamente previstas, ou seja, essa vantagem não possui caráter permanente, pois tem como finalidade o estímulo coletivo para o atingimento e a superação de metas, estímulo este que motiva os servidores de fiscalização a não medirem esforços para que as metas sejam superadas. Por outro lado, tal esforço tem influência direta sobre a arrecadação tributária, que vem batendo recordes, melhorando a saúde financeira do erário. Levando em conta o narrado, é possível entender acerca da questão do teto remuneratório do servidor público, à luz do determinado pela Constituição da República de 1988, que o teto remuneratório

(A) não incide sobre o Prêmio Anual de Produtividade não devendo ser incluído este no redutor do teto remuneratório, previsto na Constituição da República.
(B) incide sobre o Prêmio Anual de Produtividade devendo ser incluído este no redutor, na proporção de 50% do teto remuneratório, conforme previsto na Constituição da República.
(C) não incide sobre o Prêmio Anual de Produtividade, não devendo ser incluído este no redutor do teto remuneratório, por não ser matéria regulamentada por Lei, conforme determinado pela Constituição da República.
(D) incide sobre o Prêmio Anual de Produtividade, após decisão do Tribunal de Contas, garantido o direito de defesa, para posteriormente ser incluído esse prêmio no redutor do teto remuneratório, atendendo ao disposto na Constituição da República.
(E) incide sobre o Prêmio Anual de Produtividade devendo ser incluído este no redutor do teto remuneratório, previsto na Constituição da República.

O prêmio anual de produtividade fiscal pode ser classificado como uma **vantagem pessoal** paga ao servidor público, cujo fato gerador do direito é o correto e diligente desempenho de sua função. Assim, está inserido na contagem do teto remuneratório estabelecido pelo art. 37, XI, da CF.

Gabarito "E".

(Policial Rodoviário Federal – 2008 – CESPE) Quanto às normas constitucionais sobre a administração pública e seus servidores, julgue os itens a seguir.

I. É possível a percepção simultânea de proventos de aposentadoria com a remuneração de cargo em comissão declarado em lei de livre nomeação e exoneração.
II. A prática de atos de improbidade administrativa implica a perda dos direitos políticos, a indisponibilidade dos bens e o ressarcimento ao erário.
III. O teto remuneratório, como limite máximo de remuneração no serviço público, alcança também os detentores de mandato eletivo nas esferas federal, estadual e municipal.
IV. O servidor público investido em mandato eletivo federal, estadual, distrital ou municipal será afastado do cargo, emprego ou função, sendo-lhe facultado optar pela sua remuneração de servidor.
V. Com a extinção do cargo público ou a declaração de sua desnecessidade, o servidor estável ocupante deste será aposentado, com remuneração proporcional ao tempo de serviço.

Estão certos apenas os itens

(A) I e II.
(B) I e III.
(C) II e IV.
(D) III e V.
(E) IV e V.

I: correta, nos termos do art. 37, § 10, da CF; II: incorreta, pois a pena prevista para o agente ímprobo é a **suspensão**, não perda, dos direitos políticos (art. 37, § 4º, da CF); III: correta, nos termos do art. 37, XI, da CF; IV: incorreta, pois a opção pela remuneração somente será possível se o servidor foi eleito para o cargo de prefeito (art. 38, II, da CF); V: incorreta, pois, nesse caso, o servidor deverá ficar em **disponibilidade**, não aposentado, até que seja possível seu aproveitamento em outro cargo (art. 41, § 3º, da CF).

Gabarito "B".

7. DIREITO CONSTITUCIONAL

(Policial Rodoviário Federal – 2008 – CESPE) A respeito da administração pública, julgue o item subsequente.

(1) Pelo princípio constitucional da legalidade, o administrador só pode fazer o que está expressamente autorizado em lei e nas demais espécies normativas.

1: correta. O princípio da legalidade, previsto no art. 37, *caput*, da CF, no que toca à Administração Pública, é considerado em sua acepção estrita, ou seja, cabe ao administrador fazer somente aquilo que a legislação permite. Outros atos, ainda que não estejam expressamente proibidos, não são possíveis.
Gabarito 1C

(CESPE) A Constituição Federal traz, em seu texto, vários princípios a serem observados pelo administrador público. Acerca desses princípios, julgue os itens que se seguem.

(1) A redução do desperdício de dinheiro público enquadra-se na definição do princípio da poupança dos recursos do Estado.

(2) Um princípio que ganhou destaque na Constituição de 1988 é o da administração compartilhada de recursos humanos.

1: incorreta (na definição do princípio da poupança dos recursos do Estado). Essa situação – redução do desperdício – retrata a incidência do princípio da eficiência, inserido em nosso ordenamento jurídico pela EC 19/1998 (art. 37, *caput*, da CF); 2: incorreta (administração compartilhada de recursos humanos). Não há que se falar nesse princípio tampouco em destaque na Constituição de 1988.
Gabarito 1E, 2E

---

9. PODER LEGISLATIVO

(CESPE) Os parlamentares brasileiros, como sabemos, têm a atribuição legítima de modificar a Constituição, nos casos permitidos, com a maioria qualificada de três quintos. Quando os três quintos não são obtidos, isso significa simplesmente, que não há decisão a respeito de reforma constitucional. De modo algum se podem daí inferir falhas no desempenho legislativo que venham a exigir formatos não ordinários [para as votações de propostas de emenda à Constituição].

Se fosse o caso de apelar para qualquer mecanismo constituinte, que critérios deveríamos adotar para decidir o que deve e o que não deve ser submetido a tal dinâmica extraordinária?

A discussão carece de sentido. As chances de uma reforma política funda, que modifique o núcleo do sistema eleitoral e diminua as margens de liberdade dos parlamentares, são muito reduzidas, quer se trate de um Congresso constituinte ou do Congresso tal como existe. Essa necessidade de mudança pode estar presente no mapa privado de preferências da maioria dos parlamentares. Mas isso tem pouco a ver com seu comportamento em votações.

Com o auxílio do texto, julgue os seguintes itens, acerca do processo legislativo.

(1) Os únicos legitimados a apresentar proposta de emenda à Constituição são os membros do Congresso Nacional.

(2) Supondo que haja sido rejeitada uma proposta de emenda à Constituição abolindo o segundo turno nas eleições para cargos executivos no país, somente na sessão legislativa seguinte nova proposta com a mesma matéria poderá ser apresentada.

(3) Se o Presidente da República decretar intervenção federal em um estado-membro, isso terá como efeito colateral impedir a promulgação de qualquer proposta de emenda à Constituição em trâmite no Congresso Nacional.

(4) A proposta de emenda à Constituição de iniciativa de deputado federal é votada apenas no Senado Federal; inversamente, a de iniciativa de senador é votada apenas na Câmara dos Deputados. Em ambos os casos, exige-se o quórum, de três quintos para a aprovação da proposta.

(5) Considerando que a Constituição da República confere autonomia administrativa e financeira a cada um dos Poderes e define-lhes as competências suponha uma proposta de emenda à Constituição que pretenda atribuir ao Poder Executivo as competências do Senado Federal, extinguindo esse órgão, mas mantendo a Câmara dos Deputados. À luz das normas constitucionais, essa proposta poderia tramitar regularmente no Congresso Nacional, mas, se viesse a ser aprovada, deveria ser vetada pelo Presidente da República.

1: incorreta: a CF pode ser emendada mediante proposta de membros da Câmara dos Deputados ou do Senado Federal; do Presidente da República; e de mais da metade das Assembleias Legislativas das unidades da Federação (art. 60, I, II e II, da CF). 2: correta (art. 60, § 5º, da CF). 3: correta (art. 60, § 1º da CF) é hipótese de limitação temporal à edição de emendas. 4: incorreta (é votada apenas no Senado Federal; inversamente, a de iniciativa de senador é votada apenas na Câmara dos Deputados). A proposta de emenda constitucional deve ser votada em cada Casa do Congresso Nacional – Câmara dos Deputados e Senado Federal (art. 60, § 2º, da CF). 5: incorreta (deveria ser vetada pelo Presidente da República) – teor do art. 60, § 2º, da CF.
Gabarito 1E, 2C, 3C, 4E, 5E

(CESPE) Em relação ao processo legislativo, julgue os itens que se seguem.

(1) Qualquer membro do Congresso Nacional pode apresentar anteprojeto de lei acerca de qualquer matéria.

(2) O Presidente da República pode editar medidas provisórias em casos de relevância e urgência, a seu juízo, as quais, se não forem convertidas em lei em até sessenta dias após a publicação, perderão eficácia, desde a edição.

(3) A regra, na tramitação de projetos de lei, é a de que o projeto aprovado em uma das casas do Congresso Nacional será revisto pela outra e, se aprovado, remetido à sanção presidencial, ou, se sofrer rejeição, arquivado. Se a casa revisora emendar o projeto, este voltará à casa iniciadora. O Presidente da República poderá vetar o projeto aprovado.

(4) Se o Presidente dá República receber projeto aprovado pelo Congresso Nacional e não o vetar expressamente em até quinze dias, seu silêncio terá o efeito de sanção.

1: incorreta (art. 61 da CF) 2: incorreta. (perderão eficácia, desde a edição): art. 62, § 7º, da CF; 3: correta (arts. 65 e 66 da CF); 4: incorreta (seu silêncio terá o efeito de sanção). Se o Presidente aquiescer com o projeto de lei deverá sancioná-lo (art. 66 da CF).
Gabarito 1E, 2E, 3C, 4E

(CESPE) Julgue o seguinte item.

(1) Devido à destinação do Senado Federal no sistema bicameral do Poder Legislativo brasileiro, para mais bem atender ao modelo constitucional de organização do Poder Legislativo, os estados mais populosos, como São Paulo e Rio de Janeiro, necessariamente deveriam possuir maior número de senadores que os estados com menor colégio eleitoral, como Minas Gerais e Bahia.

1: incorreta. Os Senadores são eleitos segundo o princípio majoritário (e não pelo princípio proporcional como ocorre com os deputados federais), desta forma, cada Estado e o Distrito Federal elegerão três Senadores, com mandato de oito anos (art. 46, § 1º, da CF).

Gabarito 1E

(CESPE) Acerca do processo legislativo, à luz da CF, assinale a opção correta.

(A) A iniciativa popular pode ser exercida pela apresentação, à Câmara dos Deputados, de projeto de lei subscrito por, no mínimo, 1% do eleitorado nacional, distribuído pelo menos por cinco estados, com não menos de 0,3% dos eleitores de cada um deles.
(B) Prorrogar-se-á uma única vez, por igual período, a vigência de medida provisória que, no prazo de quarenta e cinco dias, contado de sua publicação, não tiver a sua votação encerrada nas duas Casas do Congresso Nacional.
(C) As leis delegadas serão elaboradas pelo presidente da República, que deverá solicitar a delegação ao Congresso Nacional. Esta delegação confere plenos poderes ao presidente, pois a transferência de competência é definitiva.
(D) Após discussão e aprovação pelo Congresso Nacional, o presidente da República deve sancionar proposta de emenda à CF, no prazo de quinze dias, sendo que seu silêncio importará sanção.
(E) O projeto de lei ordinária aprovado por uma Casa do Congresso Nacional será revisto pela outra, em dois turnos de discussão e votação, e enviado à sanção ou promulgação, se a casa revisora o aprovar, ou arquivado, se a Casa o rejeitar.

A: correta (art. 61, § 2º, da CF); B: incorreta (no prazo de quarenta e cinco dias). Prorrogar-se-á uma única vez por igual período a vigência de medida provisória que, no prazo de sessenta dias, contado de sua publicação, não tiver a sua votação encerrada nas duas Casas do Congresso Nacional (art. 62, § 7º, da CF). O prazo é o de 60 dias e não de 45 como trouxe a assertiva da questão; C: incorreta (confere plenos poderes ao presidente, pois a transferência de competência é definitiva). As leis delegadas serão elaboradas pelo Presidente da República, que deverá solicitar a delegação ao Congresso Nacional (art. 68 da CF). As leis delegadas são ato normativo elaborado e editado exclusivamente pelo Presidente da República, em face de autorização concedida pelo Congresso Nacional e nos limites por este impostos; D: incorreta (o presidente da República deve sancionar proposta de emenda à CF, no prazo de quinze dias, sendo que seu silêncio importará sanção). A proposta de emenda constitucional será discutida e votada em cada Casa do Congresso Nacional, em dois turnos, considerando-se aprovada se obtiver, em ambos, três quintos dos votos dos respectivos membros (art. 60, § 2º, da CF). Assim, não há que falar em sanção ou veto do Presidente da República para sua aprovação; E: incorreta (em dois turnos de discussão e votação). A CF exige um turno de votação. O projeto de lei aprovado por uma Casa será revisto pela outra, em um só turno de discussão e votação, e enviado à sanção ou promulgação, se a Casa revisora o aprovar, ou arquivado, se o rejeitar (art. 65 da CF).

Gabarito 'A'.

(CESPE) Acerca do Poder Legislativo e do processo legislativo, assinale a opção correta à luz da CF.

(A) É competência exclusiva do Congresso Nacional fixar o subsídio dos ministros do STF.
(B) Não será objeto de deliberação proposta de emenda constitucional tendente a abolir a forma republicana do país.
(C) Cabe ao Congresso Nacional, com a sanção do presidente da República, dispor sobre a concessão de anistia.
(D) As medidas provisórias terão sua votação iniciada no Senado Federal.
(E) A casa legislativa que concluir a votação enviará o projeto de lei ao presidente da República, que, aquiescendo, o sancionará. Decorridas 48 horas, o silêncio do presidente importará sanção.

A: incorreta (dos ministros do STF). O Congresso Nacional tem competência exclusiva para fixar os subsídios do Presidente da República e dos Ministros de Estado (art. 49, VIII, da CF) – observado o que dispõem os arts. 37, XI, 39, § 4º, 150, II, 153, III, e 153, § 2º, I, da CF; B: incorreta (a forma republicana do país). A forma de governo republicana não é cláusula pétrea. A CF consagra como cláusula pétrea a forma federativa de Estado (art. 60, § 4º, I). Para complementar e não confundir: forma de Estado: Federação; forma de Governo: República; Sistema de Governo: Presidencialista; Regime de Governo: Democrático; C: correta (art. 48, VIII, da CF); D: (no Senado Federal). As medidas provisórias terão sua votação iniciada na Câmara dos Deputados (art. 62, § 7º, da CF); E: incorreta (decrorridas 48 horas, o silêncio do presidente importará sanção). O prazo desta assertiva está errado. A CF (art. 66, § 3º) fixa 15 dias.

Gabarito "C".

10. PODER EXECUTIVO

(CESPE) Acerca das atribuições do presidente da República, julgue o próximo item.

(1) Como são irrenunciáveis, todas as atribuições privativas do presidente da República previstas no texto constitucional não podem ser delegadas a outrem.

1: incorreta, pois como regra geral, as competências reservadas ao Presidente da República com base no art. 84 da CF são indelegáveis. Configuram atribuições de exercício privativo do chefe do Poder Executivo. No entanto, o parágrafo único do art. 84 admite, em caráter excepcional, que algumas dessas competências podem constituir objeto de delegação presidencial. Expressamente é conferido ao Presidente da República o poder de delegar o exercício de encargos e prerrogativas que lhe foram constitucionalmente atribuídos. Não é, porém, qualquer autoridade que detém legitimidade para receber delegação e desempenhar tais funções. O texto constitucional define com destinatários apenas os Ministros de Estado, o Procurador-Geral da República e o Advogado-Geral da União. As competências que se sujeitam a esse regime são poucas. Somente podem ser delegadas atribuições para (a) conceder indulto e comutar apenas (art. 84, XII, da CF); (b) prover cargos públicos federais (art. 84, XXV, primeira parte, da CF) e; (c) dispor, mediante ato normativo autônomo, sobre organização e funcionamento da administração federal, bem assim a extinção de funções e cargos públicos quando vagos (art. 84, VI, da CF). O ato de delegação dispensa fundamento em texto de lei. Constitui medida sujeita à esfera de discricionariedade do Presidente da República, a quem cabe, observados os parâmetros constantes do parágrafo único do art. 84, estabelecer condições e limites ao exercício da atribuição delegada.

Gabarito 1E

(CESPE) Em relação ao Poder Executivo, na Constituição em vigor, julgue os itens a seguir

(1) A eleição do Presidente da República dá-se pelo sistema proporcional.
(2) No Brasil, o Presidente da República é, simultaneamente, chefe de Estado e de Governo.
(3) Até a publicação do edital que rege o presente concurso público, considerava-se eleito o Presidente da República que, registrado por partido político, obtivesse maioria absoluta de votos excluídos do cômputo os brancos e nulos.
(4) Até a publicação do edital que rege o presente concurso público, a eleição do Presidente da República ocorria, necessariamente, mediante dois turnos de votação.
(5) Entre as atribuições do Presidente da República está a de expedir decretos, os quais, no entanto, devem limitar-se à fiel execução das leis.

1: incorreta (sistema proporcional): art. 77, § 2º, da CF. 2: correta: O Presidente da República atua simultaneamente como chefe de Estado, de Governo e, para complementar, atua também como chefe da Administração. 3: correta (art. 77, § 2º, da CF). 4: incorreta (necessariamente, mediante dois turnos de votação): art. 77, § 3º, da CF. 5: correta (art. 84, IV, da CF).
Gabarito 1E, 2C, 3C, 4E, 5C

(CESPE) Acerca das atribuições do chefe do Poder Executivo da União e dos estados, julgue os itens a seguir.

(1) O presidente da República pode vetar um projeto de lei se o seu texto ferir a Constituição.
(2) O presidente da República tem liberdade para escolher os ministros do Supremo Tribunal Federal, sem a interferência de qualquer outro poder.
(3) O presidente da República não tem competência para editar medida provisória que tipifique determinada conduta como crime.

1: correta (art. 84, V, da CF). 2: incorreta (sem a interferência de qualquer outro poder). Compete privativamente ao Presidente da República nomear, após aprovação pelo Senado Federal, os Ministros do Supremo Tribunal Federal e dos Tribunais Superiores, os Governadores de Territórios, o Procurador-Geral da República, o presidente e os diretores do banco central e outros servidores, quando determinado em lei (art. 84, XIV, da CF). 3: correta (art. 62, § 1º, I, b, da CF). Não é possível a edição de medidas provisórias sobre determinados aspectos, dentre eles matéria penal. Para complementar: também é vedada a edição de medidas provisórias sobre matéria: relativa a: nacionalidade; cidadania; direitos políticos; partidos políticos; direito eleitoral; processo penal; processo civil; organização do Poder Judiciário e do Ministério Público, a carreira e a garantia de seus membros; planos plurianuais; diretrizes orçamentárias; orçamento e créditos adicionais e suplementares, ressalvado o previsto no art. 167, § 3º; que vise a detenção ou sequestro de bens, de poupança popular ou qualquer outro ativo financeiro; reservada a lei complementar etc.
Gabarito 1C, 2E, 3C

11. PODER JUDICIÁRIO

(Policial Rodoviário Federal – 2008 – CESPE) A respeito da administração pública, julgue o item subsequente.

(1) A organização do Poder Judiciário está fundamentada na divisão da competência entre os órgãos que o integram no âmbito estadual e federal. À justiça federal cabe o julgamento das ações não compreendidas na competência da justiça estadual.

1: incorreta, pois a definição da competência da Justiça Federal é feita por um rol exaustivo (numerus clausus) estabelecido no art. 109 da CF. A competência da Justiça Estadual, sim, é chamada de **residual:** compete-lhe processar e julgar tudo aquilo que não couber à Justiça Federal, à Justiça do Trabalho, à Justiça Eleitoral e à Justiça Militar.
Gabarito 1E

(Policial Rodoviário Federal – 2008 – CESPE) A respeito da administração pública, julgue o item subsequente.

(1) O Ministério Público do Distrito Federal faz parte do Ministério Público da União.

1: correta, nos termos do art. 128, I, d, da CF.
Gabarito 1C

(CESPE) Julgue o seguinte item.

(1) O Supremo Tribunal Federal é o órgão do Poder Judiciário que tem a prerrogativa de realizar o controle abstrato da constitucionalidade das leis aprovadas pelo Congresso Nacional e sancionadas pelo presidente da República.

1: correta: art. 102, I, a, da CF. Compete ao STF analisar "lei em tese" e proceder ao controle concentrado ou abstrato de constitucionalidade.
Gabarito 1C

12. DEFESA DO ESTADO

(CESPE) Considerando as disposições constitucionais acerca de segurança pública, julgue os itens a seguir.

(1) Cabe à Polícia Federal apurar infrações penais que atentem contra os bens, serviços e interesses da administração direta, das autarquias e das fundações públicas da União. Às polícias civis dos estados cabem as funções de polícia judiciária das entidades de direito privado da administração indireta federal.
(2) A Polícia Federal, as polícias militares e os corpos de bombeiros militares são forças auxiliares e reserva do exército.

1: incorreta. Preliminarmente, é oportuno pontuarmos que os primeiros órgãos ou instituições criados na Carta Constitucional foram a Polícia Federal, que há de ser implantada por meio de lei federal, devendo ser composta por órgãos permanentes e organizada em carreira. Em segundo, suas atribuições, além de outras correlatas, são apurar infrações penais contra a ordem política e social ou em detrimento de bens, serviços e interesses da União ou de suas entidades autárquicas e empresas públicas (art. 109, IV, da CF), assim como outras infrações cuja prática tenha repercussão interestadual ou internacional (Lei 10.446, de 08 de maio de 2002) e exija repressão uniforme, conforme dispuser em lei, e prevenção e repressão ao tráfico ilícito de entorpecentes e drogas afins, o contrabando e o descaminho, sem prejuízo da ação fazendária e de outros órgãos públicos nas respectivas áreas de competência. A Polícia Federal está vinculada ao Ministério da Justiça (e como desdobramento lógico em última instância ao Presidente da República) e é custeada com recursos da União, como determina o art. 144, § 1º, I e II, da CF. No que diz respeito às polícias civis, dirigidas por delegados de polícia de carreira incumbem, ressalvada a competência da União, as funções de polícia judiciária e a apuração de infrações penas, exceto as militares, nos termos do art. 144, § 4º, da CF. Em outras palavras, as polícias civis, exceto as do Distrito Federal e dos Territórios, cuja incumbência toca à União (art. 21, XIV, da CF), são de responsabilidade dos Estados-membros e deverão ser dirigidas por delegados de polícia de carreira (com curso de bacharelado em Direito e aprovados em virtude de concurso público de provas e títulos). Possuem competência residual, isto é, excluídas as competências da União, as quais tocam à polícia federal, todas as demais infrações (crimes ou contravenções penais), exceto as de natureza militares, serão apuradas pela polícia judiciária estadual, o que denota seu caráter repressivo, ou seja, o desenvolvimento de seus trabalhos, em regra, após a consumação do fato delituoso; 2: incorreta, na exata medida que o constituinte reservou à segurança pública um capítulo especial (Capítulo III do Título V). A preocupação fixou-se no passado recente, no qual segurança pública e segurança nacional se confundiam e a segunda passou a ser utilizada como ato de império. Utilizavam-se as forças públicas e militares para perseguirem e mesmo aniquilar os críticos do regime militar ditatorial. A segurança é dever de todos (poder público e sociedade) e tem como objetivos a preservação da ordem pública e da integridade das pessoas e do patrimônio, enfim é a manutenção da ordem pública no âmbito interno. Preocupou-se o constituinte em criar órgãos com atribuições específicas e definidas, na esfera federal, estadual e municipal. Inovou o texto constitucional, pois possibilitou ao município a criação de forças públicas, denominadas, em regra, guardas municipais, com função específica de proteção a bens, serviços e instalações municipais. Sendo assim, a segurança pública é formada pelos seguintes órgãos: I – Polícia Federal, II – Polícia Rodoviária Federal, III – Polícia Ferroviária Federal, IV – Polícias Civis e V – Polícias Militares e Corpos de Bombeiros Militares. A Emenda Constitucional nº 104/2019 acrescentou as polícias penais federal, estaduais e distrital a esse rol dos órgãos da segurança pública. Por fim, somente as polícias militares e corpos de bombeiros militares são forças auxiliares e reserva do Exército, subordinam-se, juntamente com as polícias civis e as polícias penais estaduais e distrital, aos Governadores dos Estados, do Distrito Federal e dos Territórios, nos termos do art. 144, § 6º, da CF.

(CESPE) Com fundamento nas regras estabelecidas na CF quanto à defesa do Estado e das instituições democráticas, julgue o item que se segue.

(1) A Polícia Federal tem competência constitucional para prevenir e reprimir, com exclusividade, o tráfico ilícito de entorpecentes e drogas afins, o contrabando e o descaminho.

1: incorreta (com exclusividade). Esta competência não é exclusiva da Polícia Federal. Outros órgãos públicos nas respectivas áreas de competência também têm esta incumbência (art. 144, § 1º, II, da CF).

(CESPE) Julgue o seguinte item.

(1) As polícias civis, órgãos dos estados federados, têm a atribuição precípua de exercer a função de polícia judiciária, isto é, a de investigar o cometimento de delitos e a de auxiliar a execução de decisões processuais penais; por isso, essas polícias não integram o sistema constitucional de segurança pública.

1: incorreta (não integram o sistema constitucional de segurança pública): art. 144, I a VI, da CF. As polícias civis são dirigidas por delegados de polícia de carreira e integram o sistema constitucional de segurança pública. Exercem a função de polícia judiciária e apuram as infrações penais, exceto as militares.

(CESPE) Considerando as normas da Constituição no capítulo que dispõe acerca da segurança pública, julgue os itens seguintes.

(1) A segurança pública é considerada dever do Estado e direito e responsabilidade de todos. Volta-se à preservação da ordem pública e da incolumidade das pessoas e do patrimônio, sendo exercida apenas por meio dos seguintes órgãos: Forças Armadas, Polícia Federal, Polícia Rodoviária Federal, Polícia Ferroviária Federal, Polícias Militares e Corpos de Bombeiros Militares.

(2) Compete à Polícia Federal, com exclusividade, realizar ações condimentes ao tráfico ilícito de entorpecentes e drogas afins; ao contrabando e ao descaminho.

(3) Incumbe à Polícia Rodoviária Federal exercer a função de polícia de fronteiras.

(4) A Constituição atribuiu às Polícias Federais, incluídas a Rodoviária e a Ferroviária, a função de polícia judiciária da União.

(5) Além da investigação das infrações penais contra a ordem política e social e das de competência da Justiça Federal, a Polícia Federal deve apurar aquelas cujo cometimento tenha repercussão interestadual ou internacional e que exijam repressão uniforme, nos termos da lei.

1: incorreta (sendo exercida apenas por meio dos seguintes órgãos): art. 144, I a VI, da CF. 2: incorreta (com exclusividade): art. 144, § 1º, II, da CF. 3: incorreta (exercer a função de polícia de fronteiras). Esta atribuição é da polícia federal (art. 144, § 1º, III e § 2º, ambos da CF). 4: incorreta (incluídas a Rodoviária e a Ferroviária): art. 144, § 1º, IV, da CF. 5: correta (art. 144, § 1º, I, da CF).

(CESPE) Ainda com referência à segurança pública na Constituição de 1988, julgue os itens a seguir.

(1) A Constituição define a Polícia Federal, a Polícia Rodoviária Federal e a Polícia Ferroviária Federal como órgãos permanentes, estruturados em carreiras.

(2) Não é atribuição essencial da Polícia Federal o policiamento ostensivo.

(3) Considere a seguinte situação: Maria é empregada da Caixa Econômica Federal (CEF), empresa pública federal e seu contrato de trabalho é regido pela Consolidação das Leis do Trabalho (CLT). Pela lei, a CEF é a gestora do Fundo de Garantia do Tempo de Serviço (FGTS). Maria, por atravessar difícil situação econômica, resolveu apropriar-se dos valores de correção monetária e juros incidentes sobre os depósitos do FGTS sacados por empregados demitidos sem justa causa, quando viu que se tratava de pessoas humildes, que não conhecem os mecanismos para cálculo desses depósitos. Durante seis meses, até ser descoberta, Maria levou adiante sua empreitada criminosa, lesando dezenas de pessoas e causando grave prejuízo ao serviço da CEF. É correto afirmar que, na situação apresentada, quando o delito foi descoberto, coube à Polícia Federal investigá-lo.

(4) Compete à Polícia Federal a polícia administrativa realizada pela União.

(5) Considere a seguinte situação: Lúcia é caixa do Banco do Brasil S.A., sociedade de economia mista integrante da administração pública indireta da União. Um dia, recebeu de Fátima, correntista do banco, a importância de R$ 500.000,00, para depósito na conta corrente desta Lúcia forjou a autenticação no recibo de depósito da quantia, devolvendo-o a Fátima, e se apropriou do dinheiro. Na mesma tarde, pediu demissão do banco e evadiu-se. É correto afirmar que, nesse caso, não cabe à Polícia Federal a apuração da infração penal.

1: correta. (art. 144, §§ 1º a 3º da CF). 2: correta (art. 144, § 5º da CF). 3: correta (art. 144, § 1º, I, da CF).4: incorreta (polícia administrativa realizada pela União): art. 144, § 1º, IV, da CF. 5: correta (art. 109, I, da CF).

Gabarito 1C, 2C, 3C, 4E, 5C

(CESPE) Acerca da organização da segurança pública, conforme as normas constitucionais, julgue os itens subsequentes.

(1) Os estados devem seguir o modelo federal de organização da segurança pública, atendo-se aos órgãos que, segundo a CF, são incumbidos da preservação da ordem pública, das pessoas e do patrimônio.

(2) A gestão da segurança pública, nos estados, é atribuição privativa dos delegados de polícia civil.

(3) Os municípios podem instituir guardas municipais com a função de reforçar a segurança pública, em auxílio à polícia civil.

1: correta. É a consagração do princípio da simetria constitucional. Os Estados organizam-se e regem-se pelas Constituições e leis que adotarem, observados os princípios da Constituição Federal (art. 25 da CF); 2: incorreta. Às polícias civis, dirigidas por delegados de polícia de carreira, incumbem, ressalvada a competência da União, as funções de polícia judiciária e a apuração de infrações penais, exceto as militares (art. 144, § 4º, da CF); 3: incorreta (com a função de reforçar a segurança pública, em auxílio à polícia civil). Os Municípios poderão constituir guardas municipais destinadas à proteção de seus bens, serviços e instalações, conforme dispuser a lei (art. 144, § 8º, da CF).

Gabarito 1C, 2E, 3E

(CESPE) Sob regime constitucional precedente, mais precisamente até o advento da CF, as situações de crise institucional comportavam a adoção de três procedimentos — medidas de emergência, estado de sítio e estado de emergência — os quais, afora o estado de sítio, que já existia desde 1891, foram introduzidos em nosso direito pela Emenda Constitucional n.º 11/1978, à Constituição de 1967. A CF contempla apenas dois mecanismos de proteção do regime democrático — o estado de defesa e o estado de sítio —, institutos que muito embora ostentem apelidos novos, pouco ou nada diferem daqueles em que se inspiraram.

Gilmar Ferreira Mendes, et al. **Curso de DireitoConstitucional.** São Paulo: Saraiva, 2ª ed.2008, p. 1339-41 (com adaptações).

A respeito do estado de defesa e do estado de sítio, assinale a opção correta à luz da CF.

(A) Na vigência do estado de defesa, é vedada a incomunicabilidade do preso.

(B) Para preservar, em locais restritos e determinados, a ordem pública ameaçada por calamidades de grandes proporções na natureza, o presidente da República pode, ouvidos o Conselho da República e o Conselho de Defesa Nacional, em um primeiro momento, decretar o estado de defesa.

(C) O presidente da República pode, ouvidos o Conselho da República e o Conselho de Defesa Nacional, solicitar ao Congresso Nacional autorização para decretar o estado de defesa nos casos de comoção grave de repercussão nacional.

(D) Cessado o estado de defesa ou o estado de sítio, cessarão também seus efeitos, inclusive a responsabilidade pelos ilícitos cometidos por seus executores ou agentes.

(E) Em hipótese alguma, na vigência do estado de defesa, a prisão ou detenção de qualquer pessoa poderá ser superior a dez dias.

A: correta (art. 136, § 3º, IV, da CF); B: incorreto (em um primeiro momento, decretar o estado de sítio). Para que seja decretado o Estado de Sítio, o Presidente da República deverá solicitar aprovação do Congresso Nacional. Para complementar: o Estado de Sítio pode ser decretado nos seguintes casos: comoção grave de repercussão nacional ou ocorrência de fatos que comprovem a ineficácia de medida tomada durante o estado de defesa; declaração de estado de guerra ou resposta a agressão armada estrangeira (art. 137, I e II, da CF); C: incorreto (solicitar ao Congresso Nacional autorização para decretar o estado de defesa). Nesta hipótese não se trata de estado de defesa, até porque comoção grave de repercussão nacional é motivo que enseja a decretação do Estado de Sítio (art. 137, I, da CF). O Presidente da República pode, ouvidos o Conselho da República e o Conselho de Defesa Nacional, decretar estado de defesa para preservar ou prontamente restabelecer, em locais restritos e determinados, a ordem pública ou a paz social ameaçadas por grave e iminente instabilidade institucional ou atingidas por calamidades de grandes proporções na natureza. Note que em se tratando de Estado de Defesa, a participação/aprovação do Congresso Nacional é posterior ou passo que no Estado de Sítio é prévia; D: incorreto (inclusive a responsabilidade pelos ilícitos cometidos por seus executores ou agentes). Cessado o estado de defesa ou o estado de sítio, cessarão também seus efeitos, sem prejuízo da responsabilidade pelos ilícitos cometidos por seus executores ou agentes. Logo que cesse o estado de defesa ou o estado de sítio, as medidas aplicadas em sua vigência serão relatadas pelo Presidente da República, em mensagem ao Congresso Nacional, com especificação e justificação das providências adotadas, com relação nominal dos atingidos e indicação das restrições aplicadas (art. 141 da CF); E: incorreta (em hipótese alguma). Se autorizado pelo Poder Judiciário, na vigência do Estado de Defesa, excepcionalmente a prisão ou detenção de qualquer pessoa poderá ser superior a dez dias (art. 136, § 3º, III, da CF).

Gabarito "A".

13. ORDEM SOCIAL

(CESPE) Julgue o item abaixo, que trata da ordem social.

(1) A Constituição Federal de 1988 (CF) não reconhece aos índios a propriedade sobre as terras por eles tradicionalmente ocupadas.

1: correta, o Texto Constitucional garante aos índios apenas os direitos sobre as terras que tradicionalmente ocupam, cabendo-lhes a sua posse permanente e o usufruto exclusivo das riquezas do solo, rios e lagos nelas existentes (e não a sua propriedade) – art. 231, *caput* e § 2º, da CF.

Gabarito 1C

(CESPE) Acerca da ordem social, julgue os itens subsequentes.

(1) A seguridade social, que pode ser definida como o conjunto de ações integradas, de iniciativa dos poderes públicos e da sociedade, destinadas exclusivamente a assegurar direitos relativos à previdência social e à assistencial social, tem como um dos objetivos que fundamentam sua organização a diversidade da base de financiamento.

(2) O dever do Estado para com a educação tem como uma de suas formas de efetivação a garantia de progressiva universalização do ensino médio gratuito.

(3) Para garantir um meio ambiente ecologicamente equilibrado, são indisponíveis as terras arrecadadas pelos estados, por ações discriminatórias, que sejam necessárias à proteção dos ecossistemas naturais.

(4) A Constituição Federal, em respeito à livre decisão do casal, veda qualquer forma de participação do Estado no planejamento familiar.

1: incorreta (destinadas exclusivamente a assegurar direitos relativos à previdência e à assistência social. A assertiva não mencionou o direito "saúde" conforme fixa o art. 194 da CF; 2: correta (art. 208, II, da CF); 3: correta (art. 225, § 5°, da CF); 4: incorreta (em respeito à livre decisão do casal), já eu o que fundamenta a vedação da participação do Estado no planejamento familiar são os princípios da dignidade humana e da paternidade responsável (art. 226, § 7°, CF).
Gabarito 1E, 2C, 3C, 4E

(CESPE) Julgue o seguinte item.

(1) É possível a criação de benefício da seguridade social sem indicação da correspondente fonte de custeio total caso esse benefício seja classificado como atividade essencial do Estado.

1: incorreta (sem a indicação da correspondente fonte de custeio total): art. 195, § 5°, da CF: nenhum benefício ou serviço da seguridade social poderá ser criado, majorado ou estendido sem a correspondente fonte de custeio total.
Gabarito 1E

(CESPE) Julgue o seguinte item.

(1) No exercício de sua obrigação de fomentar as práticas desportivas formais e não formais, o Estado deverá respeitar a autonomia das entidades desportivas dirigentes e associações quanto à sua organização e funcionamento.

1: correta (art. 217, I, da CF). Também deverá dar tratamento diferenciado para o desporto profissional e o não profissional; proteger e incentivar às manifestações desportivas de criação nacional e dar destinação de recursos públicos para a promoção prioritária do desporto educacional e, em casos específicos, para o desporto de alto rendimento.
Gabarito 1C

(CESPE) Julgue o seguinte item.

(1) Os programas de amparo aos idosos desenvolvidos pelo Estado serão executados preferencialmente nos lares dos idosos.

1: correta (art. 230, § 1°, da CF): a família, a sociedade e o Estado têm o dever de amparar as pessoas idosas, assegurando sua participação na comunidade, defendendo sua dignidade e bem-estar e garantindo-lhes o direito à vida.
Gabarito 1C

(CESPE) Julgue o seguinte item.

(1) A seguridade social engloba a assistência prestada pelo Estado às pessoas, independentemente de contribuição, no tocante à proteção da família e da maternidade, bem como à integração das pessoas portadoras de deficiência à vida comunitária.

A prestação de assistência social independe de contribuição à seguridade social (art. 203, especialmente incisos I e V, da CF).
Gabarito 1C

(CESPE) Julgue o seguinte item.

(1) A Constituição da República garante aos índios o direito de propriedade das terras que tradicionalmente ocupam, atribuindo-lhes o usufruto exclusivo das riquezas do solo e do produto da lavra das riquezas minerais.

1: incorreta (garante aos índios o direito de propriedade das terras). A CF garante o direito às terras e o usufruto das riquezas do solo (art. 213, *caput* e § 2°, da CF).
Gabarito 1E

(CESPE) Relativamente à disciplina dos assuntos indígenas na Constituição em vigor, julgue os itens abaixo.

(1) São bens da União todas as terras ocupadas pelos índios.

(2) O ensino fundamental regular das comunidades indígenas será sempre ministrado mediante a utilização de suas línguas maternas e de seus processos próprios de aprendizagem.

(3) Se Sérgio, fazendeiro na Bahia, desejando explorar uma área de terras tradicionalmente ocupada por um grupamento indígena, assinou dias antes da entrada em vigor da atual Constituição da República, um contrato de arrendamento com o líder do grupo, pelo prazo de dez anos, então, desde que o contrato tenha seguida as regras aplicáveis aos contratos em geral, previstas no Código Civil, não há óbice à validade do referido negócio jurídico.

(4) As terras tradicionalmente ocupadas pelos índios são inalienáveis.

(5) Considere a seguinte situação: Uma determinada comunidade indígena demarcadas as terras que tradicionalmente ocupava desde tempos imemoriais. Em certo momento, constatou que a área principiava a ser invadida por garimpeiros e madeireiras. Como se tratava de comunidade relativamente organizada e que contava, até, com assessoria de advogados, decidiu que ingressaria em juízo, ela própria, para obter a desintrusão dos invasores da área indígena. Na situação apresentada, a decisão foi incorreta, pois, segundo a Constituição, cabe exclusivamente ao Ministério Público Federal e à Fundação Nacional do Índio (FUNAI) ajuizar ações em defesa dos direitos e interesses indígenas.

1: incorreta (todas as terras ocupadas): art. 231, *caput* e § 1°, da CF; 2: incorreta (será sempre ministrado): art. 210, § 2°; da CF; 3: incorreta (não há óbice à validade do referido negócio jurídico): art. 231, § 6°, da CF; 4: correta (art. 231, § 4°, da CF); 5: incorreta (cabe exclusivamente ao): art. 232 da CF.
Gabarito 1E, 2E, 3E, 4C, 5E

(CESPE) Acerca da proteção constitucional dispensada à criança e ao adolescente, julgue os itens a seguir.

(1) Qualquer medida privativa de liberdade imposta a adolescentes deve ter como pressuposto a brevidade e excepcionalidade da medida.

(2) Estado, sociedade e família são os pilares da política da proteção especial à criança e ao adolescente instituída pela CF, nela estando abrangidos os programas de prevenção e de atendimento às crianças e aos adolescentes dependentes de substâncias entorpecentes e drogas afins.

1: correta (art. 227, § 3°, V, da CF). 2: correta (art. 227, § 3°, VII, da CF – com redação dada pela EC 65/2010).
Gabarito 1C, 2C

14. QUESTÕES COMBINADAS E OUTROS TEMAS

(Policial Rodoviário Federal – CESPE – 2019) À luz da Constituição Federal de 1988, julgue os itens que se seguem, a respeito de direitos e garantias fundamentais e da defesa do Estado e das instituições democráticas.

(1) Em caso de iminente perigo público, autoridade pública competente poderá usar a propriedade particular, desde que assegure a consequente indenização, independentemente da comprovação da existência de dano, que, nesse caso, é presumido.
(2) A competência da PRF, instituição permanente, organizada e mantida pela União, inclui o patrulhamento ostensivo das rodovias e das ferrovias federais.
(3) Policial rodoviário federal com mais de dez anos de serviço pode candidatar-se ao cargo de deputado federal, devendo, no caso de ser eleito, passar para inatividade a partir do ato de sua diplomação.
(4) São constitucionalmente assegurados ao preso o direito à identificação dos agentes estatais responsáveis pela sua prisão e o direito de permanecer em silêncio.
(5) A segurança viária compreende a educação, a engenharia e a fiscalização de trânsito, vetores que asseguram ao cidadão o direito à mobilidade urbana eficiente.

1: errada, pois, no caso de iminente perigo público, a autoridade competente poderá usar de propriedade particular, assegurada ao proprietário indenização ulterior, se houver dano (art. 5º, XXV, da CF); 2: errada, porque a polícia rodoviária federal, órgão permanente, organizado e mantido pela União e estruturado em carreira, destina-se ao patrulhamento ostensivo das rodovias federais (art. 144, § 2º, da CF), já o patrulhamento ostensivo das ferrovias federais é atribuição da polícia ferroviária federal (art. 144, § 3º, da CF); 3: errada, pois tal regra é aplicável apenas aos militares, e o militar com mais de dez anos de serviço que se candidatar será agregado pela autoridade superior e, se eleito, passará automaticamente, no ato da diplomação, para a inatividade (art. 14, § 8º, II, da CF). Já o servidor público civil – como o policial rodoviário federal – que for eleito para mandato eletivo federal, estadual ou distrital, ficará afastado de seu cargo, emprego ou função (art. 38, I, da CF); 4: certa, de acordo com o art. 5º, incisos LXIII e LXIV, da CF; 5: certa, nos termos do art. 144, § 10, I, da CF.
Gabarito 1E, 2E, 3E, 4C, 5C

(Polícia Rodoviária Federal – 2013 – CESPE) No que concerne ao Poder Executivo e ao Poder Judiciário, julgue os itens subsecutivos.

(1) Compete originariamente ao Superior Tribunal de Justiça (STJ) julgar o litígio entre Estado estrangeiro ou organismo internacional e a União, os estados ou o DF.
(2) Compete privativamente ao presidente da República conceder indulto e comutar penas, ouvidos, se necessário, os órgãos instituídos em lei.

1: errada, referida competência originária é do Supremo Tribunal Federal (STF), é o que prevê o art. 102, I, alínea "e"; 2: correta, é o que prevê o artigo 84, XII, da Constituição Federal.
Gabarito 1E, 2C

(Policial Rodoviário Federal – 2008 – CESPE) A respeito da administração pública, julgue os itens subsequentes.

(1) A intervenção, característica inerente à administração pública, está relacionada à regulamentação e fiscalização da atividade econômica de natureza privada e à atuação direta do Estado no domínio econômico, por meio de empresas estatais.
(2) A competência do Congresso Nacional resume-se à elaboração de leis.

1: correta, pois se considera modalidade de intervenção direta no domínio econômico a criação, pela Administração Pública, de empresas públicas ou sociedades de economia mista para a exploração de atividades econômicas quando necessárias aos imperativos de segurança nacional ou para atender a relevante interesse coletivo nos casos previstos em lei (art. 173 da CF); 2: incorreta. Há extensa lista de competências exclusivas do Congresso Nacional no art. 49 da CF.
Gabarito 1C, 2E

(Policial Rodoviário Federal – 2008 – CESPE) Logo no preâmbulo da Carta de 1988, encontramos a proclamação de que os representantes do povo brasileiro se reuniram em Assembleia Nacional Constituinte "para instituir um Estado democrático, destinado a assegurar o exercício dos direitos sociais e individuais, a liberdade, a segurança, o bem-estar, o desenvolvimento, a igualdade e a justiça como valores supremos de uma sociedade fraterna, pluralista e sem preconceitos, fundada na harmonia social e comprometida, na ordem interna e internacional, com a solução pacífica das controvérsias".

No Estado democrático de direito, o que se exige do agente de cumprimento da lei não é que execute, a qualquer custo, o que nela estiver previsto, mas que realize o comando legal, de forma que lese o mínimo possível os interesses particulares.

José Teógenes Abreu, Jetson José da Silva, Luciano Crisafulli Rodrigues. **Sociedade, Estado e Polícia**. Brasília: MJ/DPRF/CGA/CE, 2009, p. 13 (com adaptações).

Tendo o texto acima como referência inicial e considerando a abrangência do tema por ele focalizado, julgue os itens seguintes.

(1) Denominada Constituição Cidadã, a Carta de 1988 foi obra de parlamentares eleitos pelo povo e contou com ampla participação de setores da sociedade brasileira.
(2) Por seu caráter letal, o uso de arma de fogo é vedado ao policial rodoviário, mesmo em caso evidente de legítima defesa.

1: correta, pois a Assembleia Nacional Constituinte foi formada pelos deputados e senadores então ocupantes das cadeiras do Congresso Nacional no momento de sua instalação, resultado das primeiras eleições diretas realizadas no país após a abertura democrática que sucedeu ao regime militar. Durante as sessões, representantes de diversos setores da sociedade brasileira foram convidados a se manifestar, no intuito de acolher as expectativas do povo em sua nova Carta Política; 2: incorreta, pois nada há no ordenamento jurídico brasileiro que proíba o uso de armas de fogo pelos policiais rodoviários federais. Ao contrário, esses servidores detêm porte funcional de arma, nos termos do art. 6º, II, da Lei 10.826/2003 (Estatuto do Desarmamento), isto é, pelo simples fato de serem integrantes de um órgão de segurança pública, possuem o direito de portar arma de fogo no exercício de suas funções.
Gabarito 1C, 2E

8. DIREITO PENAL

Arthur Trigueiros, Eduardo Dompieri e Henrique Subi

1. APLICAÇÃO DA LEI NO TEMPO

(CESPE) Julgue o item seguinte.

(1) Célio praticou crime punido com pena de reclusão de 2 a 8 anos, sendo condenado a 6 anos e 5 meses de reclusão em regime inicialmente semiaberto. Apelou da sentença penal condenatória, para ver sua pena diminuída. Pendente o recurso, entrou em vigor lei que reduziu a pena do crime praticado por Célio para reclusão de 1 a 4 anos. Nessa situação, Célio não será beneficiado com a redução da pena, em face do princípio da irretroatividade da lei penal previsto constitucionalmente.

1: incorreta, pois a irretroatividade da lei penal somente ocorrerá se esta for prejudicial ao agente. Em outras palavras, somente será admissível a aplicação retroativa da lei penal se esta, de qualquer modo, puder favorecer o réu (art. 5º, XL, da CF). Destarte, se, após o cometimento de um crime, sobrevém lei penal que reduz a pena, evidentemente a alteração é benéfica ao agente, devendo, portanto, retroagir, mesmo que tivesse havido o trânsito em julgado da sentença penal condenatória (art. 2º, parágrafo único, do CP).
Gabarito 1E

(CESPE) Em cada um dos itens abaixo, é apresentada uma situação hipotética seguida de uma assertiva a ser julgada, a respeito da lei penal no tempo e no espaço.

(1) No dia 21 de outubro de 2003, Amanda praticou crime de adultério, vindo a ser condenada definitivamente, no dia 3 de dezembro de 2003, à pena de 30 dias de detenção. Posteriormente, no ano de 2005, sobreveio uma lei que deixou de considerar o adultério como crime. Nessa situação, como Amanda já havia sido condenada por sentença condenatória transitada em julgado, sua situação jurídico-penal não será alterada, de forma que, se vier a praticar novo crime, será considerada reincidente.

(2) Em 10 de outubro de 2007, Caio desferiu cinco disparos de arma de fogo em direção a Túlio, com intenção de matar. Túlio entrou em coma e veio a falecer no dia 10 de janeiro de 2008. Nessa situação, considera-se tempo do crime o dia 10 de outubro de 2007.

1: incorreta, pois a lei posterior que deixa de considerar o fato como criminoso (denominada *abolitio criminis*) é causa extintiva da punibilidade (art. 107, III, do CP) que exclui todos os efeitos penais da condenação, inclusive a reincidência. Em regra, as causas de extinção da punibilidade que se verificam após o trânsito em julgado somente afastam o efeito principal da condenação (pena), permanecendo inalterados os efeitos secundários de natureza penal e extrapenal. No entanto, no tocante à *abolitio criminis* e à anistia, qualquer que seja o momento de seu reconhecimento (antes ou depois da condenação irrecorrível), ficará afastada não somente a pena (efeito principal da condenação), mas, também, os efeitos secundários de natureza penal (tal como a reincidência); **2:** correta, visto que o tempo do crime diz respeito ao momento da ação ou da omissão, ainda que outro seja o momento do resultado (art. 4º do CP). Aqui, nosso CP adotou a denominada *teoria da atividade* (o que importa para o reconhecimento do tempo do crime é o momento da atividade, ou seja, da ação ou omissão, pouco importando o momento em que se verificar o resultado).
Gabarito 1E, 2C

(CESPE) Julgue o seguinte item.

(1) Bento praticou o crime de receptação, cuja pena é de reclusão de um a quatro anos. Posteriormente, por ocasião de seu julgamento, passou a viger lei que, regulando o mesmo fato, impôs pena de um a cinco anos. Nessa situação, a lei posterior será aplicada em face do princípio da retroatividade de lei mais severa.

1: incorreta, pois a lei penal somente poderá retroagir para beneficiar o réu (art. 5º, XL, da CF e art. 2º do CP).
Gabarito 1E

(CESPE) Julgue o seguinte item.

(1) Tales estava sendo processado por ter estabelecido jogo de azar em uma praça de sua cidade. Posteriormente, surgiu uma lei que deixou de considerar o fato como infração penal. Nessa situação, o processo deve ser encerrado em virtude da *abolitio criminis*.

1: correta, visto que a lei posterior que deixa de considerar o fato como criminoso (*abolitio criminis*), é considerada causa extintiva da punibilidade (art. 107, III, do CP), gerando, portanto, a extinção do processo penal.
Gabarito 1C

2. APLICAÇÃO DA LEI NO ESPAÇO

(CESPE) No item abaixo, é apresentada uma situação hipotética seguida de uma assertiva a ser julgada, a respeito da lei penal no espaço.

(1) Petrônio ofendeu a integridade física de Régis, causando-lhe lesões corporais, em crime praticado a bordo de aeronave norte-americana de propriedade privada que estava em voo no espaço aéreo brasileiro. Nessa situação, não se aplica a lei penal brasileira, mas, sim, a norte-americana.

1: incorreta, pois as aeronaves de propriedade privada estrangeiras, quando em voo no espaço aéreo brasileiro, são consideradas extensão do território nacional (art. 5º, § 2º, do CP). Logo, se o crime é praticado em território brasileiro, aplica-se, evidentemente, a lei brasileira.
Gabarito 1E

3. CONCEITO, CLASSIFICAÇÃO DOS CRIMES E SUJEITOS DO CRIME

(Policial Rodoviário Federal – CESPE – 2019) O art. 1º do Código Penal brasileiro dispõe que "não há crime sem lei anterior que o defina. Não há pena sem prévia cominação legal".

Considerando esse dispositivo legal, bem como os princípios e as repercussões jurídicas dele decorrentes, julgue os itens que se seguem.

(1) A norma penal deve ser instituída por lei em sentido estrito, razão por que é proibida, em caráter absoluto, a analogia no direito penal, seja para criar tipo penal incriminador, seja para fundamentar ou alterar a pena.

(2) O presidente da República, em caso de extrema relevância e urgência, pode editar medida provisória para agravar a pena de determinado crime, desde que a aplicação da pena agravada ocorra somente após a aprovação da medida pelo Congresso Nacional.

1: incorreta. Não procede a afirmação segundo a qual a analogia não é admitida, em caráter absoluto, em direito penal. Isso porque tal terá lugar se favorável ao réu. É a chamada analogia "in bonam partem". O que se veda é a sua aplicação em prejuízo do agente, em obediência ao princípio da legalidade; **2:** incorreta. Segundo enuncia o princípio da *legalidade, estrita legalidade* ou *reserva legal* (arts. 1º do CP e 5º, XXXIX, da CF), os tipos penais só podem ser concebidos por lei em sentido estrito, ficando afastada, assim, a possibilidade de a lei penal ser criada por outras formas que não a lei em sentido formal. É por essa razão que é excluída a possibilidade de a lei penal ser criada por meio de *medida provisória* (art. 62, § 1º, I, *b*, da CF). ED
Gabarito 1E, 2E

(CESPE) Julgue o seguinte item.

(1) Os crimes comissivos por omissão – também chamados de crimes omissivos impróprios – são aqueles para os quais o tipo penal descreve uma ação, mas o resultado é obtido por inação.

1: correta, pois, de fato, os crimes omissivos impróprios, impuros ou comissivos por omissão, são aqueles em que o agente, por omissão (deixar de fazer o que era preciso), produz um resultado, muito embora o tipo penal descreva uma ação. Somente se fala em omissão imprópria para a situação em que o agente tenha o dever jurídico de agir para impedir o resultado, mas, por omissão, não o faz, respondendo como se tivesse atuado positivamente (leia-se: como se tivesse praticado uma conduta comissiva, ou seja, por ação). Importante destacar que a omissão imprópria (ou espúria, ou crimes comissivos por omissão) vem prevista no art. 13, § 2º, do CP.
Gabarito 1C

(CESPE) Julgue o seguinte item.

(1) As infrações penais são divididas pelos juristas em diversas classificações, consoante diferentes critérios. Uma delas denomina certos crimes como de mão própria, isto é, aqueles que somente podem ser perpetrados pelo próprio agente e de forma direta; exemplo dessa espécie é o falso testemunho. Por outro lado, nos crimes de mão própria, é juridicamente possível configurar-se caso de concurso de pessoas.

1: correta. De fato, quanto ao sujeito ativo, as infrações penais podem ser classificadas em três espécies, a saber: a) comuns – são aquelas que podem ser praticadas por qualquer pessoa (ex.: homicídio – art. 121 do CP); b) próprias – são aquelas que exigem uma qualidade ou condição especial do agente delitivo (ex.: peculato – art. 312 do CP – o sujeito ativo tem que ser funcionário público); c) mão própria – são aquelas que, além de exigirem uma qualidade ou condição especial do agente delitivo, requerem uma atuação pessoal e direta, não se podendo "substituir" o agente por terceira pessoa (ex.: falso testemunho – art. 342 do CP – o sujeito ativo tem que ser, necessariamente, determinada testemunha). No tocante aos crimes de mão própria, mesmo que sejam cometidos por pessoa específica, não afastam a possibilidade de concurso de pessoas, porém, apenas, na modalidade participação (ex.: "A" pode induzir "B", testemunha em determinado processo, a mentir. Nesse caso, "B" responderá como autor de falso testemunho, e "A" como partícipe desse falso testemunho). Inviável nos crimes de mão própria, exatamente em razão da exigência de atuação direta do agente, de coautoria.
Gabarito 1C

(CESPE) Julgue o seguinte item.

(1) Em face da adoção do critério tricotômico, no Brasil, o gênero infração penal comporta três espécies: crime, delito e contravenção.

1: incorreta. O art. 1º da Lei de Introdução ao Código Penal (LICP) é claro ao prescrever a existência de duas espécies de infração penal: a) os crimes (ou delitos); b) as contravenções penais. Ressalte-se que crime e delito são expressões sinônimas em nosso ordenamento jurídico. Logo, se duas são as espécies de infração penal, o Brasil adotou o critério dicotômico.
Gabarito 1E

(CESPE) A respeito da infração penal no ordenamento jurídico brasileiro, assinale a opção correta.

(A) Crimes, delitos e contravenções são termos sinônimos.

(B) Adotou-se o critério tripartido, existindo diferença entre crime, delito e contravenção.

(C) Adotou-se o critério bipartido, segundo o qual as condutas puníveis dividem-se em crimes ou contravenções (como sinônimos) e delitos.

(D) O critério distintivo entre crime e contravenção é dado pela natureza da pena privativa de liberdade cominada.

(E) A expressão infração penal abrange apenas crimes e delitos.

A, B, C e E: incorretas, pois de acordo com o sistema dicotômico, a infração penal é gênero, que comporta duas espécies: a) crime ou delito e b) contravenção penal; **D:** correta. O conceito de crime pode levar em consideração três critérios, a saber: a) material, b) legal e c) analítico (formal). Segundo o critério legal, o conceito de crime é fornecido pelo legislador. No caso, a Lei de Introdução ao Código Penal (Decreto-lei 3.914/1941), em seu art. 1º, estabelece que ao preceito secundário de crime é cominada pena de reclusão ou detenção, isoladamente, ou ainda, alternativa ou cumulativamente com a pena de multa. Caso a cominação seja de pena de prisão simples ou de multa, isolada, cumulada ou alternativamente, estar-se-á diante de contravenção penal.
Gabarito D

(CESPE) Em relação aos sujeitos ativo e passivo da infração penal no ordenamento jurídico brasileiro, assinale a opção incorreta.

(A) A pessoa jurídica não pode ser sujeito ativo de infração penal.

(B) Sujeito ativo do crime é aquele que pratica a conduta descrita na lei.

(C) Sujeito passivo do crime é o titular do bem jurídico lesado ou ameaçado pela conduta criminosa.

(D) O conceito de sujeito ativo da infração penal abrange não só aquele que pratica a ação principal, mas também quem colabora de alguma forma para a prática do fato criminoso.

(E) Parte da doutrina entende que, sob o aspecto formal, o Estado é sempre sujeito passivo do crime.

A: incorreta, pois a pessoa jurídica pode ser sujeito ativo, de forma excepcional, nos crimes contra a ordem econômica, financeira e contra a economia popular, bem como contra o meio ambiente, conforme estabelece a Constituição Federal, em seus artigos 173, § 5º e 225, § 3º. Todavia, muito embora haja admissão de responsabilidade penal em tais delitos, o fato é que somente há regulamentação por lei ordinária quanto aos crimes ambientais (Lei 9.605/1998); **B** e **C**: corretas, por seus próprios fundamentos; **D**: correta, pois o sujeito ativo é o autor, coautor ou partícipe do crime, ou seja, é todo aquele que realize de forma direta ou indireta a conduta criminosa; **E**: correta. O sujeito passivo é o titular do bem jurídico tutelado pelo Ordenamento Jurídico, que se divide em: a)sujeito passivo mediato, indireto ou constante, que é o Estado, e b) sujeito passivo imediato, direto ou eventual, que é a vítima que tem o seu bem jurídico lesionado.

Gabarito "A".

(CESPE) Em relação à infração penal, assinale a opção correta.

(A) Considera-se crime a infração penal a que a lei comina pena de reclusão, de detenção ou prisão simples, quer isoladamente, quer alternativa ou cumulativamente com a pena de multa.

(B) Considera-se contravenção penal a infração penal a que a lei comina pena máxima não superior a dois anos de reclusão.

(C) No ordenamento jurídico brasileiro, a diferença entre crime e delito está na gravidade do fato e na pena cominada à infração penal.

(D) A infração penal é gênero que abrange como espécies as contravenções penais e os crimes, sendo estes últimos também identificados como delitos.

(E) Os crimes apenados com reclusão se submetem aos regimes fechado e semiaberto, enquanto os apenados com detenção se submetem aos regimes aberto e prisão simples.

A: incorreta, pois considera-se crime a infração penal a que a lei comina as penas de reclusão ou de detenção, sendo certo que a prisão simples é a pena privativa de liberdade que pode ser cominada apenas às contravenções penais (art. 1º da Lei de Introdução ao Código Penal – LICP); **B**: incorreta (art. 1º da LICP); **C**: incorreta, pois não há diferença entre crime e delito, que são expressões sinônimas; **D**: correta. De fato, o Brasil, em matéria de infração penal (que é gênero), adotou o critério dicotômico (crimes ou delitos e contravenções penais – art. 1º da LICP); **E**: incorreta, pois os crimes punidos com reclusão admitem regime inicial fechado, semiaberto ou mesmo aberto (art. 33, *caput*, do CP), ao passo que os punidos com detenção admitem os regimes semiaberto ou aberto, salvo necessidade de transferência ao fechado (regressão de regime).

Gabarito "D".

(CESPE) Acerca dos sujeitos ativo e passivo, assinale a opção correta.

(A) Nos crimes contra a vida, tanto o sujeito ativo quanto o sujeito passivo podem ser qualquer pessoa, não exigem qualidade especial do sujeito.

(B) No que se refere a autoria, o sujeito ativo do crime de concussão pode ser tanto o funcionário público quanto o particular.

(C) No crime de estupro, somente o homem pode ser sujeito ativo, enquanto o homem e a mulher podem ser sujeitos passivos.

(D) No crime de atentado violento ao pudor, tanto o homem quanto a mulher podem ser sujeitos ativo e passivo.

(E) O crime de uso de documento falso é de mão própria, vez que somente o falsificador pode praticá-lo.

A: incorreta, pois nem todo crime contra a vida pode ser praticado por qualquer pessoa, nem pode ter por sujeito passivo qualquer pessoa. É o caso do crime de infanticídio (art. 123 do CP), considerado próprio quanto ao sujeito ativo (somente a mãe, em estado puerperal, pode praticá-lo), bem como quanto ao sujeito passivo (a vítima é o recém-nascido ou o nascente). Também exige qualidade especial do sujeito ativo o crime de autoaborto, considerado de mão própria (somente a mãe pode provocar aborto em si mesma – art. 124, *caput*, primeira parte, do CP); **B**: incorreta, pois o crime de concussão (art. 316 do CP) tem como autor o funcionário público, muito embora seja admissível o concurso de pessoas (coautoria ou participação); **C**: incorreta à época em que a pergunta foi formulada, visto que, com o advento da Lei 12.015/2009, houve a fusão das figuras do estupro e atentado violento ao pudor (art. 214 do CP) em um mesmo tipo penal (art. 213 do CP), admitindo-se, doravante, que homem ou mulher sejam sujeitos ativos e passivos do delito; **D**: correta, à época em que a pergunta foi formulada. Como já se viu, com a revogação do art. 214 do CP pela Lei 12.015/2009, deixa de existir o crime autônomo de "atentado violento ao pudor", que se "transformou" em estupro. Atualmente, tanto homem quanto mulher podem ser sujeitos ativos e passivos do crime; **E**: incorreta, pois o crime de uso de documento falso (art. 304 do CP) pode ser praticado tanto pelo próprio falsário, quanto por terceira pessoa que tenha adquirido o documento falsificado, embora não o tenha falsificado.

Gabarito "D".

4. FATO TÍPICO E TIPO PENAL

(CESPE) Julgue o seguinte item.

(1) São elementos do fato típico: conduta, resultado, nexo de causalidade, tipicidade e culpabilidade, de forma que, ausente qualquer dos elementos, a conduta será atípica para o direito penal, mas poderá ser valorada pelos outros ramos do direito, podendo configurar, por exemplo, ilícito administrativo.

1: incorreta, pois o fato típico, primeiro requisito constitutivo do crime, é formado por quatro elementos, quais sejam, a conduta, o resultado (apenas nos crimes materiais, assim considerados aqueles que exigem resultado para a sua configuração), nexo de causalidade (também para os crimes materiais) e tipicidade. A culpabilidade não integra o fato típico, tratando-se, porém, de pressuposto indispensável para que se possa aplicar pena ao agente. É bom que se diga que o conceito analítico de crime, para os adeptos da teoria ou concepção bipartida, corresponde ao fato típico e à antijuridicidade (ou ilicitude), enquanto que para a concepção ou teoria tripartida, corresponde ao fato típico, à antijuridicidade (ou ilicitude) e à culpabilidade. Portanto, para a teoria tripartida, a culpabilidade é requisito do crime.

Gabarito 1E.

(CESPE) Julgue o seguinte item.

(1) A fim de evitar acusações indesejáveis contra o cidadão, a teoria da tipicidade das normas aceita pelo vigente Código Penal (CP) inclui nos tipos penais unicamente elementos objetivos, isto é, aqueles que se referem aos fatos concretos que configuram a lesão à norma penal, e não elementos subjetivos nem de nenhuma outra natureza.

1: incorreta, visto que os tipos penais podem apresentar três tipos de elementos: a) objetivos – são aqueles relativos aos fatos concretos, de fácil assimilação e compreensão (ex.: no homicídio – art. 121 do CP, a expressão "alguém" configura elemento objetivo do tipo); b) subjetivos – são aqueles que dizem respeito a uma intenção peculiar do agente, ou, ainda, a um especial fim de agir (ex.: na extorsão mediante sequestro – art. 159 do CP, a expressão "com o fim de obter, para si ou para outrem, qualquer vantagem" configura elemento subjetivo do tipo); c) normativos – são aqueles que exigem a emissão de um

juízo de valor para a correta compreensão da conduta típica (ex.: no crime de violação de correspondência – art. 151 do CP, a expressão "indevidamente" configura elemento normativo do tipo). Quando os tipos penais somente contêm elementos objetivos, são denominados de "normais". Já se contiverem elementos subjetivos e/ou normativos, são ditos "anormais".
Gabarito 1E

5. CRIMES DOLOSOS, CULPOSOS E PRETERDOLOSOS

(CESPE) Julgue o seguinte item.

(1) Considere a seguinte situação hipotética. Márcia resolveu disputar corrida de automóveis no centro de uma cidade, em ruas com grande fluxo de veículos e pedestres. Ela anteviu que a corrida poderia causar acidente com consequências graves, mas, mesmo assim, assumiu o risco. De fato, Márcia, ao perder o controle do automóvel, acabou matando uma pessoa, em decorrência de atropelamento. Nessa situação, houve o elemento subjetivo que se conhece como dolo eventual, de modo que, se esses fatos fossem provados, Márcia deveria ser julgada pelo tribunal do júri.

1: correta, pois o dolo eventual é aquele que se caracteriza pela assunção do risco da produção de determinado resultado, ainda que não querido diretamente pelo agente. Nesta espécie de dolo, o agente, como dito, embora não queira o resultado, assume o risco de produzi-lo (art. 18, I, parte final, do CP). Como se sabe, os crimes dolosos contra a vida são julgados pelo Tribunal do Júri (art. 5º, XXXVIII, da CF), sejam eles cometidos com dolo direto (quando o agente quer o resultado) ou eventual (quando o agente assume o risco de produzir o resultado).
Gabarito 1C

(CESPE) Manoel dirigia seu automóvel em velocidade compatível com a via pública e utilizando as cautelas necessárias quando atropelou fatalmente um pedestre que, desejando cometer suicídio, se atirou contra seu veículo. Com relação a essa situação hipotética, assinale a opção correta.

(A) Manoel praticou homicídio culposo, uma vez que, ao dirigir veículo automotor, o condutor assume o risco de produzir o resultado, nesse caso o atropelamento.

(B) Manoel praticou lesão corporal seguida de morte, pois, ao dirigir, assumiu o risco de atropelar alguém, mas, como não tinha intenção de matar, não responde pelo resultado morte.

(C) Manoel praticou o crime de auxílio ao suicídio, posto que contribuiu para a conduta suicida da vítima.

(D) Manoel não praticou crime, posto que o fato não é típico, já que não agiu com dolo ou culpa em face da excludente de ilicitude.

(E) Manoel não praticou crime, na medida em que não houve previsibilidade na conduta da vítima.

A: incorreta, pois o simples fato de dirigir um veículo automotor não significa que o motorista assuma o risco de atropelar e matar um pedestre; **B:** incorreta, pelas mesmas razões referidas na alternativa anterior; **C:** incorreta, pois Manoel não induziu, instigou ou auxiliou o pedestre a suicidar-se, tendo sido mero instrumento deste último para o alcance de seu intento; **D:** incorreta, pois inexistiu, na espécie, qualquer causa excludente da ilicitude; **E:** correta, visto que Manoel, em razão de faltar-lhe previsibilidade objetiva do resultado, praticou fato atípico (o fato típico culposo, além de exigir uma conduta, um resultado, o nexo de causalidade e a tipicidade, exige, ainda, a inobservância de um dever objetivo de cuidado, bem como a previsibilidade objetiva do resultado lesivo, que deve poder ser aferida por qualquer pessoa de mediana prudência e discernimento).
Gabarito "E".

6. ERRO DE TIPO, DE PROIBIÇÃO E DEMAIS ERROS

(Policial Rodoviário Federal – 2004 – CESPE) No que é pertinente ao erro de tipo e ao erro de proibição, julgue o item abaixo.

(1) Considere a seguinte situação hipotética. Um agente, por equívoco, pegou um relógio de ouro que estava sobre o balcão de uma joalheria, pensando que era o seu, quando, na realidade, pertencia a outro comprador. Nessa situação, o agente responderá pelo crime de furto culposo.

1: incorreta, pois a assertiva narra uma hipótese de erro de tipo, no qual o agente se engana sobre um dos elementos do tipo penal incriminador. No caso, ele errou sobre o elemento "coisa alheia móvel" (pensava que a coisa era sua, quando na verdade pertencia a outro). Nessa situação, aplica-se o art. 20 do CP, que afirma que o erro de tipo exclui o dolo, mas permite a punição por crime culposo **se previsto em lei**. Ocorre que não existe o crime de furto culposo, portanto o agente, em nosso exemplo, não será punido por crime algum.
Gabarito 1E

(CESPE) Julgue o seguinte item.

(1) Ocorre erro de tipo quando o agente se equivoca escusavelmente sobre a licitude do fato, determinando a lei que, nesse caso, o agente fique isento de pena.

1: incorreta, visto que o erro de tipo é aquele que recai sobre os elementos constitutivos do tipo legal do crime (art. 20 do CP), nada tendo que ver com a licitude ou ilicitude do fato. Sua consequência será o afastamento do dolo e da culpa (se o erro de tipo for inevitável ou escusável), ou o afastamento apenas do dolo, remanescendo a culpa se houver previsão legal (se o erro de tipo for evitável ou inescusável). Já se o erro recair sobre a ilicitude do fato, estaremos diante do chamado erro de proibição (art. 21 do CP), que será capaz de excluir a culpabilidade, se inevitável ou escusável, ou simplesmente gerará a redução da pena do agente, se evitável ou inescusável.
Gabarito 1E

(CESPE) Julgue o seguinte item.

(1) Considere a seguinte situação hipotética. Rosa, pessoa de pouca instrução, residia em uma gleba havia mais de trinta anos. Como a gleba jamais fora reivindicada por pessoa ou autoridade alguma, Rosa tinha a plena convicção de ser a gleba de sua propriedade. Dessa gleba, ela costumeiramente retirava alguma quantidade de madeira. Certo dia, compareceu ao local um funcionário, que comunicou a Rosa ser aquela área de propriedade da União. Por constatar a subtração da madeira, o funcionário representou a um procurador da República, para que Rosa fosse processada por furto. Após investigação, o procurador da República promoveu o arquivamento da representação, por entender que, diante da provada convicção de Rosa de ser sua a propriedade da terra, ela incorrera em erro sobre elemento do tipo de furto. Nessa situação, agiu de maneira juridicamente correta o procurador da República, uma vez que o furto somente é punível a título de dolo.

1: correta, visto que Rosa, acreditando que a gleba em que residia integrava seu patrimônio, teria incidido em erro sobre elemento constitutivo do tipo (art. 20 do CP), especificamente, no caso do furto, sobre a expressão "coisa alheia" (art. 155 do CP). Afinal, se a madeira era retirada da suposta propriedade de Rosa, não poderia, portanto, pertencer, a patrimônio de terceiro, razão pela qual resta afastado o dolo. Mesmo que se entendesse que o erro de tipo seria evitável ou inescusável, ainda assim seria inviável a propositura de ação penal, visto que inexiste a punição do furto por culpa.
Gabarito 1C

(CESPE) Julgue o seguinte item.

(1) Marilda, ao deixar o trabalho sob uma forte chuva, apoderou-se de um guarda-chuva alheio supondo ser próprio, visto que ele guardava todas as características e semelhanças com o objeto de sua propriedade. O legítimo proprietário do objeto, dias após, a surpreendeu na posse do bem e acusou-a de furto. Nessa situação, a conduta de Marilda é atípica diante da ocorrência de erro de tipo, excluindo-se o dolo e o fato típico.

1: correta, pois, de acordo com o enunciado, Marilda acreditava que se tratava do próprio guarda-chuva, motivo pelo qual incidiu em erro de tipo (art. 20 do CP). Assim, não resta caracterizado o crime de furto, visto que este pressupõe a subtração de coisa "alheia" móvel. No caso, Marilda desconhecia a elementar "coisa alheia", acreditando tratar-se do próprio guarda-chuva. Considerando-se que o erro de tipo essencial sempre exclui o dolo, ainda que vencível (ou evitável, ou inescusável), sua conduta é considerada atípica.
Gabarito 1C

(CESPE) Julgue o seguinte item.

(1) No direito penal, pode-se levar em conta que determinada pessoa, nas circunstâncias em que cometeu o crime, poderia pensar, por força do ambiente onde viveu e das experiências acumuladas, que a sua conduta fosse permitida pelo ordenamento jurídico. Essa falsa percepção ou erro exclui a consciência da ilicitude e recebe a denominação de erro de proibição.

1: correta. O erro de proibição (ou erro sobre a ilicitude do fato) recai exatamente sobre a potencial consciência da ilicitude, considerado requisito da culpabilidade. Assim, a depender das condições socioeconômicas e culturais, se a pessoa sequer puder imaginar que sua conduta é ilícita, irá incidir no já denominado erro de proibição, cuja consequência é a exclusão da culpabilidade, quando invencível ou inevitável (art. 21 do CP).
Gabarito 1C

7. TENTATIVA, CONSUMAÇÃO, DESISTÊNCIA VOLUNTÁRIA, ARREPENDIMENTO EFICAZ E CRIME IMPOSSÍVEL

(CESPE) Julgue o item seguinte.

(1) Marcelo, com intenção de matar, efetuou três tiros em direção a Rogério. No entanto, acertou apenas um deles. Logo em seguida, um policial que passava pelo local levou Rogério ao hospital, salvando-o da morte. Nessa situação, o crime praticado por Marcelo foi tentado, sendo correto afirmar que houve adequação típica mediata.

1: correta, pois Marcelo, ao efetuar três disparos em direção a Rogério, com a intenção de matá-lo, deu início à execução do crime de homicídio (art. 121 do CP). No entanto, por circunstâncias alheias à sua vontade, a vítima foi levada ao hospital pelo policial Rogério, tendo, pois, sido salva. Inexistindo, assim, a consumação por fatores externos à vontade de Marcelo, configurada está a tentativa. Neste caso, diz-se que a tipicidade ou a adequação típica é mediata ou indireta, visto que não há, para a conduta de Marcelo (tentativa de homicídio), um tipo penal "perfeito", que descreva exatamente o fato ora narrado. Assim, se a um fato não houver correspondência direta a um único tipo penal, estaremos diante da chamada *adequação típica mediata ou indireta*. Na assertiva proposta, Marcelo deverá ter sua conduta enquadrada no art. 121 c/c art. 14, II, ambos do CP. Veja que a tipificação da conduta não foi direta, exigindo-se a combinação do art. 121 (homicídio) com o art. 14, II (tentativa).
Gabarito 1C

(CESPE) Dois irmãos pretendiam assaltar uma agência do Banco do Brasil. Para tanto, alugaram um imóvel ao lado da instituição financeira, adquiriram cordas, sacos plásticos e um aparelho de telefone celular, tendo, ainda, alugado um veículo para ser utilizado na fuga. No entanto, antes de iniciarem qualquer ato contra o patrimônio do banco, a trama foi descoberta por agentes da polícia civil que monitoravam as linhas telefônicas dos irmãos mediante interceptação legalmente autorizada. Os dois foram presos em flagrante sem conseguirem subtrair qualquer valor alheio. Nessa situação hipotética, os irmãos

(A) não praticaram crime.
(B) devem responder por tentativa de roubo.
(C) devem responder por tentativa de furto.
(D) devem responder por tentativa de estelionato.
(E) devem responder por tentativa de extorsão.

A alternativa "A" está correta. O caso em questão não pode ser punido, uma vez que se trata de atos meramente preparatórios, precedentes à execução do crime. O *iter criminis*, ou seja, o caminho do crime possui uma fase interna, consistente na cogitação (o planejamento do agente) que é irrelevante, bem como uma fase externa, composta por atos preparatórios, executórios e pela consumação. O Código Penal pune, em regra, os atos executórios e a consumação do delito. Excepcionalmente, alguns atos preparatórios serão punidos, quando o legislador prever como crime autônomo;.
Gabarito "A".

8. ANTIJURIDICIDADE E CAUSAS EXCLUDENTES

(CESPE) Julgue o seguinte item.

(1) Para que se configure a legítima defesa, faz-se necessário que a agressão sofrida pelo agente seja antijurídica, contrária ao ordenamento jurídico, configurando, assim, um crime.

1: incorreta, pois a legítima defesa, considerada causa excludente da ilicitude ou antijuridicidade (arts. 23, II e 25, ambos do CP), parte do pressuposto que exista uma "agressão injusta", não exigindo a lei, em momento algum, que referida agressão seja "antijurídica", vale dizer, contrária ao direito, configuradora de um crime. Qualquer que seja a agressão injusta perpetrada em face de alguém, poderá a vítima, sob o manto da legítima defesa, cometer um fato típico, não respondendo, contudo, criminalmente, haja vista que restará afastada a ilicitude do fato praticado para repelir uma agressão injusta, atual ou iminente, a direito próprio ou alheio, desde que quem a invoque utilize moderadamente dos meios necessários para afastar a referida agressão.
Gabarito 1E

(CESPE) Julgue o seguinte item.

(1) Considere a seguinte situação hipotética. Perseu era escrivão de Polícia Federal e, atendendo a ordem de missão expedida pelo delegado competente, acompanhava equipe policial em diligência investigatória regular. Durante ela, encontraram um indivíduo em situação de flagrância e deram-lhe voz de prisão. O indivíduo resistiu e sacou arma de fogo, com a qual disparou contra a equipe. Não havendo alternativa, Perseu disparou contra o indivíduo, alvejando-o mortalmente. Nessa situação, no ato de Perseu falta o elemento da ilicitude, de maneira que não é juridicamente correto imputar-lhe crime de homicídio.

1: correta, pois Perseu, ao ferir mortalmente o indivíduo que disparou contra a equipe de policiais, agiu em legítima defesa própria e de terceiro (art. 25 do CP), motivo pelo qual, ainda que tenha praticado fato típico (matar alguém), não poderá sofrer a imputação da prática do crime de homicídio. Afinal, quem age em legítima defesa, age licitamente. Lembre-se que se trata, aqui, de uma causa excludente da ilicitude (art. 23, II e art. 25, ambos do CP). Quanto ao tema tratado nesta questão, importante que façamos algumas ponderações, em vista da edição da Lei 13.964/2019, dentre outras diversas modificações implementadas no campo penal e processual penal, promoveu a inclusão do parágrafo único no art. 25 do CP. Como bem sabemos, este dispositivo contém os requisitos da legítima defesa, causa de exclusão da ilicitude. Este novo dispositivo (parágrafo único) estabelece que também se considera em legítima defesa o agente de segurança pública que rechaça agressão ou risco de agressão a vítima mantida refém durante a prática de crimes. Em verdade, ao inserir este dispositivo no art. 25 do CP, nada mais fez o legislador do que explicitar e reforçar hipótese configuradora de legítima defesa já consolidada há muito em sede de jurisprudência. Tem efeito, portanto, a nosso ver, mais simbólico do que prático. Em outras palavras, o parágrafo único do art. 25 do CP, incluído pela Lei 13.964/2019, descreve situação que já era, de forma pacífica, considerada típica de legítima defesa. Afinal, como é sabido, o policial que repele injusta agressão à vida de terceiro atua em legítima defesa. Exemplo típico é o do atirador de elite, que acaba por abater o sequestrador que ameaçava tirar a vida da vítima.
Gabarito 1C

(CESPE) Em cada um dos itens a seguir, é apresentada uma situação hipotética, seguida de uma assertiva a ser julgada, acerca de excludentes da ilicitude.

(1) Marcelo andava por uma rua erma e foi abordado por um assaltante, que anunciou o assalto e lhe ordenou que entregasse a carteira de dinheiro. Nessa situação, Marcelo poderá repelir a injusta agressão, estando acobertado pela excludente da ilicitude legítima defesa. Se houver excesso na repulsa à agressão, Marcelo só responderá se esse ato for doloso.

(2) Em um grave incêndio ocorrido em um prédio comercial, o corpo de bombeiros foi chamado para salvar a vida das pessoas que ainda estavam no interior do prédio. Nessa situação, um bombeiro não poderia deixar de tentar salvar a vida de pessoas que estivessem no prédio em chamas, para salvar a própria vida.

(3) Gisele colocou cacos de vidro em cima do muro de sua casa, para evitar a ação de ladrões. Certo dia, uma criança que mora em uma casa próxima, ao pular o muro da casa de Gisele para pegar uma bola que havia ali caído, veio a se lesionar com os cacos de vidro. Nessa situação, não houve crime na conduta de Gisele, que agiu acobertada pela causa excludente da ilicitude, exercício regular do direito.

1: incorreta, pois qualquer que seja a causa excludente da ilicitude, a lei pune o excesso, seja este doloso ou culposo (art. 23, parágrafo único, do CP); **2:** correta, pois não pode invocar o estado de necessidade a pessoa que tiver o dever legal de enfrentar a situação de perigo (art. 24, § 1º, do CP). A profissão de bombeiro lida, diuturnamente, com situações geradoras de perigo aos profissionais. Nem por isso poderão escusar-se de desempenhar suas atividades alegando risco para a própria vida; **3:** correta, pois a conduta de Gisele se amolda perfeitamente ao exercício regular de direito, considerada causa excludente da ilicitude (art. 23, III, do CP). Importante destacar ao candidato que a instalação de mecanismos para a proteção de bens jurídicos (especialmente a propriedade privada), desde que visíveis, configuram o que a doutrina convencionou chamar de *ofendículos*. Assim, se os cacos de vidro, obviamente visíveis no muro da casa de Gisele, tiverem lesionado pessoa que tentou ingressar em sua casa, tal conduta da proprietária do imóvel não configura crime de lesões corporais. Haveria crime, contudo, se os mecanismos de proteção à propriedade fossem invisíveis (ex.: arma de fogo acionada com a abertura da porta da frente da residência).
Gabarito 1E, 2C, 3C

(CESPE) Acerca dos institutos da tipicidade, da antijuridicidade e da culpabilidade previstos no CP, assinale a opção correta.

(A) Entende-se em legítima defesa quem, usando moderadamente dos meios necessários, repele injusta agressão atual, iminente, ou futura, a direito seu ou de outrem.

(B) Coação irresistível e obediência hierárquica excluem a conduta do agente.

(C) Quem age no estrito cumprimento do dever legal não responde pelo excesso doloso ou culposo.

(D) Considera-se em estado de necessidade quem pratica o fato para salvar direito próprio ou alheio de perigo atual ou iminente, que não provocou por sua vontade, nem podia de outro modo evitar, cujo sacrifício, nas circunstâncias, não era razoável exigir-se.

(E) Em regra, não pode alegar estado de necessidade quem tinha o dever legal de enfrentar o perigo.

A: incorreta, pois a legítima defesa pressupõe uma reação a uma agressão injusta, atual ou iminente, e não futura (art. 25); **B:** incorreta, já que a coação moral irresistível e a obediência hierárquica à ordem não manifestamente ilegal excluem a exigibilidade de conduta diversa, elemento da culpabilidade; **C:** incorreta, pois quem age em qualquer uma das hipóteses de excludente da ilicitude, dentre elas o estrito cumprimento do dever legal, responde pelo excesso doloso ou culposo (art. 23, parágrafo único, do CP); **D:** incorreta, pois se considera em estado de necessidade quem pratica o fato para salvar direito próprio ou alheio de perigo atual (e não iminente), que não provocou por sua vontade, nem podia de outro modo evitar, cujo sacrifício, nas circunstâncias, não era razoável exigir-se. Assim, de acordo com o texto legal (art. 24 do CP), o perigo deve ser atual, conquanto a doutrina admita que o perigo seja iminente; **E:** correta, pois é a própria redação do art. 24, § 1º, do CP. Quem tem o dever legal de enfrentar o perigo não pode alegar estado de necessidade.
Gabarito E

(CESPE) Agentes de um distrito policial montaram barreira policial rotineira, com o objetivo de encontrar drogas ilícitas. Um motociclista, ao passar pela barreira, não atendeu ao sinal de parada determinado por um agente, pois estava sem capacete e não possuía licença para conduzir aquele veículo. Ato contínuo, três policiais efetuaram disparos de pistola contra o motociclista, que faleceu em consequência das lesões provocadas pelos disparos. Com referência a essa situação hipotética, assinale a opção correta.

(A) Por agirem no estrito cumprimento do dever legal, os agentes não devem responder pela morte do motociclista.
(B) Os policiais devem responder pelo crime de homicídio consumado.
(C) Os policiais só iriam se beneficiar da excludente do estrito cumprimento do dever legal se a barreira tivesse sido montada em local com altos índices de violência.
(D) Por serem policiais, os agentes devem responder por tentativa de homicídio.
(E) Por terem agido em legítima defesa, os agentes não devem responder pela morte do motociclista.

A e C: incorretas, pois os agentes policiais não têm o dever legal de matar, exceto no caso de execução da pena de morte, quando o "carrasco" fuzila o condenado, nos termos do Código Penal Militar; **B**: correta, pois como já explicitado, não há nenhuma excludente da ilicitude, devendo os policiais responder pelo crime de homicídio consumado; **D**: incorreta, pois não há nenhuma previsão legal nesse sentido; **E**: incorreta, pois não há nenhuma excludente da ilicitude da conduta dos policiais, devendo responder pela prática do crime de homicídio consumado.
Gabarito "B".

(CESPE) Marco e Matias pescavam juntos em alto-mar quando sofreram naufrágio. Como não sabiam nadar bem, disputaram a única tábua que restou do barco, ficando Matias, por fim, com a tábua, o que permitiu o seu resgate com vida após ficar dois dias à deriva. O cadáver de Marco foi encontrado uma semana depois. A conduta de Matias, nessa situação, caracteriza

(A) estado de necessidade.
(B) estrito cumprimento do dever legal.
(C) legítima defesa própria.
(D) exercício regular de direito.
(E) homicídio culposo.

A: correta, pois Matias, para salvar-se de perigo atual, não provocado por sua vontade, ao conseguir obter a única tábua que restou do barco que naufragou, agiu em estado de necessidade (art. 24 do CP); **B**: incorreta, uma vez que inexiste qualquer determinação legal que imponha a um náufrago a morte de outros náufragos; **C**: incorreta, pois a legítima defesa pressupõe a ocorrência de uma agressão injusta, atual ou iminente, decorrente de uma conduta humana (art. 25 do CP), e não uma situação de perigo, tal como o naufrágio de um barco; **D**: incorreta, pois age no exercício regular de um direito a pessoa que atua com base em um direito previsto em lei ou não proibido por esta; **E**: incorreta, pois, como visto, Matias agiu em estado de necessidade.
Gabarito "A".

(CESPE) Um menor de idade, ao passar por uma casa e perceber que uma mangueira estava repleta de frutas, resolveu invadir a propriedade no intuito de consumir algumas mangas. No momento em que estava saciando a fome, o proprietário avistou o ocorrido e, com o objetivo de proteger seu patrimônio, efetuou disparo em direção ao rapaz, causando-lhe a morte. Nessa situação, a conduta do proprietário caracteriza

(A) crime contra a pessoa.
(B) conduta atípica.
(C) exercício regular de direito.
(D) legítima defesa.
(E) inexigibilidade de conduta diversa.

A: correta, pois embora a invasão da propriedade e o consumo de frutas do proprietário da residência configurem atos ilícitos praticados pelo menor de idade, é certo que matá-lo configura excesso punível (art. 23, parágrafo único, do CP), devendo o dono da casa responder por crime contra a pessoa (homicídio); **B**: incorreta, pois a conduta de "matar alguém" é considerada típica; **C**: incorreta, pois não configura exercício regular de direito matar uma pessoa que invade sua casa para consumir frutas; **D**: incorreta, pois a legítima defesa pressupõe que a vítima repila injusta agressão, atual ou iminente, fazendo uso moderado dos meios necessário (art. 25 do CP); **E**: incorreta, pois seria exigível do proprietário da residência conduta diversa da praticada.
Gabarito "A".

(CESPE) Julgue o seguinte item.

(1) São causas excludentes de ilicitude a legítima defesa, o estado de necessidade, o estrito cumprimento do dever legal e a coação moral irresistível.

1: incorreta. A coação moral irresistível é causa de exclusão da culpabilidade do agente, tornando-o isento de pena (art. 22 do CP).
Gabarito 1E.

(CESPE) Julgue o seguinte item.

(1) Considere a seguinte situação hipotética. Dionísio, para salvar a si próprio e a seu filho, feriu mortalmente um leão que acabara de fugir do zoológico e ameaçava atacá-los. Nessa situação, Dionísio agiu em legítima defesa.

1: incorreta. O ataque de um animal, desde que não haja instigação por um ser humano, configura situação de perigo caracterizadora do estado de necessidade (art. 24 do CP). Já a legítima defesa pressupõe a prática de uma agressão injusta por um ser humano, que até pode se utilizar de um animal para o ataque. Contudo, por trás do ataque do animal, há a conduta do ser humano.
Gabarito 1E.

(CESPE) Julgue o seguinte item.

(1) Age em estrito cumprimento do dever legal o policial que emprega força física para impedir fuga de presídio.

1: correta. De fato, empregar força física para impedir fuga de presídio configura, por parte de agentes de segurança, estrito cumprimento do dever legal. Afinal, devem zelar pela segurança pública.
Gabarito 1C.

9. AUTORIA E CONCURSO DE PESSOAS

(CESPE) Julgue o item seguinte.

(1) Sujeito ativo do crime é aquele que realiza total ou parcialmente a conduta descrita na norma penal incriminadora, tendo de realizar materialmente o ato correspondente ao tipo para ser considerado autor ou partícipe.

1: incorreta. Considera-se sujeito ativo de um crime aquele que realiza a conduta prevista no tipo penal incriminador, seja diretamente ou indiretamente. Em outras palavras, sujeito ativo poderá ser o autor, o coautor ou mesmo o partícipe do crime, sendo importante destacar que, de acordo com a teoria restritiva, considera-se autor aquele que realiza materialmente a conduta prevista no tipo penal, ao passo que o partícipe, para a denominada teoria da acessoriedade limitada, é aquele que, embora não realize materialmente a conduta típica, induz, instiga ou auxilia alguém a praticá-la.

Gabarito 1E

(CESPE) Julgue o item seguinte, relativo a concurso de pessoas.

(1) O ajuste, a determinação ou a instigação e o auxílio, salvo disposição expressa em contrário, não são puníveis, se o crime não chegar, pelo menos, a ser tentado.

1: correta (art. 31 do CP). Em simples palavras, não pode ser reconhecido o concurso de pessoas (coautoria ou participação) se o autor do delito não chegar a dar início à sua execução.

Gabarito 1C

(CESPE) Julgue o seguinte item.

(1) Considere a seguinte situação hipotética. Rogério e Fernando, pretendendo matar Alfredo, colocaram-se em emboscada, sem que um soubesse a intenção do outro. Rogério e Fernando, ante a aproximação de Alfredo, atiraram contra o desafeto, ficando, depois, provado que apenas um dos disparos provocara a morte da vítima. Nessa situação, Rogério e Fernando responderão por homicídio consumado em coautoria.

1: incorreta, e pelos seguintes motivos: a) Rogério e Fernando não agiram em concurso de agentes, visto que um desconhecia a intenção do outro (falta de liame subjetivo ou vínculo psicológico), configurando-se a denominada "autoria colateral" ou "coautoria lateral"; b) se não se conseguir constatar qual das condutas foi a causadora da morte, ambos os agentes deverão responder por homicídio tentado, a despeito de a vítima ter morrido. Afinal, não se podendo presumir a responsabilidade penal, a única solução, em virtude do princípio "in dubio pro reo" é a punição pela forma tentada.

Gabarito 1E

(CESPE) Julgue o seguinte item.

(1) Sujeito ativo do crime é o que pratica a conduta delituosa descrita na lei e o que, de qualquer forma, com ele colabora, ao passo que o sujeito passivo do delito é o titular do bem jurídico lesado ou posto em risco pela conduta criminosa.

1: correta. De fato, considera-se sujeito ativo de um crime a pessoa que realiza a conduta prevista no tipo penal, seja de forma direta (autor e coautor), seja indiretamente (partícipe). Já o sujeito passivo é o titular do bem jurídico lesado ou ameaçado de lesão pela conduta praticada pelo sujeito ativo.

Gabarito 1C

(CESPE) De acordo com o Código Penal brasileiro, assinale a opção que não contém requisito do concurso de pessoas.

(A) diversidade de infração penal
(B) relevância causal de cada conduta
(C) liame subjetivo entre os agentes
(D) pluralidade de agentes e de condutas

A: incorreta, pois um dos requisitos para a configuração do concurso de pessoas é a unidade de infração penal; B, C e **D:** corretas. Os requisitos do concurso de pessoas são: a) pluralidade de agentes, b) relevância causal das condutas, c) vínculo subjetivo e d) unidade de infração penal.

Gabarito "A".

(CESPE) Acerca do concurso de pessoas, assinale a opção correta.

(A) Considere que Lia e Lena estivessem discutindo dentro do carro quando, acidentalmente, Lia atropelou um pedestre que atravessava na faixa de segurança. Nessa situação hipotética, Lia e Lena deverão responder pela prática de homicídio culposo.
(B) O crime de falso testemunho admite coautoria e participação.
(C) Considere que Mévio e Leo tenham resolvido furtar uma casa supostamente abandonada. Nesse furto, considere que Leo tenha ficado vigiando a entrada, enquanto Mévio entrou para subtrair os bens; dentro da residência, Mévio descobriu que a mesma estava habitada e acabou agredindo o morador; após levarem os objetos para um local seguro, Mévio narrou o fato para Leo. Considerando essa situação hipotética, Mévio deverá responder pelo crime de roubo e Leo, por furto.
(D) No crime de induzimento ou instigação ao suicídio, o agente que instiga age como partícipe e o suicida é, ao mesmo tempo, sujeito ativo e passivo.
(E) As circunstâncias e as condições de caráter pessoal se comunicam entre os coautores e partícipes do crime.

A: incorreta, pois não se vislumbra atividade culposa por parte de Lena, passageira, mas, apenas, de Lia; **B:** incorreta, pois o crime de falso testemunho, considerado como de mão própria, admite apenas a participação, sendo inviável a coautoria, já que se trata de delito que exige uma atuação personalíssima do agente (testemunha, contador, tradutor, perito ou intérprete); **C:** correta, pois Mévio, ao empregar violência contra o morador, praticou o crime de roubo, ao passo que Leo, considerado partícipe, visto que não praticou conduta típica, deve responder pelo crime inicialmente combinado, incidindo, aqui, o instituto denominado de cooperação dolosamente distinta (art. 29, § 2º, do CP); **D:** incorreta, pois o agente que instiga alguém a suicidar-se é autor do crime do art. 122 do CP, sendo certo que o suicida é a vítima (sujeito passivo); **E:** incorreta, visto que as circunstâncias ou condições de caráter pessoal somente se comunicam entre os coautores e partícipes do crime quando elementares deste (art. 30 do CP).

Gabarito "C".

(CESPE) João instigou Leo a quebrar o braço de Rui, para que este não participasse de competição de luta. Leo começou a bater em Rui e resolveu espancá-lo até a morte. A respeito dessa situação hipotética, assinale a opção correta.

(A) João e Leo responderão pelo crime de homicídio doloso, porque este foi o resultado final da conduta instigada por João.
(B) João não responderá pela prática de crime, pois a instigação não é punível no ordenamento jurídico brasileiro, exceto quando expressamente prevista no tipo legal.
(C) Leo responderá como autor de homicídio culposo e João, como mandante.
(D) João responderá pelo crime de lesão corporal, porque quis participar de crime menos grave do que o cometido por Leo.
(E) João e Leo responderão pelo crime de lesão corporal seguida de morte, porque assumiram o risco de produzir o resultado morte.

A: incorreta, pois, no concurso de agentes, todos os concorrentes devem aderir às vontades uns dos outros (liame subjetivo ou vínculo psicológico), o que não se verificou entre João e Leo. Este último espancou Rui até a morte (homicídio doloso), sendo certo que João apenas o havia instigado para que quebrasse o braço da vítima (lesão corporal dolosa); **B**: incorreta, pois o art. 29, *caput*, do CP, é claro ao prescrever que quem, de qualquer modo, concorre para a prática do crime, por este responderá na medida de sua culpabilidade. Assim, tanto o coautor, quanto o partícipe, responderão pela prática do crime; **C**: incorreta, pois Leo espancou Rui dolosamente, devendo, portanto, responder por homicídio doloso; **D**: correta, pois, de fato, João quis concorrer para a prática de crime menos grave, verificando-se uma cooperação dolosamente distinta (art. 29, § 2º, do CP); **E**: incorreta, pois no crime de lesão corporal seguida de morte, esta última decorre de culpa do agente (art. 129, § 3º, do CP). Como visto, Leo deve responder por homicídio doloso, ao passo que João deverá ser responsabilizado por lesão corporal dolosa, haja vista que instigou Leo para tanto.

Gabarito "D".

10. CULPABILIDADE E CAUSAS EXCLUDENTES

(CESPE) Julgue o item seguinte.

(1) Raul, funcionário público, cumprindo ordem não manifestamente ilegal de seu superior hierárquico, acabou por praticar crime contra a administração pública. Nessa situação, apenas o superior hierárquico de Raul será punível, ficando Raul isento de pena.

1: correta, pois, de fato, Raul, ao cumprir ordem não manifestamente ilegal de superior hierárquico, não poderia ter agido de outro modo, motivo pelo qual, nos termos do art. 22, *caput*, segunda parte, do CP, ficará isento de pena, respondendo pelo crime apenas o superior hierárquico. É bom que se diga que na assertiva ora analisada estamos diante da denominada *obediência hierárquica*, considerada *causa excludente da culpabilidade*. Se a ordem fosse manifestamente ilegal, também o subordinado responderia pelo crime. Afinal, a ninguém é dado praticar conduta amparada em ordem ilegal, quanto mais se esta for manifesta.

Gabarito 1C

(CESPE) Julgue o item seguinte.

(1) O Código Penal, ao dispor que "é isento de pena o agente que, por doença mental ou desenvolvimento mental incompleto ou retardado, era, ao tempo da ação ou da omissão, inteiramente incapaz de entender o caráter ilícito do fato ou de determinar-se de acordo com esse entendimento", adotou o critério biológico de exclusão da imputabilidade.

1: incorreta. O art. 26, *caput*, do CP, tratando da inimputabilidade por doença mental ou por desenvolvimento mental incompleto ou retardado, adotou o denominado *critério biopsicológico*. Destarte, somente será considerado inimputável aquele que, em virtude de problemas mentais (desenvolvimento mental incompleto ou retardado – fator biológico), ao tempo da ação ou omissão, for inteiramente incapaz de entender o caráter ilícito do fato ou de determinar-se de acordo com esse entendimento (fator psicológico). Em suma, somente será considerada inimputável aquela pessoa que, em razão de *fatores biológicos*, tiver afetado, por completo, sua *capacidade psicológica* (discernimento ou autocontrole). Daí o nome: *critério biopsicológico*.

Gabarito 1E

(CESPE) Julgue o item seguinte.

(1) A coação física e a coação moral irresistíveis afastam a própria ação, não respondendo o agente pelo crime. Em tais casos, responderá pelo crime o coator.

1: incorreta, visto que apenas a coação física, quando irresistível, afastará a própria conduta (ação ou omissão). Afinal, a conduta, primeiro elemento do fato típico, pressupõe a existência de um comportamento humano, consciente e voluntário, doloso ou culposo, dirigido a uma finalidade. Por evidente, se houver coação física irresistível, não haverá a necessária voluntariedade do comportamento humano, motivo pelo qual sequer conduta, em sua acepção técnica, existirá. Já a coação moral irresistível, nos termos do art. 22 do CP, afasta a culpabilidade, tornando a vítima da coação (chamada de coato) isenta de pena. Assim, enquanto que na coação física irresistível afasta-se a própria ação, na coação moral irresistível, embora subsista a conduta (embora viciada), o coato (vítima da coação) ficará isento de pena, respondendo pelo crime o coator (autor da coação).

Gabarito 1E

(CESPE) Julgue o item seguinte.

(1) Segundo o Código Penal, a emoção e a paixão não são causas excludentes da imputabilidade penal.

1: correta. De fato, nos termos do art. 28, I, do CP, não excluem a imputabilidade penal a emoção e a paixão. Ou seja, mesmo que o agente esteja acometido por sentimentos e emoções agudas, responderá pelo crime.

Gabarito 1C

(CESPE) Considera-se inimputável

(1) quem se encontra em estado de embriaguez completa, proveniente de caso fortuito.

(2) quem se encontra emocionalmente afetado pela situação.

(3) o maior de oitenta anos.

(4) quem é, por loucura, inteiramente incapaz de entender o caráter ilícito do fato.

(5) a mulher, se estiver influenciada pelo estado puerperal.

1: correta (art. 28, § 1º, do CP); **2**: incorreta (art. 28, I, do CP); **3**: incorreta, pois a idade somente é causa de exclusão da imputabilidade penal quando com relação aos menores de 18 (dezoito) anos (art. 27 do CP); **4**: correta (art. 26, *caput*, do CP); **5**: incorreta, visto que o estado puerperal não isenta de pena a mulher que, por exemplo, durante o parto ou logo após, mata o próprio filho (art. 123 do CP).

Gabarito 1C, 2E, 3E, 4C, 5E

(CESPE) Julgue o seguinte item.

(1) Considere a seguinte situação hipotética. Hiran, tendo ingerido voluntariamente grande quantidade de bebida, desentendeu-se com Caetano, seu amigo, vindo a agredi-lo e a causar-lhe lesões corporais. Nessa situação, considerando que, em razão da embriaguez completa, Hiran era, ao tempo da ação, inteiramente incapaz de entender a ilicitude de sua conduta e de determinar-se de acordo com este entendimento, pode-se reconhecer a sua inimputabilidade.

1: incorreta, visto que a embriaguez somente afastará a imputabilidade penal se for completa, e desde que tenha por origem o caso fortuito ou a força maior (art. 28, § 1º, do CP). O CP adotou, nesse particular, a teoria da *actio libera in causa*, segundo a qual a embriaguez não é causa de exclusão da imputabilidade penal se tiver decorrido de atitude voluntária (dolosa ou culposa) do agente. Em outras palavras, se a ingestão de álcool ou de substâncias de efeitos análogos tiver ocorrido dolosa ou culposamente pelo agente, ainda que no momento do crime esteja inteiramente incapaz de entender a ilicitude de sua conduta, mesmo assim responderá pelo crime (art. 28, II, do CP). No entanto, se a embriaguez tiver sido provocada por caso fortuito ou força maior, vale dizer, por eventos que fogem à vontade humana, aí sim restará excluída a imputabilidade.

Gabarito 1E

(CESPE) Julgue o seguinte item.

(1) Se um indivíduo praticou ato jurídico penalmente atípico, isso impede que se lhe atribua culpabilidade, sob a perspectiva do direito penal.

1: correta. Para a caracterização de um crime, essencial, em primeiro lugar, que o fato praticado pelo agente seja penalmente típico. Sem isso, é inviável que se passe à análise, por exemplo, da ilicitude ou da culpabilidade. Além da tipicidade, para que alguém seja penalmente responsabilizado, o fato praticado deve ser antijurídico (ou ilícito). Por fim, para que se atribua pena, será indispensável a culpabilidade.
Gabarito 1C

(CESPE) Julgue o seguinte item.

(1) Martiniano foi obrigado, por pessoas que se diziam amigos seus, a ingerir bebida alcoólica até ficar completamente embriagado. Em seguida, essas pessoas levaram-no consigo e, com ele, cometeram roubo contra agência bancária. Nessa situação, por não ser patológica, a embriaguez de Martiniano não lhe retira a imputabilidade nem diminui a pena aplicável ao ato.

1: incorreta, pois a embriaguez, quando for completa e decorrer de caso fortuito ou força maior, afastará a imputabilidade penal (art. 28, § 1º, do CP). Deve o candidato recordar-se que a embriaguez (intoxicação aguda e transitória do organismo, decorrente da ingestão de álcool ou substâncias de efeitos análogos), como regra, não afasta a imputabilidade penal (art. 28, II, do CP), aplicando-se a teoria da *actio libera in causa*. Importante ressaltar que a embriaguez pode ser: a) voluntária (dolosa ou culposa); b) involuntária (decorrente de caso fortuito ou força maior); c) preordenada (o agente se embriaga para ter coragem para praticar a infração penal); e d) patológica (a ingestão de álcool ou substâncias análogas deriva de compulsão irresistível, causadora de verdadeira dependência física e/ou psíquica). No tocante à embriaguez voluntária e preordenada, evidentemente que o agente, mesmo embriagado, responderá criminalmente (art. 28, II, do CP). Se se tratar, porém, de embriaguez involuntária, desde que completa, haverá a isenção de pena (art. 28, § 1º, do CP), sendo o agente considerado inimputável. Por fim, no tocante à embriaguez patológica, assim reconhecida, poderá o agente ser considerado inimputável por verdadeira doença mental (art. 26, *caput*, do CP).
Gabarito 1E

(CESPE) Sobre imputabilidade penal, julgue os itens que se seguem.

(1) É isento de pena o agente que, por doença mental, era, ao tempo da sentença, inteiramente incapaz de entender o caráter ilícito do fato ou de determinar-se de acordo com esse entendimento.

(2) Com o advento do novo Código Civil, são penalmente imputáveis os maiores de 16 anos.

1: incorreta, pois a inimputabilidade por doença mental deve ser aferida ao tempo do crime, e não no momento da sentença (art. 26, *caput*, do CP); **2: incorreta**, visto que a redução da maioridade civil de 21 para 18 anos em nada influenciou a imputabilidade penal. Ressalte-se que para o Direito Penal, apenas os menores de 18 anos são penalmente inimputáveis (art. 27 do CP), aplicando-se-lhes a legislação especial (ECA – Lei 8.069/1990). Lembre-se que se um adolescente praticar um crime ou contravenção penal, responderá por ato infracional (art. 103 do ECA).
Gabarito 1E, 2E

(CESPE) Julgue o item seguinte.

(1) Pedro, com 21 anos de idade, após ter sido ofendido moralmente por Caio em uma briga de bar, matou o desafeto com várias facadas. Processado criminalmente pela conduta delituosa, verificou-se, no curso do processo, que Pedro era, ao tempo do crime, inimputável por doença mental. Nessa situação, em decorrência disso, ao final do processo, Pedro deverá ser absolvido tendo como fundamento a inexistência de culpabilidade, embora típica e ilícita a ação praticada.

1: correta, pois, uma vez constatado que Pedro, ao tempo do crime (ação ou omissão), em razão de doença mental, era inteiramente incapaz de entender o caráter ilícito do fato ou de determinar-se de acordo com esse entendimento, será o caso de ser reconhecida sua inimputabilidade penal, e, por consequência, absolvê-lo (art. 386, VI, do CPP). O inimputável, embora cometa um fato típico e ilícito, ficará isento de pena em razão da ausência de um dos requisitos da culpabilidade, qual seja, a imputabilidade penal (capacidade de entender o caráter ilícito do fato ou de determinar-se de acordo com esse entendimento). Registre-se, por oportuno, que, embora a sentença que reconheça a exclusão da culpabilidade pela inimputabilidade por déficit mental (art. 26, *caput*, do CP) tenha natureza absolutória, é fato que o magistrado imporá ao réu medida de segurança (art. 97, do CP), que é espécie de sanção penal. Por esta razão, referida sentença é denominada "absolutória imprópria".
Gabarito 1C

(CESPE) Julgue o seguinte item.

(1) Entre as causas de exclusão da imputabilidade penal previstas em lei incluem-se a doença mental, o desenvolvimento mental incompleto e o desenvolvimento mental retardado.

1: correta (art. 26, *caput*, do CP).
Gabarito 1C

(CESPE) Julgue o seguinte item.

(1) Mesmo diante da prática de um fato atípico, a culpabilidade deverá ser aferida como juízo de censurabilidade e reprovabilidade, visto que a culpabilidade não está vinculada juridicamente à tipicidade.

1: incorreta. Se um fato, de plano, for considerado atípico, sequer será aferida a culpabilidade do agente. Afinal, qualquer que seja a teoria adotada a respeito do conceito de crime (se bipartida – crime é fato típico e antijurídico, ou tripartida – crime é fato típico, antijurídico e culpável), o primeiro elemento a ser analisado é, exatamente, se o fato praticado pelo agente é típico.
Gabarito 1E

(CESPE) Julgue o seguinte item.

(1) Para fins de imputabilidade penal, na hipótese de ser desconhecida a hora exata do nascimento de determinado indivíduo, a maioridade penal dessa pessoa começará ao meio-dia do seu décimo oitavo aniversário.

1: incorreta. Pacífico na doutrina que a imputabilidade penal, em virtude da maioridade, inicia-se no primeiro instante do décimo oitavo aniversário do agente, independentemente do horário exato do nascimento.
Gabarito 1E

(CESPE) No ordenamento jurídico brasileiro, a imputabilidade penal

(A) exclui a ilicitude do fato criminoso pela legítima defesa ou pela falta de discernimento.

(B) é irrelevante para a aplicação da pena, pois não impede a condenação do criminoso.

(C) é a capacidade de entender o caráter ilícito do fato ou de determinar-se de acordo com esse entendimento.

(D) equivale à potencial consciência da ilicitude.
(E) equivale à exigibilidade de conduta diversa.

A: incorreta. De fato, a legítima defesa é causa excludente da ilicitude. Todavia, a falta de discernimento é a ausência de capacidade de entender o caráter ilícito do fato ou de determinar-se de acordo com esse entendimento. Logo, a questão trata da imputabilidade, elemento da culpabilidade; **B:** incorreta, pois para a teoria finalista da ação, crime é fato típico e ilícito. Portanto, a culpabilidade não faz parte do conceito de crime, sendo mero pressuposto de aplicação da pena. Assim, quando presente alguma causa excludente da culpabilidade, como a inimputabilidade, o agente estará isento de pena; **C:** correta. A culpabilidade é composta de três elementos: imputabilidade, potencial consciência da ilicitude e exigibilidade da conduta diversa. No caso, a questão trata da imputabilidade, que é a capacidade mental de entender o caráter ilícito do fato e de determinar-se de acordo com esse entendimento, ao tempo da ação ou da omissão; **D:** incorreta, pois a potencial consciência da ilicitude não se confunde com a imputabilidade; **E:** incorreta, pois a imputabilidade e a exigibilidade de conduta diversa são elementos distintos da culpabilidade.
Gabarito "C".

(CESPE) A imputabilidade penal pode ser excluída pela embriaguez
(A) proposital.
(B) preordenada.
(C) voluntária.
(D) culposa.
(E) por caso fortuito.

A única hipótese em que a embriaguez é capaz de excluir a imputabilidade penal é aquela definida no art. 28, § 1º, do CP, cujos requisitos são: a) que seja completa + b) que decorra de caso fortuito; ou c) que decorra de força maior. A embriaguez voluntária (proposital), ou a culposa (por imprudência), de acordo com o art. 28, II, do CP, não afasta a imputabilidade. Outrossim, a denominada "embriaguez preordenada", que se caracteriza pelo fato de o agente ingerir álcool ou substâncias de efeitos análogos para adquirir coragem de praticar o crime, não só não afasta a imputabilidade, como é considerada circunstância que agrava a pena (art. 61, II, "l", do CP).
Gabarito "E".

(CESPE) Exclui-se a culpabilidade do agente
(A) que falece após a ocorrência do fato.
(B) inteiramente incapaz ao tempo do fato.
(C) que age em estrito cumprimento do dever legal.
(D) portador de perturbação mental após o fato.
(E) maior de 70 anos de idade na data da sentença.

A: incorreta, pois a morte do agente é causa extintiva da punibilidade (art. 107, I, do CP); **B:** correta (art. 26, *caput*, do CP), pois, de fato, se o agente, ao tempo do crime, for inteiramente incapaz de entender o caráter ilícito do fato, em razão de doença mental ou desenvolvimento mental incompleto ou retardado, será considerado inimputável, e, portanto, isento de pena; **C:** incorreta, pois o estrito cumprimento do dever legal é causa excludente da ilicitude (art. 23, III, do CP); **D:** incorreta, pois a perturbação mental só é capaz de excluir a culpabilidade, ou de atenuar a pena do agente, se verificada ao tempo do crime (art. 26, *caput*, e parágrafo único, do CP); **E:** incorreta, visto que o fato de o agente ser maior de 70 anos na data da sentença em nada altera a culpabilidade. Porém, em razão da idade avançada, terá sua pena atenuada (art. 65, I, do CP).
Gabarito "B".

(CESPE) Julgue o seguinte item.
(1) O erro de proibição, a obediência hierárquica e a inimputabilidade por menoridade penal excluem a culpabilidade.

1: correta. O erro de proibição, se inevitável, isentará o réu de pena (art. 21 do CP), restando afastada a potencial consciência da ilicitude. A obediência hierárquica a ordem não manifestamente ilegal caracteriza causa de exclusão da culpabilidade (art. 22 do CP), afastando-se a exigibilidade de conduta diversa. Finalmente, a menoridade penal (art. 27 do CP) também é causa excludente da culpabilidade, por afastar a imputabilidade penal.
Gabarito 1C.

11. AÇÃO PENAL

(CESPE) Julgue o item seguinte.
(1) Um cidadão foi vítima de crime que se apura mediante ação penal privada. Oferecida queixa-crime perante a autoridade judiciária competente e iniciada a ação penal, o querelante deixou de promover o andamento do processo por mais de 30 dias seguidos. Nessa situação, o querelante, em decorrência de sua inércia, perderá o seu direito de continuar no processo, extinguindo-se, por consequência, a punibilidade do agente.

1: correta, visto que a inércia do querelante é causa configuradora da peremppção (art. 107, IV, do CP e art. 60, I, do CPP).
Gabarito 1C.

(CESPE) Julgue o seguinte item.
(1) Os crimes contra a ordem tributária são todos de ação penal pública incondicionada, porém qualquer pessoa do povo poderá provocar a iniciativa do Ministério Público, fornecendo-lhe, por escrito, informações sobre o fato e a sua respectiva autoria.

1: correta. Se um crime for de ação penal pública incondicionada, é verdade que a *notitia criminis* (notícia do crime) poderá ser levada ao conhecimento das autoridades competentes por qualquer pessoa.
Gabarito 1C.

12. EXTINÇÃO DA PUNIBILIDADE

(CESPE) Julgue o seguinte item.
(1) O perdão do ofendido é o ato por meio do qual o próprio ofendido ou o seu representante legal, após o início da ação penal, desiste de seu prosseguimento. Aceito pelo acusado, implicará na extinção da punibilidade, desde que o crime seja apurado por meio de ação penal privada.

1: correta. O perdão do ofendido, considerado causa extintiva da punibilidade (art. 107, V, do CP), somente é cabível para os crimes de ação penal privada, sendo admitido após o início da ação penal (até o trânsito em julgado). Somente gerará efeitos (leia-se: extinguirá a punibilidade) se for aceito pelo autor do crime (querelado).
Gabarito 1C.

13. CRIMES CONTRA A PESSOA

(Policial Rodoviário Federal – CESPE – 2019) Abordado determinado veículo em região de fronteira internacional, os policiais rodoviários federais suspeitaram da conduta do motorista: ele conduzia duas adolescentes com as quais não tinha nenhum grau de parentesco. Ao ser questionado, o condutor do veículo confessou que fora pago para conduzi-las a um país vizinho, onde seriam exploradas sexualmente. As adolescentes informaram que estavam sendo transportadas sob grave ameaça e que não haviam consentido com a realização da viagem e muito menos com seus propósitos finais.

Considerando a situação hipotética apresentada, julgue o item a seguir.

(1) A conduta do motorista do veículo se amolda ao tipo penal do tráfico de pessoas, em sua forma consumada, incidindo, nesse caso, causa de aumento de pena, em razão de as vítimas serem adolescentes.

1: correta. De fato, o motorista deverá ser responsabilizado pelo cometimento do crime definido no art. 149-A, *caput*, do CP, com a incidência da causa de aumento de pena prevista no inciso II do § 1º do mesmo dispositivo. Cuida-se de delito formal, em que a consumação se opera com a prática da conduta consistente em *transportar*, pouco aqui importando se disso resulta a produção de resultado naturalístico. Importante registrar, ademais, que se trata de tipo misto alternativo, em que a prática de uma ou mais das condutas, dentre aquelas previstas no tipo penal, gera somente um delito. ED

(Policial Rodoviário Federal – 2009 – FUNRIO) João e Maria são casados e residem em uma fazenda. Maria está no final de sua gestação e terá seu filho na maternidade de um município próximo. Quando Maria entra em trabalho de parto, João a leva de carro para a maternidade. Contudo, como Maria sente muita dor, e João está nervoso, ele dirige seu veículo na rodovia imprimindo velocidade superior à permitida. Ao fazer uma ultrapassagem perigosa, João provoca um acidente e mata o motorista do outro veículo. Analise a situação penal de João.

(A) João cometeu o crime de homicídio culposo.
(B) João cometeu o crime de lesão corporal seguida de morte.
(C) João não cometeu nenhum crime, pois agiu em estado de necessidade.
(D) João cometeu o crime de direção perigosa.
(E) João cometeu o crime de homicídio privilegiado.

A: correta, pois, ao dirigir com velocidade acima da permitida, João agiu com imprudência, uma das modalidades de culpa. Ao atingir e matar o motorista de outro veículo com sua conduta, portanto, praticou o crime de homicídio culposo; **B:** incorreta, pois o crime de lesão corporal seguida de morte é preterdoloso, ou seja, necessita que a lesão corporal inicial, da qual sucedeu a morte, tenha sido causada com dolo, o que não ocorreu no caso em tela; **C:** incorreta, pois não se admite a alegação de estado de necessidade em condutas culposas, porque o agente não ofendeu intencionalmente o direito alheio para salvar o seu ou o de outra pessoa; **D:** incorreta, pois o crime de direção perigosa é um crime de perigo, ou seja, consuma-se com a simples colocação em risco da segurança alheia. No caso, ele acaba absorvido pelo crime mais grave, o homicídio; **E:** incorreta, pois o crime de homicídio privilegiado, previsto no art. 121, § 1º, do CP, é uma espécie de homicídio doloso.

(CESPE) Julgue o item seguinte.

(1) Vítor desferiu duas facadas na mão de Joaquim, que, em consequência, passou a ter debilidade permanente do membro. Nessa situação, Vítor praticou crime de lesão corporal de natureza grave, classificado como crime instantâneo.

1: correta, visto que configura o crime de lesão corporal de natureza grave aquela da qual resulta debilidade permanente de membro, sentido ou função (art. 129, § 1º, III, do CP). Diz-se ser crime instantâneo aquele cuja consumação se verifica em um só dado instante, porém, de efeitos permanentes. Afinal, a debilidade deve ser permanente!

(CESPE) Julgue os seguintes itens.

(1) Considere a seguinte situação hipotética. Alfa, aproveitando que Gama encontrava-se dormindo, com o intuito e escopo de poupá-lo de intenso sofrimento e acentuada agonia decorrentes de doença de desate letal, ceifou a sua vida. Nesse caso, Alfa responderia por homicídio privilegiado-qualificado, eis que, impelido por motivo de relevante valor moral, utilizou recurso que dificultou ou impossibilitou a defesa do ofendido.

(2) O homicídio qualificado-privilegiado é crime hediondo.

(3) Considere que, no dia 05.09.1994, JR, mediante promessa de recompensa de AX, tenha praticado homicídio contra BR, e que, no dia 07.09.1994, entrou em vigor a Lei n. 8.930/1994, que deu nova redação ao art. 1º, I, da Lei n. 8.072/1990, tipificando o homicídio qualificado como crime hediondo. Nesse caso, seriam irretroativas as proibições de graça, indulto e anistia e a obrigatoriedade do cumprimento da pena em regime integralmente fechado.

(4) As qualificadoras de paga e promessa de recompensa do crime de homicídio comunicam-se ao mandante.

(5) Considere a seguinte situação hipotética. Após uma desavença, João Paulo, que não possuía autorização para porte de arma, matou José, mediante o uso de arma de fogo não registrada, da qual há muito detinha a posse em sua residência. Nesse caso, João Paulo responderia pelo homicídio e pela posse ilegal de arma, em concurso.

1: correta. É pacífico na doutrina a admissibilidade do denominado *homicídio qualificado-privilegiado*, desde que a qualificadora tenha caráter objetivo (assim considerada aquela relativa aos meios e modo de execução; são as previstas no art. 121, § 2º, III e IV, do CP), haja vista que as situações que caracterizam o privilégio sempre têm caráter subjetivo (relevante valor moral ou social, ou se o agente estiver sob o domínio de violenta emoção); **2:** incorreta. Prevalece na doutrina e jurisprudência o entendimento de que o homicídio qualificado-privilegiado não é considerado crime hediondo, e por dois motivos: a) não consta no rol dos crimes hediondos (art. 1º da Lei 8.072/1990); b) o fato de haver o privilégio (art. 121, § 1º, do CP) descaracteriza a hediondez do crime, ainda que exista alguma qualificadora (desde que de caráter objetivo!); **3:** correta, pois, de acordo com o art. 5º, XL, da CF e art. 2º do CP, a lei penal somente poderá retroagir quando puder beneficiar o agente; **4:** correta, pois a paga e a promessa de recompensa, sendo elementares do homicídio qualificado (art. 121, § 2º, I, do CP), comunicam-se a todos os agentes envolvidos. Contudo, é bom frisar que se trata de questão bastante dividida na doutrina e jurisprudência, havendo, também, o entendimento em sentido contrário (o mandante não responde pela qualificadora, visto que somente se pode considerar como elementar os requisitos essenciais ao reconhecimento do crime, o que não é o caso. Afinal, existirá homicídio mesmo que não seja praticado mediante paga ou promessa de recompensa); **5:** correta, pois o crime de posse irregular de arma de fogo, por ser preexistente ao homicídio, já havia restado caracterizado, devendo, pois, responder João Paulo por ambos os crimes.

(CESPE) Em relação às várias formas de aborto ilícito previstas pelo Código Penal, julgue os itens seguintes.

(1) O profissional que realiza aborto ilícito em uma mulher, com o consentimento desta, responde como coautor do mesmo crime.
(2) É punível o aborto provocado culposamente.
(3) A lei exige autorização judicial para o aborto realizado

por médico em mulher que lhe solicita o abortamento do feto por ser ele resultante de estupro.

(4) Age licitamente o médico que, mesmo sem autorização da mulher, provoca aborto como única alternativa para salvar a vida da gestante.

(5) O momento consumativo do aborto provocado pela gestante ocorre com a morte do feto, em consequência da interrupção da gravidez.

1: incorreta, visto que, neste caso, o terceiro que, com o consentimento da gestante, nela provoca o aborto, responde pelo crime previsto no art. 126 do CP (aborto provocado por terceiro), sendo incabível falar em concurso de pessoas. A gestante responderá pelo crime do art. 124 do CP (aborto consentido), enquanto que o terceiro que dela obteve consentimento para nela praticar o aborto, responderá pelo já citado art. 126 do CP. Estamos, aqui, diante de uma exceção pluralística à teoria monista (regra segundo a qual quem, de qualquer modo, concorrer para a prática de um crime, deverá responder pelo mesmo crime, na medida de sua culpabilidade – art. 29 do CP); **2:** incorreta, pois não há previsão legal de aborto culposo; **3:** incorreta (art. 128, II, do CP), visto que a lei não exige, para as hipóteses de aborto permitido, a autorização judicial; **4:** correta (art. 128, I, do CP), posto que estará agindo em estado de necessidade de terceiro, especialmente se o risco de morte da gestante for atual; **5:** correta, pois, de fato, sendo o aborto um crime que protege a vida intrauterina, havendo a interrupção da gestação com a morte do feto, ter-se-á alcançado a consumação.

Gabarito 1E, 2E, 3E, 4C, 5C

(CESPE) Julgue o seguinte item.

(1) Rui era engenheiro e participava da construção de uma rodovia, para a qual seria necessária a destruição de uma grande rocha, com o uso de explosivos. Rui, contudo, por insuficiência de conhecimentos técnicos, não calculou bem a área de segurança para a explosão. Por isso, um fragmento da rocha acabou atingindo uma pessoa, a grande distância, matando-a. Nessa situação, devido ao fato de a morte haver decorrido do uso de explosivos, o caso é de homicídio qualificado.

1: incorreta, pois a qualificadora referente aos "meios cruéis", prevista no art. 121, § 2º, III, do CP, exige que o agente delitivo os empregue dolosamente. No caso relatado na assertiva, entendemos que o crime cometido por Rui pode ser o de homicídio culposo majorado (art. 121, § 4º, primeira parte, do CP), visto que o resultado morte decorreu de inobservância de regra técnica da profissão, razão pela qual incorrerá nas penas do art. 121, § 3º, porém, com a pena aumentada de 1/3 (um terço).

Gabarito 1E

(CESPE) Acerca dos crimes contra a pessoa, julgue os itens subsequentes.

(1) Não se pune o aborto praticado por médico, se a gravidez tiver resultado de estupro e o aborto, precedido de consentimento da gestante.

(2) Considere a seguinte situação hipotética. Fernando, sem olhar para trás, deu marcha a ré em seu carro, na garagem de sua casa, e atropelou culposamente seu filho, o qual, em consequência, veio a óbito. Nessa situação, o juiz poderá deixar de aplicar a pena, se verificar que as consequências da infração atingiram Fernando de forma tão grave que a sanção penal se torna desnecessária.

1: correta (art. 128, II, do CP). **2:** correta, visto que Fernando, em razão de haver matado o próprio filho, suportará consequências morais drásticas em razão de sua conduta culposa, motivo pelo qual é perfeitamente cabível a aplicação do perdão judicial (art. 121, § 5º, do CP). Frise-se que referido perdão é considerado causa extintiva da punibilidade (art. 107, IX, do CP).

Gabarito 1C, 2C

(CESPE) Julgue o item seguinte.

(1) Francisco, imputável e legalmente habilitado, ao conduzir imprudentemente um veículo automotor, deu causa a acidente de trânsito com vítima, produzindo lesões corporais em João, um dos ocupantes do veículo. Nessa situação, Francisco será indiciado em inquérito policial por lesão corporal culposa leve, grave ou gravíssima, dependendo da intensidade da lesão experimentada pela vítima e aferida em laudo pericial.

1: incorreta, pois o legislador não previu o grau ou intensidade da lesão corporal culposa, escalonada em leve (art. 129, *caput*, do CP), grave (art. 129, § 1º, do CP) ou gravíssima (art. 129, § 2º, do CP) apenas quando praticada dolosamente.

Gabarito 1E

(CESPE) Julgue o seguinte item.

(1) O crime de rixa, com tipificação expressa no código penal, exige, no mínimo, a participação de seis pessoas, sendo irrelevante que, dentro do número mínimo, um deles seja inimputável.

1: incorreta. Muito embora o tipo penal não mencione o número de pessoas que devam participar da rixa, a doutrina exige a concorrência de, pelo menos, três pessoas. Afinal, se apenas duas pessoas estiverem digladiando entre si, estaremos diante de lesões corporais recíprocas. Portanto, a presença de três pessoas, sem que se consiga identificar quem é autor e vítima, irá caracterizar o crime de rixa (art. 137 do CP). O fato de um dos agentes ser inimputável não afasta, por si só, o crime em comento.

Gabarito 1E

(CESPE) Julgue o seguinte item.

(1) Considere-se que Joaquim, penalmente responsável, sem o ânimo de morte na conduta, atirou contra João, ferindo-o gravemente, de modo que a vítima permaneceu internada sob cuidados médicos por um período de 40 dias. Nessa situação, Joaquim responderá por crime de lesão corporal de natureza grave, ficando absorvido o crime de periclitação da vida ou da saúde humana, visto que a situação de perigo foi ultrapassada e passou a constituir elemento do crime mais grave.

1: correta. Se Joaquim desferiu disparo contra João, sem a intenção de matá-lo, não poderá responder por homicídio, mas, sim, por lesão corporal. O fato de a vítima ter ficado internada por um período de 40 dias configura a qualificadora do § 1º, I, do art. 129 do CP (incapacidade para as ocupações habituais por mais de trinta dias). Considerando que o tiro efetuado por Joaquim causou grave ferimento em João, não se pode falar da prática do crime do art. 132 do CP (periclitação para a vida ou saúde de outrem), visto que este é considerado crime de perigo, ou seja, capaz de colocar em perigo o bem jurídico, o que, como visto, não ocorreu. Afinal, a vítima sofreu efetiva lesão, caracterizando-se, assim, o crime do art. 129 do CP (crime de dano, e não simplesmente crime de perigo).

Gabarito 1C

(CESPE) Julgue o seguinte item.

(1) Considere-se que um indivíduo, com 25 anos de idade, tenha matado outro, em uma briga de bar, em legítima defesa. Nessa situação, a conduta, em

princípio, é uma conduta típica, pois está prevista em um tipo incriminador; todavia, sendo a legítima defesa um tipo penal permissivo, não há crime, por ausência de ilicitude.

1: correta. Quem age sob o manto de uma causa excludente da ilicitude (art. 23 do CP), obviamente atua de acordo com o direito. Assim, se um indivíduo agir em legítima defesa, matando uma pessoa, ainda que tenha cometido um fato típico (afinal, a conduta de "matar alguém" está prevista no art. 121 do CP, considerado um tipo penal incriminador), não terá cometido crime. Lembre-se de que é da essência de todo crime que o fato cometido seja ilícito, ou seja, contrário ao direito. Como visto, a legítima defesa, por ser causa excludente da ilicitude (arts. 23, II e 25 do CP), afasta a criminalidade da conduta, embora não afaste a tipicidade.
Gabarito 'C'.

(CESPE) Fabiana estava atrasada para o trabalho. Ao retirar o seu veículo da garagem, percebeu que havia passado em cima de algo que supunha ser um objeto. Ao descer para verificar do que se tratava, notou que havia passado por cima do seu filho de 6 meses, que brincava atrás do automóvel. Desesperada, Fabiana chamou pelo marido, que imediatamente levou a criança ao hospital. No entanto, o esforço foi vão, pois o filho de Fabiana faleceu em consequência dos ferimentos sofridos. A partir dessa situação hipotética, assinale a opção correta em relação ao crime de homicídio.

(A) Fabiana não cometeu fato criminoso.
(B) Fabiana cometeu o crime de homicídio culposo, sendo certo que o juiz poderá deixar de aplicar a pena se as consequências da infração a atingirem de forma tão grave que a sanção penal se torne desnecessária.
(C) O homicídio culposo é punido com a mesma pena do homicídio doloso, diminuída de um a dois terços.
(D) Não pratica crime de homicídio doloso simples o agente que age sob o domínio de violenta emoção, logo em seguida a injusta provocação da vítima.
(E) A utilização de arma de fogo qualifica o crime de homicídio.

A: incorreta, pois Fabiana cometeu o crime de homicídio culposo; **B:** correta, pois é cabível, no caso em questão, a aplicação do perdão judicial, já que as consequências da infração atingiram o próprio agente de forma tão grave que a sanção penal se tornou desnecessária (art. 121, § 5º, do CP); **C:** incorreta, pois a pena do homicídio doloso simples é de seis a vinte anos de reclusão, enquanto que a do homicídio culposo é de um a três anos de detenção; **D:** incorreta, pois a assertiva não traz nenhuma hipótese de qualificadora, do que se conclui que o privilégio será aplicado ao crime de homicídio doloso simples; **E:** incorreta, pois a utilização de arma de fogo não configura nenhuma das qualificadoras do crime de homicídio (art. 121, § 2º, do CP).
Gabarito 'B'.

(CESPE) Kaio encontrou Lúcio, seu desafeto, em um restaurante. Com a intenção de humilhá-lo e feri-lo, desfere-lhe uma rasteira, fazendo com que Lúcio caia e bata a cabeça no chão. Em decorrência, Lúcio sofre traumatismo craniano, vindo a óbito. Na situação descrita, Kaio cometeu crime de

(A) homicídio qualificado por recurso que impossibilitou a defesa da vítima.
(B) homicídio doloso simples.
(C) lesão corporal seguida de morte.
(D) homicídio culposo.
(E) lesão corporal culposa.

A conduta praticada por Kaio, de acordo com o enunciado proposto, caracteriza o crime de lesão corporal seguida de morte (art. 129, § 3º, do CP), visto que, embora tenha agido inicialmente com dolo (a rasteira foi praticada para humilhar e ferir a vítima), a morte de Lúcio, ao que tudo indica, não foi querida ou mesmo assumida como possível pelo agente. Logo, não se pode cogitar nem de homicídio doloso ou homicídio culposo. Também fica excluída a lesão corporal culposa, visto que o resultado não foi apenas a lesão, mas, sim, a morte da vítima, provocada a título de culpa. Lembre-se de que a lesão corporal seguida de morte é crime preterdoloso (dolo no antecedente e culpa no consequente!).
Gabarito 'C'.

(CESPE) Em relação aos crimes contra a pessoa, assinale a opção correta.

(A) O cobrador que mata a pessoa que lhe deve, porque não quitou, na data prometida, a dívida de R$ 1,00 comete homicídio qualificado por motivo fútil.
(B) O herdeiro que provoca a morte do testador, no intuito de apressar a posse da herança, comete crime de homicídio qualificado pela dissimulação.
(C) O pai, que deixa de colocar tela de proteção na janela do apartamento e cujo filho, no momento que não é observado, debruça-se no parapeito e cai, falecendo com a queda, comete homicídio doloso, pois assumiu o risco de produzir o resultado.
(D) O cidadão que, inconformado com as denúncias de corrupção de determinado político, mata o corrupto, age em legítima defesa da honra.
(E) O rapaz que, inconformado com o fim do relacionamento, obriga a ex-namorada a ingerir veneno causando sua morte comete homicídio qualificado pela torpeza.

A: correta, pois, de fato, matar alguém por uma dívida de apenas R$ 1,00 (um real), revela a enorme desproporção entre o motivo e o crime cometido, configurando-se, assim, a qualificadora da futilidade (art. 121, § 2º, II, do CP); **B:** incorreta, pois o herdeiro que provoca a morte do testador, a fim de apressar o recebimento da herança, comete homicídio qualificado pelo motivo torpe, assim considerado o motivo vil, abjeto, desprezível, revelador da "alma mercenária" do agente (art. 121, § 2º, I, do CP); **C:** incorreta, pois, nesse caso, o pai, por negligência, provocou a morte do filho, sendo o caso de responder por eventual homicídio culposo (art. 121, § 3º, do CP); **D:** incorreta, pois a corrupção de um político não é causa geradora de legítima defesa, ainda mais da honra. Se tanto, poderia caracterizar-se o homicídio privilegiado (relevante valor social) – art. 121, § 1º, do CP; **E:** incorreta, pois o namorado que mata a namorada por não se conformar com o fim do relacionamento comete homicídio qualificado por motivo fútil (desproporcional, desarrazoado), e, como houve emprego de veneno, também pela qualificadora prevista no art. 121, § 2º, III, do CP.
Gabarito 'A'.

(CESPE) Com relação aos crimes contra a pessoa, assinale a opção correta.

(A) No crime de abandono de recém-nascido, o sujeito ativo só pode ser a mãe e o sujeito passivo é a criança abandonada.
(B) Não é punido o médico que pratica aborto, mesmo sem o consentimento da gestante, quando a gravidez é resultado de crime de estupro.
(C) A mulher que mata o filho logo após o parto, por estar

sob influência do estado puerperal, não comete crime.
(D) A pessoa que imputa a alguém fato definido como crime, tendo ciência de que é falso, comete o crime de difamação.
(E) A conduta do filho que, contra a vontade do pai, o mantém internado em casa de saúde, privando-o de sua liberdade, é atípica.

A: correta, pois, de fato, no crime do art. 134 do CP, o sujeito ativo é a mãe, que abandona o recém-nascido (filho) para ocultar desonra própria; B: incorreta, pois o aborto sentimental ou humanitário, que é aquele admitido quando a gravidez resultar de estupro, exige, previamente, o consentimento da gestante ou, se incapaz, de seu representante legal, sob pena de o médico responder criminalmente (art. 128, II, do CP); C: incorreta (art. 123 do CP), visto que restará caracterizado o crime de infanticídio; D: incorreta, pois a falsa imputação de fato criminoso configura o crime de calúnia (art. 138 do CP); E: incorreta, pois o filho que mantém o pai internado, sem que exista qualquer motivo para tanto, deve responder pelo crime de cárcere privado ou sequestro (art. 148 do CP), desde que sua liberdade esteja privada. Caso contrário, poderá restar configurado o crime do art. 98 do Estatuto do Idoso (Lei 10.741/2003).
Gabarito "A".

14. CRIMES CONTRA A HONRA

(CESPE) O chefe de uma equipe de vendedores de uma grande rede de supermercados exigiu a presença, em sua sala, de um subordinado que não havia cumprido a meta de vendas do mês e, com a intenção de ofender-lhe o decoro, chamou-o de burro e incompetente. Durante a ofensa, apenas os dois encontravam-se no recinto. Nessa situação, o chefe

(A) poderá responder pelo delito de calúnia.
(B) poderá responder pelo delito de difamação.
(C) poderá responder pelo delito de injúria.
(D) não deverá responder por nenhum delito, uma vez que os crimes contra a honra só se consumam quando terceiros tomam conhecimento do fato.
(E) não deverá responder por nenhum delito, uma vez que a responsabilidade criminal, no caso, é apenas da pessoa jurídica (rede de supermercados).

A alternativa "C" está correta. Trata-se de crime de injúria, que ofende a honra subjetiva da vítima, vale dizer, sua dignidade ou seu decoro. De acordo com a doutrina, a referida espécie de honra diz respeito à *autoimagem da pessoa*. Portanto, o objeto jurídico do crime em estudo é a honra subjetiva, e não objetiva, protegida pelos delitos de calúnia e difamação. Ainda, no crime previsto no art. 140 do CP o agente ofende a vítima atribuindo-lhe uma qualidade negativa, infamante àquilo que ela pensa de si mesma, ofendendo sua autoestima. Consuma-se o crime no momento em que a imputação de qualidades negativas chega ao conhecimento da própria vítima, e não de terceiros, como na calúnia e difamação. Não se exige que a pessoa se sinta, de fato, ofendida, bastando a potencialidade lesiva da conduta, chamando-se o delito em estudo de formal (ex.: chamar alguém de verme fétido e imundo tem potencialidade de causar um dano à autoestima, ainda que, no caso concreto, não se verifique).
Gabarito "C".

(CESPE) No que se refere aos crimes contra a honra, julgue os itens seguintes.

(1) Considere a seguinte situação hipotética. Maria, proprietária de um supermercado, sabendo que seu próprio filho praticara furto em seu estabelecimento, atribuiu ao empregado José tal responsabilidade, dizendo ser ele o autor do delito. Nessa situação, Maria cometeu o crime de calúnia.

(2) A difamação e a injúria são crimes contra a honra, sendo que a injúria atinge a honra objetiva da vítima, e a difamação, a honra subjetiva.

(3) Considere a seguinte situação hipotética. Antônia, ao presenciar a prisão de seu filho, proferiu xingamentos aos policiais que a efetuavam, ofendendo-os. Nessa situação, é correto afirmar que Antônia praticou o crime denominado injúria.

(4) Nos crimes contra a honra, a retratação do ofensor somente é possível nos crimes de calúnia e difamação.

1: correta (art. 138 do CP); 2: incorreta. A injúria é crime que atenta contra a honra subjetiva da vítima, vale dizer, contra aquilo que ela própria pensa de si (autoestima), ao passo que a difamação e a calúnia ofendem a honra objetiva, ou seja, aquilo que terceiros pensam da vítima (fama ou reputação); 3: incorreta. Os xingamentos realizados por Antônia contra os policiais, que se encontravam no exercício de sua função pública, caracterizam o crime de desacato (art. 331 do CP); 4: correta (art. 143 do CP). A retratação é causa de extinção da punibilidade do agente.
Gabarito 1C, 2E, 3E, 4C.

15. CRIMES CONTRA O PATRIMÔNIO

(Policial Rodoviário Federal – 2009 – FUNRIO) Antônio, munido de arma de fogo, atira em Paulo, matando-o, com o propósito de roubar seu carro. Contudo, logo após assumir a direção de veículo para empreender fuga, Antônio colide com um carro que vinha na direção oposta e acaba sendo preso. Qual foi o crime cometido por Antônio?

(A) Latrocínio tentado.
(B) Homicídio consumado em concurso material com roubo tentado.
(C) Homicídio consumado em concurso formal com roubo tentado.
(D) Extorsão qualificada pela morte da vítima.
(E) Latrocínio consumado.

Apesar da divergência de pequena parte da doutrina, que entende a ocorrência de homicídio em concurso material com roubo, a maioria afirma que nesse caso trata-se de crime de latrocínio consumado. Nesse sentido a lição de Fernando Capez (**Curso de Direito Penal**, São Paulo: Saraiva,. v. 2, p. 435-436): "Tratando-se de crime qualificado pelo resultado, a morte da vítima ou de terceiro tanto pode resultar de dolo (o assaltante atira na cabeça da vítima e a mata), quanto de culpa (o agente desfere um golpe contra o rosto do ofendido para feri-lo, vindo, no entanto, a matá-lo). (...). Mesmo quando houver dolo em relação ao homicídio, responderá o agente pelo roubo qualificado, pois o fim era patrimonial". O mesmo autor destaca posição do STF segundo a qual somente haverá dois crimes (homicídio + roubo) se a causa do homicídio for outra que não a subtração patrimonial (ciúmes, vingança etc. – STF, HC 84.217/SP, *DJ* 27/08/2004).
Gabarito "E".

(Policial Rodoviário Federal – 2008 – CESPE) A respeito dos crimes contra o patrimônio, assinale a opção correta.

(A) Considere a seguinte situação hipotética. Roberto tinha a intenção de praticar a subtração patrimonial não violenta do automóvel de Geraldo. No entanto, durante a execução do crime, estando Roberto já dentro do veículo, Geraldo apareceu e foi correndo em direção ao veículo. Roberto, para assegurar a detenção do automóvel, ameaçou Geraldo gravemente, conseguindo, assim, cessar a ação da vítima e se evadir do local. Nessa situação, Roberto responderá pelos crimes de ameaça e furto, em concurso material.

(B) Considere a seguinte situação hipotética. Fernando, pretendendo roubar, com emprego de arma de fogo municiada, R$ 20.000,00 que Alexandre acabara de sacar em banco, abordou-o no caminho para casa. Alexandre, no entanto, reagiu, e Fernando o matou mediante o disparo de seis tiros, empreendendo fuga em seguida, sem consumar a subtração patrimonial. Nessa situação, Fernando responderá por crime de latrocínio tentado.

(C) Considere a seguinte situação hipotética. Renato, valendo-se de fraude eletrônica, conseguiu subtrair mais de R$ 3.000,00 da conta bancária de Ernane por meio do sistema de Internet banking da Caixa Econômica Federal. Nessa situação, Renato responderá por crime de estelionato.

(D) Uma das distinções entre o crime de concussão e o de extorsão é que, no primeiro tipo penal, o funcionário público deve exigir a indevida vantagem sem o uso de violência ou de grave ameaça, que são elementos do segundo tipo penal referido.

(E) No crime de extorsão mediante sequestro, faz jus à delação premiada o coautor que delatou os comparsas e indicou o local do cativeiro, ainda que reste comprovado que a vítima tenha sido liberada após configurada a expectativa de êxito da prática delituosa, isto é, após o recebimento do dinheiro exigido como preço do resgate.

A: incorreta, pois se trata do crime de roubo impróprio, previsto no art. 157, § 1º, do CP, no qual a violência ou grave ameaça é exercida após a subtração da coisa para assegurar sua manutenção; B: incorreta, pois para o STF, "há crime de latrocínio, quando o homicídio se consuma, ainda que não realize o agente a subtração de bens da vítima" (Súmula 610). O verbete sumular, apesar de não deixar expresso, refere-se ao latrocínio consumado; C: incorreta, pois a jurisprudência do STJ é uníssona em afirmar que essa hipótese configura furto mediante fraude (art. 155, § 4º, II, do CP). Veja-se, por exemplo, AgRg no CC 74225/SP, DJ 04/08/2008; D: correta. Veja-se, por exemplo, a lição de Damásio Evangelista de Jesus sobre a concussão (**Direito penal**, São Paulo: Saraiva. v. 4, p. 156): "não é necessário, para a tipicidade do fato, que o executor da exigência prenuncie ao sujeito passivo a prática de um mal determinado. Basta que a vítima sinta o temor que o exercício da autoridade inspira, influindo sobre ela o *metus publicae potestatis*"; E: incorreta, pois para que a delação premiada seja concedida, é requisito que ela facilite a libertação do sequestrado, nos termos do art. 159, § 4º, do CP. Se essa já ocorreu, o coautor da extorsão mediante sequestro não fará jus ao benefício.
Gabarito 'D.'

(Policial Rodoviário Federal – 2004 – CESPE) Em cada um dos itens subsequentes, é apresentada uma situação hipotética a respeito dos crimes contra o patrimônio, seguida de uma assertiva a ser julgada.

(1) Em um depósito público, valendo-se de facilidades que lhe proporcionava o cargo, um servidor público subtraiu um toca-fitas do interior de um veículo apreendido, do qual não tinha a posse ou a detenção. Nessa situação, o servidor público praticou o crime de furto qualificado, com abuso de confiança.

(2) Um indivíduo, mediante violência e grave ameaça exercida com o emprego de um revólver municiado, exigiu que a vítima preenchesse e assinasse um cheque no valor de R$ 4 mil, entregando-o posteriormente para ser sacado no banco. Nessa situação, o indivíduo praticou um crime de roubo, com a causa de aumento de pena devido ao emprego de arma.

(3) O proprietário de um bingo programou suas máquinas de videopôquer (pôquer eletrônico) para fraudar e lesionar os apostadores do seu estabelecimento. Nessa situação, o proprietário praticou o crime de estelionato básico.

1: incorreta, pois considerando que o servidor se valeu das facilidades que seu cargo proporcionava, estamos diante do crime de peculato, na modalidade peculato-furto, previsto no art. 312, § 1º, do CP; 2: incorreta. Trata-se de uma das pegadinhas mais famosas de concursos públicos em sede de crimes contra o patrimônio. Para que se configure o roubo (art. 157 do CP) é necessário que o agente **subtraia**, isto é, retire, pegue para si uma coisa da vítima sem o seu consentimento e mediante emprego de violência ou grave ameaça. Em outras palavras, "o agente **pega**" (subtrai). Na extorsão (art. 158 do CP), o agente, também com emprego de violência ou grave ameaça, exige que a vítima lhe **entregue** alguma coisa contra sua vontade. Aqui, "a vítima **age**". A assertiva narra uma situação na qual a vítima **preencheu o cheque e entregou** ao agente, ou seja, fez alguma coisa por força da grave ameaça exercida. Trata-se, portanto, de crime de extorsão; 3: incorreta, pois essa conduta configura crime contra a economia popular previsto no art. 2º, XI, da Lei 1.521/1951.
Gabarito 1E, 2E, 3E

(CESPE) Julgue o seguinte item, relativos a crimes contra o patrimônio.

(1) Diferenciam-se os crimes de extorsão e estelionato, entre outros aspectos, porque no estelionato a vítima quer entregar o objeto, pois foi induzida ou mantida em erro pelo agente mediante o emprego de fraude; enquanto na extorsão a vítima despoja-se de seu patrimônio contra a sua vontade, fazendo-o por ter sofrido violência ou grave ameaça.

1: correta, visto que, de fato, no crime de estelionato (art. 171 do CP), a vítima, induzida ou mantida em erro pelo agente, que se vale de artifício, ardil ou outro meio fraudulento, acaba por entregar-lhe a coisa, ao passo que no delito de extorsão (art. 158 do CP), mediante grave ameaça ou violência, é compelida a entregar objetos que integram seu patrimônio ao agente, não lhe restando alternativa.
Gabarito 1C

(CESPE) Julgue o item seguinte.

(1) Adriano é chefe de uma quadrilha que sequestrou um famoso artista e libertou-o vivo e sem qualquer ferimento, após o pagamento do resgate. Na situação descrita, Adriano praticou crime hediondo, pois extorsão mediante sequestro é crime hediondo mesmo quando não qualificada por lesão corporal ou morte do sequestrado.

1: correta, pois, de fato, o crime de extorsão mediante sequestro, previsto no art. 159 do CP, é considerado hediondo em qualquer de suas formas (simples ou qualificada), nos termos do art. 1º, IV, da Lei 8.072/1990 (Lei dos Crimes Hediondos).
Gabarito 1C

(CESPE) Uma das modalidades de estelionato consiste em emitir cheque sem suficiente provisão de fundos em poder do sacado, ou frustrar o pagamento da cártula. Julgue os itens a seguir, relativos a esse tema.

(1) Responde por essa modalidade de estelionato quem, por imprudência no controle de sua contabilidade pessoal, emite cheque sem fundos.
(2) Responde por essa modalidade de estelionato o agente que se nega a indenizar o beneficiário do cheque devolvido por falta de fundos, mesmo sem ter agido com dolo no momento da emissão da cártula.
(3) Não há crime se a vítima, ao receber o cheque, já sabe que ele não tem fundos em poder do sacado.
(4) Não configura estelionato a devolução do cheque emitido como garantia de dívida.
(5) Consuma-se o crime no momento em que o emitente assina o cheque.

1: incorreta, visto que a imprudência caracteriza modalidade de culpa, inexistindo previsão legal de estelionato culposo; **2:** incorreta, pois, como visto, se o cheque houver sido devolvido por falta de fundos sem que tal tenha sido emitido dolosamente, não se caracteriza o crime; **3:** correta, já que, tratando-se de crime patrimonial, é evidente que se a vítima tem prévia ciência da falta de fundos do cheque, não se pode reputar ter sido enganada ou ludibriada, afastando-se o crime; **4:** correta. De acordo com a doutrina e jurisprudência, se o cheque for emitido como forma de garantia de uma dívida (ex.: uma compra e venda de um automóvel), não se configura o delito, ainda que seja devolvido por falta de fundos. Afinal, não se tratava, propriamente, de um título de crédito emitido para pagamento a vista, mas sim como forma de garantir uma outra dívida; **5:** incorreta. O estelionato é considerado crime material, motivo pelo qual atinge sua consumação, no caso da fraude no pagamento por meio de cheque, no instante em que referido título é devolvido pelo banco sacado sem a suficiente provisão de fundos.
Gabarito 1E, 2E, 3C, 4C, 5E

(CESPE) Julgue os seguintes itens, relativos a crimes contra o patrimônio.
(1) Considere a seguinte situação hipotética. Carlos foi denunciado pelo crime de furto, por ter subtraído uma máquina fotográfica de Alberto, avaliada em R$ 80,00. Nessa situação, no momento da prolação da sentença, o juiz, mesmo tendo constatado que Carlos tinha contra si outros três inquéritos policiais para a apuração de furtos por ele praticados, poderá reconhecer a presença do furto privilegiado ou furto mínimo, substituindo a pena de reclusão por detenção, aplicando redução de pena ou aplicando somente a pena de multa.
(2) No crime de roubo e no crime de extorsão, o agente pode-se utilizar dos mesmos modos de execução, consistentes na violência ou grave ameaça. A diferença fundamental existente entre os dois delitos consiste em que, no crime de extorsão, pretende-se um comportamento da vítima, restando um mínimo de liberdade de escolha, enquanto que, no crime de roubo, o comportamento é prescindível.

1: correta, visto que a existência de inquéritos policiais em andamento não é capaz de alterar a primariedade do agente (vide Súmula 444 do STJ). O furto privilegiado (ou furto mínimo) exige que o réu seja primário e que a coisa furtada seja de pequeno valor. Assim, se contra Carlos não há anterior sentença penal condenatória transitada em julgado, não é reincidente, satisfazendo, portanto, o requisito subjetivo exigido pelo art. 155, § 2º, do CP; **2:** correta. De fato, roubo (art. 157 do CP) e extorsão (art. 158 do CP) podem ser praticados mediante os mesmos meios de execução (violência ou grave ameaça). Diferem entre si exatamente pela necessidade, ou não, de algum comportamento da vítima. No caso da extorsão (art. 158 do CP), o comportamento da vítima é indispensável para que o agente delitivo alcance a vantagem econômica pretendida (ex.: se a vítima não digitar a senha do cartão nos caixas de autoatendimento, o agente não conseguirá obter o dinheiro exigido), diferentemente do roubo (art. 157 do CP), no qual a atuação da vítima é absolutamente desnecessária (ex.: se a vítima não entregar a bolsa que lhe foi exigida pelo agente, este poderá tomá-la de suas mãos).
Gabarito 1C, 2C

(CESPE) Julgue o seguinte item.
(1) Abílio era titular de uma empresa e, certo mês, efetuou a dedução, na folha de pagamentos, do percentual devido pelos empregados, o qual recolheu ao Instituto Nacional do Seguro Social (INSS). Contudo, não pagou o valor correspondente ao percentual devido pela própria empresa. Sabendo que a legislação previdenciária obriga os empregadores a deduzirem da remuneração de seus empregados um percentual, devido ao INSS e que, além disso, o próprio empregador é também obrigado a pagar a essa autarquia, com seus próprios recursos, determinado percentual da remuneração, então, nessa situação, Abílio não cometeu o delito denominado apropriação indébita previdenciária.

1: correta, visto que o crime de apropriação indébita previdenciária, previsto no art. 168-A do CP, pressupõe que o agente deixe de repassar ao INSS as contribuições recolhidas dos contribuintes. Considerando que a contribuição previdenciária correspondente ao percentual devido pelos empregados foi repassada à autarquia estadual, não resta caracterizado o crime em comento pelo não pagamento da contribuição devida pelo próprio empregador. Afinal, o tipo penal é claro: deixar de repassar as contribuições recolhidas dos contribuintes (no caso, dos empregados)!
Gabarito 1C

(CESPE) Acerca dos crimes contra o patrimônio, julgue os seguintes itens.
(1) Diferentemente do que ocorre no crime de furto, no de roubo, a subtração de coisa móvel alheia, para si ou para outrem, ocorre mediante grave ameaça ou violência à pessoa, ou depois de havê-la, por qualquer meio, reduzido à impossibilidade de resistência.
(2) O crime de dano submete-se à ação penal privada. Assim, somente se procede mediante queixa.
(3) Comete crime de furto mediante fraude o sujeito ativo que se apropria de coisa alheia móvel de que tem a posse ou a detenção.

1: correta, visto que, de fato, no crime de furto o agente não subtrai a coisa alheia móvel com emprego de grave ameaça ou violência (art. 155 do CP), diversamente do que ocorre com o roubo, praticado exatamente com o emprego de grave ameaça ou violência (art. 157 do CP); **2:** correta, pois, como regra, o crime de dano (art. 163 do CP) somente se procede mediante queixa, tratando-se, pois, de crime de ação penal privada. Porém, o art. 167 do CP, prevê situações em que referido crime será de ação penal pública (art. 163, parágrafo único, I, II e III). **3:** incorreta, pois o sujeito que se apropria de coisa alheia móvel de que tem a posse ou detenção comete o crime de apropriação indébita (art. 168 do CP).
Gabarito 1C, 2C, 3E

(CESPE) Julgue o item seguinte.
(1) Maurício, advogado de Fernanda, ingressou com ação de reparação de danos em favor desta, tendo logrado êxito na causa e, ao final, recebido a importância correspondente ao dano. De posse da importância, não repassou a quantia à Fernanda, alegando que

se utilizou do dinheiro em momento de sérias dificuldades financeiras, prometendo devolvê-lo. Nessa situação, a conduta do advogado caracteriza o crime de apropriação indébita com a incidência de aumento da pena em razão da condição profissional do agente, em face da inversão do título da posse.

1: correta (art. 168, § 1º, III, do CP).
Gabarito 1C

(CESPE) Julgue o item seguinte.

(1) Saulo, utilizando-se da fraude conhecida como conto do bilhete premiado, ofereceu o falso bilhete a Salete para que esta resgatasse o prêmio. Encantada com a oferta e desconhecendo a falsidade do bilhete, Salete entregou a Saulo vultosa quantia, sob a crença de que o bilhete representasse maior valor. Após dirigir-se à casa lotérica, Salete descobriu o engodo e procurou uma delegacia de polícia para registrar o fato. Nessa situação, não cabe qualquer providência na esfera policial, porquanto a vítima também agiu de má-fé (torpeza bilateral), ficando excluído o crime de estelionato.

1: incorreta, pois a torpeza bilateral (dolo bilateral), que se caracteriza pela má-fé simultânea da vítima e do estelionatário, não afasta o crime de estelionato. Assim, mesmo que a vítima pretenda obter alguma vantagem com a oferta do agente delitivo, caso tenha havido fraude por parte deste, continuará caracterizado o crime de estelionato. Afinal, o art. 171 do CP não exige a boa-fé da vítima, bastando a existência: a) de fraude empregada pelo agente; b) de vantagem ilícita obtida pelo estelionatário; c) de prejuízo patrimonial suportado pela vítima.
Gabarito 1E

(CESPE) Julgue o seguinte item.

(1) Não há furto na subtração com o consentimento do ofendido, ante a ausência de circunstância elementar da figura típica, já que o núcleo do tipo "subtrair" compreende a ação de retirar a coisa contra a vontade da vítima.

1: correta, pois o crime de furto, por evidente, pressupõe que o agente retire (subtraia) o bem da vítima sem o seu consentimento. Afinal, o próprio verbo "subtrair" traduz a ideia de uma retirada sem o assentimento do proprietário ou legítimo possuidor. Outrossim, considerando que o patrimônio é bem jurídico disponível, evidentemente que o consentimento do ofendido afasta a própria tipicidade do fato.
Gabarito 1C

(CESPE) A respeito dos crimes contra o patrimônio, assinale a opção correta.

(A) No crime de furto em residência, para efeitos de aplicação da pena, é irrelevante o horário em que o agente pratica a ação criminosa, se durante o dia ou à noite, pois a pena em qualquer situação será a mesma.

(B) O emprego de arma de fogo para a prática do crime de roubo não implica a majoração da pena cominada.

(C) Ainda que o agente não realize a pretendida subtração de bens da vítima, haverá crime de latrocínio quando o homicídio se consumar.

(D) A fraude eletrônica para transferir valores de conta bancária por meio do Internet *banking* constitui crime de estelionato.

(E) Para a consumação do crime de extorsão, é indispensável à obtenção da vantagem indevida.

A: incorreta, pois no crime de furto, caso seja praticado durante o repouso noturno, a pena será aumentada de um terço (art. 155, § 1º, do CP). Entende-se por repouso noturno o período em que as pessoas estão repousando. O critério a ser analisado pelo juiz é variável, de acordo com os costumes do local. Há controvérsia a respeito da necessidade ou não de a residência estar habitada e que seus moradores estejam dormindo. Outra divergência trata da aplicação ou não da causa de aumento ao crime de furto qualificado; **B:** incorreta, pois o emprego de arma de fogo é uma das causas de majoração da pena no crime de roubo (art. 157, §§ 2º-A, I, e 2º-B, do CP); **C:** correta. O delito de latrocínio é complexo, pois atingem dois bens jurídicos distintos, quais sejam, a vida e o patrimônio. Assim, quando houver a morte consumada, com ou sem subtração, o latrocínio será consumado. Por outro lado, caso a morte seja tentada, independente de subtração, o latrocínio será tentado. Nesse sentido é o entendimento trazido na Súmula 610 do STF; **D:** incorreta, pois no caso, trata-se de crime de furto qualificado pelo emprego da fraude e não de estelionato. "*A fraude, de fato, foi usada para burlar o sistema de proteção e vigilância do banco sobre os valores mantidos sob sua guarda, configurando, assim, crime de furto qualificado por fraude, e não estelionato*" (STJ, CC 72738, RS, j. 06.11.2006); **E:** incorreta. Segundo preleciona a Súmula 96 do STJ, "*o crime de extorsão consuma-se independentemente da obtenção da vantagem indevida*". Daí concluir-se que o delito de extorsão é crime formal. Assim, a consumação ocorre após o agente empregar violência ou grave ameaça, constrangendo a vítima a fazer ou deixar de fazer o que lhe foi ordenado, independentemente da obtenção da vantagem indevida.
Gabarito "C"

(CESPE) Ao retirar seu veículo da garagem de casa, Suzana foi surpreendida com a ação de dois indivíduos que, mediante grave ameaça, obrigaram-na a passar para o banco de trás. Um dos indivíduos saiu dirigindo o automóvel, enquanto o outro manteve a vítima dominada, impedindo-a de manter contato com a família ou com autoridades policiais. Após 15 horas, Suzana foi solta em local de pouco movimento com a sua integridade física preservada, e os indivíduos fugiram, levando o carro da vítima para outra cidade. Dois dias depois, as autoridades policiais recuperaram o bem, que, porém, antes, foi utilizado em um assalto à agência do Banco do Brasil no interior do estado. Nessa situação hipotética, de acordo com o CP, Suzana foi vítima de

(A) extorsão.

(B) extorsão mediante sequestro.

(C) sequestro relâmpago.

(D) roubo com causa especial de aumento de pena.

(E) roubo simples.

A: incorreta, já que se trata do crime de roubo e não de extorsão. Oportuno registrar a lição trazida por Nelson Hungria, segundo o qual a diferença havida entre os crimes acima referidos é que no roubo o bem é retirado da vítima, enquanto que na extorsão ela própria é quem o entrega ao agente. Assim, a principal distinção entre o crime de extorsão e o de roubo se faz pela colaboração da vítima. Se for imprescindível a colaboração para o agente obter a vantagem econômica, tem-se o crime de extorsão. No entanto, se for dispensável a colaboração da vítima, ou seja, mesmo que a vítima não entregue o bem, o agente iria subtraí-lo, aí há o crime de roubo. Há crime de roubo, portanto, quando o próprio agente subtraiu o bem ou quando o agente poderia ter subtraído, mas determinou que a vítima lhe entregasse o bem após empregar violência ou grave ameaça; B e **C:** incorretas. O "sequestro relâmpago" é uma modalidade de crime de extorsão cometido mediante a restrição da liberdade da vítima (e não a privação total), necessária para a obtenção da indevida vantagem econômica. Isso não se confunde com a restrição da liberdade, que pode ser o meio executório para o crime de roubo, quando realizada pelo tempo necessário para a abordagem da vítima. Por sua vez, há que se distinguir da extorsão mediante sequestro, a qual se caracteriza pela privação total da liberdade de locomoção da vítima, a qual é capturada pelo agente, com o fim de obter, para si ou para outrem, qualquer vantagem (econômica e indevida), como condição ou preço do resgate; **D:** correta. De acordo com o § 2º do art. 157 do CP, pune-se mais gravosamente (exacerbação de um terço à metade da pena) o roubo nas hipóteses previstas em seus cinco incisos, dentre eles, se o agente mantém a vítima em seu poder, restringindo sua liberdade (inciso V), inserido pela Lei 9.426/1996, colocando-se um fim à celeuma que envolvia o roubo e a restrição de liberdade da vítima. Prevalece, hoje, o entendimento de que incide a causa de aumento de pena ora analisada se o agente, para a subtração dos bens, mantém a vítima privada de sua liberdade pelo espaço de tempo suficiente à consumação do roubo ou para evitar a ação policial. Todavia, se desnecessária a privação de liberdade do sujeito passivo, já tendo se consumado o roubo, é possível o concurso entre o roubo e o sequestro ou cárcere privado (art. 148 do Código Penal); **E:** incorreta, pois no caso em questão incide a causa de aumento prevista no inciso V do § 2º do art. 157 do CP.

Gabarito "D".

(CESPE) Júnior, advogado, teve o seu relógio furtado. Dias depois, ao visitar uma feira popular, percebeu que o referido bem estava à venda por R$ 30,00. Como pagou R$ 2.000,00 pelo relógio e não queria se dar ao trabalho de acionar as autoridades policiais, Júnior desembolsou a quantia pedida pelo suposto comerciante e recuperou o objeto. Nessa situação hipotética, Júnior

(A) agiu em exercício regular de direito e não deve responder por nenhum delito.
(B) não praticou delito, pois o bem adquirido já era de sua propriedade.
(C) praticou o delito de receptação.
(D) praticou o delito de estelionato.
(E) praticou o delito de exercício arbitrário das próprias razões.

A, B e D: incorretas; pois o agente praticou o delito de receptação; **C:** correta. O caso narra situação configuradora de receptação própria, cujo verbo do tipo (conduta típica) é "adquirir, receber, transportar, conduzir ou ocultar" em proveito próprio ou alheio, coisa que sabe ser produto de crime. Ademais, a partir do momento em que cessou a clandestinidade, após a subtração do bem, a posse de terceiro (furtador) torna-se legítima, o que possibilita que o próprio proprietário do bem seja sujeito ativo do crime de receptação; **E:** incorreta, pois a intenção não é a de obter vantagem econômica devida, fazendo justiça com as próprias mãos, o que se exige para a configuração do crime de exercício arbitrário das próprias razões (art. 345 do CP). Oportuno registrar que, muito embora o gabarito seja no sentido de haver o crime de receptação, há posicionamento em sentido contrário, entendendo não haver delito algum, tendo em vista a ausência de dolo, pois o agente não agiu em prejuízo de patrimônio alheio, mas com o intuito de reaver a sua própria coisa.

Gabarito "C".

(CESPE) Nilo, do interior da penitenciária em que se encontra preso, ligou para Cátia e exigiu que a mesma comprasse determinada quantidade de cartões para telefone celular sob pena de que se não o fizesse, mandaria matar seus filhos. Intimidada e com receio de que as ameaças se concretizassem, Cátia cumpriu a exigência. Na situação apresentada, Nilo praticou o crime de

(A) roubo.
(B) furto.
(C) extorsão.
(D) apropriação indébita.
(E) estelionato.

A conduta de Nilo amolda-se perfeitamente ao crime de extorsão (art. 158 do CP), visto que, mediante grave ameaça, constrangeu Cátia a adquirir cartões telefônicos, obtendo, portanto, indevida vantagem econômica em prejuízo alheio.

Gabarito "C".

(CESPE) Túlio furtou determinado veículo. Quando chegou em casa, constatou que no banco de trás encontrava-se uma criança dormindo. Por esse motivo, Túlio resolveu devolver o carro no local da subtração. Com relação a essa situação hipotética, assinale a opção correta.

(A) Túlio cometeu furto, sendo irrelevante a devolução do veículo na medida que houve a consumação do crime.
(B) Túlio praticou furto, mas deverá ter sua pena reduzida em face do arrependimento posterior.
(C) Túlio cometeu furto e sequestro culposo, ficando isento de pena em face do arrependimento eficaz.
(D) Túlio deverá responder por roubo, pois o constrangimento à liberdade da vítima caracteriza ameaça.
(E) Túlio não praticou crime, posto que, ao devolver voluntariamente o veículo, tornou a conduta atípica em face da desistência voluntária.

A: incorreta, pois o fato de Túlio devolver o veículo, ainda que não afaste o crime, que, de fato, já estava consumado, poderá gerar a redução de sua pena, em virtude da aplicação do arrependimento posterior (art. 16 do CP); **B:** correta (art. 16 do CP); **C:** incorreta, pois inexiste a figura do sequestro culposo. Outrossim, não há falar-se em arrependimento eficaz, que pressupõe que o agente, após iniciar os atos executórios, pratique conduta impeditiva da consumação (art. 15 do CP). O furto já estava consumado!; **D:** incorreta, pois o crime de roubo pressupõe a prática de violência ou grave ameaça antes ou durante sua execução (roubo próprio – art. 157, *caput*, do CP) ou após a subtração, a fim de garantir a impunidade ou a detenção da coisa (art. 157, § 1º, do CP); **E:** incorreta, pois a devolução do veículo ocorreu após a consumação do crime, razão pela qual não se caracteriza a desistência voluntária, bem como o arrependimento eficaz (art. 15 do CP).

Gabarito "B".

(CESPE) Julgue o seguinte item.

(1) Carlos, após romper a corrente e o cadeado da porta de serviço do apartamento de Clara, subtraiu vários eletrodomésticos que se encontravam no imóvel. Nessa situação, Carlos cometeu o crime de furto qualificado.

1: correta (art. 155, § 4º, I, do CP), visto que a corrente e os cadeados da porta de serviço constituem obstáculo à subtração dos eletrodomésticos de Clara.

Gabarito 1C.

16. CRIMES CONTRA A FÉ PÚBLICA

(CESPE) A pessoa que, ao comparecer no cartório competente, omite o nome de herdeiro que deveria constar de certidão de óbito, com o fim de prejudicar direito de terceiros, comete o crime de

(A) falsificação de documento público.
(B) falsidade ideológica.
(C) emissão de certidão ideologicamente falsa.
(D) supressão de documento.

(E) falsificação de documento particular.

A conduta de uma pessoa que faz inserir ou insere declaração falsa, ou omite declaração diversa da que deveria constar, seja em documento público ou particular, comete o crime de falsidade ideológica, desde que a conduta seja destinada a prejudicar direito, criar obrigação ou alterar a verdade sobre fato juridicamente relevante (art. 299 do CP).

Gabarito "B".

17. CRIMES CONTRA A ADMINISTRAÇÃO PÚBLICA

(Policial Rodoviário Federal – 2009 – FUNRIO) Dois policiais rodoviários federais estão patrulhando uma rodovia e decidem parar um veículo para solicitar os documentos de seu motorista. O motorista está com os documentos do carro em ordem, mas sua habilitação está vencida. Os policiais esclarecem ao motorista que ele não pode continuar conduzindo o veículo, que ficará apreendido até que uma pessoa habilitada venha buscá-lo. O motorista oferece a quantia de R$ 100,00 reais para que os policiais o liberem. Os policiais então dizem que só o liberariam mediante o pagamento de R$ 500,00 reais. O motorista diz que não tem essa quantia, e os policiais acabam apreendendo o veículo.

Diante da narrativa, assinale a opção correta.

(A) O motorista cometeu o crime de corrupção ativa na modalidade tentada, e os policiais não cometeram nenhum crime.

(B) O motorista cometeu o crime de corrupção ativa, e os policiais cometeram o crime de corrupção passiva.

(C) O motorista e os policiais não cometeram nenhum crime, pois não foi efetivado o pagamento de dinheiro, e o carro foi regularmente apreendido.

(D) O motorista cometeu o crime de corrupção, e os policias cometeram o crime de prevaricação.

(E) O motorista cometeu o crime de corrupção, e os policiais cometeram o crime de concussão, ambos na modalidade tentada.

A hipótese traz a chamada "corrupção bilateral", quando ocorrem, no mesmo contexto fático, os crimes de corrupção ativa e corrupção passiva. O primeiro se consumou no momento em que o particular **ofereceu** aos agentes públicos a vantagem econômica indevida. O segundo se consumou quando os agentes públicos **solicitaram** ao particular o pagamento de uma vantagem ainda maior. Como é sabido, tais crimes não dependem do resultado naturalístico para sua consumação, bastando a prática da conduta típica. Assim, o fato de não ter sigo pago qualquer quantia não desnatura o delito.

Gabarito "B".

(Policial Rodoviário Federal – 2004 – CESPE) No item subsequente, é apresentada uma situação hipotética a respeito dos crimes contra a administração pública, seguida de uma assertiva a ser julgada.

(1) Durante a realização de um patrulhamento ostensivo, um agente de uma autoridade de trânsito exigiu de um motorista a importância de R$ 500,00 para que não retivesse o seu veículo automotor, que transitava com o farol desregulado. Nessa situação, o agente da autoridade de trânsito praticou o crime de corrupção ativa.

1: incorreta. É preciso sempre ter cuidado para não confundir: corrupção **ativa**, que é crime praticado por **particular** contra a Administração Pública, quando aquele **oferece ou promete** o pagamento de vantagem econômica indevida a agente público (art. 333 do CP); corrupção **passiva**, que é crime praticado pelo **agente público** contra a Administração Pública quando ele **solicita, recebe ou aceita promessa** de pagamento de vantagem econômica indevida (art. 317 do CP).

Gabarito 1E.

(CESPE) Julgue o seguinte item.

(1) Considere a seguinte situação hipotética. Tancredo recebeu, para si, R$ 2.000,00 entregues por Fernando, em razão da sua função pública de agente da Polícia Federal, para praticar ato legal, que lhe competia, como forma de agrado. Nessa situação, Tancredo não responderá pelo crime de corrupção passiva, o qual, para se consumar, tem como elementar do tipo a ilegalidade do ato praticado pelo funcionário público.

1: incorreta, visto que o delito de corrupção passiva, previsto no art. 317 do CP, restará configurado quando o agente solicitar ou receber, para si ou para outrem, direta ou indiretamente, ainda que fora da função ou antes de assumi-la, mas sempre em razão dela, vantagem indevida. Referida vantagem pode visar à prática de ato legal ou ilegal, sendo certo ressaltar que, em regra, o funcionário público é corrompido para a prática de atos ilegais. Oportuno mencionar que se denomina de *corrupção passiva própria* aquela em que o sujeito ativo (funcionário público) deixa de praticar ou pratica *ato ilegal*, ao passo que se chama de *corrupção passiva imprópria* a hipótese em que o agente é corrompido para a prática de *ato legal*. Por fim, frise-se que a legalidade ou ilegalidade do ato praticado pelo funcionário público corrupto não consta como elementar do tipo penal.

Gabarito 1E.

(CESPE) Julgue o seguinte item.

(1) Caso um policial federal preste ajuda a um contrabandista para que este ingresse no país e concretize um contrabando, consumar-se-á o crime de facilitação de contrabando, ainda que o contrabandista não consiga ingressar no país com a mercadoria.

1: correta, visto que comete o crime de facilitação de contrabando ou descaminho, previsto no art. 318 do CP, o funcionário público que, com infração de dever funcional, facilita a entrada ou a saída de mercadoria proibida no Brasil (contrabando), ou facilita que se iluda o Fisco na arrecadação dos tributos pendentes sobre as mercadorias lícitas. De acordo com a doutrina, trata-se de *crime formal*, ou seja, consuma-se com a efetiva facilitação por parte do agente ao contrabandista, ainda que este não consiga, de fato, ingressar com a mercadoria no país.

Gabarito 1C.

(CESPE) X, funcionário público, mediante prévio concerto de vontades e unidade de desígnios com Y, advogado, apropriou-se da importância de R$ 100.000,00, que havia recebido e da qual tinha a posse em razão do ofício e de mandamento legal. Em face disso, a autoridade policial instaurou inquérito policial, com base no qual o Ministério Público apresentou denúncia, que foi recebida de pronto pelo magistrado competente. Julgue os itens a seguir, relativos à situação hipotética apresentada.

(1) X e Y deveriam responder pelo crime de peculato, pois a qualidade de funcionário público comunica-se ao particular que seja partícipe.

(2) A restituição dos valores apropriados por X, antes do recebimento da denúncia, excluiria o tipo subjetivo do delito, sendo causa de extinção da punibilidade.

(3) Para a configuração do peculato, é irrelevante ser particular o dinheiro apropriado, bastando que X tenha tido a posse em razão de lei e cargo.

1: correta, visto que, nos termos do art. 30 do CP, as circunstâncias ou condições de caráter pessoal, desde que elementares do crime, comunicam-se aos coautores ou partícipes. Logo, se Y tiver ciência da qualidade de X (funcionário público), ambos responderão pelo crime de peculato (art. 312 do CP), visto que a condição de funcionário público é elementar de referido crime; 2: incorreta, pois a restituição dos valores apropriados antes do recebimento da denúncia constitui, se tanto, arrependimento posterior (art. 16 do CP), capaz apenas de reduzir a pena de 1/3 a 2/3, diferentemente se se tratasse de peculato culposo (art. 312, § 2°, do CP), para o qual a reparação do dano, se anterior ao trânsito em julgado, é causa de extinção da punibilidade (art. 312, § 3°, do CP); 3: correta, posto que, para a caracterização do peculato, basta que o funcionário público se aproprie de dinheiro, valor ou bem móvel público ou particular que esteja em sua posse em razão do cargo. Assim, se X, agente da polícia federal, estiver na posse de dinheiro apreendido na residência de um grande contrabandista e dele se apropriar, responderá por peculato, ainda que o dinheiro apropriado seja particular.
Gabarito 1C, 2E, 3C

(CESPE) Barnabé, funcionário público aposentado, solicitou de Desesperado a importância de R$ 1.000,00, a pretexto de influir para a aprovação de um projeto arquitetônico, alegando ser amigo pessoal de Tolerante, funcionário responsável pelo ato administrativo. Tolerante, cedendo ao pedido de Barnabé, resolve aprovar o projeto, mesmo sabendo que tal ato representaria infração a dever funcional. Com base nessa situação, julgue os itens abaixo.

(1) Barnabé cometeu o crime de corrupção passiva, ao receber dinheiro de Desesperado para obter a aprovação do projeto. Desesperado cometeu o crime de prevaricação.
(2) Tolerante responderá pelo crime de condescendência criminosa.
(3) A pena de Barnabé será aumentada, se restar provado que, insinuou a Desesperado que a importância paga será também destinada ao funcionário responsável pela aprovação do projeto.
(4) Barnabé cometeu, no momento em que recebeu a importância cobrada de Desesperado, o crime de peculato doloso.

1: incorreta, pois a conduta de Barnabé amolda-se ao art. 332 do CP (crime de tráfico de influência), na medida que solicitou a Desesperado a importância de R$ 1.000,00, a pretexto de influir em ato que seria praticado por Tolerante, funcionário público. Este, por sua vez, ao ceder ao pedido de Barnabé, cometeu o crime de corrupção passiva privilegiada (art. 317, § 2°, do CP), bastante parecido, diga-se de passagem, com o crime de prevaricação (art. 319 do CP); 2: incorreta, pois, como visto no item anterior, Tolerante responderá pelo crime de corrupção passiva privilegiada; 3: correta (art. 332, parágrafo único, do CP); 4: incorreta (art. 332 do CP).
Gabarito 1E, 2E, 3C, 4E

(CESPE) "Importar ou exportar mercadoria proibida ou iludir, no todo ou em parte, o pagamento de direito ou imposto devido pela entrada, pela saída ou pelo consumo de mercadoria" configura o crime de contrabando ou descaminho, conforme a redação do art. 334 do Código Penal Brasileiro. Julgue os itens que se seguem, acerca desse assunto.

(1) O contrabando difere do descaminho: no primeiro, a mercadoria é proibida; no segundo, sua entrada ou saída é permitida, porém o sujeito frauda o pagamento do tributo devido.
(2) Responde pelo referido crime o funcionário público que facilita, com infração de dever funcional, a prática de contrabando.
(3) Responde pelo crime em tela o traficante de droga que importa, ilegalmente, grande quantidade de cocaína.
(4) Incide em erro de proibição o agente que, ao importar determinada mercadoria, desconhece ser ela proibida de entrar no país.
(5) É possível a tentativa de se praticar esse crime.

1: correta, pois, de fato, o contrabando diz respeito à entrada ou saída de mercadoria proibida, ao passo que o descaminho nada tem que ver com a mercadoria, mas, sim, com o tributo devido sobre ela, o qual não é recolhido aos cofres em razão de o Fisco ser "iludido" pelo agente; 2: incorreta, pois o funcionário que, com infração a dever funcional, facilita a prática do contrabando ou descaminho, responde pelo crime de facilitação de contrabando ou descaminho (art. 318 do CP); 3: incorreta, pois, se a "mercadoria" proibida for "droga", aplica-se, evidentemente, a Lei de Drogas (Lei 11.343/2006). No caso, o traficante que importa droga responderá pelo crime de tráfico de drogas, previsto no art. 33, caput, da referida lei, que deverá ser investigado, diga-se de passagem, pela Polícia Federal, haja vista que se trata de delito transnacional; 4: incorreta, pois o mero desconhecimento acerca da proibição da mercadoria no país não é suficiente para o reconhecimento do erro de proibição (art. 21 do CP). Afinal, o simples desconhecimento da lei é inescusável; 5: correta. De fato, admite-se a tentativa do crime de contrabando ou descaminho. No primeiro caso (contrabando), dá-se a tentativa quando o agente, preparado para entrar ou sair do país com a mercadoria proibida, tem sua conduta interrompida por fatores alheios à sua vontade. Já no caso do descaminho, haverá tentativa se o agente não conseguir iludir a autoridade alfandegária quando da entrada ou saída das mercadorias no país.
Gabarito 1C, 2E, 3E, 4E, 5C

(CESPE) O crime previsto no art. 331 do Código Penal Brasileiro é definido como "Desacatar funcionário público no exercício da função ou em razão dela". Acerca do crime de desacato, julgue os seguintes itens.

(1) É indispensável que a ofensa seja cometida na presença da vítima.
(2) A conduta de rasgar o mandado de citação na frente do oficial de justiça e jogar o que sobrou no rosto deste servidor não basta para configurar o crime de desacato.
(3) Comete desacato quem lança ofensas contra um funcionário público aposentado.
(4) Não incide no crime de desacato quem lança ofensas genéricas a uma instituição.
(5) Não comete desacato quem, discutindo com um delegado de polícia acerca de questões políticas do país, o chama de analfabeto.

1: correta. De acordo com a doutrina, se a ofensa for praticada na ausência da vítima, poderá restar caracterizado crime contra a honra; se na presença, o crime é de desacato; 2: incorreta, visto que o desacato resta configurado sempre que um funcionário público, em razão de sua função, for desrespeitado ou destratado de qualquer forma; 3: incorreta, pois o desacato tem por pressuposto que a ofensa seja lançada contra um funcionário público que esteja no exercício da função ou em razão dela, o que, evidentemente, não pode ser verificado com relação a um funcionário público aposentado; 4: correta, pois, de fato, o crime de desacato pressupõe que o agente lance ofensas a um funcionário público, e não a instituições; 5: correta, visto que chamar de analfabeto um Delegado de Polícia durante uma conversa

sobre questões políticas, absolutamente estranhas à atividade policial, não configura desacato. Afinal, o crime em questão exige que as ofensas sejam irrogadas ao funcionário sempre em razão da função por ele exercida. Assim não fosse, qualquer ofensa dirigida a um funcionário público configuraria desacato, o que não é verdade.
Gabarito 1C, 2E, 3E, 4C, 5C

(CESPE) Julgue o seguinte item.

(1) Paulo, engenheiro civil, em razão do exercício de atividade pública, exigiu para si, para conceder o habite-se requerido por particular perante a prefeitura, o pagamento de certa quantia em dinheiro. Nessa situação, a conduta de Paulo caracteriza crime de corrupção passiva.

1: incorreta, pois o crime de corrupção passiva (art. 317 do CP) se traduz pela prática de uma das seguintes condutas: a) solicitar; b) receber; ou; c) aceitar promessa de vantagem indevida. Se Paulo exigiu determinada quantia para conceder o habite-se, sua conduta melhor se enquadra no crime de concussão (art. 316 do CP), que resta configurado exatamente pela exigência, por funcionário público, de vantagem indevida.
Gabarito 1E

(CESPE) Julgue o seguinte item.

(1) Lino, figurando como réu em ação de execução, teve a penhora de seus bens ordenada judicialmente. No momento em que o oficial de justiça cumpria a determinação judicial, Lino opôs-se ao seu cumprimento, ameaçando a vida do servidor público e proferindo ofensas contra a sua honra, restando frustrada a execução do ato. Nessa situação, Lino praticou o crime de resistência em concurso com desacato.

1: correta, pois Lino, no mesmo contexto, mediante grave ameaça, opôs-se à execução de ato legal praticado por funcionário público (no caso, um oficial de justiça que cumpria determinação judicial), praticando, pois, o crime de resistência (art. 329 do CP), bem como o de desacato (art. 331 do CP), que se configurou em razão das ofensas dirigidas ao oficial de justiça no exercício de sua função.
Gabarito 1C

(CESPE) Julgue o seguinte item.

(1) Juliana era conhecida de Múcio, funcionário de autarquia federal, e sobre ele a primeira possuía grande ascendência. Juliana não era funcionária pública e, durante muito tempo, tentou convencê-lo a subtrair um equipamento, de pequeno porte mas valioso, que havia no ente público, até que Múcio anuiu e efetuou a subtração. Nessa situação, Múcio cometeu peculato e, pelo fato de esse delito ser próprio de funcionário público, Juliana não poderia ser punida como partícipe do crime.

1: incorreta. Tanto Múcio, funcionário público, quanto Juliana responderão pelo crime de peculato (art. 312 do CP). O fato de referido crime ser próprio, vale dizer, exigir a condição de funcionário público do agente delitivo, não afasta a possibilidade de reconhecimento de concurso de pessoas (art. 29 do CP). Muito embora apenas Múcio seja funcionário público, é certo que tal condição pessoal é elementar do crime de peculato (ou seja, trata-se de dado previsto no próprio tipo penal, sem o qual não se configura o delito), motivo pelo qual incide, neste caso, a regra prevista no art. 30 do CP (circunstâncias ou condições de caráter pessoal não se comunicam a coautores ou partícipes, salvo se elementares do crime).
Gabarito 1E

(CESPE) Julgue o seguinte item.

(1) Se um agente de polícia participar de investigações e operações policiais, sem autorização, ciente de que, em virtude de procedimento administrativo disciplinar, está cumprindo, naquele período, pena de suspensão, essa conduta poderá configurar infração administrativa, mas não crime.

1: incorreta, visto que a conduta praticada pelo agente policial se enquadra perfeitamente ao crime de exercício funcional ilegalmente antecipado ou prolongado (art. 324 do CP).
Gabarito 1E

(CESPE) Julgue o seguinte item.

(1) Considere a seguinte situação hipotética. Eduardo era servidor público e sabia que parente seu formulara requerimento administrativo, dirigido à autoridade com a qual ele trabalhava. Valendo-se de suas relações profissionais com a autoridade, Eduardo, em conversa com ela, procurou convencê-la de que o pleito merecia ser acolhido. De fato, o parente de Eduardo buscava obter vantagem a que realmente tinha direito. Nessa situação, Eduardo praticou o crime de advocacia administrativa, apesar de o requerimento buscar direito legítimo do requerente.

1: correta (art. 321 do CP), visto que Eduardo, valendo-se de sua condição de funcionário público, patrocinou (leia-se: advogou, postulou) interesse privado (de seu parente) perante a Administração Pública. O fato de o pedido acolhido pela autoridade competente ser legítimo não afasta o crime. Prova disso é que se o direito defendido pelo funcionário público for ilegítimo, configurada estará a forma qualificada do crime (art. 321, parágrafo único, do CP). Logo, o crime de advocacia administrativa ocorre de qualquer forma, seja o direito postulado legítimo ou ilegítimo.
Gabarito 1C

(CESPE) Julgue o seguinte item.

(1) Considere a seguinte situação hipotética. Carla era delegada de polícia e, durante período de licença da função, exigiu de um criminoso determinado valor, alegando que, se não o recebesse, iria levar aos autos de um inquérito policial sob sua responsabilidade determinadas provas que o incriminariam. Este concordou com a exigência de propina feita pela servidora criminosa, mas não chegou a pagá-la, pois, antes disso, foi preso por outro delegado. Nessa situação, Carla não chegou a cometer crime algum, por dois motivos: fez a exigência fora da função, durante licença, e não chegou a receber a vantagem indevida.

1: incorreta, e por dois motivos: a) o crime de concussão (art. 316 do CP) é considerado formal, consumando-se no momento da exigência, independentemente da obtenção da vantagem pelo agente delitivo; b) o crime praticado por Carla, delegada de polícia, não precisa ser cometido durante o exercício da função, sendo, contudo, imprescindível, que sua prática ocorra sempre em razão da função, mesmo que o agente esteja fora dela ou antes de assumi-la.
Gabarito 1E

(CESPE) Julgue o seguinte item.

(1) Se um desonesto auditor fiscal da Receita Federal aceitar oferta de propina, feita por contribuinte, para deixar de lançar tributo por este devido, não terá cometido o delito de corrupção passiva tipificado no CP.

1: correta, visto que a conduta do auditor fiscal da Receita Federal, em razão do princípio da especialidade, corresponde àquela prevista no art. 3º, II, da Lei 8.137/1990 (crimes contra a ordem tributária, econômica e contra as relações de consumo). Não fosse a existência da lei especial, de fato, a conduta do auditor caracterizaria o crime de corrupção passiva tipificado no CP (art. 317).
Gabarito 1C

(CESPE) Com relação aos crimes contra a administração pública, julgue os seguintes itens.

(1) Pratica crime de concussão o funcionário público que dê às verbas ou rendas públicas aplicação diversa da estabelecida em lei.

(2) Pratica crime de denunciação caluniosa o sujeito ativo que provoque a ação de autoridade, comunicando-lhe a ocorrência de crime ou contravenção que sabe não ter ocorrido.

(3) Pratica crime de tergiversação o advogado que defenda, na mesma causa, simultânea ou sucessivamente, partes contrárias.

1: incorreta (art. 315 do CP); **2:** incorreta (art. 340 do CP), visto que o crime de denunciação caluniosa (art. 339 do CP) pressupõe que o agente indique pessoa determinada que supostamente teria praticado o crime ou contravenção; **3:** correta (art. 355, parágrafo único, do CP).
Gabarito 1E, 2E, 3C

(CESPE) Acerca dos crimes praticados contra a administração pública, cada um dos itens que segue apresenta uma situação hipotética, seguida de uma assertiva a ser julgada.

(1) Um policial se deparou com uma situação de flagrante delito por crime de tráfico de drogas, todavia, percebendo, logo em seguida, que o autor era um antigo amigo de infância, deixou de efetivar a prisão, liberando o conhecido. Nessa situação, a conduta do policial caracterizou o crime de prevaricação.

(2) Um funcionário dos Correios se apropriou indevidamente de cheque contido em correspondência sob a sua guarda em razão da função, utilizando o título para compras, em proveito próprio, em um supermercado. Nessa situação, a conduta do funcionário caracterizou o crime de furto simples, pois o objeto material do delito, do qual o agente detinha a posse em razão do cargo, era particular.

(3) Um policial civil, ao executar a fiscalização de ônibus interestadual procedente da fronteira do Paraguai, visando coibir o contrabando de armas e produtos ilícitos, deparou-se com uma bagagem conduzida por um passageiro contendo vários produtos de origem estrangeira de importação permitida, todavia sem o devido pagamento de impostos e taxas. Sensibilizado com os insistentes pedidos do passageiro, o policial civil deixou de apreender as mercadorias, liberando a bagagem. Nessa situação, o policial civil, por descumprir dever funcional, será responsabilizado pelo crime de facilitação de contrabando ou descaminho.

(4) Paulo, delegado de polícia, exigiu de Carlos certa quantia em dinheiro para alterar o curso de investigação policial, livrando-o de um possível indiciamento. Quando da exigência, se encontrava acompanhado de Joaquim, que não era funcionário público, mas participou ativamente da conduta, influenciando a vítima a dispor da importância exigida, sob o argumento de que o policial civil poderia beneficiá-lo. Nessa situação, Paulo e Joaquim, mesmo que Carlos não aceite a exigência, responderão pelo crime de concussão.

(5) Geraldo, imputável, após ser abordado por 3 policiais militares em uma *blitz*, com a clara intenção de menosprezar e desprestigiar a função do agente público, passou a ofender verbalmente toda a guarnição policial, tendo, em decorrência disso, recebido voz de prisão e sido conduzido à presença da autoridade policial competente. Nessa situação, Geraldo responderá pelo crime de desacato por três vezes, considerando-se o número de policiais que foram ofendidos, sujeitos passivos principais do delito.

(6) Um particular, nos termos dos dispositivos do Código de Processo Penal que disciplinam a prisão em flagrante, desacompanhado de funcionário público, efetuou a prisão de determinado cidadão que acabou de cometer um homicídio. O autor do delito, mediante violência, se opôs à execução do ato, produzindo lesões graves em seu executor. Nessa situação, o referido cidadão, além das penas relativas à conduta que ensejou a prisão, responderá pelo crime de resistência sem prejuízo das correspondentes à violência.

1: correta (art. 319 do CP), visto que o policial deixou de praticar ato de ofício (realizar a prisão em flagrante de um traficante), para satisfazer sentimento pessoal (amizade); **2:** incorreta, pois o funcionário dos Correios, sendo servidor público, ao se apropriar de um cheque, em razão do cargo, cometeu o crime de peculato (art. 312 do CP). O fato de o cheque ser particular não afasta o crime, visto que este tem como objetos materiais: a) dinheiro; b) valor; ou c) bem móvel público ou particular; **3:** correta (art. 318 do CP), visto que o policial, omitindo-se em seu dever, acabou facilitando o crime de descaminho praticado pelo passageiro. Discutível, porém, o gabarito dado pela examinadora, visto que, primeiramente, não compete à Polícia Civil a apuração do crime de contrabando ou descaminho, mas, sim, à Polícia Federal. De outro lado, a conduta do policial poderia, também, amoldar-se, ao crime de corrupção passiva privilegiada (art. 317, § 2º, do CP); **4:** correta (art. 316 do CP). O fato de Paulo haver exigido certa quantia de Carlos para deixar de praticar um ato de ofício configura, por si só, o crime de concussão, independentemente de conseguir receber o valor. Trata-se, é bom que se diga, de crime formal (consuma-se com a mera exigência, independentemente do recebimento da vantagem indevida). Joaquim, embora particular, também responderá pelo crime, visto que a condição de funcionário público de Paulo, por ser elementar do crime, comunica-se a terceiros (art. 30 do CP); **5:** incorreta, pois se a intenção de Geraldo era a de menosprezar a função dos agentes, ainda que sejam 3 policiais, haverá um só crime. Assim não fosse, para cada xingamento realizado em detrimento de 1 só policial, por exemplo, haveria pluralidade de crimes. O que o art. 331 do CP protege é a função administrativa dos agentes públicos e não, propriamente, a pessoa deles; **6:** incorreta, pois, a despeito de um cidadão "comum" poder efetuar a prisão em flagrante de quem assim se encontre (art. 301 do CPP – flagrante facultativo), caso o detido resista à prisão, mediante grave ameaça ou violência, não terá cometido o crime de resistência (art. 329 do CP). Afinal, referido delito deve ser praticado em face de funcionário que esteja executando um ato legal, ou quem lhe esteja prestando auxílio. Tratando-se de crime contra a Administração em geral, pressupõe, como dito, que o ato alvo da resistência seja oriundo de uma atividade típica de funcionário público.
Gabarito 1C, 2E, 3C, 4C, 5E, 6E

(CESPE) Paulino, que é servidor público, e seu vizinho Silvestre, que não tem vínculo funcional com a administração pública, subtraíram o computador e a impressora utilizados por Paulino na sua unidade de lotação, apropriando-se dos equipamentos. Silvestre tem conhecimento da profissão de Paulino. Nessa hipótese, Paulino e Silvestre devem responder pelo(s) crime(s) de

(A) peculato e furto, respectivamente.
(B) peculato.
(C) furto e peculato, respectivamente.
(D) furto.
(E) peculato e apropriação indébita, respectivamente.

O caso relatado no enunciado trata do crime de peculato-furto (art. 312, § 1º, do CP), em que o agente (funcionário público), embora não tendo a posse do dinheiro, valor ou bem, o subtrai, ou concorre para que seja subtraído, em proveito próprio ou alheio, valendo-se da facilidade que lhe proporciona a qualidade de funcionário. Ainda, oportuno registrar que o vizinho do servidor público (*Silvestre*) também responderá pelo crime de peculato. Isso porque, em regra, as circunstâncias, condições e elementares de caráter real ou objetivas se comunicam, desde que conhecida pelos agentes. Já as circunstâncias e condições de caráter pessoal ou subjetivas não se comunicam, salvo quando elementares do crime (art. 30 do CP), como ocorre, por exemplo, com a elementar "*funcionário público*".
Gabarito "B".

(CESPE) Em relação aos crimes contra a administração pública, assinale a opção correta.

(A) O delegado que deixa de instaurar inquérito policial para satisfazer interesse pessoal comete o crime de favorecimento pessoal.
(B) A pessoa que solicita determinada quantia a pretexto de influir em ato praticado por policial pratica advocacia administrativa.
(C) O delegado que deixa de responsabilizar subordinado que cometeu infração no exercício do cargo pratica crime de condescendência criminosa.
(D) O policial que solicita para si determinada quantia em razão da função que exerce pratica crime de concussão.
(E) Comete crime de desobediência o agente público que deixa de cumprir seu dever de vedar o acesso a telefone celular, permitindo ao preso a comunicação externa.

A: incorreta, visto que o funcionário público que retarda ou deixa de praticar ato de ofício, ou o pratica contra disposição expressa de lei, para satisfazer interesse ou sentimento pessoal, comete o crime de prevaricação (art. 319 do CP); **B:** incorreta, pois quem solicita determinada quantia a pretexto de influir em ato praticado por funcionário público, comete o crime de tráfico de influência (art. 332 do CP); **C:** correta (art. 320 do CP); **D:** incorreta, pois a solicitação de vantagem indevida, em razão da função exercida pelo agente, caracteriza o crime de corrupção passiva (art. 317 do CP), e não a de concussão, que pressupõe a exigência da vantagem indevida, e não a mera solicitação (art. 316 do CP); **E:** incorreta (art. 319-A do CP).
Gabarito "C".

(CESPE) Julgue os itens que se seguem, relativos aos crimes contra a administração pública.

(1) Para configurar o delito de concussão, o funcionário público deve solicitar à vítima a vantagem indevida.
(2) A falta eventual de funcionário público ao serviço caracteriza o delito intitulado abandono de função.
(3) Segundo a lei penal, podem constituir sujeitos ativos do crime de falso testemunho o perito, o tradutor, o intérprete ou a testemunha que figurem em processo judicial.
(4) Considere a seguinte situação hipotética. Patrícia, funcionária de uma empresa pública, apropriou-se da quantia de R$ 5.000,00, de que tinha posse em razão da função que exercia. Nessa situação, é correto afirmar que Patrícia praticou o crime de peculato.
(5) Aquele que oferece ou promete vantagem indevida a oficial de justiça para que retarde o ato de intimação comete o crime de corrupção ativa.
(6) Considere a seguinte situação hipotética. Nívio declarou seu amor a Tarciana, que, apesar de seus apelos, recusou-se a namorá-lo. Nívio, por vingança, subtraiu uma pulseira de ouro pertencente à amada. Nessa situação, houve o crime de exercício arbitrário das próprias razões.
(7) A lei penal não incrimina a fuga de preso para o alcance da liberdade empreendida sem violência.

1: incorreta, pois o crime de concussão pressupõe que o agente exija vantagem indevida à vítima (art. 316 do CP). A solicitação pode caracterizar o crime de corrupção passiva (art. 317 do CP); **2:** incorreta, pois o crime de abandono de função, definido no art. 323 do CP, pressupõe que o agente abandone o cargo público, o que deve ocorrer, de acordo com a doutrina, por tempo juridicamente relevante. Outrossim, a falta eventual de funcionário poderá ser justificada, não caracterizando crime; **3:** correta (art. 342 do CP); **4:** correta (art. 312 do CP); **5:** correta (art. 333 do CP); **6:** incorreta, visto que, primeiramente, o exercício arbitrário das próprias razões, definido no art. 345 do CP, é crime contra a Administração da Justiça. Outrossim, não se vislumbra que Nívio tenha feito justiça com as próprias mãos, visto que o amor correspondido não pode constituir pretensão que poderia ser deduzida em juízo; **7:** correta, pois o crime de evasão do preso, definido no art. 352 do CP, somente se caracteriza pelo emprego de violência contra pessoa.
Gabarito 1E, 2E, 3C, 4C, 5C, 6E, 7C

(CESPE) Julgue o seguinte item.

(1) Um policial deixou a janela da viatura aberta e se afastou para averiguar local de crime. Aproveitando-se desse fato, uma pessoa subtraiu do interior do citado veículo o aparelho radiotransmissor. Nessa situação, o policial concorreu para a prática de crime de outrem.

1: correta. No caso proposto, o policial deverá responder por peculato culposo (art. 312, § 2º, do CP).
Gabarito 1C

18. OUTROS CRIMES DO CÓDIGO PENAL

(CESPE) Julgue o seguinte item.

(1) É pacífico o entendimento jurisprudencial de que, nos crimes contra a organização do trabalho, a competência é da justiça estadual quando a lesão for individual; e da justiça federal, quando for atingida a categoria profissional como um todo.

1: correta. De fato, a jurisprudência, há muito, firmou-se no sentido de que os crimes contra a organização do trabalho, previstos nos arts. 197 a 207 do CP, serão de competência, em regra, da Justiça Estadual, ficando deslocada a competência para a Justiça Federal apenas quando a conduta do agente ofender a toda uma coletividade de trabalhadores.
Gabarito 1C

19. OUTROS CRIMES E TEMAS COMBINADOS

(Policial Rodoviário Federal – 2008 – CESPE) Acerca dos crimes contra a administração pública, do abuso de autoridade, do tráfico ilícito de entorpecentes e da competência, assinale a opção correta.

(A) Compete à justiça estadual processar e julgar sujeito ativo de crime de uso de documento falso, praticado mediante a apresentação de documentação falsa a um PRF.
(B) A legislação em vigor acerca do tráfico ilícito de entorpecente possibilita ao condenado por tráfico ilícito de entorpecente, desde que seja réu primário, com bons antecedentes e que não se dedique às atividades criminosas nem integre organização criminosa, a redução de um sexto a dois terços de sua pena, bem como a conversão desta em penas restritivas de direitos, desde que cumpridos os mesmos requisitos exigidos para a redução da pena.
(C) Pratica crime contra a honra e não desacato o sujeito ativo que manda uma carta para a residência de um PRF, afirmando que este é o "maior apropriador do dinheiro público".
(D) Compete à justiça militar processar e julgar militar por crime de abuso de autoridade, desde que este tenha sido praticado em serviço.
(E) A corrupção é crime necessariamente bilateral, de forma que a configuração da corrupção passiva dependerá da existência do crime de corrupção ativa.

A: incorreta, pois nos termos do art. 109, IV, da Constituição Federal, é da competência da Justiça Federal o julgamento de infrações penais praticadas em detrimento de bens, serviços ou interesse da União. No caso, o uso do documento falso teve por escopo evitar a atuação de um servidor público federal no exercício de suas funções. Logo, competirá o julgamento à Justiça Federal; **B:** incorreta, pois na sua redação original, válida quando da aplicação da prova, o art. 33, § 4º, da Lei 11.343/2006 vedava a conversão da pena privativa de liberdade em restritiva de direitos. Por essa razão, a alternativa foi considerada incorreta. Porém, vale destacar que, em 2012, o Senado Federal editou a Resolução nº 5/2012 suspendendo a execução da parte do dispositivo que proibia a medida, acolhendo a decisão do STF no HC 97.256/RS que a declarou inconstitucional; **C:** correta, pois conforme farta jurisprudência do STJ, o crime de desacato somente pode ser praticado na presença do funcionário público, não se consumando por meio de escritos ou outras formas à distância; **D:** incorreta, pois nos termos da Súmula 172 do STJ, tal fato compete à Justiça Comum Estadual, ainda que o militar esteja em serviço; **E:** incorreta, pois apesar de ser uma de suas formas mais comuns, a corrupção não é necessariamente bilateral, isto é, ocorrendo sempre a corrupção ativa e a corrupção passiva no mesmo contexto fático. É possível que a corrupção ativa ocorra sozinha (ex.: o particular oferece o dinheiro e o funcionário público o recusa) e que a corrupção passiva ocorra sozinha (o funcionário público solicita o dinheiro e o particular recusa-se a pagar).

Gabarito "C".

(CESPE) Julgue os itens a seguir com base no direito penal.

(1) Será submetido ao Código Penal brasileiro o agente, brasileiro ou não, que cometer, ainda que no estrangeiro, crime contra administração pública, estando a seu serviço, ou cometer crime contra o patrimônio ou a fé pública da União, de empresa pública ou de sociedade de economia mista. A circunstância de a conduta ser lícita no país onde foi praticada ou de se encontrar extinta a punibilidade será irrelevante para a responsabilização penal do agente no Brasil.
(2) Conflitos aparentes de normas penais podem ser solucionados com base no princípio da consunção, ou absorção. De acordo com esse princípio, quando um crime constitui meio necessário ou fase normal de preparação ou execução de outro crime, aplica-se a norma mais abrangente. Por exemplo, no caso de cometimento do crime de falsificação de documento para a prática do crime de estelionato, sem mais potencialidade lesiva, este absorve aquele.
(3) No que diz respeito ao concurso de pessoas, o sistema penal brasileiro adota a teoria monista, ou igualitária, mas de forma temperada, pois estabelece graus de participação do agente de acordo com a sua culpabilidade, inclusive em relação à autoria colateral ou acessória, configurada quando duas ou mais pessoas produzem um evento típico de modo independente uma das outras.
(4) O fato de determinada conduta ser considerada crime somente se estiver como tal expressamente prevista em lei não impede, em decorrência do princípio da anterioridade, que sejam sancionadas condutas praticadas antes da vigência de norma excepcional ou temporária que as caracterize como crime.

1: correta. Trata a assertiva da chamada extraterritorialidade incondicionada. Assim, dentre outras hipóteses, todas definidas no art. 7º, I, do CP, ficam sujeitos à lei brasileira, embora cometidos no estrangeiro, os crimes contra a administração pública, estando o agente a seu serviço (art. 7º, I, "c", do CP), bem como os crimes contra o patrimônio ou a fé pública da União, do Distrito Federal, de Estado, de Território, de Município, de empresa pública, sociedade de economia mista, autarquia ou fundação instituída pelo Poder Público (art. 7º, I, "b", do CP). Nos casos de extraterritorialidade incondicionada, ainda que o agente tenha sido absolvido, ou mesmo condenado no estrangeiro, a lei brasileira será aplicada (art. 7º, § 1º, do CP); **2:** correta. De fato, no conflito aparente de normas penais, no qual, aparentemente, mais de uma norma será aplicada para o mesmo fato, a solução será encontrada por alguns critérios ou princípios, quais sejam, os da especialidade, subsidiariedade e consunção. Quanto a este último, também chamado de princípio da absorção, se um crime constituir meio necessário para o cometimento do outro, ou se for uma fase normal de preparação ou de execução de outro delito, haverá a absorção daquele pelo mais abrangente. É o que se verifica na falsificação para o cometimento do estelionato, desde que aquela não tenha mais potencialidade ofensiva (Súmula 17 do STJ); **3:** incorreta. O CP brasileiro, em matéria de concurso de pessoas (ou concurso de agentes), adotou a teoria monista ou unitária, segundo a qual todos aqueles que concorrerem para a prática de um crime responderão por referido crime, na medida de sua culpabilidade. Isso significa que, independentemente do grau de culpabilidade, todos responderão pelo mesmo crime. Porém, no tocante à pena, de fato, poderá haver variação, tendo em vista que cada um dos agentes será analisado sob o ponto de vista de sua própria culpabilidade (grau de reprovabilidade do comportamento ilícito); **4:** incorreta. De acordo com o princípio da anterioridade, somente se um fato já for previamente tipificado como crime ou contravenção penal é que poderá gerar a responsabilização penal do agente. Em outras palavras, só se pune criminalmente um fato que, antes de sua ocorrência, já for previsto em lei como ilícito penal. No caso das leis penais excepcionais ou temporárias (art. 3º do CP), estas, também, devem preexistir ao cometimento do crime, sob pena de violação ao princípio da anterioridade. Porém, mesmo após a cessação de suas vigências (autorrevogação), os fatos cometidos

durante a produção de efeitos delas, serão punidos, visto que referidas leis têm a característica da ultra-atividade (aplicação da lei mesmo após sua revogação).
Gabarito 1C, 2C, 3E, 4E

(CESPE) Em cada um dos itens é apresentada uma situação hipotética, acerca dos crimes contra a pessoa, contra o patrimônio, contra a fé pública e contra a administração pública, seguida de uma assertiva a ser julgada.

(1) Luiz, proprietário da mercearia Pague Menos, foi preso em flagrante por policiais militares logo após passar troco para cliente com cédulas falsas de moeda nacional de R$ 20,00 e R$ 10,00. Os policiais ainda apreenderam, no caixa da mercearia, 22 cédulas de R$ 20,00 e seis cédulas de R$ 10,00 falsas. Nessa situação, as ações praticadas por Luiz – guardar e introduzir em circulação moeda falsa – configuram crime único.

(2) No curso de investigação policial para apurar a prática de estelionato contra banco público, foi constatado que um de seus empregados concorreu culposamente para que outrem praticasse a infração. Logo após a descoberta dos fatos, o empregado reparou integralmente o dano causado, restituindo os valores devidamente corrigidos e atualizados antes do encerramento do inquérito policial. Nessa situação, está extinta a punibilidade do agente.

(3) Pedro se opôs à execução de diligência policial cujo objetivo era investigá-lo e recusou-se a colaborar com os agentes que a realizaram, razão por que a diligência não pôde ser executada. Nessa situação, Pedro não pode ser responsabilizado criminalmente por não ter atendido às ordens policiais, uma vez que o sistema penal brasileiro não pune a resistência passiva, tampouco a caracteriza como delito de desobediência.

(4) Juan, cidadão espanhol, que havia sido expulso do Brasil após cumprimento de pena por tráfico internacional de drogas, retornou ao país, sem autorização de autoridade competente, para visitar sua companheira e seu filho, nascido no curso do cumprimento da pena. Nessa situação, para que o simples reingresso de Juan ao Brasil configurasse crime, seria necessário que ele praticasse nova infração, de natureza dolosa, em território nacional.

1: correta, pois o crime tipificado no art. 289, § 1º, do CP, é considerado de ação múltipla ou de conteúdo variado. Em outras palavras, o tipo penal é misto, vale dizer, responderá criminalmente o agente que *importa* ou *exporta, adquire, vende, troca, cede, empresta,* **guarda** ou **introduz** na circulação moeda falsa. Perceba que o crime em questão pode ser praticado mediante 9 (nove) comportamentos distintos (nove verbos). Se o agente praticar mais de um verbo, ainda assim responderá por um só crime, em razão da aplicação do princípio da alternatividade, incidente nos chamados crime de ação múltipla; **2:** errada, de acordo com a banca examinadora. Cremos que o entendimento foi o de que o crime de peculato culposo, previsto no art. 312, § 2º, do CP (*concorrer o funcionário público, culposamente, para o crime de outrem*), deve ter como pressuposto a prática de outros crimes contra a administração pública, visto que inserido no Capítulo dos crimes funcionais (aqueles praticados por funcionário público contra a administração pública em geral). Porém, há entendimento de que o peculato culposo pode ter como pressuposto a facilitação culposa de qualquer outro crime (inclusive o estelionato, como mencionado na assertiva); **3:** correta, pois o crime de resistência, previsto no art. 329 do CP, tem como meios de execução a violência ou a ameaça dirigidas a funcionário público ou a quem lhe esteja prestando auxílio, não bastando, para a tipificação da conduta, que o agente, simplesmente, se oponha (crie obstáculos) à execução de ato legal por funcionário público. Se a oposição (resistência) for passiva, ou seja, sem o emprego de violência ou ameaça, o fato será atípico; **4:** errada, pois o crime de reingresso de estrangeiro expulso, definido no art. 338 do CP, não exige que o agente retorne ao território nacional para a prática de outra infração penal, bastando o reingresso ao Brasil quando daqui tenha sido expulso.
Gabarito 1C, 2E, 3C, 4E

(CESPE) Um fazendeiro, durante uma cavalgada pelas matas de suas terras, ouviu um ruído atrás de um arbusto e, com receio de que se tratasse de uma onça, atirou na direção do vulto, vindo a descobrir que se tratava, na realidade, de um empregado da fazenda. O fazendeiro

(1) agiu em legítima defesa, pois imaginava que seria atacado por uma onça.

(2) é inimputável, diante do nervosismo que o assolou no momento do disparo.

(3) incorreu em erro de tipo, porque não sabia que atirava em um homem.

(4) cometeu homicídio preterintencional.

(5) poderá, caso se entenda que houve erro vencível; responder por homicídio culposo.

1: incorreta, pois não pode existir legítima defesa em face de ataque de um animal. Afinal, a legítima defesa tem como ponto de partida a existência de uma *agressão injusta*, sempre decorrente de um comportamento humano (art. 25 do CP). Cabível seria, no entanto, em face do ataque de um animal, a alegação de estado de necessidade (art. 24 do CP); **2:** incorreta, pois não exclueim a imputabilidade a emoção e a paixão (art. 28, I, do CP), e, é claro, o nervosismo; **3:** correta, visto que o fazendeiro, desconhecendo que atrás do arbusto havia um homem, incorreu em erro de tipo (art. 20 do CP), que, seja vencível (ou evitável, ou inescusável), seja invencível (ou inevitável, ou escusável), sempre afastará o dolo, e, portanto, o fato típico, remanescendo a forma culposa desde que se constate que o erro tenha sido evitável (ou inescusável); **4:** incorreta, pois o denominado *homicídio preterintencional* nada mais é do que o crime de lesão corporal seguida de morte (art. 129, § 3º, do CP), na qual o agente, de início, age com dolo, mas provoca resultado mais grave (morte) por culpa; **5:** correta, pois, como dito no comentário à assertiva 3, o erro de tipo (ou erro sobre elemento constitutivo do tipo – art. 20 do CP), embora sempre afaste o dolo, pode gerar a punição do agente a título de culpa, desde que se verifique que o erro foi vencível (ou evitável, ou inescusável).
Gabarito 1E, 2E, 3C, 4E, 5C

(CESPE) Julgue o seguinte item.

(1) Entende-se por sujeito passivo do delito o titular do bem jurídico lesado ou ameaçado; assim, se um indivíduo cometer homicídio contra uma criança, esta será o sujeito passivo do crime, sendo irrelevante, para esse fim, o fato de ela ser juridicamente incapaz.

1: correta. O sujeito passivo do crime é aquele que suporta os efeitos da ação delituosa, vendo seu bem jurídico lesado ou ameaçado de lesão. De fato, no caso do homicídio praticado contra uma criança, ainda que esta, no plano civil, seja incapaz, será considerada sujeito passivo do crime.
Gabarito 1C

(CESPE) Julgue o seguinte item.

(1) Há crimes em que a pessoa será, ao mesmo tempo, o sujeito ativo e o sujeito passivo do delito em face da sua própria conduta. Assim, se o indivíduo lesa o próprio corpo para receber o valor de seguro, ele é sujeito ativo de estelionato e passivo em face do dano resultante à sua integridade física.

1: incorreta, pois, como é amplamente dito pela doutrina, a autolesão é impunível. O Direito Penal tutela (protege) bens jurídicos de terceiros, e não bens jurídicos do próprio agente delitivo. Assim, se alguém lesiona o próprio corpo para receber um seguro, o sujeito passivo não será a própria pessoa, visto que a autolesão não se pune. A vítima, no caso, será a companhia de seguro, tratando-se, aqui, de modalidade de estelionato (art. 171, § 2º, V, do CP).
Gabarito "E".

(CESPE) Quanto aos crimes contra a pessoa e contra o patrimônio, assinale a opção correta.

(A) O crime de constrangimento ilegal é caracterizado pela ausência de violência ou grave ameaça por parte de quem o comete.
(B) Bens imóveis podem ser objetos de crime de apropriação indébita.
(C) O indivíduo que introduz animais em propriedade alheia, sem consentimento de quem de direito e fora das situações que excluem a ilicitude, não comete fato criminoso, ainda que resulte prejuízo econômico significativo para o dono do imóvel.
(D) Aquele que acha coisa alheia perdida e dela se apropria, deixando de restituí-la ao dono ou de entregá-la à autoridade competente no prazo de 15 dias não comete infração penal, mas, tão somente, ilícito civil.
(E) O delito de ameaça pode ser praticado de forma verbal, escrita ou gestual.

A: incorreta, pois segundo o art. 146 do CP, estará configurado o crime de constrangimento ilegal quando o sujeito ativo "constranger" a vítima a fazer algo ou a não fazer algo, mediante violência, grave ameaça ou qualquer outro meio que reduza a capacidade de resistência; **B:** incorreta, pois apenas a coisa alheia móvel pode ser objeto material do crime de apropriação indébita (art. 168 do CP); **C:** incorreta, pois os verbos do tipo (condutas típicas) previstos no art. 164 do CP são "introduzir ou deixar" animais em propriedade alheia, sem consentimento de quem de direito, desde que do fato resulte prejuízo. O elemento normativo do tipo é o dissenso do proprietário (ou possuidor) do imóvel. Ainda, a introdução ou o abandono de animais em propriedade alheia deve causar prejuízo econômico ao proprietário (ou possuidor); **D:** incorreta, já que o crime de apropriação de coisa achada pune o agente que não restitui a coisa – que estava perdida e foi por ele encontrada – ao proprietário ou legítimo possuidor, ou não a entrega à autoridade competente, dentro do prazo legal de 15 (quinze) dias. De igual modo, pune-se o agente que está na posse da coisa achada e que pratica atos de disposição. Oportuno frisar que a apropriação de coisa que perdida ou de coisa de ninguém não configura crime, por não se tratar de coisa alheia; **E:** correta, pois o delito de ameaça é classificado como sendo de forma livre, e não vinculada, podendo ser praticado por qualquer meio de execução.
Gabarito "E".

(CESPE) Com relação aos crimes definidos no CP brasileiro, assinale a opção correta.

(A) Quem aluga imóvel alheio como próprio sem o consentimento do proprietário não pratica fato criminoso, sujeitando-se apenas à obrigação de indenizar o legítimo proprietário.
(B) Aquele que lesa o próprio corpo com o intuito de receber valor de seguro, formalizando, em seguida, o requerimento junto à seguradora, pratica crime de estelionato, ainda que lhe seja negado o pagamento.
(C) Aquele que administra mal o saldo de sua conta-corrente e emite cheque acreditando na suficiência de fundos, quando, na realidade, não os possuía, comete o delito de estelionato culposo.
(D) Uma garota de programa que, além da prostituição, exerce outra profissão em estabelecimento comercial não pode ser vítima do delito de assédio sexual nesse estabelecimento, pois a norma penal não a protege.
(E) Um homem pode ser vítima de estupro praticado por outro homem.

A: incorreta, nos termos do art. 171, § 2º, inciso I, do CP; **B:** correta, pois independente do recebimento da vantagem restará caracterizado o delito (art. 171, § 2º, V, do CP), bastando que, após a autolesão, o agente solicite o pagamento do seguro; **C:** incorreta, pois o delito de estelionato previsto no art. 171, § 2º, VI, do CP, que trata da fraude no pagamento por meio de cheque, não prevê a modalidade culposa; **D:** incorreta, pois o tipo penal previsto no art. 216-A do CP não faz distinção quanto ao sujeito passivo, limitando-se a fazer alusão ao constrangimento de "*alguéma*, independente do sexo e de suas qualidades; **E:** incorreta, de acordo com a redação do art. 213 do CP, anterior ao advento da Lei 12.015/2009. Após tal alteração, é possível o sujeito ativo e passivo ser tanto homem quanto a mulher, já que o tipo penal prevê como conduta típica o constrangimento, mediante violência ou grave ameaça, a ter conjunção carnal ou a praticar ou permitir que com ele se pratique outro ato libidinoso.
Gabarito "B".

(CESPE) De acordo com o direito penal, assinale a opção correta.

(A) Há homicídio qualificado se o agente tiver praticado crime impelido por motivo de relevante valor social ou moral.
(B) O delito de roubo, conforme expresso em jurisprudência do Superior Tribunal de Justiça (STJ), consuma-se quando a coisa subtraída passa para o poder do agente, mesmo que em curto espaço de tempo, independentemente de a coisa permanecer na posse tranquila do agente.
(C) Para configurar-se o delito de rapto violento ou por meio de fraude, o dissenso da vítima é dispensável.
(D) Comete corrupção passiva o funcionário público que retarda, indevidamente, ato de ofício, para satisfazer interesse ou sentimento pessoal.

A: incorreta, pois haverá o crime de homicídio privilegiado, nos termos do art. 121, § 1º, do CP; **B:** correta. Apontam a doutrina e jurisprudência, basicamente, **duas** situações caracterizadoras da **consumação do roubo**: a) retirada do bem da esfera de vigilância da vítima, existindo a posse tranquila da *res* por parte do roubador, à semelhança do que ocorre com o furto; b) com o apoderamento do bem subtraído, logo após empregar a violência ou a grave ameaça para consegui-lo. Nesse caso, não se exige a posse tranquila, havendo a consumação ainda que a polícia chegue ao local em seguida ao apoderamento da *res*. Trata-se, a segunda situação, da posição adotada pelo STF e pelo STJ. Esse é o teor, inclusive, da Súmula 582 do STJ: "**Consuma-se o crime de roubo com a inversão da posse do bem mediante emprego de violência ou grave ameaça, ainda que por breve tempo e em seguida à perseguição imediata ao agente e recuperação da coisa roubada, sendo prescindível a posse mansa e pacífica ou desvigiada.**" (STJ. 3ª Seção. Aprovada em 14/09/2016, DJe 19/09/2016 - Info 590); **C:** incorreta. A questão restou prejudicada, tendo em vista que, com o advento da Lei 11.106/2005, o crime de rapto violento ou mediante fraude foi revogado (art. 219 do CP); **D:** incorreta, já que a situação configura o crime de prevaricação, previsto no art. 319 do CP.
Gabarito "B".

(CESPE) Assinale a opção correta acerca dos crimes contra a fé e a administração pública.

(A) O agente que dá causa à instauração de investigação policial contra alguém, imputando-lhe crime de que o sabe inocente, pratica o crime de comunicação falsa de crime.
(B) O agente que provoca a ação da autoridade policial, registrando a ocorrência de homicídio que sabe não se ter verificado, comete o crime de denunciação caluniosa.
(C) É atípica a conduta do agente que, buscando notoriedade, acusa-se perante a autoridade policial de ser autor de crime praticado por outrem.
(D) O indiciado que inova artificiosamente documento, falsificando-o no intuito de fazer prova junto a IP responde pelos crimes de fraude processual, falsificação e uso de documento falso.
(E) A testemunha que faz afirmação falsa durante o IP e a ação penal comete o crime de falso testemunho, sendo que o fato deixa de ser punível se o agente declara a verdade antes da sentença.

A: incorreta (art. 339 do CP); **B:** incorreta (art. 340 do CP); **C:** incorreta (art. 341 do CP); **D:** incorreta, pois o agente que falsifica documento e o utiliza em IP deve responder por falsificação e uso de documento falso, ou somente por este último, caso se entenda que a falsificação constitui crime-meio (princípio da consunção); **E:** correta (art. 342, caput, e § 2º, do CP).
Gabarito "E".

(CESPE) Acerca da tipicidade, da culpabilidade e da imputabilidade, julgue os itens a seguir.

I. A tipicidade exige a adequação perfeita da conduta do agente ao modelo abstrato previsto na lei penal, razão pela qual é atípica a conduta do agente que subtrai coisa alheia móvel não com o fim de possuí-la, mas com a intenção de usá-la, uma vez que, no tipo penal, não existe previsão de furto de uso.
II. Ninguém pode ser punido por fato previsto como crime, senão quando o pratica dolosamente, ou, no caso do delito culposo, quando iniciada a execução, este não se consuma por circunstâncias alheias à vontade do agente.
III. O erro a respeito do elemento constitutivo do tipo legal exclui o dolo, mas permite a punição por crime culposo, como no caso do caçador que atira em seu companheiro, supondo tratar-se de um animal, e pode ser responsabilizado por homicídio culposo.
IV. É isento de pena o agente que, por desenvolvimento mental incompleto, embriaguez completa decorrente de força maior, emoção ou paixão, era, ao tempo do crime, inteiramente incapaz de entender o caráter ilícito do fato.
V. Não se pune a conduta do agente quando é impossível consumar-se o crime, seja porque o meio empregado é relativamente ineficaz ou o objeto é inapropriado, como é o caso da falsificação grosseira de documento.

Estão certos apenas os itens
(A) I e II.
(B) I e III.
(C) II e IV.
(D) III e V.
(E) IV e V.

I: correta, pois quem subtrai coisa alheia apenas para utilizá-la, não comete o crime de furto, que pressupõe que o agente se assenhoreie da coisa de forma definitiva (art. 155 do CP). A subtração para uso momentâneo da coisa, desde que esta seja restituída em perfeitas condições, caracteriza o chamado "furto de uso", que é fato atípico em razão da ausência do elemento subjetivo do tipo (ânimo de assenhoreamento definitivo da coisa furtada); II: incorreta, pois quando um crime não se consuma por circunstâncias alheias à vontade do agente, não se fala em crime culposo (assim considerado aquele em que o agente produz o resultado por imprudência, negligência ou imperícia – art. 18, II, do CP), mas, sim, em tentativa (art. 14, II, do CP); III: correta, pois o erro de tipo (erro sobre elemento constitutivo do tipo), quando invencível (ou inevitável, ou escusável), afastará o dolo e a culpa, mas, se evitável (ou vencível, ou inescusável), gerará a punição do agente a título de culpa, desde que exista previsão legal; IV: incorreta, pois a emoção e a paixão não afastam a imputabilidade penal (art. 28, I, do CP); V: incorreta, pois o crime será considerado impossível quando o meio empregado pelo agente for absolutamente ineficaz, ou, então, se o objeto do crime for absolutamente impróprio (art. 17 do CP), sendo impunível a tentativa.
Gabarito "B".

(CESPE) Armando e Sérgio deviam a quantia de R$ 500,00 a Paulo, porém se recusavam a pagar. No dia marcado para o acerto de contas, Armando e Sérgio, com o ânimo de matar, compareceram ao local do encontro com Paulo portando armas de fogo, emprestadas por Mário, que sabia para qual finalidade elas seriam usadas. Armando e Sérgio atiraram contra Paulo, ferindo-o mortalmente. Com relação à situação hipotética apresentada acima, julgue os itens seguintes.

(1) Armando, Sérgio e Mário são sujeitos ativos do crime perpetrado, sendo os dois primeiros coautores, e Mário, partícipe.
(2) Paulo é sujeito passivo do crime de homicídio privilegiado.
(3) Segundo determina a Lei n. 8.072/1990, o homicídio de Paulo é considerado crime hediondo.
(4) O crime de homicídio descrito acima consumou-se no momento em que a vítima foi ferida em sua integridade física.

1: correta, pois, de fato, como Armando e Sérgio praticaram a conduta típica, serão considerados coautores, sendo certo que Mário, por haver emprestado as armas de fogo, sabendo qual seria o uso delas, será considerado partícipe (auxiliou a prática do homicídio); **2:** incorreta, pois Paulo, ao contrário, foi sujeito passivo de homicídio qualificado pelo motivo fútil (art. 121, § 2º, II, do CP); **3:** correta, pois, de fato, o homicídio qualificado é considerado crime hediondo (art. 1º, I, da Lei 8.072/1990 – Lei dos Crimes Hediondos); **4:** incorreta, pois o crime de homicídio se consuma não com o simples ferimento da vítima, mas, sim, com sua morte. Trata-se de crime material.
Gabarito 1C, 2E, 3C, 4E

(CESPE) Julgue o seguinte item.

(1) Entende-se por punibilidade a possibilidade jurídica de o Estado impor sanção penal a autor, coautor ou partícipe de infração penal.

1: correta. Define-se como punibilidade exatamente a possibilidade jurídica de se impor pena a um agente (autor, coautor ou partícipe) de um fato típico e ilícito, desde que se verifique a culpabilidade.
Gabarito 1C

9. DIREITO PROCESSUAL PENAL

Eduardo Dompieri

1. INQUÉRITO POLICIAL E OUTRAS FORMAS DE INVESTIGAÇÃO CRIMINAL

(Policial Rodoviário Federal – 2009 – FUNRIO) Se a autoridade policial, ao encerrar as investigações, constatar que não ficou evidenciada a prática de infração penal, ela deverá

(A) relatar o inquérito policial e remeter os autos ao Ministério Público.
(B) arquivar o inquérito policial, por despacho motivado.
(C) revogar a prisão preventiva do investigado e expedir alvará de soltura.
(D) elaborar parecer pelo arquivamento, submetendo-o ao Secretário de Segurança Pública.
(E) prosseguir nas investigações, que só poderão ser encerradas quando ocorrer a prescrição da pretensão punitiva.

Com a conclusão das investigações, não importando o seu desfecho, deve a autoridade policial elaborar seu relatório e submeter os autos do inquérito policial ao Ministério Público, que poderá oferecer denúncia, requerer novas diligências ou promover o arquivamento do inquérito policial (arts. 16 e 17 do CPP). Como se vê, em hipótese alguma é dado ao delegado de polícia promover o arquivamento dos autos de inquérito policial. Tal providência, ao tempo em que esta questão foi elaborada, somente podia ser levada a efeito pelo juiz de direito, sempre a requerimento do MP. Vale aqui o registro de que a Lei 13.964/2019, ao conferir nova redação ao art. 28 do CPP, alterou todo o procedimento de arquivamento do inquérito policial. Com isso, o representante do *parquet* deixa de requerer o arquivamento e passa a, ele mesmo, determiná-lo, sem qualquer interferência do magistrado, cuja atuação, nesta etapa, em homenagem ao sistema acusatório, deixa de existir. No entanto, ao determinar o arquivamento do IP, o membro do MP deverá submeter sua decisão, segundo a nova redação conferida ao art. 28, *caput*, do CPP, à instância revisora dentro do próprio Ministério Público, para fins de homologação. Sem prejuízo disso, caberá ao promotor que determinou o arquivamento comunicar a sua decisão ao investigado, à autoridade policial e à vítima. Esta última, por sua vez, ou quem a represente, poderá, se assim entender, dentro do prazo de 30 dias a contar da comunicação de arquivamento, submeter a matéria à revisão da instância superior do órgão ministerial (art. 28, § 1º, CPP). Por fim, o § 2º deste art. 28, com a redação que lhe deu a Lei 13.964/2019, estabelece que, nas ações relativas a crimes praticados em detrimento da União, Estados e Municípios, a revisão do arquivamento do IP poderá ser provocada pela chefia do órgão a quem couber a sua representação judicial. Este novo art. 28 do CPP, que, como dissemos, alterou todo o procedimento que rege o arquivamento do IP, no entanto, teve suspensa, por força de decisão cautelar proferida pelo STF, a sua eficácia. O ministro Luiz Fux, relator, ponderou, em sua decisão, tomada na ADI 6.305, de 22.01.2020, que, embora se trate de inovação louvável, a sua implementação, no prazo de 30 dias (*vacatio legis*), revela-se inviável, dada a dimensão dos impactos sistêmicos e financeiros que por certo ensejarão a adoção do novo procedimento de arquivamento do inquérito policial.

Gabarito "A".

(Policial Rodoviário Federal – 2008 – CESPE) Julgue os itens subsequentes, acerca do IP.

I. Haverá nulidade no IP se a autoridade policial obrigar o indiciado a participar da reconstituição do crime, em face do princípio *nemo tenetur se detegere*.
II. Pelo fato de o IP ser um procedimento administrativo de natureza inquisitorial, a autoridade policial tem discricionariedade para determinar todas as diligências que julgar necessárias ao esclarecimento dos fatos, pois a persecução concentra-se, durante o inquérito, na figura do delegado de polícia.
III. Em todas as espécies de ação penal, o IP deve ser instaurado de ofício pela autoridade policial, isto é, independentemente de provocação, pois tem a característica da oficiosidade.
IV. A requisição do MP para instauração do IP tem a natureza de ordem, razão pela qual não pode ser descumprida pela autoridade policial, ainda que, no entender desta, seja descabida a investigação.
V. A autoridade policial poderá promover o arquivamento do IP, desde que comprovado cabalmente que o indiciado agiu acobertado por uma causa excludente da ilicitude ou da culpabilidade.

Estão certos apenas os itens

(A) I e II.
(B) I e III.
(C) II e IV.
(D) III e V.
(E) IV e V.

I: incorreta, pois tal prática do delegado acarretará somente a nulidade da prova obtida por meio da reconstituição, não de todo o inquérito policial; II: correta. De fato, a legislação processual penal não estabelece uma sequência de atos à qual a autoridade policial deve obediência na condução das investigações do inquérito policial, de tal sorte que o delegado determinará as diligências que melhor lhe aprouver e na sequência que entender mais conveniente, ou seja, aquelas que sejam mais eficientes do ponto de vista da elucidação dos fatos, que é o verdadeiro objetivo do inquérito policial; III: incorreta, pois apenas em caso de crime de ação pública o inquérito policial poderá ser iniciado de ofício (art. 5º, I, do CPP). Tratando-se de crimes de ação privada, sua instauração depende de requerimento do ofendido (art. 5º, § 5º, do CPP). De igual forma, se a ação penal for pública condicionada a representação do ofendido, sem esta o inquérito policial não poderá ser instaurado (art. 5º, § 4º, do CPP); IV: correta. Essa é justamente a diferença entre a requisição do Ministério Público ou da autoridade judiciária e o requerimento do ofendido, pois esse último pode ser indeferido pelo delegado de polícia; V: incorreta, pois a autoridade policial não poderá mandar arquivar autos de inquérito policial (art. 17 do CPP), ainda que demonstrada, de forma inequívoca, a presença de uma causa de exclusão de ilicitude, tal como a legítima defesa. Tal providência, que antes cabia ao juiz (em face de requerimento do MP), hoje cabe ao Ministério Público, isso em razão das modificações operadas no art. 28 do CPP pela Lei 13.964/2019, que alterou toda a sistemática que rege o procedimento de arquivamento do IP.

Gabarito "C".

(CESPE) Julgue os itens subsequentes quanto à prisão em flagrante, prova e inquérito policial.

(1) Não há crime quando a preparação do flagrante pela polícia torna impossível a sua consumação.
(2) Não se admite a acareação entre o acusado e a pessoa ofendida, considerando-se que o acusado tem o direito constitucional ao silêncio, e o ofendido não será compromissado.
(3) O término do inquérito policial é caracterizado pela elaboração de um relatório e por sua juntada pela autoridade policial responsável, que não pode, nesse relatório, indicar testemunhas que não tiverem sido inquiridas.
(4) No inquérito policial, o ofendido, ou seu representante legal, e o indiciado poderão requerer qualquer diligência, que será realizada, ou não, a juízo da autoridade.

1: correta, pois retrata o entendimento sufragado na Súmula 145 do STF: "Não há crime, quando a preparação do flagrante pela polícia torna impossível a sua consumação". Trata-se, no caso, de crime impossível por obra do agente provocador; **2:** incorreta, pois o art. 229 do Código de Processo Penal admite a acareação nas situações descritas, ou seja, entre o acusado e a pessoa ofendida; **3:** incorreta, pois o art. 10, § 2º, do CPP dispõe que no relatório a autoridade policial poderá indicar testemunhas que não tiverem sido inquiridas, mencionando o lugar onde possam ser encontradas; **4:** correta, em conformidade com o art. 14 do CPP.

Gabarito 1C, 2E, 3E, 4C

(CESPE) Com relação ao inquérito policial, julgue os seguintes itens.

(1) Verificando que o fato evidentemente não constitui crime, o delegado poderá mandar arquivar o inquérito policial, desde que o faça motivadamente.
(2) A reprodução simulada dos fatos ou reconstituição do crime pode ser determinada durante o inquérito policial, caso em que o indiciado é obrigado a comparecer e participar da reconstituição, em prol do princípio da verdade real.

1: incorreta, pois o art. 17 do CPP dispõe que a autoridade policial, seja a que pretexto for, não poderá mandar arquivar o inquérito. Tal providência somente poderá ser determinada, pela nova sistemática adotada pela Lei 13.964/2019, que alterou o art. 28 do CPP, pelo MP. O juiz, ao qual até então cabia tal providência, foi excluído do procedimento de arquivamento do IP; **2:** incorreta, pois, segundo tem entendido a jurisprudência, o acusado não poderá ser compelido a participar da reconstituição, na medida em que isso caracterizaria injusto constrangimento e afronta ao princípio da proibição da autoincriminação (*nemo tenetur se detegere*), tal como consta do Pacto de San Jose da Costa Rica e reproduzido pela Constituição Federal, em seu art. 5º, LXIII, ao dispor sobre o direito do preso em permanecer em silêncio. Conferir: *O Estado – que não tem o direito de tratar suspeitos, indiciados ou réus como se culpados fossem (RTJ 176/805-806) – também não pode constrangê-los a produzir provas contra si próprios (RTJ 141/512). Aquele que sofre persecução penal instaurada pelo Estado tem, dentre outras prerrogativas básicas, o direito (a) de permanecer em silêncio, (b) de não ser compelido a produzir elementos de incriminação contra si próprio nem constrangido a apresentar provas que lhe comprometam a defesa e (c) de se recusar a participar, ativa ou passivamente, de procedimentos probatórios que lhe possam afetar a esfera jurídica, tais como a reprodução simulada do evento delituoso e o fornecimento de padrões gráficos ou de padrões vocais, para efeito de perícia criminal. Precedentes. – O exercício do direito contra a autoincriminação, além* de inteiramente oponível a qualquer autoridade ou agente do Estado, não legitima, por efeito de sua natureza constitucional, a adoção de medidas que afetem ou restrinjam a esfera jurídica daquele contra quem se instaurou a "persecutio criminis". Medida cautelar deferida. (HC 96.219-MC/SP, Rel. Min. CELSO DE MELLO, "in" Informativo/STF nº 523/2008).

Gabarito 1E, 2E

(CESPE) Acerca do inquérito policial, julgue os itens que se seguem.

(1) O inquérito policial tem natureza judicial, visto que é um procedimento inquisitório conduzido pela polícia judiciária, com a finalidade de reunir elementos e informações necessárias à elucidação do crime.
(2) Depois de ordenado o arquivamento do inquérito pela autoridade judiciária, por falta de base para a denúncia, a autoridade policial não poderá proceder a novas pesquisas se de outras provas tiver notícia, salvo com expressa autorização judicial.

1: incorreta, pois o inquérito policial é um procedimento de natureza administrativa e, como sugere o nome, inquisitorial, não havendo previsão de algumas garantias, como é o direito ao contraditório, visto que se trata de uma peça informativa (ninguém será condenado pelo inquérito, mas, sim, por meio de uma ação penal); **2:** incorreta. Uma vez ordenado o arquivamento do inquérito policial, por falta de base para a denúncia, nada obsta que a autoridade policial proceda a novas pesquisas, desde que de outras provas tenha conhecimento – art. 18 do CPP, providência essa que não se sujeita a autorização do juiz de direito.

Gabarito 1E, 2E

(CESPE) Acerca do inquérito policial, julgue os itens subsequentes.

(1) O prazo para a conclusão do inquérito policial referente a crimes de competência da justiça federal é de 10 dias, se o réu estiver preso, e de 30 dias, se estiver em liberdade.
(2) Considere a seguinte situação hipotética. João, promotor de justiça, tendo recebido inquérito policial instaurado para apurar o crime de extorsão mediante sequestro, promoveu o seu arquivamento, que foi homologado judicialmente.
Nessa situação, não concordando com o pedido formulado, o ofendido, entendendo que a infração penal encontra-se devidamente caracterizada no que diz respeito à materialidade e autoria, poderá ajuizar ação penal privada subsidiária da pública, desde que o faça dentro do prazo de 6 meses contados da data em que veio a saber quem é o autor do fato.

1: incorreta, pois o prazo para a conclusão do inquérito policial na Justiça Federal é de 15 dias, se preso estiver o indiciado, e de 30 dias, no caso de investigado solto, conforme art. 66 da Lei 5.010/1966 e art. 10 do CPP, aplicado por analogia; **2:** incorreta, pois o Código de Processo Penal, em seu art. 29, dispõe que caberá a ação penal privada subsidiária da pública quando o Ministério Público não intentar a ação no prazo legal. Ou seja, somente no caso de inércia do órgão ministerial será cabível a ação penal subsidiária, o que não ocorreu no caso hipotético, já que o promotor entendeu ser o caso de arquivamento dos autos. Acerca da ação penal privada subsidiária da pública, valem algumas ponderações, já que se trata de tema recorrente em provas de concursos públicos. Pois bem. A *ação penal privada subsidiária da pública*, que será intentada pelo ofendido ou seu representante legal, somente terá lugar na hipótese de o membro do Ministério Público revelar-se desidioso, omisso, deixando de cumprir o prazo fixado em lei para o ajuizamento da ação penal pública (art. 29 do CPP). É pressuposto, pois, à propositura da ação penal subsidiária da pública que o MP: i) não denuncie; ii) não promova o arquivamento do IP; iii) não requeira a devolução do IP à autoridade policial para a realização de diligências suplementares indispensáveis ao exercício da ação penal. De uma forma geral, um dos pontos mais questionados em provas é a respeito da possibilidade de propositura da queixa subsidiária diante da promoção de arquivamento do inquérito levada a efeito pelo MP. O promotor, ao promover o arquivamento dos autos do IP, age e adota uma das medidas legais postas à sua disposição, não sendo possível, por isso, o ajuizamento da ação penal privada subsidiária, já que não configurada inércia do MP. Na jurisprudência do STJ: "Recurso especial. Direito processual penal. Usurpação de função pública. Violação de sigilo funcional. Prevaricação. Concussão e tortura. Recurso especial fundado na alínea "c" do permissivo constitucional. Dissídio jurisprudencial. Não demonstrado e não comprovado. Arquivado o inquérito, a requerimento do ministério público, no prazo legal. Ação penal privada subsidiária da pública. Legitimidade ativa do ofendido. Inocorrência. Recurso parcialmente conhecido e improvido. 1. A divergência jurisprudencial, autorizativa do recurso especial interposto, com fundamento na alínea "c" do inciso III do artigo 105 da Constituição Federal, requisita comprovação e demonstração, esta, em qualquer caso, com a transcrição dos trechos dos acórdãos que configurem o dissídio, mencionando-se as circunstâncias que identifiquem ou assemelhem os casos confrontados, não se oferecendo, como bastante, a simples transcrição de ementas ou votos. 2. Postulado o arquivamento do inquérito policial, não há falar em inércia do Ministério Público e, consequentemente, em ação penal privada subsidiária da pública. Precedentes do STF e do STJ. 3. A regra do artigo 29 do Código de Processo Penal não tem incidência na hipótese do artigo 28 do mesmo diploma legal, relativamente ao Chefe do Ministério Público Federal. 4. Recurso parcialmente conhecido e improvido" (REsp 200200624875, Hamilton Carvalhido, 6ª T., *DJE* 22.04.2008).

Gabarito 1E, 2E

(CESPE) A respeito de inquérito policial, julgue os itens subsequentes.

(1) O inquérito policial é procedimento administrativo público, não podendo a autoridade policial a ele conferir sigilo sem que haja prévia determinação judicial de segredo de justiça.

(2) A autoridade policial poderá mandar arquivar os autos de inquérito policial, se verificar que há causa de exclusão de ilicitude que acoberte a ação do indiciado.

1: incorreta, pois, embora o inquérito policial seja procedimento administrativo, o sigilo é a ele inerente, como forma de conferir ao Estado certo equilíbrio com relação àquele que cometeu a infração penal. Porém, há situações em que o sigilo não será necessário à elucidação dos fatos. Também é necessário ressalvar as exceções quanto aos advogados e defensores trazidos pela Súmula Vinculante 14 e art. 7º. da Lei 8.906/1994 (Estatuto da OAB); **2:** incorreta, pois o art. 17 do CPP é claro ao dispor que a autoridade policial não poderá mandar arquivar os autos do inquérito. Como bem sabemos, esta atribuição cabe, atualmente, ao MP.

Gabarito 1E, 2E

(CESPE) Em relação às normas de direito processual penal, julgue os seguintes itens.

(1) De acordo com as novas regras processuais penais, é obrigatória a presença de defensor para o indiciado durante o interrogatório feito na fase policial, cabendo ao defensor o direito de interferência, a fim de que sejam garantidos ao indiciado a ampla defesa e o contraditório ainda na fase inquisitiva.

(2) Conforme o entendimento jurisprudencial dominante, no caso do furto qualificado pelo rompimento de obstáculo à subtração da coisa, é imprescindível o exame pericial para a sua constatação; a falta de perícia, nesse caso, implica a rejeição da qualificadora ou a desclassificação para o furto simples.

(3) Quando se perceber nítido abuso da autoridade policial na instauração de um inquérito policial, ou a condução das investigações na direção de determinada pessoa sem a menor base de prova, é cabível, por via de *habeas corpus*, o trancamento da atividade persecutória do Estado.

(4) A finalidade precípua do inquérito policial é a investigação do crime e a descoberta de seu autor, com o fito de fornecer elementos para que o titular da ação penal a promova em juízo, seja este o Ministério Público, no caso da ação pública incondicionada e condicionada, seja o particular, no caso da ação penal privada.

(5) Considere a seguinte situação hipotética. O juiz de direito de determinada comarca toma ciência, por intermédio de uma denúncia anônima, de um delito de furto ocorrido dias antes. Diante disso, requisita à autoridade policial competente a instauração de inquérito policial, visando à apuração do fato. Nessa situação, a autoridade policial poderá refutar a instauração do feito, visto que a requisição judicial não pode lastrear-se em denúncia anônima.

1: incorreta, pois a fase investigatória é inquisitiva, sendo o indiciado objeto de investigação. Nesta fase, a autoridade policial possui poder discricionário no cumprimento das diligências, dentro dos limites legais, não sendo possível intervenção do defensor no cumprimento delas, mas apenas acompanhá-las, conforme dispõe o art. 185, *caput* e § 5º, do CPP; **2:** correta, de acordo com o entendimento do STJ (AgRg 1095557/MG, Rel. Min. Celso Limongi, Sexta Turma, j.16.11.2010, *DJe* 06.12.2010): *"o exame de corpo de delito direto, por expressa imposição legal, é necessário nos delitos que deixam vestígios, podendo apenas supletivamente ser suprido pela prova testemunhal quando os vestígios tenham desaparecido (art. 158 do CPP)"*. Assim, de fato, no caso do furto qualificado pelo rompimento de obstáculo à subtração da coisa, é imprescindível o exame pericial para a sua constatação, sendo que a falta de perícia implica a rejeição da qualificadora ou a desclassificação para o furto simples; **3:** correta, de acordo com os arts. 647 e 648 do CPP; **4:** correta. De fato, o inquérito policial constitui um procedimento administrativo que visa reunir informações (materialidade e autoria) acerca da prática de uma infração penal, para que, dessa forma, possa o titular da ação penal, seja o MP ou o ofendido, neste último caso por meio de ação privada, ingressar em juízo; **5:** incorreta, pois a requisição, diferentemente do requerimento (feito pelo ofendido ou pessoa que o represente), é uma exigência para a realização de algo fundamentalmente legal (não é uma ordem, pois não há hierarquia entre a autoridade policial, representante do Ministério Público e o Juiz). Quando manifestamente ilegal a requisição feita, a autoridade policial deverá oficiar, comunicando à autoridade judicial ou ministerial as razões da impossibilidade de cumprimento. Obs.: ainda que não explícito, entende-se que a requisição deve conter as informações dispostas pelo art. 5º, § 1º, do CPP.

Gabarito 1E, 2C, 3C, 4C, 5E

(CESPE) Em relação ao inquérito policial (IP), assinale a opção correta.

(A) Do despacho que indeferir o requerimento feito por um particular para a abertura de IP caberá recurso para a autoridade hierarquicamente superior, ou seja, o juiz competente.

(B) Para verificar a possibilidade de a infração ter sido praticada de determinado modo, a autoridade policial poderá proceder à reprodução simulada dos fatos, ainda que esta contrarie a moralidade ou a ordem pública, uma vez que o interesse na solução do delito sobrepõe-se a valores individuais.

(C) O IP acompanhará a denúncia ou queixa, sempre que servir de base a uma ou outra.

(D) Em qualquer situação, o MP poderá requerer a devolução dos autos do IP à autoridade policial para novas diligências.

(E) Convencida da inexistência do crime, a autoridade policial poderá mandar arquivar os autos de IP.

A: incorreta, pois o art. 5º, § 2º, do CPP dispõe que o recurso, na hipótese de o delegado de polícia não acolher pedido de instauração de inquérito policial formulado pelo ofendido ou seu representante legal, será dirigido ao Chefe de Polícia (e não ao juiz de direito, que não é autoridade hierarquicamente superior à autoridade policial); **B:** incorreta, pois o art. 7º do CPP dispõe que apenas haverá a possibilidade da reprodução simulada dos fatos se não contrariar a moralidade ou a ordem pública; **C:** correta, pois em consonância com o art. 12 do CPP; **D:** incorreta, pois as novas diligências deverão ser imprescindíveis ao oferecimento da denúncia, conforme inteligência do art. 16 do CPP; **E:** incorreta, pois o art. 17 do CPP veda a possibilidade de arquivamento do inquérito pela autoridade policial.
Gabarito "C".

(CESPE) Segundo a regra geral prevista no CPP o IP deverá ser encerrado no prazo de

(A) cinco dias, se o indiciado estiver preso, ou em dez dias, quando este estiver solto.

(B) quinze dias, se o indiciado estiver preso, ou em trinta dias, quando este estiver solto.

(C) trinta dias, se o indiciado estiver preso, ou em sessenta dias, quando este estiver solto.

(D) dez dias, se o indiciado estiver preso, ou em trinta dias, quando este estiver solto.

(E) trinta dias, esteja o indiciado preso ou solto.

O art. 10 do CPP dispõe que o prazo para conclusão do inquérito será de 10 dias, quando o indiciado estiver preso, ou de 30 dias, quando estiver solto. Há, no entanto, prazos específicos, em legislações extravagantes, como é o caso da Lei 11.343/2006 (art. 51).
Gabarito "D".

(CESPE) Em relação à natureza jurídica do IP, assinale a opção correta.

(A) O IP só será obrigatório para a apuração de crimes de ação privada.

(B) O IP só será obrigatório para a apuração de crimes de ação pública.

(C) Cuida-se de peça meramente informativa, podendo ser dispensável ao oferecimento da denúncia ou queixa.

(D) Trata-se de peça obrigatória, sem a qual a ação penal, pública ou privada, não poderá ser iniciada.

(E) Por não ser uma peça obrigatória, o IP poderá não acompanhar a denúncia ou a queixa, mesmo que sirva de base para uma ou outra.

A e B: incorretas, uma vez que o inquérito policial, quer se trate de crime de ação penal pública, quer de ação penal privativa do ofendido, não será obrigatório, na medida em que aquele detém atribuição para o ajuizamento da ação penal (MP ou ofendido, a depender da natureza da ação penal) poderá se valer de outras peças de informação, abrindo mão, assim, do inquérito policial; **C:** correta, pois, conforme já ponderado, o inquérito policial não é indispensável ao ajuizamento da ação penal **D:** incorreta, pois o IP não é peça obrigatória, podendo o titular da ação penal promovê-la, desde que munido dos elementos probantes necessários; **E:** incorreta, uma vez que contraria o disposto no art. 12 CPP. É dizer, quando a investigação realizar-se por meio de inquérito policial, este acompanhará a respectiva denúncia ou queixa.
Gabarito "C".

(CESPE) Acerca das características do inquérito policial, assinale a opção incorreta.

(A) O inquérito policial constitui procedimento administrativo informativo, que busca indícios de autoria e materialidade do crime.

(B) Os agentes de polícia devem preservar durante o inquérito sigilo necessário à elucidação do fato ou exigido pelo interesse da sociedade.

(C) O membro do MP pode dispensar o inquérito policial quando tiver elementos suficientes para promover a ação penal.

(D) A autoridade policial pode arquivar inquérito que foi instaurado para apurar a prática de crime, quando não há indícios de autoria.

(E) O inquérito policial é inquisitivo, na medida em que a autoridade policial preside o inquérito e pode indeferir diligência requerida pelo indiciado.

A: correta. De fato, tal como afirmado, o inquérito policial constitui procedimento administrativo (não judicial) cujo propósito é reunir elementos de autoria e materialidade acerca de uma infração penal; **B:** correta, uma vez que retrata o que estabelece o art. 20 do CP, que corresponde a uma das características do inquérito policial: o fato de ser sigiloso; **C:** correta. O inquérito policial, conforme sobejamente ponderado, não é essencial ao exercício da ação penal, de tal sorte que o MP, se dispuser de elementos suficientes, poderá ajuizá-la diretamente; **D:** incorreta, devendo ser assinalada. Ainda que inexistam indícios de autoria (ou mesmo prova da existência do crime: materialidade), é defeso à autoridade policial promover o arquivamento dos autos de inquérito policial (art. 17, CPP); **E:** correta, pois reflete o disposto no art. 14 do CPP.
Gabarito "D".

(CESPE) Acerca do inquérito policial, assinale a opção correta.

(A) O valor probatório das informações e provas colhidas durante o inquérito policial, por não se submeterem ao contraditório e a ampla defesa, é nulo.

(B) As perícias, por serem técnicas e se submeterem ao contraditório diferido, têm tanto valor probatório quanto as provas produzidas judicialmente.

(C) As irregularidades ocorridas durante o inquérito, como a falta de nomeação de curador para menor de 21 anos de idade, prejudica a ação penal posterior.

(D) A incomunicabilidade do preso, decretada durante o inquérito policial por conveniência da investigação, abrange o advogado, na medida em que nessa fase não há contraditório e ampla defesa.

(E) Qualquer pessoa que souber da ocorrência de crime em que caiba ação penal pública ou privada poderá comunicá-la à autoridade policial, e esta, verificada a procedência das informações, mandará instaurar o inquérito.

A: incorreta, pois o procedimento administrativo do inquérito policial não obedece a alguns princípios garantistas, como o contraditório e a ampla defesa, de forma que constitui peça informativa dirigida ao titular da ação, e não procedimento capaz de condenar o indiciado. Bem por isso, diz-se que as provas reunidas por meio de inquérito policial têm valor probatório relativo, ou seja, são dotadas de eficácia probatória limitada; **B:** correta, na medida em que as perícias realizadas durante a fase inquisitiva são consideradas provas não repetíveis. Significa dizer que não precisam ser renovadas em juízo, embora estejam sujeitas ao contraditório diferido. Tal impossibilidade de renovação, em juízo, decorre da natureza do exame, que é realizado, em regra, logo em seguida à prática delituosa, como o exame necroscópico, de constatação de lesão corporal, entre outros (art. 155, caput, CPP); **C:** incorreta, e por duas razões. Primeiro porque as irregularidades verificadas no curso do inquérito policial não têm o condão de gerar nulidades na ação penal respectiva; segundo porque o art. 15 do CPP, que estabelecia a necessidade de nomeação de curador ao indiciado menor de 21 anos e maior de 18, foi revogado com o advento do Código Civil de 2002, que passou a considerar que a maioridade é alcançada aos 18 anos; **D:** incorreta. Embora a maioria da doutrina entenda que a incomunicabilidade do indiciado no inquérito policial, prevista no art. 21 do CPP, esteja revogada, porquanto incompatível com a atual ordem constitucional, há autores que pensam de forma diferente. Fato é que, para aqueles que sustentam a sua incompatibilidade à CF/88 (Guilherme de Souza Nucci, Damásio E. de Jesus, Vicente Greco Filho, entre outros), se a incomunicabilidade do preso não pode ser decretada durante o Estado de Defesa – art. 136, § 3º, IV, da CF, que constitui um *período de anormalidade*, com muito mais razão não haveria por que decretá-la em pleno período de normalidade. De todo modo, a incomunicabilidade não pode alcançar o advogado (art. 7º, III, do Estatuto da Advocacia); **E:** incorreta. Tal regra somente se aplica aos crimes de ação penal pública (art. 5º, § 3º, do CPP). Sendo o crime de ação penal privada, a instauração do inquérito somente poderá se dar diante de requerimento do ofendido (art. 5º, § 5, do CPP).

Gabarito "B".

(CESPE) Carlos compareceu à delegacia para prestar esclarecimentos acerca de uma suposta chantagem que estaria sofrendo por parte de João. Durante a oitiva, o delegado tomou conhecimento da prática de adultério e bigamia por parte de Carlos. Acerca da situação hipotética descrita, assinale a opção correta.

(A) O delegado deve instaurar inquérito contra Carlos para apurar a prática de crime, pois tomou conhecimento da prática de crime de ação penal pública incondicionada.

(B) O delegado não pode instaurar inquérito policial porque as citadas condutas – adultério e bigamia – não são mais crimes, de acordo com o ordenamento jurídico brasileiro.

(C) O delegado poderá instaurar inquérito para apurar a conduta de Carlos, contudo, por se tratar de crime de ação penal privada personalíssima, somente o cônjuge tem legitimidade para requerer a instauração do inquérito.

(D) João poderá responder a inquérito policial pelo crime de estelionato, na modalidade de chantagem, porque tentou obter vantagem econômica indevida, constrangendo Carlos.

(E) João não responderá criminalmente por seus atos na medida em que não está tipificado no ordenamento jurídico brasileiro como crime a chantagem, devendo Carlos buscar ressarcimento na esfera cível.

A: correta, pois o crime de bigamia está em vigência em nosso Código Penal, disposto no art. 235. Por estar inserido no título "Dos Crimes Contra a Família", ou seja, de interesse da coletividade e não somente íntimo das partes (ordem pública), é compreendido como crime de ação penal pública incondicionada, não dependendo de representação para que a autoridade policial inicie o inquérito policial, a fim de apurar o crime; **B:** incorreta, pois apenas o crime de adultério (art. 240 do CP) foi revogado, por meio da Lei 11.106/2005; **C:** incorreta, pois o crime de bigamia é de ação penal pública incondicionada; **D:** incorreta, pois não se trata de crime de estelionato, mas sim de extorsão indireta, prevista no art. 160 do CP; **E:** incorreta, de acordo com art. 160 do CP.

Gabarito "A".

(CESPE) Marcel foi indiciado pela prática de homicídio qualificado. Concluídas as investigações, o delegado elaborou minucioso relatório e deu o seguimento legal. Acerca da situação hipotética apresentada, assinale a opção correta.

(A) O inquérito policial deve ser remetido ao membro do MP competente, que deve acolher o relatório do delegado e oferecer denúncia contra Marcel.

(B) O inquérito policial deve ser remetido ao juiz, que encaminhará ao MP, que , por sua vez, analisará a presença dos requisitos legais, podendo oferecer denúncia contra Marcel ou determinar o arquivamento.

(C) O juiz pode discordar do membro do MP quanto ao pedido de arquivamento do inquérito policial, oportunidade que poderá oferecer denúncia contra Marcel.

(D) O juiz não pode discordar do MP quanto ao arquivamento do inquérito policial, na medida em que o MP é o titular da ação penal pública incondicionada e deve decidir acerca da ação penal contra Marcel.

(E) Cabe ao procurador-geral do MP decidir acerca da manutenção do pedido de arquivamento do inquérito policial quando o membro do MP e o juiz da causa têm posicionamento diverso.

A: incorreta, pois a autoridade policial fará minucioso relatório do que foi apurado no inquérito e enviará os autos ao juiz competente, conforme disciplina o art. 10, § 1º, do CPP; **B:** incorreta, pois o Ministério Público não poderá determinar o arquivamento, mas, sim, requerer ao Judiciário para que este o promova, conforme arts. 18 e 28, primeira parte, do CPP; **C:** incorreta. De fato, o juiz poderá discordar do membro do MP quanto ao pedido de arquivamento dos autos do inquérito, porém, não poderá oferecer a denúncia, mas, sim, remeter os autos ao Procurador-Geral de Justiça para que este então ofereça denúncia, designe outro membro do MP para fazê-la ou insista no arquivamento, como dispõe o art. 28 do CPP; **D:** incorreta, como bem disciplina o art. 28 do CPP; **E:** correta, conforme art. 28 do CPP. Atenção: com o advento da Lei 13.964/2019, conhecida como Pacote Anticrime, posterior, portanto, à elaboração desta questão, alterou-se toda a sistemática que rege o arquivamento do inquérito policial. Até então, tínhamos que cabia ao membro do MP promover (requerer) o arquivamento e ao juiz, se concordasse, determiná-lo. Pois bem. Com a modificação operada na redação do art. 28 do CPP pela Lei 13.964/2019, o representante do *parquet* deixa de requerer o arquivamento e passa a, ele mesmo, determiná-lo, sem qualquer interferência do magistrado, cuja atuação, nesta etapa, em homenagem ao sistema acusatório, deixa de existir. No entanto, ao determinar o arquivamento do IP, o membro do MP deverá submeter sua decisão, segundo a nova redação conferida ao art. 28, caput, do CPP, à instância revisora dentro do próprio Ministério Público, para fins de homologação. Sem prejuízo disso, caberá ao promotor que determinou o arquivamento comunicar a sua decisão ao investigado, à autoridade policial e à vítima. Esta última, por sua vez, ou quem a represente, poderá, se assim entender, dentro do prazo de 30 dias, a contar da comunicação de arquivamento, submeter

a matéria à revisão da instância superior do órgão ministerial (art. 28, § 1°, CPP). Por fim, o § 2° deste art. 28, com a redação que lhe deu a Lei 13.964/2019, estabelece que, nas ações relativas a crimes praticados em detrimento da União, Estados e Municípios, a revisão do arquivamento do IP poderá ser provocada pela chefia do órgão a quem couber a sua representação judicial. Este novo art. 28 do CPP, que, como dissemos, alterou todo o procedimento que rege o arquivamento do IP, no entanto, teve suspensa, por força de decisão cautelar proferida pelo STF, a sua eficácia. O ministro Luiz Fux, relator, ponderou, em sua decisão, tomada na ADI 6.305, de 22.01.2020, que, embora se trate de inovação louvável, a sua implementação, no prazo de 30 dias (*vacatio legis*), revela-se inviável, dada a dimensão dos impactos sistêmicos e financeiros que por certo ensejarão a adoção do novo procedimento de arquivamento do inquérito policial.
Gabarito "E".

(CESPE) De acordo com a legislação processual penal, o IP deve ser concluído no prazo

(A) marcado pelo juiz, quando o fato for de difícil elucidação, houver diligências a cumprir e o indiciado estiver preso.

(B) de 5 dias, quando o indiciado estiver preso preventivamente, contado o prazo a partir do dia em que se executar a ordem de prisão.

(C) de 30 dias, quando o indiciado estiver solto, podendo ser prorrogado pela autoridade competente para cumprimento de diligências.

(D) de 10 dias, no caso de prisão temporária, prorrogável por igual período em caso de extrema e comprovada necessidade.

(E) marcado pela autoridade policial, que considerará a complexidade da investigação e comunicará à autoridade competente.

Conforme o art. 10 do CPP, o prazo para concluir o inquérito policial será de 10 dias para indiciado preso e de 30 dias para o indiciado solto, podendo haver prorrogação, caso seja necessário para o cumprimento de diligências, desde que o investigado esteja solto. Atenção: o art. 3°-B, VIII, do CPP, introduzido pela Lei 13.964/2019, estabelece ser uma das atribuições do juiz das garantias a prorrogação do prazo do inquérito policial, estando o investigado preso, desde que em face de representação formulada pela autoridade policial. O art. 3°-B, § 2°, do CPP, por sua vez, reza que tal prorrogação do prazo do IP, em que o investigado esteja preso, pode se dar por até 15 dias, uma única vez. Vale lembrar que esses dois dispositivos, por fazerem parte do regramento do juiz das garantias, estão com a sua eficácia suspensa por decisão cautelar do STF. A matéria deve ser apreciada pelo Plenário do Tribunal.
Gabarito "C".

(CESPE) A mãe de Lívia foi atropelada em uma avenida à beira-mar. Inconformada pelo fato de o motorista não ter prestado socorro à sua mãe, a filha investigou o atropelamento por conta própria e descobriu o autor do crime e as provas da materialidade do delito.

Com base nessa situação hipotética, assinale a opção incorreta.

(A) Lívia pode provocar a iniciativa do MP diretamente, fornecendo pessoalmente todas as informações acerca do fato, sendo dispensável a instauração de IP.

(B) Caso a conduta do motorista seja tipificada como homicídio doloso, admite-se a decretação de prisão temporária e preventiva.

(C) Caso a conduta do motorista seja classificada como culposa, o delegado não pode instaurar o IP, porque somente quem tem legitimidade para requerer a instauração nos delitos culposos é a própria vítima.

(D) A apresentação espontânea do motorista na delegacia descaracteriza a situação de flagrância, mas não impede a prisão preventiva, se presentes os requisitos legais.

(E) O membro do MP pode requerer o arquivamento das peças de informação fornecidas por Lívia, cabendo ao procurador-geral insistir no arquivamento, caso o juiz entenda ser hipótese de oferecimento da denúncia.

A: correta, pois o inquérito policial poderá ser dispensado no caso de o titular da ação penal possuir os elementos necessários para a propositura da ação; **B:** correta, pois está de acordo com o art. 1°, III, "a", da Lei 7.960/1989 (Lei da Prisão Temporária) e art. 313 do CPP; **C:** incorreta, pois não se trata de crime de ação penal privada ou pública incondicionada, razão pela qual não depende da vontade do ofendido para iniciar o inquérito policial; **D:** correta. Muito embora o art. 317 do CPP tenha sido revogado com o advento da Lei 12.403/2011, ainda permanece o entendimento no sentido de que aquele que se apresenta espontaneamente perante a autoridade policial não se encontra em estado de flagrância. A despeito disso, nada obsta que contra ele seja decretada a custódia preventiva; **E:** correta, de acordo com o art. 28 do CPP. Com a nova redação conferida ao art. 28 do CPP pela Lei 13.964/2019, o juiz deixa de ter participação no procedimento de arquivamento do IP.
Gabarito "C".

2. AÇÃO PENAL, SUSPENSÃO CONDICIONAL DO PROCESSO E AÇÃO CIVIL

(Polícia Rodoviária Federal – 2013 – CESPE) No que concerne às disposições preliminares do Código de Processo Penal (CPP), ao inquérito policial e a ação penal, julgue os próximos itens.

(1) Tratando-se de lei processual penal, não se admite, salvo para beneficiar o réu, a aplicação analógica.

(2) Após regular instrução processual, mesmo que se convença da falta de prova de autoria do crime que inicialmente atribuir ao acusado, não poderá o Ministério Publico desistir da ação penal.

(3) O Ministério Público pode oferecer a denúncia ainda que não disponha do inquérito relatado pela autoridade policial.

(4) É condicionada à representação da vítima a ação penal por crime de dano praticado contra ônibus de transporte coletivo pertencente a empresa concessionária de serviço público.

1: incorreta, dado que a lei processual penal comporta, sim, *aplicação analógica*, conforme preceitua o art. 3° do CPP. Conferir: "É possível haver condenação em honorários advocatícios em ação penal privada. Conclusão que se extrai da incidência dos princípios da sucumbência e da causalidade, o que permite a aplicação analógica do art. 20 do Código de Processo Civil, conforme previsão constante no art. 3° do Código de Processo Penal" (STJ, 6ª T., AGRESP 1218726, rel. Min. Sebastião Reis Júnior, *DJ* 22.02.2013); **2:** correta. É verdade que é vedado ao MP, a partir do oferecimento da denúncia, desistir da ação penal proposta (art. 42, CPP). Agora, nada obsta que o órgão acusatório, se entender, ao cabo da instrução processual, que as provas produzidas são insuficientes para autorizar um decreto condenatório, peça a absolvição do acusado, que poderá, no entanto, ser condenado (art. 385, CPP); **3:** correta. Isso porque o inquérito policial, como bem sabemos, é *dispensável*, *prescindível* ao exercício da ação penal (art. 12, CPP). Assim sendo, o titular da ação penal, neste caso o promotor, poderá, com muito mais razão, se entender que o inquérito reúne elementos informativos suficientes, ajuizar a ação penal, ainda que as investigações, ao juízo da autoridade policial, não tenham sido concluídas; **4:** incorreta, na medida em que a ação penal, neste caso, é pública *incondicionada*, não dependendo o MP, por conta disso, de qualquer manifestação de vontade da vítima. É o que se extrai dos arts. 163, parágrafo único, III, 167, do CP e 24, § 2º, do CPP.

Gabarito 1E, 2C, 3C, 4E

(Policial Rodoviário Federal – 2004 – CESPE) Um policial rodoviário federal, durante um patrulhamento ostensivo, foi alvejado com um tiro de revólver desfechado pelo condutor-infrator de um veículo, sofrendo lesões corporais de natureza gravíssima, que ocasionaram deformidade permanente.

Com referência à situação hipotética acima apresentada, julgue o item a seguir.

(1) Na situação considerada, a ação penal pública incondicionada será promovida por denúncia do órgão do Ministério Público.

1: correta, pois o crime de lesão corporal gravíssima é processado mediante ação penal pública incondicionada, a cargo do Ministério Público (art. 24 do CPP).

Gabarito 1C

(CESPE) Com referência à ação penal, julgue os itens que se seguem.

(1) Oferecida a representação pelo ofendido, o Ministério Público não é obrigado a intentar a ação penal pública condicionada à representação.

(2) Na ação penal privada personalíssima, a titularidade é exclusiva do ofendido, não se transmitindo, em caso de morte, aos seus herdeiros ou sucessores.

1: correta, pois a representação não vincula a atuação do membro do MP, que poderá, de acordo com o seu convencimento, oferecer denúncia, promover o arquivamento do feito ou ainda requisitar diligências imprescindíveis ao exercício da ação penal; **2:** correta, pois, em se tratando de ação penal privada personalíssima, a titularidade não é transmitida aos herdeiros do ofendido. Em nosso ordenamento jurídico, o único caso é o crime previsto no art. 236 do CP (induzimento a erro essencial e ocultação de impedimento). O adultério, cuja ação penal era privada personalíssima, deixou de constituir crime.

Gabarito 1C, 2C

(CESPE) Amador e Profissional foram indiciados em inquérito policial, em razão de representação formulada por Ciumenta, por crime de estupro. Segundo Ciumenta, os indiciados a constrangeram mediante grave ameaça com uma faca, a com eles manter relação sexual. Os autos do inquérito policial foram remetidos ao Ministério Público. Em face da situação apresentada, julgue os itens a seguir.

(1) Admitindo-se a hipótese como de crime de ação penal privada, o Ministério Público poderá oferecer denúncia contra os indiciados desde que a ofendida formule queixa crime ao Promotor de Justiça no prazo legal.

(2) representação da vítima exige algumas formalidades essenciais, como, por exemplo, reconhecimento de firma e atestado de pobreza da representante.

(3) Admitindo-se a hipótese como de crime de ação penal pública condicionada à representação, esta deverá ser oferecida no prazo de seis meses, contados a partir da data em que a ofendida ou o seu representante legal tomou conhecimento da autoria do crime.

(4) O Ministério Público poderá, entendendo pública a ação penal, mas discordando das conclusões da autoridade policial no relatório que encerrou o inquérito policial, requerer ao juiz competente o arquivamento dos autos, por falta de provas da materialidade do crime.

(5) Embora já relatado o inquérito policial, o representante do Ministério Público poderá determinar a realização de exame pericial na faca que teria sido utilizada pelos indiciados para constranger a vítima à conjunção carnal.

1: incorreta, uma vez que, em se tratando de ação penal privada, o Ministério Público é parte ilegítima para promover a ação penal; **2:** incorreta, já que a representação, conforme doutrina e jurisprudência sedimentadas, não exige rigor sacramental, dispensa o reconhecimento de firma ou ainda o atestado de pobreza da representante. Basta, aqui, que a vítima manifeste de forma inequívoca sua vontade de ver processado seu ofensor; **3:** correta, de acordo com o art. 38 do CPP; **4:** correta, de acordo com o art. 28 do CPP, podendo o juiz, caso discorde do pedido, encaminhar os autos ao Procurador-Geral de Justiça para que este ofereça denúncia, designe outro membro do MP para oferecê-la ou mantenha o arquivamento dos autos. Esta assertiva levou em conta a redação anterior do art. 28 do CPP. Atualmente, dadas as modificações operadas pela Lei 13.964/2019, a iniciativa e decisão de arquivamento do IP cabe ao Ministério Público; **5:** correta, com fundamento no arts. 16, 46 e 47 do CPP.

Gabarito 1E, 2E, 3C, 4C, 5C

(CESPE) Por entender inexistente o crime apurado em inquérito policial, o representante do Ministério Público requereu ao juiz compete o arquivamento dos autos. Em tal caso,

(1) o juiz, caso discorde da posição do Ministério Público, determinará a remessa dos autos ao Chefe do Ministério Público.

(2) de acordo com entendimento majoritário dos tribunais superiores, a vítima poderá, arquivado o inquérito policial, ajuizar ação penal privada subsidiária da pública.

(3) o juiz, aceitando o pedido do Ministério Público e arquivando o inquérito policial, não poderá desarquivá-lo diante de novas provas.

(4) a vítima poderá impetrar ordem de *habeas corpus*, a fim de que o Ministério Público seja obrigado a oferecer denúncia.

(5) o juiz, aceitando o pedido, ordenará a soltura do indiciado, se este estiver preso.

1: correta, de acordo com a redação em vigor do art. 28 do CPP à época em que aplicada esta prova. Atualmente, não cabe ao juiz concordar ou discordar do requerimento do MP para arquivamento do IP, já que tal decisão, antes do juiz, agora é do MP; **2:** incorreta, pois, de acordo com a Súmula 524 do STF e o art. 18 do CPP, em caso de arquivamento do inquérito policial, a ação penal somente poderá ser iniciada diante de novas provas. Assim, em caso de arquivamento do inquérito policial, não há que falar em inércia do órgão ministerial, do que se conclui não haver legitimidade para a vítima ajuizar ação penal privada subsidiária da pública; **3:** incorreta (Súmula 524 do STF e art. 18 do CPP). O juiz poderá promover o desarquivamento, diante de novas provas; **4:** incorreta, pois, diante da inércia do Ministério Público, o ofendido terá legitimidade para ajuizar ação penal privada subsidiária, conforme dispõe o art. 29 do CPP; **5:** correta, pois não haverá mais razão para a manutenção da prisão do indiciado.

Gabarito 1C, 2E, 3E, 4E, 5C

(CESPE) Acerca da ação penal e suas espécies, julgue os itens a seguir.

(1) Se o órgão do Ministério Público, ao invés de apresentar a denúncia, requerer o arquivamento do inquérito policial, o juiz, mesmo no caso de considerar improcedentes as razões invocadas, deverá arquivar os autos e expor fundamentadamente as razões de sua convicção.

(2) Se o Ministério Público não intentar a ação penal pública no prazo legal, será admitida ação penal privada subsidiária da pública, que poderá ser intentada pelo ofendido ou seu representante legal.

(3) A denúncia ou queixa será rejeitada quando for manifesta a ilegitimidade da parte, mas a rejeição não obstará o exercício da ação penal, desde que promovida por parte legítima.

1: incorreta, pois, caso o Ministério Público requeira o arquivamento do inquérito, o juiz, caso não concorde com as razões invocadas, remeterá os autos ao procurador-geral de justiça, conforme dispõe o art. 28 do CPP. Com o advento da Lei 13.964/2019, conhecida como *pacote anticrime*, posterior à elaboração desta questão, o juiz perdeu o protagonismo no procedimento de arquivamento do IP, de tal sorte que, ante a nova redação do art. 28 do CPP, tal decisão cabe ao MP, sem interferência do Judiciário; **2:** correta, conforme dispõe o art. 29 do CPP e art. 5°, LIX, da CF; **3:** correta, pois conforme o disposto no art. 395 CPP.
Gabarito 1E, 2C, 3C

(CESPE) Julgue os itens seguintes, no que tange às normas e procedimentos de direito processual penal.

(1) Considere a seguinte situação hipotética. Marcos foi vítima de crime de ação penal privada personalíssima. No decorrer das investigações, Marcos faleceu em decorrência de um trágico acidente. Nessa situação, o direito de intentar a ação se transmite ao cônjuge, ascendente, descendente ou irmão da vítima.

(2) Nos crimes eleitorais, o prazo para o oferecimento de denúncia pelo Ministério Público é de 10 dias.

(3) Ao mencionar os crimes de responsabilidade dos funcionários públicos, a lei processual refere-se aos delitos praticados por funcionários públicos contra a administração em geral, não abrangendo outros ilícitos comuns, que podem ser cometidos por qualquer pessoa.

(4) A jurisdição, como função estatal destinada a dirimir conflitos, é única, o que equivale a dizer que todos os juízes devidamente investidos no cargo contam com jurisdição, mas só podem dirimir os conflitos dentro da sua respectiva competência.

(5) No caso da ação penal pública condicionada a representação, a vítima poderá retratar-se da representação contra o autor do delito uma única vez, não lhe sendo juridicamente possível que se retrate da retratação.

1: incorreta, pois, nos crimes de ação penal privada personalíssima, o direito de queixa não será transmitido aos herdeiros; **2:** correta, de acordo com o art. 357 da Lei 4.737/1965; **3:** correta, pois se trata do Título II, DOS PROCESSOS ESPECIAIS, qual seja, o do julgamento dos crimes de responsabilidade dos funcionários públicos. Outros crimes, que não os assim compreendidos, serão processados no rito apropriado; **4:** correta, de acordo com o art. 5°, XXXVII e LIII, da Constituição Federal; **5:** incorreta, pois a previsão legal é quanto à irretratabilidade, após o oferecimento da denúncia, prevista no art. 25 do CPP, sendo possível, assim, a retratação da retratação.
Gabarito 1E, 2C, 3C, 4C, 5E

(CESPE) Com relação à ação penal, julgue os itens subsequentes.

(1) Vícios formais verificados no inquérito policial ensejam a nulidade da respectiva ação penal.

(2) A ação penal pública incondicionada será iniciada por denúncia a ser oferecida pelo representante do Ministério Público.

(3) Ocorrendo crime que enseje ação penal pública condicionada à representação, a retratação do ofendido somente poderá ser recebida até a data do oferecimento da denúncia.

(4) A ação penal privada poderá ser intentada mediante queixa, tanto pelo ofendido como por seu representante legal.

(5) O prazo para oferecimento da denúncia, encontrando-se o acusado preso, não poderá exceder dez dias.

1: incorreta, uma vez que, conforme entendimento pacificado na jurisprudência, os vícios porventura verificados no curso do inquérito policial não ensejam a nulidade da respectiva ação penal; **2:** correta, de acordo com o art. 24 CPP; **3:** correta, de acordo com o art. 25 CPP; **4:** correta, de acordo com o art. 30 do CPP; **5:** questão anulada. Porém, de acordo com o art. 46 CPP, o prazo para oferecimento da denúncia com réu preso será de 5 dias, contados da data em que o órgão do Ministério Público receber os autos do inquérito policial.
Gabarito 1E, 2C, 3C, 4C, 5 Anulada

(CESPE) Considerando as disposições legais acerca do processo e do julgamento dos crimes de responsabilidade dos funcionários públicos, julgue os itens seguintes.

(1) Antes de receber formalmente a denúncia, o juiz ordenará a notificação do acusado para que apresente defesa preliminar em trinta dias.

(2) A queixa ou a denúncia obrigatoriamente será instruída com documentos que façam presumir a existência do delito.

(3) O rito a ser observado no processo e no julgamento dos crimes de responsabilidade dos funcionários públicos será o ordinário comum.

1: incorreta, pois o prazo é de 15 dias, conforme disposto no art. 514 do CPP; **2:** incorreta, pois o art. 513 do CPP dispõe, na parte final, sobre a fundamentação na hipótese de impossibilidade de apresentação dos documentos a instruir a queixa/denúncia; **3:** incorreta, pois o rito está previsto nos arts. 513 e seguintes do CPP, qual seja, no capítulo II do Título II, "Do processo e do julgamento dos crimes de responsabilidade dos funcionários públicos".
Gabarito 1E, 2E, 3E

3. JURISDIÇÃO E COMPETÊNCIA; CONEXÃO E CONTINÊNCIA

(Policial Rodoviário Federal – 2004 – CESPE) Um policial rodoviário federal, durante um patrulhamento ostensivo, foi alvejado com um tiro de revólver desfechado pelo condutor-infrator de um veículo, sofrendo lesões corporais de natureza gravíssima, que ocasionaram deformidade permanente.

Com referência à situação hipotética acima apresentada, julgue o item a seguir.

(1) A competência para processar e julgar o condutor do veículo será da justiça federal, já que o crime foi praticado contra servidor público federal no exercício da função.

1: correta, pois, nos termos do art. 109, IV, da CF, compete à Justiça Federal processar e julgar as infrações penais praticadas em detrimento de bens, serviços ou interesses da União. No caso proposto, como a vítima é servidor público federal no exercício de suas funções, entende-se que a conduta do agente foi praticada contra um serviço público federal, procurando impedir seu regular exercício. Tal entendimento vem consagrado na Súmula 147 do STJ: "Compete à Justiça Federal processar e julgar os crimes praticados contra funcionário público federal, quando relacionados com o exercício da função".

Gabarito 1C

(CESPE) Acerca de jurisdição e competência, julgue os itens seguintes.

(1) Nos casos de exclusiva ação privada, o querelante poderá preferir o foro de domicílio ou da residência do réu, ainda que seja conhecido o lugar da infração.

(2) A competência será determinada pela conexão quando duas ou mais pessoas forem acusadas pela mesma infração.

(3) A conexão e a continência importarão unidade de processo e julgamento, inclusive no concurso entre a jurisdição comum e a militar.

1: correta, conforme art. 73 do CPP; **2:** incorreta, já que se trata de hipótese de continência (art. 77 do CPP); 3: incorreta, pois, de acordo com o art. 79, I, do CPP, no concurso entre a jurisdição comum e a militar, *não* haverá unidade de processo e julgamento.

Gabarito 1E, 2E, 3E

4. QUESTÕES E PROCESSOS INCIDENTES

(CESPE) Não constitui atribuição da polícia judiciária

(A) averiguar a vida pregressa do indiciado, sob o ponto de vista individual, familiar, social ou econômico.

(B) determinar que se procedam quaisquer exames de corpo de delito e outras perícias.

(C) cumprir diligências e mandados de prisão expedidos por autoridades judiciárias.

(D) representar acerca da prisão preventiva e da prisão temporária.

(E) determinar a instauração do incidente de insanidade mental quando houver dúvida sobre a imputabilidade do indiciado.

A: incorreta (art. 6°, IX, do CPP); **B:** incorreta (art. 6°, VII, do CPP); **C:** incorreta (art. 13, III, do CPP); **D:** incorreta (art. 13, IV, do CPP e Lei 7.960/1989); **E:** correta, pois, de fato, não cabe à autoridade policial determinar a instauração de incidente de insanidade mental do indiciado, providência esta que compete, evidentemente, ao magistrado. Porém, poderá o delegado de polícia, na fase de inquérito, representar ao juiz no sentido de ser instaurado referido processo incidental, conforme prevê o art. 149, § 1°, do CPP.

Gabarito "E".

5. PROVA

(Policial Rodoviário Federal – CESPE – 2019) Com relação aos meios de prova e os procedimentos inerentes a sua colheita, no âmbito da investigação criminal, julgue o próximo item.

(1) A entrada forçada em determinado domicílio é lícita, mesmo sem mandado judicial e ainda que durante a noite, caso esteja ocorrendo, dentro da casa, situação de flagrante delito nas modalidades próprio, impróprio ou ficto.

1: correta. Não há ilegalidade no ingresso à força em domicílio, ainda que à noite, para efetuar prisão em flagrante, ainda que se trate de flagrante impróprio ou ficto. Conferir: "RECURSO ORDINÁRIO EM HABEAS CORPUS. FURTO QUALIFICADO. FORMAÇÃO DE QUADRILHA. INÉPCIA DA DENÚNCIA. AUSÊNCIA DE PREJUÍZO. BUSCA E APREENSÃO SEM MANDADO. OCORRÊNCIA DE FLAGRANTE PRESUMIDO. POSSIBILIDADE. NEGADO PROVIMENTO 1- Não gera a inépcia da denúncia a ausência de indicação exata do tempo de ocorrência do crime, sobretudo quando é determinado o intervalo de tempo e não se evidencia qualquer prejuízo à defesa. 2- A inviolabilidade do domicílio é excepcionada pela ocorrência de flagrante delito, conforme artigo 5°, XI, da Constituição Federal. 3- É válido o flagrante presumido quando o objeto furtado é encontrado, após a prática do crime, na residência do acusado. 4- Negado provimento ao recurso" (RHC 21.326/PR, Rel. Ministra JANE SILVA (DESEMBARGADORA CONVOCADA DO TJ/MG), QUINTA TURMA, julgado em 25/10/2007, DJ 19/11/2007, p. 247). Importante que se diga que não é este o entendimento de Guilherme de Souza Nucci, para quem somente o flagrante próprio autoriza o ingresso da polícia, durante a noite, em domicílio alheio para efetivar a prisão em flagrante.

Gabarito 1C

(CESPE) Com base no direito processual penal, julgue os itens que se seguem.

(1) De acordo com inovações na legislação específica, a perícia deverá ser realizada por apenas um perito oficial, portador de diploma de curso superior; contudo, caso não haja, na localidade, perito oficial, o exame poderá ser realizado por duas pessoas idôneas, portadoras de diploma de curso superior, preferencialmente na área específica. Nessa última hipótese, serão facultadas a participação das partes, com a formulação de quesitos, e a indicação de assistente técnico, que poderá apresentar pareceres, durante a investigação policial, em prazo máximo a ser fixado pela autoridade policial.

(2) Como o sistema processual penal brasileiro assegura ao investigado o direito de não produzir provas contra si mesmo, a ele é conferida a faculdade de não participar de alguns atos investigativos, como, por exemplo, da reprodução simulada dos fatos e do procedimento de identificação datiloscópica e de reconhecimento, além do direito de não fornecer material para comparação em exame pericial.

(3) O sistema processual vigente prevê tratamento especial ao ofendido, especialmente no que se refere ao direito de ser ouvido em juízo e de ser comunicado dos atos processuais relativos ao ingresso e à saída do acusado da prisão, à designação de data para audiência e à sentença e respectivos acórdãos. Além disso, ao ofendido é conferido o direito da preservação da intimidade, da vida privada, da honra e da imagem, o que, entretanto, não obsta a acareação entre ele e o acusado.

(4) O Código de Processo Penal determina expressamente que o interrogatório do investigado seja o último ato da investigação criminal antes do relatório da autoridade policial, de modo que seja possível sanar eventuais vícios decorrentes dos elementos informativos colhidos até então bem como indicar outros elementos relevantes para o esclarecimento dos fatos.

1: errada, pois, de acordo com o art. 159, § 4º, do CPP, o assistente técnico atuará a partir de sua admissão pelo juiz e após a conclusão dos exames e *elaboração do laudo pelos peritos oficiais*, sendo as partes intimadas desta decisão. Porém, entende-se que será possível a indicação de assistentes técnicos e a formulação de quesitos mesmo em caso de a perícia ser realizada por peritos não oficiais (peritos juramentados); **2:** errada. De fato, ninguém poderá ser compelido a produzir prova contra si mesmo (princípio do *nemo tenetur se detegere*), razão pela qual a participação do investigado na reprodução simulada dos fatos (art. 7º do CPP) será facultativa, o mesmo se dizendo no tocante à colheita de material gráfico para comparação em exame pericial. Porém, no que diz respeito à identificação criminal (que compreende a identificação datiloscópica e fotográfica), esta será realizada mesmo contra a vontade do investigado, nas hipóteses previstas na Lei 12.037/2009; **3:** correta. Nos termos do art. 201, § 2º, do CPP, o ofendido será comunicado dos atos processuais relativos ao ingresso e à saída do acusado da prisão, à designação de data para audiência e à sentença e respectivos acórdãos que a mantenham ou modifiquem. Ainda, conforme dispõe o art. 229 do CPP, será admitida a acareação entre acusados, entre acusado e testemunha, entre testemunhas, *entre acusado* ou testemunha *e a pessoa ofendida, e entre as pessoas ofendidas*, sempre que divergirem, em suas declarações, sobre fatos ou circunstâncias relevantes; **4:** errada, pois o interrogatório do investigado, durante a fase de investigação criminal, não é, necessariamente, o último ato que antecede o relatório da autoridade policial. Basta ver que no art. 6º do CPP, que trata das diligências realizadas na fase inquisitiva, não há uma ordem a ser seguida, constando o interrogatório do indiciado em seu inciso V. Situação diversa ocorre na fase processual (fase da ação penal), na qual, de fato, o interrogatório do acusado é ato de fechamento ou de encerramento da fase instrutória (vide, por exemplo, o art. 400, *caput*, parte final, do CPP).

(CESPE) Considerando o estabelecido no Código de Processo Penal, julgue o item abaixo, a respeito da prova.

(1) Excepcionalmente, o juiz, por decisão fundamentada, de ofício ou a requerimento das partes, poderá realizar o interrogatório do réu preso por meio de sistema de videoconferência.

1: correta, conforme dispõe o art. 185, § 2º, do CPP.

(CESPE) A respeito de perícias em geral, julgue os itens abaixo.

(1) Tanto os peritos não oficiais quanto os oficiais deverão prestar compromisso de bem e fielmente desempenhar o encargo, sob pena de nulidade do laudo.

(2) Não se fará necessária a realização de autópsia quando, em caso de incêndio, o corpo da vítima estiver totalmente carbonizado e não houver sinais de ocorrência de infração penal a apurar.

(3) O exame de corpo de delito deverá ser realizado entre as seis e as dezoito horas.

(4) Não havendo peritos oficiais, o exame poderá ser realizado por pessoas idôneas, desde que portadoras de instrução secundária.

(5) Na hipótese de não haver sido encontrado o objeto furtado será impossível a avaliação econômica para fins de prova.

1: incorreta, pois o art. 159, § 2º, do CPP não prevê a prestação do compromisso por peritos oficiais, tampouco nulidade do laudo; **2:** correta, de acordo com o parágrafo único do art. 162 do CPP; **3:** incorreta, pois o art. 162 do CPP apenas dispõe sobre o prazo de 6 horas após o óbito para a realização da autopsia; **4:** incorreta, pois o art. 159, § 1º, do CPP dispõe que, na falta de perito oficial, o exame poderá ser realizado por duas pessoas idôneas portadoras de diploma em curso superior relacionado à área da perícia; **5:** incorreta, pois o art. 167 do CPP dispõe sobre a possibilidade de a prova testemunhal suprir a inviabilidade da feitura do exame de corpo de delito direto.

(CESPE) No que se refere à produção de provas, julgue o item abaixo.

(1) Quando a infração penal deixa vestígios, é indispensável a realização do exame de corpo de delito. O exame, contudo, poderá ser suprido pela prova testemunhal na hipótese de desaparecimento dos vestígios.

1: correta, de acordo com os arts. 158 e 167 do CPP.

(CESPE) Acerca das provas no processo penal, julgue os seguintes itens.

(1) Em caso de morte violenta, não se admite o simples exame externo do cadáver.

(2) Não sendo possível o exame de corpo de delito, por haverem desaparecido os vestígios, a prova testemunhal poderá suprir essa falta.

1: incorreta, pois a possibilidade de exame externo do cadáver é condizente com a situação de morte violenta, como dispõe o parágrafo único do art. 162 do CPP; **2:** correta, pois em conformidade com o que dispõe o art. 167 do CPP.

(CESPE) Acerca da prova no processo penal, assinale a opção correta.

(A) São inadmissíveis, devendo ser desentranhadas do processo, as provas consideradas ilícitas. No entanto, a legislação não proíbe a produção de provas derivadas das ilícitas.

(B) Poderá o juiz, de ofício, ordenar, mesmo antes de iniciada a ação penal, a produção antecipada de provas consideradas urgentes e relevantes.

(C) Quando a infração deixar vestígios, será indispensável o exame de corpo de delito, podendo supri-lo a confissão do acusado.

(D) Em regra, a perícia deverá ser realizada por dois peritos oficiais.

(E) Em regra, o laudo pericial será elaborado no prazo máximo de trinta dias, podendo este prazo ser prorrogado, em casos excepcionais, a requerimento dos peritos.

A: incorreta, conforme art. 157 do CPP (as provas derivadas das ilícitas, também denominadas de provas ilícitas por derivação, também são proibidas, conforme § 1º, do referido dispositivo legal); **B:** correta, conforme disposto no art. 156, I, do CPP; **C:** incorreta, pois o art. 158 do CPP dispõe que a confissão não irá suprir a realização do exame de corpo de delito, que será imprescindível nas infrações penais que deixarem vestígios (também chamadas de infrações não transeuntes); **D:** incorreta, pois o art. 159 do CPP, com a nova redação que lhe foi conferida pela Lei 11.690/2008, dispõe que o exame será realizado por um perito oficial, ou, na ausência deste, por duas pessoas idôneas com diploma superior, preferencialmente com formação na área específica; **E:** incorreta, pois o prazo de conclusão do laudo pericial será de 10 dias, podendo ser prorrogado em casos excepcionais (art. 160, parágrafo único, do CPP).

(CESPE) Em relação aos exames periciais, assinale a opção correta.

(A) Nos casos de morte violenta, bastará o simples exame externo do cadáver, ainda que haja infração penal a apurar.
(B) Quando encontrados em posição diversa, os cadáveres deverão ser colocados em posição horizontal para serem fotografados.
(C) Em regra, a autópsia será feita pelo menos seis horas depois do óbito.
(D) É vedado aos peritos instruir os laudos com fotografias que contenham imagens de forte mutilação corporal.
(E) Após a conclusão das perícias de laboratório, os peritos deverão descartar imediatamente o material periciado.

A: incorreta, pois, havendo infração penal a apurar, a autópsia deverá ser realizada em conformidade com o parágrafo único do art. 162 do CPP; **B:** incorreta, pois, conforme o art. 164 do CPP, os cadáveres serão sempre fotografados na posição em que estiverem; **C:** correta, de acordo com o art. 162 do CPP; **D:** incorreta, pois os peritos deverão elaborar o laudo descrevendo minuciosamente o que foi averiguado, conforme art. 160 do CPP; **E:** incorreta, pois o art. 170 do CPP dispõe sobre o armazenamento dos materiais analisados em laboratório.
Gabarito "C".

(CESPE) A respeito do exame para o reconhecimento de escritos, por comparação de letra, assinale a opção correta.

(A) É vedada a requisição de documentos que existirem em arquivos ou estabelecimentos públicos.
(B) Para a comparação, poderão servir quaisquer documentos que o suposto subscritor reconhecer ou já tiverem sido judicialmente reconhecidos como de seu punho, ou sobre cuja autenticidade não houver dúvida.
(C) A pessoa a quem se atribua o escrito será intimada para o ato, ficando obrigada a fornecer grafias de seu próprio punho para comparação.
(D) Para a comparação, só serão considerados os escritos fornecidos pelo indiciado a partir de palavras ditadas pela autoridade policial.
(E) Em caso de recusa do indiciado em fornecer os padrões para comparação, presumir-se-ão como seus os escritos examinados.

A: incorreta, pois em confronto com o que dispõe o art. 174, III, do CPP; **B:** correta, pois a assertiva está de acordo com o art. 174, II, do CPP; **C:** incorreta, pois em confronto com o art. 174, I, do CPP; **D:** incorreta, pois o art. 174, II, do CPP dispõe que serão utilizados quaisquer documentos; **E:** incorreta, pois não se pode compelir o indiciado a fornecer provas contra si mesmo, o que, ainda que de forma implícita, decorre do direito constitucional ao silêncio (art. 5º, LXIII, da CF).
Gabarito "B".

(CESPE) É prova lícita

(A) a interceptação telefônica determinada pela autoridade policial.
(B) a apreensão de carta particular no domicílio do indiciado, sem consentimento do morador.
(C) a confissão do indiciado obtida mediante grave ameaça por parte dos policiais.
(D) a busca pessoal, realizada sem mandado judicial, quando houver fundada suspeita de flagrante.
(E) a declaração do advogado do indiciado acerca de fatos de que teve ciência profissionalmente.

A: incorreta, pois apenas a autoridade judiciária poderá determinar a interceptação telefônica, sob pena de ser considerada ilícita a gravação obtida, conforme art. 1º da Lei 9.296/1996; **B:** incorreta, vez que apenas poderá ocorrer mediante determinação do juízo, sob pena de constituir crime de violação de correspondência; **C:** incorreta, vez que constitui prova ilícita a confissão sob grave ameaça; **D:** correta, conforme art. 240 do CPP; **E:** incorreta, pois constitui violação ao segredo profissional.
Gabarito "D".

(CESPE) Acerca das perícias, julgue os itens a seguir, tendo como base o CPP e a CF.

I. Quando não houver perito oficial para realizar perícia, duas pessoas idôneas, portadoras de diploma de curso superior preferencialmente na área específica relacionada à natureza do exame, poderão fazê-la.
II. As partes podem indicar assistente técnico, que atuará a partir de sua admissão pelo juiz e após a conclusão dos exames e elaboração do laudo pelos peritos oficiais, tendo acesso ao material probatório no ambiente do órgão oficial.
III. No crime de homicídio, como a infração deixa vestígios, é necessário o exame de corpo de delito, podendo supri-lo a prova testemunhal ou a confissão do acusado.
IV. Na perícia grafotécnica, a pessoa a quem se atribua o escrito será intimada a comparecer e a autoridade mandará que escreva as palavras ditadas, sob pena de se não o fizer incorrer no crime de desobediência.
V. O juiz fica adstrito ao laudo elaborado pelos peritos oficiais, não podendo rejeitar as conclusões apontadas.

Estão certos apenas os itens

(A) I e II.
(B) I e III.
(C) II e IV.
(D) III e V.
(E) IV e V.

I: correta, de acordo com o art. 159, § 1º, do CPP; **II:** correta, de acordo com o disposto no art. 159, § 3º, do CPP; **III:** incorreta, pois somente a prova testemunhal poderá suprir a ausência de exame de corpo de delito; **IV:** incorreta, pois o art. 174 do CPP não traz a disposição quanto ao crime de desobediência. Nem poderia, na medida em que o investigado não é obrigado a contribuir na formação da prova, ficando a seu critério fornecer ou não padrões gráficos do próprio punho para ulterior confronto; **V:** incorreta, dado que o juiz não ficará adstrito ao laudo, podendo aceitá-lo ou recusá-lo (art. 182 do CPP).
Gabarito "A".

(CESPE) Acerca da prova criminal, assinale a opção correta.

(A) O silêncio do acusado não importa em confissão, mas pode constituir elemento para a formação do convencimento do juiz e interpretado em prejuízo da defesa.
(B) Antes de iniciar o interrogatório, o acusado deve ser informado do seu direito de permanecer calado e de não responder às perguntas que lhe forem formuladas.
(C) A confissão é indivisível e irretratável e, para apreciar seu valor, o juiz deverá confrontá-la com as demais provas, verificando se existe compatibilidade e concordância.

(D) No procedimento de reconhecimento de indiciado, este deve ser colocado ao lado de, no mínimo, três pessoas que tenham com ele grande semelhança física.

(E) A acareação é uma confrontação entre acusado e vítima, quando há dúvida acerca da existência do crime e permite que se esclareça qual versão é a verdadeira.

A: incorreta, pois, com base no art. 186, parágrafo único, do CPP, o silêncio não importará confissão e não será interpretado em prejuízo da defesa; **B:** correta, conforme *caput* do art. 186 do CPP; **C:** incorreta, pois não corresponde ao que estabelece o art. 200 do CPP, que dispõe sobre a divisibilidade e retratabilidade da confissão; **D:** incorreta, uma vez que o art. 226, II, do CPP não dispõe sobre o número de pessoas que deverão estar ao lado da pessoa a ser reconhecida; **E:** incorreta, pois não corresponde ao que estabelece o art. 229 do CPP.
Gabarito "B".

(CESPE) Considerando a regulamentação processual penal em relação às testemunhas, assinale a opção correta.

(A) Uma criança de seis anos de idade pode ser testemunha, mas não prestará o compromisso de dizer a verdade do que souber e lhe for perguntado.

(B) Os doentes e deficientes mentais não podem ser arrolados como testemunha, pois, por serem inimputáveis, suas declarações não têm credibilidade.

(C) O pai que presencia o filho cometer homicídio é obrigado a depor acerca dos fatos, ainda que outras pessoas tenham testemunhado o ocorrido.

(D) O padre pode depor acerca da autoria de crime que tomou conhecimento durante seu ministério, sendo irrelevante a anuência da parte interessada.

(E) Os surdos-mudos não podem ser testemunhas porque o depoimento deve ser prestado oralmente, não sendo permitido fazê-lo por escrito.

A: correta, conforme disposto nos arts. 202 e 208 do CPP; **B:** incorreta, já que a tais pessoas apenas não se deferirá o compromisso a que alude o art. 203 do CPP, conforme disposto no art. 208 do CPP; **C:** incorreta, pois, de acordo com o art. 206 do CPP, o ascendente poderá eximir-se de depor em processo relativo a crime cometido pelo próprio filho, salvo quando não for possível, por outro meio, obter a prova do fato; **D:** incorreta, de acordo com o art. 207 do CPP, vez que terá acesso à informação em razão de sua condição de padre; **E:** incorreta, vez que, neste caso, é aplicado o disposto no art. 192 do CPP (art. 223, parágrafo único, do CPP).
Gabarito "A".

(CESPE) Acerca das provas, segundo o CPP, assinale a opção correta.

(A) Admite-se que o juiz, de ofício, delibere devolver algum documento a uma das partes.

(B) As cartas poderão ser exibidas em juízo pelo respectivo destinatário, para a defesa de seu direito, ainda que não exista consentimento do signatário.

(C) Em busca da verdade real, a autoridade policial pode proceder à reprodução simulada dos fatos, ainda que esta contrarie a moralidade ou a ordem pública.

(D) A lei admite a possibilidade de o réu retratar-se, narrando a versão correta dos fatos, na sua visão, desde que o faça em juízo.

(E) O informante, por prestar compromisso, deve ser considerado uma testemunha.

A: incorreta, pois isso apenas ocorrerá diante de requerimento e após ouvido o Ministério Público, conforme dispõe o art. 238 do CPP; **B:** correta, conforme parágrafo único do art. 233 do CPP; **C:** incorreta, pois a reprodução simulada dos fatos não terá espaço quando contrariar a moralidade ou ordem pública, de acordo com o art. 7º do CPP; **D:** incorreta, pois o Código de Processo Penal, em seu art. 200, prevê a possibilidade de retratação do réu a qualquer tempo, inclusive no âmbito do inquérito policial; **E:** incorreta, na medida em que o informante não presta compromisso; não pode, assim, ser considerado testemunha. Segundo o magistério de Guilherme de Souza Nucci, "informante ou declarante é a pessoa que informa ou fornece um parecer acerca de algo, sem qualquer vínculo com a imparcialidade e com a obrigação de dizer a verdade. Por isso, o informante não presta compromisso, razão pela qual não deve ser considerado uma testemunha, ainda que a disciplina sobre a sua inquirição esteja sendo tratada no capítulo pertinente às testemunhas (...)" (*Código de Processo Penal Comentado*, 12ª ed., p. 480).
Gabarito "B".

(CESPE) Em um bar, Gustavo, com intenção de matar e munido de uma faca, entrou em luta corporal com Adriano. Durante a luta, três copos e duas garrafas foram quebrados, uma cadeira foi danificada, uma parede foi suja de sangue, a faca ensanguentada caiu em cima de uma mesa e, por fim, a vítima caiu morta no chão. Tendo como referência a situação hipotética acima, é correto afirmar que o corpo de delito é constituído

(A) apenas pelo corpo da vítima.

(B) apenas pelos três copos e pelas duas garrafas quebradas.

(C) apenas pela faca ensanguentada.

(D) apenas pelo sangue na parede e pelo cadáver da vítima.

(E) pelos três copos e pelas duas garrafas quebradas, pela cadeira danificada, pelo sangue na parede, pela faca ensanguentada e pelo cadáver da vítima.

De fato, a resposta correta é a alternativa "E", uma vez que o corpo de delito é composto por todos os objetos e vestígios capazes de elucidar a forma como o crime ocorreu.
Gabarito "E".

(CESPE) Acerca da prova testemunhal, segundo o CPP, assinale a opção correta.

(A) O juiz não permitirá que a testemunha manifeste suas apreciações pessoais, mesmo quando inseparáveis da narrativa do fato.

(B) Em regra, o psicólogo não é proibido de depor quanto ao teor da sessão psicoterapêutica.

(C) Se a testemunha é pai da vítima, pode recusar-se a prestar depoimento.

(D) A prova testemunhal deverá ser colhida oralmente, sobretudo quando se tratar do Presidente ou do Vice-Presidente da República, dos presidentes do Senado Federal, da Câmara dos Deputados ou do STF.

(E) A testemunha não poderá eximir-se da obrigação de depor. Poderá, entretanto, recusar-se a fazê-lo o cônjuge do acusado, salvo quando não for possível, por outro modo, obter-se ou integrar-se a prova do fato e de suas circunstâncias.

A: incorreta, pois o juiz permitirá que as apreciações pessoais sejam feitas quando inseparáveis da narrativa do fato, conforme dispõe o art. 213 do CPP; **B:** incorreta, pois será proibido, de acordo com o art. 207 do CPP, em razão de sua profissão; **C:** incorreta, pois não é dado ao pai da *vítima* recusar-se a depor. Trata-se de testemunha, que, além de depor, deve prestar compromisso de dizer a verdade. O mesmo não se diga, entretanto, em relação ao pai do *acusado*, ao qual é conferida a prerrogativa de não depor, tal como estabelece o art. 206 do CPP, salvo na hipótese de a prova não poder ser produzida por outro meio; **D:** incorreta, na medida em que as pessoas exercentes dos cargos a que faz referência a assertiva têm a prerrogativa de prestar depoimento por escrito, tal como estabelece o art. 221, § 1º, do CPP, não se lhes aplicando, portanto, o art. 204 do CPP; **E:** correta, conforme art. 206 do CPP. Gabarito "E".

(CESPE) Acerca das testemunhas, segundo o CPP, assinale a opção correta.

(A) Um menor de 14 anos não pode ser testemunha, na medida em que não pode ser responsabilizado por seus atos.

(B) O deficiente mental pode ser testemunha, não se deferindo o compromisso de dizer a verdade.

(C) É permitido ao advogado testemunhar quanto a informações declaradas por seu cliente e às quais teve acesso durante a prática profissional.

(D) O perito criminal está impedido de testemunhar acerca da perícia por ele realizada.

(E) Os ascendentes e os descendentes do indiciado são suspeitos quanto à sua parcialidade, razão pela qual devem prestar o compromisso de dizer a verdade.

A: incorreta, pois, em princípio, toda pessoa pode figurar como testemunha (art. 202, CPP), inclusive o menor de 14 anos, ao qual, todavia, não será deferido o compromisso a que alude o art. 203 do CPP, conforme regra disposta no art. 208 do CPP; **B:** correta, conforme art. 208 do CPP; **C:** incorreta, pois o advogado, nesta situação, é proibido de depor, conforme disciplina o art. 207 do CPP; **D:** incorreta, pois não há tal vedação; **E:** incorreta. Por não serem considerados imparciais, poderão recusar-se a depor; se o fizerem, não prestam o compromisso de dizer a verdade (art. 206 do CPP). Gabarito "B".

(CESPE) A medida de busca e apreensão pode ser

(A) domiciliar, podendo ser realizada durante o dia apenas com o consentimento do morador.

(B) domiciliar, podendo ser realizada durante a noite mediante exibição de ordem judicial.

(C) pessoal, incluindo a bolsa e todos os pertences da pessoa, somente com ordem judicial.

(D) pessoal, mesmo sem mandado, quando houver fundada suspeita de que a pessoa possua objeto que constitua corpo de delito.

(E) domiciliar ou pessoal, desde que por ordem fundamentada da autoridade policial ou judicial.

Por imposição de índole constitucional (art. 5º, XI), o ingresso em domicílio alheio somente pode se dar em caso de flagrante delito, de desastre ou para prestar socorro, ou, ainda, *durante o dia*, por determinação judicial. Ou seja, a busca e apreensão domiciliar somente pode ser feita durante o dia (art. 245, CPP), sendo irrelevante, neste caso, o consentimento do morador. Por tal razão, o ingresso em domicílio com o fim de dar cumprimento à ordem judicial de busca e apreensão somente é legal, durante a noite, na hipótese de o morador autorizar que a medida seja cumprida em tal horário. Assim, se a diligência durante o período noturno foi realizada à revelia do morador, ela deve ser considerada ilegal. No que toca à busca e apreensão pessoal, que não depende de ordem judicial para ser levada a efeito, poderá ela realizar-se nas situações descritas no art. 240, § 2º, do CPP, aqui incluída a hipótese descrita na alternativa "D", que deve ser considerada correta. Gabarito "D".

6. PRISÃO, MEDIDAS CAUTELARES E LIBERDADE PROVISÓRIA

(Policial Rodoviário Federal – CESPE – 2019) Em decorrência de um homicídio doloso praticado com o uso de arma de fogo, policiais rodoviários federais foram comunicados de que o autor do delito se evadira por rodovia federal em um veículo cuja placa e características foram informadas. O veículo foi abordado por policiais rodoviários federais em um ponto de bloqueio montado cerca de 200 km do local do delito e que os policiais acreditavam estar na rota de fuga do homicida. Dada voz de prisão ao condutor do veículo, foi apreendida arma de fogo que estava em sua posse e que, supostamente, tinha sido utilizada no crime.

Considerando essa situação hipotética, julgue os seguintes itens.

(1) De acordo com a classificação doutrinária dominante, a situação configura hipótese de flagrante presumido ou ficto.

(2) Quanto ao sujeito ativo da prisão, o flagrante narrado é classificado como obrigatório, hipótese em que a ação de prender e as eventuais consequências físicas dela advindas em razão do uso da força se encontram abrigadas pela excludente de ilicitude denominada exercício regular de direito.

(3) Durante o procedimento de lavratura do auto de prisão em flagrante pela autoridade policial competente, o policial rodoviário responsável pela prisão e condução do preso deverá ser ouvido logo após a oitiva das testemunhas e o interrogatório do preso.

1: correta. Flagrante *ficto* ou *presumido*, a que faz menção a alternativa, é a modalidade (art. 302, IV) em que o agente é encontrado, depois do crime, na posse de instrumentos, armas, objetos ou papéis em circunstâncias que revelem ser ele o autor da infração penal; **2:** errada. É fato que, no caso narrado, o flagrante é obrigatório, porque realizado por policiais rodoviários federais, sobre os quais recai o dever de prender quem quer que se encontre em situação de flagrante (art. 301, CPP). Agora, a ação de prender e eventuais consequências físicas dela advindas em razão do uso da força se encontram abrigadas pela excludente de ilicitude de *estrito cumprimento de dever legal*; **3:** incorreta. É que, segundo estabelece o art. 304, *caput*, do CPP, a autoridade policial à qual foi apresentado o preso deverá ouvir, em primeiro lugar, o condutor, neste caso o policial rodoviário que prendeu e apresentou o agente ao delegado; findo seu depoimento, deverá ser colhida a sua assinatura. **ED** Gabarito: 1C, 2E, 3E

(Agente de Polícia Federal – 2009 – CESPE) Julgue os itens a seguir, acerca das prisões cautelares.

(1) Assemelham-se as prisões preventiva e temporária porque ambas podem ser decretadas em qualquer fase da investigação policial ou da ação penal. No entanto, a prisão preventiva pressupõe requerimento das partes, ao passo que a prisão temporária pode ser decretada de ofício pelo juiz.

(2) Por completa falta de amparo legal, não se admite o flagrante forjado, que constitui, em tese, crime de abuso de poder, podendo ser penalmente responsabilizado o agente que forjou o flagrante.

1: incorreta, pois a prisão temporária só terá espaço durante a fase do inquérito policial, tal como dispõe o art. 1º, I, da Lei 7.960/1989. Não há possibilidade, também, de a prisão temporária ser decretada de

ofício, cabendo ao Ministério Público requerer, e a autoridade policial representar ao juiz pela sua decretação. Quanto à prisão preventiva, sua disciplina foi alterada com a edição da Lei 12.403/2011, que modificou, entre outros dispositivos, a redação do art. 311 do CPP. Com isso, essa modalidade de prisão cautelar continua a ser decretada em qualquer fase da investigação policial ou do processo penal, mas o juiz, que antes podia determiná-la de ofício também na fase investigatória, somente poderá fazê-lo, a partir de agora, no curso da ação penal. É dizer, para que a custódia preventiva seja decretada no curso da investigação, somente mediante representação da autoridade policial ou a requerimento do Ministério Público. Ao tempo em que esta questão foi elaborada, ao juiz somente era dado decretar de ofício a custódia preventiva no curso da ação penal, conforme dispunha o art. 311 do CPP, com a redação dada pela Lei 12.403/2011. Pois bem. Prestigiando o sistema acusatório, a recente Lei 13.964/2019 (Pacote Anticrime) alterou a redação do art. 311 do CPP, desta vez para vedar a decretação de ofício, pelo juiz, da custódia preventiva, quer na fase investigativa, como antes já ocorria, quer na etapa instrutória, o que até a edição do pacote anticrime era permitido. É dizer, para que a custódia preventiva, atualmente, seja decretada no curso da investigação ou no decorrer da ação penal, somente mediante provocação da autoridade policial, se no curso do inquérito, ou a requerimento do Ministério Público, se no curso da ação penal ou das investigações; **2**: correta, pois o flagrante forjado consiste no "plantar evidências", produzindo situação de flagrância inexistente no plano jurídico. Por exemplo: numa blitz, ao parar um veículo, o policial, de posse de um entorpecente, diz tê-lo encontrado dentro do veículo, o que na realidade não ocorreu. O crime não existiu e o agente poderá ser responsabilizado na esfera administrativa, criminal e civil.
Gabarito 1E, 2C

(Policial Rodoviário Federal – 2009 – FUNRIO) Motorista, cujo carro fora roubado em rodovia federal, dirige-se imediatamente ao Posto da Polícia Rodoviária Federal mais próximo e relata o fato. O agente policial registra a ocorrência e alerta, pelo rádio, todos os policiais rodoviários federais que patrulham aquela rodovia. Vinte minutos depois, dois policiais interceptam o veículo roubado, que estava sendo conduzido por um homem cuja descrição coincide com a que fora feita pela vítima. Considerando essa narrativa, assinale a resposta correta.

(A) Os policiais devem apreender o carro roubado e efetuar a prisão em flagrante do suspeito, pois a hipótese é de flagrante próprio.

(B) Os policiais devem apreender o carro roubado, mas não podem conduzir o suspeito ao posto, pois só haveria flagrante se ele tivesse sido surpreendido no momento em que estava cometendo o crime.

(C) Os policiais devem apreender o carro roubado e efetuar a prisão do suspeito para averiguação, a qual terá o prazo máximo de quarenta e oito horas.

(D) Os policiais devem apreender o carro roubado e apresentar imediatamente o suspeito ao juiz de plantão, para ser interrogado.

(E) Os policiais devem apreender o carro roubado e efetuar a prisão em flagrante do suspeito, pois a hipótese é de flagrante presumido.

O art. 302 do CPP elenca as hipóteses de prisão em flagrante: I – flagrante próprio ou real, quando o agente é preso cometendo a infração penal ou quando acaba de cometê-la; II – flagrante impróprio ou quase-flagrante, quando o agente é preso logo após perseguição empreendida pela autoridade policial, pelo próprio ofendido ou por qualquer pessoa; III – flagrante presumido ou ficto, na hipótese de o agente ser encontrado, logo depois do crime, com instrumentos, armas ou objetos que façam presumir ser ele o autor da infração. No caso proposto, como não houve perseguição após o roubo do veículo, trata-se de flagrante presumido, porque o condutor foi encontrado em poder do objeto do roubo.
Gabarito "E".

(Agente de Polícia Federal – 2012 – CESPE) Ainda com base no direito processual penal, julgue os itens a seguir.

(1) Considere que, no curso de investigação policial para apurar a prática de crime de extorsão mediante sequestro contra um gerente do Banco X, agentes da Polícia Federal tenham perseguido os suspeitos, que fugiram com a vítima, por dois dias consecutivos. Nessa situação, enquanto mantiverem a privação da liberdade da vítima, os suspeitos poderão ser presos em flagrante, por se tratar de infração permanente.

(2) A prisão preventiva, admitida nos casos de crimes dolosos punidos com pena privativa de liberdade máxima superior a quatro anos, pode ser decretada em qualquer fase da persecução penal, desde que haja prova da existência do crime e indício suficiente de autoria.

(3) A legislação processual obsta a decretação da prisão preventiva e temporária no caso de o acusado apresentar-se espontaneamente em juízo ou perante a autoridade policial, prestar declarações acerca dos fatos apurados e entregar o passaporte, assim como no caso de o juiz verificar, pelas provas constantes dos autos, que o agente praticou o fato em estado de necessidade, legítima defesa ou no estrito cumprimento do dever legal.

1: correta. De fato, nos crimes permanentes, entende-se o agente em flagrante delito enquanto não cessar a permanência (art. 303 do CPP). Assim, dado que o crime de extorsão mediante sequestro é considerado permanente, tendo em vista que sua consumação se prolonga no tempo enquanto a vítima estiver com sua liberdade privada, mesmo que não houvesse perseguição policial, a flagrância persistiria, admitindo-se a prisão dos sequestradores a qualquer momento; **2**: correta. De fato, em qualquer fase do inquérito policial ou da instrução criminal, caberá a prisão preventiva decretada pelo juiz, que só poderá fazê-lo de ofício na fase da ação penal, dependendo de provocação se na fase inquisitiva (art. 311 do CPP, com a nova redação que lhe foi dada pela Lei 12.403/2011). Ainda, é verdade que somente será admitida a prisão preventiva para os crimes dolosos punidos com pena privativa de liberdade superior a 4 (quatro) anos (art. 313, I, do CPP), desde que haja prova da existência do crime e indício suficiente de autoria (art. 312, *caput*, parte final, do CPP). Nos dias atuais, como bem sabemos, ao juiz é vedado decretar de ofício a prisão preventiva em qualquer fase da persecução penal (art. 311 do CPP, alterado pela Lei 13.964/2019); **3**: errada, pois a apresentação espontânea não é circunstância que impeça a decretação de prisão temporária ou preventiva. Antes do advento da Lei 12.403/2011, a redação original do art. 317 do CPP era no sentido de que a apresentação espontânea do acusado à autoridade não impedia a decretação da prisão preventiva. Com base nesse dispositivo, dizia-se que não seria possível a prisão em flagrante em caso de apresentação espontânea do agente, visto que ausente tal situação de flagrância nas hipóteses do art. 302 do CPP. Porém, tal proceder do agente não afastava a possibilidade de prisão preventiva (e, também, temporária). Com relação à existência de alguma causa excludente da ilicitude, de fato, a prisão preventiva em nenhum caso será decretada se o juiz verificar pelas provas constantes dos autos ter o agente praticado o fato nas condições previstas no art. 23 do CP (estado de necessidade, legítima defesa, estrito cumprimento de dever legal e exercício regular de direito).
Gabarito 1C, 2C, 3E

(Agente de Polícia Federal – 2004 – CESPE) Acerca de prisão e de *habeas corpus*, julgue os itens a seguir.

(1) Considera-se coação ilegal, passível de *habeas corpus*, a manutenção do acusado em cárcere quando houver cessado o motivo que autorizou a coação.

(2) Se o *habeas corpus* for concedido em virtude de nulidade do processo, este será renovado.

(3) Na prisão temporária, decorrido o prazo de 5 dias de detenção, o preso deverá ser posto imediatamente em liberdade, salvo se já tiver sido decretada sua prisão preventiva.

(4) A prisão preventiva poderá ser decretada como garantia da ordem pública, da ordem econômica, por conveniência da instrução criminal, ou para assegurar a aplicação da lei penal, quando houver prova da existência do crime e indício suficiente de autoria, em caso de crime doloso ou culposo, punidos com detenção, quando se apurar que o indiciado é vadio ou, havendo dúvida sobre a sua identidade, não fornecer ou não indicar elementos para esclarecê-la.

1: correta, pois o art. 647 do CPP dispõe que será cabível a impetração de *habeas corpus* sempre que alguém sofrer ou se achar na iminência de sofrer violência ou coação ilegal na sua liberdade de ir e vir, excetuando-se os casos de punição disciplinar. Especificamente, o inciso IV do art. 648 do CPP prevê a hipótese de haver cessado o motivo que autorizou a coação, o que, evidentemente, é situação ilegal que deve, por isso mesmo, ser combatida por meio de *habeas corpus*; **2:** correta, pois a assertiva está de acordo com o art. 652 do CPP; **3:** correta, pois de acordo com o art. 2º, § 7º, da Lei 7.960/1989, cuja redação foi modificada pela Lei 13.869/2019 (nova Lei de Abuso de Autoridade): *decorrido o prazo contido no mandado de prisão, a autoridade responsável pela custódia deverá, independentemente de nova ordem da autoridade judicial, pôr imediatamente o preso em liberdade, salvo se já tiver sido comunicada da prorrogação da prisão temporária ou da decretação da prisão preventiva*; **4:** incorreta, uma vez que a assertiva traz, em sua primeira parte, excerto do dispositivo legal, porém, tornou equivocada a sentença no momento em que citou os crimes culposos como uma das possibilidades de cabimento da prisão, conforme disciplinam os arts. 312 e 313, ambos do CPP. A prisão preventiva apenas poderá ser decretada em crimes dolosos, desde que com pena máxima superior a 4 anos. Com as alterações inseridas pela Lei 12.403/2011 ao parágrafo único do art. 312 do CPP, nova possibilidade de decretação desta prisão foi inaugurada, qual seja, do descumprimento das obrigações impostas pelas medidas cautelares (art. 282, § 4º, do CPP, cuja redação foi alterada pela Lei 13.964/2019, que vedou a atuação de ofício do juiz). Também será admitida a decretação da prisão preventiva quando houver dúvida sobre a identidade civil da pessoa ou quando esta não fornecer elementos suficientes para esclarecê-la, devendo o preso ser colocado imediatamente em liberdade após a identificação, a não ser que outras razões recomendem a manutenção da prisão, como dispõe o art. 313, § 1º, do CPP.

Gabarito 1C, 2C, 3C, 4E

(Policial Rodoviário Federal – 2004 – CESPE) Um policial rodoviário federal, durante um patrulhamento ostensivo, foi alvejado com um tiro de revólver desfechado pelo condutor-infrator de um veículo, sofrendo lesões corporais de natureza gravíssima, que ocasionaram deformidade permanente.

Com referência à situação hipotética acima apresentada, julgue o item a seguir.

(1) Estará configurado o denominado flagrante próprio, na hipótese de o condutor do veículo ter sido preso ao acabar de desfechar o tiro de revólver no policial rodoviário federal.

1: correta, pois o art. 302 do CPP elenca as hipóteses de prisão em flagrante: I – flagrante próprio ou real, quando o agente é preso cometendo a infração penal ou quando acaba de cometê-la; II – flagrante impróprio ou quase-flagrante, quando o agente é preso logo após perseguição empreendida pela autoridade policial, pelo próprio ofendido ou por qualquer pessoa; III – flagrante presumido, na hipótese de o agente ser encontrado, logo depois do crime, com instrumentos, armas ou objetos que façam presumir ser ele o autor da infração. No caso proposto, como o agente acabara de cometer o crime, estamos diante de um flagrante próprio.

Gabarito 1C

(Agente de Polícia Federal – 1998 – CESPE) Instaurou-se inquérito policial para a apuração de dois crimes de estelionato. A autoridade policial entendeu que Vigarista e Conversamole foram os autores dos crimes, pois já haviam sido processados por crimes praticados em semelhantes condições. A única testemunha dos crimes recusou-se a depor, nas duas vezes em que fora intimada para o ato. Necessitando concluir as investigações e diante da notícia de que os indiciados estavam praticando outros crimes na praça, o delegado de polícia

(1) deverá prender cautelarmente os indiciados, providenciando a imediata convalidação judicial da prisão.

(2) poderá representar pela decretação da prisão temporária dos indiciados, alegando garantia da ordem pública.

(3) poderá representar pela decretação da prisão temporária da testemunha faltosa, já que o seu depoimento é imprescindível para o bom êxito das investigações.

(4) poderá representar pela prisão preventiva dos indiciados, por estarem eles cometendo outros crimes, fundamentando seu pedido na necessidade de garantia da ordem pública.

(5) deverá, na hipótese de serem os indiciados presos provisoriamente, concluir o inquérito policial, no máximo em tinta dias.

1: incorreta, pois a autoridade policial, no tocante às prisões cautelares, somente pode proceder, independentemente de ordem judicial, à prisão em flagrante (arts. 301 e 302, do CPP); **2:** incorreta, pois a justificativa de manutenção da ordem pública constitui fundamento para o pedido de prisão preventiva, e não temporária, que traz as hipóteses de cabimento no art. 1º, I a III, da Lei 7.960/1989; **3:** incorreta, pois a medida a ser adotada diante da ausência injustificada da testemunha devidamente intimada é a condução coercitiva, e não a prisão temporária, que somente poderá ser decretada, durante o inquérito policial, em face do investigado (art. 218 do CPP); **4:** correta, pois, de acordo com os arts. 311 e seguintes do CPP, a autoridade policial poderá representar pela prisão preventiva, desde que presente um de seus fundamentos, além de uma das hipóteses de cabimentos presentes no art. 313 do CPP; **5:** incorreta, pois o prazo, conforme disposto pelo art. 10 do CPP, será de 10 dias para a conclusão do inquérito no caso de o indiciado estar preso.

Gabarito 1E, 2E, 3E, 4C, 5E

(Escrivão de Polícia Federal – 2004 – CESPE) No que se refere à competência e à prisão processual, julgue os itens que se seguem.

(1) Compete à justiça federal o julgamento dos crimes e contravenções praticados contra interesse da União ou de suas entidades autárquicas ou empresas públicas.

(2) Considere a seguinte situação hipotética. Enzo subtraiu da residência de Lúcia, mediante violência, uma caixa contendo joias e dinheiro. Assim que ele deixou

a residência, Lúcia acionou a polícia, que, em busca realizada nas proximidades do local, encontrou-o portando os bens subtraídos.

Nessa situação, é correto afirmar que houve a consumação do roubo, e que o agente foi preso em flagrante delito.

1: incorreta. Ainda que praticada em detrimento de bens, serviços ou interesse da União ou de suas entidades, a contravenção penal, em qualquer caso, deve ser processada e julgada perante a Justiça Estadual comum (Súmula 38 do STJ); **2:** correta. A assertiva descreve hipótese de flagrante ficto ou presumido (art. 302, IV, do CPP), já que Enzo, logo depois de cometer o crime de roubo, foi preso pela polícia na posse do produto do delito (joias e dinheiro). Pela narrativa, forçoso concluir que o roubo se consumou. Isso porque os tribunais superiores consolidaram o entendido no sentido de que o crime de roubo se consuma com a mera inversão da posse do bem mediante emprego de violência ou grave ameaça, independente da posse pacífica e desvigiada da coisa pelo agente. *Vide*, nesse sentido: STF, HC 96.696, Rel. Min. Ricardo Lewandowski. Confirmando esse entendimento, o STJ editou a Súmula 582: "Consuma-se o crime de roubo com a inversão da posse do bem mediante emprego de violência ou grave ameaça, ainda que por breve tempo e em seguida à perseguição imediata ao agente e recuperação da coisa roubada, sendo prescindível a posse mansa e pacífica ou desvigiada".

Gabarito 1E, 2C

(Escrivão de Polícia Federal – 2002 – CESPE) No que diz respeito à prova e à prisão no direito processual penal, julgue os itens abaixo.

(1) A despeito da natureza científica de boa parte das provas periciais, o fato de determinada perícia indicar que o réu foi o autor dos atos materiais em que se baseou a acusação não implicará necessariamente a condenação do acusado.

(2) Considere a seguinte situação hipotética. Uma equipe de policiais federais encontrava-se em plantão e foi comunicada de que algumas pessoas haviam acabado de cometer roubo contra agência da CAIXA. Após algumas horas de diligências e buscas, encontraram o grupo de criminosos com objetos que deram certeza aos policiais de eles haverem cometido o crime. A equipe, então, levou o grupo ao DPF, onde foi autuado em flagrante pelo delegado de Polícia Federal. Nessa situação, agiu de maneira juridicamente válida o delegado ao lavrar o auto de prisão em flagrante.

(3) Se um indivíduo praticar crime de sequestro e este se prolongar por mais de uma semana, a polícia pode validamente realizar a prisão em flagrante do sequestrador mesmo se somente o conseguir capturar ao final desse período, pois, nesse caso, o estado de flagrância perdurará.

(4) Considere a seguinte situação hipotética. Isabela já fora condenada, por sentença passada em julgado, pela prática de roubo, cuja pena cumprira. Além disso, figurava como ré em diversas ações penais por essa espécie de crime. Certo dia, o promotor de justiça recebeu mais um inquérito policial em que a polícia judiciária reunira provas de Isabela persistir nessa atividade criminosa. Por isso, juntamente com a denúncia, o membro do MP requereu a prisão preventiva dela.

Nesse caso, à luz do CPP, não havia fundamento para a autoridade judiciária decretar a prisão preventiva de Isabela, pois, como ela cumprira a pena da única condenação que sofrera, o fato de responder a outros processos não justificaria a prisão.

(5) Considere a seguinte situação hipotética. Um cidadão foi denunciado pelo MP sob a acusação de haver cometido crime de lesões corporais. No curso do processo, veio aos autos prova de as lesões haverem surgido como consequência do estrito cumprimento do dever legal do acusado. Não obstante, o membro do MP entendeu, a certa altura, cabível a decretação da prisão preventiva do réu, motivo por que a requereu. Nessa situação, em face da prova mencionada, a prisão preventiva não poderia ser validamente decretada.

1: correta. O fato de determinada prova pericial estabelecer a autoria de certo delito não quer dizer que o agente indigitado deva, necessariamente, ser condenado. É que as provas, mesmo as periciais, devem sempre ser cotejadas com o acervo probatório como um todo. Sempre é bom lembrar que não existe hierarquia entre provas, nada impedindo, por isso, que uma prova oral prevaleça sobre uma prova pericial e vice-versa. Além do que, o juiz, tal como dispõe o art. 182 do CPP, não está adstrito ao laudo pericial, podendo, assim, rejeitá-lo, no todo ou em parte; **2:** correta. Trata-se do chamado *flagrante presumido* ou *ficto* (art. 302, IV, do CPP), em que o agente é encontrado logo depois do crime na posse de instrumentos, armas, objetos ou papéis em circunstâncias que revelem ser ele o autor da infração penal. Note que, nesta modalidade de flagrante, inexiste perseguição, pois o agente é encontrado ocasionalmente. Diferente, portanto, do que se dá no *flagrante impróprio* (quase-flagrante), em que se exige, desde o início, perseguição ininterrupta; **3:** correta. É que, nos chamados crimes permanentes, como é o caso do sequestro, pelo fato de a consumação se protrair no tempo por vontade do agente, a prisão deste em flagrante pode realizar-se a qualquer tempo, enquanto não cessada a permanência (art. 303, CPP); **4:** incorreta, pois é evidente a necessidade da prisão preventiva com o fim de garantir a ordem pública, tendo sido preenchidas as hipóteses de cabimento, como dispõe o art. 312 do CPP; **5:** correta, pois o art. 314 do CPP dispõe que não poderá ser decretada em nenhum caso quando o juiz verificar (pelas provas constantes dos autos) que o fato foi praticado nas hipóteses do art. 23 do CP (exclusão de ilicitude).

Gabarito 1C, 2C, 3C, 4E, 5C

(Escrivão de Polícia/AC – 2008 – CESPE) Julgue os itens subsequentes, relativos a prisão.

(1) Considera-se em flagrante delito o indivíduo que é perseguido, logo após a prática da infração penal, pela autoridade, pelo ofendido ou por qualquer pessoa, em situação que faça presumir ser aquele indivíduo o autor da infração.

(2) Será admitida a decretação da prisão preventiva, se presentes os requisitos legais, nos crimes dolosos que envolverem violência doméstica e familiar contra a mulher, nos termos da lei específica, para garantir a execução das medidas protetivas de urgência.

(3) A apresentação espontânea do acusado à autoridade policial impede a prisão em flagrante e a decretação da prisão preventiva.

(4) Cabe prisão temporária quando houver fundadas razões, de acordo com qualquer prova admitida na legislação penal, acerca da autoria do indiciado no crime de roubo qualificado, não cabendo, todavia, em relação ao crime de roubo simples.

1: correta, pois de acordo com o art. 302, III, do CPP, que contempla o chamado flagrante impróprio ou imperfeito; **2:** correta, pois de acordo com o art. 313, III, do CPP; **3:** incorreta, pois, muito embora o art. 317 do CPP tenha sido revogado com o advento da Lei 12.403/2011, ainda permanece o entendimento no sentido de que aquele que se apresenta espontaneamente perante a autoridade policial não se encontra em estado de flagrância; entretanto, nada obste que em seu desfavor seja decretada a custódia preventiva, desde que preenchidos os requisitos contemplados nos arts. 312 e 313 do CPP; **4:** incorreta, pois o *caput* do art. 157 (roubo simples) também está abraçado como hipótese de decretação da prisão temporária, como bem dispõe o art. 1º, III, "c", da Lei 7.960/1989.

Gabarito 1C, 2C, 3E, 4E

(Escrivão de Polícia/ES – 2006 – CESPE) Julgue os itens a seguir, relativos a prisão temporária, prisão em flagrante, prisão preventiva e provas periciais.

(1) Nos casos de crimes hediondos, tráfico ilícito de entorpecentes e drogas afins, prática de tortura e terrorismo, o prazo máximo da prisão temporária é de 30 dias, prorrogável por igual período; nos demais crimes em que esse tipo de prisão é cabível, o prazo é de 15 dias, prorrogável por igual período.

(2) Considere-se que Manoel, com 24 anos de idade, tenha desferido vários tiros em Diana e, após ter saído da casa desta com a arma na mão, tenha sido perseguido e detido por vizinhos, nas proximidades do local. Nessa situação, ainda que Manoel tenha sido apresentado à polícia, a autoridade policial competente não poderá lavrar o auto de prisão em flagrante, pois o autor do crime não foi encontrado cometendo o delito, única circunstância que autoriza a prisão cautelar.

1: incorreta, pois, nos demais casos, o prazo será de 5 dias, prorrogáveis por igual período, conforme art. 2º, *caput*, da Lei 7.960/1989; **2:** incorreta, pois o artigo 302 do CPP contempla várias hipóteses em que é possível a prisão em flagrante, entre as quais aquela em que o agente, logo em seguida à prática criminosa, é perseguido e, depois disso, preso. Este é o chamado flagrante impróprio (quase flagrante) e está previsto no inciso III do mencionado dispositivo legal. Dessa forma, a autoridade policial à qual foi apresentado Manoel tem o dever, imposto por lei, de lavrar o auto de prisão em flagrante.

Gabarito 1E, 2E

(Agente e Escrivão de Polícia/PB – 2008 – CESPE) Dois homens assaltaram uma loja de joias na cidade X. Quatro agentes do departamento de polícia civil local foram acionados e passaram a perseguir os assaltantes sem interrupção. Os agentes efetuaram a prisão em flagrante dos meliantes em outro estado da federação, na cidade Y, quatro horas após o crime.

Tendo como referência essa situação hipotética, assinale a opção correta acerca das disposições do CPP a respeito da prisão em flagrante.

(A) Os agentes de polícia devem conduzir os assaltantes de volta ao distrito policial da cidade X para a lavratura do auto de prisão em flagrante.

(B) A prisão em questão é ilegal, uma vez que integrantes da polícia civil de um estado não têm competência para efetuar prisões em outra unidade da Federação.

(C) Caso seja validada a referida prisão pelo delegado de polícia, chefe de distrito policial da cidade X, o inquérito respectivo será nulo.

(D) Antes de efetuar a prisão dos assaltantes, os agentes de polícia deveriam ter requerido ao juiz criminal da cidade Y o respectivo mandado de prisão dos assaltantes.

(E) Os agentes de polícia poderão conduzir os assaltantes ao distrito policial da cidade Y, onde deverá ser lavrado o auto de flagrante e, em seguida, remover os presos para o distrito policial da cidade X.

A: incorreta. Se a prisão, no flagrante impróprio, que é a hipótese narrada na assertiva, realizar-se em local (cidade ou mesmo Estado) diverso daquele em que o delito se consumara, será competente para a lavratura do respectivo auto a autoridade policial da circunscrição correspondente ao local em que foi efetuada a prisão (captura) do agente (art. 290, CPP). Assim, os agentes, neste caso, deverão apresentar o conduzido à autoridade policial com circunscrição na cidade Y, embora o crime tenha se consumado na cidade X; **B:** incorreta. Isso porque a autoridade policial e seus agentes, por imposição do art. 301 do CPP, devem prender quem quer que se encontre em situação de flagrante, em qualquer local dentro do território nacional; **C:** incorreta. Por se tratar de procedimento administrativo e inquisitivo, não gerará nulidade o fato de o auto de prisão em flagrante haver sido lavrado na cidade X; **D:** incorreta. Por se tratar de prisão em flagrante, prescindível (e também inviável) autorização judicial; **E:** correta, pois reflete o disposto no art. 290 do CPP.

Gabarito "E"

(Agente e Escrivão de Polícia/PB – 2008 – CESPE) Assinale a opção correta a respeito da prisão preventiva.

(A) Em respeito ao princípio da presunção de inocência, a prisão preventiva não pode ser decretada durante o inquérito policial, mas só após a instauração da ação penal.

(B) A prisão preventiva pode ser decretada para garantia da ordem pública somente quando há indício da existência de crime e certeza sobre a sua autoria.

(C) Uma vez revogada a prisão preventiva durante o curso da ação penal, é defeso ao juiz decretá-la novamente antes do trânsito em julgado da sentença penal condenatória.

(D) O CPP proíbe a decretação da prisão preventiva de quem, pelas provas constantes nos autos, claramente tenha agido em legítima defesa.

(E) O despacho que decreta a prisão preventiva deve ser sempre fundamentado; porém, o que a nega prescinde de fundamentação.

A: incorreta, pois a prisão preventiva poderá, sim, ser decretada durante o inquérito policial, desde que presentes os requisitos contidos nos arts. 311 e 312 do CPP; **B:** incorreta, uma vez que a decretação da prisão preventiva com fundamento na garantia da ordem pública (e também com base nos demais fundamentos, todos contidos no art. 312 do CPP) pressupõe prova da existência do crime (não bastam indícios) e indício suficiente de autoria (não se exige certeza quanto à autoria). Perceba que a incorreção da assertiva se deve à inversão empregada nos pressupostos; **C:** incorreta. Em vista do disposto no art. 316 do CPP (com redação alterada pela Lei 13.964/2019), se a prisão preventiva mostrar-se desnecessária ao processo, deve o juiz revogá-la; se, no entanto, surgir nova prova, apta a alterar a situação fática e justificar novo decreto prisional, deverá o juiz assim proceder, mandando expedir o competente mandado de prisão; **D:** correta, conforme previsão contida no art. 314, do CPP; **E:** incorreta, pois tanto a decisão que decreta quanto a que nega a prisão preventiva devem ser fundamentadas, como dispõe o art. 315 do CPP (com redação alterada pela Lei 13.964/2019).

Gabarito "D"

(Agente e Escrivão de Polícia/PB – 2008 – CESPE) Com relação à prisão temporária – Lei n. 7.960/1989 –, assinale a opção correta.

(A) Só é cabível durante a fase de inquérito policial, sendo vedada a sua decretação no curso da ação penal.
(B) É decretada pelo juiz, de ofício ou em face de representação de autoridade policial ou de requerimento do Ministério Público, e tem prazo de cinco dias, prorrogável por igual período em caso de extrema e comprovada necessidade.
(C) Pode ser decretada quando há fundadas razões de autoria ou participação do indiciado em qualquer crime doloso.
(D) Decorrido o prazo de cinco dias de detenção, o preso deve ser posto imediatamente em liberdade, ainda que já tenha sido decretada sua prisão preventiva.
(E) Na hipótese de representação da autoridade policial, o juiz, antes de decidir, deve dispensar a oitiva do MP e proferir sua decisão no prazo de 24 horas.

A: correta, pois a prisão temporária terá espaço apenas no curso do inquérito policial, como previsto no art. 1º, I, da Lei 7.960/1989; **B:** incorreta, pois o art. 2º da Lei 7.960/1989 não prevê a decretação da prisão temporária de ofício pelo juiz, apenas em face de representação da autoridade policial ou de requerimento do Ministério Público; **C:** incorreta, pois não será admitida em qualquer crime doloso, apenas nos elencados nas alíneas do art. 1º da referida lei; **D:** incorreta, pois, transcorrido o interregno de cinco dias, o investigado deverá ser colocado de imediato em liberdade, salvo se em seu desfavor for decretada a prisão preventiva ou mesmo prorrogada a custódia temporária (art. 2º, § 7º, da Lei 7.960/1989, cuja redação foi alterada pela Lei 13.869/2019); **E:** incorreta, pois o art. 2º, § 1º, da Lei 7.960/1989 determina que, nesta hipótese, o juiz, antes de decidir, deverá ouvir o Ministério Público.
Gabarito "A".

(Investigador de Polícia/PA – 2006 – CESPE) Assinale a opção correta acerca de prisão.

(A) Não se considera em flagrante delito o indivíduo que for encontrado, logo depois de ocorrido um delito, portando instrumentos, armas, objetos ou papéis que façam presumir ser ele o autor da infração.
(B) Permite-se a prisão preventiva quando o juiz tiver verificado, pelas provas colhidas nos autos, ter o agente praticado o crime em situação de excludente de ilicitude, ou seja, em estado de necessidade, em legítima defesa, em estrito cumprimento do dever legal e no exercício regular de direito.
(C) A apresentação espontânea do acusado à autoridade impede a decretação da prisão preventiva nos casos em que a lei a autoriza.
(D) Cabe prisão temporária quando houver fundadas razões, de acordo com qualquer prova admitida na legislação penal, de autoria ou participação do indiciado no crime de homicídio doloso.

A: incorreta, pois esta é a hipótese de flagrante trazida pelo art. 302, IV, do CPP, chamado flagrante ficto ou presumido; **B:** incorreta, pois,,nesta situação, não caberá a prisão preventiva, como bem dispõe o art. 314 do CPP; **C:** incorreta, pois a apresentação espontânea não impede a prisão preventiva. Oportuno registrar que, muito embora o art. 317 do CPP tenha sido revogado com o advento da Lei 12.403/2011, ainda permanece o entendimento no sentido de que aquele que se apresenta espontaneamente perante a autoridade policial não se encontra em estado de flagrância. Assim, a apresentação espontânea impede a prisão em flagrante, mas não a prisão preventiva; **D:** correta, de acordo com o art. 1º, III, a, da Lei 7.960/1989.
Gabarito "D".

(Agente de Polícia/RN – 2008 – CESPE) Acerca da prisão temporária, assinale a opção correta.

(A) Admite-se a decretação da prisão temporária durante as investigações do inquérito policial, bem como durante a realização de diligências na fase judicial.
(B) Cabe prisão temporária quando houver fundadas razões de participação do indiciado em sequestro e for imprescindível para as investigações.
(C) A prisão temporária pode ser decretada pelo juiz, de ofício, em face de requerimento do MP ou de representação da autoridade policial.
(D) Decorrido o prazo de 10 dias, o preso ficará à disposição da autoridade competente, que poderá colocá-lo imediatamente em liberdade ou renovar a prisão temporária.
(E) A prisão temporária é espécie de prisão cautelar, medida excepcional que deve ser decretada para conveniência da autoridade policial, independentemente do crime cometido.

A: incorreta, pois o art. 1º, I, da Lei 7.960/1989 dispõe que a prisão temporária caberá na fase de investigação policial e não judicial; **B:** correta, pois em conformidade com o art. 1º, III, 'b', da lei já referida; **C:** incorreta, já que a prisão temporária, destinada a viabilizar as investigações do inquérito policial, não pode ser decretada de ofício pelo juiz; dependerá sempre da iniciativa da autoridade policial, mediante representação, ou do MP, por meio de requerimento (art. 2º, caput, da Lei 7.960/1989); **D:** incorreta, pois o prazo será de 5 dias, renováveis por mais 5 em caso de extrema e comprovada necessidade. O art. 2º, § 7º, da lei dispõe que, decorrido este prazo, que é de 5 dias, o preso deverá ser posto imediatamente em liberdade, salvo se já tiver sido decretada sua prisão preventiva; **E:** incorreta, pois a prisão temporária somente será decretada diante da prática dos crimes previstos no rol do art. 1º, III, da Lei 7.960/1989.
Gabarito "B".

(Escrivão de Polícia/RR – 2003 – CESPE) Considerando a situação hipotética em que um indivíduo – Flávio – tenha sido preso em flagrante delito, após ter danificado, mediante pauladas, viatura policial, julgue os itens subsequentes.

(1) Nesse caso, ocorreu o delito de dano a bem público, de ação penal pública incondicionada, devendo a autoridade policial instaurar o inquérito policial de ofício.
(2) Nos atos pertinentes ao inquérito policial, será assegurado ao indiciado, Flávio, o amplo direito de defesa, orientado pelo princípio do contraditório.
(3) Tratando-se de indiciado preso em flagrante, o inquérito policial deverá ser encerrado em, no máximo, 30 dias e, em seguida, remetido ao Poder Judiciário.
(4) No caso apresentado, será dispensável o exame de corpo delito, bastando a confissão de Flávio para comprovar os fatos.

1: correta, uma vez que a ação penal, no crime de dano contra o patrimônio público, capitulado no art. 163, III, do CP, é pública incondicionada (art. 167 do CP), não sendo necessário representação da vítima (no caso o Estado); **2:** incorreta, já que, no inquérito policial, que constitui um procedimento inquisitivo, não vigoram contraditório e ampla defesa, postulados cuja incidência somente se impõe na fase instrutória; **3:**

incorreta, pois, se preso estiver o investigado, o inquérito policial deve ser ultimado no prazo de 10 dias, conforme estabelece o art. 10 do CP; se solto estivesse, a autoridade policial disporia do interregno de 30 dias para concluir as investigações; **4:** incorreta, pois, considerando que a prática criminosa deixou vestígios, é imperiosa, por força do que dispõe o art. 158 do CPP, a realização do exame de corpo de delito; caso isso não seja possível, por haverem os vestígios desaparecidos, tal falta poderá ser suprida por meio do depoimento de testemunhas (art. 167, CPP); o que não se admite, e aqui está o erro da assertiva, é que a confissão supra a ausência do exame (art. 158, CPP).

Gabarito 1C, 2E, 3E, 4E

(Escrivão de Polícia/RR – 2003 – CESPE) Acerca das prisões em flagrante, preventiva e temporária, julgue os itens a seguir.

(1) Considere a seguinte situação hipotética. Um fiscal exigiu a entrega de certa quantia em dinheiro para não cobrar imposto devido. A vítima concordou e se comprometeu a entregar a quantia em um lugar determinado. Entretanto, a vítima informou o acordo à polícia, que prendeu o funcionário público na hora da entrega da referida quantia. Nessa situação, está caracterizado o flagrante provocado.

(2) Indícios de autoria e prova da materialidade do crime são pressupostos para a decretação da prisão preventiva.

(3) Um indivíduo que seja preso em flagrante pelo delito de tráfico ilícito de substância entorpecente poderá ser beneficiado com a liberdade provisória, mediante o pagamento de fiança.

1: incorreta. Segundo consta, o crime em que incorreu o fiscal é o de concussão (art. 316, CPP), cuja consumação é alcançada no exato instante em que o funcionário, neste caso um fiscal, impõe (exige) o pagamento de vantagem indevida à vítima. Assim, pouco importa, para a configuração deste delito, se a entrega dessa vantagem se concretizará ou não. No caso aqui relatado, no momento em que a polícia prendeu o fiscal, o delito que este praticou se consumara em momento anterior, razão pela qual não há que se falar em flagrante provocado. Aliás, a consumação se deu antes mesmo de a polícia ser comunicada; **2:** correta, pois em conformidade com o que dispõe o art. 312 do CPP; **3:** incorreta. A liberdade provisória pode ser concedida *com* ou *sem fiança*. O que é vedado, no contexto dos crimes hediondos e equiparados, como é o caso do tráfico de drogas (equiparado a hediondo), é a concessão da liberdade provisória com *fiança* (art. 2º, II, da Lei 8.072/1990). Por mais estranho que possa parecer, é isso mesmo. Para os crimes hediondos e assemelhados, a concessão da liberdade provisória não admite a fixação de fiança. Afinal, cuida-se de crimes inafiançáveis. Agora, os crimes não hediondos, que, em princípio, são menos graves, comportam a liberdade provisória com fiança. Tanto é assim que o Pleno do STF, em controle difuso, reconheceu a inconstitucionalidade da parte do art. 44 da Lei de Drogas que proibia a concessão de liberdade provisória nos crimes de tráfico (HC 104.339/SP, Pleno, j. 10.05.2012, rel. Min. Gilmar Mendes, *DJe* 06.12.2012). Atualmente, portanto, é tão somente vedada a concessão de liberdade provisória com fiança ao crime de tráfico.

Gabarito 1E, 2C, 3E

7. PROCESSO E PROCEDIMENTOS; SENTENÇA, PRECLUSÃO E COISA JULGADA

(Escrivão de Polícia/AC – 2008 – CESPE) No que concerne a procedimentos dos crimes de responsabilidade dos funcionários públicos, julgue o próximo item.

(1) Somente nos crimes afiançáveis, é exigida a notificação prévia do acusado, para responder à denúncia ou à queixa por escrito, dentro do prazo de quinze dias.

1: correta. A *defesa preliminar*, prevista no art. 514 do CPP, somente terá incidência nos crimes *afiançáveis* praticados por funcionário público contra a administração pública (chamados delitos funcionais, como é o caso, por exemplo, do peculato). Impende, aqui, registrar que, em face do que enuncia a Súmula nº 330 do STJ, a formalidade imposta por este dispositivo somente se fará necessária quando a denúncia se basear em outras peças de informação que não o inquérito policial. Ademais disso, a *notificação* para apresentação da defesa preliminar não se estende ao particular.

Gabarito 1C

8. *HABEAS CORPUS*, MANDADO DE SEGURANÇA E REVISÃO CRIMINAL

(Polícia Rodoviária Federal – 2013 – CESPE) A respeito das espécies de prisão e do *habeas corpus*, julgue os itens que se seguem.

(1) O *habeas corpus* pode ser impetrado, perante qualquer instância do Poder Judiciário, por qualquer pessoa do povo em favor de outrem, podendo, ainda, a autoridade judicial competente concedê-lo de ofício.

(2) O juiz poderá substituir a prisão preventiva por prisão domiciliar sempre que a agente for gestante.

(3) A prisão temporária só poderá ser decretada mediante representação da autoridade policial ou a requerimento do Ministério Público, vedada sua decretação de ofício pelo juiz.

1: correta, pois em conformidade com o que dispõe o art. 654, *caput* e § 2º, do CPP; **2:** correta. O juiz poderá, em vista do que estabelece o art. 318 do CPP, substituir a prisão preventiva pela domiciliar nas seguintes hipóteses: agente que contar com mais de 80 (oitenta) anos (inciso I); agente extremamente debilitado por motivo de doença grave (inciso II); quando o agente for imprescindível aos cuidados de pessoa com menos de 6 (seis) anos ou com deficiência (inciso III); quando se tratar de *gestante* (inciso IV – cuja redação foi alterada pela Lei 13.257/2016); quando se tratar de mulher com filho de até 12 anos de idade incompletos (inciso V – cuja redação foi determinada pela Lei 13.257/2016); homem, caso seja o único responsável pelos cuidados do filho de até 12 anos de idade incompletos (inciso VI – cuja redação foi determinada pela Lei 13.257/2016); **3:** correta. De fato, no campo da prisão temporária, é vedado ao juiz decretá-la de ofício; somente poderá determiná-la diante da representação formulada pela autoridade policial ou de requerimento do Ministério Público – art. 2º, *caput*, da Lei 7.960/1989.

Gabarito 1C, 2C, 3C

(...ícia Federal – 1998 – CESPE) Em relação ao *habeas corpus*, julgue os itens que se seguem.

(1) Poderá ser concedido para obrigar um delegado de polícia a ouvir testemunha indicada pelo advogado do indiciado.

(2) Concedida a ordem para anular a irregular citação do réu, todo o processo, a partir daquele ato, será renovado.

(3) Se a coação foi imputada a delegado da Polícia Federal, será competente para apreciar o *habeas corpus* o Superior Tribunal de Justiça.

(4) Poderá o juiz ou o tribunal, de ofício, conceder a ordem de *habeas corpus*.

(5) Poderá o tribunal conceder liminar, se verificar a plausibilidade do direito do paciente e a urgência em atender ao pedido.

1: incorreta, pois o art. 14 do CPP dispõe que o ofendido (ou seu representante legal) e indiciado poderão requerer qualquer diligência à autoridade policial, que poderá ou não ser realizada, a juízo da autoridade. Desta forma, a negativa em ouvir uma testemunha não ensejará a impetração do *habeas corpus*; **2:** correta, pois todos os atos a partir da citação serão considerados nulos, conforme preceitua o art. 652 do CPP; **3:** incorreta, pois o *habeas corpus*, neste caso, será julgado pelo juiz federal competente (art. 109, VII, da CF); **4:** correta, pois de acordo com o art. 654, § 2°, do CPP, que dispõe que os juízes e tribunais possuem competência para expedir de ofício a ordem de *habeas corpus*, quando no curso de processo verificarem que alguém sofre ou está na iminência de sofrer coação ilegal; **5:** correta, pois, ainda que não prevista expressamente no texto legal, a jurisprudência aceita a concessão de liminar se comprovada a urgência e necessidade da medida.
Gabarito 1E, 2C, 3E, 4C, 5C

(Escrivão de Polícia/AC – 2008 – CESPE) Julgue os itens a seguir, acerca do *habeas corpus*.

(1) Caberá *habeas corpus* sempre que alguém sofrer ou se achar na iminência de sofrer violência ou coação ilegal na sua liberdade de ir e vir, sendo considerada ilegal a coação quando o processo for manifestamente nulo.

(2) Ordenada a soltura do paciente em virtude de *habeas corpus*, a autoridade que tiver determinado a coação não poderá ser condenada nas custas processuais.

(3) O *habeas corpus*, que visa tutelar o direito de ir e vir do réu, é recurso exclusivo da defesa e não pode ser impetrado pelo Ministério Público.

1: correta, com base no que dispõem os arts. 647 e 648, VI, do CPP; **2:** incorreta, pois o art. 653 do CPP dispõe que, ordenada a soltura do paciente em virtude da concessão de ordem de *habeas corpus*, a autoridade que por má-fé ou evidente abuso de poder determinou a coação será condenada nas custas decorrentes do ato; **3:** incorreta, pois o art. 654 do CPP dispõe, em sua parte final, que o *habeas corpus* poderá ser impetrado por qualquer pessoa, em seu favor ou de outrem, bem como pelo Ministério Público.
Gabarito 1C, 2E, 3E

(Escrivão de Polícia/RR – 2003 – CESPE) Julgue os seguintes itens, pertinentes ao *habeas corpus*.

(1) O *habeas corpus*, segundo a doutrina moderna, é ação penal popular constitucional não sujeita ao recolhimento de custas processuais.

(2) Quando se destina a afastar constrangimento ilegal à liberdade de locomoção, o *habeas corpus* é denominado de liberatório ou repressivo.

(3) O *habeas corpus* somente poderá ser impetrado por advogado ou membro do Ministério Público.

1: correta, uma vez que a doutrina classifica o *habeas corpus* como sendo uma ação de natureza constitucional destinada a coibir qualquer ilegalidade ou abuso de poder contra a liberdade de locomoção, não se tratando de recurso, ainda que inserido neste contexto no Código de Processo Penal. Ademais, o art. 5°, LXXVII, da CF dispõe que "serão gratuitas as ações de *habeas corpus* e *habeas data*, e, na forma da lei, os atos necessários ao exercício da cidadania"; **2:** correta. O *habeas corpus*, ação de índole constitucional, presta-se a evitar (preventivo) ou fazer cessar (liberatório ou repressivo) violência ou coação ilegal na liberdade de ir e vir de alguém.; **3:** incorreta, uma vez que o art.

654 traz a previsão de que o *habeas corpus* poderá ser impetrado por qualquer pessoa, em seu favor ou de outrem, bem como pelo Ministério Público.
Gabarito 1C, 2C, 3E

9. LEGISLAÇÃO EXTRAVAGANTE E TEMAS COMBINADOS

(Policial Rodoviário Federal – 2004 – CESPE) Um policial rodoviário federal, durante um patrulhamento ostensivo, foi alvejado com um tiro de revólver desfechado pelo condutor-infrator de um veículo, sofrendo lesões corporais de natureza gravíssima, que ocasionaram deformidade permanente.

Com referência à situação hipotética acima apresentada, julgue o item a seguir.

(1) Por ser a vítima servidor público federal, mesmo que o condutor do veículo seja um particular, deve ser aplicado o rito do processo e do julgamento dos crimes de responsabilidade dos funcionários públicos.

1: incorreta, pois o rito do processo e julgamento dos crimes de responsabilidade dos funcionários públicos, previsto nos arts. 513 a 518 do CPP, é aplicado aos chamados crimes funcionais, isto é, aos crimes praticados por funcionários públicos contra a Administração Pública, e não aos delitos em que estes figuram como vítima.
Gabarito 1E

(Policial Rodoviário Federal – 2009 – FUNRIO) Em uma colisão de veículos, uma das vítimas sofre lesões corporais. Ela é levada a um hospital particular, onde fica internada por alguns dias. Quando sai do hospital, as lesões já estão imperceptíveis, e a vítima não comparece ao Instituto Médico Legal para fazer o exame de corpo de delito. O Ministério Público oferece a denúncia instruída com os exames feitos no hospital em que a vítima foi atendida e arrola o médico responsável como testemunha. Assinale a resposta que descreve o procedimento correto.

(A) O juiz deve rejeitar a denúncia, pois o exame de corpo de delito feito por perito oficial é indispensável, não havendo no caso justa causa para a ação penal.

(B) O juiz deve receber a denúncia, pois a falta do exame de corpo de delito pode ser suprida por outras provas, notadamente a prova testemunhal, no caso de desaparecimento dos vestígios.

(C) O juiz deve receber a denúncia, pois a falta do exame de corpo de delito pode ser suprida pela confissão do acusado, desde que feita perante o juiz e na presença do defensor.

(D) O juiz deve rejeitar a denúncia, pois o desaparecimento das lesões exclui o crime de lesão corporal, inexistindo infração penal a ser apurada na hipótese.

(E) O juiz deve suspender o recebimento da denúncia e intimar as partes para que formulem quesitos ao médico responsável pelo exame, de modo a suprir a falta de exame de corpo de delito.

Correta a alternativa "B", nos termos do art. 167 do CPP. O exame de corpo de delito é, em regra, indispensável para os crimes que deixam vestígios. Todavia, caso esses tenham desaparecido, é possível o suprimento do exame por prova testemunhal, mas nunca pela simples confissão do acusado (art. 158, parte final, do CPP).
Gabarito "B"

(Policial Rodoviário Federal – 2008 – CESPE) Julgue os itens a seguir, relativos à prisão em flagrante.

I. Ocorre o chamado quase-flagrante quando, tendo o agente concluído os atos de execução do crime e se posto em fuga, inicia-se ininterrupta perseguição, até que ocorra a prisão.
II. Não há crime e, portanto, o agente não pode ser preso, quando a preparação do flagrante pela polícia torna impossível a consumação desse crime.
III. Ocorre flagrante forjado quando o fato típico não foi praticado, sendo simulado pela autoridade policial com o objetivo direto de incriminar alguém. Nesse caso, há absoluta ilegalidade e o responsável pelo ato responderá penal e administrativamente pela própria conduta.
IV. Flagrante retardado é aquele no qual a polícia tem a faculdade de retardar a prisão em flagrante, visando obter maiores informações a respeito da ação dos criminosos.

A quantidade de itens certos é igual a
(A) 1.
(B) 2.
(C) 3.
(D) 4.
(E) 5.

I: correta. É a hipótese de flagrante descrita no art. 302, III, do CPP; II: correta. É hipótese de crime impossível (art. 17 do CP), nos termos da Súmula 145 do STF; III: correta. Chama-se flagrante forjado a conduta policial de "plantar" provas para incriminar alguém e prendê-lo em flagrante; IV: correta. Com a revogação da Lei 9.034/1995, operada pela Lei 12.850/2013 (Organização Criminosa), a disciplina da ação controlada, nesta novel legislação, está prevista nos arts. 3º, III, 8º e 9º.
Gabarito "D".

(Agente de Polícia Federal – 1998 – CESPE) Uma patrulha da Polícia Militar deu voz de prisão a Traíra, que acabara de furtar um aparelho de som de seu irmão, Riquinho, aproveitando-se do fato de que este não estava em casa. Conduzido à Delegacia de Polícia, o preso foi apresentado à autoridade policial, que, constatando a prática de crime de ação penal pública condicionada à representação, decidiu lavrar o auto de prisão em flagrante. Nesse caso, o delegado de polícia
(1) deverá providenciar, como condição para iniciar o inquérito policial, a representação da vítima.
(2) poderá representar pela prisão preventiva de Traíra, após as providências legais pertinentes.
(3) deverá entregar ao autuado a nota de culpa, após as demais providências exigidas em lei e lavrado o auto de prisão em flagrante.
(4) poderá decretar a incomunicabilidade do indiciado.
(5) providenciará um curador ao autuado, se este, embora maior de vinte e um anos, recusar-se a assinar o auto de prisão em flagrante.

1: correta. Pelo fato de o crime de furto ser, neste caso, de ação penal pública condicionada a representação do ofendido (art. 182, II, do CP), necessário o oferecimento desta para que a autoridade policial possa dar início ao inquérito policial (art.5º, § 4º, do CPP); 2: incorreta. Considerando que o agente cometeu o crime de furto simples (art. 155, *caput*, do CP), cuja pena máxima cominada corresponde a 4 anos de reclusão, não poderá, neste caso, ser decretada sua prisão preventiva (art. 313, I, do CPP); 3: correta, de acordo com o § 1º do art. 306 do CPP; 4: incorreta. À parte a discussão existente acerca da constitucionalidade do art. 21 do CPP, que trata da incomunicabilidade do indiciado, tal providência somente poderá ser determinada por juiz de direito, a requerimento da autoridade policial ou do MP (art. 21, parágrafo único, CPP). Bem por isso, é vedado ao delegado de polícia, por iniciativa própria, decretar a incomunicabilidade do indiciado; 5: incorreta, pois o art. 304, § 3º, do CPP dispõe que "quando o acusado se recusar a assinar, não souber ou não puder fazê-lo, o auto de prisão em flagrante será assinado por duas testemunhas, que tenham ouvido sua leitura na presença deste."
Gabarito 1C, 2E, 3C, 4E, 5E

(Escrivão de Polícia Federal – 2009 – CESPE) Julgue os itens subsequentes quanto a prisão em flagrante, prova e inquérito policial.
(1) Não há crime quando a preparação do flagrante pela polícia torna impossível a sua consumação.
(2) Não se admite a acareação entre o acusado e a pessoa ofendida, considerando-se que o acusado tem o direito constitucional ao silêncio, e o ofendido não será compromissado.
(3) O término do inquérito policial é caracterizado pela elaboração de um relatório e por sua juntada pela autoridade policial responsável, que não pode, nesse relatório, indicar testemunhas que não tiverem sido inquiridas.
(4) No inquérito policial, o ofendido, ou seu representante legal, e o indiciado poderão requerer qualquer diligência, que será realizada, ou não, a juízo da autoridade.

1: correta, pois reflete o entendimento contido na Súmula 145 do STF. Cuida-se, assim, de modalidade de crime impossível concebida pela jurisprudência; 2: incorreta. A despeito do direito constitucional de que goza o acusado de permanecer em silêncio, é perfeitamente possível, tal como previsto no art. 229 do CPP, a acareação entre este e o ofendido, no qual ele, acusado, falará se quiser, sem que nenhuma consequência disso decorra em seu desfavor; 3: incorreta, pois, na conclusão do inquérito policial, será possível indicar testemunhas que não tiverem sido inquiridas, mencionando o lugar onde possam ser encontradas; 4: correta, pois de acordo com o art. 14 do CPP.
Gabarito 1C, 2E, 3E, 4C

(Escrivão de Polícia Federal – 2004 – CESPE) Julgue o item a seguir, acerca dos direitos penal e processual penal, bem como da execução penal.
(1) As penitenciárias destinam-se a condenados a penas de reclusão ou de detenção, em regime fechado ou semiaberto.

1: incorreta, pois as penitenciárias destinam-se ao condenado à pena de reclusão, em regime fechado, conforme dispõe o art. 87 da Lei de Execuções Penais.
Gabarito 1E

(Escrivão de Polícia Federal – 2002 – CESPE) Em relação ao direito penal e à execução penal, julgue os itens abaixo.
(1) A fuga constitui falta disciplinar para o preso, nos termos da Lei de Execuções Penais; se, porém, uma fuga for descoberta antes de consumar-se, os presos nela envolvidos não poderão sofrer sanção, pois as faltas disciplinares não se punem na forma tentada.
(2) Se um preso trabalhar 120 dias durante a execução da pena, terá direito a remir 60 dias dela, por decisão judicial, salvo se vier a ser condenado por falta grave.

(3) Se um indivíduo for condenado por homicídio cometido mediante emboscada, esta qualificadora, na forma da lei, se for reconhecida pelo órgão julgador, caracterizará o crime como hediondo.

1: incorreta, pois a fuga constitui falta disciplinar disposta no art. 50, II, da Lei de Execução Penal (Lei 7.210/1984), bem como o art. 49, parágrafo único, que dispõe sobre a punição na tentativa, sendo a mesma pena da falta consumada; **2:** incorreta, na medida em que, por força do que estabelece o art. 126, § 1º, II, da Lei 7.210/1984, a contagem do tempo, para fins de remição, será de um dia de pena para três dias de trabalho; se o reeducando incorrer em falta grave, o juiz revogará até um terço do tempo remido (art. 127 da LEP); **3:** correta, pois o homicídio qualificado consta do rol dos crimes considerados hediondos (art. 1º, I, da Lei 8.072/1990).

Gabarito 1E, 2E, 3C

(Escrivão de Polícia Federal – 2002 – CESPE) No que se refere ao direito processual penal, julgue os itens que se seguem.

(1) Considere a seguinte situação hipotética. Danilo, pessoa violenta, tentou assassinar sua esposa, Julieta, durante briga do casal. Julieta registrou a ocorrência, e instaurou-se inquérito policial, que foi oportunamente remetido ao MP. O promotor de justiça ofereceu denúncia em face de Danilo por tentativa de homicídio. Iniciado o processo, Julieta procurou o promotor de justiça, dizendo-lhe que se reconciliara com o marido, que desejava "retirar a queixa" e que gostaria de encerrar o processo. Nessa situação, considerando a natureza da ação penal, o pedido de Julieta não poderia ser atendido.

(2) Considere a seguinte situação hipotética. Eros foi vítima de injúria praticada por Isabel no dia 1.º de janeiro de 2001, em sua presença. Eros requereu a instauração de inquérito policial e, com base nele, seu advogado ofereceu queixa contra Isabel no dia 1.º de outubro de 2001. Nessa situação, considerando a natureza da ação penal, a queixa oferecida por Eros, se houvesse cumprido os requisitos processuais, deveria ser recebida pelo juiz competente.

(3) Considere a seguinte situação hipotética. A polícia descobriu um cadáver na comarca de Belo Horizonte – MG, e a perícia constatou que a morte não ocorrera naquela localidade. Posteriormente, as investigações identificaram Juvenal, residente e domiciliado na comarca de Diadema-MG, como autor do crime. Jamais se descobriu, porém, onde realmente o homicídio ocorrera. Nessa situação, o juízo competente para o julgamento da ação penal seria, necessariamente, o da comarca onde o corpo foi localizado.

(4) Considere a seguinte situação hipotética. Afrodite recebeu financiamento do Banco do Brasil S.A., ao amparo de linha de crédito com verbas federais, para plantar lavoura de mandioca. Todavia, desviou os recursos do financiamento para a compra de uma casa na praia. Essa conduta configura crime contra o sistema financeiro nacional, cuja competência para julgamento é de juiz federal. Iniciadas as investigações, Afrodite assassinou um servidor público federal que as conduzia, crime cujo julgamento compete ao tribunal do júri federal.
Nessa situação, considerando que houvesse conexão entre os delitos, tanto o crime contra o sistema financeiro nacional quanto o homicídio deveriam ser julgados conjuntamente pelo tribunal do júri federal.

1: correta. Tendo em conta que a ação penal, no crime de homicídio doloso (consumado ou tentado), é pública incondicionada, não é dado à vítima, seja na fase investigativa, seja na instrutória, promover a retirada da "queixa", como popularmente se fala. Ou seja, o ofendido, ainda que tenha se reconciliado com o acusado, não tem qualquer ingerência na atuação do MP, que é o titular da ação penal pública. Os institutos da renúncia e do perdão somente têm incidência no contexto da ação penal privada; **2:** incorreta, pois o prazo para o oferecimento da queixa é de 6 meses, o que não ocorreu no enunciado, conforme depreendemos da leitura do art. 38 do CPP; **3:** incorreta, pois estamos diante de situação onde a competência será definida pelo domicílio ou residência do réu, já que conhecida, conforme art. 72 do CPP; **4:** correta, pois o art. 78 do CPP dispõe que, na concorrência do júri e a de outro órgão de jurisdição comum, prevalecerá do júri, no caso de conexão ou continência.

Gabarito 1C, 2E, 3E, 4C

(Escrivão de Polícia/PA – 2006 – CESPE) Assinale a opção correta a respeito de processo penal.

(A) A competência é determinada pela conexão material ou lógica quando a prova de uma infração ou de qualquer de suas circunstâncias influir na prova de outra.

(B) A ação penal cuja titularidade pertence ao particular, isto é, quando o direito de iniciá-la pertence à vítima ou a seu representante legal, denomina-se ação penal pública condicionada à representação.

(C) Pelo sistema processual vigente no direito pátrio brasileiro, o juiz está adstrito ao laudo pericial, não podendo utilizar, para a formação de sua convicção, outros elementos provados nos autos.

(D) O inquérito policial não deve ser instaurado se a autoridade policial verificar que não há justa causa para o procedimento, como, por exemplo, se o fato denunciado for atípico.

A: incorreta, pois a assertiva trata do inciso III do art. 76 do CPP, que faz referência à hipótese de conexão instrumental, e não material ou lógica, pois a conexão mostra-se como instrumento de unificação dos processos, que guardam vínculo; **B:** incorreta, pois nesta situação observa-se a ação penal privada. A ação penal pública condicionada é titularizada pelo MP, ao qual cabe o seu ajuizamento; **C:** incorreta, pois o juiz não está adstrito ao laudo pericial, como bem dispõe o art. 182 do CPP; **D:** correta, já que o inquérito policial se presta a apurar fato aparentemente criminoso. Se, à evidência, o fato noticiado for atípico, não há que se falar em instauração de inquérito.

Gabarito "D"

(Agente de Polícia/TO – 2008 – CESPE) Quanto ao processo penal, seus princípios e procedimentos, julgue os itens a seguir.

(1) Sendo o inquérito policial um procedimento realizado pela polícia judiciária cujo destinatário é o juiz, são aplicáveis em sua elaboração e tramitação todos os princípios processuais inerentes à instrução criminal, entre os quais o contraditório e a ampla defesa.

(2) Para os efeitos da Lei dos Juizados Especiais Criminais, são considerados crimes de menor potencial ofensivo o desacato, o furto simples e a ameaça, entre outros.

(3) Considere a seguinte situação hipotética. A autoridade policial de determinado município, por força de auto de prisão em flagrante, instaurou inquérito policial contra Joaquim, que foi indiciado pela prática de estelionato. Nessa situação, o prazo para a conclusão do inquérito policial, estando Joaquim preso, será de

10 dias, contados a partir do dia em que se executou a ordem.

(4) A prisão preventiva e a prisão temporária, exemplos de prisão cautelar, antecipam o reconhecimento de culpa com a consequente privação da liberdade do indivíduo, pois o juízo que se faz, ao decretá-las, é de culpabilidade.

(5) Considere que policiais em serviço de ronda noturna perceberam que, em determinada casa, um homem apunhalava uma mulher, a qual, por sua vez, gritava desesperadamente por socorro. Nessa situação, os policiais, mesmo que em horário noturno, poderão adentrar a residência sem o consentimento dos moradores e realizar a prisão do agressor.

1: incorreta, pois o destinatário será o promotor de justiça ou o titular da ação penal. Também porque o inquérito policial, sendo um procedimento administrativo de cunho investigativo e inquisitorial, não se sujeita a alguns princípios imanentes ao processo, tais como o contraditório e a ampla defesa; **2**: incorreta. Dos crimes referidos na assertiva, não se sujeita ao rito sumaríssimo, previsto para o julgamento das infrações penais de menor potencial ofensivo, tão somente o furto simples, já que a pena máxima cominada, neste caso, corresponde a 4 anos, superior ao limite estabelecido no art. 61 da Lei 9.099/1995, que é de 2 anos; **3**: correta, pois de acordo com o que dispõe o art. 10 do CPP; **4**: incorreta. Tanto a prisão preventiva quanto a temporária, por sem medidas de natureza cautelar, decretadas antes do pronunciamento de mérito do juiz, não constituem medida de antecipação do reconhecimento da culpa, o que somente será analisado no ato da sentença. Em verdade, tais medidas cautelares se prestam a assegurar a integridade do processo, no caso da custódia preventiva, e a viabilidade das investigações do inquérito policial, no caso da prisão temporária; **5**: correta, pois estarão diante de uma situação de flagrância. O mesmo é válido caso a casa fosse invadida por particulares para salvar a mulher que clamava por socorro.

Gabarito 1E, 2E, 3C, 4E, 5C

(Agente de Polícia/TO – 2008 – CESPE) No que concerne à parte geral do Código Penal, aos princípios processuais penais e à efetiva aplicação da legislação especial, julgue os itens a seguir.

(1) O enunciado segundo o qual "não há crime sem lei anterior que o defina, nem pena sem prévia cominação legal" traz insculpidos os princípios da reserva legal ou legalidade e da anterioridade.

(2) Considere a seguinte situação hipotética. Célio, penalmente imputável, praticou um crime para o qual a lei comina pena de detenção de 6 meses a 2 anos e multa e, após a sentença penal condenatória recorrível, nova lei foi editada, impondo para a mesma conduta a pena de reclusão de 1 a 4 anos e multa. Nessa situação, a nova legislação não poderá ser aplicada em decorrência do princípio da irretroatividade da lei mais severa.

(3) A ação penal pública pode ser incondicionada ou condicionada, sendo certo que, no caso dos crimes de lesões corporais dolosas de natureza leve e de lesões corporais culposas, a ação é pública condicionada à representação.

(4) Considere a seguinte situação hipotética. Maria, maior de 18 anos de idade, praticou um crime, e, no decorrer da ação penal, foi demonstrado, por meio do competente laudo, que esta, ao tempo do crime, era inimputável em decorrência de doença mental. Nessa hipótese, Maria será absolvida tendo como fundamento a inexistência de ilicitude da conduta, embora presente a culpabilidade.

(5) As normas penais puramente processuais terão aplicação no mesmo dia em que entrarem em vigor, entretanto os atos processuais realizados na vigência da lei anterior terão de ser revalidados e adaptados ao novo procedimento.

(6) Considere que um promotor de justiça tenha recebido, por escrito, informações referentes a um fato delituoso e sua autoria, de modo a subsidiar a ação penal com os elementos necessários ao oferecimento da denúncia. Nessa situação, deverá o promotor de justiça enviar as peças à autoridade policial competente para a instauração do inquérito policial.

(7) A garantia constitucional do contraditório, que assegura a ampla defesa do acusado, não se aplica ao inquérito policial, que não é, em sentido estrito, instrução criminal, mas colheita de elementos que possibilitem a instauração do processo.

1: correta. O *princípio da legalidade* ou da *reserva legal*, estampado no art. 5º, XXXIX, da CF, bem como no art. 1º do CP, preconiza que os tipos penais só podem ser criados por lei em sentido formal. É vedado, pois, ao legislador fazer uso de decretos ou outras formas legislativas para conceber tipos penais. Alguns doutrinadores consideram o princípio da legalidade *gênero*, do qual são espécies os princípios da reserva legal e o da anterioridade. Este, por sua vez, significa que a lei deve ser *anterior* ao fato que se pretende punir (não há crime sem lei *anterior* que o defina – art. 5º, XXXIX, da CF); **2**: correta. A assertiva descreve típica hipótese de *novatio legis in pejus*, em que há edição de lei nova que de alguma forma é prejudicial à situação do réu. Esta lei, por conta dessa característica (*lex gravior*), é irretroativa – art. 5º, XL, da CF. A solução, neste caso, é projetar os efeitos da lei revogada (mais benéfica) para o futuro e aplicá-la aos fatos (ultratividade da lei penal mais benéfica). Assim, a lei em vigor ao tempo da conduta praticada por Célio, embora já tenha sido revogada, será aplicada, uma vez que a lei que revogadora é mais gravosa do que a revogada (estabeleceu aumento da pena cominada); **3**: correta, pois retrata a regra presente no art. 88 do Lei 9.099/1995 (Juizados Especiais). Cuidado: a ação penal, no crime de lesão corporal, independente de sua extensão, praticado contra a mulher no ambiente doméstico (Lei Maria da Penha), será pública incondicionada (Súmula 542, STJ); **4**: incorreta, pois, neste caso, Maria será considerada inimputável em virtude de doença mental, que leva à exclusão da culpabilidade, e não da antijuridicidade de seu comportamento, cabendo ao juiz prolatar sentença de absolvição imprópria, com a aplicação de medida de segurança (art. 97, do CP); **5**: incorreta, dado que os atos realizados sob a égide da lei processual anterior serão preservados, não havendo que se falar, assim, na renovação de tais atos segundo os ditames da lei nova (art. 2º, CPP); **6**: incorreta, pois o inquérito policial não é imprescindível ao oferecimento da denúncia. Em mãos de elementos suficientes, deverá o promotor oferecer denúncia; **7**: correta, uma vez que se trata de um procedimento administrativo de cunho informativo, cujo propósito consiste em reunir elementos necessários ao exercício da ação penal, nele não vigorando o contraditório e a ampla defesa, postulados inafastáveis da instrução processual.

Gabarito 1C, 2C, 3C, 4E, 5E, 6E, 7C

10. LEGISLAÇÃO ESPECIAL

Tatiana Creato Subi e Eduardo Dompieri

1. ABUSO DE AUTORIDADE

(Polícia Rodoviária Federal – 2013 – CESPE) No que concerne ao abuso de autoridade, julgue o item a seguir.

(1) Considere que um PRF aborde o condutor de um veículo por este trafegar acima da velocidade permitida em rodovia federal. Nessa situação, se demorar em autuar o condutor, o policial poderá responder por abuso de autoridade, ainda que culposamente.

1: incorreta. Ainda que consideremos que a demora na autuação configure atentado à liberdade de locomoção, devemos lembrar que não é punível a modalidade culposa do abuso de autoridade por ausência de previsão legal. Ao tempo em que esta questão foi elaborada, estava em vigor a Lei 4.898/1965, que foi revogada pela nova Lei de Abuso de Autoridade (Lei 13.869/2019). Ambas as legislações não contemplam conduta culposa.

(CESPE) Julgue o seguinte item.

(1) Um cidadão foi vítima de abuso de autoridade e pretende indenização do Estado pela lesão que sofreu. Nessa situação, na forma da lei que reprime o abuso de autoridade, ele somente poderá ajuizar a ação adequada depois de apurar-se, na via administrativa, a ocorrência do fato.

1: incorreta. O ato de abuso de autoridade, nos termos da revogada Lei 4.898/1965, em vigor quando da elaboração desta questão, é punível nas esferas administrativa, penal e civil, não havendo comunicação de instâncias, ou seja, a decisão em uma das searas não interfere na responsabilização em outra. No caso, a indenização é espécie de responsabilidade civil pelo ato ilícito praticado e não depende, como visto, da conclusão da apuração na esfera administrativa (art. 7°, § 3°, da Lei de Abuso de Autoridade, *a contrario sensu*). A Lei 13.869/2019 (nova Lei de Abuso de Autoridade), em seu art. 7°, assim estabelece: "As responsabilidades civil e administrativa são independentes da criminal, não se podendo mais questionar sobre a existência ou a autoria do fato quando essas questões tenham sido decididas no juízo criminal".

(CESPE) Julgue o seguinte item.

(1) Júlia foi vítima de abuso de autoridade por parte de agentes públicos federais e representou ao MPF para que este promovesse a responsabilização penal daqueles. À representação, anexou as provas de que dispunha e indicou o modo de obter outras. O procurador da República a quem a representação foi enviada considerou haver indícios suficientes dos fatos e ofereceu denúncia. O juiz federal que recebeu os autos rejeitou a denúncia, sob o fundamento de ser indispensável a apuração do fato, seja pela administração pública, seja por meio de inquérito policial. Nessa situação, o juiz federal equivocou-se, pois deveria ter recebido a denúncia.

1: correta. A apuração prévia do fato, ainda que por meio do inquérito policial, é sempre dispensável, se o Ministério Público já detiver, de imediato, informações suficientes para dar início ao processo penal. Deveria o magistrado, portanto, diante da existência de lastro probatório, receber, de pronto, a denúncia ofertada pelo MPF.

(CESPE) Referentemente aos crimes definidos em legislação especial, julgue o próximo item.

(1) Os crimes de abuso de autoridade exigem como condição de procedibilidade a representação do ofendido, sendo, portanto, de ação pública condicionada.

1: incorreta. Todos os crimes de abuso de autoridade são de ação penal pública incondicionada, isto é, independem da representação do ofendido para se iniciar e prosseguir com a ação penal. A representação não tem natureza de condição de procedibilidade, mas de notícia, comunicação do fato à autoridade competente (vide art. 1° da Lei 5.249/1967). A Lei 13.869/2019 em nada mudou tal realidade. Com efeito, segundo estabelece o seu art. 3°, *caput*, a ação penal, nos crimes ali previstos, será sempre pública incondicionada. Além disso, seus §§ 1° e 2° asseguram ao ofendido a possibilidade de, ante a inércia do órgão ministerial, ajuizar ação penal subsidiária da pública, no prazo de seis meses, que será contado da data em que tem fim o prazo para o MP oferecer denúncia.

(CESPE) Julgue o seguinte item.

(1) A inabilitação temporária para o exercício de função pública, cominada aos delitos de abuso de autoridade, previstos em lei específica, quando aplicada de forma isolada e autônoma, por força de sentença judicial, tem a natureza de pena administrativa e não criminal, pois resulta no afastamento do servidor público do cargo exercido.

1: incorreta. Trata-se de efeito secundário da condenação penal, tendo, portanto, essa natureza (art. 4°, II, da Lei 13.869/2019).

2. APRESENTAÇÃO E USO DE DOCUMENTOS DE IDENTIFICAÇÃO PESSOAL (LEI Nº 5.553/1968)

(CESPE) Julgue o seguinte item.

(1) Um cidadão foi intimado para depor como testemunha em um inquérito policial e apresentou, como documento de identificação, cópia autenticada de sua cédula de identidade civil, cujo original afirmou estar perdido. O delegado que o ouviu resolveu apreender a citada cópia, embora não houvesse suspeita de inidoneidade dela. Nessa situação, o delegado agiu de maneira ilegal.

1: correta. Não havendo suspeita de inidoneidade, constitui contravenção penal a retenção de documentos pessoais, ainda que na forma de fotocópia autenticada, por qualquer pessoa física ou jurídica, de direito público ou privado (arts. 1° e 3°, *caput*, da Lei 5.553/1968).

3. RACISMO (LEI Nº 7.716/1989)

(Polícia Rodoviária Federal – 2013 – CESPE) Julgue o item seguinte, relativo a crimes resultantes de preconceitos de raça e cor.

(1) Constitui crime o fato de determinado clube social recusar a admissão de um cidadão em razão de preconceito de raça, salvo se o respectivo estatuto atribuir a diretoria a faculdade de recusar propostas de admissão, sem declinação de motivos.

1: incorreta. O crime de racismo previsto no art. 9º da Lei 7.716/1989 não comporta qualquer exceção a afastar a ilicitude da conduta.
Gabarito 1E

(CESPE) Julgue o seguinte item.

(1) Um determinado hotel negou-se a hospedar uma família de índios, alegando que não havia nenhum quarto vago. Posteriormente, restou demonstrado que existiam vagas e que a recusa derivou do fato de que o gerente do hotel tinha proibido a hospedagem de índios no estabelecimento. Nessa situação, o referido gerente comete infração penal.

1: correta. A conduta descrita amolda-se ao tipo penal previsto no art. 7º da Lei 7.716/1989, que pune as condutas resultantes de discriminação ou preconceito de raça, cor, etnia, religião ou procedência nacional. Protege-se, no caso em exame, a etnia indígena.
Gabarito 1C

4. ESTATUTO DA CRIANÇA E DO ADOLESCENTE – ECA (LEI Nº 8.069/1990)

(CESPE) Julgue o seguinte item.

(1) Antes da sentença, a internação do adolescente infrator poderá ser determinada pelo juiz por prazo indeterminado.

1: incorreta. Nos termos do art. 108 do Estatuto da Criança e do Adolescente, a internação provisória (antes da sentença) poderá ser determinada pelo prazo máximo de 45 dias.
Gabarito 1E

(CESPE) Julgue o seguinte item.

(1) Marcelo viajará do Pará para o Maranhão, levando consigo sua filha Anita e uma sobrinha, ambas com 11 anos de idade. Nessa situação, para conduzir licitamente as crianças, Marcelo precisa de autorização escrita tanto da mãe de Anita quanto dos pais de sua sobrinha, ou dos responsáveis por ela.

1: incorreta. Em se tratando de viagem dentro do território nacional, é inexigível autorização, seja dos pais, seja do juiz, para viajar se a criança estiver acompanhada de ascendente (no caso, Marcelo é o próprio pai de Anita) ou colateral maior até o terceiro grau (no caso, Marcelo é tio da outra criança), desde que comprovado documentalmente o parentesco (art. 83, § 1º, "b", "1", do ECA). Embora nenhuma repercussão tenha na resolução desta questão, importante que façamos algumas observações ante alteração promovida neste dispositivo pela Lei 13.812/2019. O art. 83 da Lei 8.069/1990 (ECA), que rege a matéria, foi modificado pela Lei 13.812/2019. Antes, os adolescentes podiam viajar desacompanhados, sem qualquer restrição (dentro do território nacional); hoje, a partir das alterações implementadas pela Lei 13.812/2019, somente poderá viajar livremente sem qualquer restrição dentro do território nacional o adolescente que já tenha atingido 16 anos, isto é, a regra a ser aplicada para os adolescentes entre 12 e 16 anos (incompletos) é a mesma aplicada às crianças, tal como estabelece a nova redação do art. 83, caput, do ECA. As exceções foram elencadas no § 1º do mencionado dispositivo. Dessa forma, temos, atualmente, o seguinte: **a)** viagem – criança e adolescente menor de 16 anos: **a1)** regra: a criança e o adolescente menor de 16 anos não poderão viajar para fora da comarca na qual residem desacompanhadas dos pais ou responsável, sem expressa autorização judicial – art. 83, "caput", do ECA; **a2)** exceções: o art. 83, § 1º, do ECA estabelece algumas exceções (a autorização judicial não será exigida): quando se tratar de comarca contígua à da residência da criança ou do adolescente (menor de 16 anos), se na mesma unidade da Federação, ou incluída na mesma região metropolitana; a criança ou adolescente estiver acompanhada: de ascendente ou colateral maior, até o terceiro grau, comprovado documentalmente o parentesco: de pessoa maior, expressamente autorizada pelo pai, mãe ou responsável; **b)** viagem – adolescente a partir dos 16 anos: quanto ao adolescente com 16 anos ou mais, o ECA não impôs restrição alguma, isto é, poderá ele viajar sozinho pelo território nacional desacompanhado de seus pais, sem que para isso precise de autorização judicial.
Gabarito 1E

(CESPE) Julgue o seguinte item.

(1) A medida de internação prevista no Estatuto da Criança e do Adolescente não comporta prazo determinado e em nenhuma hipótese o período máximo de internação poderá exceder a três anos.

1: correta, nos exatos termos do art. 121, §§ 2º e 3º, do ECA.
Gabarito 1C

5. ORGANIZAÇÕES CRIMINOSAS (LEI Nº 12.850/2013)

(Polícia Rodoviária Federal – 2013 – CESPE) Julgue o item seguinte, relativo à lei do crime organizado.

(1) Durante o inquérito policial, é necessária a autorização judicial para que um agente policial se infiltre em organização criminosa com fins investigativos.

1: correta, nos termos dos art. 10, caput, da Lei 12.850/2013.
Gabarito 1C

6. JUIZADOS ESPECIAIS CRIMINAIS (LEI Nº 9.099/1995)

(Polícia Rodoviária Federal – 2013 – CESPE) Acerca dos juizados especiais criminais, julgue o item subsecutivo.

(1) Os atos processuais dos juizados especiais criminais poderão ser realizados nos finais de semana, a exceção dos domingos e feriados.

1: incorreta. O art. 64 da Lei 9.099/1995 autoriza a prática de atos processuais em qualquer dia da semana, inclusive no horário noturno.
Gabarito 1E

(Polícia Rodoviária Federal – 2013 – CESPE) Acerca do Estatuto do Idoso, julgue o item subsecutivo.

(1) Se alguém deixar de prestar assistência a idoso, quando for possível fazê-lo sem risco pessoal, em situação de iminente perigo, cometerá, em tese, crime de menor potencial ofensivo.

1: correta. O crime previsto no art. 97 da Lei 10.741/2003 (Estatuto do Idoso) tem pena privativa de liberdade máxima de 1 ano, o que o classifica como infração penal de menor potencial ofensivo, nos termos do art. 61 da Lei 9.099/1995.
Gabarito 1C

(CESPE) Em relação às disposições da Lei n.º 9.099/1995 (juizados especiais), assinale a opção incorreta.

(A) Consideram-se infrações de menor potencial ofensivo as contravenções penais e os crimes a que a lei comine pena máxima não superior a dois anos, cumulada ou não com multa.
(B) Dependerá de representação da pessoa ofendida a ação penal relativa aos crimes de lesões corporais leves e lesões culposas.
(C) Da decisão de rejeição da denúncia caberá apelação, que poderá ser julgada por turma composta de três juízes em exercício no primeiro grau de jurisdição.
(D) Nos crimes em que a pena mínima cominada for igual ou inferior a um ano, o MP, ao oferecer a denúncia, poderá propor a suspensão do processo, por dois a quatro anos, observados os demais requisitos legais.
(E) Não encontrado o acusado para ser citado, o juiz titular do juizado especial criminal deverá determinar a citação por intermédio de edital, com prazo de 15 dias.

A: correta (art. 61 da Lei 9.099/1995); B: correta (art. 88 da Lei 9.099/1995); C: correta (art. 82 da Lei 9.099/1995); D: correta (art. 89 da Lei 9.099/1995); E: incorreta, devendo esta ser assinalada. O art. 66, parágrafo único, da Lei 9.099/1995 estabelece que, no âmbito do procedimento sumaríssimo, não localizado o acusado para ser citado pessoalmente, as peças serão encaminhadas ao juízo comum para prosseguimento, no qual se procederá, se necessário for, à citação por hora certa ou por edital, dada a incompatibilidade dessas modalidades de citação ficta com a celeridade imanente ao procedimento adotado na Lei 9.099/1995.
Gabarito "E".

7. TORTURA (LEI Nº 9.455/1997)

(CESPE) A respeito das leis especiais, julgue o item a seguir.

(1) O policial condenado por induzir, por meio de tortura praticada nas dependências do distrito policial, um acusado de tráfico de drogas a confessar a prática do crime perderá automaticamente o seu cargo, sendo desnecessário, nessa situação, que o juiz sentenciante motive a perda do cargo.

1: correta. A perda do cargo, emprego ou função pública é efeito automático da condenação por crime de tortura previsto no art. 1º, § 5º, da Lei 9.455/1997. Dessa forma, não é necessária sua menção expressa na sentença (veja, nesse sentido, a decisão do STJ no HC 92.247, DJ 07/02/2008).
Gabarito 1C

(CESPE) Julgue o item seguinte, relativo a crimes de tortura.

(1) A prática do crime de tortura torna-se atípica se ocorrer em razão de discriminação religiosa, pois, sendo laico o Estado, este não pode se imiscuir em assuntos religiosos dos cidadãos.

1: incorreta, na medida em que o art. 1º, I, "c", da Lei 9.455/1997, dispõe que é crime de tortura se esta ocorrer em razão de discriminação religiosa. O Estado é laico, porém prevê a liberdade religiosa a seus cidadãos, punindo quem causar a alguém, mediante violência ou grave ameaça, em razão de discriminação religiosa, intenso sofrimento físico ou mental. É chamado pela doutrina de tortura discriminatória.
Gabarito 1E

(CESPE) Julgue o seguinte item.

(1) O agente penitenciário que detém a guarda de um sentenciado e, como forma de aplicar-lhe um castigo, o ameaça de morte e o submete a intenso sofrimento físico com o emprego de choques elétricos e submersão em água para asfixia parcial, causando-lhe lesões corporais simples, responde pelo crime de tortura, que absorve os de ameaça e de lesões corporais.

1: correta. O agente penitenciário em questão responderá pelo crime de tortura-castigo previsto no art. 1º, II, da Lei 9.455/1997. O crime de tortura, por ser mais grave, absorve os delitos menos graves que decorram da violência ou grave ameaça, como, por exemplo, ameaça e lesões corporais.
Gabarito 1C

(CESPE) Julgue o seguinte item.

(1) Um agente de polícia civil foi condenado a 6 anos de reclusão pela prática de tortura contra preso que estava sob sua autoridade. Nessa situação, o policial condenado deve perder seu cargo público e, durante 12 anos, ser-lhe-á vedado exercer cargos, funções ou empregos públicos.

1: correta. O agente de polícia, ao ser condenado por crime de tortura, perde seu cargo público e ocorre a interdição para seu exercício pelo dobro do prazo da pena (art. 1º, § 5º, da Lei 9.455/1997). Assim, está correta a determinação da perda do cargo e a vedação para o exercício por 12 anos.
Gabarito 1C

(CESPE) Julgue o seguinte item.

(1) Um grupo de religiosos radicais capturou uma pessoa de outra religião e contra ela praticou longa sessão de ofensas, ameaças e castigos físicos. A vítima, posteriormente, comunicou o fato à polícia judiciária, que o apurou. O promotor de justiça que recebeu o inquérito ofereceu denúncia contra o grupo pelos crimes de ameaça e lesões corporais, afastando a imputação de tortura pelo fato de os integrantes do grupo não serem funcionários públicos. Nessa situação, o promotor de justiça incidiu em erro, pois a lei que reprime a tortura não pune apenas agentes públicos, mas pode também alcançar particulares.

1: correta. A assertiva está corretíssima, pois o crime de tortura não é crime próprio, ou seja, pode ser praticado por qualquer pessoa, agentes públicos ou particulares. Dessa forma, no caso apresentado, o promotor de justiça deveria ter denunciado o grupo pelo crime de tortura, o qual, por ser mais grave, absorve os crimes de ameaça e lesões corporais.
Gabarito 1C

(CESPE) Julgue o seguinte item.

(1) Um agente de polícia resolveu torturar um preso sob sua guarda, e, antes que isso ocorresse, o delegado responsável tomou conhecimento da intenção do agente. O delegado não concordava com a tortura e não a praticou, mas nada fez para evitá-la. Nessa situação, tanto o agente quanto o delegado poderiam ser responsabilizados penalmente, com base na lei que define os crimes de tortura.

1: correta. No caso apresentado, tanto o agente de polícia quanto o delegado responderão pelo crime de tortura. O agente responderá pelo delito do art. 1º, II, da Lei 9.455/1997 (tortura-castigo) e o delegado pelo

crime do art. 1°, § 2°, da referida lei (omissão perante a tortura, cuja pena é menor). Ressalte-se que parte da doutrina entende que, nos termos do art. 13, § 2°, do CP, a pessoa que devia e podia evitar o resultado e não o faz deve responder pelo mesmo delito. Independentemente disso, a assertiva continua correta uma vez que ambos serão penalizados por dispositivos previstos na lei de tortura.
Gabarito 1C

(CESPE) No que tange aos crimes de tortura, julgue os itens subsequentes.

(1) Considerando que X, imputável, motivado por discriminação quanto à orientação sexual de Y, homossexual, imponha a este intenso sofrimento físico e moral, mediante a prática de graves ameaças e danos à sua integridade física resultantes de choques elétricos, queimaduras de cigarros, execução simulada e outros constrangimentos, essa conduta de X enquadrar-se-á na figura típica do crime de tortura discriminatória.

(2) Se um policial civil, para obter a confissão de suposto autor de crime de roubo, impuser a este intenso sofrimento, mediante a promessa de mal injusto e grave dirigido à sua esposa e filhos e, mesmo diante das graves ameaças, a vítima do constrangimento não confessar a prática do delito, negando a sua autoria, não se consumará o delito de tortura, mas crime comum do Código Penal, pois a confissão do fato delituoso não foi obtida.

(3) O crime de tortura é crime comum, podendo ser praticado por qualquer pessoa, não sendo próprio de agente público, circunstância esta que, acaso demonstrada, determinará a incidência de aumento da pena.

(4) O artigo que tipifica o crime de maus-tratos previsto no Código Penal foi tacitamente revogado pela Lei da Tortura, visto que o excesso nos meios de correção ou disciplina passou a caracterizar a prática de tortura, porquanto também é causa de intenso sofrimento físico ou mental.

1: incorreta. Pode parecer surpreendente, mas a Lei 9.455/1997 não inclui, dentre os dolos específicos caracterizadores do crime de tortura, a discriminação por orientação sexual, apenas a racial e a religiosa. Com isso, atos que imponham intenso sofrimento físico ou mental a outrem, com base no preconceito resultante da orientação sexual, sujeitam o agente às penas do crime de lesão corporal, pela falta do elemento subjetivo do tipo (dolo específico); 2: incorreta. O crime de tortura, em qualquer de suas modalidades, é formal, não se exigindo o resultado naturalístico para sua consumação; 3: correta. A tortura é, efetivamente, um crime comum, sendo a condição de agente público apenas uma causa de aumento de pena (art. 1°, § 4°, I, da Lei 9.455/1997); 4: incorreta. A diferença entre o crime de maus-tratos, previsto no art. 136 do Código Penal, e a tortura-castigo (art. 1°, II, da Lei 9.455/1997) reside na intensidade do sofrimento (maior na tortura) e no dolo do agente. Isso porque o crime de maus-tratos é crime de perigo concreto (basta expor a vida ou a saúde da vítima a risco), ao passo que a tortura é crime de dano (é necessário o **intenso** sofrimento físico ou mental). Com isso, não há que se falar em revogação do crime de maus-tratos, por criminalizar conduta diferente da tortura.
Gabarito 1E, 2E, 3C, 4E

(CESPE) César, oficial da Polícia Militar, está sendo processado pela prática do crime de tortura, na condição de mandante, contra a vítima Ronaldo, policial militar. César visava obter informações a respeito de uma arma que havia sido furtada pela vítima. Considerando a situação hipotética acima, assinale a opção correta de acordo com a lei que define os crimes de tortura.

(A) O tipo de tortura a que se refere a situação mencionada é a física, pois a tortura psicológica e os sofrimentos mentais não estão incluídos na disciplina da lei que define os crimes de tortura.

(B) Se César for condenado, deve incidir uma causa de aumento pelo fato de ele ser agente público.

(C) Se César for condenado, a sentença deve declarar expressamente a perda do cargo e a interdição para seu exercício pelo dobro do prazo da pena aplicada, pois esses efeitos não são automáticos.

(D) A justiça competente para julgar o caso é a militar, pois trata-se de crime cometido por militar contra militar.

(E) O delito de tortura não admite a forma omissiva.

A: incorreta. A tortura psicológica e os sofrimentos mentais estão sim tipificados como crimes na lei de tortura; os bens jurídicos tutelados por esta lei são a integridade corporal e a saúde psicológica das pessoas, já que os tipos penais da lei dizem "sofrimento físico ou mental". Assim, quem causa sofrimentos mentais na vítima responde pelo crime de tortura; B: correta (art. 1°, § 4°, I, da Lei de Tortura); C: incorreta. A perda do cargo e a interdição para seu exercício é efeito automático da condenação, e, assim sendo, independe de menção expressa na sentença. Havendo a condenação, o efeito ocorrerá de plano; D: incorreta. Compete à Justiça Militar o julgamento dos crimes militares, assim definidos pelos arts. 9° e 10° do Código Penal Militar. Um dos requisitos para a caracterização do delito como militar é que esteja previsto no CPM como crime militar, o que não ocorre com a tortura. Logo, é considerada crime comum e deve ser julgada pela Justiça Comum Estadual; E: incorreta. O delito de tortura admite a forma omissiva (art. 1°, § 2°, da referida lei).
Gabarito "B"

8. CRIMES AMBIENTAIS (LEI N° 9.605/1998)

(Polícia Rodoviária Federal – 2013 – CESPE) Com fundamento na Lei dos Crimes Ambientais, julgue o próximo item.

(1) Responderá por crime contra a flora o indivíduo que cortar árvore em floresta considerada de preservação permanente, independentemente de ter permissão para cortá-la, e, caso a tenha, quem lhe concedeu a permissão também estará sujeito as penalidades do respectivo crime.

1: incorreta. O crime previsto no art. 39 da Lei 9.605/1998 tem como elementar a ausência de autorização de autoridade, ou seja, se ela existir, não haverá crime.
Gabarito 1E

(Policial Rodoviário Federal – 2009 – FUNRIO) A Lei 9.605/1998 dispõe sobre as sanções penais e administrativas derivadas de condutas e atividades lesivas ao meio ambiente, e dá outras providências. Assim, dispõe que quem, de qualquer forma, concorre para a prática dos crimes previstos nesta Lei incide nas penas a estes cominadas, na medida da sua culpabilidade, bem como o diretor, o administrador, o membro de conselho e de órgão técnico, o auditor, o gerente, o preposto ou mandatário de pessoa jurídica que, sabendo da conduta criminosa de outrem, deixe de impedir a sua prática, quando puder agir para evitá-la. Neste sentido, é correto afirmar que

(A) as pessoas jurídicas serão responsabilizadas somente na esfera administrativa e civil conforme o disposto na Lei 9.605/1998, nos casos em que a infração seja cometida por decisão de seu representante legal ou contratual, ou de seu órgão colegiado, no interesse ou benefício da sua entidade.

(B) a responsabilidade das pessoas jurídicas exclui a das pessoas físicas, autoras, coautoras ou partícipes do mesmo fato.

(C) as pessoas jurídicas serão responsabilizadas administrativa, civil e penalmente conforme o disposto na Lei 9.605/1998, nos casos em que a infração seja cometida por decisão de seu representante legal ou contratual, ou de seu órgão colegiado, no interesse ou benefício da sua entidade.

(D) a pessoa física poderá ser desconsiderada sempre que sua personalidade for obstáculo ao ressarcimento de prejuízos causados à qualidade do meio ambiente.

(E) o Juiz deverá desconsiderar a pessoa jurídica sempre que sua personalidade for obstáculo ao ressarcimento de prejuízos causados à qualidade do meio ambiente.

A: incorreta. A Lei nº 9.605/1998 inovou no ordenamento jurídico nacional ao prever a responsabilização **penal** da pessoa jurídica, sem prejuízo das sanções administrativas e civis cabíveis (art. 3º da Lei nº 9.605/1998); B: incorreta. A responsabilidade das pessoas físicas e jurídicas é solidária (art. 3º, parágrafo único, da Lei nº 9.605/1998); C: correta, nos termos do art. 3º, *caput*, da Lei nº 9.605/1998; D: incorreta. Não há sentido em falar sobre desconsideração da personalidade física de quem quer que seja; E: incorreta. Trata-se de faculdade (o juiz **poderá**), não de dever, do magistrado desconsiderar a pessoa jurídica (art. 4º da Lei nº 9.605/1998).
Gabarito "C".

(CESPE) À luz da lei dos crimes ambientais e do Estatuto do Desarmamento, julgue o item seguinte.

(1) Se o rebanho bovino de determinada propriedade rural estiver sendo constantemente atacado por uma onça, o dono dessa propriedade, para proteger o rebanho, poderá, independentemente de autorização do poder público, abater o referido animal silvestre.

1: incorreta. A hipótese está prevista no art. 37, II, da Lei 9.605/1998, que autoriza o abate de animais para proteção de lavouras ou rebanhos, mas desde que expressamente autorizado pela autoridade competente.
Gabarito 1E.

(CESPE) Julgue o seguinte item.

(1) Considere a seguinte situação hipotética. JF é proprietário de uma fazenda localizada no município de Luziânia – GO e, no dia 10 de agosto do corrente ano, objetivando construir alguns metros de cercas, cortou, sem permissão do IBAMA, várias árvores de uma floresta que se situava ao redor de um reservatório de água natural (floresta de preservação permanente) existente em sua propriedade. Nesse caso, JF cometeu crime ambiental, sendo competente para processá-lo e julgá-lo a justiça comum da Comarca de Luziânia.

1: correta. A conduta descrita amolda-se ao tipo penal previsto no art. 38 da Lei 9.605/1998 e é pacífica a jurisprudência do STJ de que a competência para processo e julgamento dos crimes ambientais é da Justiça Comum Estadual da Comarca onde ocorreu o dano, salvo se este tiver extensão interestadual ou atingir interesses diretos da União (como no crime praticado dentro de uma unidade de conservação).
Gabarito 1C.

(CESPE) Paul, cidadão britânico e presidente de organização não governamental para proteção aos cachorros, em visita ao Brasil para divulgar os trabalhos de sua organização, presenciou, em um "pet shop", o corte das caudas de três filhotes de cachorro da raça rottweiler. Inconformado, Paul compareceu à delegacia mais próxima no intuito de formalizar uma representação criminal contra o médico veterinário responsável pelo estabelecimento comercial.

A partir dessa situação hipotética e com base na Lei n.º 9.605/1998 (crimes contra o meio ambiente), assinale a opção correta.

(A) A representação não deverá ser formalizada pela autoridade policial, pois Paul, além de não ser cidadão brasileiro, não presenciou nenhuma infração penal.

(B) A representação deverá ser formalizada pela autoridade policial, uma vez que a nacionalidade de Paul não a impede, além do que a conduta narrada na situação hipotética caracteriza, em tese, crime previsto na Lei n.º 9.605/1998.

(C) O direito de formalizar *notitia criminis* só é extensível aos estrangeiros no território nacional quando expressamente autorizados por lei, além do que o fato presenciado por Paul não é considerado criminoso pela Lei n.º 9.605/1998.

(D) Não se exige formalidade rígida para a redução a termo de comunicação de infração penal a autoridades policiais, no entanto, na situação hipotética narrada, Paul é mensageiro de um fato não criminoso, pois a conduta do médico veterinário não é tipificada pelo ordenamento jurídico brasileiro.

(E) O fato presenciado por Paul é, em tese, crime contra a fauna. No entanto, por não ser cidadão brasileiro, Paul não terá sua pretensão atendida pelas autoridades policiais, uma vez que tal direito assiste apenas aos cidadãos brasileiros maiores e capazes.

A conduta descrita amolda-se ao tipo penal previsto no art. 32 da Lei 9.605/1998. Com isso, qualquer pessoa do povo poderá, por escrito ou verbalmente, dar ciência da infração penal à autoridade policial, que mandará instaurar inquérito após verificar a procedência das informações (art. 5º, § 3º, do CPP), ou seja, a representação de Paul deve ser recebida. Correta, portanto, a alternativa B.
Gabarito "B".

9. ESTATUTO DO IDOSO (LEI Nº 10.741/2003)

(Polícia Rodoviária Federal – 2013 – CESPE) Acerca do Estatuto do Idoso, julgue o item subsecutivo.

(1) Se alguém deixar de prestar assistência a idoso, quando for possível fazê-lo sem risco pessoal, em situação de iminente perigo, cometerá, em tese, crime de menor potencial ofensivo.

1: correta. O crime previsto no art. 97 da Lei 10.741/2003 (Estatuto do Idoso) tem pena privativa de liberdade máxima de 1 ano, o que o classifica como infração penal de menor potencial ofensivo, nos termos do art. 61 da Lei 9.099/1995.
Gabarito 1C.

(CESPE) Eduardo abandonou seu pai, Pedro, de 71 anos de idade, em uma casa de saúde, ao mesmo tempo em que deixou de prover as necessidades básicas dele. Acerca dessa situação hipotética, de acordo com o Estatuto do Idoso, assinale a opção correta.

(A) Se Pedro tivesse 60 anos de idade, a situação não se enquadraria no Estatuto do Idoso, que regula os direitos das pessoas com idade igual ou superior a 65 anos.
(B) Eduardo praticou dois delitos cujos núcleos dos tipos penais são, respectivamente, abandonar e deixar de prover.
(C) À conduta praticada por Eduardo aplica-se o procedimento previsto na Lei dos Juizados Especiais e, subsidiariamente, no que couberem, as disposições do Código Penal (CP) e do Código de Processo Penal (CPP).
(D) O crime praticado por Eduardo é de ação penal pública condicionada, aplicando-se a ele as disposições do CP relativas à imunidade absoluta e relativa.
(E) Se Eduardo agiu com culpa, ainda assim sua conduta deve ser punida.

A: incorreta. O Estatuto do Idoso (Lei 10.741/2003) aplica-se a pessoas com idade igual ou superior a 60 anos. O que ocorre é que certas disposições da lei são aplicáveis somente a partir dos 65 anos; **B:** incorreta. A conduta amolda-se ao tipo penal descrito no art. 98 do Estatuto do Idoso, que é crime de ação múltipla, isto é, prevê mais de uma conduta possível para a consumação do crime. Nesses casos, a prática de uma, algumas ou todas as condutas implica, sempre, crime único; **C:** correta, nos exatos termos do art. 94 do Estatuto do Idoso. Vale destacar que, em 2010, no bojo da ADI 3096-5, o STF determinou interpretação conforme a Constituição para este artigo, limitando a interpretação do termo "procedimento" aos atos processuais concatenados visando a sentença e afastando, assim, a aplicação dos institutos despenalizadores do JECrim; **D:** incorreta. Todos os crimes previstos no Estatuto do Idoso são de ação penal pública incondicionada (art. 95 do Estatuto); **E:** incorreta. O delito em questão não está previsto na forma culposa, sendo essa, portanto, atípica.
Gabarito "C".

10. ESTATUTO DO DESARMAMENTO (LEI Nº 10.826/2003)

(Polícia Rodoviária Federal – 2013 – CESPE) No que concerne ao Estatuto do Desarmamento, julgue o item a seguir.

(1) Supondo que determinado cidadão seja responsável pela segurança de estrangeiros em visita ao Brasil e necessite de porte de arma, a concessão da respectiva autorização será de competência do ministro da Justiça.

1: incorreta. A concessão do porte de arma de uso permitido é de competência do Departamento de Polícia Federal (art. 10, *caput*, da Lei 10.826/2003).
Gabarito 1E.

(CESPE) À luz da lei dos crimes ambientais e do Estatuto do Desarmamento, julgue os itens seguintes.

(1) Responderá pelo delito de omissão de cautela o proprietário ou o diretor responsável de empresa de segurança e transporte de valores que deixar de registrar ocorrência policial e de comunicar à Polícia Federal, nas primeiras vinte e quatro horas depois de ocorrido o fato, a perda de munição que esteja sob sua guarda.

1: correta, nos exatos termos do art. 13, parágrafo único, da Lei 10.826/2003 (Estatuto do Desarmamento).
Gabarito 1C.

(CESPE) Acerca do Estatuto do Desarmamento, julgue os seguintes itens.

(1) Alguém que, em sua residência, possua, sem registro, um revólver de calibre 38 pratica a infração penal de posse ilegal de arma de fogo.
(2) Suponha que o proprietário de um bar atenda a sua clientela, circulando pelas dependências do estabelecimento comercial e portando, ostensivamente, um revólver de calibre 38, municiado. Nesse caso, mesmo que a arma esteja registrada, se o comerciante não tiver autorização de porte, a situação configurará porte ilegal de arma de fogo.
(3) Se, durante uma diligência, forem apreendidas armas de uso privativo das forças armadas, a atribuição para apurar a infração penal será da Polícia Federal, pois trata-se de armas proibidas.
(4) Considere que um indivíduo tenha sido denunciado pela prática do crime de porte ilegal de arma e, ao ser esclarecida a sua folha de antecedentes, constatou-se que tinha sido anteriormente condenado definitivamente por roubo qualificado (emprego de arma). Na hipótese de tal indivíduo sofrer nova condenação, agora por violação da Lei n. 10.826/2003, essa condenação anterior atuará como causa de aumento de pena.

1: correta. Caracteriza o crime de posse ilegal de arma de fogo de uso permitido (caso do revólver calibre 38) a sua manutenção no âmbito da residência sem o respectivo registro (art. 12 da Lei 10.826/2003); **2:** correta. Configura crime de porte ilegal de arma de fogo de uso permitido portar consigo arma de fogo sem que haja a necessária autorização para tanto. A questão cobra raciocínio do candidato, que tende a lembrar que o local de trabalho é equiparado à residência pela lei, o que o induziria a classificar a conduta como posse de arma de fogo. Ocorre que "possuir ou manter" (art. 12) é diferente de "portar" (art. 14), que pressupõe que o agente carrega a arma consigo, fato descrito na assertiva a ser julgada; **3:** incorreta. O fato de as armas serem de uso proibido, por si só, não transporta a atribuição para apuração à Polícia Federal. Seria necessário provar, por exemplo, que tais armas foram furtadas de um quartel do Exército ou que são produto de contrabando; **4:** incorreta. Tal circunstância, prevista na legislação anterior, não foi repetida no Estatuto do Desarmamento como causa de aumento de pena.
Gabarito 1C, 2C, 3E, 4E.

(CESPE) Julgue o seguinte item.

(1) Assustado com o aumento do número de roubos em sua região, Haroldo, que vive em uma fazenda situada no interior do estado do Amazonas, decidiu adquirir de seu vizinho Moacyr uma arma de fogo de uso permitido. A arma de Moacyr é devidamente registrada e Haroldo pretende mantê-la no interior de sua casa, com finalidade de proteger-se contra eventuais agressores. Nessa situação, a compra da referida arma efetuada por Haroldo precisa ser previamente autorizada pelo Sistema Nacional de Armas (SINARM).

1: correta, nos exatos termos do art. 4º, § 5º, da Lei 10.826/2003.
Gabarito 1C.

(CESPE) No que tange às condutas relativas a armas de fogo no Brasil e à legislação correlata, julgue os itens seguintes.

(1) Se um indivíduo imputável introduzir no território nacional, sem autorização da autoridade competente, certa quantidade de armas de brinquedo, réplicas perfeitas de armas de fogo de grosso calibre, com o intuito de comercialização, e esse material for apreendido no decorrer de uma fiscalização rotineira de trânsito, nessa situação, esse indivíduo deverá ser responsabilizado por tráfico internacional de arma de fogo.

(2) Suponha que João, imputável, possua em sua residência um revólver calibre 38, sem registro, herdado de um bisavô, e que, aos 02/12/2008, por volta das 16 h, uma equipe de policiais militares, sabedores da existência do armamento, tenha adentrado na casa sem autorização judicial, apreendido o objeto e dado voz de prisão ao seu possuidor. Nessa situação, apresentado o caso à autoridade policial competente, deveria esta determinar a lavratura do auto de prisão em flagrante de João, em face da caracterização da posse irregular de arma de fogo de uso permitido.

(3) No caso específico de tráfico internacional de arma de fogo, em que a ação se inicie no território nacional e tenha a consumação no território estrangeiro, ou vice-versa, a ação penal correspondente é pública incondicionada e de competência da justiça federal.

(4) Os crimes de posse ou porte ilegal de arma de fogo de uso restrito e o comércio ilegal de arma de fogo, nos termos da legislação específica, são insuscetíveis de liberdade provisória.

1: incorreta. Armas de brinquedo não são armas de fogo. Quando são réplicas perfeitas, a ponto de que possam se confundir com armas de fogo, sua importação e comercialização são proibidas em território nacional. Com isso, a prática descrita na assertiva enquadra-se na figura penal do contrabando (art. 334 do Código Penal); 2: incorreta. A Lei 10.826/2003 autorizou que, até o dia 31 de dezembro de 2008, os possuidores de armas de fogo de uso permitido poderiam requerer o respectivo registro independentemente do pagamento de taxas (esse prazo acabou prorrogado para 31 de dezembro de 2009 pela Lei 11.922/2009). Com isso, operou-se uma "*abolitio criminis* temporária", ou seja, durante esse prazo não se poderia imputar crime de posse irregular de arma de fogo de uso permitido ao possuidor, porque este ainda tinha resguardado o direito ao registro; 3: correta. Todos os crimes previstos no Estatuto do Desarmamento são de ação penal pública incondicionada e, quando ficar evidenciada sua transnacionalidade, a competência para o processo e julgamento será da Justiça Federal (art. 109, V, e art. 144, § 1º, I, da CF); 4: incorreta. A Lei 10.826/2003 traz, efetivamente, dispositivo com tal redação (art. 21). Porém, em 2007, no bojo da ADI 3112-1, o STF julgou inconstitucional este artigo, por violação ao princípio da presunção da inocência e da obrigatoriedade de fundamentação dos mandados de prisão.
Gabarito 1E, 2E, 3C, 4E.

(CESPE) Julgue o seguinte item.

(1) Incorre nas mesmas penas previstas para a posse ou o porte ilegal de arma de fogo aquele que, sem autorização legal, recarrega munição para uso próprio, mesmo que em arma devidamente registrada.

1: correta. A recarga de munição, sem autorização legal, equipara-se ao crime de posse ou porte de arma de fogo de uso restrito (art. 16, § 1º, VI, da Lei 10.826/2003). Cuidado: se tal conduta tiver como objeto arma de fogo de uso proibido, o agente estará sujeito à pena de 4 a 12 anos de reclusão, tal como estabelece o art. 16, § 2º, da Lei 10.826/2003, dispositivo inserido pela Lei 13.964/2019 (pacote anticrime).
Gabarito 1C.

(CESPE) A Lei n.º 10.826/2003 — Estatuto do Desarmamento — determinou que os possuidores e os proprietários de armas de fogo não registradas deveriam, sob pena de responsabilidade penal, no prazo de 180 dias após a publicação da lei, solicitar o seu registro, apresentando nota fiscal de compra ou a comprovação da origem lícita da posse ou entregá-las à Polícia Federal. Houve a prorrogação do prazo por duas vezes — Lei n.º 10.884/2004 e Lei n.º 11.118/2005 — até a edição da Lei n.º 11.191/2005, que estipulou o termo final para o dia 23/10/2005.

Assinale a opção correta acerca do estatuto mencionado no texto acima.

(A) O porte consiste em manter no interior de residência, ou dependência desta, ou no local de trabalho a arma de fogo.
(B) A posse pressupõe que a arma de fogo esteja fora da residência ou do local de trabalho.
(C) As condutas delituosas relacionadas ao porte e à posse de arma de fogo foram abarcadas pela denominada *abolitio criminis* temporária, prevista na Lei n.º 10.826/2003.
(D) O porte de arma, segundo o Estatuto do Desarmamento, pode ser concedido àqueles a quem a instituição ou a corporação autorize a utilização em razão do exercício de sua atividade. Assim, um delegado de polícia que esteja aposentado não tem direito ao porte de armas; o pretendido direito deve ser pleiteado nos moldes previstos pela legislação para os particulares em geral.
(E) A objetividade jurídica dos crimes de porte e posse de arma de fogo, tipificados na Lei n.º 10.826/2003, restringe-se à incolumidade pessoal.

A e B: incorretas. A posse de arma de fogo consiste em possuir ou manter, no interior de sua residência ou dependência desta, ou ainda no local de trabalho, arma de fogo (art. 12 da Lei 10.826/2003); já o crime de porte de arma de fogo pressupõe que a arma esteja fora da residência ou local de trabalho (art. 14 da Lei 10.826/2003); C: incorreta. Entendem a doutrina e jurisprudência que a *abolitio criminis* temporária só ocorreu para o crime do art. 12 do Estatuto do Desarmamento (posse de arma de fogo), não abrangendo o crime de porte de arma de fogo; D: correta. O porte de arma é concedido de acordo com a função da pessoa. Assim, se ela deixou de praticar a função que justificava o porte de arma, deve requerê-lo como um cidadão comum; E: incorreta. A objetividade jurídica dos dois dispositivos mencionados abrange a incolumidade pública, o controle das propriedades de armas no território nacional, a incolumidade física e o patrimônio dos cidadãos.
Gabarito "D".

(CESPE) Em relação às disposições da Lei n.º 10.826/2003 (Estatuto do Desarmamento), assinale a opção correta.

(A) Será aplicada multa à empresa de produção ou comércio de armamentos que realizar publicidade para venda, estimulando o uso indiscriminado de armas de fogo, exceto nas publicações especializadas.
(B) Durante o prazo de que a população dispõe para entregá-la à Polícia Federal, o delito de posse de arma de fogo foi claramente abolido pela referida norma.

(C) É amplamente admissível a consideração da arma desmuniciada como majorante no delito de roubo, porquanto, ainda que desprovida de potencialidade lesiva, sua utilização é capaz de produzir temor maior à vítima.

(D) A utilização de arma de brinquedo durante um assalto acarreta a majoração, de um terço até metade, da pena eventualmente aplicada ao criminoso.

(E) É permitido o porte de arma de fogo aos integrantes das guardas municipais dos municípios com mais de cinquenta mil e menos de quinhentos mil habitantes, mesmo fora de serviço.

A: correta, nos exatos termos do art. 33, II, da Lei 10.826/2003; **B:** incorreta. A classificação de tal situação como "*abolitio criminis*" temporária foi feita pela doutrina e jurisprudência, não estando expresso na norma; **C:** incorreta. A jurisprudência dos Tribunais Superiores assentou-se no sentido de que a arma desmuniciada não caracteriza a causa de aumento do crime de roubo (STJ, HC 67796, DJ 08/03/2007). Na verdade, para a jurisprudência dominante, sequer caracteriza crime de porte de arma de fogo; **D:** incorreta. O Estatuto do Desarmamento, no art. 36, expressamente revogou a Lei 9.437/1997, causando a descriminalização do uso de arma de brinquedo para prática de crimes. A Súmula 174 do STJ, que previa aumento de pena no crime de roubo se este fosse praticado com arma de brinquedo, foi cancelada. Portanto, a utilização de arma de brinquedo durante um assalto NÃO acarreta a majoração da pena; **E:** incorreta. Nos termos do art. 6º, IV, do Estatuto do Desarmamento, o porte nessas condições é permitido apenas durante o serviço.

Gabarito 'A'.

11. LEI DE DROGAS (LEI Nº 11.343/2006)

(Polícia Rodoviária Federal – 2013 – CESPE) A respeito da lei que institui o Sistema Nacional de Políticas Públicas sobre Drogas, julgue o item subsequente.

(1) Caso uma pessoa injete em seu próprio organismo substância entorpecente e, em seguida, seja encontrada por policiais, ainda que os agentes não encontrem substâncias entorpecentes em poder dessa pessoa, ela estará sujeita as penas de advertência, prestação de serviço à comunidade ou medida educativa de comparecimento à programa ou curso educativo.

1: incorreta. A conduta do art. 28 da Lei 11.343/2006 tipificada como crime é, dentre outras, "transportar" ou "trazer consigo". Portanto, se os policiais não encontrarem qualquer porção de entorpecente com a pessoa, ainda que ela esteja sob os efeitos diretos da droga, não haverá a subsunção do fato à norma essencial para a aplicação das penas alternativas previstas no mencionado dispositivo legal.

Gabarito 1E.

(Policial Rodoviário Federal – 2009 – FUNRIO) Um motorista é interceptado pela Polícia Rodoviária Federal transportando matéria-prima destinada à preparação de drogas. Para efetuar tal transporte

(A) é indispensável apresentar apenas licença prévia da autoridade competente.

(B) é indispensável apresentar somente nota fiscal da origem e registro do comprador do produto.

(C) é necessário apresentar somente nota fiscal da origem do produto.

(D) é necessário apresentar registro do comprador do produto, independente da apresentação da licença prévia.

(E) é indispensável apresentar licença prévia da autoridade competente, observadas as demais exigências legais.

A única hipótese em que o transporte de drogas é possível sem configurar a prática do crime de tráfico é mediante a licença prévia da autoridade competente, nos termos do art. 31 da Lei nº 11.343/2006.

Gabarito 'E'.

(CESPE) Considerando a legislação penal especial, julgue os seguintes itens.

(1) Nos crimes de tráfico de substâncias entorpecentes, é isento de pena o agente que, em razão da dependência ou sob o efeito, proveniente de caso fortuito ou força maior, de droga, era, ao tempo da ação ou da omissão, qualquer que tenha sido a infração penal praticada, inteiramente incapaz de entender o caráter ilícito do fato ou de determinar-se de acordo com esse entendimento.

(2) É atípica, por falta de previsão na legislação pertinente ao assunto, a conduta do agente que simplesmente colabora, como informante, com grupo ou associação destinada ao tráfico ilícito de entorpecentes.

1: correta, nos exatos termos do art. 45 da Lei 11.343/2006 (Lei de Drogas); **2:** incorreta. Tal conduta está tipificada no art. 37 da Lei de Tóxicos.

Gabarito 1C, 2E.

(CESPE) Em meados de julho do corrente ano, X, Y e Z associaram-se, com vontade associativa permanente, a fim de praticarem tráfico ilícito de substância entorpecente. No dia 13 de agosto, por volta das 13 h, agentes de polícia federal, passando-se por compradores, adentraram na residência de Z e, em cumprimento a mandado de busca, efetuaram a prisão em flagrante de X, Y e Z, que detinham em depósito, para negócio, doze quilos de cocaína.

Com referência à situação hipotética apresentada e a considerações penais correlatas, julgue os itens que se seguem.

(1) X, Y e Z praticaram os crimes de associação criminosa e tráfico ilícito de entorpecentes.

(2) A associação criminosa é equiparada a crime hediondo, razão pela qual, se da sua prática resultar a imposição de pena privativa de liberdade, esta deverá ser cumprida integralmente em regime fechado.

(3) Na situação em apreço, o flagrante deveria ser considerado nulo, por ter sido preparado ou provocado pelos agentes policiais e por não ter ocorrido nenhum ato de traficância.

(4) Caso X, Y e Z fossem primários e portadores de bons antecedentes e possuíssem residências fixas e ocupações lícitas, eles teriam direito a liberdade provisória.

(5) Configurado o tráfico internacional de entorpecentes, e não sendo o lugar do crime sede de vara da justiça federal, a competência para processar e julgar o feito seria do juiz estadual. Os recursos, entretanto, deveriam ser interpostos perante o tribunal regional federal da respectiva área de jurisdição do magistrado de primeiro grau.

1: correta. As condutas descritas se amoldam aos tipos penais previstos nos arts. 33 e 35 da Lei 11.343/2006; **2:** incorreta. Apenas o tráfico de drogas é crime equiparado a hediondo, condição que não se estende à associação para o tráfico, diante da ausência de previsão expressa na Lei 8.072/90 (Lei de Crimes Hediondos); **3**: incorreta. Inicialmente, cumpre destacar que há um erro flagrante na questão, ao afirmar que não houve ato de traficância. Isso porque "ter em depósito" é uma das condutas previstas no art. 33 como crime de tráfico de drogas. A par disso, e contando com alguma resistência de parte da doutrina, é certo que não se tratou de flagrante preparado, porque os policiais detinham em mãos mandado de busca para o endereço onde a droga foi encontrada. Isso quer dizer que, ainda que não tivessem se passado por compradores, tinham autorização judicial para adentrar a residência no período diurno (13h); **4**: correta. A despeito da expressa vedação legal prevista no art. 44 da Lei 11.343/2006 à liberdade provisória, a posição mais recente do STF determina o contrário, em consagração ao princípio da individualização da pena (vide, a respeito, o HC 104.339, DJ 10/05/2012); **5**: correta. Nos termos do art. 70, parágrafo único, da Lei 11.343/2006, o crime deve ser julgado na vara federal mais próxima da respectiva circunscrição.

Gabarito 1C, 2E, 3E, 4C, 5C

(CESPE) Acerca dos crimes hediondos e da legislação antidrogas, julgue os itens seguintes.

(1) É vedada a progressão de regime do réu condenado por tráfico de drogas, devendo aquele cumprir a totalidade da pena em regime fechado.

(2) Se um indivíduo, imputável, ao regressar de uma viagem realizada a trabalho na Argentina, for flagrado na fiscalização alfandegária trazendo consigo 259 frascos da substância denominada lança-perfume e, indagado a respeito do material, alegar que desconhece as propriedades toxicológicas da substância e sua proibição no Brasil em face do uso frequente nos bailes carnavalescos, onde pretende comercializar o produto, nessa situação, a alegação de desconhecimento das propriedades da substância e ignorância da lei será inescusável, não se configurando erro de proibição.

(3) O agente que infringe o tipo penal da lei de drogas na modalidade de importar substância entorpecente será também responsabilizado pelo crime de contrabando, visto que a droga, de qualquer natureza, é também considerada produto de importação proibida.

(4) Se Y, imputável, oferecer droga a Z, imputável, sem objetivo de lucro, para juntos a consumirem, a conduta de Y se enquadrará à figura do uso e não da traficância.

(5) Segundo o disposto na legislação específica, são crimes hediondos, entre outros, o homicídio qualificado, o latrocínio, a epidemia com resultado de morte e o genocídio.

(6) Em decorrência da nova política criminal adotada pela legislação de tóxicos, a conduta do usuário foi descriminalizada, porquanto, segundo o que instituí a parte geral do Código Penal, não se considera crime a conduta à qual a lei não comina pena de reclusão ou detenção.

(7) Caso um indivíduo, imputável, seja abordado em uma "blitz" policial portando expressiva quantidade de maconha, sobre a qual alegue ser destinada a consumo pessoal, e, apresentado o caso à autoridade policial, esta defina a conduta como tráfico de drogas, considerando, exclusivamente, na ocasião, a quantidade de droga em poder do agente, agirá corretamente a autoridade policial, pois a quantidade de droga apreendida é o único dado a ser levado em consideração na ocasião da lavratura da prisão em flagrante.

(8) Suponha que Francisco, imputável, suspeito da prática de crime de estupro seguido de morte, seja preso em flagrante delito e, no decorrer de seu interrogatório na esfera policial, confesse a autoria do crime, mas, após a comunicação da prisão ao juiz competente, verifique-se, pela prova pericial, que Francisco foi torturado para a confissão do crime. Nessa situação, deverá a autoridade judiciária, mesmo se tratando de crime hediondo, relaxar a prisão de Francisco, sem prejuízo da responsabilização dos autores da tortura.

(9) Suponha que policiais civis, investigando a conduta de Carlos, imputável, suspeito de tráfico internacional de drogas, tenham-no observado no momento da obtenção de grande quantidade de cocaína, acompanhando veladamente a guarda e o depósito do entorpecente, antes de sua destinação ao exterior. Buscando obter maiores informações sobre o propósito de Carlos quanto à destinação da droga, mantiveram o cidadão sob vigilância por vários dias e lograram a apreensão da droga, em pleno transporte, ainda em território nacional. A ação da polícia resultou na prisão em flagrante de Carlos e de outros componentes da quadrilha por tráfico de drogas. Nessa situação, ficou evidenciada a hipótese de flagrante provocado, inadmissível na legislação brasileira.

1: incorreta. Ao tempo em que elaborada esta questão, o § 2º do art. 2º da Lei 8.072/1990, com as alterações trazidas pela Lei 11.464/2007, previa que "a progressão de regime, no caso dos condenados aos crimes previstos neste artigo, dar-se-á após o cumprimento de 2/5 (dois quintos) da pena, se o apenado for primário, e de 3/5 (três quintos), se reincidente". Atenção: com o advento da Lei 13.964/2019 (Pacote Anticrime), alterou-se a redação do art. 112 da LEP, com a inclusão de novas faixas de fração de cumprimento de pena a possibilitar a progressão do reeducando a regime menos rigoroso, aqui incluídos os crimes hediondos e equiparados. **Com isso, a nova tabela de progressão ficou mais detalhada, já que, até então, contávamos com o percentual único de 1/6 para os crimes comuns e 2/5 e 3/5 para os crimes hediondos e equiparados. Doravante, passamos a ter novas faixas, agora expressas em porcentagem, que levam em conta, no seu enquadramento, fatores como primariedade e o fato de o delito haver sido praticado com violência/grave ameaça. A primeira faixa corresponde a 16%, a que estão sujeitos os condenados que forem primários e cujo crime praticado for desprovido de violência ou grave ameaça (art. 112, I, LEP); em seguida, passa-se à faixa de 20%, destinada ao sentenciado reincidente em crime praticado sem violência à pessoa ou grave ameaça (art. 112, II, LEP); a faixa seguinte, de 25%, é aplicada ao apenado primário que tiver cometido crime com violência à pessoa ou grave ameaça (art. 112, III, LEP); à faixa de 30% ficará sujeito o condenado reincidente em crime cometido com violência contra a pessoa ou grave ameaça (art. 112, IV, LEP); deverá cumprir 40% da pena o condenado pelo cometimento de crime hediondo ou equiparado, se primário (art. 112, V, LEP); estão sujeitos ao cumprimento de 50% da pena imposta o condenado pela prática de crime hediondo ou equiparado, com resultado morte, se for primário; o condenado por exercer o comando, individual ou coletivo, de organização criminosa estruturada para a prática de crime hediondo ou equiparado; e o condenado pela prática do crime de constituição de milícia privada (art. 112, VI, LEP); deverá cumprir 60% da pena o condenado reincidente na prática de crime hediondo ou equiparado (art. 112, VII, LEP); e 70%, que corresponde à última faixa, o sentenciado**

reincidente em crime hediondo ou equiparado com resultado morte (art. 112, VIII, LEP). O art. 2º, § 2º, da Lei 8.072/1990, como não poderia deixar de ser, foi revogado, na medida em que a progressão, nos crimes hediondos e equiparados, passou a ser disciplinada no art. 112 da LEP. Além disso, o art. 112, § 1º, da LEP, com a nova redação determinada pela Lei 13.964/2019, impõe que somente fará jus à progressão de regime, nos novos patamares, o apenado que ostentar boa conduta carcerária, a ser atestada pelo diretor do estabelecimento. Por sua vez, o art. 112, § 5º, da LEP, incluído pela Lei 13.964/2019, consagrando entendimento jurisprudencial, estabelece que não se considera hediondo ou equiparado o crime de tráfico de drogas previsto no art. 33, § 4º, da Lei 11.343/2006; **2**: correta. Dispõe o art. 21 do Código Penal que o desconhecimento da lei é inescusável. O fato de o uso de "lança-perfume" ocorrer à revelia das autoridades não permite deduzir que seu uso é lícito, sob pena de aplicarmos o mesmo raciocínio para a maconha e o "crack". Notadamente, ainda que o indivíduo não soubesse realmente da proibição, poderia facilmente obter essa informação; **3**: incorreta, porque tal procedimento importaria em *bis in idem*. Havendo disposição específica da Lei de Drogas, o contrabando fica absorvido pelo crime mais grave; **4**: correta. Consignando a discordância de parte da doutrina com tal afirmação, a assertiva é correta porque, a par da pena privativa de liberdade, a Lei 11.343/2006 determina a aplicação das medidas previstas no art. 28, cujo destinatário é o usuário de entorpecentes; **5**: correta, nos moldes do art. 1º, I, II, VII e parágrafo único, da Lei dos Crimes Hediondos (Lei 8.072/1990); **6**: incorreta. A exigência de pena privativa de liberdade para a caracterização do crime não está prevista na parte geral do Código Penal, mas sim na Lei de Introdução ao Código Penal (art. 1º do Decreto-lei 3.914/1941). Além disso, o STF decidiu que não houve descriminalização da conduta do usuário (que equivaleria a *abolitio criminis*), mas sim mera despenalização, "exclusão, para o tipo, das penas privativas de liberdade" (STF, RE 430105 QO/RJ, DJ 13/02/2007); **7**: incorreta. A quantidade de entorpecentes apreendida é apenas um dos critérios a serem considerados, ao lado do local e das condições da apreensão, das circunstâncias sociais e pessoais, e a conduta e os antecedentes criminais do agente (art. 28, § 2º, da Lei de Drogas); **8**: correta. No caso, o auto de prisão em flagrante se fundamenta em prova ilícita, razão pela qual deve ser relaxada a prisão e instaurada a persecução penal para apuração dos crimes de tortura; **9**: incorreta. "Flagrante provocado ou preparado" é aquele que impede a consumação do delito, por obra do agente provocador. Trata-se de uma ficção, pois o agente acredita que está praticando o crime, mas nunca conseguirá chegar ao fim de seu intento. Segundo o STF, é hipótese de crime impossível. No caso narrado, na verdade, a autoridade policial agiu através da chamada "ação controlada", que consiste no acompanhamento da prática delitiva até o momento em que a prisão em flagrante trará o melhor resultado para a operação. Tal instrumento de investigação está autorizado pelo art. 2º, II, da Lei 9.034/1995.

Gabarito 1E, 2C, 3E, 4C, 5C, 6E, 7E, 8C, 9E

(CESPE) Julgue o seguinte item.

(1) Considere a seguinte situação hipotética. Antonio foi flagrado transportando 5 kg de cocaína para fins de tráfico. Levado à presença da autoridade policial, ele foi autuado em flagrante delito e recolhido ao sistema prisional local. Nessa situação, o inquérito policial pertinente deverá ser concluído em 60 dias, podendo o prazo ser prorrogado por igual período, em caso de extrema e comprovada necessidade.

1: incorreta. Dispõe o art. 51 da lei 11.343/2006 que o prazo para conclusão do inquérito é de 30 dias se o investigado estiver preso. Este prazo pode ser duplicado pelo juiz, desde que ouvido o representante do MP e mediante pedido justificado da autoridade policial (art. 51, parágrafo único, da citada lei).

Gabarito 1E

(CESPE) Considerando que uma pessoa tenha sido presa em flagrante pelo crime de tráfico de drogas, assinale a opção correta acerca da investigação desse caso.

(A) A autoridade de polícia judiciária deve fazer, imediatamente, comunicação ao juiz competente, remetendo-lhe cópia do auto lavrado, do qual será dada vista ao órgão do MP, em 24 horas.

(B) Para efeito da lavratura do auto de prisão em flagrante e estabelecimento da materialidade do delito, é prescindível o laudo de constatação da natureza e quantidade da droga.

(C) O inquérito policial será concluído no prazo de 30 dias, se o indiciado estiver preso, e de 45 dias, se estiver solto.

(D) A ausência do relatório circunstanciado torna nulo o inquérito policial.

(E) A autoridade policial, após relatar o inquérito, deverá remeter os autos à justiça, que os encaminhará ao MP. Depois disso, a autoridade policial não poderá, de ofício, continuar a investigação, colhendo outras provas.

A: correta, nos exatos termos do art. 50, *caput*, da Lei 11.343/2006; **B**: incorreta. Primeiramente, cabe esclarecer que "prescindível" significa "dispensável". Dispõe o § 1º do art. 50 da citada lei que o laudo de constatação da natureza e quantidade da droga é suficiente para efeito da lavratura do auto de prisão em flagrante e materialidade do delito. Portanto, é ele necessário, imprescindível, indispensável; **C**: incorreta, conforme artigo 51, *caput*, da Lei 11.343/2006. Para o indiciado solto, o prazo é de 90 dias; **D**: incorreta. A ausência do relatório no inquérito policial é mera irregularidade que não macula de nulidade o respectivo inquérito policial, nem o processo que o sucede; **E**: incorreta. Nos termos do art. 52, parágrafo único, da Lei 11.343/2006, a autoridade policial poderá realizar diligências necessárias ou úteis à plena elucidação do fato ou à identificação de patrimônio dos acusados, mesmo após a remessa dos autos à justiça.

Gabarito "A"

(CESPE) Acerca das disposições da Lei n.º 11.343/2006, que estabelece normas para repressão à produção não autorizada e ao tráfico ilícito de drogas, assinale a opção correta.

(A) Na hipótese de tráfico internacional praticado em município do território nacional que não seja sede de vara da justiça federal, a competência para julgamento será da justiça comum estadual.

(B) A vedação expressa pela referida lei do benefício da liberdade provisória na hipótese de crimes de tráfico ilícito de entorpecentes não é, por si só, motivo suficiente para impedir a concessão dessa benesse ao réu preso em flagrante.

(C) Essa lei trouxe nova previsão de concurso eventual de agentes como causa de aumento de pena, razão pela qual não é ilegal a condenação do réu pelo delito de tráfico com a pena acrescida dessa majorante.

(D) A norma extinguiu o crime de posse de pequena quantidade de drogas para consumo pessoal, recomendando apenas o encaminhamento do usuário para programas de tratamento de saúde.

(E) Terá a pena reduzida de um a dois terços o agente que, em razão da dependência de droga, era, ao tempo da ação ou da omissão, qualquer que tenha sido a infração penal praticada, inteiramente incapaz de entender o caráter ilícito do fato ou de determinar-se de acordo com esse entendimento.

A: incorreta. Tráfico internacional de drogas (bem como qualquer delito transnacional) será sempre de competência da Justiça Federal (art. 70 da Lei 11.343/2006); **B:** correta. Desde 2010, o STF consolidou o entendimento de que a proibição genérica de liberdade provisória prevista no art. 44 da Lei 11.343/2006 é inconstitucional; **C:** incorreta. A associação para o tráfico ganhou *status* de crime autônomo, previsto no art. 35 da Lei 11.343/2006; **D:** incorreta. A conduta não foi descriminalizada, somente "despenalizada", nos dizeres do Pretório Excelso. Ou seja, continua sendo crime, porém punível unicamente com penas restritivas de direitos previstas no art. 28 da Lei 11.343/2006; **E:** incorreta. Trata-se de hipótese de inimputabilidade, sendo o agente, portanto, isento de pena (art. 45 da Lei 11.343/2006).

Gabarito "B".

12. QUESTÕES COMBINADAS E OUTROS TEMAS

(Polícia Rodoviária Federal – 2013 – CESPE) A respeito das contravenções penais, julgue o item subsequente.

(1) Considere que determinado cidadão esteja usando publicamente uniforme de PRF, função pública que ele não exerce. Nessa situação, para que esse cidadão responda por contravenção penal, é necessário que sua conduta cause efetivo prejuízo para o Estado ou para outra pessoa.

1: incorreta. A contravenção penal prevista no art. 46 do Decreto-lei 3.688/1941 é infração penal de mera conduta, que se consuma com o simples uso do uniforme em local público.

Gabarito 1E.

(Polícia Rodoviária Federal – 2013 – CESPE) Com fundamento na lei que cria mecanismos para coibir a violência doméstica e familiar contra a mulher – Lei Maria da Penha, julgue o próximo item.

(1) Considerando que, inconformado com o término do namoro de mais de vinte anos, José tenha agredido sua ex-namorada Maria, com quem não coabitava, ele estará sujeito a aplicação da lei de combate a violência doméstica e familiar contra a mulher, conhecida como Lei Maria da Penha.

1: correta. A coabitação não é requisito para a configuração do crime de violência doméstica e familiar contra a mulher. Basta que o agente se valha da relação íntima de afeto na qual tenha convivido com a ofendida (art. 5º, III, da Lei 11.340/2006). Nesse sentido, a Súmula 600, do STJ, segundo a qual *para a configuração da violência doméstica e familiar prevista no artigo 5º da Lei n. 11.340/2006 (Lei Maria da Penha) não se exige a coabitação entre autor e vítima*.

Gabarito 1C.

(Polícia Rodoviária Federal – 2013 – CESPE) Com fundamento na legislação que define os crimes de tortura e de tráfico de pessoas, julgue os itens a seguir.

(1) O crime de tráfico de pessoas poderá ser caracterizado ainda que haja consentimento da vítima.

(2) Para que um cidadão seja processado e julgado por crime de tortura, é prescindível que esse crime deixe vestígios de ordem física.

1: correta. Os crimes dos arts. 231 e 231-A do Código Penal, que definem o tráfico de pessoas para fins de exploração sexual, não dependem da violência ou grave ameaça contra a vítima para se consumarem. Na verdade, se essa circunstância estiver presente, a pena será aumentada de metade (art. 231, § 2º, IV, e art. 231-A, § 2º, IV, do Código Penal); **2:** correta. Também configura tortura causar na vítima intenso sofrimento mental, o qual não deixa vestígios físicos (art. 1º, I e II, da Lei 9.455/1997).

Gabarito 1C, 2C.

(CESPE) Em relação aos crimes de tortura (Lei n.º 9.455/1997) e ao Programa de Proteção a Vítimas e Testemunhas (Lei n.º 9.807/1999), assinale a opção correta.

(A) Um delegado da polícia civil que perceba que um dos custodiados do distrito onde é chefe está sendo fisicamente torturado pelos colegas de cela, permanecendo indiferente ao fato, não será responsabilizado criminalmente, pois os delitos previstos na Lei n.º 9.455/1997 não podem ser praticados por omissão.

(B) A Lei n.º 9.807/1999 não prevê a concessão de perdão judicial para o acusado que tenha colaborado efetiva e voluntariamente com a investigação e o processo criminal, mas apenas a redução de um a dois terços na pena do réu que tenha contribuído para a localização da vítima com vida e na recuperação total ou parcial do produto da atividade criminosa.

(C) O programa de proteção de que trata a Lei n.º 9.807/1999 é exclusivo para vítimas ou testemunhas ameaçadas, não podendo ser estendido aos parentes destas, sob pena de grave comprometimento dos recursos financeiros destinados a custear as despesas específicas de proteção.

(D) A pena para a prática do delito de tortura deve ser majorada caso o delito seja cometido por agente público, ou mediante sequestro, ou ainda contra vítima maior de 60 anos de idade, criança, adolescente, gestante ou portadora de deficiência.

(E) Se um membro da Defensoria Pública do Estado do Rio Grande do Norte, integrante da Comissão Nacional de Direitos Humanos, for passar uma temporada de trabalho no Haiti — país que não pune o crime de tortura — e lá for vítima de tortura, não haverá como aplicar a Lei n.º 9.455/1997.

A: incorreta. A conduta do delegado amolda-se ao tipo penal previsto no art. 1º, § 2º, da Lei 9.455/1997. Vale destacar que parte da doutrina defende que, dado o dever de agir do delegado de polícia, nos termos do art. 13, § 2º, do Código Penal, deveria ele responder pelo crime de tortura propriamente dito; **B:** incorreta. É possível o perdão judicial, nos termos do art. 13 da Lei 9.807/1999; **C:** incorreta. A proteção pode ser estendida ao cônjuge, companheiro, ascendentes, descendentes e dependentes que tenham convivência habitual com a vítima ou testemunha (art. 2º, § 1º, da Lei 9.807/1999); **D:** correta, nos exatos termos do art. 1º, § 4º, da Lei de Tortura; **E:** incorreta. Em consagração a tratados internacionais sobre o combate à tortura, o art. 2º da Lei 9.455/1997 estabelece a extraterritorialidade da norma caso a vítima seja brasileira ou esteja em local sob jurisdição brasileira.

Gabarito "D".

(CESPE) Em relação às disposições dos Estatutos da Criança e do Adolescente (Lei n.º 8.069/1990) e do Idoso (Lei n.º 10.741/2003), assinale a opção correta.

(A) Compete exclusivamente à autoridade judiciária e ao membro do MP a aplicação de medidas socioeducativas ao adolescente pela prática de ato infracional.

(B) Compete exclusivamente à autoridade judiciária conceder remissão ao adolescente pela prática de

ato infracional equivalente aos crimes de furto e estelionato.
(C) Não constitui crime, mas mera infração administrativa, divulgar pela televisão, sem autorização devida, o nome de criança envolvida em procedimento policial pela suposta prática de ato infracional.
(D) O Estatuto do Idoso proíbe a aplicação das normas procedimentais dos juizados especiais criminais para a apuração dos delitos praticados contra maior de 60 anos de idade, ainda que o máximo de pena privativa de liberdade cominada não ultrapasse dois anos.
(E) Aquele que retém indevidamente o cartão magnético que permite a movimentação da conta bancária em que é depositada mensalmente a pensão de pessoa idosa comete o delito de estelionato, previsto no Código Penal.

A: incorreta. A aplicação de medida socioeducativa compete exclusivamente à autoridade judiciária; **B:** incorreta. A remissão pode ser concedida pelo membro do Ministério Público (art. 126), hipótese em que configurará exclusão do procedimento; **C:** correta. Quem divulga pela televisão, sem autorização devida, o nome de criança envolvida em suposta prática de ato infracional responde por infração administrativa prevista no art. 247 do ECA, punida com multa; **D:** incorreta. Fica afastada apenas a aplicação dos institutos despenalizadores da Lei 9.099/1995, sendo, porém, aplicável seu procedimento sumaríssimo (STF, ADI 3096-5, DJ 16/06/2010); **E:** incorreta. A conduta amolda-se ao tipo penal específico previsto no art. 104 do Estatuto do Idoso.
Gabarito "C".

(CESPE) No que diz respeito ao Estatuto da Criança e do Adolescente, ao inquérito policial e à legislação relativa a entorpecentes, julgue os itens seguintes.

(1) Considere a seguinte situação hipotética. Bartolomeu era advogado e costumava prestar assistência jurídica a estrangeiros. Certo dia, recebeu mensagem eletrônica de casal residente na Europa, com interesse em adotar criança brasileira. O casal propôs-lhe localizar criança com certas características e este aceitou, mediante determinado preço. Bartolomeu então procurou mulheres pobres que houvessem parido recentemente e ofereceu certa quantia em reais a uma delas, em troca da criança. Acertadas as condições, o casal veio ao Brasil, e Bartolomeu ajuizou requerimento de adoção. Nessa situação, Bartolomeu não praticou crime algum, pois apenas agiu como advogado.
(2) Se o dono de um imóvel consentir que nele se consumam ilegalmente substâncias entorpecentes, estará sujeito às penas previstas para o tráfico dessas substâncias.
(3) No caso de prisão em flagrante por crime previsto na legislação que pune os delitos relacionados a entorpecentes, deve realizar-se, já no momento da lavratura do auto de prisão, exame pericial que ateste, em caráter definitivo, a natureza da substância proibida, sob pena de a prisão ter de ser relaxada pela autoridade judiciária.
(4) Se, no curso de um inquérito policial, o advogado do indiciado protocolizar petição com virulentas ofensas contra o juiz da causa, em virtude da atuação deste, deverá o delegado responsável pela investigação, de ofício e imediatamente, instaurar novo inquérito para apurar o crime contra a honra do magistrado em razão da função.
(5) Se, ao final do inquérito policial, o delegado ficar convencido de que o ato foi inequivocamente praticado em situação de legítima defesa, deverá lançar relatório minucioso das investigações nos autos e, em seguida, arquivá-los; nesse caso, o inquérito poderá ser desarquivado, desde que surjam novas provas.

1: incorreta. A conduta de Bartolomeu amolda-se ao tipo penal previsto no art. 238, parágrafo único, do Estatuto da Criança e do Adolescente, na figura de autor imediato, agindo no interesse dos autores mediatos (casal estrangeiro); **2:** correta. A conduta descrita equipara-se ao crime de tráfico, nos termos do art. 33, § 1º, III, da Lei 11.343/2006; **3:** incorreta. A Lei 11.343/2006 contenta-se com a realização, por ocasião da prisão em flagrante, de laudo de constatação da natureza e da quantidade de droga, assinado por perito oficial ou pessoa idônea, de caráter provisório (art. 50, § 1º); **4:** incorreta. O advogado, no exercício de sua função nos limites da lei, é inviolável por seus atos e manifestações, não respondendo por crime contra a honra do magistrado; **5:** incorreta. A autoridade policial não tem poderes para mandar arquivar autos de inquérito policial (art. 17 do CPP). No mais, poderá, sim, o inquérito ser reaberto caso surjam novas provas (art. 18 do CPP). Quanto ao tema "arquivamento do IP", cabem algumas ponderações, tendo em conta o advento da Lei 13.964/2019, que, entre tantas outras mudanças implementadas, conferiu nova redação ao art. 28 do CPP, alterando todo o procedimento de arquivamento do inquérito policial. Doravante, o representante do *parquet* deixa de requerer o arquivamento e passa a, ele mesmo, determiná-lo, sem qualquer interferência do magistrado, cuja atuação, nesta etapa, em homenagem ao sistema acusatório, deixa de existir. No entanto, ao determinar o arquivamento do IP, o membro do MP deverá submeter sua decisão, segundo a nova redação conferida ao art. 28, *caput*, do CPP, à instância revisora dentro do próprio Ministério Público, para fins de homologação. Sem prejuízo disso, caberá ao promotor que determinou o arquivamento comunicar a sua decisão ao investigado, à autoridade policial e à vítima. Esta última, por sua vez, ou quem a represente, poderá, se assim entender, dentro do prazo de 30 dias a contar da comunicação de arquivamento, submeter a matéria à revisão da instância superior do órgão ministerial (art. 28, § 1º, CPP). Por fim, o § 2º deste art. 28, com a redação que lhe deu a Lei 13.964/2019, estabelece que, nas ações relativas a crimes praticados em detrimento da União, Estados e Municípios, a revisão do arquivamento do IP poderá ser provocada pela chefia do órgão a quem couber a sua representação judicial. Este novo art. 28 do CPP, que, como dissemos, alterou todo o procedimento que rege o arquivamento do IP, no entanto, teve suspensa, por força de decisão cautelar proferida pelo STF, a sua eficácia. O ministro Luiz Fux, relator, ponderou, em sua decisão, tomada na ADI 6.305, de 22.01.2020, que, embora se trate de inovação louvável, a sua implementação, no prazo de 30 dias (*vacatio legis*), revela-se inviável, dada a dimensão dos impactos sistêmicos e financeiros que por certo ensejarão a adoção do novo procedimento de arquivamento do inquérito policial.
Gabarito 1E, 2C, 3E, 4E, 5E

11. DIREITOS HUMANOS

Renan Flumian

1. TEORIA GERAL DOS DIREITOS HUMANOS

(Polícia Rodoviária Federal – 2013 – CESPE) No que se refere a fundamentação dos direitos humanos e a sua afirmação histórica, julgue os itens subsecutivos.

(1) A expressão direitos humanos de primeira geração refere-se aos direitos sociais, culturais e econômicos.
(2) Conforme a teoria positivista, os direitos humanos fundamentam-se em uma ordem superior, universal, imutável e inderrogável.

1: errado. A primeira geração trata dos direitos civis (liberdades individuais) e políticos; 2: errado, pois a assertiva trata da teoria jusnaturalista.
Gabarito 1E, 2E.

(CESPE) Assinale a opção correta acerca do surgimento e da consolidação dos direitos humanos nos planos internacional e interno.

(A) Apesar de ser membro pleno da Corte Interamericana de Direitos Humanos, o Brasil não ocupa a mesma posição no Tribunal Penal Internacional, devido à impossibilidade, determinada por cláusula pétrea da CF, de extraditar nacionais.
(B) Os direitos transindividuais ou difusos não podem ser exercidos senão por coletividades, e são considerados direitos humanos de terceira geração, como os direitos à sindicalização e à previdência social.
(C) Os direitos humanos de primeira geração referem-se às reivindicações de condições dignas de trabalho e originam-se das lutas sociais desencadeadas com a Revolução Industrial.
(D) Os direitos humanos de segunda geração ainda não foram incorporados à legislação nacional, permanecendo, pois, como normas programáticas do direito internacional humanitário.
(E) Devido a comando expresso da CF, o Brasil rege-se, em suas relações internacionais, entre outros, pelo princípio da prevalência dos direitos humanos.

A: incorreta, pois o Estatuto de Roma – ER foi ratificado pelo Brasil e promulgado pelo Decreto 4.388, de 25.9.2002. Ademais, o art. 5º, § 4º, da CF dispõe expressamente que o Brasil se submete à jurisdição de Tribunal Penal Internacional – TPI a cuja criação tenha manifestado adesão. Embora o brasileiro nato não possa ser extraditado – art. 5º, LI, da CF, autores entendem que, no caso do Tribunal Penal Internacional, há simples entrega pelo Brasil (não extradição) – art. 89 do ER. Não há, ainda, posicionamento jurisprudencial, pois a situação jamais ocorreu em nosso país (pedido de entrega de brasileiro nato ao TPI); B: incorreta, pois os direitos difusos são exercidos por qualquer pessoa que dele seja titular. A *defesa judicial* coletiva (não o *exercício*, como consta da assertiva) desses direitos é que pode ser atribuída a determinadas pessoas jurídicas de direito público, órgãos ou entidades, conforme dispõe, por exemplo, o art. 82 do CDC. Ademais, os direitos coletivos sociais e trabalhistas são considerados de 2ª geração (os dos consumidores são considerados de 3ª geração); C: incorreta, pois os direitos de 1ª geração são os das liberdades individuais, que buscam restringir o poder estatal, resguardando o indivíduo (direto à vida, liberdade, propriedade etc.). Os direitos trabalhistas e sociais são considerados de 2ª geração; D: incorreta, pois a CF/1988 traz expressos diversos direitos e garantias sociais, trabalhistas, previdenciários, relativos à educação, saúde, habitação, lazer etc., todos considerados de 2ª geração; E: assertiva correta, pois isso é expressamente previsto no art. 4º, II, da CF.
Gabarito "E".

(CESPE) A respeito do desenvolvimento histórico dos direitos humanos e seus marcos fundamentais, assinale a opção correta.

(A) Os direitos fundamentais surgem todos de uma vez, não se originam de processo histórico paulatino.
(B) Não há uma correlação entre o surgimento do cristianismo e o respeito à dignidade da pessoa humana.
(C) As gerações de direitos humanos mais recentes substituem as gerações de direitos fundamentais mais antigas.
(D) A proteção dos direitos fundamentais é objeto também do direito internacional.
(E) A ONU é o órgão responsável pela UDHR e pela Declaração Americana de Direitos.

A: incorreta, pois o reconhecimento dos direitos fundamentais pelos sistemas jurídicos foi e continua sendo um processo histórico progressivo; B: incorreta, pois a cultura judaico-cristã e, especificamente, a difusão do cristianismo no império romano, é apontada como essencial para o reconhecimento do respeito à dignidade da pessoa humana como valor relevante para a civilização ocidental; C: incorreta. Há crítica de parte relevante da doutrina ao uso do termo "geração", que dá à ideia de sobreposição ou substituição, quando existe, na verdade, gradação historicamente ampliativa do conceito de direitos fundamentais – ver Ingo Sarlet e Cançado Trindade; D: correta. Existe o sistema global (ONU) e os sistemas regionais (OEA, entre outros); E: incorreta, pois embora a Declaração Universal dos Direitos Humanos (UDHR, na sigla em inglês, de dezembro de 1948) tenha sido produzida no âmbito da ONU, a Declaração Americana dos Direitos e Deveres do Homem foi aprovada pela IX Conferência Internacional Americana em Bogotá (abril de 1948, meses antes da UDHR), quando da criação da Organização dos Estados Americanos – OEA.
Veja a seguinte tabela, para estudo e memorização das chamadas "gerações" de direitos humanos:

"Gerações" de Direitos Humanos Fundamentais	
1ª Geração *Liberdade, individuais*	Vida, liberdade, segurança, propriedade
2ª Geração *Igualdade, coletivos*	Sociais, econômicos, culturais, trabalhistas, saúde, educação, habitação, lazer
3ª Geração *Fraternidade, dos povos*	Paz, meio ambiente, patrimônio histórico-cultural, autodeterminação, desenvolvimento, consumidor
4ª Geração	Desenvolvimento sustentável, bioética, gerações futuras, realidade virtual

Gabarito "D".

(CESPE) Os direitos fundamentais possuem determinadas características que foram objeto de detalhado estudo da doutrina nacional e internacional. A respeito dessas características, assinale a opção correta.

(A) O princípio da universalidade impede que determinados valores sejam protegidos em documentos internacionais dirigidos a todos os países.
(B) A irrenunciabilidade dos direitos fundamentais não destaca o fato de que estes se vinculam ao gênero humano.
(C) É característica marcante o fato de os direitos fundamentais serem absolutos, no sentido de que eles devem sempre prevalecer, independentemente da existência de outros direitos, segundo a máxima do "tudo ou nada".
(D) A imprescritibilidade dos direitos fundamentais vincula-se à sua proteção contra o decurso do tempo.
(E) A inviolabilidade evita o desrespeito dos direitos fundamentais por autoridades públicas, entretanto permite o desrespeito por particulares.

A: incorreta, pois o reconhecimento de que os direitos humanos são valores universais (inerentes a todos os seres humanos, em qualquer lugar do mundo) não impedem que sejam reconhecidos, garantidos e protegidos em declarações, tratados internacionais e na legislação de cada país; B: incorreta, pois a discussão quanto à renunciabilidade de qualquer coisa só tem sentido quanto aos seres humanos (que podem, em tese, renunciar a algo), muito embora isso (a renúncia) não seja aceito em relação aos direitos fundamentais; C: incorreta, pois há poucos direitos que podem ser considerados absolutos, e apenas para determinadas linhas doutrinárias. Mesmo o direito à vida é excepcionalmente relativizado, no caso da legítima defesa, por exemplo, ou, em alguns países, no caso da pena de morte; D: correta, pois o decurso do tempo não reduz, limita ou extingue os direitos fundamentais, nem impede sua defesa nos foros adequados; E: incorreta, pois embora seja comum afirmar que os direitos fundamentais, especificamente os da "primeira geração", referam-se à proteção do indivíduo contra o Estado, é fato que tais direitos são oponíveis também contra outros particulares, de modo que são garantidos também contra eles.
Gabarito "D".

(CESPE) Todos os direitos humanos são universais, indivisíveis, interdependentes e inter-relacionados. Esses são alguns dos princípios fundamentais da Declaração de Viena sobre os Direitos Humanos, fruto de conferência realizada naquela cidade, em 1993. A partir dessa conferência, várias ações para o fortalecimento da cooperação internacional na área de direitos humanos vêm sendo consideradas como essenciais para a realização plena da cidadania nos planos nacional e internacional. Com base na visão atual dos direitos humanos, julgue os itens que se seguem.

(1) Já não se pode mais justificar a inobservância dos direitos humanos com base em argumentos como o do relativismo cultural ou o de que os direitos humanos são valores ocidentais.
(2) Não é possível garantir os direitos civis sem que haja a garantia dos direitos sociais. É preciso entender que os direitos humanos, apesar de separados por artigos, em declarações, convenções e pactos, devem transmitir a noção do conjunto de condições para a sobrevivência e a dignidade do homem.
(3) O direito ao desenvolvimento é também um direito humano e deve ser realizado de modo a satisfazer equitativamente as necessidades ambientais e de desenvolvimento de gerações presentes e futuras.
(4) A existência generalizada de situações de extrema pobreza e a insanidade econômica destrutiva que prioriza o lucro a qualquer custo inibem o pleno e efetivo exercício dos direitos humanos.
(5) No Brasil, país dos mais violentos e com graves problemas no campo da preservação dos direitos humanos, tem havido ações no sentido de mudança desse quadro, constituindo exemplo disso a criação de uma Secretaria Nacional dos Direitos Humanos.

1: correto. A Declaração Universal dos Direitos Humanos de 1948 universalizou a noção de direitos humanos. Muito importante foi o papel da Declaração, pois antes disso a proteção dos direitos humanos ficava relegada a cada estado, os quais com suporte em sua intocável soberania tinha autonomia absoluta para determinar e executar as políticas relacionadas à proteção da dignidade da pessoa humana. Todavia, obras de horror, como o nazifascismo, demonstraram que a proteção do ser humano não pode ficar nas mãos de governos. Assim, um dos grandes objetivos perseguidos com a criação da ONU foi o de buscar a proteção dos direitos humanos universalmente. Objetivo concretizado com a promulgação da Declaração Universal dos Direitos Humanos. As críticas referentes à leitura de *universalização* por *ocidentalização* não devem proceder, isto porque os direitos humanos transcendem às criações culturais no sentido lato (religião, tradição, organização política etc.) por serem adstritos à condição humana. Destarte, particularidades regionais e nacionais devem ser levadas em conta, mas nunca devem impedir a proteção mínima dos direitos humanos, até porque fazem parte do *jus cogens*. Assim o universalismo derrota o relativismo; 2: correto. Todos os direitos humanos se retroalimentam e se complementam, assim é infrutífero buscar a proteção de apenas uma parcela deles. Veja-se o exemplo do direito à vida, núcleo dos direitos humanos. Este compreende o direito do ser humano não ter sua vida ceifada (atuação estatal negativa), como também o direito de ter acesso aos meios necessários para conseguir sua subsistência e uma vida digna (atuação estatal positiva). Percebe-se a interação dos direitos pessoais com os direitos econômicos, sociais e culturais para garantir a substancial implementação do direito à vida; 3: correto. A terceira geração dos direitos humanos trata dos direitos à paz, ao desenvolvimento, ao meio ambiente, à propriedade do patrimônio cultural. A titularidade desses direitos é atribuída à humanidade. Seu fundamento é a ideia de fraternidade. Esses direitos provieram em grande medida da polaridade Norte/Sul. Dentro dessa polaridade surge o *princípio da autodeterminação dos povos*, fundamento do processo de descolonização e inúmeros outros exemplos, consoante aos já indicados anteriormente, que exteriorizam a busca por uma nova ordem política e econômica mundial mais justa e solidária. Os direitos de terceira geração foram consagrados na Convenção para a Proteção do Patrimônio Mundial, Cultural e Natural, de 1972, e na Convenção sobre a Diversidade Biológica, de 1992; 4: correto. A situação de miséria é o maior entrave para a realização dos direitos humanos, pois, além da situação de gozo zero no que tange aos direitos econômicos, sociais e culturais, ela se torna um bloqueio para a implementação dos direitos civis e políticos, pois o indivíduo em situação de extrema pobreza não tem condições de exercer sua cidadania ou até mesmo de pleiteá-la. E a busca incessante de lucro também impossibilita o exercício dos direitos humanos, pois a única variável levada em conta na hora de fazer uma escolha é a do lucro. Isso quer dizer que os direitos dos trabalhadores serão violados se tal escolha traduzir-se em maiores lucros; 5: correto. O Decreto nº 2.193, de 7 de abril de 1997, criou a Secretaria Nacional dos Direitos Humanos – SNDH, na estrutura do Ministério da Justiça, em substituição à Secretaria dos Direitos da Cidadania – SDC. Em 1º de janeiro de 1999, a SNDH foi transformada em Secretaria de Estado dos Direitos Humanos – SEDH, com assento nas reuniões ministeriais. A Secretaria Especial dos Direitos Humanos, criada pela Lei nº 10.683, de 28 de maio de 2003, é o órgão da Presidência da República que trata da articulação e implementação de políticas públicas voltadas para a promoção e proteção dos direitos humanos. E uma medida provisória assinada pelo presidente da República no dia 25 de março de 2010 transforma a secretaria em órgão essencial da Presidência, e ela passa a ser denominada Secretaria de Direitos Humanos da Presidência da República.

Gabarito 1C, 2C, 3C, 4C, 5C

2. DIREITOS HUMANOS NA CONSTITUIÇÃO FEDERAL

(Polícia Rodoviária Federal – 2013 – CESPE) Considerando o disposto na Constituição Federal de 1988 (CF), julgue os itens a seguir, relativos aos direitos humanos.

(1) A possibilidade de extensão aos estrangeiros que estejam no Brasil, mas que não residam no país, dos direitos individuais previstos na CF deve-se ao princípio da primazia dos direitos humanos nas relações internacionais do Brasil.

(2) Equivalem as normas constitucionais originarias os tratados internacionais sobre direitos humanos aprovados, em cada casa do Congresso Nacional, em dois turnos, por três quintos dos votos dos respectivos membros.

1: certo. A redação do *caput* do art. 5º da CF sublinha que os direitos individuais são garantidos aos brasileiros e estrangeiros residentes no Brasil, deixando de fora os estrangeiros que estejam no país mas que aqui não residam. Todavia, a leitura correta do art. 5º é aquela que dialoga com os princípios e os fundamentos da República Federativa do Brasil. Dessa forma, só é possível advogar pela extensão dos direitos aos estrangeiros em questão. Mais especificamente, a República Federativa do Brasil tem por fundamento de sua própria existência a dignidade da pessoa humana (art. 1º, III, da CF), que requer a tutela de qualquer pessoa independentemente do seu *status* jurídico, e por princípio orientador de sua política externa a prevalência dos direitos humanos (art. 4º, II, da CF), que requer que as relações internacionais do Brasil sejam pautadas pelo respeito aos direitos do homem. Para sintetizar o até aqui dito: no Brasil, qualquer pessoa, brasileiro, estrangeiro residente ou não residente, goza dos direitos individuais previstos na CF; **2:** errado. Com a edição da EC 45, os tratados de direitos humanos que forem aprovados, em cada Casa do Congresso Nacional, em dois turnos, por três quintos dos votos dos respectivos membros, serão equivalentes às emendas constitucionais.

Gabarito 1C, 2E

(CESPE) A respeito da incorporação dos tratados internacionais de proteção dos direitos humanos ao direito brasileiro, assinale a opção correta.

(A) Antes da EC nº 45, não havia, na doutrina brasileira, menção ao fato de que os tratados internacionais sobre direitos humanos deveriam ter o status de norma constitucional.

(B) Após a EC nº 45, todos os tratados internacionais passaram a possuir status de norma constitucional.

(C) Após a EC nº 45, foi dado nova abordagem aos tratados internacionais sobre direitos humanos.

(D) Os tratados internacionais sobre direitos humanos não necessitam de aprovação pelo Congresso Nacional.

(E) O STF sempre considerou o tratado internacional sobre direitos humanos como norma constitucional superveniente.

A: incorreta, pois a EC 45/2004 veio exatamente acolher esse entendimento doutrinário, ao incluir o § 3º ao art. 5º da CF; B: incorreta, pois somente os tratados que sejam aprovados pelo Congresso na forma qualificada prevista no art. 5º, § 3º, da CF terão a natureza de norma constitucional; C: essa é a assertiva correta, pois a partir da inclusão do § 3º ao art. 5º da CF, os tratados e convenções internacionais sobre direitos humanos que forem aprovados, em cada Casa do Congresso Nacional, em dois turnos, por três quintos dos votos dos respectivos membros, serão equivalentes às emendas constitucionais; D: incorreta, pois os tratados sobre direitos humanos, a exemplo dos tratados internacionais em geral, sujeitam-se ao referendo pelo Congresso Nacional (art. 49, I, CF), que pode aprová-los por meio de decreto legislativo; E: incorreta, pois o STF afirmou que somente o atendimento ao rito do art. 5º, § 3º, da CF implicaria natureza constitucional do tratado sobre direitos humanos, embora tenha reconhecido sua natureza supralegal (acima de "qualquer norma ordinária originariamente brasileira") – ver HC 94.013/SP-STF.

Gabarito "C".

(CESPE) A CF é considerada modelo no que se refere à tutela de direitos humanos e de garantias fundamentais. Acerca desse assunto, assinale a opção correta.

(A) A CF é classificada como detalhista no que concerne aos referidos direitos, pois prevê desde a gratuidade de transporte público para idosos até a gratuidade para celebração de casamento civil.

(B) Os tratados de direitos humanos, ainda que aprovados apenas no Senado Federal, em dois turnos e por maioria qualificada, equiparam-se às emendas constitucionais.

(C) A concessão de asilo político é prevista no acervo garantista do art. 5.º da CF, que também proíbe a extradição e o banimento de brasileiros do território nacional.

(D) Os índios, suas comunidades e organizações, apesar de poderem defender seus direitos e interesses, não são partes legítimas para ingressar em juízo, devendo fazê-lo por meio do MP.

(E) Direitos humanos de terceira geração, por seu ineditismo e pelo caráter de *lege ferenda* que ainda comportam, não recebem tratamento constitucional.

A: correta – ver os arts. 226, § 1º, e 230, § 2º, da CF. Outro exemplo sempre lembrado do enorme detalhamento da CF/1988 é a referência ao Colégio Pedro II – art. 242, § 2º, da CF; B: incorreta, pois, para que os tratados sobre direitos humanos tenham força de emenda constitucional, é preciso que sejam aprovados por ambas as Casas do Congresso Nacional em dois turnos, por maioria de três quintos de seus respectivos membros – art. 5º, § 3º, da CF. Os tratados sobre direitos humanos em geral (que não tenham sido aprovados dessa forma qualificada pelo Congresso Nacional) são considerados normas supralegais, com fundamento de validade no art. 5º, § 2º, da CF – ver HC 94.013/SP-STF; C: incorreta, pois o asilo político é previsto no art. 4º, X, da CF, como princípio que rege a República em suas relações internacionais. A extradição é vedada em relação aos brasileiros, com a exceção para o naturalizado em caso de crime comum, praticado antes da naturalização, ou de comprovado envolvimento em tráfico ilícito de entorpecentes e drogas afins – art. 5º, LI, da CF. A extradição dos estrangeiros é vedada apenas nos casos de crimes políticos ou de opinião – art. 5º, LII, da CF. A pena de banimento é absolutamente vedada – art. 5º, XLVII, da CF; D: incorreta, pois os índios, suas comunidades e organizações são partes legítimas para ingressar em juízo em defesa de seus direitos e interesses, intervindo o Ministério Público em todos os atos do processo; E: incorreta, pois a CF/1988 define e garante diversos direitos relativos ao meio ambiente, ao patrimônio histórico-cultural, ao desenvolvimento e dos consumidores, todos considerados de 3ª geração.

Gabarito "A".

(CESPE) Quanto ao tratamento que o permissivo constitucional brasileiro consagra a direitos e a garantias fundamentais, julgue os itens subsequentes.

I. A CF não permite ao ordenamento jurídico pátrio recepcionar normas estrangeiras, como o Pacto de São José da Costa Rica.
II. Salvo exceções, a CF proscreve a prisão por dívidas.
III. O art. 5º da CF concentra esses direitos e essas garantias. Além disso, a CF conforma norma modelar, que inclui um rol de direitos objetivamente previstos, como o reconhecimento da concessão de asilo a estrangeiros acusados da prática de crimes políticos.
IV. Embora o art. 5º da CF disponha de forma minuciosa sobre os direitos e as garantias fundamentais, ele não é exaustivo e não exclui outros direitos.
V. O art. 5º da CF exaure o tratamento da matéria no acervo jurídico brasileiro, consagrando garantias basilares do Estado democrático de direito.

Estão certos apenas os itens

(A) I e III.
(B) I e IV.
(C) II e IV.
(D) II e V.
(E) III e V.

I: a CF regula o ingresso dos tratados internacionais no sistema jurídico nacional. Quanto aos tratados sobre direitos humanos, há as normas do art. 5º, §§ 2º e 3º, da CF; II: art. 5º, LXVII, da CF. O STF reconheceu que o Pacto de São José da Costa Rica é norma supralegal com fundamento de validade no art. 5º, § 2º, da CF, razão pela qual cancelou a Súmula 619/STF e afastou a possibilidade de prisão do depositário infiel – ver HC 94.013/SP-STF; III: o art. 5º, LII, da CF veda a extradição de estrangeiro por crime político ou de opinião, mas não trata especificamente do asilo – art. 4º, X, da CF; IV: o art. 5º da CF não exclui outros direitos e garantias fundamentais, conforme dispõe expressamente seu § 2º.

Gabarito "C".

(CESPE) O art. 5º da CF, em seu vasto campo de abrangência, contempla, entre outros temas, a questão da privação de liberdade. Ao fazê-lo, a CF segue parâmetros republicanos e democráticos, reconhecendo inúmeras garantias a serem conferidas ao preso. A respeito de tais garantias, julgue os seguintes itens.

I. Ninguém pode ser preso, senão em flagrante delito ou por ordem escrita e fundamentada de autoridade competente, salvo nos casos de direito penal militar.
II. O preso tem direito à identificação dos autores de sua prisão e a conhecer os responsáveis por seu interrogatório policial.
III. O preso deve ser informado de seus direitos, que incluem a assistência familiar e a defesa, salvo se acusado da prática de crime hediondo.
IV. O preso, informado de seus direitos, deve, por todos os meios, colaborar com o interrogatório e com a investigação policial.
V. A privação de liberdade é medida a ser tomada em condições extremas, tutelada constitucionalmente apenas na ausência da possibilidade legal de concessão de fiança ou de liberdade provisória.

A quantidade de itens certos é igual a

(A) 1.
(B) 2.
(C) 3.
(D) 4.
(E) 5.

I: art. 5º, LXI, da CF; II: art. 5º, LXIV, da CF; III: mesmo o acusado de crime hediondo deve ser informado de seus direitos – art. 5º, LXIII, da CF; IV: ninguém é obrigado a fazer prova contra si mesmo – art. 5º, LXIII, da CF e art. 8º, 2, g, do Pacto de São José da Costa Rica (Decreto 678/1992), V: a prisão ilegal ou abusiva (ou simples ameaça) pode sempre ser combatida por meio de habeas corpus, ainda que caiba fiança ou liberdade provisória – art. 5º, LXVIII, da CF.

Gabarito "B".

(CESPE) Julgue o seguinte item, acerca da teoria geral do direito internacional dos direitos humanos e à incorporação dos tratados internacionais de direitos humanos no Brasil.

(1) A sistemática concernente ao exercício do poder de celebrar tratados é deixada a critério de cada Estado. Em matéria de direitos humanos, são estabelecidas, na CF, duas categorias de tratados internacionais: a dos materialmente constitucionais e a dos materialmente e formalmente constitucionais.

1: correta: Com a edição da Emenda Constitucional nº 45, os tratados de direitos humanos que forem aprovados, em cada Casa do Congresso Nacional, em dois turnos, por três quintos dos votos dos respectivos membros, serão equivalentes às emendas constitucionais – conforme o que determina o artigo 5º, § 3º, da CF. Ou seja, tais tratados terão hierarquia constitucional (materialmente e formalmente constitucionais). Muito se discutiu em relação à hierarquia dos tratados de direitos humanos que foram internalizados anteriormente à edição da EC nº 45. Mas em 3 de dezembro de 2008 o Min. Gilmar Mendes, no RE 466.343-SP, defendeu a tese da supralegalidade de tais tratados, ou seja, superior às normas infraconstitucionais e inferior às normas constitucionais. O voto do Min. Gilmar Mendes foi acompanhado pela maioria. Todavia, tal assunto desperta calorosas discussões, tome de exemplo que, no mesmo recurso extraordinário em que foi exarada a tese da supralegalidade, o Min. Celso de Mello defendeu o caráter constitucional dos tratados de direitos humanos independentemente do quórum de aprovação (materialmente constitucionais). Apesar de a tese da supralegalidade ser um avanço da jurisprudência brasileira, deve-se apontar que uma leitura mais acurada da CF já permitiria apontar que os tratados de direitos humanos internalizados sem o procedimento especial teriam status constitucional, isto porque o § 2º do artigo 5º da CF inclui os direitos humanos provenientes de tratados dentre seus direitos protegidos, ampliando seu bloco de constitucionalidade, o qual é composto por todas as normas do ordenamento jurídico que possuem status constitucional.

Gabarito 1C.

(CESPE) Considerando que o direito constitucional, no Brasil, veda, como norma, a extradição de brasileiros, assinale a opção correta.

(A) Nenhum brasileiro pode ser extraditado, salvo o naturalizado, se este tiver praticado, antes da naturalização, crime político ou comum, ou se for comprovado seu envolvimento em tráfico ilícito de entorpecentes ou drogas afins.
(B) Brasileiros naturalizados são declarados inextraditáveis se acusados da prática de crimes políticos ou de opinião.
(C) A lei permite a extradição de brasileiros em caso de comprovação de envolvimento com tráfico ilícito de entorpecentes ou drogas afins.

(D) O brasileiro detentor de dupla nacionalidade pode ser extraditado.

(E) Apesar de nenhum brasileiro poder ser extraditado, em qualquer circunstância, o seu banimento é permitido, nos termos da lei.

A e B: o crime político não enseja extradição de estrangeiro ou de brasileiro naturalizado – art. 5º, LI e LII, da CF; C e D: o brasileiro jamais será extraditado, exceto o naturalizado e apenas na hipótese de crime comum, praticado antes da naturalização, ou de comprovado envolvimento em tráfico ilícito de entorpecentes e drogas afins, na forma da lei – art. 5º, LII, da CF; E: é vedada a pena de banimento – art. 5º, XLVII, d, da CF.

Gabarito "B".

(CESPE) Os direitos humanos na CF têm como função a limitação do poder e a promoção da dignidade da pessoa humana. Nesse contexto, assinale a opção correta a respeito dos direitos consagrados na CF à luz do texto constitucional e da jurisprudência do STF.

(A) O art. 5º da CF prevê que ninguém pode ser submetido a tortura nem a tratamento desumano ou degradante. Entretanto, esse dispositivo não tem aplicabilidade imediata devido ao fato de não ter sido regulamentado no plano infraconstitucional.

(B) Os direitos à intimidade e à própria imagem formam a proteção constitucional à vida privada. Essa proteção da vida privada não abrange as pessoas jurídicas.

(C) O preceito constitucional que consagra a inviolabilidade do domicílio não admite hipóteses de exceção e invasão da cabana dos mais frágeis.

(D) A possibilidade de quebra de sigilo bancário diretamente por parte do MP, quando se tratar de envolvimento de dinheiro ou verbas públicas, foi aceita pelo STF com base no poder de requisição ministerial e na publicidade dos atos governamentais.

(E) A interceptação telefônica para captação e gravação de conversa telefônica por terceira pessoa, sem o conhecimento de quaisquer dos interlocutores ou da justiça, não afronta o texto constitucional.

A: a norma constitucional que veda a tortura e o tratamento desumano ou degradante (art. 5º, III, da CF) é de eficácia plena; B: o direito à intimidade em diversas vertentes (v.g. sigilo das comunicações) e à imagem são exemplos de direitos arrolados no art. 5º da CF que se referem também as pessoas jurídicas – art. 5º, X, da CF; C: a inviolabilidade do domicílio comporta exceções, em caso de flagrante delito ou desastre, ou para prestar socorro, ou, durante o dia, por determinação judicial – art. 5º, XI, da CF; D: o STF não admite quebra de sigilo bancário diretamente pelo Ministério Público, pois é imprescindível ordem judicial – ver RE 318.136 AgR/RJ; E: o sigilo telefônico não pode ser quebrado sem ordem judicial – art. 5º, XII, da CF.

Gabarito "D".

(CESPE – 2009) Os tratados internacionais sobre direitos humanos firmados pela República Federativa do Brasil serão equivalentes às emendas constitucionais, se forem aprovados, em cada Casa do Congresso Nacional,

(A) em único turno, por maioria absoluta dos votos dos respectivos membros.

(B) em único turno, por três quintos dos votos dos respectivos membros.

(C) em dois turnos, por três quintos dos votos dos respectivos membros.

(D) em dois turnos, por maioria absoluta dos votos dos respectivos membros.

A, B, C e D: com a edição da Emenda Constitucional nº 45, os tratados de direitos humanos que forem aprovados, em cada Casa do Congresso Nacional, **em dois turnos, por três quintos dos votos dos respectivos membros**, serão equivalentes às emendas constitucionais – conforme o que determina o artigo 5º, § 3º, da CF. Ou seja, tais tratados terão hierarquia constitucional.

Gabarito "C".

3. DECLARAÇÃO UNIVERSAL DOS DIREITOS DO HOMEM

(CESPE) Considerada documento basilar para a proteção internacional dos direitos humanos, a Declaração Universal dos Direitos do Homem, de 1948,

(A) possui valor meramente declaratório; portanto, não gera obrigações aos Estados.

(B) gera obrigações somente para Estados soberanos que a ratificaram e promulgaram para fins de incorporação ao direito interno.

(C) foi promulgada no Brasil logo após a sua assinatura.

(D) é ato de organização internacional, de modo que prescinde de incorporação ao direito interno, como se exige para tratados ordinários de direitos humanos.

(E) constitui relevante tratado internacional do período posterior à Segunda Guerra.

A: incorreta, pois não se trata de valor meramente declaratório, considerando que o reconhecimento dos Direitos Humanos gera obrigações para os Estados à luz do direito internacional. Sua efetividade é buscada por meio de diversos Pactos e Convenções Internacionais patrocinados pela ONU. É preciso reconhecer, entretanto, a dificuldade para a comunidade internacional impor ao Estado faltoso o respeito a esses direitos, dadas as limitações do direito internacional e dos órgãos dos sistemas internacionais de proteção dos direitos humanos em face das soberanias estatais. De qualquer forma, o art. 8º da DUDH afirma que todo homem tem direito a receber dos tribunais nacionais competentes remédio efetivo para os atos que violem os direitos fundamentais que lhe sejam reconhecidos pela Constituição ou pela lei, o que, no caso brasileiro, inclui os direitos reconhecidos pelos tratados internacionais – art. 5º, § 2º, da CF; B: os valores e os direitos reconhecidos pela DUDH são considerados universais, em favor, portanto, de todos os seres humanos, independentemente de ratificação por Estados soberanos, com as observações feitas em relação à alternativa "A"; C: incorreta, pois a DUDH não foi objeto de promulgação específica pelo Brasil; D: essa é a assertiva correta, pois a DUDH não é, de fato, tratado internacional em sentido estrito, tendo sido proclamada pela Assembleia Geral das Nações Unidas; E: incorreta, pois não se trata de tratado em sentido estrito, conforme comentário à alternativa "D".

Gabarito "D".

(CESPE) Com relação à proteção internacional dos direitos humanos, julgue os itens a seguir.

(1) A Declaração Universal dos Direitos Humanos, de 1948, apesar de ter natureza de resolução, não apresenta instrumentos ou órgãos próprios destinados a tornar compulsória sua aplicação.

(2) Entre os diversos órgãos especializados que tratam da proteção dos direitos humanos, inclui-se a Corte Internacional de Justiça, órgão das Nações Unidas cuja competência alcança não só os Estados, mas também quaisquer pessoas físicas e jurídicas, as quais podem encaminhar suas demandas diretamente à Corte.

(3) Os direitos humanos são indivisíveis, como expresso na Declaração Universal dos Direitos Humanos, a qual englobou os direitos civis, políticos, econômicos, sociais e culturais.

1: correta, pois a Declaração Universal dos Direitos Humanos – DUDH restringe-se à proclamação dos direitos, não prevendo, expressamente, instrumentos ou órgãos próprios para sua aplicação compulsória. Importante ressaltar, entretanto, que seu art. 8º afirma que todo homem tem direito a receber dos tribunais nacionais competentes remédio efetivo para os atos que violem os direitos fundamentais que lhe sejam reconhecidos pela Constituição ou pela lei; 2: incorreta, pois somente os Estados poderão ser partes em casos diante da Corte Internacional de Justiça – art. 34, § 1º, do Estatuto da Corte Internacional de Justiça; 3: correta, conforme os arts. 21 e 22 da DUDH.
Gabarito 1C, 2E, 3C

(CESPE) A UDHR foi redigida à luz das atrocidades cometidas durante a 2ª Guerra Mundial. Nesse documento, marco da proteção internacional dos direitos humanos, foi afirmado que

(A) o meio ambiente é um direito das presentes e futuras gerações.
(B) o Fundo Monetário Internacional não deve conceder empréstimos para países que usem mão de obra infantil.
(C) liberdade, igualdade e fraternidade são os três princípios axiológicos fundamentais em matéria de direitos humanos.
(D) sanções econômicas deverão ser aplicadas pela ONU às nações que não adotarem as recomendações da UDHR.
(E) deverá ocorrer intervenção humanitária pela ONU caso as nações não adotem as recomendações da UDHR.

A: a Declaração Universal dos Direitos Humanos – DUDH (UDHR, na sigla em inglês) não faz referência ao meio ambiente equilibrado – ver art. 225, *caput*, da CF; B: incorreta, pois não há disposição na DUDH nesse sentido; C: correta, pois esses princípios adotados pela Declaração dos Direitos do Homem e do Cidadão (França, 1789) foram incorporados na DUDH – ver seu art. 1º; D e E: incorretas, pois não há previsão expressa nesse sentido, na DUDH.
Gabarito "C".

(CESPE) Acerca da Declaração Universal dos Direitos do Homem, julgue os itens a seguir.

I. De inspiração iluminista, encontra raízes no liberalismo e no enciclopedismo do período de transição entre a idade moderna e a idade contemporânea.
II. Corresponde ao tratado firmado no âmbito da Organização das Nações Unidas, após a Segunda Guerra Mundial.
III. Possui natureza jurídica de ato de organização internacional e, como tal, é fonte não codificada de direito internacional público.
IV. Conforma declaração de princípios que, apesar de serem respeitados pela comunidade internacional, não integram o ordenamento jurídico brasileiro.
V. Como norma de direito internacional, gera obrigações jurídicas apenas para Estados que a tenham subscrito e ratificado.

Estão certos apenas os itens

(A) I e III.
(B) I e IV.
(C) II e IV.
(D) II e V.
(E) III e V.

As assertivas em I e III são verdadeiras. A Declaração Universal dos Direitos Humanos foi aprovada pela terceira sessão ordinária da Assembleia Geral da ONU, realizada em Paris. Não foi adotada a forma de Convenção ou Tratado Internacional, mas a Declaração vincula os Estados na forma do Direito Internacional Público. Sua efetividade é buscada por meio de diversos Pactos e Convenções Internacionais patrocinados pela ONU.
Gabarito "A".

(CESPE) Após as consequências devastadoras da Segunda Guerra Mundial, os países resolveram criar uma organização multi e supranacional para regular as relações entre os povos. Nesse marco, surgiu, em 1945, a Carta das Nações, cujos fundamentos visavam, essencialmente, à manutenção da paz internacional, que incluía a proteção da integridade territorial dos Estados frente à agressão e à intervenção externa; ao fomento entre as nações de relações de amizade, levando em conta os princípios de igualdade, soberania e livre determinação dos povos; e à realização de cooperação internacional para solução de problemas internacionais de caráter econômico, social, cultural e humanitário, incluindo o respeito aos direitos humanos e às liberdades fundamentais, sem fazer distinção por motivos de raça, sexo, idioma ou religião. A Carta das Nações deu origem à ONU, que, posteriormente, criou uma carta de direitos — a Declaração Universal dos Direitos Humanos (DUDH) — adotada e proclamada pela Resolução 217-A (III) da Assembleia Geral das Nações Unidas, em 10 de dezembro de 1948. Acerca dos direitos fundamentais previstos no documento mencionado no texto acima, assinale a opção incorreta.

(A) A DUDH surgiu para atender ao clamor de toda a humanidade e buscou realçar alguns princípios básicos fundamentais para a compreensão da dignidade humana, entre eles, a liberdade e a igualdade.
(B) A DUDH protege o genoma humano como unidade fundamental de todos os membros da espécie humana e também reconhece como inerentes sua dignidade e sua diversidade. Em um sentido simbólico, a DUDH reconhece o genoma como a herança da humanidade.
(C) A DUDH afirma que o desrespeito aos direitos humanos é causa da barbárie.
(D) A DUDH assegura o direito de resistência.
(E) A DUDH correlaciona o estabelecimento de uma compreensão comum dos direitos humanos com o seu pleno cumprimento.

As assertivas em A, C, D e E refletem princípios estabelecidos no preâmbulo da Declaração. Não há referência à proteção ao genoma humano.
Gabarito "B".

4. CONVENÇÃO AMERICANA SOBRE DIREITOS HUMANOS (PACTO DE SÃO JOSÉ DA COSTA RICA)

(CESPE) No que concerne ao sistema interamericano de direitos humanos, julgue os itens que se seguem.

(1) Qualquer pessoa ou grupo de pessoas, ou entidade não governamental legalmente reconhecida em um ou mais Estados-membros da Organização dos Estados Americanos (OEA) podem apresentar à Comissão

Interamericana de Direitos Humanos petições que contenham denúncias ou queixas de violação à Convenção Americana de Direitos Humanos por um Estado-parte.
(2) Embora sem competência contenciosa, de caráter jurisdicional, a Corte Interamericana de Direitos Humanos tem competência consultiva, relativa à interpretação das disposições da Convenção Americana e das disposições de tratados concernentes à proteção dos direitos humanos.

1: correta, pois reflete exatamente o disposto no art. 44 da Convenção Americana sobre Direitos Humanos, conhecida também como Pacto de São José da Costa Rica (promulgado pelo Decreto 678/1992); 2: incorreta, pois, além de função consultiva (art. 64, § 1º, do Pacto), a Corte tem clara função jurisdicional (arts. 61 a 63 e 66 a 69 do Pacto, entre outros).
Gabarito 1C, 2E

(CESPE) A Convenção Americana de Direitos Humanos de 1969 (Pacto de San José da Costa Rica)
(A) reproduziu a maior parte das declarações de direitos constantes do Pacto Internacional de Direitos Econômicos, Sociais e Culturais.
(B) foi adotada sem ressalvas pelo Brasil desde o seu início.
(C) proíbe o restabelecimento da pena capital nos países que a tenham abolido.
(D) não tratou do direito ao nome.
(E) indica a possibilidade de asilo no caso do cometimento de crimes comuns não vinculados à atividade política.

A: incorreta. O Pacto de São José da Costa Rica aproxima-se do Pacto sobre Direitos Civis e Políticos (Decreto 592/1992), mas não reproduz muitos dos direitos previstos no Pacto sobre Direitos Econômicos, Sociais e Culturais, como os relacionados ao trabalho, sindicalização, seguro social, vida cultural etc. (arts. 6º, 8º, 9º e 15 do Decreto 591/1992). Interessante anotar, entretanto, que o Pacto de São José da Costa Rica faz referência genérica ao compromisso dos Estados com os direitos econômicos, sociais, e relativos à educação, ciência e cultura (art. 26 do Pacto de São José); B: incorreta, pois o Pacto é de 1969, entrou em vigor internacional em 1978, mas o Brasil somente depositou a Carta de Adesão em 1992 – veja o preâmbulo do Decreto 678/1992, pelo qual o Pacto foi promulgado; C: correta, conforme o art. 4º, § 3º, do Pacto; D: incorreta, pois o direito ao nome é reconhecido pelo art. 18 do Pacto; E: incorreta, pois o direito ao asilo refere-se à perseguição por crimes políticos ou comuns conexos com delitos políticos – art. 22, § 7º, do Pacto.
Gabarito C.

(CESPE) À luz da Convenção Americana sobre Direitos Humanos (Pacto São José), julgue os seguintes itens.
I. admite-se a pena de morte em relação aos delitos políticos e aos delitos conexos com delitos políticos, devendo o Estado signatário fazer tal opção expressamente, quando da ratificação da Convenção.
II. o direito à vida deve ser protegido pela lei desde o momento do nascimento, que se dá com o início do trabalho de parto.
III. as penas privativas de liberdade têm por finalidade essencial a retribuição do mal causado.
IV. ninguém deve ser constrangido a executar trabalho forçado ou obrigatório. Nos países em que se prescreve, para certos delitos, pena privativa de liberdade acompanhada de trabalhos forçados, essa disposição não pode ser interpretada no sentido de proibir o cumprimento da dita pena, imposta por um juiz ou tribunal competente.
V. ninguém deve ser detido por dívidas. Esse princípio não limita os mandados de autoridade judiciária competente expedidos em virtude de inadimplemento de obrigação alimentar.

Estão certos apenas os itens
(A) I e II.
(B) I e III.
(C) II e IV.
(D) III e V.
(E) IV e V.

I: incorreta, pois em nenhum caso pode a pena de morte ser aplicada por delitos políticos, nem por delitos comuns conexos com delitos políticos – art. 4º, § 4º, do Pacto de São José da Costa Rica; II: incorreta, pois, nos termos do art. 4º, § 1º, do Pacto, o direito à vida deve ser protegido pela lei, em geral, desde o momento da concepção; III: incorreta, pois as penas privativas da liberdade devem ter por finalidade essencial a reforma e a readaptação social dos condenados – art. 5º, § 6º, do Pacto; IV: assertiva correta, pois reflete o disposto no art. 6º, § 2º, do Pacto; V: correta, conforme o disposto no art. 7º, § 7º, do Pacto.
Gabarito E.

(CESPE) Julgue o item a seguir.
(1) A República Federativa do Brasil, que reconhece a jurisdição obrigatória da Corte Interamericana de Direitos Humanos, em nenhum momento foi ré por violações geradoras de responsabilidade internacional.

1: O Brasil já foi demandado e declarado culpado pela Corte Interamericana de Direitos Humanos – ver, por exemplo, Caso Ximenes Lopes versus Brasil, sentença de 4.7.2006.
Gabarito 1E.

(CESPE) Julgue os itens a seguir.
(1) Compõem o Sistema Interamericano de Direitos Humanos a Assembleia Geral da Organização dos Estados Americanos, a Corte Interamericana de Direitos Humanos e a Comissão Interamericana de Direitos Humanos.
(2) A Comissão Interamericana de Direitos Humanos tem por função principal a observância e defesa dos direitos humanos e, no exercício de seu mandato, tem a atribuição de formular recomendações aos governos dos Estados-membros.
(3) Nos Estados federais, o governo central é o responsável pelas violações aos direitos humanos praticadas por agentes das suas unidades federadas.
(4) Nas hipóteses de grave violação de direitos humanos, o Procurador-Geral da República, com a finalidade de assegurar cumprimento de obrigações decorrentes de tratados internacionais de direitos humanos dos quais o Brasil seja parte, poderá suscitar, perante o STJ, em qualquer fase do inquérito ou processo, incidente de deslocamento de competência para a justiça federal.

1: incorreta. Admite-se que o sistema interamericano de direitos humanos é composto pela Comissão Interamericana e pela Corte Interamericana de Direitos Humanos, órgãos previstos no Pacto de São José da Costa Rica (art. 33). 2: correta (art. 41 do Pacto de São

José da Costa Rica); 3: correta. Quanto às disposições do Pacto de São José da Costa Rica relativas às matérias de competência das unidades federadas, o governo nacional deve tomar imediatamente as medidas pertinentes, em conformidade com sua Constituição e suas leis, a fim de que as autoridades locais possam adotar as disposições cabíveis para o cumprimento da Convenção (art. 28, § 2°, do Pacto); 4: correta (art. 109, § 5°, da CF).
Gabarito 1E, 2C, 3C, 4C

(CESPE – 2004) Para a apresentação à Comissão Interamericana de Direitos Humanos de petição individual contendo denúncias ou queixas de violação da Convenção Americana sobre Direitos Humanos por um Estado parte, devem-se cumprir pressupostos processuais e de admissibilidade. Considerando esses pressupostos, a parte peticionária

(A) pode ser qualquer pessoa ou grupo de pessoas ou entidade não governamental legalmente reconhecida em um ou mais Estados membros da Organização dos Estados Americanos.
(B) deve constituir advogado.
(C) deve demonstrar a sua condição de vítima ou comprovar a autorização expressa da vítima ou dos familiares desta.
(D) deve comprovar, em qualquer caso, que interpôs e esgotou, previamente, todos os recursos de jurisdição interna.

A, B, C e D: A Comissão Interamericana de Direitos Humanos é o órgão administrativo do sistema regional de proteção americano. Sua composição é de sete membros, que deverão ser pessoas de alta autoridade moral e de reconhecido saber em matéria de direitos humanos. Os membros da Comissão serão eleitos, a título pessoal, pela Assembleia Geral da Organização, a partir de uma lista de candidatos propostos pelos governos dos Estados membros. Vale lembrar que não pode fazer parte da Comissão mais de um nacional de um mesmo país. E sua principal função é promover o respeito aos direitos humanos no continente americano. Destarte, tem competência para enviar recomendações aos Estados partes da Convenção Americana de Direitos Humanos, ou até mesmo para os Estados membros da OEA. Em sua competência insere-se também a possibilidade de realizar estudos, solicitar informações aos Estados no que tange à implementação dos direitos humanos insculpidos na Convenção, como também confeccionar um relatório anual para ser submetido à Assembleia Geral da Organização dos Estados Americanos. Um aspecto importante de sua competência é a possibilidade de **receber petições do indivíduo "lesionado", de terceiras pessoas ou de organizações não governamentais legalmente reconhecidas em um ou mais Estados membros da OEA que representem o indivíduo lesionado.** Entrementes, essa competência só poderá ser exercida se o estado violador aderiu à Convenção Americana de Direitos Humanos. Percebe-se que não é necessário a expressa aceitação da competência da Comissão para receber petições, bastando que o estado tenha aderido à Convenção. A Comissão também tem competência para receber comunicações interestatais. Conforme já visto no sistema global de proteção, nesse mecanismo um Estado parte pode denunciar o outro que incorrer em violação dos direitos humanos. Mas, para ter validade, os dois estados, denunciante e denunciado, devem ter expressamente declarada a competência da Comissão Interamericana de Direitos Humanos para tanto. Figuram-se aqui os mesmos requisitos de admissibilidade verificados quando da análise do procedimento de apresentação de petições individuais e de comunicações interestatais no sistema global de proteção. Ou seja, só serão aceitas as petições ou as comunicações que comprovarem a inexistência de litispendência internacional e o esgotamento de todos os recursos internos disponíveis. Ademais, o art. 46 da Convenção Americana de Direitos Humanos também exige que a petição ou a comunicação seja apresentada dentro do prazo de seis meses, a partir da data em que o presumido prejudicado em seus direitos tenha sido notificado da decisão definitiva exarada no sistema protetivo nacional. E o sistema americano impõe a mesma ideia de ressalva existente no sistema global. As regras de esgotamento de todos os recursos internos disponíveis e a do prazo de seis meses para a apresentação da petição ou comunicação não serão aplicadas quando o indivíduo for privado de seu direito de ação pela jurisdição doméstica, ou lhe forem ceifadas as garantias do devido processo legal ou, ainda, se os processos internos forem excessivamente demorados.
Gabarito "A"

5. PACTO INTERNACIONAL DOS DIREITOS ECONÔMICOS, SOCIAIS E CULTURAIS

(CESPE) Julgue o item a seguir.

(1) O Pacto Internacional de Direitos Sociais, Econômicos e Culturais não prevê o direito de petição da vítima de violação dos direitos nele protegidos ao comitê criado pelo próprio pacto.

1: correta. O Pacto citado (promulgado pelo Decreto 591/1992) não prevê nada nesse sentido.
Gabarito 1C

(CESPE) Julgue o item a seguir.

(1) Aplica-se aos direitos sociais, econômicos e culturais o princípio da proibição do retrocesso.

1: correta. O princípio de proibição do retrocesso é prestigiado, por exemplo, no art. 5°, ponto 2, do Pacto Internacional sobre Direitos Econômicos, Sociais e Culturais, que veda a restrição ou negligência de direitos fundamentais previstos na legislação interna do Estado, sob pretexto de que o Pacto não os reconhece, ou os reconhece em grau menor.
Gabarito 1C

6. TRIBUNAL PENAL INTERNACIONAL

(CESPE) Julgue o item a seguir.

(1) A prescrição nos crimes previstos no Estatuto de Roma, de competência do Tribunal Penal Internacional, se opera nos mesmos prazos da legislação do Estado-parte do qual o réu é súdito.

1: incorreta, pois os crimes de competência do Tribunal Penal Internacional são imprescritíveis (art. 29 do Estatuto de Roma).
Gabarito 1E

7. REGRAS MÍNIMAS PARA O TRATAMENTO DOS PRESOS E CONVENÇÃO CONTRA A TORTURA E OUTROS TRATAMENTOS OU PENAS CRUÉIS, DESUMANOS OU DEGRADANTES

(CESPE) Um delegado de polícia resolveu colocar na mesma cela de uma delegacia de polícia duas menores de idade infratoras junto com um suspeito de estupro qualificado por morte, todos ainda não condenados. Considerando essa situação hipotética, assinale a opção correta à luz das regras da ONU para o tratamento de pessoas presas, estabelecidas no 1° Congresso das Nações Unidas Sobre Prevenção do Crime e Tratamento de Delinquentes, realizado em Genebra, em 1955.

(A) As regras da ONU não precisam ser aplicadas no caso em tela, pois a delegacia de polícia não equivale ao conceito de estabelecimento prisional previsto nas regras mínimas para o tratamento de pessoas presas.
(B) No caso em apreço, não há violação a nenhuma das regras previstas para o tratamento de pessoas presas, tendo em vista que, para menores, não se aplica o referido estatuto da ONU e, sim, o ECA brasileiro.
(C) Há clara violação das regras mínimas da ONU devido à inobservância das categorias das pessoas presas, na situação em epígrafe.
(D) Não haverá violação das regras da ONU se forem fornecidos água e artigos de higiene necessários à saúde e à limpeza.
(E) Como as pessoas colocadas na mesma cela ainda não foram condenadas, as referidas regras não se aplicam.

A e E: incorretas. As Regras Mínimas para o Tratamento dos Reclusos, adotadas pelo Primeiro Congresso das Nações Unidas sobre a Prevenção do Crime e o Tratamento dos Delinquentes, realizado em Genebra em 1955, aplicam-se a todos os presos, qualquer que seja a espécie de estabelecimento prisional ou a natureza da reclusão (prisão preventiva ou para os já condenados) – item 4 das Observações Preliminares; B: incorreta. Embora a prisão de jovens não seja o objeto essencial das Regras, há disposições aplicáveis (item 5 das Observações Preliminares); C e D: em princípio, os menores não devem ser presos (item 5, 2, das Observações Preliminares). De qualquer forma, as Regras preveem separação dos reclusos por categorias, tendo em consideração o respectivo sexo e idade, antecedentes penais, razões da detenção e medidas necessárias a aplicar (art. 8° das Regras).
Gabarito "C".

8. CONVENÇÃO SOBRE OS DIREITOS DA CRIANÇA

(CESPE) Adotada pela Assembleia Geral das Nações Unidas em 20 de setembro de 1989, a Convenção sobre os Direitos da Criança

(A) serve apenas como balizador para futuras legislações nacionais sem caráter coercitivo (por tratar-se de ato de organização internacional), razão pela qual não se enquadra como fonte de direito interno.
(B) consagrou, pela primeira vez, o direito à proteção contra o abandono e a exploração no trabalho e ficou conhecida, também, como Declaração Universal dos Direitos da Criança.
(C) incorporou-se automaticamente ao direito brasileiro, como tratado de direitos humanos.
(D) conflita, em parte, com o ECA, o que até agora impediu que se incorporasse ao direito brasileiro.
(E) trata de matéria contemplada, em linhas gerais, em artigo da CF, o qual é considerado síntese do tratado da Organização das Nações Unidas.

A: incorreta, pois a Convenção sobre os Direitos da Criança foi ratificada pelo Brasil e promulgada pelo Decreto 99.710/1990, tendo ingressado, portanto, no sistema jurídico interno brasileiro; B: incorreta, pois a Convenção sobre os Direitos da Criança de 1990 não se confunde com a Declaração dos Direitos da Criança, proclamada pela Assembleia Geral das Nações Unidas em 1959; C: incorreta, pois não há, no Brasil, incorporação automática dos tratados ao direito interno. Para que o tratado internacional seja incorporado ao direito interno brasileiro, é preciso, após a celebração ou a adesão pelo Brasil, que seja referendado pelo Congresso Nacional, e ratificado e promulgado pelo Presidente; D: incorreta, conforme comentário à alternativa "A"; E: essa é a assertiva correta, conforme o art. 227 da CF.
Gabarito "E".

(CESPE) Acerca da proteção internacional às mulheres, às crianças e aos adolescentes, julgue o item subsequente.

(1) No direito à liberdade de expressão, um dos direitos previstos na Convenção sobre os Direitos da Criança, de 1990, inclui-se a liberdade de procurar, receber e divulgar, independentemente de fronteiras, informações e ideias de todo tipo, de forma oral, escrita ou impressa, por meio das artes ou por qualquer outro meio escolhido pela criança.

Assertiva correta, pois reflete o disposto no art. 13, ponto 1, da Convenção sobre os Direitos da Criança (promulgada pelo Decreto 99.710/1990).
Gabarito 1C.

9. DIREITOS DOS REFUGIADOS

(CESPE) Julgue o item a seguir.

(1) No Brasil, o reconhecimento da condição de refugiado dá-se por decisão da representação do Alto Comissariado das Nações Unidas para refugiados ou por decisão judicial.

1: assertiva incorreta, pois o reconhecimento e a declaração da condição de refugiado no Brasil é da competência do Comitê Nacional para os Refugiados – CONARE, cabendo recurso ao Ministro da Justiça, contra a decisão negativa (arts. 11, 12, I, e 29 da Lei 9.474/1997).
Gabarito 1E.

10. CONVENÇÃO SOBRE A ELIMINAÇÃO DE TODAS AS FORMAS DE DISCRIMINAÇÃO CONTRA A MULHER

(CESPE) Acerca da proteção internacional às mulheres, às crianças e aos adolescentes, julgue o item subsequente.

(1) Os documentos das Nações Unidas que tratam dos direitos políticos das mulheres determinam que elas devem ter, em condições de igualdade, o mesmo direito que os homens de ocupar e exercer todos os postos e todas as funções públicas, admitidas as restrições que a cultura e a legislação nacionais imponham.

Assertiva incorreta, pois as mulheres terão, em condições de igualdade, o mesmo direito que os homens de ocupar todos os postos públicos e de exercer todas as funções públicas estabelecidas em virtude da legislação nacional sem nenhuma restrição – art. 2° da Convenção sobre os Direitos Políticos da Mulher (promulgada pelo Decreto 52.476/1963).
Gabarito 1E.

(CESPE) Considere as situações hipotéticas abaixo apresentadas.

I. João agrediu fisicamente sua secretária, ex-companheira, machucando-a com um soco no rosto por se recusar a sair com ele.
II. Sebastião forçou sua esposa à prática de atos libidinosos, causando-lhe enorme dor psicológica.

À luz da Convenção Interamericana para Prevenir, Punir e Erradicar a Violência contra a Mulher, Convenção de

Belém do Pará, importante ferramenta de promoção da emancipação das mulheres, assinale a opção correta a respeito das situações descritas.

(A) Ambas as situações enquadram-se na definição de violência contra a mulher.
(B) Na situação I, não ficou caracterizada violência contra a mulher, pois a agressão se deu dentro do lar.
(C) Na situação II, não se caracterizou violência contra a mulher, pois a esposa tem obrigação conjugal de coabitação.
(D) Nenhuma das situações caracteriza violência contra a mulher.
(E) Na situação I, não há violência de gênero contra a mulher, mas, sim, uma violência comum prevista na legislação penal nacional.

Entende-se que a violência contra a mulher abrange a violência física, sexual e psicológica: (a) ocorrida no âmbito da família ou unidade doméstica ou em qualquer relação interpessoal, quer o agressor compartilhe, tenha compartilhado ou não a sua residência, incluindo-se, entre outras formas, o estupro, maus-tratos e abuso sexual; (b) ocorrida na comunidade e cometida por qualquer pessoa, incluindo, entre outras formas, o estupro, abuso sexual, tortura, tráfico de mulheres, prostituição forçada, sequestro e assédio sexual no local de trabalho, bem como em instituições educacionais, serviços de saúde ou qualquer outro local; e (c) perpetrada ou tolerada pelo Estado ou seus agentes, onde quer que ocorra – art. 2º da Convenção de Belém do Pará. A: assertiva correta, pois ambas as situações enquadram-se na definição acima; B: incorreta, pois o local da agressão é irrelevante; C: incorreta, pois a violência contra a esposa é também vedada, obviamente; D: incorreta, conforme os comentários anteriores; E: incorreta, pois se trata de violência contra mulher com quem José teve prévia relação interpessoal (art. 2º, a, da Convenção) e relacionada ao assédio sexual no local de trabalho (alínea b do mesmo dispositivo).
Gabarito "A".

11. PROGRAMA NACIONAL DE DIREITOS HUMANOS, ÓRGÃOS NACIONAIS DE PROTEÇÃO

(CESPE) A proteção dos direitos humanos no Brasil conta com legislação que instituiu o Programa Nacional de Direitos Humanos (PNDH). A respeito do PNDH, assinale a opção correta.

(A) Nesse programa, não é feita alusão à proteção internacional dos direitos humanos.
(B) O acompanhamento da implementação do PNDH deve ser feito pelo MP Federal.
(C) Os direitos econômicos não são promovidos pelo PNDH.
(D) Os direitos culturais não são promovidos pelo PNDH.
(E) Os direitos sociais são promovidos pelo PNDH.

Atualmente, o PNDH é traçado pelo Decreto 7.037/2009. A: incorreta, pois há diversas referências ao assunto, inclusive com ações relativas ao monitoramento dos compromissos internacionais assumidos pelo Estado brasileiro em matéria de Direitos Humanos – Eixo Orientador I, Diretriz 3, Objetivo estratégico II; B: incorreta, pois compete ao Comitê de Acompanhamento e Monitoramento do PNDH-3, entre outras coisas, acompanhar a implementação das ações e recomendações do Programa – art. 4º, IV, do Decreto 7.037/2009; C: incorreta, pois a Diretriz 4 do Eixo Orientador II refere-se à efetivação de modelo de desenvolvimento sustentável, com inclusão social e econômica, ambientalmente equilibrado e tecnologicamente responsável, cultural e regionalmente diverso, participativo e não discriminatório; D: incorreta, pois o Eixo Orientador V do PNDH-3 refere-se especificamente à Educação e Cultura em Direitos Humanos; E: essa é a assertiva correta, conforme se verifica pela análise do Eixo orientador II, Diretriz 4, do PNDH-3, que se refere à efetivação de modelo de desenvolvimento sustentável, com inclusão social e econômica.
Gabarito "E".

12. COMBINADAS E OUTROS TEMAS

(CESPE) No que concerne aos direitos humanos no âmbito do direito internacional, julgue os itens que se seguem.

(1) De acordo com a Corte Internacional de Justiça, as disposições da Declaração Universal dos Direitos Humanos, de caráter costumeiro, estabelecem obrigações *erga omnes*.
(2) Na sentença do caso Gomes Lund *versus* Brasil, a Corte Interamericana de Direitos Humanos estabeleceu que o dever de investigar e punir os responsáveis pela prática de desaparecimentos forçados possui caráter de *jus cogens*.
(3) Em casos que envolvam a prática de tortura sistemática, a Convenção Americana de Direitos Humanos permite o acesso direto do indivíduo à Corte Interamericana de Direitos Humanos.

1: errado, pois a Corte Internacional de Justiça não assumiu tal posição, apesar da assertiva poder ser considerada como correta, pois as disposições da DUDH que possuem caráter costumeiro irradiam obrigações *erga omnes*. Nesse sentido: "Em resumo, é possível afirmar que um núcleo de direitos da Declaração Universal dos Direitos Humanos tem fundamento vinculante no direito internacional costumeiro. Já com relação a outros, é fato, porém, que o consenso sobre sua aceitação como norma jurídica direcionada à proteção obrigatória pelos estados ainda não se acha consolidado, por mais que em foros internacionais se afirme recorrentemente o caráter universalista da declaração[1]". Importante recordar que, para ser considerado costume internacional, é necessário que a prática seja geral e reiterada (elemento objetivo ou material) e aceita como o direito[2] (elemento subjetivo ou psicológico). A Corte Internacional de Justiça definiu o que é o costume no conhecido julgamento do caso da Plataforma Continental do Mar do Norte, em 1969, descrevendo o conceito como "a prática reiterada, acompanhada da convicção quanto a ser obrigatória essa prática, por tratar-se de norma jurídica". Trata-se do costume qualificado pela *opinio juris*[3]; 2: certo. No caso Gomes Lund e outros (Guerrilha do Araguaia) *versus* Brasil, a Corte prolatou uma sentença (de 24 de novembro de 2010) que resolve as exceções preliminares, o mérito e as reparações e custas. A Corte foi acionada pela Comissão Interamericana de Direitos Humanos, a qual havia recebido anteriormente uma petição apresentada pelo Centro pela Justiça e o Direito Internacional (CEJIL) e pela *Human Rights Watch/Americas*, em nome de pessoas desaparecidas no contexto da Guerrilha do Araguaia e seus familiares. Esta demanda se refere à

1. Aragão, Eugênio José Guilherme. **Revista Eletrônica do Ministério Público Federal**, ano 1, número 1, 2009, págs. 8/9.
2. Prática necessária, justa e correta.
3. "A *opinion juris* (convicção do direito não é apenas um acordo tácito ou abstrato de vontades (como pretendem os voluntaristas), mas sim a crença prematura dos atores da sociedade internacional (criadores daqueles "precedentes" já referidos) de que aquilo que se pratica reiteradamente se estima obrigatório pelo fato de ser justo e pertencente ao universo do Direito" (Mazzuoli, Valerio de Oliveira. **Curso de Direito Internacional Público**, pág. 124. Ed. RT, 6ª edição, 2012).

alegada responsabilidade do Brasil pela detenção arbitrária, tortura e desaparecimento forçado de 62 pessoas, entre membros do Partido Comunista do Brasil e camponeses da região, resultado de operações do Exército brasileiro empreendidas entre 1972 e 1975 com o objetivo de erradicar a Guerrilha do Araguaia, no contexto da ditadura militar do Brasil (1964–1985). E, assim, foi apresentada para que a Corte decidisse se o Brasil é responsável pela violação dos direitos estabelecidos nos artigos 3º (direito ao reconhecimento da personalidade jurídica), 4º (direito à vida), 5º (direito à integridade pessoal), 7º (direito à liberdade pessoal), 8º (garantias judiciais), 13 (liberdade de pensamento e expressão) e 25 (proteção judicial), da Convenção Americana sobre Direitos Humanos, em conexão com as obrigações previstas nos artigos 1º, ponto 1, (obrigação geral de respeito e garantia dos direitos humanos) e 2º (dever de adotar disposições de direito interno) da mesma Convenção. O Brasil interpôs quatro exceções preliminares e a Corte admitiu parcialmente a exceção preliminar de falta de competência temporal da Corte para examinar supostas violações ocorridas antes do reconhecimento de sua competência pelo Brasil e não aceitou as outras. Antes de comentarmos a decisão sobre o mérito, cabe apontar que o caráter contínuo ou permanente do desaparecimento forçado de pessoas foi reconhecido de maneira reiterada pelo Direito Internacional dos Direitos Humanos, no qual o ato de desaparecimento e sua execução se iniciam com a privação da liberdade da pessoa e a subsequente falta de informação sobre seu destino, e permanecem até quando não se conheça o paradeiro da pessoa desaparecida e os fatos não tenham sido esclarecidos. A Corte, portanto, é competente para analisar os alegados desaparecimentos forçados das supostas vítimas a partir do reconhecimento de sua competência contenciosa efetuado pelo Brasil, só não será em relação a alegada execução extrajudicial da senhora Maria Lúcia Petit da Silva, cujos restos mortais foram identificados em 1996, ou seja, dois anos antes de o Brasil reconhecer a competência contenciosa da Corte. No mérito, a Corte decidiu, por unanimidade, que as disposições da Lei de Anistia brasileira (Lei 6.683/79) que impedem a investigação e sanção de graves violações de direitos humanos são incompatíveis com a Convenção Americana, como também que o Brasil é responsável pelo desaparecimento forçado e, portanto, pela violação dos direitos ao reconhecimento da personalidade jurídica, à vida, à integridade pessoal e à liberdade pessoal em relação com o artigo 1º, ponto 1, desse instrumento. Ademais, decidiu que o Brasil descumpriu a obrigação de adequar seu direito interno à Convenção Americana sobre Direitos Humanos, contida em seu artigo 2º, em relação aos artigos 8º, ponto 1, 25 e 1º, ponto 1, do mesmo instrumento. E ainda declarou o Brasil responsável pela violação do direito à liberdade de pensamento e de expressão consagrado no artigo 13 da Convenção, em relação com os artigos 1º, ponto 1, 8º, ponto 1 e 25 desse instrumento. Também foi declarada a responsabilidade do Brasil pela violação do direito à integridade pessoal, consagrado no artigo 5º, ponto 1, da Convenção, em relação com o artigo 1º, ponto 1, desse mesmo instrumento, em prejuízo dos familiares. Por fim, cabe sublinhar que nessa decisão a Corte definiu que o dever de investigar e punir os responsáveis pela prática de desaparecimentos forçados possui caráter de *jus cogens*; 3: errado, pois o indivíduo não tem acesso direto à Corte Interamericana de Direitos Humanos (art. 61 da Convenção Interamericana de Direitos Humanos).

Gabarito 1E, 2C, 3E

(CESPE) Com relação ao direito internacional, julgue os itens abaixo.

(1) No Brasil, admite-se a extradição de estrangeiro que tenha filho brasileiro menor, mesmo que esse filho dependa economicamente do pai.

(2) Nos procedimentos de deportação e de expulsão de estrangeiro, a iniciativa é local, ao contrário do processo de extradição.

(3) De acordo com a Lei de Introdução ao Código Civil Brasileiro em vigor, a lei do país de nacionalidade de uma pessoa determina as regras acerca do começo e do fim da sua personalidade, do seu nome, da sua capacidade e dos seus direitos de família.

(4) Código de Bustamante, de 1928, tratado internacional incorporado ao direito brasileiro em 1929, prevalece em caso de conflito com a Lei de Introdução ao Código Civil de 1942.

(5) O processo de homologação de sentença estrangeira perante o STF não admite exame de matéria de fundo ou apreciação de questões pertinentes ao mérito da causa.

1: correta, pois a extradição só não é permitida quando relacionada à prática de crimes políticos, de imprensa, religiosos e militares. E, se o indivíduo foi condenado à morte, a extradição só deve tomar curso se ficar assegurada a conversão da pena de morte em pena de prisão. Ademais, a maioria dos países não permite a extradição de nacional seu – neste sentido o artigo 5º, LI, da CF determina: "nenhum brasileiro será extraditado, **salvo o naturalizado**, em caso de crime comum, praticado antes da naturalização, ou de comprovado envolvimento em tráfico ilícito de entorpecentes e drogas afins, na forma da lei". Percebe-se que a extradição de estrangeiro nas condições apontadas pela assertiva "1" é permitida. Importante sobre o tema é o conceito de extradição: a extradição é a entrega de um estado para outro estado, a pedido deste, de indivíduo que em seu território deva responder a processo penal ou cumprir pena por prática de crime de certa gravidade. Um condicionante desta entrega é a confirmação de que os direitos humanos do extraditando serão respeitados. Também vale ressaltar a função do instituto da extradição, qual seja de garantir, por meio da cooperação internacional, que a prática de crime não ficará sem punição. Por fim, o fundamento jurídico do pedido de extradição pode ser a existência de um tratado prevendo tal hipótese, ou, na falta deste, a declaração de reciprocidade funciona como suporte jurídico para a extradição; 2: correta. A deportação é a saída compulsória, do território nacional, do estrangeiro que ingressou irregularmente, ou cuja presença tenha-se tornado irregular – quase sempre por expiração do prazo de permanência, ou por exercício de atividade não permitida, como, por exemplo, trabalho remunerado no caso do turista. A medida não é exatamente punitiva, nem deixa sequelas. Seu procedimento é simples: o estrangeiro é notificado para sair do Brasil, e caso não obedeça poderá ser decretada, pelo juiz federal, sua prisão com a finalidade de ulterior deportação. E a expulsão é a saída compulsória, do território nacional, do estrangeiro que constituir perigo ou ameaça à ordem pública. Pode-se citar tais atos como possíveis de gerar a expulsão: **a)** conspirações; **b)** espionagem; **c)** provocação de desordens; **d)** mendicidade e vagabundagem etc. A medida deixa sequelas e pode ser considerada como punitiva. O estrangeiro depois de notificado de sua expulsão deve se retirar do Brasil, do contrário poderá receber pena, geralmente de prisão, e somente após seu cumprimento vai ser enviado ao seu país, o qual não poderá negar sua entrada. O procedimento é complexo, pois necessário se faz a realização de um inquérito no âmbito do Ministério da Justiça, no qual se assegura ao estrangeiro o direito de defesa. Após isso, o Presidente da República decidirá sobre a expulsão, devendo materializá-la por meio de decreto. Por outro lado, na extradição, o país interessado formula pedido de extradição, que é transmitido por via diplomática para o Ministério das Relações Exteriores. Daí o processo tem início com o encaminhamento do referido pedido ao STF, o qual, por meio de seu presidente, faz autuá-lo e distribuí-lo. É importante lembrar que a defesa do extraditando não pode explorar o mérito da acusação, isso porque o exame do STF recairá somente sobre a existência ou não dos pressupostos autorizadores da extradição; 3: errada, pois é a lei do domicílio (*lex domicilii*) da pessoa que determinará as regras sobre o começo e o fim da personalidade, o nome, a capacidade e os direitos de família (art. 7º da Lei de Introdução às normas do Direito Brasileiro). Vale lembrar, ainda, que a regra de conexão antiga era a da nacionalidade, assim, aplicava-se ao estatuto pessoal a lei da nacionalidade do interessado; 4: errada, pois depois de internalizado o tratado é equiparado hierarquicamente à norma infraconstitucional, logo, o Código Bustamante não pode sobrepor-se à Lei de Introdução às normas do Direito Brasileiro, por possuir a mesma hierarquia que ela. Como sabemos, no caso de conflito entre normas devemos utilizar os critérios para a solução de antinomias, os quais são: a) critério cronológico; b) critério hierárquico e c) critério da especialidade. Como o Código Bustamante e a Lei de Introdução às normas do Direito Brasileiro possuem a mesma hierarquia, o critério cronológico será utilizado para determinar que em situação de conflito entre esses dois diplomas prevalece a Lei de Introdução às normas do Direito Brasileiro; 5: correta. No Brasil, a competência para homologar sentenças estrangeiras era do STF, mas depois da EC nº 45 essa competência passou para o STJ (art. 105, I, *i*, da CF) e o procedimento homologatório não examina o mérito da sentença estrangeira. Ao STJ cabe apenas a análise dos requisitos formais e, sob um viés mais subjetivo, a análise sobre a violação ou não da ordem pública brasileira (art. 17 da Lei de Introdução). Por fim, cabe apontar que todo tipo de sentença (declaratória, constitutiva ou condenatória) e a sentença arbitral podem ser objeto de homologação pelo STJ.

Gabarito 1C, 2C, 3E, 4E, 5C

(CESPE) Embaixadas estão fora da economia de energia — apesar do privilégio, alguns diplomatas garantem colaborar reduzindo o consumo

As 92 embaixadas e 24 representações de organismos internacionais situadas em Brasília não terão de cumprir o racionamento de energia elétrica. Considerados territórios internacionais, esses estabelecimentos e seus funcionários possuem privilégios e imunidades que lhes protegem de multas e de certas punições, como o corte do fornecimento de energia. O Itamaraty teve de despertar a Câmara de Gestão da Crise de Energia para o fato de que a Convenção de Viena, aprovada pelo Congresso brasileiro em 1965, sobrepõe-se às leis nacionais.

Por não serem considerados territórios nacionais, as embaixadas e seus diplomatas possuem vários privilégios, como, por exemplo, a isenção de pagamento de impostos diretos, como o IPTU e o IPVA, e de impostos de importação.

Os diplomatas também possuem imunidade com relação à jurisdição administrativa, civil e penal do país em que trabalham. Se cometerem um crime, essas pessoas têm garantia de serem processadas em seus países. É com relação à justiça do trabalho que a imunidade diplomática tem mais problemas.

Apoiadas por essas regras, muitas embaixadas contratam funcionários brasileiros, mas não seguem as leis trabalhistas. Em 1990, o STF permitiu que essas reclamações trabalhistas fossem aceitas. No entanto, ainda persiste um problema que dificulta a vida dos empregados brasileiros. O Brasil não tem como executar a ordem judicial de sequestrar os bens do empregador, no caso as embaixadas, se uma dívida trabalhista não for liquidada. Isso porque, em face da regra da inviolabilidade, o oficial de justiça não tem como entrar no imóvel para sequestrar os bens.

(Cláudia Dianni). Embaixadas estão fora da economia de energia. In: **O Estado de São Paulo**, 10/6/2001, p. B-6 (com adaptação)

Considerando o texto, julgue os seguintes itens, acerca do funcionamento das representações de organismos estrangeiros localizados no Brasil.

(1) Apesar de não ter caráter técnico, o texto está juridicamente correto ao considerar as embaixadas como "territórios internacionais".

(2) Referida no texto, a Convenção de Viena sobre Relações Diplomáticas sobrepõe-se às leis ordinárias brasileiras.

(3) No quarto parágrafo do texto, está juridicamente correta a afirmação acerca da imunidade diplomática.

(4) As autoridades brasileiras competentes não têm como executar eventual ordem judicial para sequestrar bens de Estado estrangeiro situados no Brasil.

(5) As representações dos Estados estrangeiros situadas no Brasil estão obrigadas a seguir as normas do racionamento de energia elétrica.

1: errada. As embaixadas apenas gozam de certas imunidades no território estrangeiro e nunca poderão ser consideradas como "territórios internacionais". Isso porque o Território é um dos elementos constitutivos do estado (os outros são população permanente e governo independente). E representa a porção do espaço terrestre onde o estado exerce sua soberania. E soberania é o poder exclusivo que o estado, representado geralmente pelo governo, detém de constituir direitos e impor deveres sobre um grupo de pessoas conjugadas num espaço terrestre delimitado pela jurisdição deste mesmo estado. Este seria o âmbito interno da soberania, e como âmbito externo pode-se indicar a condição de igualdade que todos os estados possuem na comunidade internacional. Pelo dito percebe-se que as imunidades das embaixadas excepcionam a soberania que o estado exerce exclusivamente sobre seu território. No âmbito da missão diplomática, tanto os membros do quadro diplomático de carreira quanto os membros do quadro administrativo e técnico gozam de ampla imunidade de jurisdição penal e civil. São, ademais, fisicamente invioláveis, e em caso algum podem ser obrigados a depor como testemunhas. Reveste-os, além disso, a imunidade tributária. São também fisicamente invioláveis os locais da missão diplomática com todos os bens ali situados, assim como os locais residenciais utilizados pelo quadro diplomático e pelo quadro administrativo e técnico. Esses imóveis, e os valores mobiliários neles encontráveis, não podem ser objeto de busca, requisição, penhora ou medida qualquer de execução (imunidade de execução). Os arquivos e documentos da missão diplomática são invioláveis onde quer que se encontrem. Por fim, a regra de imunidade jurisdicional do estado, na situação de pessoa jurídica de direito externo, existe há muito tempo no plano internacional e se consubstancia na não possibilidade do estado figurar como parte perante tribunal estrangeiro contra sua vontade (*par in parem non habet judicium*). Mais tarde, tal regra foi corroborada pelo princípio da igualdade soberana dos estados. No entanto, essa outrora absoluta imunidade vem sendo reconfigurada. A título de exemplo, aponta-se a Convenção Europeia sobre a imunidade dos Estados, concluída em Basileia e em vigor desde 1976, que exclui do âmbito da imunidade do estado as ações decorrentes de contratos celebrados e exequendos *in loco*. Dispositivo semelhante aparece no *State Immunity Act*, que se editou na Grã-Bretanha em 1978. Também pode-se apontar a Convenção sobre as Imunidades dos Estados e seus Bens, adotada pela ONU, que tem por linha-base a exclusão do âmbito de imunidade estatal as atividades de notável caráter econômico. No Brasil, por exemplo, o STF já decidiu que estado estrangeiro não tem imunidade em causa de natureza trabalhista. Percebe-se que a imunidade jurisdicional do estado estrangeiro passou de um costume internacional absoluto à matéria a ser regulada internamente por cada estado. Como panorama geral, pode-se dizer que a imunidade jurisdicional estatal não mais incidirá nos processos provenientes de relação jurídica entre o estado estrangeiro e o meio local – mais exatamente os particulares locais; 2: errada. O tratado só passará a ter validade interna após ter sido aprovado pelo Congresso Nacional e ratificado e promulgado pelo Presidente da República. Devemos lembrar, ainda, que a promulgação é efetuada mediante decreto presidencial. E, depois de internalizado, o tratado é equiparado hierarquicamente a norma infraconstitucional, logo, a Convenção de Viena sobre Relações Diplomáticas não pode sobrepor-se às leis ordinárias brasileiras, por possuir a mesma hierarquia que elas; 3: correta, pois no âmbito da missão diplomática tanto os membros do quadro diplomático de carreira quanto os membros do quadro administrativo e técnico gozam de ampla imunidade de jurisdição penal e civil. São, ademais, fisicamente invioláveis, e em caso algum podem ser obrigados a depor como testemunhas. Reveste-os, além disso, a imunidade tributária; 4: correta, pois os estados possuem imunidade de execução, o que significa que não poderá ser decretada execução forçada como, por exemplo, o sequestro, o arresto e o embargo, contra os bens de um estado estrangeiro situados no Brasil; 5: errada. O art. 22, ponto 2, da Convenção de Viena sobre Imunidades Diplomáticas determina que o Estado acreditado (é o que recebe o agente diplomático ou consular) tem a obrigação especial de adotar todas as medidas apropriadas para proteger os locais da Missão contra qualquer instrução ou dano e **evitar perturbações à tranquilidade da Missão** ou ofensas à sua dignidade.

Gabarito 1E, 2E, 3C, 4C, 5E

(CESPE) No que diz respeito às vítimas do abuso de poder e da criminalidade e ao uso da força e de armas de fogo pelos Estados, julgue os itens que se seguem.

(1) Consideram-se vítimas de abuso de poder as pessoas que, individual ou coletivamente, tenham sofrido prejuízos, nomeadamente atentado à integridade física ou mental, sofrimento de ordem moral, perda material ou grave atentado aos seus direitos fundamentais, como consequência de atos ou de omissões que, embora não constituam ainda violação da legislação penal nacional, representam violações das normas internacionalmente reconhecidas em matéria de direitos humanos.

(2) De acordo com o direito internacional, uma pessoa que tenha sofrido atentado aos seus direitos fundamentais somente pode ser considerada vítima da criminalidade se o autor da violação tiver sido preso, processado, declarado culpado ou, pelo menos, identificado.

(3) Segundo determinação das Nações Unidas acerca do uso da força, os governos devem garantir que a utilização arbitrária ou abusiva da força ou de armas de fogo pelos policiais seja punida como infração penal, nos termos da legislação nacional.

1: correta, pois reflete exatamente a definição de vítimas de abuso de poder dada pelo art. 18 da Declaração dos Princípios Básicos de Justiça Relativos às Vítimas da Criminalidade e de Abuso de Poder – ONU/1985; 2: incorreta, pois, nos termos do art. 2° dos Princípios Básicos, a pessoa pode ser considerada como vítima quer o autor seja ou não identificado, preso, processado ou declarado culpado; 3: correta, pois reflete exatamente o disposto no art. 7° dos Princípios Básicos sobre a Utilização de Força e de Armas de Fogo pelos Funcionários Responsáveis pela Aplicação da Lei – ONU/1990.

Gabarito 1C, 2E, 3C

(CESPE) Acerca dos mecanismos de proteção internacional de direitos humanos, julgue os itens subsequentes.

(1) Qualquer pessoa ou grupo de pessoas, ou entidade não governamental legalmente reconhecida em um ou mais Estados membros da Organização dos Estados Americanos pode apresentar diretamente à Corte Interamericana de Direitos Humanos petições que contenham denúncias ou queixas de violação dos termos da Convenção Americana de Direitos Humanos por um Estado parte.

(2) A violação grave e sistemática dos direitos humanos das mulheres em um Estado pode ser investigada pelo Comitê sobre a Eliminação da Discriminação contra a Mulher, que recebe petições com denúncias de violação a esses direitos.

1: errada, pois a Corte Interamericana de Direitos Humanos só pode ser acionada pelos Estados partes ou pela Comissão; o indivíduo, conforme art. 61 da Convenção Americana de Direitos Humanos, fica proibido de apresentar petição à Corte; 2: correta. Para monitorar o cumprimento, pelos Estados partes, das obrigações constantes na Convenção Internacional sobre a Eliminação de todas as formas de Discriminação contra a Mulher, foi criado o Comitê sobre a Eliminação da Discriminação contra a Mulher. Este será responsável para receber os relatórios confeccionados pelos Estados partes. As petições individuais e a possibilidade de realizar investigações *in loco* só foram possibilitadas, como mecanismos de controle e fiscalização, com a adoção do Protocolo Facultativo à Convenção Internacional sobre a Eliminação de todas as formas de Discriminação contra a Mulher. A decisão do Comitê não tem força vinculante, mas será publicada no relatório anual, o qual é encaminhado para a Assembleia Geral da ONU.

Gabarito 1E, 2C

(CESPE) Atualmente, os direitos e garantias fundamentais estão inseridos em distintos textos constitucionais de diferentes países. Tal presença é uma conquista histórica ocorrida por ações concretas realizadas no passado.

A Carta das Nações Unidas de 1945, exemplo de uma dessas ações concretas, consolidou, junto com a UDHR, o movimento de internacionalização dos direitos humanos. Tendo em vista essa institucionalização, assinale a opção correta a respeito da estrutura normativa do direito internacional protetivo dos direitos humanos.

(A) A estrutura de proteção do direito internacional é concentrada na ONU.

(B) A proteção internacional pode ser vista, entre outros, em dois planos: sistema global (ONU) e sistema regional (OEA).

(C) A UDHR pertence ao sistema regional de proteção dos direitos humanos.

(D) O Pacto Internacional dos Direitos Civis e Políticos pertence ao sistema regional de proteção dos direitos humanos.

(E) O Pacto Internacional dos Direitos Econômicos, Sociais e Culturais pertence ao sistema regional de proteção dos direitos humanos.

A: incorreta, pois, além do sistema global (ONU) há importantes sistemas regionais de proteção, dentre eles o interamericano (OEA); B: correta, conforme comentário sobre a questão anterior; C, D e E: incorretas, pois a Declaração Universal de Direitos Humanos – DUDH (UDHR, na sigla em inglês), o PDCP e o PDESC referem-se ao sistema global (ONU). O Pacto de São José da Costa Rica (Convenção Americana sobre Direitos Humanos), em especial, refere-se ao sistema interamericano da OEA.

Gabarito "B"

(CESPE) Com relação aos mecanismos internacionais de proteção e monitoramento dos direitos humanos, assinale a opção correta.

(A) O Tribunal de Nuremberg não teve nenhum papel histórico na internacionalização dos direitos humanos.

(B) A ONU nasceu com diversos objetivos, como a manutenção da paz e segurança internacionais, entretanto a proteção internacional dos direitos humanos não estava incluído entre eles.

(C) Quando foi adotada e proclamada por resolução da Assembleia Geral das Nações Unidas, a UDHR, por não ter sido aceito por todos os países, não teve importância histórica.

(D) Além da UDHR de 1948 não há outros documentos relevantes no âmbito da proteção internacional global dos direitos humanos.

(E) O Pacto Internacional de Direitos Civis e Políticos de 1966 previu novas espécies de direitos humanos além daquelas previstas expressamente na UDHR de 1948.

A: incorreta, pois o Tribunal de Nuremberg para julgamento dos crimes cometidos durante a Segunda Guerra Mundial é marco essencial para internacionalização dos direitos humanos; B: incorreta, pois um dos objetivos essenciais das Nações Unidas, desde sua fundação, é a promoção, o estímulo e a defesa dos direitos humanos, conforme o art. 1°, § 3°, da Carta da ONU; C: a Declaração Universal de Direitos Humanos – DUDH (UDHR, na sigla em inglês) é o documento fundamental para o sistema global de proteção dos direitos humanos, de modo que sua relevância histórica é inquestionável; D: incorreta, pois, além da DUDH, há diversos documentos relevantes para o sistema global, como a própria Carta da ONU, o PDCP, o PDESC, a Convenção sobre os Direitos da Criança etc.; E: correta, pois o PDCP não se restringiu a repetir a DUDH.

Gabarito "E".

(CESPE) A educação vem a ser um dos eixos fundamentais da construção da cidadania e da afirmação positiva de uma nação perante as demais. No Brasil, os padrões educacionais da população, ainda bastante limitados, vêm sofrendo alterações positivas e negativas nos últimos anos. A respeito dessa matéria, julgue os itens abaixo.

(1) A herança histórica da escravidão, o crescente endividamento social interno e o desleixo das elites em relação à incorporação positiva daqueles posicionados na base da pirâmide social geraram a perversão de se dotar o país com um sofisticado sistema de pós-graduação ao lado de uma educação básica carente.

(2) Apesar dos esforços da sociedade e do Estado nas últimas décadas, os índices de analfabetismo formal permaneceram estagnados.

(3) A educação superior de bom nível está localizada, predominantemente, nas instituições públicas, mas a relação se inverte quando se trata da educação básica.

(4) O sistema de avaliação implantado pelo Exame Nacional de Cursos (Provão), apesar das críticas que vêm sendo feitas à sua concepção e à sua metodologia, vem permitindo a construção de uma certa radiografia dos resultados dos investimentos feitos pela sociedade e pelo Estado.

(5) Os aplicativos para edição de textos e para a geração de material escrito e visual e aqueles de correio eletrônico, de busca e pesquisa e de multimídia são exemplos de recursos que a informática já disponibiliza em prol da educação a distância: uma estratégia que tem ganhado adeptos em virtude da sua capacidade de beneficiar um número muito grande de interessados com a possibilidade de se obterem custos mais baixos que a educação presencial tradicional.

1: correto. A questão traça corretamente o panorama histórico-social do Brasil e a situação atual da educação brasileira. E deixa bem claro que o atual sistema educacional (sofisticado sistema de pós-graduação ao lado de uma educação básica carente) é consequência das escolhas políticas passadas e presentes; 2: errado. Pelo contrário, os índices de analfabetismo formal melhoraram nas últimas décadas; 3: correto. Existe essa divisão do ensino no Brasil, pois, enquanto a educação superior de excelência está localizada nas instituições públicas, a educação básica de excelência está localizada nas instituições privadas; 4: correto. O Exame Nacional de Cursos (ENC-Provão) era um exame que tinha a função de avaliar os cursos de graduação da Educação Superior do Brasil. Ele possuía oito edições que foram realizadas anualmente pelo INEP entre os anos de 1996 e 2003. O objetivo com a avaliação era listar as instituições de ensino superior, para depois exigir a qualificação das piores avaliadas com medidas como a contratação de mestres e doutores, melhorias em instalações de laboratórios e bibliotecas, entre outros. A reincidência de um curso nas piores classificações poderia causar seu fechamento pelo MEC. Desde 2004, o Provão foi substituído pelo Exame Nacional de Desempenho de Estudantes, o Enade. O Exame Nacional de Desempenho de Estudantes (Enade) é uma prova escrita, aplicada anualmente, usada para avaliação dos cursos de ensino superior brasileiros. A aplicação da prova é de responsabilidade do INEP, uma entidade federal vinculada ao Ministério da Educação (MEC); 5: correto. Os custos mais baixos possibilitados pela tecnologia permite uma democratização no acesso à educação, fator de grande importância e que deve ser utilizado cada vez mais para integrar culturalmente um país de proporções continentais e que é marcado profundamente pelas desigualdades regionais.

Gabarito 1C, 2E, 3C, 4C, 5C.

(CESPE) Não se inclui entre as quatro Convenções de Genebra de 1949 sobre Direito Internacional Humanitário a convenção relativa

(A) à melhoria da sorte dos feridos e enfermos dos exércitos em campanha.

(B) ao tratamento dos prisioneiros de guerra.

(C) à proteção de bens culturais em caso de conflito armado.

(D) à proteção das pessoas civis em tempo de guerra.

A, B, C e D: o Direito Humanitário é composto por princípios e regras, estas sendo positivadas ou costumeiras, que têm como função, por questões humanitárias, limitar os efeitos do conflito armado. Mais especificamente, o Direito Humanitário protege as pessoas que não participam ou não mais participam das hostilidades e restringe os meios e os métodos de guerra. Tal conceito permite-nos encará-lo como Direito Internacional dos Conflitos Armados ou Direito da Guerra. O Direito Internacional Humanitário é basicamente fruto das quatro Convenções de Genebra de 1949 (em 1949 foram revistas as três Convenções anteriores – 1864, 1906 e 1929 – e criada uma quarta, relativa à proteção dos civis em período de guerra) e seus Protocolos Adicionais, os quais formam o conjunto de leis que regem os conflitos armados e buscam limitar seus efeitos. A proteção recai sobre as pessoas que não participam dos conflitos (civis, profissionais de saúde e de socorro) e os que não mais participam das hostilidades (soldados feridos, doentes, náufragos e prisioneiros de guerra). As Convenções e seus Protocolos apelam para que sejam tomadas medidas para evitar ou para acabar com todas as violações. Eles contêm regras rigorosas para lidar com as chamadas "violações graves". Os responsáveis pelas violações graves devem ser julgados ou extraditados, independentemente de suas nacionalidades. A primeira Convenção de Genebra protege feridos e enfermos das forças armadas em campanha. A segunda Convenção de Genebra protege feridos, enfermos e náufragos das forças armadas no mar. A terceira Convenção de Genebra se aplica aos prisioneiros de Guerra. A quarta Convenção de Genebra protege os civis, inclusive em territórios ocupados. Por fim, nas duas décadas após a adoção das Convenções de Genebra, o mundo testemunhou um aumento no número de conflitos armados não internacionais e de guerras por independência. Em resposta a isso, foram adotados em 1977 dois Protocolos Adicionais às Convenções de Genebra de 1949. Eles fortalecem a proteção das vítimas de conflitos armados internacionais (Protocolo I) e não internacionais (Protocolo II) e determinam limites aos métodos de guerra. O Protocolo II foi o primeiro tratado internacional exclusivamente dedicado às situações de conflitos armados não internacionais. Em 2007, um terceiro Protocolo Adicional foi adotado criando um emblema adicional, o Cristal Vermelho, que tem o mesmo status internacional dos emblemas da Cruz Vermelha e do Crescente Vermelho. A outra parte das regras do Direito Internacional Humanitário provém das Convenções de Haia (13 no total), as quais regulam especificamente o meio e os métodos utilizados na guerra.

Gabarito "C".

12. LEI 8.112/1990

Ana Paula Garcia

1. PROVIMENTO, VACÂNCIA, REMOÇÃO, DISTRIBUIÇÃO E SUBSTITUIÇÃO

1.1. Provimento

(Policial Rodoviário Federal – 2004 – CESPE) No que concerne a provimento, remoção e vacância, julgue os itens seguintes.

(1) A nomeação e a contratação, dependendo do regime jurídico de que se trate, são formas de provimento derivado do cargo e do emprego públicos, respectivamente.

(2) A remoção, que é o deslocamento do servidor em razão do seu próprio interesse, no âmbito do mesmo quadro, com ou sem mudança de sede, somente pode ser a pedido, não podendo ocorrer de ofício, no interesse da administração.

(3) Considere a seguinte situação hipotética. Um servidor público que exerce o cargo de motorista, após várias licenças para tratamento de saúde e inspeções médicas, foi readaptado no cargo de agente administrativo. Nessa situação, haverá vacância do cargo de motorista que o servidor ocupava.

1: incorreta, pois a nomeação é o primeiro provimento (= a primeira designação) que alguém recebe nos serviço público, ou seja, a nomeação é um provimento originário e não derivado; 2: incorreta, pois a remoção pode acontecer a pedido do servidor ou no interesse da Administração (= a "de ofício"), nos termos, do art. 36 da Lei 8.112/1990; 3: correta (art. 33, VI, da Lei 8.112/1990).
Gabarito 1E, 2E, 3C

(CESPE) Acerca do regime jurídico dos servidores públicos civis da União, julgue os itens a seguir.

(1) As formas de provimento de cargo incluem a readaptação, que consiste no retorno do servidor aposentado por invalidez à atividade, em decorrência de comprovação, por junta médica oficial, de cessação dos motivos da aposentadoria.

(2) Aplica-se suspensão em caso de reincidência de falta punida com advertência e de violação de proibição que não tipifique infração sujeita à penalidade de demissão, não podendo a suspensão exceder a noventa dias.

1: errada, pois embora a readaptação seja uma forma de provimento de cargo público (art. 8º, V, da Lei 8.112/1990), ela é "a investidura do servidor em cargo de atribuições e responsabilidades compatíveis com a limitação que tenha sofrido em sua capacidade física ou mental verificada em inspeção médica" (art. 24, *caput*, da Lei 8.112/1990); 2: certa (art. 130 da Lei 8.112/1990).
Gabarito 1E, 2C

(CESPE) Acerca do provimento e da vacância de cargo público, julgue os itens que se seguem.

(1) Considerando que a nacionalidade brasileira é requisito básico para a investidura em cargo público, às universidades não é permitido prover seus cargos com professores estrangeiros.

(2) Considere a seguinte situação hipotética. Um servidor que ocupa cargo de natureza especial foi nomeado para ter exercício, interinamente, em outro cargo de confiança, sem prejuízo de suas atribuições atuais. Nessa situação, o servidor deverá optar pela remuneração de um dos cargos durante o período da interinidade.

(3) O servidor que, tendo tomado posse em cargo efetivo, não entrar em exercício no prazo de 15 dias, contados da data da posse, será exonerado de ofício.

1: errada (art. 5º, § 3º, da Lei 8.112/1990); 2: certa (art. 9º, II, parágrafo único, da Lei 8.112/1990); 3: certa (art. 15, §§ 1º e 2º, da Lei 8.112/1990).
Gabarito 1E, 2C, 3C

(CESPE) Com relação à investidura em cargo público, assinale a opção correta.

(A) Para a investidura em cargo público, é necessário possuir idade mínima de dezesseis anos.

(B) O aproveitamento é forma de provimento de cargo público.

(C) A investidura em cargo público ocorrerá com a nomeação.

(D) O servidor tem trinta dias para entrar em exercício, contados da data da nomeação.

A: incorreta, pois a idade mínima é de dezoito anos (art. 5º, V, da Lei 8.112/1990); B: correta (art. 8º, VII, da Lei 8.112/1990); C: incorreta (art. 7º da Lei 8.112/1990); D: incorreta, pois o prazo é de quinze dias (art. 15, § 1º, da Lei 8.112/1990).
Gabarito "B".

(CESPE) Relativamente aos conceitos de readaptação, recondução, aproveitamento e reversão, assinale a opção correta.

(A) Readaptação é a situação funcional na qual o servidor estável passa à inatividade em razão da extinção de seu cargo ou da declaração de sua desnecessidade.

(B) Ocorre a recondução quando o servidor estável retorna ao cargo anteriormente ocupado, ou ao cargo resultante de sua transformação, após ter sido reconhecida a ilegalidade de sua demissão.

(C) O aproveitamento é o reingresso, no serviço público, do servidor em disponibilidade, quando haja cargo vago de natureza e vencimentos compatíveis com o anteriormente ocupado.

(D) Como forma de provimento por reingresso do servidor, a reversão se consuma quando o servidor estável retorna ao cargo que antes ocupava em razão de inabilitação em estágio probatório relativo a outro cargo ou de reintegração do anterior ocupante.

A: incorreta (art. 24, *caput*, da Lei 8.112/1990); B: incorreta (art. 29 da Lei 8.112/1990); C: correta (art. 30 da Lei 8.112/1990); D: incorreta (art. 25, *caput*, da Lei 8.112/1990).
Gabarito "C".

(CESPE) Não constitui hipótese de provimento em cargo público

(A) a nomeação.
(B) a reintegração.
(C) a transferência.
(D) o aproveitamento.
(E) a promoção.

Art. 8º, I, VIII, VII e II, da Lei 8.112/1990.
Gabarito "C".

(CESPE) Jorge, servidor público de carreira, foi aposentado por invalidez em dezembro de 2005. No mês de março de 2009, Jorge foi submetido a uma junta médica oficial, que considerou insubsistentes os motivos para a sua aposentadoria por invalidez e sugeriu o imediato retorno do servidor à ativa. Nessa situação hipotética, no retorno de Jorge à ativa, ocorre

(A) readaptação.
(B) reversão.
(C) reintegração.
(D) recondução.
(E) remoção.

Art. 25, I, da Lei 8.112/1990.
Gabarito "B".

(CESPE) Se um cidadão for nomeado para cargo de provimento efetivo lotado no TRE/MT, mas não tomar posse no prazo determinado em lei, a administração deve

(A) exonerá-lo de ofício.
(B) tornar sem efeito a sua nomeação.
(C) revogar o provimento do seu cargo.
(D) anular sua investidura.
(E) demiti-lo, a bem do serviço público.

Art. 34, parágrafo único, II, da Lei 8.112/1990.
Gabarito "B".

(CESPE) A respeito de investidura e nomeação, assinale a opção incorreta.

(A) O prazo para investidura em cargo público é de 30 dias contados da publicação do ato de provimento.
(B) A posse do cidadão no cargo para o qual foi nomeado significa a aceitação da investidura.
(C) Mesmo tendo havido ilegalidade no ato de nomeação, o servidor que deseja permanecer no cargo pode invocar direito adquirido.
(D) Dentro do prazo de validade do concurso, o candidato aprovado tem direito à nomeação, quando o cargo for preenchido sem observância da classificação.

A: incorreta (art. 13, § 1º, da Lei 8.112/1990); B: incorreta (art. 7º da Lei 8.112/1990); C: correta (art. 114 da Lei 8.112/1990); D: incorreta, de acordo com a Súmula 15 do STF.
Gabarito "C".

1.2. Vacância

(CESPE) A vacância do cargo público, segundo a Lei n. 8.112/1990, pode ser ocasionada por

(A) exoneração e reversão.
(B) falecimento e transferência.
(C) readaptação e promoção.
(D) demissão e nomeação.
(E) ascensão e demissão.

Art. 33, VI e III, da Lei 8.112/1990.
Gabarito "C".

1.3. Remoção, redistribuição e substituição

(CESPE) Julgue os itens que se seguem, acerca do regime jurídico dos servidores públicos, estabelecido na Lei n.º 8.112/1990.

(1) A remoção a pedido ocorre apenas se houver interesse da administração.
(2) O servidor que faltar ao serviço sem motivo justificado perderá o dia de remuneração.

1: errada, pois a remoção a pedido pode ocorrer se houver interesse da Administração e também pode ocorrer a pedido, para outra localidade, independentemente do interesse da Administração nas hipóteses descritas no art. 36, parágrafo único, III, da Lei 8.112/1990; 2: certa (art. 44, I, da Lei 8.112/1990).
Gabarito 1E, 2C

2. DIREITOS E VANTAGENS

2.1. Vencimentos e remuneração

(CESPE) Em relação à remuneração dos servidores públicos, assinale a opção correta de acordo com a Lei n. 8.112/1990.

(A) O servidor tem direito a adicional de tempo de serviço, devido à razão de 5% para cada período de 5 anos de serviço público efetivo.
(B) A realização de trabalhos, com habitualidade, em locais em contato permanente com substâncias tóxicas autoriza a percepção cumulativa dos adicionais de insalubridade e de periculosidade.
(C) A realização de serviço noturno autoriza a majoração em 50% do valor-hora de trabalho, incidente sobre os vencimentos.
(D) O adicional de serviço extraordinário está limitado a duas horas semanais.
(E) O pagamento da remuneração de férias será efetuado até dois dias antes do início do respectivo período.

A: incorreta, pois o art. 67 da Lei 8.112/1990, que previa o adicional de tempo de serviço foi revogado pela Medida Provisória n. 2.225-45/2001; B: incorreta, pois a percepção dos adicionais não pode ser cumulativa (art. 68, § 1º, da Lei 8.112/1990); C: incorreta, pois a majoração é de 25% do valor-hora de trabalho (art. 75, caput, da Lei 8.112/1990); D: incorreta, pois o limite é de duas horas por jornada (art. 74 da Lei 8.112/1990); E: correta (art. 78, caput, da Lei 8.112/1990).
Gabarito "E".

(CESPE) O vencimento do cargo efetivo, acrescido das vantagens pecuniárias permanentes estabelecidas em lei, denomina-se

(A) remuneração.
(B) vantagem pecuniária.
(C) salário.
(D) indenização.

(E) comissão.

Art. 41, *caput*, da Lei 8.112/1990.

Gabarito "A".

(CESPE) Julgue os itens que se seguem de acordo com a Lei n. 8.112/1990 e com a interpretação dos tribunais superiores a seu respeito.

(1) O ocupante de cargo em comissão submete-se ao regime de dedicação integral ao serviço público.
(2) Das vagas de qualquer concurso público, 20 % delas devem sempre ser asseguradas aos portadores de necessidades especiais.
(3) O pagamento da remuneração referente ao período de férias de servidor deve ser realizado até dois dias antes do início do respectivo período.
(4) Caso um candidato, aprovado em concurso público, esteja realizando tratamento de saúde no exterior e, por isso, não possa comparecer ao órgão no dia marcado para a posse, ele poderá outorgar procuração pública a seu irmão com poderes tanto para tomar posse quanto para entrar para exercício.
(5) O serviço extraordinário será remunerado com acréscimo de 25% em relação à hora normal de trabalho.

1: certa (art. 19, § 1º, da Lei 8.112/1990); 2: errada, pois de acordo com o disposto no art. 5º, § 2º, da Lei 8.112/191990, serão reservados até 20% das vagas para concursos cujo cargo cujas atribuições sejam compatíveis com a deficiência. O limite mínimo foi regulamentado pelo Decreto Regulamentar 3.298/99 (art. 37, § 1º), que previu um mínimo de 5% das vagas; 3: certa (art. 78, *caput*, da Lei 8.112/1990); 4: errada, pois somente a posse poderá ser por procuração (art. 13, § 3º, da Lei 8.112/1990); 5: errada (art. 73 da Lei 8.112/1990).

Gabarito 1C, 2E, 3C, 4E, 5E.

2.2. Vantagens (indenização, ajuda de custo, diária, indenização de transporte, auxílio-moradia, gratificações e adicionais, redistribuição, gratificação natalina, gratificação por encargo de cursos ou concurso) e férias

(CESPE) Com base no Regime Jurídico dos Servidores Civis da União, instituído pela Lei n. 8.112/1990, julgue os itens subsequentes.

(1) A referida lei estabeleceu, para algumas carreiras específicas, denominadas carreiras de Estado, o direito à vitaliciedade e à inamovibilidade.
(2) Um servidor público ocupante de função de direção no Ministério das Comunicações, ao tirar férias regulamentares, somente receberá o adicional de um terço também sobre a função que exerce se fizer solicitação formal nesse sentido ao setor de recursos humanos.
(3) Considere a seguinte situação hipotética. Um servidor público foi punido, em maio de 1999, com suspensão de quinze dias, em decorrência de processo administrativo disciplinar, e, desde então, esteve em efetivo exercício sem incorrer em nova infração disciplinar. Nessa situação, o registro da punição aplicada deverá ser cancelado pela administração.

1: errada, pois a vitaliciedade e inamovibilidade foram estabelecidas pela Constituição Federal (art. 95, I e II); 2: errada, pois o recebimento independerá de pedido formal do servidor, eis que previsto no art. 76, parágrafo único, da Lei 8.112/1990; 3: certa (art. 131, *caput*, da Lei 8.112/1990).

Gabarito 1E, 2E, 3C.

(CESPE) O auxílio-moradia pago pela administração pública

(A) é incorporado ao vencimento do servidor após 3 anos de recebimento ininterrupto.
(B) é incorporado ao vencimento do servidor imediatamente após ser concedido.
(C) é incorporado ao vencimento do servidor apenas quando pago em caráter definitivo e irrevogável.
(D) não é incorporado ao vencimento do servidor, por ser pago apenas em caráter transitório.
(E) não é incorporado ao vencimento do servidor, por ter caráter indenizatório.

Arts. 49, § 1º, e 51, IV, da Lei 8.112/1990.

Gabarito "E".

(CESPE) Acerca dos direitos e vantagens dos servidores públicos federais, assinale a opção correta.

(A) É devido adicional de serviço extraordinário aos ocupantes de cargo comissionado que tenham carga horária semanal superior a 48 horas.
(B) É devido aos servidores públicos adicional de serviço noturno pelos trabalhos realizados entre as 20 h de um dia e as 7 h do dia seguinte.
(C) A gratificação natalina é calculada com base na média salarial do servidor nos doze meses que antecedem o seu pagamento.
(D) Uma pessoa que mora em Brasília – DF e é nomeada para cargo efetivo no TRE/MT tem direito à ajuda de custo para se mudar do Distrito Federal para o estado de Mato Grosso.
(E) A indenização de transporte não se incorpora ao vencimento do servidor, mesmo quando concedida habitualmente por mais de dois anos seguidos.

A: incorreta (art. 73 da Lei 8.112/1990); B: incorreta (art. 75 da Lei 8.112/1990); C: incorreta (art. 63, *caput*, da Lei 8.112/1990); D: incorreta (art. 53, *caput*, da Lei 8.112/1990); E: correta (arts. 49, § 1º, e 51, III, da Lei 8.112/1990).

Gabarito "E".

2.3. Licenças e afastamentos

(CESPE) José, servidor público federal, é casado com Maria e reside em São Luís – MA. Maria foi eleita deputada federal e, por esse motivo, transferiu sua residência para Brasília. José requereu a licença por motivo de afastamento do cônjuge, para acompanhar sua esposa em Brasília. Nessa situação hipotética, a licença será por prazo

(A) indeterminado e remunerada nos primeiros seis meses.
(B) indeterminado e remunerada durante todo o período da licença.
(C) determinado de quatro anos e sem remuneração.
(D) indeterminado e sem remuneração.
(E) determinado de um ano e com remuneração integral.

Art. 84, § 1º, da Lei 8.112/1990.

Gabarito "D".

(CESPE) Considerando que um servidor ocupa cargo público efetivo no TRE/MT há exatos 6 anos e jamais gozou nenhuma licença, assinale a opção que indica uma licença de caráter remunerado que pode ser concedida a ele.

(A) licença para atividade política
(B) licença para tratar de interesses particulares
(C) licença-prêmio
(D) licença para capacitação
(E) licença por motivo de afastamento do companheiro

Art. 87, *caput*, da Lei 8.112/1990.
Gabarito "D".

3. REGIME DISCIPLINAR

(Policial Rodoviário Federal – 2009 – FUNRIO) Juventino é servidor público federal da carreira de policial rodoviário federal. Após cumprir dois anos e onze meses de atividades nas atribuições do cargo da classe de agente, executando as tarefas de natureza operacional, principalmente as voltadas para o patrulhamento ostensivo e a fiscalização de trânsito; e já em via de receber sua progressão funcional legal para outro padrão, além da estabilidade funcional, recebe para transferir sua experiência outro policial da carreira, Orozimbo, que irá substituí-lo, pois o local de sua lotação também seria modificado. Passados alguns dias ambos se tornam cordiais colegas de profissão e, achando-se cansados, se sentam para um pequeno descanso durante o serviço. Um veículo que trafegava pelo acostamento da via pública em alta velocidade acaba não sendo autuado por Juventino. Neste caso, Orozimbo agiu de que forma?

(A) Com inaptidão.
(B) Com desídia.
(C) Com incompetência.
(D) Com presunção de não culpabilidade.
(E) Com inassuidade.

A: incorreta, pois inaptidão diz respeito à falta de habilidade para o trabalho, que não é o caso; B: correta, pois desídia é justamente o caso em que a alguém, por distração, desleixo, preguiça, deixa de fazer o que deveria; quem procede de forma desidiosa comete infração disciplinar (art. 117, XV, da Lei 8.112/90), cabendo até demissão no caso (art. 132, XIII, da Lei 8.112/90); C: incorreta, pois Orozimbo é competente para a autuação, já que é policial de carreira; D: incorreta, pois o caso revela conduta, no mínimo, culposa por parte de Orozimbo; E: incorreta, pois inassuidade diz respeito ao não comparecimento ao trabalho, o que não é o caso.
Gabarito "B".

(Policial Rodoviário Federal – 2009 – FUNRIO) Servidor público federal, localizado em autarquia federal, após responder a processo administrativo disciplinar, por ser cotista de Sociedade Comercial, sendo que a função de gerente era exercida por sua esposa, vem a ser demitido, em face da participação no quadro societário de sociedade privada comercial. Em face do narrado, é correto afirmar que

(A) a participação como cotista em sociedade comercial não é vedada, em tese, ao servidor público, desde que previamente autorizada em processo administrativo específico.
(B) a participação como cotista em sociedade comercial é vedada ao servidor público, sendo punida com pena de demissão.
(C) a participação como cotista em sociedade comercial não é vedada ao servidor público, desde que inexista vínculo familiar com o gerente, caso em que é aplicável a pena de demissão.
(D) a participação como cotista em sociedade privada, gerenciada por familiar, é vedada ao servidor público, sendo punida com pena de advertência.
(E) a participação como cotista em sociedade comercial não é vedada, em tese, ao servidor público.

De acordo com o art. 117, X, da Lei 8.112/90, ao servidor é proibido participar de gerência ou administração de sociedade privada e exercer o comércio. Porém, o servidor pode ser mero acionista, cotista ou comanditário de uma sociedade. Ou seja, um servidor não pode ser gerente da empresa, mas pode ser apenas cotista ou acionista desta. Assim, apenas a alternativa "e" está correta.
Gabarito "E".

(Policial Rodoviário Federal – 2004 – CESPE) Um servidor público federal recebeu, em razão da função que exercia, a importância de R$ 2 mil para agilizar a prática de ato funcional. Instaurado processo administrativo disciplinar pela autoridade competente, em que foram observados os princípios do contraditório e da ampla defesa, restou comprovada a prática da falta funcional do servidor.

Com relação à situação hipotética acima apresentada, julgue o item que se segue.

(1) Como a infração administrativa descrita configura, em tese, crime contra a administração pública, o servidor público ficará sujeito a pena disciplinar, independentemente da responsabilidade penal. A autoridade administrativa, para aplicar a pena de demissão, não ficará condicionada ao desfecho de ação penal que porventura for instaurada pelo Ministério Público Federal.

1: correta; os servidor está sujeito a sanções nas duas esferas mencionadas, pois as sanções administrativas são independentes da sanções criminais (art. 125 da Lei 8.112/90); não bastasse, a autoridade administrativa não terá de aguardar o desfecho da ação criminal para aplicar a pena de demissão; a única coisa é que, caso o servidor venha a ser absolvido na esfera criminal por negativa de autoria ou inexistência do fato (cuidado: não é por "falta de provas"!), esse servidor poderá pedir revisão da sanção administrativa de demissão, por força do art. 126 da Lei 8.112/1990).
Gabarito 1C.

(CESPE) Acerca do processo administrativo disciplinar, estabelecido na Lei n. 8.112/1990, julgue os itens seguintes.

(1) O servidor público é proibido de ausentar-se do serviço sem prévia autorização do chefe imediato.
(2) É cabível a aplicação da pena de demissão ao servidor que receber propina, comissão, presente ou vantagem de qualquer espécie.

1: certa (art. 117, I, da Lei 8.112/1990); 2: certa (art. 132, XIII, e 117, XII, da Lei. 8.112/1990).
Gabarito 1C, 2C.

(CESPE) Acerca do regime disciplinar, em cada um dos itens seguintes, é apresentada uma situação hipotética, seguida de uma assertiva a ser julgada.

(1) Durante o período de doze meses, uma servidora pública se ausentou do serviço, sem causa justificada, por trinta dias interpoladamente. Nessa situação, res-

tou configurado o abandono de cargo que é uma das causas de aplicação da pena disciplinar de demissão.

(2) Um servidor público acumulava, em dois órgãos distintos, os cargos de analista de finanças e analista ambiental, respectivamente. Quando exercia as funções do cargo de analista de finanças, o servidor foi surpreendido com uma notificação de sua chefia imediata, para apresentar opção em um dos cargos que ocupava no prazo improrrogável de dez dias, contados da data da ciência. Imediatamente, o servidor se dirigiu ao setor de recursos humanos do órgão e fez a sua opção pelo cargo de analista de finanças, tendo, no dia seguinte, solicitado a exoneração do cargo de analista ambiental no outro órgão. Nessa situação, por estar a acumulação ilegal de cargos sujeita à pena disciplinar de demissão, o chefe do servidor que o notificou deverá instaurar processo administrativo disciplinar.

1: errada (art. 138 da Lei 8.112/1990); 2: errada, pois somente será adotado procedimento em caso de omissão do servidor após a sua notificação (art. 133, *caput*, da Lei 8.112/1990).
Gabarito 1E, 2E

(CESPE) Considerando que um servidor público federal, residente em São Luís – MA, onde exerce seu cargo efetivo, tenha sido eleito vereador no município de Alcântara, assinale a opção correta.

(A) Havendo compatibilidade de horários, é possível que o servidor cumule as duas funções, porém deve optar pela remuneração que deseja receber: ou a remuneração do cargo efetivo, ou as vantagens do cargo eletivo.

(B) Havendo compatibilidade de horários, é possível que o servidor acumule as duas funções, recebendo as vantagens do cargo de vereador e a remuneração do cargo efetivo.

(C) Ainda que exista compatibilidade de horários, se o servidor optar por exercer o cargo eletivo, deve, necessariamente, pedir afastamento, sem remuneração, do cargo efetivo.

(D) A Lei n. 8.112/1990 veda expressamente qualquer acumulação de cargos.

(E) O servidor não pode acumular os cargos de vereador com o de servidor público em São Luís – MA, pois deve, necessariamente, transferir sua residência para outro município, caso opte por exercer o mandato eletivo.

Art. 38, III, da CF.
Gabarito "B".

(CESPE) No que se refere às responsabilidades dos servidores públicos federais, assinale a opção correta.

(A) Pelo exercício irregular de suas atribuições, o servidor público responderá, sempre, em três esferas: a civil, a penal e a administrativa.

(B) A responsabilidade civil do servidor é decorrente de atos culposos tão somente.

(C) As sanções penais aplicáveis ao servidor que comete ilícito penal no exercício da função dependem da apuração da falta disciplinar.

(D) A responsabilidade administrativa do servidor não pode ser afastada ainda que seja ele absolvido criminalmente em razão da comprovação de inexistência do fato.

(E) A responsabilidade penal abrange não apenas os crimes praticados pelo servidor nesta qualidade, mas também as contravenções.

A: incorreta (art. 121 da Lei 8.112/1990); B: incorreta (art. 122, *caput*, da Lei 8.112/1990); C: incorreta, pois não existe tal exigência legal; D: incorreta (art. 126 da Lei 8.112/1990); E: correta (art. 123 da Lei 8.112/1990).
Gabarito "E".

(CESPE) As penalidades administrativas previstas na Lei n. 8.112/1990 incluem a

I. demissão.
II. exoneração.
III. advertência.
IV. dispensa de função comissionada.
V. expulsão.

A quantidade de itens certos é igual a

(A) 1.   (B) 2.   (C) 3.   (D) 4.   (E) 5.

I: correta (art. 127, III, da Lei 8.112/1990); II: incorreta, exoneração não é forma de penalidade (art. 34 da Lei 8.112/1990); III: correta (art. 127, I, da Lei 8.112/1990); IV e V: incorretas, não há previsão dessas espécies de penalidade.
Gabarito "B".

(CESPE) José Carlos, servidor público federal, faltou ao serviço sessenta e cinco dias em um período de doze meses, sem apresentar qualquer justificativa, configurando-se a hipótese de inassiduidade habitual. Diante disso, foi instaurado regular processo administrativo disciplinar contra José Carlos. Assinale a opção correspondente à penalidade a que está sujeito José Carlos, de acordo com a Lei n. 8.112/1990 (Regime Jurídico dos Servidores Públicos Federais), caso a hipótese de inassiduidade habitual seja comprovada.

(A) advertência
(B) aposentadoria compulsória
(C) suspensão
(D) demissão

Art. 132, III, da Lei 8.112/1990.
Gabarito "D".

(CESPE) Se dois servidores públicos federais discutirem na repartição pública em que trabalham e, nessa discussão, um deles, exaltado, agredir fisicamente o outro, tal atitude poderá acarretar, para o agressor, a penalidade administrativa de

(A) advertência.
(B) suspensão.
(C) demissão.
(D) prestação de serviços sociais.
(E) multa em favor do servidor agredido.

Art. 132, VII, da Lei 8.112/1990.
Gabarito "C".

(Técnico Judiciário – TRE/MA – 2009 – CESPE) A penalidade de cassação de aposentadoria de um servidor concursado do Senado Federal deve ser aplicada pelo

(A) presidente da República.

(B) ministro da Justiça.
(C) ministro presidente do STF.
(D) presidente do Senado Federal.
(E) presidente da Câmara dos Deputados.

Art. 141, I, da Lei 8.112/1990.
Gabarito "D".

(CESPE) Assinale a opção que apresenta uma conduta que, por si só, não justifica a aplicação de penalidade de demissão a um servidor.
(A) Inassiduidade habitual.
(B) Revelação de segredo do qual teve conhecimento em razão do cargo.
(C) Ausência intencional ao serviço por dez dias consecutivos.
(D) Recebimento, em razão do exercício de suas atribuições, de presente de valor correspondente à metade de sua remuneração mensal.
(E) Participação na gerência de empresa privada.

A: art. 132, III, da Lei 8.112/1990; B: art. 132, IX, da Lei 8.112/1990; C: somente configura o abandono de cargo a ausência intencional ao serviço por mais de trinta dias consecutivos (art. 138 da Lei 8.112/1990); D: arts. 117, XII e 132, XIII, da Lei 8.112/1990; E: arts. 117, X e 132, XIII, da Lei 8.112/1990.
Gabarito "D".

4. PROCESSO DISCIPLINAR

(Policial Rodoviário Federal – 2004 – CESPE) Um servidor público federal recebeu, em razão da função que exercia, a importância de R$ 2 mil para agilizar a prática de ato funcional. Instaurado processo administrativo disciplinar pela autoridade competente, em que foram observados os princípios do contraditório e da ampla defesa, restou comprovada a prática da falta funcional do servidor.

Com relação à situação hipotética acima apresentada, julgue o item que se segue.

(1) Se a autoridade administrativa aplicar a pena de demissão, o servidor público poderá utilizar-se da revisão para provocar o reexame do ato pela administração pública, o qual é uma modalidade de recurso administrativo e, consequentemente, de controle administrativo.

1: correta; a expressão recurso administrativo, em sentido amplo, abrange todo meio administrativo hábil a provocar o controle da atividade administrativa, abrangendo as representações (= a denúncias de irregularidades), o pedido de reconsideração, o recurso hierárquico e a revisão administrativa; esta consiste no pedido de reexame de matéria já definitivamente decidida; tal pedido só pode se dar quando houver um fato novo que leve à conclusão pela inocência do punido ou pela inadequação da penalidade aplicada (art. 174, caput, da Lei 8.112/90).
Gabarito 1C.

13. LEGISLAÇÃO RELATIVA AO DEPARTAMENTO DE POLÍCIA RODOVIÁRIA FEDERAL

Eduardo Dompieri e Tatiana Creato Subi

1. CÓDIGO DE TRÂNSITO BRASILEIRO (LEI N° 9.503/1997)

1.1. Disposições preliminares e conceitos básicos

(Policial Rodoviário Federal – 2009 – FUNRIO) O trânsito de qualquer natureza nas vias terrestres do território nacional, abertas à circulação, rege-se pelo Código de Trânsito Brasileiro instituído pela Lei n° 9.503, de 23 de setembro de 1997. Assim, é correto afirmar que:

(A) O trânsito, em condições seguras, é um direito de todos e dever dos órgãos e entidades componentes do Sistema Estadual de Trânsito, a estes cabendo, no âmbito das respectivas competências, adotar as medidas destinadas a assegurar esse direito.

(B) Os órgãos e entidades componentes do Sistema Nacional de Trânsito respondem, no âmbito das respectivas competências, objetivamente, sendo necessária a comprovação de culpa, por danos causados aos cidadãos em virtude de ação, omissão ou erro na execução e manutenção de programas, projetos e serviços que garantam o exercício do direito do trânsito seguro.

(C) Os órgãos e entidades de trânsito pertencentes ao Sistema Nacional de Trânsito darão prioridade em suas ações à defesa da vida, não incluindo neste caso a preservação da saúde e do meio ambiente.

(D) Considera-se trânsito a utilização das vias por pessoas, veículos e animais, isolados ou em grupos, conduzidos ou não, para fins de circulação, parada, estacionamento e operação de carga ou descarga.

(E) As disposições deste Código são aplicáveis a qualquer veículo, bem como aos proprietários, condutores dos veículos nacionais ressalvados os veículos estrangeiros e as pessoas nele expressamente mencionadas.

A: incorreta, pois há um erro na afirmativa, que usa a expressão "Sistema Estadual de Trânsito", quando o correto é "Sistema Nacional de Trânsito" (art. 1°, § 2°, da Lei 9.503/1997 – Código de Trânsito Brasileiro – CTB); **B:** incorreta, pois, sendo a responsabilidade objetiva (art. 1°, § 3°, da Lei 9.503/1997), não há que se falar em necessidade de comprovação de culpa, já que a responsabilidade objetiva independe de culpa ou dolo para se configurar; **C:** incorreta, pois tais órgãos darão prioridade em suas ações à defesa da vida, *nela incluída* a preservação da saúde e do meio ambiente (art. 1°, § 5°, da Lei 9.503/1997); **D:** correta (art. 1°, § 1°, da Lei 9.503/1997); **E:** incorreta, pois o Código de Trânsito Brasileiro aplica-se, sim, aos veículos estrangeiros e às pessoas nele mencionadas (art. 3° da Lei 9.503/1997).
Gabarito "D".

(Policial Rodoviário Federal – 2008 – CESPE) Julgue os itens a seguir, relativos a conceitos utilizados para a interpretação do CTB.

I. Caminhonete – veículo misto destinado ao transporte de passageiros e carga no mesmo compartimento.

II. Ilha – obstáculo físico, colocado na pista de rolamento, destinado à ordenação dos fluxos de trânsito em uma interseção.

III. Tara – peso próprio do veículo, acrescido dos pesos da carroçaria e equipamento, do combustível, das ferramentas e acessórios, da roda sobressalente, do extintor de incêndio e do fluido de arrefecimento, expresso em quilogramas.

IV. Veículo de grande porte – veículo automotor destinado ao transporte de carga com peso bruto total máximo superior a 10.000 kg e de passageiros, superior a vinte passageiros.

A quantidade de itens certos é igual a

(A) 0.
(B) 1.
(C) 2.
(D) 3.
(E) 4.

I: incorreta, pois a caminhonete não é veículo destinado ao transporte de passageiros e carga no mesmo compartimento, mas destinado ao transporte de carga com peso bruto até 3,5 mil quilogramas (Anexo I da Lei 9.503/1997); II: correta, nos termos do Anexo I da Lei 9.503/1997; III: correta, nos termos do Anexo I da Lei 9.503/1997; IV: correta, nos termos do Anexo I da Lei 9.503/1997.
Gabarito "D".

1.2. Sistema Nacional de Trânsito

(Policial Rodoviário Federal – CESPE – 2019) Com relação ao Sistema Nacional de Trânsito, julgue os seguintes itens.

(1) A Polícia Rodoviária Federal integra o Sistema Nacional de Trânsito, competindo-lhe, no âmbito das rodovias e estradas federais, implementar as medidas da Política Nacional de Segurança e Educação de Trânsito.

(2) O CONTRAN é o órgão máximo executivo de trânsito da União, cabendo a coordenação máxima do Sistema Nacional de Trânsito ao Departamento Nacional de Trânsito (DENATRAN).

1: correta, nos termos do arts. 7°, V, e 20, VIII, do CTB; **2:** incorreta. O CONTRAN é o órgão máximo normativo e consultivo (art. 7°, I, do CTB).
Gabarito 1C, 2E.

(Policial Rodoviário Federal – 2009 – FUNRIO) O Sistema Nacional de Trânsito é o conjunto de órgãos e entidades da União, dos Estados, do Distrito Federal e dos Municípios que tem por finalidade o exercício das atividades de planejamento, administração, normatização, pesquisa, registro e licenciamento de veículos, formação, habilitação e reciclagem de condutores, educação, engenharia, operação do sistema viário, policiamento, fiscalização, julgamento de infrações e de recursos e aplicação de penalidades. NÃO compõem o Sistema Nacional de Trânsito os seguintes órgãos e entidades:

(A) Os órgãos e entidades executivos de trânsito da União, dos Estados, do Distrito Federal e dos Municípios; os órgãos e entidades executivos rodoviários da União, dos Estados, do Distrito Federal e dos Municípios; e a Polícia Rodoviária Federal.

(B) O Conselho Nacional de Trânsito – Contran, coordenador do Sistema e órgão máximo normativo e consultivo; os Conselhos Estaduais de Trânsito – Cetran e o Conselho de Trânsito do Distrito Federal – Contrandife, órgãos normativos, consultivos e coordenadores; e a Polícia Federal.

(C) A Polícia Rodoviária Federal; as Polícias Militares dos Estados e do Distrito Federal; e as Juntas Administrativas de Recursos de Infrações – JARI.

(D) O Conselho Nacional de Trânsito – Contran, coordenador do Sistema e órgão máximo normativo e consultivo; os Conselhos Estaduais de Trânsito – Cetran e o Conselho de Trânsito do Distrito Federal – Contrandife, órgãos normativos, consultivos e coordenadores.

(E) A Polícia Rodoviária Federal; as Polícias Militares dos Estados e do Distrito Federal; as Juntas Administrativas de Recursos de Infrações – Jari; os órgãos e entidades executivos de trânsito da União, dos Estados, do Distrito Federal e dos Municípios; e os órgãos e entidades executivos rodoviários da União, dos Estados, do Distrito Federal e dos Municípios.

A: correta, pois os órgãos e entidades arrolados compõem, sim, o SNT (Sistema Nacional de Trânsito), nos termos do art. 7°, III, IV e V, da Lei 9.503/1997; **B:** incorreta, devendo ser assinalada, pois a Polícia Federal NÃO compõe o SNT, conforme o art. 7° da Lei 9.503/1997. Cuidado: embora a Polícia Federal não faça parte do SNT, tal não ocorre com a Polícia Rodoviária Federal, que integra tal sistema (art. 7°, V, da Lei 9.503/1997); **C:** correta, pois os órgãos e entidades arrolados compõem, sim, o SNT (Sistema Nacional de Trânsito), nos termos do art. 7°, V, VI e VII, da Lei 9.503/1997; **D:** correta, pois os órgãos e entidades arrolados compõem, sim, o SNT (Sistema Nacional de Trânsito), nos termos do art. 7°, I e II, da Lei 9.503/1997; **E:** correta, pois os órgãos e entidades arrolados compõem, sim, o SNT (Sistema Nacional de Trânsito), nos termos do art. 7°, V, VII, VII, III e IV (respectivamente), da Lei 9.503/1997.

Gabarito "B".

(Policial Rodoviário Federal – 2009 – FUNRIO) Os Estados, o Distrito Federal e os Municípios organizarão os respectivos órgãos e entidades executivos de trânsito e executivos rodoviários, estabelecendo os limites circunscricionais de suas atuações. Sobre as competências atribuídas aos respectivos órgãos e entidades que compõem o Sistema Nacional de Trânsito é correto afirmar que

(A) compete ao Conselho Nacional de Trânsito (Contran) estabelecer as normas regulamentares referidas neste Código e as diretrizes da Política Nacional de Trânsito e coordenar os órgãos do Sistema Nacional de Trânsito, objetivando a integração de suas atividades.

(B) compete aos Conselhos Estaduais de Trânsito (Cetran) e ao Conselho de Trânsito do Distrito Federal (Contrandife) avocar, para análise e soluções, processos sobre conflitos de competência ou circunscrição, ou, quando necessário, unificar as decisões administrativas e dirimir conflitos sobre circunscrição e competência de trânsito no âmbito da União, dos Estados e do Distrito Federal.

(C) compete às Juntas Administrativas de Recursos de Infrações (Jari) cumprir e fazer cumprir a legislação e as normas de trânsito, no âmbito das respectivas atribuições; elaborar normas no âmbito das respectivas competências; responder a consultas relativas à aplicação da legislação e dos procedimentos normativos de trânsito.

(D) compete ao órgão máximo executivo de trânsito da União julgar os recursos interpostos pelos infratores; solicitar aos órgãos e entidades executivos de trânsito e executivos rodoviários informações complementares relativas aos recursos, objetivando uma melhor análise da situação recorrida; encaminhar aos órgãos e entidades executivos de trânsito e executivos rodoviários informações sobre problemas observados nas autuações e apontados em recursos, e que se repitam sistematicamente.

(E) compete à Polícia Rodoviária Federal, no âmbito das rodovias e estradas federais, cumprir e fazer cumprir a legislação de trânsito e a execução das normas e diretrizes estabelecidas pelo Contran, no âmbito de suas atribuições; proceder à supervisão, à coordenação, à correição dos órgãos delegados, ao controle e à fiscalização da execução da Política Nacional de Trânsito e do Programa Nacional de Trânsito.

A: correta (art. 12, I e II, da Lei 9.503/1997); **B:** incorreta, pois tais competências são do Contran (art. 12, XIII e XIV, da Lei 9.503/1997); **C:** incorreta, pois tais competências são do Cetran e do Contrandife (art. 14, I a III, da Lei 9.503/1997); **D:** incorreta; o órgão máximo executivo de trânsito tem as competências previstas no art. 19 da Lei 9.503/1997; as competências trazidas na alternativa são das Jari (art. 17, I a III, da Lei 9.503/1997); **E:** incorreta; as competências da Polícia Rodoviária Federal estão no art. 20 da Lei 9.503/1997; as competências trazidas na alternativa são do órgão máximo executivo de trânsito (art. 19, I e II, da Lei 9.503/1997).

Gabarito "A".

(Policial Rodoviário Federal – 2008 – CESPE) Julgue os itens subsequentes com respeito ao SNT.

I. Os órgãos e entidades componentes do SNT respondem, no âmbito das respectivas competências, objetivamente, por danos causados aos cidadãos em virtude de ação, omissão ou erro na execução e manutenção de programas, projetos e serviços que garantam o exercício do direito do trânsito seguro.

II. O SNT é o conjunto de órgãos e entidades da União, dos estados, do DF e dos municípios que tem por finalidade o exercício das atividades de planejamento, administração, normatização, pesquisa, registro e licenciamento de veículos, formação, habilitação e reciclagem de condutores, educação, engenharia, operação do sistema viário, policiamento, fiscalização, julgamento de infrações e de recursos e aplicação de penalidades.

III. Compõem o SNT: o Contran, os conselhos estaduais de trânsito (Cetran) e o Conselho de Trânsito do Distrito Federal (Contrandife), os órgãos e entidades executivos de trânsito da União, dos estados, do DF e dos municípios, os órgãos e entidades executivos rodoviários da União, dos estados, do DF e dos municípios, a PRF, as polícias militares dos estados e do DF e as juntas administrativas de recursos de infrações.

IV. As Câmaras Temáticas, órgãos técnicos vinculados ao Contran, são integradas por especialistas e têm como objetivo estudar e oferecer sugestões e embasamento técnico sobre assuntos específicos para decisões daquele colegiado.

A quantidade de itens certos é igual a

(A) 0.
(B) 1.
(C) 2.
(D) 3.
(E) 4.

I: correta (art. 1º, § 3º, da Lei 9.503/1997); II: correta (art. 5º da Lei 9.503/1997); III: correta (art. 7º da Lei 9.503/1997); IV: correta (art. 13, *caput*, da Lei 9.503/1997).

Gabarito "E".

(Policial Rodoviário Federal – 2008 – CESPE) Com relação ao Sistema Nacional de Trânsito (SNT), julgue os itens a seguir.

(1) O Conselho Nacional de Trânsito é o órgão máximo do SNT.
(2) A Polícia Rodoviária Federal (PRF) compõe o SNT.

1: correta (art. 7º, I, da Lei 9.503/1997); é bom ressalvar que o Contran é o órgão máximo normativo e consultivo do SNT; há, também, o órgão máximo executivo de trânsito (art. 19 da Lei 9.503/1997); 2: correta (art. 7º, V, da Lei 9.503/1997).

Gabarito 1C, 2C

(Policial Rodoviário Federal – 2002 – CESPE) Considerando o CTB, julgue o item seguinte.

(1) Considerando que o CTB determina que compete à PRF, no âmbito das rodovias e estradas federais, aplicar e arrecadar as multas impostas por infrações de trânsito, é correto afirmar, com base no referido código, que o policial rodoviário federal pode multar um motorista por excesso de velocidade e, para conferir celeridade ao procedimento, receber em mão o dinheiro relativo à multa, oferecendo ao infrator recibo devidamente assinado.

1: incorreta, pois o art. 20 da Lei 9.503/1997 não prevê que a PRF, por seus policiais, receba em mãos o dinheiro relativo à multa aplicada.

Gabarito 1E

(Policial Rodoviário Federal – 1998 – CESPE) Em relação a composição e competência do Sistema Nacional de Trânsito, assinale a alternativa

(A) Os Cetran, Conselhos Estaduais de Trânsito, são órgãos máximos normativos e consultivos do Sistema Nacional de Trânsito;
(B) Estabelecer as diretrizes da Política Nacional de Trânsito é, entre outras, competência da Polícia Rodoviária Federal;
(C) É competência do Contran, Conselho Nacional de Trânsito, zelar pela uniformidade e cumprimento das normas contidas no Código de Trânsito Brasileiro;
(D) Compete às Jari, Juntas Administrativas de Recursos de Infrações, dirimir conflitos sobre circunscrição e competência do trânsito no âmbito dos Municípios;
(E) Compete às Câmaras Temáticas julgar os recursos interpostos pelos infratores.

A: incorreta, pois são órgãos normativos, consultivos e coordenadores (art. 7º, II, da Lei 9.503/1997), mas não são o órgão máximo normativo e consultivo do SNT, já que o Contran é quem tem essa incumbência (art. 7º, I, da Lei 9.503/1997); **B:** incorreta, pois essa competência é do Contran (art. 12, I, da Lei 9.503/1997); **C:** correta (art. 12, VII, da Lei 9.503/1997); **D:** incorreta, pois essa atribuição cabe ao Cetran (art. 14, IX, da Lei 9.503/1997); **E:** incorreta, pois essa competência é das JARI (art. 17, I, da Lei 9.503/1997).

Gabarito "C".

(Policial Rodoviário Federal – 1998 – CESPE) Considere algumas das atribuições de órgãos e entidades que compõem o Sistema Nacional de Trânsito:

I. Estabelecer procedimentos sobre a aprendizagem e habilitação de condutores de veículos, a expedição de documentos de condutores e licenciamento de veículos;
II. Organizar a estatística geral de trânsito no território nacional, definindo os dados a serem fornecidos pelos demais órgãos e promover sua divulgação;
III. Efetuar levantamento dos locais de acidentes de trânsito e dos serviços de atendimento, socorro e salvamento de vítimas;
IV. Realizar o patrulhamento ostensivo, executando operações relacionadas com a segurança pública, com o objetivo de preservar a ordem, incolumidade das pessoas, o patrimônio da União e de terceiros.

São de competência da Polícia Rodoviária Federal:

(A) somente I;
(B) somente I e III;
(C) somente II e III;
(D) somente III e IV;
(E) I, II, III e IV.

I: incorreta, pois essa competência é do Contran (art. 12, X, da Lei 9.503/1997); II: incorreta, pois essa competência é do órgão máximo executivo de trânsito da União (art. 19, X, da Lei 9.503/1997); III: correta (art. 20, IV, da Lei 9.503/1997); IV: correta (art. 20, II, da Lei 9.503/1997).

Gabarito "D".

1.3. Normas gerais de circulação e conduta

(Policial Rodoviário Federal – 2009 – FUNRIO) Em relação ao Código de Trânsito Brasileiro (CBT), analise as seguintes afirmativas:

I. Os veículos de tração animal serão conduzidos pela direita da pista, junto à guia da calçada (meio-fio) ou acostamento, sempre que não houver faixa especial a eles destinada.
II. Os ciclomotores devem ser conduzidos pela direita da pista de rolamento, preferencialmente no centro da faixa mais à direita ou no bordo direito da pista sempre que não houver acostamento ou faixa própria a eles destinada.
III. Deixar de dar passagem aos veículos de polícia é infração gravíssima, sendo o infrator penalizado com multa.

Está(ão) correta(s) a(s) afirmativa(s)

(A) I e II, apenas.
(B) I e III, apenas.
(C) I, II e III.
(D) II e III, apenas.
(E) III, apenas.

I: correta (art. 52 da Lei 9.503/1997); II: correta (art. 57, *caput*, da Lei 9.503/1997); III: correta (art. 189 da Lei 9.503/1997).
Gabarito "C".

(Policial Rodoviário Federal – 2009 – FUNRIO) Ao retornar à base, após conduzir uma vítima de acidente a um serviço de Pronto-Socorro, uma ambulância trafega pelo acostamento da rodovia em velocidade reduzida, sem utilizar o alarme sonoro e a iluminação vermelha intermitente. É correto afirmar que seu motorista

(A) valeu-se da sua prioridade de trânsito.
(B) errou ao não acionar o alarme sonoro.
(C) exerceu o direito à livre circulação.
(D) infringiu uma norma de circulação.
(E) praticou crime de trânsito.

A ambulância, de fato, além da prioridade de trânsito, goza de livre circulação, **desde que** em serviço de urgência. No caso, por não estar nessa condição, o motorista da ambulância infringiu a norma de circulação prevista no art. 29, VII, da Lei 9.503/1997, cuja redação foi alterada pela Lei 14.071/2020, com entrada em vigor em 180 dias a contar de sua publicação, o que se deu em 14 de outubro de 2020.
Gabarito "D".

(Policial Rodoviário Federal – 2008 – CESPE) Assinale a opção que está em harmonia com as normas gerais de circulação previstas no CTB.

(A) Embora seja recomendável que, antes de colocar o veículo em circulação nas vias públicas, o condutor verifique a existência de combustível suficiente para chegar ao local de destino, não há no CTB previsão expressa a esse respeito.
(B) O trânsito de veículos nas vias terrestres abertas à circulação deve ocorrer pelo lado direito da via, não se admitindo exceções quanto a isso.
(C) Quando uma pista de rolamento comportar várias faixas de circulação no mesmo sentido, são as da esquerda as destinadas ao deslocamento dos veículos mais lentos e de maior porte, quando não houver faixa especial a eles destinada, e as da direita, destinadas à ultrapassagem e ao deslocamento dos veículos de maior velocidade.
(D) O trânsito de veículos sobre passeios e calçadas só poderá ocorrer para que se adentre ou se saia dos imóveis ou áreas especiais de estacionamento e tal restrição não se aplica aos acostamentos.
(E) Quando veículos, transitando por fluxos que se cruzem, se aproximarem de local não sinalizado, terá preferência de passagem, no caso de rotatória, aquele que estiver circulando por ela.

A: incorreta, pois há previsão, sim, desse dever (art. 27 da Lei 9.503/1997); B: incorreta, pois a própria lei admite exceções a essa regra, desde que devidamente sinalizadas (art. 29, I, da Lei 9.503/1997); C: incorreta, pois os veículos mais lentos e de maior devem trafegar pela direita (e não pela esquerda), ficando a faixa da esquerda (e não da direita) destinada à ultrapassagem e ao deslocamento dos veículos de maior velocidade; D: incorreta, pois a regra em questão abrange os passeios, as calçadas e os acostamentos (art. 29, V, da Lei 9.503/1997; E: correta (art. 29, III, *b*, da Lei 9.503/1997).
Gabarito "E".

(Policial Rodoviário Federal – 2008 – CESPE) Acerca da condução de veículos de tração animal e da circulação de animais isolados ou em grupo nas vias, assinale a opção correta de acordo com o CTB.

(A) Os veículos de tração animal terão de ser conduzidos pelo lado esquerdo da pista, sempre que não houver faixa especial a eles destinada.
(B) Os animais isolados ou em grupos só podem circular nas vias quando conduzidos por um guia, e, para facilitar os deslocamentos, os rebanhos não devem ser divididos em grupos.
(C) Os animais que circularem pela pista de rolamento deverão ser mantidos junto ao bordo da pista.
(D) A circulação de animais sobre pontes de rodovias federais, quando em grupo, só pode ocorrer com total paralisação do trânsito de veículos.
(E) Compete à PRF, no âmbito das rodovias e estradas federais, aplicar e arrecadar as multas impostas por infrações de trânsito e os valores provenientes de estada e remoção de veículos e objetos, mas não os valores provenientes da remoção de animais, pois tal competência cabe à autoridade de trânsito estadual.

A: incorreta, pois tais veículos, caso não haja faixa especial a eles destinada, devem ser conduzidos pelo lado direito da pista (e não pelo esquerdo), junto à guia da calçada (meio-fio) ou acostamento; B: incorreta, pois os rebanhos devem, sim, ser divididos em grupos de tamanho moderado e separados uns dos outros por espaços suficientes para não obstruir o trânsito (art. 53, I, da Lei 9.503/1997); C: correta (art. 53, II, da Lei 9.503/1997); D: incorreta, pois não há regra dessa natureza na Lei 9.503/1997; ao contrário, a orientação da lei é para que os rebanhos de animais sejam divididos em grupos de tamanho moderado e separados uns dos outros por espaços suficientes para **não obstruir o trânsito** (art. 53, I, da Lei 9.503/1997); E: incorreta, pois a competência da PRF também se dá quanto aos valores devidos em razão da remoção de animais (art. 20, III, da Lei 9.503/1997, com redação determinada pela Lei 14.071/2020, com entrada em vigor em 180 dias a contar de sua publicação, o que se deu em 14 de outubro de 2020).
Gabarito "C".

(Policial Rodoviário Federal – 2008 – CESPE) Quanto às regras de circulação no trânsito e aos documentos de porte obrigatório, julgue os itens seguintes.

(1) Apenas os veículos prestadores de serviços de utilidade pública podem usar luzes intermitentes rotativas vermelhas.

(2) O condutor de veículo automotor, natural de país estrangeiro e nele habilitado, desde que penalmente imputável no Brasil, ou seja, possua 18 anos de idade, poderá dirigir no território nacional quando amparado por convenções ou acordos internacionais, ratificados e aprovados pelo Brasil e, igualmente, pela adoção do princípio da reciprocidade, no prazo máximo de 180 dias, respeitada a validade da habilitação de origem.

1: incorreta, pois não só os veículos destinados a socorro de incêndio e salvamento e as ambulâncias podem usar tais luzes, como também os de polícia, fiscalização e operação de trânsito, tudo a demonstrar que uma gama variada de serviços públicos pode se valer dessa autorização prevista na lei, que não se limita aos serviços de utilidade pública em sentido estrito (art. 29, VII, da Lei 9.503/1997, cuja redação foi alterada pela Lei 14.071/2020, com entrada em vigor em 180 dias a contar de sua publicação, o que se deu em 14 de outubro de 2020); **2: correta** (art. 142 da Lei 9.503/1997).
Gabarito 1E, 2C.

(Policial Rodoviário Federal – 2008 – CESPE) Um veículo parado no leito da via pode atrapalhar o fluxo de veículos, além de possibilitar a ocorrência de acidentes. Por esse e outros motivos, o CTB prescreve as providências a serem tomadas para a imediata sinalização de advertência, como estabelecida pelo Contran. Acerca dessas providências, assinale a opção correta.

(A) A imobilização de veículo no leito viário, em situação de emergência, deverá ser sinalizada imediatamente, podendo o veículo, bem sinalizado, permanecer na via por, no máximo, uma hora.
(B) Na condição citada, o condutor deverá acionar de imediato as luzes de advertência (pisca-alerta) e colocar o triângulo de sinalização, ou equipamento similar, preso junto ao para-choque traseiro do veículo.
(C) Na situação considerada, o equipamento de sinalização de emergência deverá ser instalado perpendicularmente ao eixo da via, e em condição de boa visibilidade.
(D) Na ausência do triângulo de segurança, a resolução referida indica a utilização de galhos vegetais para sinalização do veículo imobilizado no leito da via, já que ambos os dispositivos cumprem formalmente o mesmo objetivo.
(E) Ônibus ou caminhões imobilizados temporariamente no leito viário devem usar pelo menos dois triângulos para sinalização dos veículos.

A: incorreta, pois não há essa limitação temporal na Resolução Contran 36/1998 (as resoluções podem ser encontradas no seguinte *link*: http://www.denatran.gov.br/resolucoes.htm); **B:** incorreta, pois o triângulo ou equipamento similar deve ser colocado à distância mínima de 30 metros da parte traseira do veículo (art. 1°, *caput*, Resolução Contran 36/1998); **C:** correta (art. 1°, parágrafo único, da Resolução Contran 36/1998); **D:** incorreta, pois, na ausência do triângulo, a Resolução determina a colocação de um **equipamento** similar, não se podendo dizer que galhos vegetais são equipamentos similares (art. 1°, *caput*, Resolução Contran 36/1998); **E:** incorreta, pois não há tal previsão na Resolução Contran 36/1998.
Gabarito "C".

(Policial Rodoviário Federal – 2004 – CESPE) Julgue os itens a seguir quanto a regras de circulação de veículos à luz da legislação de trânsito brasileira.

(1) Em uma rodovia, ao sentir sono, o condutor de um veículo automotor deve imediatamente estacionar o veículo no acostamento, sinalizando adequadamente.
(2) Em um cruzamento não sinalizado de uma via coletora com uma arterial, terá preferência de passagem o veículo que vier pela esquerda de um dos dois condutores envolvidos.
(3) O condutor de um veículo automotor que estiver circulando pela faixa central de uma via de três faixas, ao perceber que outro veículo à sua retaguarda tem o propósito de ultrapassá-lo, deve deslocar-se para a faixa da direita, sem acelerar a marcha.
(4) Considere a seguinte situação hipotética.
Cristina, que conduzia seu automóvel em uma rodovia com duplo sentido de direção e pista única, provida de acostamento, precisava fazer uma conversão à esquerda, para acessar a entrada de sua chácara, em um trecho onde não havia sinalização específica para retorno.

Nessa situação, Cristina deveria aguardar no acostamento, à direita, para cruzar a pista com segurança.
(5) Considere a seguinte situação hipotética.
Antônio, ao constatar a indicação do semáforo autorizando-o a atravessar uma via arterial pela faixa de pedestres, percebeu a aproximação de uma ambulância devidamente identificada, com alarme sonoro e iluminação intermitente acionados.
Nessa situação, de acordo com o CTB, Antônio poderá atravessar a via normalmente, pela faixa, uma vez que a prioridade referida no Código para as ambulâncias exclui as faixas de travessia de pedestres.
(6) Não havendo linha regular de ônibus, o transporte remunerado de passageiros em veículos de carga, entre localidades de origem e destino que estiverem situadas em municípios limítrofes de um mesmo estado, poderá ser autorizado eventualmente e a título precário, desde que cumpra os requisitos estabelecidos pelo Contran.

1: incorreta, pois o acostamento é a parte da pista destinada à parada ou estacionamento de veículos em caso de emergência, bem como à circulação de pedestres e bicicletas, quando não houver local apropriado para esse fim (vide Anexo I da Lei 9.503/1997); o sono vai além de uma situação de emergência, pois é um estado duradouro e que reclama que o motorista descanse com calma; no caso, o indicado é o motorista buscar áreas de descanso, quando houver, ou locais para hospedagem e repouso; **2:** incorreta, pois, ressalvadas as exceções (ex.: rotatórias – art. 29, III, *b*, da Lei 9.503/1997), a preferência, em caso de não sinalização, é do condutor que vier pela direita (art. 29, III, *c*, da Lei 9.503/1997); **3:** incorreta, pois, estando o condutor na faixa do meio, a faixa à direita é destinada aos veículos mais lentos e de maior porte e a da esquerda destinada à ultrapassagem (art. 29, IV, da Lei 9.503/1997); o condutor deve, assim, ficar onde está, aguardando que o outro veículo o ultrapasse pela esquerda; **4:** correta (art. 37 da Lei 9.503/1997); **5:** incorreta, pois os pedestres também têm de respeitar a prioridade da ambulância (art. 29, VII, *b*, da Lei 9.503/1997, cuja redação foi alterada pela Lei 14.071/2020, com entrada em vigor em 180 dias a contar de sua publicação, o que se deu em 14 de outubro de 2020); **6:** correta (art. 108 da Lei 9.503/1997).
Gabarito 1E; 2E; 3E; 4C; 5E; 6C.

(Policial Rodoviário Federal – 2002 – CESPE) Julgue os itens a seguir, relativos à circulação de veículos automotores e à conduta dos motoristas no trânsito em vias terrestres nacionais.

(1) Considere a seguinte situação hipotética. Fabrício conduzia o seu veículo no sentido norte-sul, em pista urbana sinalizada com faixa descontínua e desprovida de acostamento. Nessa via coletora, os veículos circulavam nos dois sentidos, cada qual dispondo de apenas uma faixa de rolamento. Fabrício pretendia entrar à esquerda, em via perpendicular, atravessando o sentido oposto àquele em que transitava. Nessa situação, Fabrício deverá sinalizar, indicando a intenção de entrar à esquerda, e, na hipótese de não haver fluxo de veículos no sentido sul-norte, deverá ceder passagem aos veículos que se deslocam na retaguarda do seu, aguardando que o ultrapassem, para, após, efetuar a conversão.
(2) Considere a seguinte situação. O eixo rodoviário oeste, em Brasília – DF, é uma via composta de duas pistas separadas por canteiro – uma para deslocamento no sentido sul-norte e outra, norte-sul –, cada

pista dispondo de duas faixas de trânsito. A velocidade máxima permitida para o deslocamento de veículos é de 60 km/h e não existe faixa exclusiva para ônibus. Nessa situação, é correto concluir que o condutor de um veículo que circule na faixa da direita de uma daquelas pistas, ainda que se desloque a 50 km/h, não estará obrigado nem a acelerar nem a ceder passagem ao condutor que o siga e evidencie o propósito de ultrapassá-lo. Todavia, ainda que se desloque a 60 km/h pela faixa da esquerda, o condutor deverá tomar a faixa da direita, na mesma situação de intenção de ultrapassagem mencionada.

(3) Considere o que dispunha o art. 83 do CTB de 1966, revogado pela Lei n.º 9.503/1997:

"É dever de todo condutor de veículo: (...) Guardar distância de segurança entre o veículo que dirige e o que segue imediatamente à sua frente. Penalidade: Grupo 2".

Sabe-se que, sob a vigência daquela norma, a justiça paulista proferiu julgamento que foi ementado nos seguintes termos:

No trânsito pelas avenidas muito movimentadas, não é possível obedecer estritamente à distância de segurança, pois, se alguém o faz, imediatamente é pressionado pelo condutor que trafega à sua retaguarda, ou então é ultrapassado por outro motorista que se coloca à sua frente, anulando a disposição regulamentar.

Tais informações justificam o fato de o novo CTB não exigir que o condutor guarde distância frontal de segurança entre o veículo do condutor e o que se lhe segue à frente.

1: incorreta, pois Fabrício deverá aproximar-se o máximo possível de seu eixo ou da linha divisória da pista (art. 38, II, da Lei 9.503/1997), o que é incompatível com deixar que os veículos que estão atrás o ultrapassem, já que a ultrapassagem pela esquerda ficará inviável; vale lembrar que, durante a manobra de mudança de direção, o condutor deverá ceder passagem aos pedestres e ciclistas, aos veículos que transitem em sentido contrário pela pista da via da qual vai sair, respeitadas as normas de preferência de passagem (art. 38, parágrafo único, da Lei 9.503/1997); **2:** correta; a pista da esquerda é destinada à ultrapassagem e ao deslocamento dos veículos de maior velocidade (art. 29, IV, da Lei 9.503/1997); assim, estando o veículo na pista da direita, não há que se falar em deixar ou ceder passagem a veículo que vem atrás, que pode muito bem ultrapassá-lo pela esquerda; também não deve permanecer na faixa da esquerda, mesmo a 60 km por hora, se alguém desejar ultrapassá-lo, pois essa faixa é a destinada às ultrapassagens; se o condutor que vem atrás vai ou não transgredir os limites de velocidade, é questão que importa às autoridades de trânsito, não podendo um condutor querer fazer "justiça com as próprias mãos", bloqueando a passagem de alguém que vem em alta velocidade querendo ultrapassá-lo; **3:** incorreta, pois o art. 29, II, da Lei 9.503/1997 dispõe que o condutor deverá guardar distância de segurança lateral e frontal entre o seu e os demais veículos.

Gabarito 1E, 2C, 3E

(Policial Rodoviário Federal – 2002 – CESPE) Julgue os seguintes itens, relativos ao trânsito nas vias brasileiras, segundo o CTB.

(1) Considere a seguinte situação. Há algum tempo, já na vigência do atual CTB, alguns telejornais mostraram um senador argentino, em um posto da PRF no estado do Rio Grande do Sul, recebendo uma multa por excesso de velocidade. À ocasião, agindo em conformidade com o comando superior, os policiais condicionaram o prosseguimento do trânsito do veículo, em direção a Camboriú – SC, ao prévio recolhimento da multa.

Nessa situação, o procedimento adotado estava em consonância com o CTB, que proíbe o trânsito, pelo território nacional, de veículos licenciados no exterior sem prévia quitação de débitos de multa por infrações de trânsito cometidas no Brasil.

(2) Considere a seguinte situação hipotética. Em julho de 1999, após o levantamento das informações necessárias, o órgão competente deliberou construir uma ondulação transversal em determinada rodovia, de modo que, no segmento, a velocidade máxima fosse reduzida. Ademais, em outro segmento, seria colocado um sonorizador.

Nessa situação, a colocação da ondulação e do sonorizador não contrariará a legislação de trânsito, mas terá de ser realizada em consonância com os padrões e critérios estabelecidos pelo Contran.

(3) Uma mãe que necessite conduzir os seus quatro filhos, com idades entre cinco e nove anos, não poderá transportá-los, todos de uma só vez, em um carro com capacidade para quatro passageiros, pois o CTB proíbe expressamente que crianças com idade inferior a dez anos sejam transportadas no banco dianteiro.

1: incorreta; na verdade, o que a Lei 9.503/1997 proíbe não é a circulação de veículos no território nacional sem prévia quitação de débitos, mas a saída do veículo do território nacional sem essa quitação, respeitado o princípio da reciprocidade entre os países envolvidos (art. 119, §§ 1º e 2º, da Lei 9.503/1997, inseridos por meio da Lei 13.281/2016); **2:** correta (art. 94, parágrafo único, da Lei 9.503/1997); **3:** incorreta, pois a Resolução Contran 391/2011 (que altera a Resolução Contran 277/2008) permite que crianças com idade inferior a 10 anos sejam transportadas no banco dianteiro (com uso do dispositivo de retenção adequado ao seu peso e altura), quando a quantidade de crianças com esta idade exceder à lotação do banco traseiro, que é justamente o caso da questão; essa autorização também existe quando o veículo for dotado exclusivamente de banco dianteiro e quando o veículo for dotado originalmente (fabricado) de cintos de segurança subabdominais (dois pontos) nos bancos traseiros.

Gabarito 1E, 2C, 3E

1.4. Pedestres e condutores de veículos não motorizados

(Policial Rodoviário Federal – 2009 – FUNRIO) É assegurada ao pedestre a utilização dos passeios ou passagens apropriadas das vias urbanas e dos acostamentos das vias rurais para circulação, podendo a autoridade competente permitir a utilização de parte da calçada para outros fins, desde que não seja prejudicial ao fluxo de pedestres. Em relação aos pedestres e aos condutores de veículos não motorizados é correto afirmar que

(A) nas áreas rurais, quando não houver passeios ou quando não for possível a utilização destes, a circulação de pedestres na pista de rolamento será feita com prioridade sobre os veículos, pelos bordos da pista, em fila única, e também em locais proibidos pela sinalização e nas situações em que a segurança ficar comprometida.

(B) nas vias urbanas, quando não houver acostamento ou quando não for possível a utilização dele, a circulação de pedestres, na pista de rolamento, será feita com prioridade sobre os veículos, pelos bordos da pista, em fila única, em sentido contrário ao deslocamento de veículos, e também em locais proibidos pela sinalização e nas situações em que a segurança ficar comprometida.

(C) nos trechos urbanos de vias rurais e nas obras de arte a serem construídas, deverá ser previsto passeio destinado à circulação dos pedestres, que deverão, nessas condições, usar o acostamento.

(D) onde não houver obstrução da calçada ou da passagem para pedestres, o órgão ou entidade com circunscrição sobre a via deverá assegurar a devida sinalização e proteção para circulação de pedestres.

(E) o ciclista desmontado empurrando a bicicleta equipara-se ao pedestre em direitos e deveres.

A: incorreta, pois, nos termos do art. 68, § 3º, da Lei 9.503/1997, nas áreas rurais, quando não houver **acostamento** a circulação de pedestres na pista de rolamento será feita com prioridade sobre os veículos; **B:** incorreta, pois, nos termos do art. 68, § 2º, da Lei 9.503/1997, nas vias urbanas, quando não houver **passeio** a circulação de pedestres na pista de rolamento será feita com prioridade sobre os veículos; **C:** incorreta, pois, nessas condições, os pedestres NÃO deverão usar o acostamento (art. 68, § 5º, da Lei 9.503/1997); **D:** incorreta, pois a alternativa descreve as providências a serem tomadas nos casos de obstrução da calçada ou da passagem para pedestres (art. 68, § 6º, da Lei 9.503/1997); **E:** correta, nos termos do art. 68, § 1º, da Lei 9.503/1997.

Gabarito: E.

As ações de respeito para com os pedestres
- Motorista, ao primeiro sinal do entardecer, acenda os faróis. Procure não usar a meia-luz.
- Não use faróis auxiliares na cidade.
- Nas rodovias, use sempre os faróis ligados. Isso evita 50% dos atropelamentos. Seu carro fica mais visível aos pedestres.
- Sempre, sob chuva ou neblina, use os faróis acesos.
- Ao se aproximar de uma faixa de pedestres, reduza a velocidade e preste atenção. O pedestre tem a preferência na passagem.
- Motorista, atrás de uma bola vem sempre uma criança.
- Nas rodovias, não dê sinal de luz quando verificar um trabalho de radar da polícia. Você estará ajudando um motorista irresponsável, que trafega em alta velocidade, a não ser punido. Esse motorista, não sendo punido hoje, poderá causar uma tragédia no futuro.
- Não estacione nas faixas de pedestres.

Internet: <http://www.pedestres.cjb.net>(com adaptações).

(Policial Rodoviário Federal – 2002 – CESPE) À luz das informações contidas no texto e da legislação de trânsito, julgue os itens a seguir.

(1) A propósito do incremento da segurança do trânsito advindo do adequado uso dos faróis dos veículos, conforme referido no terceiro tópico, é correto afirmar que, exceto ao cruzar e seguir outros veículos, o uso de luz alta à noite é obrigatório nas vias não iluminadas, urbanas ou rurais.

(2) A par da recomendação aos motoristas contida no terceiro tópico – cuja inobservância, durante o dia, não caracteriza infração de trânsito –, os pedestres devem observar a regra, também desprovida de sanção, de que devem circular pelos bordos da pista, na ausência de acostamento, em fila única, no sentido contrário ao deslocamento de veículos.

(3) Não é absoluta a preferência, referida no quinto tópico, dos pedestres que atravessam a via sobre as faixas delimitadas para esse fim, já que, havendo sinalização semafórica no local, eles só poderão atravessar a via quando o sinal luminoso autorizar. Entretanto, é absoluta a preferência em faixas onde não estejam posicionados agentes de trânsito nem semáforos, requerendo-se, contudo, que os pedestres deem um sinal de advertência aos motoristas antes de iniciarem a travessia.

(4) Se a faixa de pedestres estiver localizada em uma esquina, o condutor que desobedecer à ultima recomendação do texto não cometerá dupla infração, haja vista as infrações relativas às condutas descritas no tipo infracional "estacionar o veículo" não serem cumulativas.

1: correta, nos termos do art. 40, II, da Lei 9.503/1997; **2:** correta, nos termos do art. 68, § 3º, da Lei 9.503/1997, **3:** errada, pois não existe a obrigatoriedade ao pedestre de dar um sinal de advertência aos motoristas antes de iniciar a travessia (art. 70 da Lei 9.503/1997); **4:** errada, pois, nos termos do art. 266 da Lei 9.503/1997, serão aplicadas cumulativamente as penalidades.

Gabarito: 1C, 2C, 3E, 4E.

(Policial Rodoviário Federal – 2002 – CESPE) Em frente a uma mercearia, há um cartaz que diz o seguinte.

Entregam-se pedidos feitos por telefone.

As entregas são feitas por Alberto, que utiliza uma bicicleta para realizar o serviço.

A partir da situação descrita, julgue os itens a seguir.

(1) Alberto somente poderia conduzir o referido veículo pelo passeio caso houvesse sinalização adequada autorizando esse tipo de circulação.

(2) Caso houvesse grande movimentação de pessoas em um passeio em que não fosse expressamente permitido conduzir bicicletas, configuraria infração de trânsito o fato de Alberto, mesmo não estando montado na bicicleta, empurrá-la sobre o referido passeio.

(3) Se Alberto conduzir sua bicicleta pelos bordos de uma pista de rolamento, em sentido contrário ao dos carros, então ele cometerá infração para a qual a lei não prevê penalidade específica e, portanto, se um agente de trânsito flagrar Alberto cometendo essa infração, deverá ser-lhe imposta a multa aplicada às infrações de natureza leve.

(4) Se Alberto estivesse montado em sua bicicleta, ele não teria prioridade de passagem, em relação aos automóveis, em uma faixa de pedestres sem sinalização semafórica, prioridade essa que somente lhe caberia caso ele não estivesse montado na bicicleta e estivesse empurrando-a.

1: correta, nos termos do art. 59 da Lei 9.503/1997, **2:** errada, pois o ciclista desmontado empurrando a bicicleta equipara-se ao pedestre em direitos e deveres, nos termos do art. 68, § 1º, da Lei 9.503/1997,

3: errada, pois, nos termos do art. 247 da Lei 9.503/1997, configura infração "Deixar de conduzir pelo bordo da pista de rolamento, em fila única, os veículos de tração ou propulsão humana e os de tração animal, sempre que não houver acostamento ou faixa a eles destinados: Infração – média; Penalidade – multa."; **4:** correta, pois somente quando o ciclista estiver desmontado empurrando a bicicleta será equiparado ao pedestre em direitos e deveres.
Gabarito 1C, 2E, 3E, 4C

1.5. Educação para o trânsito

Educação para o trânsito: RS, ES e DF integram o Rumo à Escola

1 Buscando implementar a temática do trânsito nas escolas de ensino fundamental, o Departamento Nacional de Trânsito (Denatran) implantou o projeto Rumo à Escola.

4 Até o momento, 165 escolas das capitais de 11 estados estão integradas ao projeto. Nessa quarta-feira (27/2), integram o programa o Rio Grande do Sul e o Espírito Santo. No dia 28,

7 será a vez do DF e, em 14 de março, de São Paulo. Após sua implementação em São Paulo, o projeto terá concluído a adesão de sua primeira de três etapas. No dia 21

10 de março, está prevista uma teleconferência nos estados contemplados pelo programa.

Internet: <http://www.mj.gov.br>.
Acesso em: 10/3/2002 (com adaptações).

(Policial Rodoviário Federal – 2002 – CESPE) Considerando o texto acima e o CTB, julgue o item subsequente.

(1) Os programas de educação para o trânsito deveriam ensinar que constitui infração de trânsito um pedestre atravessar uma rodovia em local proibido. Nesse sentido, se um policial observar a prática desse ilícito, deverá autuar o infrator, que pode ser punido com multa, sanção essa que, em nenhum caso, poderá ser convertida em advertência escrita ou em participação do infrator em curso de segurança viária.

1: errada. De acordo com o disposto no art. 254, VI, da Lei 9.503/1997, constitui infração à atitude descrita do pedestre, de atravessar a rodovia em local proibido. Tal infração é considerada leve e prevê a penalidade de multa. A multa, nesses casos, de acordo com o art. 267, § 2º, da mesma Lei, poderá ser transformada na participação do infrator em cursos de segurança viária, a critério da autoridade de trânsito. Este último dispositivo, em vigor ao tempo em que elaborada esta questão, foi revogado pela Lei 14.071/2020, com entrada em vigor em 180 dias a contar de sua publicação, o que se deu em 14 de outubro de 2020.
Gabarito 1E

1.6. Engenharia de tráfego, da operação, da fiscalização e do policiamento ostensivo de trânsito

(Policial Rodoviário Federal – 2009 – FUNRIO) O Contran estabelecerá as normas e regulamentos a serem adotados em todo o território nacional quando da implementação das soluções adotadas pela Engenharia de Tráfego, assim como padrões a serem praticados por todos os órgãos e entidades do Sistema Nacional de Trânsito. É correto afirmar sobre engenharia de tráfego, operação, fiscalização e policiamento ostensivo de trânsito que

(A) qualquer obstáculo à livre circulação e à segurança de veículos e pedestres, tanto na via quanto na cal-

çada, caso não possa ser retirado, deve ser devida e imediatamente sinalizado, sendo proibida a utilização das ondulações transversais e de sonorizadores como redutores de velocidade, independente de casos especiais definidos pelo órgão ou entidade competente, nos padrões e critérios estabelecidos pelo Detran.

(B) nenhuma obra ou evento que possa perturbar ou interromper a livre circulação de veículos e pedestres, ou colocar em risco sua segurança, será iniciada sem permissão prévia do órgão ou entidade de trânsito com circunscrição sobre a via, salvo se autorizada por decreto do poder executivo da localidade.

(C) a obrigação de sinalizar é do responsável pela execução ou manutenção da obra ou do evento, juntamente com a polícia militar e a guarda municipal.

(D) nenhum projeto de edificação que possa transformar-se em polo atrativo de trânsito poderá ser aprovado sem prévia anuência do órgão ou entidade com circunscrição sobre a via e sem que do projeto conste área para estacionamento e indicação das vias de acesso adequadas.

(E) obrigatoriamente a autoridade de trânsito com circunscrição sobre a via avisará a comunidade, por intermédio dos meios de comunicação social, sempre com quarenta e oito horas de antecedência, de qualquer interdição da via, indicando-se os caminhos alternativos a serem utilizados.

A: incorreta, pois, nos casos especiais previstos pelo Contran (não é Detran), é possível sim a utilização mencionada (art. 94, *caput* e parágrafo único, da Lei 9.503/1997); **B:** incorreta, pois o Chefe do Executivo local (por exemplo, um Prefeito do Município por onde cortar uma rodovia) não pode se sobrepor ao órgão de trânsito responsável por esta; **C:** incorreta, pois a responsabilidade pela sinalização é exclusivamente do responsável pela execução ou manutenção da obra ou do evento (art. 95, § 1º, da Lei 9.503/1997); **D:** correta (art. 93 da Lei 9.503/1997); **E:** incorreta, pois em casos de emergência essa comunicação com antecedência prévia de 48 horas não será exigida (art. 95, § 2º, da Lei 9.503/1997).
Gabarito "D"

1.7. Dos veículos

1.7.1. Disposições gerais

(Policial Rodoviário Federal – 2009 – FUNRIO) As características dos veículos, suas especificações básicas, configuração e condições essenciais para registro, licenciamento e circulação serão estabelecidas pelo Contran, em função de suas aplicações. Os veículos classificam-se em:

(A) Quanto à categoria como: caminhão-trator; trator de rodas; trator de esteiras; trator misto; especial; de coleção.

(B) Quanto à espécie como de passageiros: motoneta; motocicleta; triciclo; quadriciclo; caminhonete; caminhão; reboque ou semirreboque; carroça; carro de mão.

(C) Quanto à espécie como de carga: bicicleta; ciclomotor; motoneta; motocicleta; triciclo; quadriciclo; automóvel; micro-ônibus; ônibus; bonde; reboque ou semirreboque; charrete.

(D) Quanto à espécie como misto: oficial; de representação diplomática, de repartições consulares de carreira ou organismos internacionais acreditados junto ao Governo brasileiro; particular; de aluguel; de aprendizagem.

(E) Quanto à tração como: automotor; elétrico; de propulsão humana; de tração animal; reboque ou semirreboque.

A: incorreta, pois essa classificação é quanto à **espécie** (art. 96, II, da Lei 9.503/1997) e não quanto à categoria (art. 96, III, da Lei 9.503/1997); **B:** incorreta, pois a caminhonete, o caminhão, a carroça e o carro de mão, quanto à espécie, são veículos de carga e não de passageiros (art. 96, II, a e b, da Lei 9.503/1997); **C:** incorreta, pois a bicicleta, o ciclomotor, o automóvel, o micro-ônibus, o ônibus, o bonde e a charrete são veículos de passageiro e não de carga (art. 96, II, a e b, da Lei 9.503/1997); **D:** incorreta, pois essa classificação é quanto à **categoria** (art. 96, III, da Lei 9.503/1997) e não quanto à espécie (art. 96, II, da Lei 9.503/1997); **E:** correta (art. 96, I, da Lei 9.503/1997).
Gabarito "E".

(Policial Rodoviário Federal – 2004 – CESPE) Considerando a terminologia e a tipificação de veículos automotores, bem como os requisitos para que estes circulem em vias públicas, julgue os itens subsequentes.

(1) O CTB classifica os veículos em: automotores, elétricos, de propulsão humana, de tração animal, reboques e semirreboques.

(2) Os veículos elétricos não são automotores e, portanto, o seu condutor, ao atropelar um pedestre, não comete crime de trânsito, sendo julgado apenas conforme o Código Penal.

(3) Características, especificações básicas, configuração dos veículos e condições essenciais para registro, licenciamento e circulação serão estabelecidas pelo Sistema Nacional de Trânsito por intermédio do Contradife.

(4) Um veículo só poderá transitar pela via pública quando atender aos requisitos e condições de segurança estabelecidos no CTB e em normas do Detran.

(5) O Contran reconhece como acessórios os sistemas de segurança para veículos automotores que, pelo uso de bloqueio elétrico ou mecânico ou por meio de dispositivo sonoro, visem dificultar o seu roubo ou furto. O dispositivo sonoro do sistema poderá emitir sons contínuos ou intermitentes de advertência por período superior a 1 minuto, desde que não ultrapasse a 3 minutos.

1: correta (art. 96, I, da Lei 9.503/1997); **2:** incorreta, pois é automotor, nos termos dos arts. 120, caput, 130, caput, 140, caput, 141, caput, e 155, caput, da Lei 9.503/1997; **3:** incorreta, pois a competência é do Contran (art. 97 da Lei 9.503/1997); **4:** incorreta, pois os veículos devem obedecer ao CTB (da Lei 9.503/1997) e às normas do Contran (art. 103, caput, da Lei 9.503/1997) e não do Detran; **5:** incorreta, pois o dispositivo sonoro do sistema não poderá emitir sons contínuos ou intermitentes de advertência por um período superior a 1(um) minuto (art. 2º, II, da Resolução Contran n. 37/1998).
Gabarito 1C, 2E, 3E, 4E, 5E

1.7.2. Identificação do veículo

(Policial Rodoviário Federal – 2008 – CESPE) Entre as autoridades públicas apresentadas nas opções a seguir, aquela cuja placa em veículo de representação pessoal usa as cores verde e amarela da Bandeira Nacional é o

(A) presidente de tribunal federal.

(B) governador de estado.

(C) procurador-geral da República.

(D) oficial general das Forças Armadas.

(E) prefeito.

De acordo com o art. 115, § 2º, da Lei 9.503/1997, o procurador-geral da República é uma das autoridades cuja placa em veículo de representação usa as cores verde e amarela.
Gabarito "C".

(Policial Rodoviário Federal – 2008 – CESPE) A Resolução nº 32/1998 do Contran aprovou modelos de placa para veículos de representação de diversas autoridades. Acerca dessas placas, assinale opção correta.

(A) Os prefeitos municipais podem determinar os modelos de placas de veículos oficiais utilizados por ele e sua equipe, o que se explica pelo princípio da separação dos poderes.

(B) Os modelos de placas dos veículos oficiais de representação de governador de estado ou do DF serão, necessariamente, diferentes dos modelos de seus vices.

(C) Os modelos de placas de representação para veículos oficiais dos ministros dos tribunais serão utilizados mediante solicitação dos presidentes dessas cortes.

(D) Nos veículos oficiais utilizados por prefeitos municipais, as placas terão fundo vermelho e letras e números em branco, sendo opcional o emblema da unidade federativa.

(E) A resolução mencionada permite que as dimensões das placas de veículo oficial sejam livremente escolhidas pela autoridade que utilizará o veículo.

A: incorreta, pois a Resolução 32/1998, mencionada, do Contran, é que tem essa competência, nos termos, inclusive, do disposto no art. 115, § 3º, da Lei 9.503/1997; **B:** incorreta, pois devem ser utilizados os mesmos modelos (art. 2º da Resolução 32/1998); **C:** correta (art. 2º da Resolução 32/1998); **D:** incorreta, pois são necessários o emblema e o fundo preto (anexo da Resolução 32/1998); **E:** incorreta, pois o anexo da Resolução 32/1998 traz as medidas a serem observadas.
Gabarito "C".

(Policial Rodoviário Federal – 2002 – CESPE) À luz do CTB, julgue os itens a seguir.

(1) Considere a seguinte situação hipotética. Roberto solicitou que Helena parasse seu carro em frente ao caixa eletrônico de um determinado banco, para que ele sacasse algum dinheiro. Helena, então, parou em frente a uma placa que proibia o estacionamento e, enquanto Roberto enfrentava a fila do banco, ela esperou dentro do carro, com o pisca-alerta ligado.
Nessa situação, como Helena está esperando dentro do carro com o pisca-alerta ligado, não se configura estacionamento, mas parada, e, portanto, um agente de trânsito não pode multá-la por ter estacionado em local proibido.

(2) Se uma camioneta fizer um percurso de 250 km tendo como velocidade media 80% da velocidade máxima permitida para veículos desse tipo em rodovias federais onde não exista sinalização regulamentadora, então ela percorrerá o trajeto em menos de três horas.

(3) Considere a seguinte situação hipotética. Após a aprovação de Gil em concurso vestibular para ingresso na Universidade Federal de Minas Gerais, seus pais quiseram presenteá-lo com um automóvel. Dirigiram-se, então, ao órgão executivo de trânsito competente, objetivando efetivar a troca da placa do veículo usado que haviam adquirido. Foram informados, então, que a placa iniciada pelas letras GIL, seguida dos números correspondentes ao ano do nascimento do filho, não estava mais afeta a um veículo em circulação, já que, em decorrência da destruição havida em acidente, fora dada baixa no respectivo registro.

Nessa situação, mesmo com a baixa do registro anterior, não será possível atender à solicitação dos pais de Gil.

1: incorreta; a Lei 9.503/1997 define como estacionamento a "imobilização de veículos por tempo superior ao necessário para embarque ou desembarque de passageiros" (Anexo I); já a parada é a "imobilização do veículo com finalidade e pelo tempo estritamente necessário para efetuar embarque ou desembarque de passageiros"; no caso em tela, como Helena ficou esperando Roberto enfrentar a fila de um banco, caracteriza-se verdadeiro estacionamento, de modo que a assertiva é incorreta (art. 47, *caput*, da Lei 9.503/1997); **2:** correta; o limite para o local é de 110 km/h (art. 61, § 1º, II, *a*, 1, da Lei 9.503/1997) e, 80% desse limite, equivale a 88 km/h, que, mantidos por 3 horas, importam em 264 km; assim, é correto dizer que em menos de 3 horas serão percorridos 250 km. Obs: consideramos que a rodovia contém pista dupla; se a pista for simples, a velocidade máxima corresponde a 100 km/h, conforme alteração promovida pela Lei 13.281/2016) ; **3:** correta, pois, segundo o art. 115, § 1º, "os caracteres das placas serão individualizados para cada veículo e o acompanharão até a baixa do registro, sendo vedado seu reaproveitamento"; como o reaproveitamento é vedado, não será possível atender à solicitação dos pais de Gil.
Gabarito 1E, 2C, 3C

1.8. Registro de veículos

(Policial Rodoviário Federal – 2009 – FUNRIO) O Certificado de Registro de Veículo (CRV) é documento obrigatório para proprietários de veículos automotores. A expedição de novo CRV deverá ser imediata quando

(A) ocorrer mudança de endereço no mesmo município.
(B) se alterar qualquer característica do veículo.
(C) houver transferência de propriedade.
(D) se extraviar nota fiscal fornecida pelo fabricante.
(E) da quitação de multas de trânsito.

A: incorreta, pois só será necessário novo CRV se houver mudança de Município (art. 123, II, da Lei 9.503/1997); **B:** correta (art. 123, III, da Lei 9.503/1997); **C:** incorreta, pois, nesse caso, a expedição de novo CRV é obrigatória (art. 123, I, da Lei 9.503/1997), porém não precisa ser imediata, já que a lei concede o prazo de 30 dias para tanto (art. 123, § 1º, da Lei 9.503/1997); **D e E:** incorretas, pois esses casos não estão previstos no art. 123 da Lei 9.503/1997.
Gabarito "B".

(Policial Rodoviário Federal – 2004 – CESPE) Todo veículo deve ser registrado perante órgão executivo de trânsito do estado ou do Distrito Federal. Para obter o Certificado de Registro de Veículo (CRV), é preciso estar com o carro em ordem e submetê-lo a vistorias obrigatórias. No tocante à expedição do CRV e de outros certificados, julgue os itens seguintes.

(1) Considere a seguinte situação hipotética.

João é proprietário de um automóvel fabricado no ano de 1970, que, com o passar do tempo, teve algumas de suas características originais de fabricação alteradas.

Nessa situação, João poderá obter Certificado de Originalidade para fins de registro de veículo de coleção.

(2) É obrigatória, para a expedição do CRV, a apresentação da nota fiscal fornecida pelo fabricante ou revendedor, ou documento equivalente, expedido por autoridade competente.

(3) Ao ser transferida a propriedade do veículo, o CRV acompanha o veículo, segundo a regra de que o acessório segue o principal.

(4) Será obrigatória a expedição de novo CRV quando, entre outras hipóteses, for alterada qualquer característica do veículo.

(5) O comprovante de quitação de débitos relativos a tributos, encargos e multas é documento exigido para a expedição de novo CRV.

(6) Quando o proprietário de um veículo mudar de residência no mesmo município, deverá comunicar, no prazo máximo de 15 dias, o novo endereço e aguardar o novo licenciamento para alterar o Certificado de Licenciamento Anual.

1: incorreta, pois o veículo de coleção é aquele fabricado há mais de 30 anos e que conserva suas características originais de fabricação, o que não ocorreu no caso (Anexo I da Lei 9.503/1997); **2:** correta (art. 122, I, da Lei 9.503/1997); **3:** incorreta, pois será expedido novo CRV em caso de transferência da propriedade (art. 123, I, da Lei 9.503/1997); **4:** correta (art. 123, III, da Lei 9.503/1997); **5:** correta (art. 128 da Lei 9.503/1997); **6:** incorreta, pois a comunicação deve se dar em 30 dias (art. 123, § 2º, da Lei 9.503/1997).
Gabarito 1E, 2C, 3E, 4C, 5C, 6E

(Policial Rodoviário Federal – 1998 – CESPE) Considere as seguintes situações:

I.   Transferência de propriedade do veículo;
II. Mudança do Município de domicílio do proprietário do veículo;
III. Alteração de qualquer característica do veículo;
IV. Mudança de categoria do veículo.

É obrigatória a expedição de novo Certificado de Registro de Veículo nas situações:

(A) I e II somente;
(B) II e III somente;
(C) III e IV somente;
(D) I e IV somente;
(E) I , II , III e IV.

Todas as situações estão previstas no art. 123 da Lei 9.503/1997, como casos que obrigam a expedição de novo CRV.
Gabarito "E".

1.9. Condução de escolares

(Policial Rodoviário Federal – 2008 – CESPE) José Carlos pretende abrir uma pequena empresa para prestar serviço de condução de escolares. Para ser condutor de veículo destinado à condução de escolares, José Carlos deve satisfazer cumulativamente alguns requisitos. A propósito dessa situação hipotética, assinale a opção que reúne os requisitos que, segundo o CTB, José Carlos deve preencher.

(A) Ter 18 anos, ser habilitado na categoria D, não ter cometido infração média ou ser reincidente em infrações leves durante os doze últimos meses, ser aprovado em curso especializado, nos termos de regulamentação do Contran.

(B) Ter 21 anos, ser habilitado na categoria C, não ter cometido infração gravíssima ou ser reincidente em infrações médias durante os seis últimos meses, ser aprovado em curso especializado, nos termos de regulamentação do Contran.

(C) Ter 25 anos, ser habilitado na categoria D, não ter cometido infração grave ou ser reincidente em infrações leves durante os doze últimos meses, ser aprovado em curso especializado, nos termos de regulamentação do Contran.

(D) Ter 21 anos, ser habilitado na categoria D, não ter cometido infração grave ou gravíssima ou ser reincidente em infrações médias durante os doze últimos meses, ser aprovado em curso especializado, nos termos de regulamentação do Contran.

(E) Ter 21 anos, ser habilitado na categoria C, não ter cometido infração grave ou gravíssima ou ser reincidente em infrações leves durante os seis últimos meses, ser aprovado em curso especializado, nos termos de regulamentação do Contran.

Art. 138, V, da Lei 9.503/1997.
Gabarito "D".

(Policial Rodoviário Federal – 1998 – CESPE) Considere as seguintes afirmativas sobre veículo a condução de escolares:

I. deve estar registrado como veículo de carga;
II. seu condutor deve ter idade mínima superior a dezoito anos;
III. seu condutor deve ser habilitado na categoria D;
IV. seu condutor não pode ter cometido infração grave ou gravíssima nos últimos doze meses;
V. seu condutor não pode ser reincidente em infrações leves nos últimos seis meses.

Pode-se concluir que:

(A) somente I e IV estão corretas;
(B) somente II e III estão corretas;
(C) somente III e IV estão corretas;
(D) somente II, III, IV e V estão corretas;
(E) todas estão corretas.

I: incorreta, pois deve estar registrado como veículo de *passageiros* (art. 136, I, da Lei 9.503/1997); **II:** incorreta, pois a idade mínima é de 21 anos (art. 138, I, da Lei 9.503/1997); **III:** correta (art. 138, II, da Lei 9.503/1997); **IV:** correta (art. 138, IV, da Lei 9.503/1997); **V:** incorreta, pois o condutor não pode ser reincidente **em infrações médias** no período de **doze** meses (art. 138, IV, da Lei 9.503/1997). Atenção: com a alteração promovida pela Lei 14.071/2020 no art. 138, IV, da Lei 9.503/1997, este dispositivo passou a contar com a seguinte redação: *não ter cometido mais de uma infração gravíssima nos 12 (doze) últimos meses*.
Gabarito "C".

1.10. Habilitação

(Policial Rodoviário Federal – 2004 – CESPE) No tocante à Carteira Nacional de Habilitação (CNH), segundo o Código de Trânsito Brasileiro (CTB) e respectivas resoluções, julgue os itens subsequentes.

(1) O condutor com mais de 65 anos de idade deve renovar seus exames de aptidão física e mental a cada 4 anos.

(2) O CTB oportuniza o prazo de 30 dias, contados da data do vencimento da CNH, para a renovação da habilitação. A infração de trânsito estará caracterizada quando o condutor estiver dirigindo com a CNH vencida além do prazo exigível para a renovação.

(3) São requisitos para o condutor obter a CNH: idade mínima de 18 anos, conclusão do primeiro ciclo do ensino fundamental e carteira de identidade ou equivalente.

(4) Para habilitar-se à condução de veículo automotor, o interessado tem de submeter-se aos seguintes exames: de aptidão física e mental, de legislação de trânsito (escrito), de noções de primeiros socorros e de direção veicular, sendo utilizado neste último um veículo da categoria para a qual o condutor quer se habilitar.

(5) Cópias autenticadas da CNH e da Permissão para Dirigir são consideradas documentos válidos quando se está conduzindo um veículo automotor.

(6) Após os exames de habilitação, o candidato aprovado recebe uma permissão para conduzir veículos por dois anos. Ao final desse período, a CNH será expedida se o condutor não houver cometido nenhuma infração de natureza grave ou gravíssima, ou se não for reincidente em infração de natureza média.

1: incorreta, pois deve renovar tais exames a cada 3 anos (art. 147, § 2º, da Lei 9.503/1997). Atenção: a Lei 14.071/2020 (publicada em 14 de outubro de 2020 e com entrada em vigor no prazo de 180 dias), posterior, portanto, à elaboração desta questão, alterou a redação do art. 147, § 2º, do CTB, estabelecendo novos prazos para renovação do exame de aptidão física e mental, nos termos seguintes: a cada 10 anos, para condutores com idade inferior a 50 anos; a cada 5 anos, para condutores com idade igual ou superior a 50 anos e inferior a 70 anos; a cada 3 anos, para condutores com idade igual ou superior a 70 anos; **2:** correta (art. 162, V, da Lei 9.503/1997); **3:** incorreta, pois basta ler e escrever, não sendo necessária a conclusão de ensino fundamental (art. 140, II, da Lei 9.503/1997); **4:** correta (art. 147 da Lei 9.503/1997); **5:** incorreta, pois a CNH e a Permissão para Dirigir somente terão validade para condução de veículo quando apresentada em original (art. 159, § 5º, da Lei 9.503/1997); **6:** incorreta, pois a CNH será expedida ao término de 1 ano (e não de 2 anos), mantidos os requisitos mencionados na afirmativa (art. 148, § 3º, da Lei 9.503/1997).
Gabarito 1E, 2C, 3E, 4C, 5E, 6E

1.11. Infrações

(Policial Rodoviário Federal – 2009 – FUNRIO) Ao parar um carro de passeio numa "blitz" no início do anoitecer um Policial Rodoviário Federal verificou que alguns itens e componentes do automóvel não estavam em condições adequadas de funcionamento, constatando o seguinte:

I. Um farol estava queimado e o outro desalinhado.
II. As palhetas do limpador de para-brisas estavam ressecadas.
III. A documentação do veículo estava em ordem.

Nesse caso, a atitude correta do policial é

(A) multar o motorista por causa dos faróis e liberar o veículo.
(B) advertir o motorista e liberar o veículo.
(C) reter o veículo devido ao não funcionamento dos faróis e multar o motorista.

(D) liberar o veículo porque está anoitecendo.
(E) acompanhar o motorista do veículo até uma oficina.

O condutor infringiu o art. 223 da Lei 9.503/1997 ("transitar com o farol desregulado ou com o facho de luz alta de forma a perturbar a visão de outro condutor"), impondo ao policial que retenha o veículo e multe o motorista.
Gabarito "C".

(Policial Rodoviário Federal – 2009 – FUNRIO) Ao fiscalizar uma "Van" com capacidade para dez passageiros, incluindo o motorista, o Policial Rodoviário Federal verifica que o condutor do veículo está habilitado na categoria "B". Nesse caso, o certo seria

(A) considerar leve a infração e apenas multar.
(B) apreender o veículo e recolher a habilitação.
(C) multar, deter o motorista e apreender o veículo.
(D) multar, apreender o veículo e cassar a CNH.
(E) recolher o certificado de registro do veículo.

No caso, o motorista deveria estar habilitado na categoria "D" (art. 143, IV, da Lei 9.503/1997). Não estando habilitado nessa categoria, o motorista infringiu o disposto no art. 162, III, da Lei 9.503/1997 (com redação dada pela Lei 13.281/2016), cometendo infração gravíssima, sujeita à retenção do veículo até a apresentação de condutor habilitado, sem contar na aplicação de multa (duas vezes), conforme atual redação do dispositivo conferida pela Lei 13.281/2016.
Gabarito "B".

(Policial Rodoviário Federal – 2009 – FUNRIO) João Feguerson Restaurantes Ltda. pretende abrir um estabelecimento comercial na Rodovia Federal BR 000, em área urbana do Município onde se encontra a sede do referido restaurante. Para tanto, oferece o restaurante prato acompanhado de uma bebida alcoólica. Tendo ciência do ocorrido, notifica o Detran, nos termos do Decreto nº 6.489/2008, o estabelecimento em questão, no sentido de que se abstenha da comercialização de bebida alcoólica, sob pena de aplicação de multa. Apresentada a defesa, vem o procedimento administrativo com a decisão de que a punição é

(A) cabível em face da vedação de venda de bebida alcoólica as margens de rodovia.
(B) cabível por se tratar de local contíguo à faixa de domínio com acesso direto à rodovia.
(C) incabível, por se localizar o restaurante em área urbana.
(D) cabível somente se o restaurante não obtiver autorização especial para a comercialização de bebidas alcoólicas às margens da rodovia federal.
(E) incabível por não ser implícita à atividade comercial do restaurante a comercialização de bebidas alcoólicas.

O Decreto 6.489/2008 é taxativo ao dispor que não se aplica em área urbana (art. 2º). Assim, a punição é incabível, já que o enunciado da questão deixa claro que o estabelecimento se encontra "em área urbana do Município".
Gabarito "C".

(Policial Rodoviário Federal – 2008 – CESPE) De acordo com o CTB, constitui infração gravíssima

(A) atirar do veículo ou abandonar na via objetos ou substâncias.
(B) deixar o condutor de prestar socorro à vítima de acidente de trânsito quando solicitado pela autoridade e seus agentes.
(C) dirigir veículo com CNH ou permissão para dirigir de categoria inferior à exigida para a condução do veículo que esteja conduzindo.
(D) ter o veículo imobilizado na via por falta de combustível.
(E) estacionar o veículo nas esquinas e a menos de cinco metros do bordo do alinhamento da via transversal.

A: incorreta, pois essa infração é média (art. 172 da Lei 9.503/1997); **B:** incorreta, pois essa infração é grave (art. 177 da Lei 9.503/1997); **C:** correta (art. 162, III, da Lei 9.503/1997, cuja redação foi alterada por força da Lei 13.281/2016); **D:** incorreta, pois essa infração é média (art. 180 da Lei 9.503/1997); **E:** incorreta, pois essa infração é média (art. 181, I, da Lei 9.503/1997).
Gabarito "C".

(Policial Rodoviário Federal – 2008 – CESPE) A respeito das infrações de trânsito, julgue os itens a seguir.

(1) É considerada infração de trânsito o uso irregular do cinto de segurança, como, por exemplo, a colocação do cinto por debaixo do braço.
(2) A fiscalização de velocidade com radar móvel só pode ocorrer onde não houver variação de velocidade nos últimos dez quilômetros.

1: incorreta, pois a infração prevista é "deixar" de usar o cinto, e não colocá-lo de forma irregular (art. 167 da Lei 9.503/1997); a lei deveria prever como infração de trânsito o uso irregular do cinto de segurança, mas não o fez; quanto ao uso de dispositivos no cinto de segurança que travem, afrouxem ou modifiquem o seu funcionamento normal, a Resolução Contran 278/2008 deu um jeito na questão, proibindo essa conduta e dizendo que ela configura o art. 230, IX, da Lei 9.503/1997, que considera infração conduzir o veículo "sem equipamento obrigatório ou estando este ineficiente ou inoperante"; a pena para o caso é de multa e retenção do veículo para regularização, e a infração é grave; **2:** incorreta, pois essa fiscalização só pode ocorrer onde não houver variação de velocidade em trechos menores que 5 (cinco) quilômetros (art. 6º, § 1º, da Resolução 396/2011, que, posteriormente à elaboração desta prova, foi revogada pela Resolução 798/2020).
Gabarito 1E, 2E.

(Policial Rodoviário Federal – 2008 – CESPE) Resolução do Contran estabelece um calendário determinando os prazos finais em que os veículos devem renovar o licenciamento anual. A respeito desse assunto, assinale a opção correta.

(A) O órgão executivo de trânsito de um município pode estabelecer um calendário diverso do definido pelo Contran, desde que não haja um calendário definido pelo órgão executivo estadual.
(B) O órgão executivo de trânsito de um estado pode estabelecer um calendário diverso do definido pelo Contran para a renovação do licenciamento dos veículos registrados sob sua circunscrição, desde que o prazo final para a renovação seja anterior a 1º de julho.
(C) Para efeito de autuação e aplicação de penalidades referentes a não renovação de licenciamento anual de veículos, quando o veículo se encontrar em unidade da Federação diferente daquela em que estiver registrado, serão adotados os prazos estabelecidos pela resolução pertinente do Contran.

(D) De acordo com o referido calendário, o último dia de janeiro é o prazo final para a renovação do licenciamento dos veículos cujas placas de identificação terminem em 0 e 1.

(E) De acordo com o referido calendário, o último dia de junho é o prazo final para a renovação do licenciamento dos veículos cujas placas de identificação terminem em 6.

A: incorreta (art. 2° da Resolução Contran 110/2000); B: incorreta, pois há de se obedecer aos limites do art. 1° da Resolução Contran 110/2000; C: correta (art. 2° da Resolução Contran n. 110/2000); D: incorreta, pois veículos cuja placa de identificação termine em 0 deverão submeter-se a licenciamento até dezembro; se terminar em 1, até setembro (art. 1° da Resolução Contran 110/2000); E: incorreta, pois, com final 6, é até novembro (art. 1° da Resolução Contran 110/2000).
Gabarito "C".

(Policial Rodoviário Federal – 2004 – CESPE) Com referência a velocidade, julgue os itens subsequentes.

(1) Considere a seguinte situação hipotética. Paulo, em uma via urbana arterial desprovida de sinalização regulamentadora de velocidade, conduzia seu automóvel a 60 km/h, velocidade indicada em radar eletrônico instalado adequadamente no local onde se realizava uma *blitz*. Nessa situação, por estar trafegando a uma velocidade 50% superior à máxima permitida na via, Paulo cometeu uma infração de natureza gravíssima.

(2) O CTB define 4 tipos de vias urbanas e limites de velocidade diferentes para cada uma delas. As rodovias e estradas são consideradas vias rurais.

(3) O excesso de velocidade é causa de aumento de pena nos delitos de trânsito.

(4) A velocidade máxima permitida para cada tipo de via, quando indicada por sinalização, poderá determinar velocidades superiores ou inferiores aos limites estabelecidos, de acordo com as suas características técnicas e as condições de trânsito.

(5) Considere a seguinte situação hipotética. Joana conduzia sua camioneta em uma rodovia com condições normais de circulação, em um trecho que não apresentava regulamentação de velocidade. Cuidadosa com a carga frágil que transportava – louças de porcelana –, desenvolvia uma velocidade de 50 km/h. Nessa situação, Joana transgrediu o estabelecido no CTB.

(6) Considere a seguinte situação hipotética. Por meio de equipamento de detecção provido de registrador de imagem, verificou-se que um veículo transitava em velocidade superior à máxima permitida para o local. Posteriormente, constatou-se que o veículo estava registrado em nome de uma representação de organismo internacional. Nessa situação, a autoridade de trânsito deverá remeter, no prazo máximo de 30 dias, contados da data do cometimento da infração, a Notificação da Autuação ao proprietário do veículo, na qual deverão constar a tipificação, o local, a data e a hora do cometimento da infração.

1: incorreta, pois a velocidade máxima, no caso, é de 60 Km/h (art. 61, § 1°, I, *b*, da Lei 9.503/1997); 2: correta (art. 61, § 1°, I e II, da Lei 9.503/1997). Atenção às modificações operadas pela Lei 13.281/2016 no art. 61, § 1°, II, da Lei 9.503/1997, que estabeleceu limites máximos de velocidade diferenciados para rodovias de pistas simples e dupla; 3: incorreta, pois o excesso de velocidade não aumenta a pena de infrações, mas impõe aplicação de uma pena autônoma adicional, já que, quando o infrator cometer, simultaneamente, duas ou mais infrações, ser-lhe-ão aplicadas, cumulativamente, as respectivas penalidades (art. 266 da Lei 9.503/1997); **4:** correta (art. 61, § 2°, da Lei 9.503/1997); **5:** correta. Considerando que a velocidade máxima permitida para a via em que Joana conduzia sua camionete corresponde a 110 km/h (rodovia de pista dupla), a velocidade por ela imprimida não pode ser inferior à metade da velocidade máxima estabelecida. Ela estava a 50 km/h (menos da metade da velocidade máxima permitida), o que infringe o disposto no art. 62 do CTB; **6:** incorreta, pois a notificação, no caso, será remetida ao Ministério das Relações Exteriores, para providências cabíveis e cobrança de valores, no caso de multa (art. 282, § 2°, da Lei 9.503/1997).
Gabarito 1E, 2C, 3E, 4C, 5C, 6E

(Policial Rodoviário Federal – 2002 – CESPE) Julgue o item seguinte.

(1) Se Maurício, esquecendo-se de que havia um defeito no marcador do nível de combustível de seu automóvel, deixasse que o combustível de seu veículo acabasse e, com isso, desse causa a que o automóvel ficasse imobilizado na via, então Maurício cometeria infração leve, à qual deveria ser aplicada pena de multa e medida administrativa de retenção do veículo.

1: incorreta, pois a infração é média, cabendo multa e remoção do veículo (art. 180 da Lei 9.503/1997).
Gabarito 1E

(Policial Rodoviário Federal – 1998 – CESPE) Fazer ou deixar que se façam reparos em um veículo na via pública, salvo nos casos de impedimento absoluto de sua remoção e em que o veículo esteja devidamente sinalizado, em pista de rolamento de rodovias e vias de trânsito rápido, acarreta as seguintes punições:

(A) remoção do veículo, multa e infração grave;

(B) remoção do veículo, multa, apreensão dos documentos, infração gravíssima;

(C) apreensão do veículo, multa, recolhimento da Carteira Nacional de Habilitação, infração grave;

(D) apreensão do veículo, multa e infração leve;

(E) remoção do veículo, multa e infração leve.

No caso, o art. 179, I, do CTB impõe remoção do veículo e multa, e a infração é considerada grave.
Gabarito "A".

(Policial Rodoviário Federal – 1998 – CESPE) Ao constatar o mau estado de conservação de um veículo, em uma rodovia, o patrulheiro rodoviário deve:

(A) multar o condutor e liberar o veículo;

(B) advertir o condutor e remover o veículo;

(C) multar o condutor e apreender o veículo;

(D) multar o condutor e reter o veículo para regularização;

(E) advertir o condutor e recolher o Certificado de Registro.

Segundo o art. 230, XVIII, da Lei 9.503/1997, o caso impõe multa e retenção do veículo para regularização.
Gabarito "D".

(Policial Rodoviário Federal – 1998 – CESPE) O condutor de veículo que estiver envolvido em acidente com vítima, que deixar de prestar ou providenciar socorro, podendo fazê-lo, configura uma ação :

(A) grave, com multa (5 vezes) e suspensão do direito de dirigir;

(B) gravíssima, com multa (5 vezes) e suspensão do direito de dirigir;

(C) grave, com multa (3 vezes) e suspensão do direito de dirigir;

(D) gravíssima, com multa (3 vezes) e suspensão do direito de dirigir;

(E) gravíssima, com multa (4 vezes)'e recolhimento do documento de habilitação.

Segundo o art. 176, I, a infração é gravíssima, com multa (5 vezes) e suspensão do direito de dirigir. Apesar de a alternativa não mencionar, haverá também o recolhimento do documento de habilitação.
Gabarito "B".

1.12. Penalidades

(Policial Rodoviário Federal – CESPE – 2019) Com base no disposto no Código de Trânsito Brasileiro, julgue os próximos itens.

(1) Para que uma concessionária de serviço público de transporte de passageiros conheça a pontuação de infrações atribuída a um motorista de seu quadro funcional, que, no exercício da atividade remunerada ao volante, tenha tido seu direito de dirigir suspenso, ela deve ter autorização do respectivo empregado, uma vez que essa informação é personalíssima.

(2) Se um policial rodoviário federal autuar, por infração de trânsito, um condutor de veículo em circulação no Brasil, mas licenciado no exterior, o infrator deverá pagar a multa no país de origem do licenciamento do automóvel, na forma estabelecida pelo CONTRAN.

1: incorreta. A pessoa jurídica tem o direito de acesso aos dados garantido pelo art. 261, § 8°, do CTB; 2: incorreta. A multa será paga no Brasil, respeitado o princípio da reciprocidade (art. 260, § 4°, do CTB).
Gabarito 1E, 2E.

(Policial Rodoviário Federal – 2008 – CESPE – adaptada) No que se refere às penalidades e medidas administrativas previstas na legislação de trânsito, julgue os itens a seguir.

(1) Se um infrator das normas de trânsito for apenado com suspensão, notificado da penalidade e ainda não tiver entregado a habilitação, não estará com o direito de dirigir suspenso, pois a suspensão só se inicia com o recolhimento do documento de habilitação.

(2) A remoção do veículo normalmente ocorre por infrações de estacionamento irregular, ou, ainda, por falta de combustível ou reparo do veículo na via pública.

(3) Quando o condutor do veículo se recusar a realizar qualquer um dos procedimentos previstos para verificação do teor alcoólico, e verificar-se, mediante os notórios sinais e sintomas de embriaguez, que o condutor se encontra sob influência de álcool, deve ser preenchido termo específico.

1: correta, valendo salientar que a aplicação da sanção de suspensão do direito de dirigir depende de processo administrativo e decisão fundamentada, assegurando-se direito de defesa, nos termos do art. 265 da Lei 9.503/1997, da Resolução Contran 182/2005 e da Deliberação Contran 163/2017; 2: correta (arts. 179, 180 e 181 da Lei 9.503/1997); 3: correta (art. 5°, § 2°, da Resolução 432/2013). Além disso, incorrerá nas penalidades administrativas previstas no art. 165-A do CTB, dispositivo inserido por meio da Lei 13.281/2016.
Gabarito 1C, 2C, 3C.

(Policial Rodoviário Federal – 1998 – CESPE) Nos feriados prolongados, ocorrem com frequência grandes engarrafamentos nas rodovias, devido à prática perigosa de transitar pelo acostamento para ultrapassar veículos em marcha lenta. Atento ao perigo dessa ação, o policial rodoviário poderá aplicar multa com multiplicador de:

(A) 5 vezes;
(B) 2 vezes ;
(C) 3 vezes:
(D) 4 vezes;
(E) 5 vezes.

De acordo com o art. 193 da Lei 9.503/1997, a multa é aplicada, no caso, com multiplicador de 3 vezes.
Gabarito "C".

(Policial Rodoviário Federal – 1998 – CESPE) São classificadas como **médias**, com a penalidade de multa e medida administrativa de retenção do veículo, as seguintes infrações:

(A) lotação excedente e motor desligado ou desengrenado, em declive;

(B) documento de habilitação ou identificação do veículo falsificado ou adulterado;

(C) luzes apagadas à noite e registro do veículo não cadastrado;

(D) usar facho de luz alta em vias providas de iluminação pública ou neblina;

(E) rebocar outro veículo com cabo flexível, salvo em casos de emergência.

A: correta (art. 231, VII e IX, da Lei 9.503/1997); B: incorreta, pois essa infração é gravíssima (art. 234 da Lei 9.503/1997); C: incorreta, pois a falta de luz é infração grave (art. 225 da Lei 9.503/1997); D: incorreta, pois é infração leve (art. 224 da Lei 9.503/1997); E: incorreta, pois, apesar de ser infração média, só cabe multa no caso (art. 236 da Lei 9.503/1997).
Gabarito "A".

1.13. Medidas administrativas

(Policial Rodoviário Federal – 1998 – CESPE) Ao deter um motorista que, na via pública, exibiu manobra perigosa, o policial efetua o recolhimento do documento de habilitação do infrator, mediante:

(A) prontuário;
(B) nota fiscal;
(C) recibo;
(D) cálculo de encargos;
(E) depósito de multa.

Art. 272 da Lei 9.503/1997.
Gabarito "C".

1.14. Processo administrativo

1.14.1. Autuação

(Policial Rodoviário Federal – 2009 – FUNRIO) Quando da ocorrência de infração prevista na legislação de trânsito, deverá ser lavrado auto de infração, devendo nele constar, obrigatoriamente, alguns dados. Exemplo de informação a ser fornecida quando possível (não obrigatória) é

(A) a tipificação da infração.

(B) a data e a hora da ocorrência.
(C) os caracteres da placa do veículo.
(D) o prontuário do condutor.
(E) a identificação do agente autuador.

As informações mencionadas nas alternativas "a", "b", "c" e "e" são obrigatórias, nos termos do art. 280, I, II, III e V, da Lei 9.503/1997. Já a informação sobre o prontuário do condutor deve constar do auto de infração apenas quando for possível, nos termos do art. 280, IV, da Lei 9.503/1997.
Gabarito "D".

1.14.2. Julgamento das autuações e penalidades

(Policial Rodoviário Federal – 2009 – FUNRIO) Marcos Vinicius, proprietário de veículo automotor, residente em Corumbá, recebeu guia de pagamento referente à infração cometida quando trafegava pela BR-101, entre as Cidades do Rio de Janeiro e Angra dos Reis, no dia 15 de julho de 2009, às 15h30min. A referida guia estabelecia o prazo de 15 dias para a efetivação do pagamento de multa no valor apontado, além da aplicação de 7 pontos, na forma como determina a Lei. Inconformado, recorreu Marcos Vinicius, sustentando não ter recebido notificação da autuação para apresentação de defesa prévia, sendo este apelo recusado. Em face dessa decisão administrativa, Marcos Vinicius ajuizou ação judicial, apresentando todos os documentos cabíveis, satisfazendo todos os pressupostos processuais.

Dessa forma, com base na Orientação Jurisprudencial dominante, a decisão a ser proferida deverá ser

(A) desfavorável, na medida em que, no processo administrativo, para imposição de multa de trânsito, não são necessárias as notificações da autuação e da aplicação da pena decorrente da infração.
(B) favorável, na medida em que, no processo administrativo, para imposição de multa de trânsito, quando o infrator reside em outro Estado da Federação do local de ocorrência, é necessária a notificação da autuação decorrente da infração.
(C) desfavorável, na medida em que, no processo fiscal para imposição de multa de trânsito, são somente necessárias as notificações da autuação e da aplicação da pena, decorrente da infração, quando estas implicarem em pontuação inferior a 5 pontos.
(D) favorável, na medida em que, no processo administrativo, para imposição de multa de trânsito, são necessárias as notificações da autuação e da aplicação da pena decorrente da infração.
(E) favorável, na medida em que, no processo fiscal para imposição de multa de trânsito, é necessária a notificação da autuação, através de servidor especialmente designado, de forma a atestar o seu recebimento.

De acordo com a Súmula STJ 312, "No processo administrativo para imposição de multa de trânsito, são necessárias as notificações da autuação e da aplicação da pena decorrente da infração". Assim, as alternativas "A" e "C" estão incorretas, pois a decisão terá de ser favorável a Marcos Vinícius, já que este não recebeu notificação para se defender. A alternativa "B" está incorreta, pois a notificação da autuação é obrigatória em qualquer caso, ainda que o infrator resida no mesmo local de ocorrência da infração. A alternativa "E" está incorreta, pois não há exigência de que a notificação se dê por servidor, podendo se dar mediante correspondência. A alternativa "D" está correta, pois está de acordo com o teor da Súmula mencionada.
Gabarito "D".

(Policial Rodoviário Federal – 2008 – CESPE) Acerca do processo administrativo referente à aplicação de penalidades por infrações de trânsito, julgue os próximos itens.

(1) Quando o veículo não possui placa, ou seja, ainda não é registrado, o auto de infração é considerado irregular.
(2) Em relação à lavratura do auto de infração é a notificação da penalidade que completa o ato.

1: incorreta; nesse caso, deve-se lavrar o auto de infração identificando o carro por meio do seu número de chassi, bem como por outros elementos úteis à sua identificação (art. 280, III, da Lei 9.503/1997); não fosse assim, as infrações previstas no art. 230, IV e V, da Lei 9.503/1997 (conduzir veículo sem placas ou sem registro) nunca seriam objeto de autuação; **2:** incorreta, pois é necessária a notificação da autuação e também da aplicação da pena decorrente da autuação, nos termos da Súmula STJ 312.
Gabarito 1E, 2E.

1.15. Crimes de trânsito

(Policial Rodoviário Federal – CESPE – 2019) Ao final de uma festa, Godofredo e Antônio realizaram uma disputa automobilística com seus veículos, fazendo manobras arriscadas, em via pública, sem que tivessem autorização para tanto. Nessa contenda, houve colisão dos veículos, o que causou lesão corporal culposa de natureza grave em um transeunte.

Considerando a situação hipotética apresentada e o disposto no Código de Trânsito Brasileiro, julgue os itens a seguir.

(1) Godofredo e Antônio responderiam por crime de trânsito independentemente da lesão corporal causada, pois a conduta de ambos gerou situação de risco à incolumidade pública.
(2) Godofredo e Antônio estão sujeitos à pena de reclusão, em razão do resultado danoso da conduta delitiva narrada.
(3) Por se tratar de lesão corporal de natureza culposa, é vedada a instauração de inquérito policial para apurar as condutas de Godofredo e Antônio, bastando a realização dos exames médicos da vítima e o compromisso dos autores em comparecer a todos os atos necessários junto às autoridades policial e judiciária.

1: correta, nos termos do art. 308, *caput*, do CTB; **2:** correta, nos termos do art. 308, § 1º, do CTB; **3:** incorreta. Não há previsão legal nesse sentido. Segundo estabelece o art. 291, § 2º, do CTB, o crime definido no art. 308 do CTB dever ser apurado por meio de inquérito policial
Gabarito 1C, 2C, 3E.

(Policial Rodoviário Federal – CESPE – 2019) Wellington, maior e capaz, sem habilitação ou permissão para dirigir veículo automotor, tomou emprestado de Sandro, também maior e capaz, seu veículo, para visitar a namorada em um bairro próximo àquele onde ambos residiam. Sandro, mesmo ciente da falta de habilitação de Wellington, emprestou o veículo.

Considerando a situação hipotética apresentada, julgue os itens que se seguem, à luz do Código de Trânsito Brasileiro.

(1) Sandro responderá por crime de trânsito somente se a condução de Wellington causar perigo de dano.

(2) Wellington responderá por crime de trânsito, independentemente de gerar perigo de dano ao conduzir o veículo.

1: incorreta. A conduta de Sandro é crime autônomo, previsto no art. 310 do Código de Trânsito Brasileiro; **2:** incorreta. No caso de Wellington, é necessário que se configure o perigo de dano (art. 309 do CTB). Gabarito 1E, 2E

(Policial Rodoviário Federal – 2009 – FUNRIO) Constitui infração de trânsito a inobservância de qualquer preceito do Código de Trânsito Brasileiro, da legislação complementar ou das resoluções do Contran, sendo o infrator sujeito às penalidades e medidas administrativas. Com relação aos crimes relacionados no Código de Trânsito Brasileiro, é correto afirmar que

(A) ao condutor de veículo, nos casos de acidentes de trânsito de que resulte vítima, se imporá a prisão em flagrante e se exigirá fiança, independente dele prestar pronto e integral socorro àquela.

(B) é crime conduzir veículo automotor, na via pública, estando com concentração de álcool por litro de sangue igual ou superior a 6 (seis) decigramas, ou sob a influência de qualquer outra substância psicoativa que determine dependência, contudo, com relação aos testes de alcoolemia, para efeito de caracterização do crime tipificado, o Poder Executivo Federal não poderá estipular a equivalência entre distintos testes de alcoolemia, devendo estes ser regulados pelo Contran.

(C) no homicídio culposo cometido na direção de veículo automotor, a pena é aumentada de um terço à metade, se o agente não possuir Permissão para Dirigir ou Carteira de Habilitação; praticá-lo em faixa de pedestres ou na calçada; se deixar de prestar socorro, quando possível fazê-lo sem risco pessoal, à vítima do acidente; se o praticar no exercício de sua profissão ou atividade, estiver conduzindo veículo de transporte de passageiros.

(D) é considerado crime participar, na direção de veículo automotor, em via pública, de corrida, disputa ou competição automobilística, mesmo que autorizada pela autoridade competente, já que sempre pode resultar dano potencial à incolumidade pública ou privada.

(E) a multa reparatória poderá ser superior ao valor do prejuízo demonstrado no processo.

A: incorreta, visto que, segundo estabelece o art. 301 da Lei 9.503/1997 (Código de Trânsito Brasileiro), não se imporá ao condutor de veículo, nos casos de acidentes de trânsito com vítima, desde que preste socorro à vítima, a prisão em flagrante tampouco dele se exigirá fiança; **B:** esta questão se refere à antiga redação do art. 306 do CTB: "Conduzir veículo automotor, na via pública, estando com concentração de álcool por litro de sangue igual ou superior a 6 (seis) decigramas, ou sob a influência de qualquer outra substância psicoativa que determine dependência". Sua primeira parte, portanto, estaria correta. Sucede que o segundo trecho da assertiva contraria o que estabelecia a anterior redação do art. 306, parágrafo único, do CTB. Com a edição da Lei 12.760/2012, o art. 306, *caput*, do CTB passou a contar com a seguinte redação: "Conduzir veículo automotor com capacidade psicomotora alterada em razão da influência de álcool ou de outra substância psicoativa que determine dependência". Como se pode notar, a comprovação do estado de embriaguez, antes restrita ao teste do bafômetro e ao exame de sangue, passou a admitir outras formas de constatação, conforme prevê o § 1º do mesmo dispositivo. De outro lado, por expressa previsão do art. 306, § 3º, do CTB, com a nova redação que lhe conferiu a Lei12.971/2014, caberá ao Contran dispor sobre a equivalência entre os distintos testes de alcoolemia ou toxicológicos para efeito de caracterização do crime de embriaguez ao volante; **C:** proposição correta, pois corresponde às causas de aumento de pena previstas no art. 302, § 1º, do CTB; **D:** incorreta, na medida em que a configuração do delito tipificado no art. 308 do CTB está condicionada à ausência de autorização da autoridade competente (elemento normativo do tipo). Atenção: a redação do art. 308 do CTB foi alterada pela Lei 13.546/2017, nos seguintes termos: "Participar, na direção de veículo automotor, em via pública, de corrida, disputa ou competição automobilística ou ainda de exibição ou demonstração de perícia em manobra de veículo automotor, não autorizada pela autoridade competente, gerando situação de risco à incolumidade pública ou privada". De toda sorte, a assertiva continua correta; **E:** incorreta, pois contraria o disposto no art. 297, § 1º, do CTB. Gabarito "C".

(Policial Rodoviário Federal – 2009 – FUNRIO) No dia 15 de junho de 2007, por volta das 09h, pela Avenida Canal, proximidades do "Atacadão Rio do Peixe", José Antônio, guiando o veículo ônibus, ano 1998, de cor branca, provocou atropelamento contra Marinalva, que pedalava uma bicicleta próximo à guia da calçada, sofrendo traumatismos generalizados. O socorro foi prestado por solicitação de populares do SAMU ao Hospital Regional de Urgência e Emergência de Campina Grande, e o infrator se evadiu. No que se refere à conduta praticada, uma vez que o infrator se evadiu sem prestar socorro à vítima, é correto afirmar que o condutor

(A) não merece aplicação, em tese, do aumento de pena daí decorrente, conforme estipulado pela Lei nº 9.503/1997.

(B) merece aplicação, em tese, do aumento de pena daí decorrente, conforme estipulado pela Lei nº 9.503/1997.

(C) não merece aplicação do aumento de pena daí decorrente, uma vez que a vítima não era pedestre, conforme estipulado pela Lei nº 9.503/1997.

(D) merece aplicação, em tese, do aumento de pena daí decorrente, se testemunhas confirmarem que ele conduzia o veículo em alta velocidade, sendo irrelevante a não prestação de socorro, conforme estipulado pela Lei nº 9.503/1997.

(E) merece aplicação, em tese, do aumento de pena daí decorrente, se testemunhas confirmarem que ele conduzia em aparente estado de embriaguez, conforme estipulado pela Lei nº 9.503/1997.

Desde que a culpa pelo acidente recaia sobre José Antônio, deverá este responder pelo crime do art. 303 do CTB (lesão corporal de trânsito), com a incidência, a teor do § 1º do mesmo dispositivo, cujo conteúdo, antes da Lei 13.546/2017, correspondia ao seu parágrafo único, da causa de aumento prevista no art. 302, § 1º, III, também do CTB. Vale aqui observar que, caso o condutor não seja o responsável pelo acidente (o agente não foi o seu provocador), será responsabilizado, neste caso, na hipótese de negar socorro, pelo crime de omissão de socorro do art. 304 do CTB. Gabarito "B".

(Policial Rodoviário Federal – 2008 – CESPE) De acordo com o CTB, assinale a opção correta acerca das ações penais por crimes cometidos na direção de veículos automotores.

(A) Em nenhuma hipótese se admite a aplicação aos crimes de trânsito de disposições previstas na lei que dispõe sobre os juizados especiais criminais.

(B) A suspensão ou a proibição de se obter a permissão ou a habilitação para dirigir veículo automotor pode ser imposta como penalidade principal, mas sempre de forma isolada, sendo vedada a aplicação cumulativa com outras penalidades.

(C) A penalidade de suspensão ou de proibição de se obter a permissão ou a habilitação para dirigir veículo automotor tem a duração de dois anos.

(D) Transitada em julgado a sentença condenatória, o réu será intimado a entregar à autoridade judiciária, em 24 horas, a permissão para dirigir ou a CNH.

(E) Ao condutor de veículo, nos casos de acidentes de trânsito de que resulte vítima, não se imporá a prisão em flagrante, nem se exigirá fiança, se ele prestar pronto e integral socorro àquela.

A: incorreta, pois contraria o disposto no art. 291, *caput*, do CTB, que estabelece que as disposições previstas na Lei 9.099/1995 (Juizado Especial Criminal) terão incidência no âmbito das infrações penais de menor potencial ofensivo contempladas no Código de Trânsito Brasileiro; **B:** incorreta, posto que não reflete o teor do art. 292 do CTB, que teve a sua redação alterada pela Lei 12.971/2014; **C:** incorreta, na medida em que o art. 293, *caput*, do CTB estabelece que esta penalidade será imposta pelo prazo de dois meses a cinco anos; **D:** incorreta, pois o art. 293, § 1º, do CTB fixa o prazo de *quarenta e oito horas* para o réu promover a entrega de sua permissão para dirigir ou a CNH; **E:** correta, pois corresponde ao que estabelece o art. 301 do CTB.

Gabarito 'E'.

(Policial Rodoviário Federal – 2004 – CESPE) O CTB, em seu art. 311, censura a conduta de trafegar em velocidade incompatível com a segurança nos locais considerados pelo legislador como perigosos, elegendo essa conduta como criminosa e impondo-lhe a pena de detenção de 6 meses a 1 ano ou multa. Acerca desse assunto, julgue os itens que se seguem.

(1) Velocidade incompatível é aquela desenvolvida acima da máxima permitida para o local de acordo com a sinalização das placas.

(2) O CTB indica os locais próximos a escolas, estações de embarque e desembarque de passageiros, logradouros estreitos e hospitais como locais considerados perigosos.

(3) Para a consumação do delito tipificado no referido artigo, é necessário que ocorra dano, ou seja, as pessoas sejam lesionadas ou mortas em virtude da velocidade incompatível.

(4) A prova da velocidade incompatível pode ser feita por testemunhas, não se exigindo a prova de radares ou equivalentes.

1: incorreta, já que a incompatibilidade da velocidade empreendida há de ser aferida em razão das peculiaridades do local em que trafega o condutor; **2:** correta, pois corresponde ao que estabelece o art. 311 do CTB; **3:** incorreta. Por se tratar de crime de perigo concreto, é desnecessária, à consumação do crime tipificado no art. 311 do CTB, a ocorrência de dano; **4:** correta, na medida em que a legislação não impõe, para comprovação deste crime, que a incompatibilidade da velocidade empreendida pelo condutor com o local em que transita seja aferida por sistema de radar ou qualquer outra forma de controle eletrônico de velocidade.

Gabarito 1E, 2C, 3E, 4C.

(Policial Rodoviário Federal – 2004 – CESPE) Os efeitos do álcool sobre condutores de veículos automotores têm dado causa a sérios prejuízos advindos de acidentes de trânsito. Com relação à embriaguez no trânsito, julgue os itens a seguir.

(1) A conduta de dirigir veículo automotor sob a influência de álcool, em nível superior ao permitido, não configura, necessariamente, crime perante a lei brasileira, sendo punida administrativamente como infração gravíssima, com penalidade de multa e suspensão do direito de dirigir. Para ser enquadrada na categoria de crime, a embriaguez do condutor deve expor a dano potencial a incolumidade de outrem.

(2) A embriaguez pode ser constatada por provas técnicas e periciais, como exame de sangue e teste em bafômetro e, ainda, por prova testemunhal.

1: correta a assertiva, ao tempo em que a questão foi elaborada, já que em conformidade com a redação original do art. 306 do CTB, que contemplava, no seu texto, a expressão "expondo a dano potencial a incolumidade de outrem". Com a redação conferida a este dispositivo pela Lei 11.705/2008, que eliminou do tipo penal tal expressão, doutrina e jurisprudência firmaram entendimento no sentido de que o crime do art. 306 passou a ser de perigo abstrato, sendo, portanto, desnecessário que a conduta do motorista expusesse a dano potencial a incolumidade de terceiro. Após, a redação deste dispositivo foi novamente alterada, desta vez pela Lei 12.760/2012, que, no entanto, não modificou a natureza do crime de embriaguez ao volante, que continua a ser de perigo abstrato; **2:** correta. A redação original do art. 306 do CTB, em vigor quando da elaboração desta questão, continha a expressão "sob a influência de álcool", o que autorizava que a prova da embriaguez fosse feita por vários meios, desde que admitidos em direito. Com a entrada em vigor da Lei 11.705/2008, que alterou a redação do art. 306 do CTB, passou-se a exigir que a comprovação da embriaguez somente se desse por meio do bafômetro ou do teste de alcoolemia. Foram excluídos, com isso, outros meios de prova. Essa situação mudou com a edição da Lei 12.760/2012, que conferiu nova redação ao art. 306 do CTB, que passou a admitir, para a comprovação da embriaguez, outros meios de prova, além do bafômetro e do exame de sangue. Quanto a isso, vide art. 306, § 2º, do CTB, cuja redação foi alterada pela Lei 12.971/2014, o que não altera o gabarito.

Gabarito 1C, 2C.

(Policial Rodoviário Federal – 2002 – CESPE) Sobre os crimes de trânsito, julgue os itens a seguir.

(1) Considere a seguinte situação hipotética. Ao passar em frente a uma parada de ônibus, conduzindo o seu veículo em avançada hora da madrugada, Tício avistou um desafeto. Assim, retornou na avenida, de modo a passar novamente em frente ao inimigo. Quando se aproximava, então, da parada, acelerou o veículo, arremessando-o contra o pedestre, causando-lhe morte instantânea.

Para essa situação, há, no CTB, tipo específico que descreve a conduta de Tício, no qual se prevê, ainda, o atropelamento ocorrido em calçada como causa de aumento de pena do homicídio.

(2) Considere a seguinte situação hipotética. Um grupo de amigos decidiu realizar um *racha*, às três horas da madrugada, na avenida Afonso Pena, principal via da região central de Belo Horizonte – MG. Acionada, uma equipe de policiais chegou rapidamente ao local, logrando deter Rodrigo, um dos participantes, em flagrante. Nessa situação, ao receber a respectiva denúncia, o juiz poderá decretar medida cautelar de ofício, independentemente de requerimento do Ministério Público ou de representação da autoridade policial, para efeito de suspender a habilitação de Rodrigo.

(3) Não comete o crime de omissão de socorro descrito no CTB o condutor de veículo que, passando pelo local de acidente automobilístico imediatamente após a sua ocorrência, deixa de prestar socorro imediato às vítimas ou de solicitar auxílio de autoridades públicas.

1: incorreta. A conduta descrita no enunciado se amolda ao tipo penal do art. 121 do CP – homicídio doloso, ao qual não se aplica a causa de aumento prevista no art. 302, § 1º, II, do CTB, cuja incidência somente se dá no âmbito do homicídio e lesão corporal de trânsito, que são crimes necessariamente culposos; **2:** correta, pois corresponde ao que estabelece o art. 294 do CTB; **3:** correta, já que somente responderá pelo crime previsto no art. 304 do CTB (omissão de socorro) o condutor do veículo envolvido em acidente com vítima que não tenha a ele dado causa (agido com culpa). Se for o causador do acidente, deverá ser responsabilizado, se omitir socorro, pelo crime de homicídio/lesão corporal com a incidência da causa de aumento prevista no art. 302, § 1º, III, do CTB. Agora, se alguém presenciar acidente de trânsito e deixar de prestar socorro imediato às vítimas ou de solicitar auxílio de autoridades públicas, incorrerá nas penas do crime do art. 135 do CP (omissão de socorro).
Gabarito 1E, 2C, 3C

(CESPE) Guiando o seu automóvel na contramão de direção, em outubro de 2010, Tício é perseguido por uma viatura da polícia militar. Após ser parado pelos agentes da lei, Tício realiza, espontaneamente, o exame do etilômetro e fornece aos militares sua habilitação e o documento do automóvel. No exame do etilômetro, fica constatado que Tício apresentava concentração de álcool muito superior ao patamar previsto na legislação de trânsito. Além disso, os policiais constatam que o motorista estava com a habilitação vencida desde maio de 2009. Com relação ao relatado acima, é correto afirmar que o promotor de justiça deverá denunciar Tício

(A) apenas pelo crime de embriaguez ao volante, uma vez que o fato de a habilitação estar vencida constitui mera infração administrativa.

(B) apenas pelo crime de direção sem habilitação, pois o delito de embriaguez ao volante só se configura quando ocorre acidente de trânsito com vítima.

(C) apenas pelo crime de direção sem habilitação, uma vez que o perigo gerado por tal conduta faz com que o delito de embriaguez ao volante seja absorvido, em razão da aplicação do Princípio da Consunção.

(D) pela prática dos crimes de embriaguez ao volante e direção sem habilitação

---

Ao conduzir seu veículo automotor em via pública, na contramão de direção e com concentração de álcool no sangue em quantidade bem superior ao estabelecido no art. 306, § 1º, I, da Lei 9.503/1997 – Código de Trânsito Brasileiro, Tício incorreu nas penas do supracitado dispositivo. De outro lado, por estar com a habilitação vencida, Tício deverá responder tão somente pela infração administrativa prevista no art. 162, V, da Lei 9.503/1997. É que o crime do art. do art. 309 do CTB – direção sem habilitação – refere-se somente à conduta de dirigir veículo automotor sem *permissão* ou *habilitação* ou, ainda, na hipótese de estar *cassado* o direito de dirigir. O legislador não cuidou de incluir no tipo penal a conduta consistente em dirigir com a habilitação *vencida*, o que, como já dito, configura infração no âmbito administrativo. Este é o entendimento que tem prevalecido na doutrina e na jurisprudência.
Gabarito "A".

(CESPE) Assinale a opção correta no que se refere aos crimes de trânsito.

(A) Responde por crime de trânsito o agente que viola a suspensão de dirigir veículo automotor.

(B) O indivíduo que, pilotando uma lancha em alto mar, mata, culposamente, uma pessoa comete, de acordo com a Lei nº 9.503/1997, que trata dos crimes de trânsito, crime de homicídio culposo.

(C) O agente que, dirigindo automóvel, causa, culposamente, lesão corporal na vítima e deixa de prestar socorro a ela responde tanto pelo crime de lesão corporal culposa tratado nos crimes de trânsito quanto por crime de omissão de socorro.

(D) Responde como coautor pelo crime de homicídio o pai ou responsável que empresta veículo automotor a menor de idade que, acidentalmente, atropele e mate uma pessoa.

A: correta. Cuida-se da conduta prevista no art. 307, Lei 9.503/1997 (Código de Trânsito Brasileiro); **B:** incorreta. Isso porque só responde pelo crime do art. 302 (homicídio culposo) do Código de Trânsito aquele que estiver na direção de veículo automotor. Aquele que, pilotando uma lancha, mata, culposamente, responde pelo crime de homicídio do Código Penal (art. 121, § 3º); **C:** incorreta. Neste caso, incidirá a causa de aumento de pena prevista no art. 302, § 1º, III, por força do que dispõe o parágrafo único do art. 303, ambos do Código de Trânsito; **D:** incorreta, pois, por essa conduta, o pai ou responsável responderá pelo crime capitulado no art. 310 do Código de Trânsito.
Gabarito "A".

(CESPE) Acerca dos crimes previstos na legislação especial brasileira, assinale a opção incorreta.

(A) O condutor que for condenado por qualquer dos delitos previstos no Código de Trânsito Brasileiro ficará obrigado a se submeter a novos exames para que possa voltar a dirigir.

(B) Admite-se a concessão do perdão judicial ao acusado de homicídio culposo na direção de veículo, ainda que o instituto não esteja previsto no Código de Trânsito Brasileiro.

(C) A competência para processar e julgar os crimes de porte ilegal e tráfico internacional de armas é da justiça comum estadual.

(D) O porte ilegal de arma de fogo de uso permitido é crime inafiançável, salvo se a arma de fogo estiver registrada em nome do agente.

A: incorreta, devendo ser assinalada. A Lei 9.503/1997 (Código de Trânsito Brasileiro) não impõe ao condenado pelos crimes nela previstos a obrigação de se submeter a novos exames como condição para que possa voltar a dirigir; **B:** correta. De fato, o *perdão judicial*, embora não previsto no Código de Trânsito, pode, sim, ser aplicado ao crime de homicídio culposo praticado na direção de veículo automotor (art. 302 da Lei 9.503/1997); **C:** correta (art. 109 da CF); **D:** correta. O STF, no julgamento da ADIn 3.112-1, de 10.05.2007, reconheceu a inconstitucionalidade do parágrafo único do art. 14 da Lei 10.826/2003, que vedava a concessão de fiança ao autor do crime do art. 14 do Estatuto do Desarmamento.
Gabarito "A".

(FGV) José da Silva dirigia seu automóvel em velocidade acima da permitida e de forma imprudente. Ao passar por um cruzamento, José não percebe que o sinal estava vermelho e atropela Maria de Souza, que vem a sofrer uma fratura exposta na perna direita e fica mais de 30 dias impossibilitada de desenvolver suas ocupações habituais. A fim de socorrer a vítima, José da Silva para o carro, sai do veículo e retira Maria do meio da via. Contudo, ao ver um grupo de pessoas vociferando e gritando "assassino!", "pega!" e "lincha!", José retorna para seu veículo e se evade do local, sendo parado alguns metros adiante por uma patrulha de policiais militares que o levam preso em flagrante à Delegacia de Polícia. Com base no relato acima, analise as afirmativas a seguir:

I. Segundo a Lei 9.503/1997 (Código Nacional de Trânsito), José não poderia ser preso em flagrante porque prestou socorro à vítima e só não permaneceu no local porque corria risco pessoal.
II. José praticou o crime de lesão corporal culposa grave na direção de veículo automotor.
III. José praticou o crime do art. 305, da Lei 9.503/1997 (Afastar-se o condutor do veículo do local do acidente, para fugir à responsabilidade penal ou civil que lhe possa ser atribuída).

Assinale:
(A) se somente a afirmativa I estiver correta.
(B) se somente a afirmativa II estiver correta.
(C) se somente a afirmativa III estiver correta.
(D) se somente as afirmativas I e II estiverem corretas.
(E) se todas as afirmativas estiverem corretas.

I: correta. Embora tenha dado causa ao acidente do qual resultou a lesão corporal culposa na vítima (art. 303 da Lei 9.503/1997 – CTB), a José não poderia ser atribuída a causa de aumento de pena contemplada no art. 302, § 1º, III, do CTB, haja vista que não seria possível, nas circunstâncias, prestar integral socorro sem se colocar em situação de risco pessoal. Também não é o caso de se impor ao condutor a prisão em flagrante, nos termos do art. 301 do CTB; II: incorreta, pois a classificação da lesão corporal, no Código Penal, em leve (art. 129, caput) e grave (art. 129, §§ 1º e 2º), corresponde à lesão dolosa; a lesão culposa não comporta essa classificação, exceção feita ao art. 303, § 2º, do CTB; III: incorreta, pois o tipo penal do art. 305 do CTB, cuja constitucionalidade é atualmente bastante discutida na doutrina e jurisprudência, não pode ser aplicado no caso em questão, já que não havia, por parte do condutor, o propósito de fugir à responsabilidade penal ou civil.
Gabarito "A".

(FGV – 2008) Segundo o Código de Trânsito Brasileiro (Lei 9.503/1997), não constitui crime o seguinte procedimento:
(A) conduzir motocicleta, motoneta e ciclomotor sem usar capacete de segurança com viseira ou óculos de proteção e vestuário de acordo com as normas e especificações aprovadas pelo Contran.
(B) afastar-se o condutor do veículo do local do acidente, para fugir à responsabilidade penal ou civil que lhe possa ser atribuída.
(C) deixar o condutor do veículo, na ocasião do acidente, de prestar imediato socorro à vítima, ou, não podendo fazê-lo diretamente, por justa causa, deixar de solicitar auxílio da autoridade pública.
(D) praticar lesão corporal culposa na direção de veículo automotor.
(E) dirigir veículo automotor, em via pública, sem a devida Permissão para Dirigir ou Habilitação, gerando perigo de dano.

A: correta, uma vez que a conduta constitui a infração administrativa prevista no art. 244, I, do CTB (Lei 9.503/1997); B: incorreta (art. 305 do CTB); C: incorreta (art. 304 do CTB); D: incorreta (art. 303 do CTB); E: incorreta (art. 309 do CTB).
Gabarito "A".

(Magistratura/SC – 2010) Assinale a alternativa correta:
I. Na aplicação das causas especiais de diminuição, a pena final pode ser fixada aquém da pena mínima cominada.
II. O delito de lesão corporal culposa no trânsito admite a forma tentada.
III. A direção de veículo automotor, em via pública, sob o efeito de álcool ou de qualquer outra substância psicoativa, exige para a sua configuração a exposição da incolumidade de outrem a dano potencial.
IV. Os delitos de trânsito consistentes em homicídio culposo, a critério do Ministério Público, podem ser processados perante o Juizado Especial Criminal.
(A) Somente as proposições I, III e IV estão incorretas.
(B) Somente as proposições II, III e IV estão incorretas.
(C) Somente as proposições II e III estão incorretas.
(D) Somente as proposições I, II e III estão incorretas.
(E) Todas as proposições estão incorretas.

I: correta, pois a pena-base é extraída a partir dos critérios contidos no art. 59 do CP (circunstâncias judiciais). Nesta primeira fase de fixação da pena, deve o juiz observar os limites legais impostos pela pena em abstrato (pena cominada). A análise das circunstâncias atenuantes e agravantes constitui a segunda fase de fixação da pena. Nesta etapa, o magistrado também não poderá, ao fazer incidir a circunstância atenuante, levar a pena abaixo do mínimo legal (pena cominada). Vide, nesse sentido, a Súmula 231 do STJ. Já as causas de aumento e de diminuição da pena podem conduzi-la além do máximo e aquém do mínimo, respectivamente. Estão previstas na Parte Geral do Código Penal ou na Parte Especial, bem como em legislação especial; II: incorreta, pois os crimes culposos não comportam a forma tentada. Não é possível tentar fazer algo não desejado, não querido. São institutos, pois, incompatíveis; III: incorreta, pois assim que entrou em vigor a Lei 9.503/1997 (CTB), o crime de embriaguez ao volante era, segundo entendimento doutrinário e jurisprudencial dominante à época, de perigo concreto, pois contemplava a expressão "expondo a dano potencial a incolumidade de outrem". Com a redação conferida a este dispositivo pela Lei 11.705/2008, que eliminou do tipo penal tal expressão, doutrina e jurisprudência firmaram entendimento no sentido de que o crime do art. 306 passou a ser de perigo abstrato, sendo, portanto, desnecessário que a conduta do motorista expusesse a dano potencial a incolumidade de terceiro. Depois disso, a redação deste dispositivo foi novamente alterada, desta vez pela Lei 12.760/2012, que, no entanto, não modificou a natureza do crime de embriaguez ao volante, que continua, portanto, a ser de perigo abstrato; IV: incorreta, visto que a pena máxima cominada a este crime, que é de quatro anos (art. 302 da Lei 9.503/1997 – Código de Trânsito Brasileiro), supera o limite estabelecido no art. 61 da Lei 9.099/1995 – Juizados Especiais.
Gabarito "B".

(Ministério Público/MG – 2010) Analise as seguintes afirmativas sobre as normas penais previstas no Código Brasileiro de Trânsito (Lei n. 9.503/1997) e assinale com V as verdadeiras e com F as falsas.
( ) Em qualquer fase da persecução penal, a pedido do Ministério Público ou da polícia, poderá o juiz decre-

tar a suspensão da habilitação para dirigir veículo automotor, vedada a concessão de ofício da cautelar.

( ) Se o Ministério Público não oferecer a denúncia no prazo legal, o ofendido poderá oferecer queixa em qualquer Delegacia de Polícia com atribuição para apuração de delitos de trânsito, a fim de impedir a extinção da punibilidade pela decadência.

( ) A proibição de se obter a permissão para dirigir veículo automotor pode ser imposta cumulativamente com outras penalidades, mas não isoladamente, como penalidade principal.

( ) A penalidade de suspensão da habilitação para dirigir veículo automotor terá a mesma duração da pena privativa de liberdade.

Assinale a alternativa que apresenta a sequência de letras CORRETA.

(A) (V) (V) (F) (V)
(B) (F) (F) (F) (F)
(C) (V) (F) (F) (V)
(D) (F) (V) (V) (F)

1ª assertiva: falsa, em razão do que estabelece o art. 294 da Lei 9.503/1997 – Código de Trânsito Brasileiro; **2ª assertiva:** falsa, pois a queixa subsidiária, que tem lugar na hipótese de desídia do membro do Ministério Público, deverá ser oferecida em juízo, já que constitui a peça inaugural da ação penal privada subsidiária da pública; **3ª assertiva:** falsa, em razão do que estabelece o art. 292 da Lei 9.503/1997 – Código de Trânsito Brasileiro, cuja redação foi alterada por força da Lei 12.971/2014; **4ª assertiva:** falsa, em razão do que estabelece o art. 293 da Lei 9.503/1997 – Código de Trânsito Brasileiro.

Gabarito "B".

(Ministério Público/SP – 2011) Assinale a alternativa em que ambas as situações constituam circunstâncias que sempre agravam as penas no crime de trânsito:

(A) a utilização de veículo sem placas e que esteja trafegando pela contramão de direção.
(B) não possuir permissão para dirigir ou carteira de habilitação e utilizar veículo com placas adulteradas.
(C) imprimir velocidade excessiva ao veículo e não possuir permissão para dirigir ou carteira de habilitação.
(D) praticá-lo perto de faixa de trânsito temporária destinada a pedestres e com a carteira de habilitação vencida.
(E) praticá-lo sobre faixa de trânsito permanentemente destinada a pedestres e sem estar utilizando cinto de segurança.

A: incorreta, pois, aqui, somente o fato de o agente conduzir o veículo sem placas constitui circunstância agravante, prevista no art. 298, II, Lei 9.503/1997. A outra circunstância contida na assertiva não foi contemplada no dispositivo; **B:** correta, visto que as duas circunstâncias estão contempladas no art. 298 do CTB como agravantes; **C:** incorreta, pois, aqui, somente o fato de o agente não possuir permissão para dirigir ou carteira de habilitação constitui circunstância agravante, prevista no art. 298, III, Lei 9.503/1997. A outra circunstância não foi contemplada no dispositivo; **D:** incorreta, pois, neste caso, nenhuma das duas circunstâncias está contemplada como circunstância agravante. O art. 298, VII, da Lei 9.503/1997 impõe como agravante o fato de o condutor ter cometido o crime *sobre* a faixa, e não *perto* dela. Além disso, cometer infração de trânsito com a carteira de habilitação vencida é diferente de cometê-la sem ser habilitado. No primeiro caso, não incide a agravante; no segundo, incide, conforme dispõe o art. 298, III; **E:** incorreta, pois, aqui, somente o fato de o agente praticar o delito sobre a faixa de trânsito permanentemente destinada a pedestres constitui circunstância agravante, prevista no art. 298, VII, Lei 9.503/1997. A outra circunstância não foi contemplada pelo dispositivo.

Gabarito "B".

(Ministério Público/SP – 2008) Não é causa de aumento de pena, de um terço até metade, no crime de homicídio culposo praticado na direção de veículo automotor, a circunstância de o agente

(A) não possuir Permissão para dirigir ou Carteira de Habilitação.
(B) praticá-lo em faixa de pedestres ou na calçada.
(C) deixar de prestar socorro, quando possível fazê-lo sem risco pessoal, à vítima do acidente.
(D) estar sob influência de álcool ou substância tóxica ou entorpecente de efeitos análogos.
(E) no exercício de sua profissão ou atividade, estar conduzindo veículo de transporte de passageiros.

A: incorreta (art. 302, § 1º, I, da Lei 9.503/1997 – Código de Trânsito Brasileiro); **B:** incorreta (art. 302, § 1º, II, da Lei 9.503/1997); **C:** incorreta (art. 302, § 1º, III, da Lei 9.503/1997); **D:** correta, pois a hipótese não constitui causa de aumento de pena do homicídio culposo na direção de veículo automotor; **E:** incorreta (art. 302, § 1º, IV, da Lei 9.503/1997).

Gabarito "D".

(Delegado/AP – 2006) Analise as assertivas e assinale a alternativa correta:

I. A penalidade de suspensão ou de proibição de se obter a permissão ou a habilitação, para dirigir veículo automotor, tem a duração de seis meses a cinco anos.
II. A lesão corporal culposa praticada na direção de veículo automotor tem a pena aumentada de até dois terços, se o agente não possuir carteira de habilitação.
III. Como o Código de Trânsito impôs pena distinta ao homicídio culposo em relação ao homicídio culposo do Código Penal, sendo o primeiro, lei posterior, a pena aplicável a todos os homicídios culposos passa a ser a dele.

(A) Estão corretas todas as alternativas.
(B) Estão erradas todas as alternativas.
(C) Estão corretas apenas as alternativas II e III.
(D) Está correta apenas a alternativa I.
(E) Está correta apenas a alternativa III.

I: incorreta, tendo em conta que, em conformidade com o disposto no art. 293, *caput*, do CTB, esta modalidade de penalidade durará pelo período de 2 meses a 5 anos; **II:** incorreta. Nesta hipótese, por incidência do art. 302, § 1º, I, a pena será majorada de 1/3 a 1/2 (art. 303, parágrafo único, CTB); **III:** incorreta. O Código de Trânsito Brasileiro foi editado com o propósito de disciplinar situações especiais, peculiares. No caso do art. 302 do CTB, pune-se a conduta daquele que comete homicídio culposo *na direção de veículo automotor*. Cuida-se, pois, de uma legislação posterior especial, que, por conta disso, deve conviver harmonicamente com o homicídio culposo do Código Penal.

Gabarito "B".

(Delegado/DF – 2004) Quando conduzia veículo automotor, sem culpa, Fulano atropela um pedestre, deixando de prestar-lhe socorro, constituindo tal conduta, em tese, a prática de:

(A) omissão de socorro, prevista no art. 135 do Código Penal;

(B) lesão corporal culposa, com o aumento de pena previsto no artigo 129, § 7º, do Código Penal;

(C) expor a vida de outrem a perigo, previsto no artigo 132, do Código Penal;

(D) omissão de socorro, prevista no artigo 304, da Lei n. 9.503/1997;

(E) lesão corporal culposa na condução de veículo automotor, com o aumento de pena previsto no artigo 303, § único, da Lei n. 9.503/1997.

D: correta, pois, se não agiu com culpa no momento do atropelamento, Fulano não poderá responder pelo crime de lesão corporal culposa (art. 303 do CTB), já que ausente o elemento subjetivo do tipo. Quanto ao mais, não seria o caso de imputar-lhe o crime de *omissão de socorro*, previsto no art. 135 do CP, visto que Fulano, mesmo não tendo culpa, envolvera-se no acidente; da mesma forma, a ele não poderia ser atribuída a causa de aumento de pena decorrente da omissão de socorro, prevista no art. 303, parágrafo único, do CTB, porquanto não agiu com culpa. Dessa forma, a Fulano deverá ser imputado o crime do art. 304 do CTB – omissão de socorro, na medida em que ele não agiu com culpa, mas envolveu-se em acidente com vítima e omitiu socorro. Esta é a posição consagrada na doutrina e na jurisprudência. Incorre nas penas do art. 135 do CP – crime de omissão de socorro – o condutor que, não tendo se envolvido no fato, omite socorro.

Gabarito "D".

(Delegado/SP – 2000) Estudando o crime de dirigir veículo automotor na via pública sem a devida habilitação previsto no Código de Trânsito Brasileiro (Lei n. 9.503/1997) verifica-se que a circunstância de essa conduta estar "gerando perigo de dano"

(A) passou a ser uma exigência doutrinária e até jurisprudencial, embora ausente nesse dispositivo legal.

(B) não é uma exigência expressa do tipo legal e nem de cunho doutrinário ou jurisprudencial, bastando a mera conduta do agente.

(C) é uma exigência expressa nesse tipo penal.

(D) por não estar prevista no tipo penal tem gerado diversos posicionamentos doutrinários até conflitantes.

De fato, ao final da redação do tipo penal, consta a expressão "gerando perigo de dano", que nenhuma dúvida deixa quanto à necessidade de restar comprovada a existência de perigo concreto para a segurança viária, objeto jurídico do delito. Nesse sentido, a Súmula 720 do STF: "O art. 309 do Código de Trânsito Brasileiro, que reclama decorra do fato perigo de dano, derrogou o art. 32 da Lei das Contravenções Penais no tocante à direção sem habilitação em vias terrestres".

Gabarito "C".

(Delegado/PI – 2009) No homicídio culposo cometido na direção de veículo automotor, a pena é aumentada de um terço à metade se o agente:

(A) afastar-se o condutor do veículo do local do acidente, para fugir à responsabilidade penal ou civil que lhe possa ser atribuída.

(B) praticá-lo enquanto estiver fazendo uso de aparelho telefônico celular.

(C) deixar de prestar socorro, quando possível fazê-lo, sem risco pessoal, à vítima do acidente.

(D) estiver sob a influência de álcool ou substância tóxica ou entorpecente de efeitos análogos.

A: incorreta, pois a hipótese não foi contemplada no rol do art. 302, § 1º, do CTB. A redação da alternativa corresponde ao tipo penal do

art. 305 do CTB; **B:** incorreta, pois a hipótese não foi contemplada no rol do art. 302, § 1º, do CTB. O uso do aparelho de telefone celular, estando na direção de veículo automotor, constitui infração no âmbito administrativo; **C:** correta, nos termos do art. art. 302, § 1º, III, do CTB; **D:** incorreta, pois a hipótese não foi contemplada no rol do art. 302, § 1º, do CTB.

Gabarito "C".

(Delegado/SP – 2008) O Código de Trânsito Brasileiro (Lei nº 9.503/1997) incrimina a conduta de "trafegar em velocidade incompatível nas proximidades de escolas". Neste caso, a objetividade jurídica protege

(A) a segurança viária na face da concentração de pessoas.

(B) apenas a integridade corporal das pessoas.

(C) a administração da justiça.

(D) a vida e saúde das pessoas.

(E) a incolumidade pública e privada.

Este crime está previsto no art. 311 do CTB e tem como objeto jurídico, de fato, a segurança viária.

Gabarito "A".

(Delegado/SP – 1999) A figura do perdão judicial àquele que, na direção de veículo automotor, pratica o crime de homicídio culposo,

(A) está expressamente prevista no Código de Trânsito Brasileiro num dos parágrafos correspondentes a esse tipo penal.

(B) não está assim expressa no Código de Trânsito Brasileiro embora nesse tipo penal conste a expressão "o juiz pode deixar de aplicar a pena", provocando, portanto, o mesmo efeito.

(C) não está assim expressa no Código de Trânsito Brasileiro embora nesse tipo penal conste a expressão "fica isento de pena" provocando, portanto, o mesmo efeito.

(D) não está expressa no Código de Trânsito Brasileiro no tipo penal que pune essa conduta criminosa.

O perdão judicial constava do vetado art. 300 do CTB. Não há, de fato, previsão do instituto no Código de Trânsito Brasileiro. A despeito disso, pode ser aplicado aos crimes de homicídio culposo e lesão corporal culposa de trânsito (arts. 302 e 303 do CTB), nos moldes estabelecidos no art. 121, § 5º, do CP.

Gabarito "D".

2. PERFIL CONSTITUCIONAL E FUNÇÕES INSTITUCIONAIS DO DPRF

(Polícia Rodoviária Federal – 2013 – CESPE) A respeito da organização do Departamento de Polícia Rodoviária Federal e da natureza dos atos praticados por seus agentes, julgue os itens que se seguem.

(1) Praticado ato ilegal por agente da PRF, deve a administração revogá-lo.

(2) Por ser órgão do Ministério da Justiça, a PRF é órgão do Poder Executivo, integrante da administração direta.

(3) Os atos praticados pelos agentes públicos da PRF estão sujeitos ao controle contábil e financeiro do Tribunal de Contas da União.

1: incorreta, na medida em que o ato ilegal não é passível de revogação, mas, sim, de anulação; revoga-se o ato que deixa de ser conveniente à Administração; **2**: correta, pois retrata o disposto no art. 2º, II, g, do Decreto 9.150/2017, que trata, entre outras coisas, da estrutura organizacional do Ministério da Justiça; **3**: correta, pois reflete o que estabelecem os arts. 70 e 71 da Constituição Federal.

(Polícia Rodoviária Federal – 2013 – CESPE) Com base na legislação da PRF, julgue os itens que se seguem.

Considere a seguinte situação hipotética.

(1) Durante uma abordagem de rotina feita pela PRF em determinada rodovia federal, foram apreendidos aproximadamente cem quilos de entorpecentes, entre crack, haxixe e cocaína. O motorista, único ocupante do veículo onde estavam as drogas, confessou a prática do delito, tendo afirmado, ainda, que adquirira as drogas para revendê-las e que as estava transportando para um depósito em local seguro. Nessa situação, cabe à chefia do distrito regional da PRF do estado em que ocorreu a apreensão formalizar o auto de prisão em flagrante do autor do delito e comunicara prisão à autoridade judiciária competente.

(2) Compete à PRF o patrulhamento das rodovias federais privatizadas, mesmo tendo havido, como processo de concessão, a transferência a particulares das atividades administrativas referentes aos trechos terceirizados.

(3) Se, durante a execução de obra ao longo de uma rodovia federal, a empresa responsável pela obra interromper a circulação de veículos e a movimentação de cargas em uma das faixas de rolamento sem a prévia permissão do órgão de trânsito competente, a PRF deverá interditar a obra e aplicar as penalidades civis e multas decorrentes da infração cometida pela empresa.

(4) Comete infração de trânsito gravíssima, punível com multa, o condutor que não reduza velocidade do veículo de forma compatível com a segurança do trânsito, quando se aproxima de passeatas, manifestações populares e aglomerações.

(5) A autoridade de trânsito, na esfera de suas atribuições, poderá aplicar, quando cabível, penalidade consistente na frequência obrigatória em curso de reciclagem, sem prejuízo das punições originárias de ilícitos penais decorrentes de crimes de trânsito.

(6) É permitido ao PRF portar arma de fogo somente em serviço, sendo a licença apenas de caráter funcional.

1: errada, pois a formalização do auto de prisão em flagrante, que é ato de Polícia Judiciária, incumbe, a depender das circunstâncias, à Polícia Federal, nos termos do art. 144, § 1º, I, da CF, e à Polícia Civil dos Estados e do Distrito Federal, tal como estabelece o art. 144, § 4º, da CF. No caso narrado acima, por não se denotar competência da Justiça Federal, a apresentação do motorista deve ser feita ao delegado de polícia civil com circunscrição na área em que se deu a prisão, ao qual caberá a lavratura do auto de prisão em flagrante e também as investigações que daí decorrerem; **2**: correta. O patrulhamento ostensivo das rodovias federais, estejam ou não estas sob concessão da iniciativa privada, cabe à Polícia Rodoviária Federal – art. 20, II, do CTB (Lei 9.503/1997); **3**: errada. Entre as atribuições da Polícia Rodoviária Federal (art. 20, CTB) não está a de aplicar penalidades civis; **4**: correta: corresponde à infração de trânsito prevista no art. 220, I, do CTB; **5**: correta (art. 256, VII e parágrafo único, do CTB); **6**: errada. Isso porque o próprio documento de identidade funcional confere ao Policial Rodoviário Federal livre porte de arma, tal como estabelece o art. 2º do Decreto 1.655/1995.

Texto para as duas questões seguintes.

A Polícia Rodoviária Federal foi criada pelo presidente Washington Luiz, em 1928, com a denominação de polícia de estradas. Somente em 1935 organizaram-se os serviços de vigilância das rodovias Rio – Petrópolis, Rio – São Paulo e União Indústria, quando foi criado o primeiro quadro de policiais rodoviários, denominados, à época, inspetores de trânsito. Em 1945, com a criação do Departamento Nacional de Estradas de Rodagem (DNER), nascia a denominação de Polícia Rodoviária Federal (PRF).

Com o advento da Constituição de 1988, a PRF foi institucionalizada e integrada ao Sistema Nacional de Segurança Pública, cabendo-lhe o patrulhamento ostensivo das rodovias federais. Desde 1990, a PRF está integrada à estrutura do Ministério da Justiça. Atualmente, ela está presente em todo o território nacional, estruturada em 21 superintendências regionais, 5 distritos regionais, 150 delegacias e 400 postos de fiscalização, e a administração central está localizada em Brasília.

Zander Cavalcante Arruda. **Evolução histórica, organização estrutural e hierárquica do Departamento de Polícia Rodoviária Federal**. Brasília: MJ/DPRF/CGRH/CE, 2009, p. 6, 8 e 13 (com adaptações).

(Policial Rodoviário Federal – 2008 – CESPE) Considerando o texto acima como referência inicial e com base nos aspectos marcantes da trajetória da PRF, julgue o item que segue.

(1) A partir da promulgação da Constituição de 1988, a PRF ficou impedida de fazer uso de radares fotográficos no combate ao excesso de velocidade nas rodovias brasileiras.

1: incorreta, pois não há qualquer tipo de proibição a esse respeito na Constituição Federal.

(Policial Rodoviário Federal – 2008 – CESPE) Considerando o texto acima como referência inicial e com base nos aspectos marcantes da trajetória da PRF, julgue os itens que seguem.

(1) A atual PRF tem uma longa história iniciada ainda nos tempos da Primeira República ou República Velha.

(2) O surgimento dos policiais rodoviários ocorreu quando o Brasil passou a contar com grandes rodovias nas mais diversas regiões do país.

(3) A PRF tem essa denominação desde o momento em que passou a compor os quadros do Ministério da Justiça.

(4) Nas primeiras décadas de existência da PRF, o Rio de Janeiro era a capital do Brasil.

(5) Para garantir a uniformidade de procedimentos no desempenho de sua missão, a PRF está organizada de forma centralizada e unitária, desconhecendo a existência de unidades administrativas.

(6) Atualmente, o número de postos de fiscalização é bem mais que o dobro que o quantitativo de delegacias da PRF existentes no país.

1: correta; a Primeira República (ou República Velha) se estendeu entre a proclamação da República (em 1889) e a Revolução de 1930, que depôs o Presidente Washington Luís; dessa forma, a PRF foi mesmo criada na Primeira República, já que o ano de 1928 (mencionado no texto) está contido entre os anos 1889 e 1930; **2:** incorreta, pois apenas a partir da segunda metade dos anos 1940, após a transformação do DNER em autarquia, é que surgiram os projetos de grandes rodovias, sendo que a Rio/Bahia foi concluída em 1963, a nova Rio/SP, em 1951, a SP/Porto Alegre e a Rio/Belo Horizonte, na segunda metade dos anos 50, dentre outras; **3:** incorreta, pois o texto é claro no sentido de que a PRF foi integrada ao Ministério da Justiça em 1990, e a denominação PRF data de 1945; **4:** correta; a PRF foi criada em 24 de julho de 1928 (dia da Polícia Rodoviária Federal), com a denominação judicial de "Polícia de Estradas"; em 23 de julho de 1935 foi criado o primeiro quadro de policiais, denominado, à época, de "Inspetores de Tráfego", e, em 1945, já com a expressão "Polícia Rodoviária Federal", a corporação foi vinculada ao hoje extinto DNER (Departamento Nacional de Estradas e Rodagem); em 1988, a PRF foi integrada, pela Constituição, ao Sistema Nacional de Segurança Pública, e, desde os anos 1990, a PRF integra a estrutura organizacional do Ministério da Justiça, como Departamento de Polícia Rodoviária Federal; dessa forma, considerando que a PRF existe, ainda que com outra denominação, desde 1928, é correto dizer que nas primeiras épocas de sua existência do Rio de Janeiro era capital do Brasil, lembrando que foi capital até 1960, quando Brasília passou a ocupar esse posto; **5:** incorreta, pois há grande desconcentração no âmbito da PRF; só para se ter ideia, a PRF está presente em todo território nacional, estruturada em 21 Superintendências Regionais, 5 Distritos Regionais, 150 delegacias e 400 postos de fiscalização; **6:** correta, pois, como se viu, há 400 postos de fiscalização e 150 delegacias.

Gabarito 1C, 2E, 3E, 4C, 5E, 6C

(Policial Rodoviário Federal – 2009 – FUNRIO) A segurança pública, dever do Estado, direito e responsabilidade de todos, é exercida para a preservação da ordem pública e da incolumidade das pessoas e do patrimônio, através dos seguintes órgãos: I – polícia federal; II – polícia rodoviária federal; III – polícia ferroviária federal; IV – polícias civis; V – polícias militares e corpos de bombeiros militares. Neste sentido, é correto afirmar que incumbe

(A) à polícia rodoviária federal, órgão permanente, organizado e mantido pela União e estruturado em carreira, exercer com exclusividade as funções de polícia judiciária da União.

(B) à polícia ferroviária federal, órgão permanente, organizado e mantido pela União e estruturado em carreira, exercer as funções de polícia marítima, aeroportuária e de fronteiras.

(C) às polícias civis, dirigidas por delegados de polícia de carreira, apurar infrações penais contra a ordem política e social ou em detrimento de bens, serviços e interesses da União ou de suas entidades autárquicas e empresas públicas, assim como outras infrações cuja prática tenha repercussão interestadual ou internacional e exija repressão uniforme, segundo se dispuser em lei.

(D) à polícia federal, instituída por lei como órgão permanente, organizado e mantido pela União e estruturado em carreira, prevenir e reprimir o tráfico ilícito de entorpecentes e drogas afins, o contrabando e o descaminho, sem prejuízo da ação fazendária e de outros órgãos públicos nas respectivas áreas de competência.

(E) às polícias militares, ressalvada a competência da União, exercer as funções de polícia judiciária e apurar as infrações penais.

A: incorreta, pois as funções de "polícia judiciária da União" são exercidas pela PF (Polícia Federal – art. 144, § 1º, IV, da CF), e não pela PRF (Polícia Rodoviária Federal); esta tem por função o "patrulhamento ostensivo das rodovias federais" (art. 144, § 2º, da CF); **B:** incorreta, pois as funções de "polícia marítima, aeroportuária e de fronteiras" são exercidas pela PF (Polícia Federal – art. 144, § 1º, III, da CF), e não pela PFF (Polícia *Ferroviária* Federal); esta tem por função o "patrulhamento ostensivo das *ferrovias* federais" (art. 144, § 3º, da CF); **C:** incorreta, pois essa função é da PF (Polícia Federal), nos termos do art. 144, § 1º, I, da CF; à PC (Polícia Civil) compete a funão de polícia judiciária e a apuração de infrações penais, desde que não sejam competências da União, nem sejam de natureza militar (art. 144, § 4º, da CF); **D:** correta (art. 144, § 1º, II, da CF); **E:** incorreta, pois compete às polícias civis essa atribuição, e não às polícias militares (art. 144, § 4º, da CF).

Gabarito "D".

(Policial Rodoviário Federal – 2008 – CESPE) Com relação às normas sobre segurança pública, meio ambiente e família, a CF dispõe que

(A) a Polícia Federal, a PRF e a polícia ferroviária federal são consideradas, juntamente com as polícias militares e os corpos de bombeiros militares, forças auxiliares e reserva do Exército.

(B) o meio ambiente é bem de uso especial, que a administração pública pode utilizar para a realização de suas atividades e a consecução de seus fins.

(C) a PRF exerce as funções de polícia de fronteira e o policiamento ostensivo das rodovias federais.

(D) são penalmente inimputáveis apenas menores de dezesseis anos, sujeitos às normas da legislação especial.

(E) a comunidade formada por qualquer dos pais e seus descendentes é considerada entidade familiar.

A: incorreta, pois apenas as polícias militares e os corpos de bombeiros militares são consideradas forças auxiliares e reserva do Exército (art. 144, § 6º, da CF); **B:** incorreta, pois o meio ambiente é um bem de uso comum do povo (art. 225, *caput*, da CF); ademais, a Administração Pública não pode utilizar-se indiscriminadamente do meio ambiente para a realização de suas atividades, salvo quando houver previsão legal nesse sentido, como no caso de servidão administrativa; **C:** incorreta, pois competem à PF (Polícia Federal) as funções de polícia de fronteira (art. 144, § 1º, III, da CF); a PRF (Polícia Rodoviária Federal) só tem competência para o patrulhamento ostensivo das rodovias federais (art. 144, § 2º, da CF).

Gabarito "E".

(Policial Rodoviário Federal – 2004 – CESPE) No que concerne à segurança pública, julgue o seguinte item.

(1) De acordo com a atual Carta Política, a PRF é um órgão transitório da segurança pública, destinado ao patrulhamento ostensivo das rodovias federais.

1: incorreta, pois a PRF não é um órgão transitório, mas um órgão permanente (art. 144, § 2º, da CF).

Gabarito 1E

3. LEI Nº 9.654/1998

(Policial Rodoviário Federal – 2009 – FUNRIO) Mário Manoel, aprovado em concurso público para cargo de Agente, no âmbito da Polícia Rodoviária Federal, foi lotado, em 21/07/2004, para exercer atividades fixadas em Regulamento, em rodovia federal no Estado do Rio de Janeiro. Em 21/07/2006, requereu sua remoção, visando obter nova lotação, apresentando como motivação a proximidade de seu domicílio. Levando em conta os fatos narrados, pode-se afirmar acerca da alteração de lotação do servidor da Polícia Rodoviária Federal que o requerimento

(A) não poderá ser atendido na medida em que, apesar de satisfeito o lapso temporal inicial, referente à primeira lotação, o processo de remoção dar-se-á através de concurso de remoção, de permuta ou pelo interesse da administração.

(B) poderá ser acolhido, uma vez que o Agente permaneceu em sua primeira lotação por um período mínimo de 2 (dois) anos exercendo atividades de natureza estritamente operacional voltadas ao patrulhamento ostensivo e à fiscalização de trânsito compatíveis com a sua experiência e aptidões, e a permuta é formalizada através de simples petição.

(C) somente poderá ser acolhido se, no Edital do Concurso Público estiver prevista a possibilidade de requerimento de remoção, fixando, igualmente o prazo referente à primeira lotação.

(D) não poderá ser acolhido, uma vez que o tempo mínimo da primeira lotação do Agente é de 3 (três) anos exercendo atividades de natureza estritamente operacional voltadas ao patrulhamento ostensivo e à fiscalização de trânsito compatíveis com a sua experiência e aptidões.

(E) poderá ser acolhido, se ficar evidenciada a existência de vaga no local para onde o servidor pretende obter nova lotação, caso em que a mesma pode ser processada através de requerimento dirigido à Chefia Imediata para fins de trâmite e anotação nos assentamentos funcionais.

A: incorreta, pois o art. 3º, § 4º, da Lei 9.654/1998, que cria a carreira de Policial Rodoviário Federal, estabelece que o ocupante desse cargo permanecerá preferencialmente no local de sua primeira lotação por um período mínimo de três anos, sendo sua remoção condicionada a concurso de remoção, permuta ou ao interesse da Administração; assim, não foi satisfeito o período inicial de três anos, em que preferencialmente o servidor deverá permanecer no local de sua primeira lotação; a expressão preferencialmente foi inserida pela Lei 12.269/2010 (antes não havia chance alguma de o servidor sair da lotação original antes dos três anos), mas, apesar de ser uma expressão vaga, é possível dizer que somente mediante uma motivação bastante pertinente poder-se-á atender a um pedido de remoção antes do prazo de três anos; B: incorreta, pois, como se viu, o período mínimo (em que o agente preferencialmente deverá permanecer na primeira lotação) é de três anos e não de dois anos (art. 3º, § 4º, da Lei 9.654/1998); C: incorreta, pois a regra é a mencionada no art. 3º, § 4º, da Lei 9.654/1998 e não faz menção à previsão em edital da possibilidade de remoção; D: correta, nos termos do art. 3º, § 4º, da Lei 9.654/1998. Cabe observar que, com a alteração trazida pela Lei 12.269/2010, qualquer questão que apareça sobre o assunto, a partir de agora, só terá como alternativa correta a que trouxer a expressão "preferencialmente", ou seja, a que afirmar que o ocupante de cargo de policial rodoviário permanecerá preferencialmente no local de sua primeira lotação pelo período mínimo de três anos, exercendo atividades de natureza operacional voltadas ao patrulhamento ostensivo e à fiscalização de trânsito, sendo sua remoção condicionada a concurso de remoção, permuta ou ao interesse da administração (art. 3º, § 4º, da Lei 9.654/1998); E: incorreta, pois não basta a existência de uma vaga no local para onde se quer ir, é necessário que haja o transcurso dos três anos (ou uma motivação forte para se passar por cima da expressão "preferencialmente"), bem como de concurso de remoção, permuta ou ao interesse da administração (art. 3º, § 4º, da Lei 9.654/1998).

Gabarito "D".

(Policial Rodoviário Federal – 2009 – FUNRIO) A Lei n.º 9.654, de 2/6/1998, publicada no D.O.U. de 3/6/1998 cria, no âmbito do Poder Executivo, a carreira de Policial Rodoviário Federal, com as atribuições previstas na Constituição Federal, no Código de Trânsito Brasileiro e na legislação específica. Assim, as atribuições gerais das classes do cargo de Policial Rodoviário Federal são as seguintes dentre outras:

(A) Classe de Agente Operacional: atividades de natureza policial, envolvendo planejamento, coordenação, capacitação, controle e execução administrativa e operacional, bem como articulação e intercâmbio com outras organizações policiais, em âmbito nacional, além das atribuições da classe de Agente Operacional.

(B) Classe de Agente Especial: atividades de natureza policial envolvendo a execução e controle administrativo e operacional das atividades inerentes ao cargo, além das atribuições da classe de Agente.

(C) Classe de Inspetor: atividades de natureza policial e administrativa, envolvendo direção, planejamento, coordenação, supervisão, controle e avaliação administrativa e operacional, coordenação e direção das atividades de corregedoria, inteligência e ensino, bem como a articulação e o intercâmbio com outras organizações e corporações policiais, em âmbito nacional e internacional, além das atribuições da classe de Agente Especial.

(D) Classe de Agente Especial: atividades de natureza policial envolvendo a fiscalização, patrulhamento e policiamento ostensivo, atendimento e socorro às vítimas de acidentes rodoviários e demais atribuições relacionadas com a área operacional do Departamento de Polícia Rodoviária Federal.

(E) Classe de Agente: atividades de natureza policial e administrativa, envolvendo direção, planejamento, coordenação, supervisão, controle e avaliação administrativa e operacional, coordenação e direção das atividades de corregedoria, inteligência e ensino, bem como a articulação e o intercâmbio com outras organizações e corporações policiais, em âmbito nacional e internacional, além das atribuições da classe de Agente Especial.

A: incorreta, pois as atividades de planejamento, coordenação e controle são de atribuição da Classe de Inspetor (atual Classe Especial), nos termos do art. 2º, § 1º, I, da Lei 9.654/1998; B: incorreta, pois as atividades em questão são de atribuição da Classe de Agente Operacional (atual Classe Segunda), nos termos do art. 2º, § 1º, III, da Lei 9.654/1998; C: correta (art. 2º, § 1º, I, da Lei 9.654/1998), lembrando que, agora, a classe tem o nome de Classe Especial; D: incorreta, pois as atividades em questão são de atribuição da Classe de Agente (atual Classe Terceira), nos termos do art. 2º, § 1º, IV, da Lei 9.654/1998; E: incorreta, pois as atividades em questão são de atribuição da Classe de Inspetor (atual Classe Especial), nos termos do art. 2º, § 1º, I, da Lei 9.654/1998.

Gabarito "C".

(Policial Rodoviário Federal – 2008 – CESPE) Acerca das previsões da Lei n. 9.654/1998, que cria a carreira de PRF, assinale a opção correta.

(A) O ocupante do cargo de PRF permanecerá no local de sua primeira lotação por um período mínimo de dois anos, exercendo atividades de natureza estritamente operacional voltadas ao patrulhamento ostensivo e à fiscalização de trânsito compatíveis com a sua experiência e aptidões.

(B) Os ocupantes de cargos da carreira de PRF não estão sujeitos à dedicação exclusiva às atividades do cargo, o que torna possível a cumulação do cargo com outra atividade privada.

(C) A carreira de que trata a Lei n. 9.654/1998 é composta do cargo de PRF, estruturada nas classes de inspetor, agente e escrivão.

(D) A implantação da carreira de PRF ocorreu mediante transformação de milhares de cargos efetivos de patrulheiro rodoviário federal, do quadro geral do Ministério da Justiça, em cargos de PRF.

(E) O regime de trabalho dos PRFs é de 44 horas semanais.

A: incorreta, pois deve permanecer na sua primeira lotação, preferencialmente, por um período mínimo de três anos (art. 3º, § 4º, da Lei 9.654/1998); **B:** incorreta, pois os ocupantes de cargos da carreira de Policial Rodoviário Federal ficam sujeitos a integral e exclusiva dedicação às atividades do cargo (art. 7º da Lei 9.654/1998); **C:** incorreta, pois a carreira é composta do cargo de Policial Rodoviário Federal e estruturada nas classes Terceira, Segunda, Primeira e Especial, sendo que a classe Terceira tem padrões de I a III, a classe Segunda, de I a VI, a classe Primeira, de I a VI, e a classe Especial, de I a III (Anexo I-A da Lei 9.654/1998, incluído pela Lei 12.775/2012); **D:** correta; o art. 1º, parágrafo único, da Lei 9.654/1998 dispõe que "A implantação da carreira far-se-á mediante transformação dos atuais dez mil e noventa e oito cargos efetivos de Patrulheiro Rodoviário Federal, do quadro geral do Ministério da Justiça, em cargos de Policial Rodoviário Federal"; **E:** incorreta, pois é de 40 horas semanais a jornada de trabalho dos integrantes da carreira de policial rodoviário federal (art. 9º da Lei 9.654/1998).

Gabarito "D".

4. DECRETO Nº 1.655/1995

(Policial Rodoviário Federal – 2009 – FUNRIO) Marilson Gilvã declara, nas razões de um mandado de segurança, que a Polícia Rodoviária Federal, mesmo quando da prevenção de delitos contra a vida, não tem competência para ser o órgão encarregado de proceder às interceptações telefônicas legalmente autorizadas pela Justiça, em face de vedação legal. Levando em conta as peculiaridades da Polícia Rodoviária Federal, em especial o Decreto 1.655/1995, é correto concluir, sobre o pedido formulado pelo Impetrante, que o Decreto nº 1.655 de 03/10/1995,

(A) não autorizou a Polícia Rodoviária Federal a "colaborar e atuar na prevenção e repressão aos crimes contra a vida, os costumes, o patrimônio, a ecologia, o meio ambiente, os furtos e roubos de veículos e bens, o tráfico de entorpecentes e drogas afins, o contrabando, o descaminho e os demais crimes previstos em lei", não podendo, para tanto, proceder à escuta telefônica

(B) autorizou a Polícia Rodoviária Federal a "colaborar sem atuar na prevenção e repressão aos crimes contra a vida, os costumes, o patrimônio, a ecologia, o meio ambiente, os furtos e roubos de veículos e bens, o tráfico de entorpecentes e drogas afins, o contrabando e o descaminho", podendo, para tanto, desde que autorizada, proceder à escuta telefônica.

(C) autorizou a Polícia Rodoviária Federal, como ente subordinado à Polícia Federal, a "colaborar e atuar na prevenção e repressão aos crimes contra a vida,

os costumes, o patrimônio, a ecologia, o meio ambiente, os furtos e roubos de veículos e bens, o tráfico de entorpecentes e drogas afins, o contrabando, o descaminho e os demais crimes previstos em lei", cabendo somente à Polícia Federal proceder à aludida escuta telefônica, desde que requisitada pela Polícia Rodoviária Federal.

(D) autorizou a Polícia Rodoviária Federal a "colaborar e atuar na prevenção e repressão aos crimes contra a vida, os costumes, o patrimônio, a ecologia, o meio ambiente, os furtos e roubos de veículos e bens, o tráfico de entorpecentes e drogas afins, o contrabando, o descaminho e os demais crimes previstos em lei", podendo, para tanto, desde que autorizada, proceder à escuta telefônica.

(E) autorizou a Polícia Rodoviária Federal, desde que autorizada pelo Poder Judiciário, a "colaborar e atuar na prevenção e repressão aos crimes contra a vida, os costumes, o patrimônio, a ecologia, o meio ambiente, os furtos e roubos de veículos e bens, o tráfico de entorpecentes e drogas afins, o contrabando, o descaminho e os demais crimes previstos em lei", sem entretanto, poder efetuar a escuta telefônica.

A: incorreta, pois há, sim, competência para essa colaboração (art. 1º, X, do Decreto 1.655/1995), apesar de não haver a competência para a escuta telefônica; **B:** incorreta, pois não há autorização para que a PRF faça escuta telefônica; **C:** incorreta, pois não há menção alguma no Decreto 1.655/1995 de subordinação da PRF à PF; também não há menção alguma no Decreto que a PRF deve requisitar escutas telefônicas para a PF; **D:** correta, pois o art. 1º, X, do Decreto 1.655/1995, de fato, traz a competência mencionada, sem autorizar, contudo, que a PRF efetue escuta telefônica, o que, realmente, não faz sentido, pois o papel da PRF não é de polícia judiciária, como são os da Polícia Federal e Civil (art. 144, §§ 1º, IV, e 4º, da CF), mas de patrulhamento ostensivo das rodovias federais (art. 144, § 2º, da CF); **E:** incorreta, pois tal colaboração não requer autorização do Judiciário, conforme se depreende do texto do art. 1º, *caput* e X, do Decreto 1.655/1995.

Gabarito "D".

(Policial Rodoviário Federal – 2008 – CESPE) As competências da PRF, no âmbito das rodovias e estradas federais, **não** incluem

(A) realizar o patrulhamento ostensivo, mediante a execução de operações relacionadas com a segurança pública, com o objetivo de preservar a ordem, a incolumidade das pessoas, o patrimônio da União e o de terceiros.

(B) aplicar e arrecadar as multas impostas por infrações de trânsito, as medidas administrativas decorrentes e os valores provenientes de estada e remoção de veículos, objetos, animais e escolta de veículos de cargas superdimensionadas ou perigosas.

(C) realizar o patrulhamento ostensivo das ferrovias federais que margeiam as rodovias federais.

(D) integrar-se a outros órgãos e entidades do SNT para fins de arrecadação e compensação de multas impostas na área de sua competência, com vistas à unificação do licenciamento, à simplificação e à celeridade das transferências de veículos e de prontuários de condutores de uma para outra unidade da Federação.

(E) coletar dados estatísticos e elaborar estudos sobre acidentes de trânsito e suas causas, adotando ou indicando medidas operacionais preventivas e encaminhando-os ao órgão rodoviário federal.

A: correta, pois há previsão dessa competência (art. 20, II, da Lei 9.503/1997; art. 1º, I, do Decreto 1.655/1995); **B:** correta, pois há previsão dessa competência (art. 20, III, da Lei 9.503/1997; art. 1º, III, do Decreto 1.655/1995); **C:** incorreta, devendo a alternativa ser assinalada, pois essa competência é da Polícia *Ferroviária* Federal (art. 144, § 3º, da CF); **D:** correta, pois há previsão dessa competência (art. 20, X, da Lei 9.503/1997); **E:** correta, pois há previsão dessa competência (art. 20, VII, da Lei 9.503/1997).

Gabarito "C".

(Policial Rodoviário Federal – 2008 – CESPE) A Polícia Rodoviária Federal foi criada pelo presidente Washington Luiz, em 1928, com a denominação de polícia de estradas. Somente em 1935 organizaram-se os serviços de vigilância das rodovias Rio – Petrópolis, Rio – São Paulo e União Indústria, quando foi criado o primeiro quadro de policiais rodoviários, denominados, à época, inspetores de trânsito. Em 1945, com a criação do Departamento Nacional de Estradas de Rodagem (DNER), nascia a denominação de Polícia Rodoviária Federal (PRF).

Com o advento da Constituição de 1988, a PRF foi institucionalizada e integrada ao Sistema Nacional de Segurança Pública, cabendo-lhe o patrulhamento ostensivo das rodovias federais. Desde 1990, a PRF está integrada à estrutura do Ministério da Justiça. Atualmente, ela está presente em todo o território nacional, estruturada em 21 superintendências regionais, 5 distritos regionais, 150 delegacias e 400 postos de fiscalização, e a administração central está localizada em Brasília.

Zander Cavalcante Arruda. **Evolução histórica, organização estrutural e hierárquica do Departamento de Polícia Rodoviária Federal**. Brasília: MJ/DPRF/CGRH/CE, 2009, p. 6, 8 e 13 (com adaptações).

Considerando o texto acima como referência inicial e com base nos aspectos marcantes da trajetória da PRF, julgue os itens que seguem.

(1) Integrada ao Sistema Nacional de Segurança Pública, a PRF tem, entre suas atribuições, prevenir e reprimir o tráfico de armas e de drogas ilícitas.

(2) O combate à exploração sexual de menores, ao trabalho escravo, ao contrabando e aos crimes ambientais inscreve-se entre as atribuições conferidas à PRF.

1: correta (art. 1º, X, do Decreto 1.655/1995); **2:** correta (art. 1º, IX e X, do Decreto 1.655/1995).

Gabarito 1C, 2C.

(Policial Rodoviário Federal – 2004 – CESPE) Acerca da competência da PRF, julgue os itens a seguir.

(1) Considere a seguinte situação hipotética.

A PRF veio a ser comunicada, por telefone, da ocorrência de um acidente automobilístico, sem vítimas de morte, em uma rodovia federal. Imediatamente após a comunicação, policiais rodoviários federais foram até o local do acidente, onde verificaram que um dos motoristas envolvidos na colisão, devidamente habilitado e portador dos documentos do veículo automotor, estava aparentemente embriagado.

Nessa situação, à PRF caberá realizar perícia, levantamento do local ou boletim de ocorrência, bem como teste de dosagem alcoólica no condutor do veículo. Se for constatado que o motorista dirigia o veículo sob influência de álcool, em dosagem superior a seis decigramas por litro de sangue, caberá aos policiais rodoviários federais lavrar o auto de infração e, como medidas administrativas, reter o veículo até a apresentação de condutor habilitado e recolher o documento de habilitação do infrator.

(2) No âmbito das rodovias federais, havendo necessidade, caberá à PRF realizar, sob a coordenação do órgão competente, a escolta nos deslocamentos de presidente da República, ministros de Estado e diplomatas estrangeiros.

1: correta (art. 1º, V, do Decreto 1.655/1995); **2:** correta (art. 1º, VIII, do Decreto 1.655/1995).

Gabarito 1C, 2C.

(Policial Rodoviário Federal – 2002 – CESPE) À luz da legislação de trânsito, julgue o item a seguir.

(1) A perseguição dos dois homens que fugiram para dentro da mata, suspeitos de terem praticado roubo, poderia ser realizada pelos policiais rodoviários federais, sem violação da competência legalmente atribuída à PRF.

1: correta, nos termos do art. 1º, X, do Decreto 1.655/1995.

Gabarito 1C.

Anotações